영청(靈聽), 영안(靈眼), 심안(心眼)

이와 같이 열린다. 2

영청(靈聽), 영안(靈眼), 심안(心眼) 이와 같이 열린다. 2

1판1쇄 2019년 6월 25일

지은이 확철 칠통 명철
펴낸곳 좋은도반
펴낸이 자등명 선원

주소 (150-859) 서울시 관악구 조원중앙로 1길 15 (신림동, 성호빌딩 401호)
전화 02- 835-4210

출판등록 2008년 6월 10일
등록번호 113-90-73251

ISBN 979-11-96636-05

영청(靈聽), 영안(靈眼), 심안(心眼) 이와 같이 열린다 2

칠통 조규일 지음

좋은도반

▶책을 내면서

1권에서 영청, 영안 심안이 열렸는가?
2권에서는 영청이 열리면서 전하고 싶은 이야기들을 들으면서 적은 글들과 밝혀 드러낸 종의 세계까지 다 상재하지는 못했고 일부 일부 상재하며 올라오기 위해서 제를 지내야하는 많은 제들을 지낸 순서대로 서술해 놓았고 밝혀 올라온 세계의 맨 위라고 할 수 있는 더 이상 위가 없는 신(神)의 세계라고 할 수 있는 광(光) 세계까지 서술해 넣었다.
그리고 더 위 세계에 올라옴으로 또 다른 새로운 방법의 영청, 영안이 열리도록 하는 방법들을 상재해 놓았다. 본인에게 공부하는 분들 중에 영청이 열린 분들은 아래 영청 세계에서 방법보다는 이 위 세계 방법을 작업해 주었는데 영청이 열렸다. 아래로 열어주었을 때 열리지 않았고 이 위 세계 방법을 해 주었을 때 열렸다.
밝혀 올라온 세계는 1권 영청 세계에서부터 광(光) 세계 그 위 세계로 올라가는 세계까지 밝힌 대로 상재해 놓았다.
그리고 밝혀 올라온 세계 곳곳에서 언급된 영청, 영안, 심안, 혜안. 영청을 듣도록 하는 방법을 밝힌 그대로 넣었다.
책을 출간하지 못하게 하면서 밝혀 드러내 넣어야 한다는 영청 관리 감독하는 세계, 신천지 인간계, 수철황 인간계, 책으로 지옥 중생 천도하는 방법 및 영적 미아들을 올라오게 하는 영적 미아경,....책을 통해 올라오는 영적 존재 존재자들에게는 매우 중요한 글들이다.
1권을 통해 영청, 영안, 심안이 열리지 않은 분들은 2권을 통해 조금 더 쉬운 방법의 2권을 통해 영청이 열려서 제대로 있는 그대로 듣고 바르게 법과 진리에 눈을 뜨고 알게 되기를 기원해 본다.

확철 칠통 명철 황황 철황 철꽃성 황 2019년 초
칠통 조규일

1권

<<차례>>

제 1 부 영청(靈聽) 세계

제 2 부 기억지우기

제 3 부 몸의 언어, 영적 언어, 숫자의 비밀

2권

<<차례>>

제 4 부 암암리에 전해달라는 이야기

제 5 부 영청, 영안, 심안, 혜안

제 4 부
암암리에 전해달라는 이야기

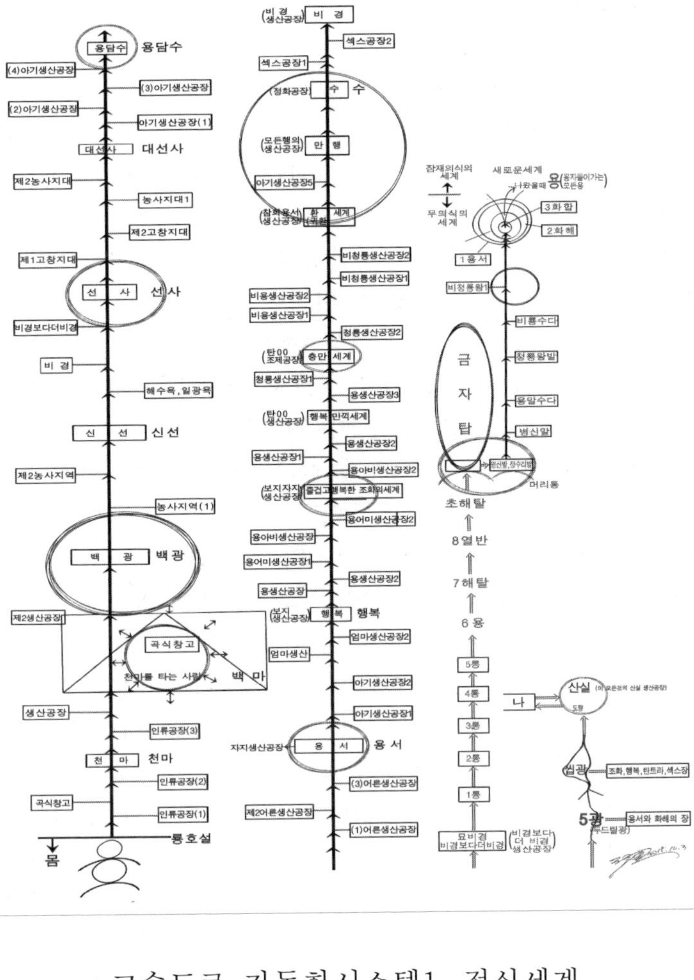

고속도로 자동화시스템1, 정신세계

인류의 창시자, 결계로 인한 인간의 탄생과 문자

거의 다 끝나가는 이 시점에는 육체란 몸이 있어서 못 같다는 말을 믿을 수 없으며 또 신선으로 가야한다면 이 또한 뭔가 문제가 있는 것 아닌가 싶은 생각이다. 아닙니다. 몸을 가지고 여기까지 온 인류도 없었을 뿐더러 신선이 아니라 몸과 함께 위 세계를 가시겠다는 발상이 기상천외합니다,
아까도 말씀드린 것과 더 이상 몸을 가지고 갈 수 없으며 선사님께서 말씀하신 것과 몸을 버리고 간다는 것은 몸을 이루고 있는 모든 세포를 버리고 간다는 말씀이신데, 그것도 아니라면 우리 모두를 신선을 만들어서 간다는 말씀이신가요?
이거 가능한가요? 신선이셨던 분들...예 불가능합니다. 왜요? 우리들이 신선 공부할 때 우리는 몸을 버려야 합니다. 끊임없이 몸을 버리는 수행을 합니다. 몸을 버리는 수행이라는 것이 몸을 이루고 있는 세계를 빛으로 화하도록 해서 빛으로 사라지게 하는 것입니다.
그러고 보니 그 많은 저마다의 나 세포들은 모두 다 어디로 갔지요. 여기저기 흩어져 있겠지요. 그러다 어느 날 내 의식이 그때와 같으면 또 달라붙어 몸이 되겠지요?
위 세계와 대화를 해봐야겠습니다. 위 어르신 왜 그걸로 부족해서 더 이상 올라올 수 없다면서 그러지 더 이상은 몸으로 못 오지 몸을 버리면 모를까? 몸을 버리지 않고 올라오는 길이 있지. 그것은 몸을 버리거나 신선이 신영혼은 공력에 따라서 뭐간 인류를 위해서 아주 중요한 일을 하려고할 때 공력이 강강하면 강한 만큼 분열을 할 수 있다. 많게는 10명으로 분열하여 태어날 수도 있고 적게는 6명으로 태어날 수도 있으며, 8명으로 분열하여 태어날 수도 있고 적게 4사람으로 태어날 수도 있으며, 6명으로 분열하야 태어날 수도 있고 적게는 2사람으로 태어날 수 있으며, 4사람으로 분열하여 내어날 수도 있고 적게는 2명으로 태어날 수도 있고, 2명으로 분열하여 태어날 수도 있다.
1명이 10명으로 분열하여 8명으로 태어난 적이 있는데 인류 역사

상 처음 있는 일이었는데 이때는 최초 인류인 치우 천황님 때의 일로 치우 천황님께서 지구란 행성을 모두 다 만드시고 육지 인류를 만드실 때 치우 천황님 자신과 자기 자신 이외에 8명으로 분열하여 총 9명으로 사시다 돌아가셨다. 이러한 사실을 모르고 있다가 오늘 1사람이 여럿으로 분열한다는 사실을 알고 이러한 사실을 안 복희씨 및 8명 하나로 합해져서 하나가 되셨다. 분열했다 합쳐지면 그중에 가장 공력이 큰 사람으로 합쳐져서는 한 사람이 가지고 있는 사람의 공력이 더해지는 만큼 강해진다. 한 사람에 8명이 더해져서 한 사람이 될 경우 한 사람의 공력이 9배가 커지게 된다.
인류 역사상 치우 천황님이 처음이었고 그 뒤에 인류 역사 이래 4명 정도가 있었는데, 이 4분은 치토(성현) 천황 때 자기 자신을 포함 6명으로 지구의 선사시대에 있었고, 치후(기현) 천황 때 자기 자신을 포함 7명으로 지구의 선사시대 이후 선천시대에 있었고, 치현 천황(태아령, 동생) 때 자기 자신을 포함 6명 지구의 선사시대 이후에 이후 선조시대에 있었고, 현대에 자기 자신을 포함 4명으로 태어났다가 죽은 분, 이와 같이 총 5분이 있었습니다. 이 5분 중에 한 분이 2번 행한 분도 있는 듯싶습니다.
치우 천황님은 육지 인류를 창조하면서 인류를 지구 전역에 퍼트리기 위해서 자기 자신 외에 9명으로 분열하여 자기 자신 치우 천황은 위 세계에 두시고 지구란 땅에 치우 천황을 두고 인류 문명의 창시자 치우 천황 외에 8분은 1째 복희씨, 2째 신농씨, 3째 염재씨, 4째 태우씨, 5째 재농씨, 6째 총논씨, 7째 손농씨, 8째 철홍씨 등으로 분열되어 지구 각 지역에 인류를 퍼트리기 위해서 한 명씩 길을 떠났다.
8명은 치우 천황이 계신 한(韓) 나라를 시작으로 1째 복희씨가 지금의 중국으로 2째가 지금으로 프랑스로, 3째 지금의 남아프리카로, 4째 지금의 미국 북부로, 5째 지금의 호주로, 6째가 지금 러시아로, 7째가 지금의 북 아프리카로, 8째가 지금 미국 남부로 인류를 퍼트리기 위해 떠났습니다.
이와 같이 한 명이 여럿으로 분열되는 경우는 공력도 있어야 하지만 공력 보다 큰 뜻이 있어야 하고 큰 뜻은 인류를 위한 큰 뜻을 가져야 가능하다. 인류의 창조 내지는 구원의 큰 뜻 없이 되지 않으며 인류 창조 내지는 인류 구원의 큰 뜻이 있어도 공력이 없으면 분열할 수 없다. 분열은 그냥 생기는 것이 아니라 수행으로 쌓인 공력이 있어야 가능하다. 그 외 분열이 가능한데 이는 인간으로만의 분열이 아니라 인간이면서 식물이나 동물을 분열이 가능하고 또한 인간이었다가 식물로, 또는 인간이었다가 동물로 태어나게 되는데 있는 공력이 있어야하기도 하지만 또는 뜻과 의지에 따라서 영혼의 세계 내지는 신의 세계에 자기 자신의 신이나 영을 두고 소원에 따라 식물로 태어나기도 하고 동물로 태어나기 한다. 이를 엄격하게 보면 분열이고 그냥 보면 윤회에 떨어지는 것으로 볼 수 있다. 윤회로 떨어지는 경우로 볼 경우 윤회의 몸을 받아야 함에도 영이나 신이 해야 할 일 내지는 맡은 소임이 있었는데 그 소임을 다하지 못했을 때 몸은 윤회의 몸을 받아야 할 경우 신이 소임 맡은 경우 내지는 신이 해야 할 일을 다하지 못함으로 윤회에 들어갈 수 없는 경우 영혼만이 윤회에 들게 됨으로 영혼만 있는 동물에 들 수가 있다. 육지 인류는 바다생물로 윤회하지 않는다. 그러나 바다 생물은 육지의 동물 내지는 식물로 윤회할 수도 있다, 이 경우에는 바다생물로 있을 때 공력이 어머어마할 때 바다생물에서 인간이나 동물로 윤회할 수 있다. 다만 바다생물에서 인간으로 태어날 수는 있어도 동물이나 식물로 몸을 받아 태어날 수는 없다. 인간으로 태어난 이후에 윤회할 경우에는 앞에서 말한 것과 같이 신이나 영은 신의 세계 영의 세계에 두고 혼만, 또는 영혼으로 윤회할 수 있지만 바다생물이 처음부터 동물 내지는 식물로 윤회할 수는 없다.

바다생물이 인간으로 환생하는 경우 바다에서 어머어마한 수행을 하여 인간으로 화할 수 있어야 가능하고 환생하지 않고 인간으로 태어나기 위해서는 바다생물로 있으면서 바다생물로 태어나도록 되어 있는 결계를 풀고 인간의 결계를 스스로 했을 때 가능하다. 그렇지 않은 경우에는 바다생물로 어머어마한 수행을 하여 영혼 내지 신의 세계에 올랐다가 인간으로 환생하는 경우가 있을 수 있다. 바다생물의 결계를 스스로 풀고 인간의 결계를 했을 때 수행함으로 점차적으로 인간으로 화하지만 결계를 풀지 못하고 결계를 바뀌지 못했을 경우에는 반드시 바다생물로의 생을 다한 다음에 인간으로 태어날 수 있다. 인간으로 태어나서는 다시 바다생물로 떨어지는 없으되 자기 자신이 바다생물로 태어나는 경우이나 바다생물에게 너무 많은 업을 지었을 경우 바다 인류의 통치자로부터 불림을 당하고 또 바다 인류의 통치자로부터 결계에 걸리어 인간의 몸을 받지 못하고 또 육지에 있는 동물이나 식물로 태어나지 못하고 바다생물로 태어나기도 한다. 이런 경우 바다생물로 살다가 바다에서 업을 다한 경우 바다 인류의 통치자로부터 결계가 풀려서 다시 인간으로 태어날 수 있다. 이 경우에는 깊은 곳에는 인간의 결계가 있고 위에는 바다생물의 결계가 쳐져 있다.

지금도 바다생물 중에서 육지 생물이 되려고 수행하는 바다생물이 있고 육지 생물 중에 인간이 되려고 수행하는 육지 생물이 있으나 옛날 아주 옛날 선사시대 이전 신선시대에는 초창기였기에 업이 가벼워서 쉽게 결계를 풀고 육지 생물이 되고 육지 생물에서 육지로 올라와 인간이 되었으나 지금은 너무 오래 되어서 업의 무게가 무거워 스스로 결계를 풀지 못하고 스스로 인간의 결계를 하지 못하게 되어 바다에서 육지로 인간이 되어 올라오는 바다생물이 없으나 예날 선사시대 이전 신선시대 후반에는 많았다.

그 당시 바다생물이면 육지의 인간이 생물들이 10여 종(種), 그 첫 번째가 조기, 2번째 명태 , 3번째 꽁치, 4번째 오징어, 5번째가 장어, 6번째 0상어, 7번째 갑오징어, 8번째 돌고래, 9번째 00상어, 10번째 열대어 치유야 11번째 열대어 뭐든지 먹어치우는 건데, 12번째 ....

치우 천황님은 한나라에서

보비명태초

1째 복희씨, 2째 신농씨, 3째 염재씨, 4째 태우씨, 남편 돌고래 5째 재농씨, 부인 00상어 6째 총논씨, 7째 손농씨, 남편 열대어 치유야, 8째 철홍씨 남편 열대어, 맹수같은 고기 이빨이 많고 기억이 안 난요? 바다생물보면 찾을 수 있나요? 작아요.
바다 생물에서는 총 12종이 인간이 되었고

육지에서는 총 28종이 인간이 되었습니다.
1번째 사자, 2번째 고양이과 지금은 멸종되었고, 3번째 치타타잔, 4번째 원숭이과 고릴라. 5번째 원숭이과 목긴 원숭이, 6번째 원숭이과 손긴 원숭이, 7번째 원숭이과 여우원숭이 숫놈, 8번째 원숭이과 새우원숭이, 9번째 원숭이과 여우원숭이 암놈, 10번째 원숭이과 철야서 원숭이, 11번째 원숭이과 겨우살 원숭이 멸종(흔적이 남아프리가 땅 속 깊이 1200m 아래에 흔적이 있음,) 12번째 고릴라(이건 그냥 고릴라) 암놈, 13번째 설농(선사시대에 까지 존재했던 동물로 멸종, 흔적이 남아 있음 남아프리카 당 속 깊이 1800m에 있음), 14번째 설농여자란 동물(선사시대 이후에 조금 있다가 멸종 흔적도 없음), 15번째 설롱여자란 동물(흔적이 없음), 16번째 여롱(멸종되어 흔적도 없음), 17번째 호랑이, 18번째 살쾡이, 19번째 여우, 20번째 사자(1번 사자있는데 그 사자와 다릅니다, 1번 사자는 선사시대 사자이고 이 사자는 선사시대 이후의 사자입니다) 21번째 고래(바다고래 아닙니다. 육지에 고래가 살았었는데 업이 무거워 바다로 가서 돌아오지 못하고 바다생물이 아니라 바다동물이 된 것입니다. 바다에는 동물이 2종류있는데 그 두 종류 중에 하나가 고래이고 또 하나가 고래과에 속하는 00000000입니다.) 22번째 닭, 23번째 뱀중에 뱀 용입니다. 용은 인간된 이후 자취의 흔적도 없이 사라졌습니다. 용이 흔적도 없이 사라진 이후는 용이 인간이 되면서 점차적으로 용들이 인간으로 화하여 용이 사라진 겁니다. 예전에 선사님께서 108번째 조상까지 천도할 때 46인가 46번째 조상을 천도할 때 용이 있었잖아요 그 분들이 이 분들입니다. 지금 천도할 때 용을 보시는 것은 그 이전에 용들입니다. 그 전에 용들이 지금까지 영적존재로 있으면서 천도를 못 받고 있어서 영적존재로 살면서 알 낳고 새끼 낳고 그러고 19단계 맑고 깨끗한 세계로 여의주를 물고 지금도 올라갑니다. 다만 인간의 눈으로 보지 못할 뿐 지금도 용은 영적존재로 존재하고 있습니다. 24번째 구렁이, 25번째 살모사, 26번째 용입니다. 아까도 용이었잖아요. 그 용과 이 용은 다릅니다. 아까의 용은 선사시대 이전의 용이고 이 용은 석기시대의 용입니다. 용이 사라지고 영적존재로 존재하기 시작한 것은 석기시대 이후부터입니다. 석기시대 이전에는 용이 있었습니다. 이 말은 석기시대에서 인간으로 화한 것이 있다는 말이네요. 예. 지금도 그렇게 할 수 있습니다. 결계를 풀고 결계를 걸면 그와 같이 됩니다. 그렇게 할 수 있는 분이 지구에 현재 단 한 분계십니다. 본인은 모르는 척할 뿐입니다. 27번째 거북이 거북이가 어떻게 육지동물로 인간이 되었나요? 본디 거북이는 바다생물이 아니라 육지동물입니다. 그런데 그 업이 무거워서 육지와 바다에 동시에 살게 되었습니다. 육지보다는 바다에 더 오랫동안 살게 되는 업을 받았습니다. 그래서 바다 인류에서도 바다생물로 보지 않고 지금도 육지 동물로 보고 있습니다. 바다 인류의 통치자님 예 맞아요? 예 거북이는 바다에 살면서도 저의 통치를 받는 게 아니라 육지의 통치를 받습니다, 그러한 이유가 바로 바다생물이 아니라 바다동물이 아니라 육지 동물이기 때문입니다. 누구야? 나 거북이 치우 친구...근데 아직도 못가고 있어 그래 어떻게 보내줘? 너 요즘 칭송하더만 너의 칭송으로 알았어.

칭송 칭송 친구 칭송
어허 딸랑 어허 딸랑
고름고름 정말싫어싫어 어허 딸랑 어허 딸랑
친구 칭송 칭송
어허딸랑 어허딸랑 칭송칭송
칭송칭송칭송 칭송
깃발을 들고서 칭송칭송칭소
어허딸랑 어허딸랑 깃발을 들고서 어허 딸랑 어허딸랑
칭송칭송칭송칭송
고마워 나 왔어

어! 네게 다시 가래 왜 너 이미 천지창조 의식 끝냈다고 인연판이 다시 짜여져서 그와 함께 네 몸의 세포가 되어야 한데, 네가 못가서 네 관절 오른쪽 안쪽 탁함 신이 못간 이유가 나 때문이기도 해

내가 들어가면 갈 거야. 고마워. 나도 이렇게 너와 함께 있어서 너무 좋아. 고마워)

28번째 뱀종류, 코보라, 또 있나요? 예. 하나 더 있습니다.

29번째, 뱀종류입니다. 독사 중에 독사 흑사입니다. 흑사가 인간이 된 마지막입니다.

사타구니에서 꿈틀거리고 있는 너는? 너라고 할아버지보고.. 예. 할아버지요. 그래 네가 네 할아버지다. 언제의 할아버지 단군할아버지 그래 내가 단군할아버지다.

치우 천황이전에 단군이 있었나요? 아니다 친우 이후 복희씨 이후, 내가 자세하게 알려주마.

초대 인류로는 **인류의 창시자** 치우 천황님이 계시고

2대 인류의 창시자 치우천황님의 분열 8분, 1째 복희씨, 2째 신농씨, 3째 염재씨, 4째 태우씨, 5째 재농씨, 6째 총논씨, 7째 손농씨, 8째 철흉씨가 있었고

3대 인류 창시자로 나 단군이 있었다.

나 단군은 인간으로 태어나기 위해서 흑사로 있을 때 수행을 어마어마하게 했다. 흑사이었을 때 수행력으로 인간이 되었다. 인간 단군이 되었다. 지금 한국에 단군 신화를 이야기할 때의 단군이 바로 나다. 나는 곰이 아니라 흑사다,

독이 가장 많으면서 독을 품어 내지 않고 생기는 모든 독을 내 스스로 삼키면서 수행해서 그 독을 지금 자네가 독으로 공력을 키운 것과 같이 공력을 키워서 인간이 되었다네. 제가 수행할 때 독으로 공력을 키웠나요? 아니지. 원로 분들의 업과 독을 먹고 정화하는 것과 같이 그렇게 해서 인간이 되었지. 보통 공력으로 되지 않는 것과 같이 나도 죽음을 각오하고 내 독을 삼키며 내 독으로 공력을 쌓아 인간이 되었지. 어찌 단군할아버님께서 저에게 할아버지라고 하시는지요? 한국 사람은 모두 다 나의 후손이니 할아버지라고 한 것이지. 할아버지 할머니는 누구였나요? 할머니가 곰이었지 정확하게 말하면 곰이 아니라 고릴라 곰같은 고릴라. 할머니 역시 고릴라로 어마어마한 수행을 하여 공력이 대단했지. 내가 먼저 인간이 되었고 내가 인간이 된 것을 보고 고릴라 2번째 식물

쑥과 1번째 식물 마늘 이 두 가지를 가지고, 이 두 가지만을 먹으며 동물에서 나오지 않고 수행 정진하다 인간이 되었지. 한 일년 가까이 수행하고 인간이 되었지. 인간이 되어서 아이를 낳았는데 4명의 아이를 낳았지.

첫째가 복희씨, 2째가 염재신농씨, 3째가 환웅, 4째 치우 천황이란다. 복희씨는 북아프리카로 염재신농은 아시아 거기가 어디지 지금은 그 당시는 염농이어서 연재를 보낸 건데 고릴라도 있어요? 묻으시는 것을 보니 할머니도 계신 것 같아서 옆에 있어. 할머님의 존함은 나는 염제, 그러면 단군과 염제가 결혼해서 4분을 낳으신 거네요. 그렇지. 넷을 낳고 4명을 각각 멀리 보냈지. 우리는 이곳에서 살테니까. 너희들은 멀리가 저마다 각기 흩어져서 저기에 있는 바다생물을 공부시켜서 가정을 꾸려서 인간을 번창시키라고 하며 보냈지.

단군할아버지가 총기 흐려져서 그러는데 복희씨는 북아프리카로 보낸 것이 아니라 지금의 중국 북쪽으로 보냈고, 2째 염재신농 예는 내 이름을 타고 신농이란 친한 친구의 이름을 타서 염재신농이라고 지었지. 친구라니요. 사실 그 당시 동굴에서 나 혼자만 수행한 것이 아니라 우리는 둘이서 수행했지. 둘다 고릴라 그래, 나는 여자였고 그는 남자였으며 고릴라였을 때 친구였는데 그는 1년을 견디지 못하고 동굴을 빠져나가서 인간이 되지 못하고 인간이 되지 못했지만 나에게 동굴에서 나오지 못하게 하며 산마늘과 쑥을 가져다 주셨지. 그분은 끝내 인간이 되지 못했지만 지금 옆에 있지. 네가 어마어마한 수행력으로 어마어마한 공력으로 천지창조 의식을 했다고 해서 누구인가? 확인도 할 겸 그런 사람이 있을 수 있을까? 싶어서 찾아왔지 찾기 시작한 지 1년 가까이 되었는데 이제야 찾아온 거지 아까 성현이 것들 정리할 때 그 주변에 있었는데 못 보았지. 예. 명료(明了:밝음이 완성되는 지구 상에 가장 좋은 과일 가장 중에 2번째 과일이지.) 과일과 대화가 가능해야 먹을 수 있고 먹는 방법도 과일에게 물어서 먹어야 하고 싫어하는 과일을 따오면 모두 다 독이 되는데 그 독은 치명상이지 그 명료나무 속에 있었지 숨어 있었어. 그리고 먹힐 사람 중에 한 사람에게는 분명하게 상처를 내가 원하는 대로 이루어지는 어떻게 보면 좋은 만큼 여러 가지 결계를 걸어놓았지. 그런 소리를 들으며 대화하고 대화하면 한 분이라도 빠질까? 조심조심 물으며 떨어진 것은 또 안 되는데 그런 것까지 원하면 탈 없도록 조심하며 원만하게 이루어지도록 하며 명룡관(明龍冠)풀을 채취한 뒤에, 안 오지 않을까 싶어 걱정을 하기는 했는데 상처가 나지 않으며 붙어서 갈 수 없게 금강석 같아서 명료를 알게 해주고 명룡관풀을 물었을 때 알려주며 오게 했는데 명료과일을 따다가 난 상체에 붙어서 왔지. 정말로 우리들에게는 스릴이었지. 그리고 이 글을 언제 쓰나 하고 기다렸지. 오래 전부터 오른쪽 골반 속에 강원도 놀러갔을 때 이렇게 공부가 될 것으로 알고 그대 들어와서 지금까지 기다렸지 약 7-8년 전 일이지? 정확하게 8년 6개월 15일입니다. 할머님 그래 내 기억력이 보통이 아니거든 지금 보니. 넌 기억이 지워져서 없고 그냥 스캔해서 읽거나 위 세계의 정보를 스캔해서 이야기하다니 이럴 수도 있나 싶다. 인간으로...놀라운 뿐이다. 그러니 천지창조 의식을 했겠지. 내가 알기로는 천지창조 의식은 우리의 고조부님 정도 되시는 인류의 최초 창시자 치우천황 할아버지 밖에 없는데, 내가 어떻게 내 후손이 이와 같은 것을 하다니 자랑스럽다. 기쁘기도 하고 우리를 구해줄 수 있는 자는 너 밖에 없는 것 같아서 너를 힘들게 지금까지 했지만 오늘은 너를 통해 저 위 농경시대로 올라가야 하는데 될지 모르겠구나. 새벽에 네가 농경시대를 밝히는 것을 보고는 우리가 쾌재를 불렀단다. 우리는 그곳이 본향이어서 그곳으로 돌아가야 하는데, 거기는 고사하고 지금까지 지구상에 지구의 역사 이래 고조부님 되시는 치우천황님 밖에 없었는데...고조부님인 치우 천황님은 지구에 내려와 결혼을 했나요? 아니 했지. 공력이 어마어마 무지무지하셔서 스스로 10분으로 분열해서 모든 지구를 완성하셨지. 지구를 천지창조하셨지. 한문도 그분이 만드셨고 한글도 그분이 만드셨지. 한문을 만들게 된 동기는 만들어 놓고 만들어 놓은 결계를 풀고 놓기 위해서 만들어놓은 것들의 모양을 따서 만들어 놓은 것을 1800가지에 넣음으로 해서 1800자의 한자가 만들어졌고 1800자의 한문에는 이들의 결계가 숨어 있어서 이 결계를 풀면 1800모양의 결계가 하나하나 풀 때 마다 풀려나게 되어 있지. 결계 때문에 만든 것이 한문이고 한글은 나무들에게 결계를 걸어놓았는데 나무들이 우리들은 나무의 소임을 다하여 죽으면 스스로 고향으로 돌아가게 해달라는 부탁을 받고 나무들이 죽으며 스스로 본향이나 고향에 돌아가도록 만들다보니 나무들의 소원을 들어주다가 결계를 만들어 보관한 것이 오늘날의 한글이 되었습니다. 2015. 09. 13 20:42

나무에게 걸어놓은 결계의 순서를 보자면 이와 같습니다.
한글의 초창기 고어를 가지고 해야 하는데 잘 될지 모르겠습니다. 어쩌거나 단군할아버지와 단군 할머니는 가시고 그래서 흑사들의 존재는 모두 다 가시고 흑사와 너무도 가까운 흑사의 부인과 남편 같으신 백사들도 모두 다 가시고 이제 저희들 나무들 차례인 듯합니다. 단군 할머님의 후손 고릴라는 아직 순번이 되지 않으니 내가 끝나고 나면 가려고 할 겁니다.
지금의 한글 자음과 모음을 가지고 최대한 고어를 살려서 해보도록 하고 저희들도 하겠습니다. 나무들이 쉽게 고향으로 돌아가게 해 주셨음에도 그것으로는 부족해서 가지 못한 저희들이 이와 같이 많이 남아 있기 때문에 세종대왕님 집현전을 통해 신00님을 중심으로 여러 대신들과 연구해서 재정립하게 해서 오늘날의 한글 창시가 되었습니다.
한글 창시는 세000님의 지시 하에 신00님께서 재정립하셨고 그것을 세000님이 공포하신 것이지요. 어떻게 보면 한글 창시자는 신00님이라고 보시면 됩니다. 그럼 신00님은 어떻게 한글을 재정립하는 계기가 되었고 또 한글을 재정립하자는 거의를 세종대왕님께 드렸느냐고 한다면 치우 천황님께서 우리들에게 거신 결계를 혹시라도 잊을까 적어 놓은 것을 우연히 발견하고 그것을 토대로 오늘날의 한글이 되게 한 만들게 된 동기가 되었습니다.
우리들(나무)이 본래의 고향으로 돌아가려니 별거 다 해야 하는 입장이 되었습니다. 이것을 하지 않으면 우리는 또 본래의 고향으로 돌아갈 수 없습니다. 왜냐하면 저희 나무들에게 결계를 걸어놓으시고 혹시라도 다 못한 분들이 있을까 하셔서 그리고 나중에 나무에게 걸은 결계를 적어 놓았음에도 없어질 것을 염려하여 걸어 놓은 결계로 올라오지 못하시는 분 그 동안에 있는 모두 결계를 소상히 밝힌 연후에 새로운 결계를 만들거나 아니면 공력으로 보내주겠다고 하셔서. 그와 같이 결계가 걸려 있어서 말씀드리지 않을 수가 없고 모두 다 말씀드린 후에 새로운 결계 내지는 공력으로 우리를 위해서 본래의 고향으로 올려주시면 되겠습니다.

문제는 우리들에게 결계를 걸어놓았던 것이 한글 자음 모음에 없다는 것이 표현하는데 약간 문제가 있겠으나 최대한 표현하여 드러나도록 하겠습니다. 그러고 보니 없어진 이유도 있네요. 없어진 것은 성00님이 없애신 것입니다. 그것이 있으면 한글이 지금보다 더 한문을 쓰지 않아도 충분하게 되었을텐데 본래 있던 것을 일부 성00님이 없애서 없어진 그것 때문에 한문을 쓰지 않으면 안 되게 되어 있습니다. 그래서 한글만 쓰면 절대로 표현이 되지 않는 것들이 그래서 있는 겁니다. 성00님께서 없애지 않았다면 세계 만통어가 되었음에 부족함이 없었을 겁니다. 성00님 왜 없애셨나요? 이 아픈 것은 그곳에 성00님이 계신데 이분들의 말씀을 듣고 뇌(잘못)을 뉘우치시길 때문에 그 괴로움 때문에 선사님의 세포의 하나가 된 성00님이 괴로워하니 그곳이 그분으로 하여금 통증이 전해져서 그렇습니다. 여기서 뇌가 이렇게 밖에 쓰지 못하고 잘못이 되어야 하는데 뇌가 되어 머리 속의 뇌로 밖에 표현을 못하게 된 것입니다. 참으로 안타까운 일입니다. 얼마나 과학적이고 어마어마한 법과 질서가 그 안에 있는 위 세계의 모든 법을 파괴한 것과 진배없는 일을 하신 것입니다.

저도(성00) 할 말이 있습니다. 해보십시오. 우리들이 한문을 얼마나 많이 공부했고 또 사대부에게 한문을 공부했는데 그것이 나오면 한문이 아무 쓸모없게 되는데 어떻게 그것을 없애지 않을 수 있었겠습니까? 없애야만 사대부가 살고 대신들이 살기 때문에 사대부를 위해서 없앴습니다. 저의 영달이라기보다는 그 당신 영반들을 위해서 죄인지 알고 행한 것입니다. 없앤 것이 아니라 감춰놓은 겁니다. 지금도 찾으려고 하면 찾을 수 있지 않을까? 싶습니다. 제가 저술한 책 중에 훈민보호서란 책이 있습니다. 이것이 지금 서울대 책보관 창고 속에 보관되어 있는 것으로 압니다. 그 책 속에 하나하나 감춰놓았습니다. 없어진 것은 그 안에 다 있습니다. 이것 찾아올 수 있는 분들...나무들에 있어야 합니다. 제가, 누구? 나무 호랑이 소나무입니다. 책을 가져오지는 못하지만 이곳서 읽어볼 수 있게는 할 수 있습니다. 그러면 가져와서 이야기하기로 하지요. 근방 갔다 오겠습니다. 저기 바로 옆입니다. 여기 있습니다. 훈민보호서가 아니잖아요. 훈민숨김서잖아요. 이게 어떻게 훈민보호서입니까? 한문을 많이 공부하셨다는 분이 일부로 그러는 겁니까? 아닙니다. 우리는 그렇게 배웠고 그렇게 읽고 썼습니다. 이게 어떻게 된 것인지 살펴볼래요? 그것은 그 당시 그와 같이 사대부들이 쓰고 읽고 배운 게 맞습니다. 어떻게 이렇게 크게 변질되었지. 그것은 중국에 한문을 만들었다고 하는 이설이 그렇게 변질시킨 겁니다. 한문도 치우 천황님이 지구에 내려와 지구를 지상낙원으로 만든다고 만들어 놓고 혹시라도 흩어질까 혹시라도 무너질까? 흩어지고 무너지면 다시 세우거나 원상복구하기 위해서 그 모형들을 만들어 작게 최소로 만들어 보관한 것이 한문인데 그것을 이설이란 분이 그것을 발견하고 발견한 그것을 그와 같이 쓰고 번역해서 그런 겁니다. 여기 이설있습니까? 이설님, 이설님...없습니다. 그분 선사님 주변에 있습니다. 지금 인간의 몸으로 주변에 있습니다.

000이분이 예 맞습니다. 그분 지금은 기억에 없지만 무의식 속에 있습니다. 저번에 무의식을 지워서 아 그 부분 남아 있네요. 선사님이 그분의 무의식과 대화해 보세요. 이설님 이설님, 왜요. 왜 이리 작게 불러요. 멀어서 그런가요? 아닙니다. 소리를 키우세요. 예 잘 들리네요.

이설님은 지금 이분의 무의식 안 선사님이 얼마 전에 밝힌 무의식의 눈에 들어가는 초입에 있습니다. 먼 전생이 아니기에 이곳에 있습니다. 왜 저에게 지금 한문에 대해서... 먼데요? 한문 내가 창조했지요. 창조한 것 맞아요? 예 어디서 비슷한 것 발견해서 그것을 가지고 재정립한 것 아녀요? 누구세요. 왜요? 누구시길래... 아무도 모르는 그런 사실을 아세요. 발견 원본의 주인은 아니지만 원본의 주인을 잘 아는 나무입니다. 예 맞아요. 정리만 했지 만든 건 아니지요. 이렇게 밝혀지니 부끄럽네요. 창안했다고 말한 네가...그런데 왜 이것을 이와 같이 정리해 놓아서 숨김이 보호가 되었지요. 아 그거요, 그렇잖아도 그것 때문에 고민 많이 했었습니다. 왜냐면 숨긴다는 것이 몰래 감추는 것이기는 해도 어떻게 보면 보호하기 위해서 숨기는 것이니 보호는 앞이고 숨김은 뒤에 있기에 뒤에 것보다는 앞에 것이 맞다 싶어서 고민 고민하다가 그와 같이 정리하였습니다. 이것을 그렇게 해서 이와 같이 된 것입니다. 훈민보호서라고 해서 보니 훈민숨김서라고 결국은 훈민보호서에 숨김 것이니 훈민숨김서에 숨긴 것을 찾으라고 그렇게 될 수도 있겠네요. 정말로 묘하네요. 예, 알았습니다.
성00님! 예, 이것을 어떻게 하면 좋겠습니까? 찾아서 거기서 되살려서 한글이 제대로 쓰였으면 좋겠습니다. 그래서 세계의 지구 인류의 만통어가 되어 하나로 서로 다 소통되면 좋겠습니다. 어디어디 숨겼는지 아세요. 지금 다 기억할 수는 없지만 찾아보면 알 수 있을지 모르겠네요. 20개를 숨긴 것으로 압니다. 자음 8자 모음 12자 그렇게 숨긴 것으로 아는데, 한 번 찾아보겠습니다. 다음으로 넘어갈까요? 이것을 찾아야 합니다. 그래야 이것과 함께 저희들도 위로 올라갈 수 있습니다. 시간 얼마 걸리지 않을 겁니다. 다 찾은 듯싶네요.
6쪽 18번째 줄에 여기서 표기할 수 없네요. 비슷하게 표기하겠습니다. ㅡ 아래에 ... 점 세 개
56쪽 4번째 줄 여기도 표기할 수 없네요. 비슷하게 표기하겠습니다. ㅣ 우측으로 위에서 아래로 균등하게 위치 잡아 점 3개, 79쪽 8번째 줄 이것도 표기할 수 없습니다. 비슷하게 ㅡ 아래에 ㅠ 붙인 자, 88쪽 6번째 줄 이것 역시, 없앴으니 없는 것 당여하니 이제 그냥 하나하나 해가세요. 예, 88족 6번째 줄 ㅡ 오른쪽으로 붙이되 ㅡ 을 아래쪽에 두고 ㅐ을 붙인 자, 89쪽 8번째 줄 손톱모양인데 이것은 표현할 방법이 없네요, 달로 표현하면 되잖아요 초승달 모양의 글자 103쪽 2번째 줄 어허둥둥인데 이것도 표현할 수 없는데 나무잖아요. 아~ 예 나무 목 木 위에 부분만 없는 자입니

다. 이상 모음을 없앤 것이고 7자인데요. 그래요. 한자가 어디인지. 가만히 더 살펴보자. 아 여기 있네요. 109쪽 6번째 아 이것도... 그것도 나무에서 보면 木 오른쪽 아래로 뿌리 내린 듯한 것이 없는 자입니다. 이상 8자 모음이고요

자음 2자는 이 책에 없습니다. 자음 12자는 다른 곳에 있는데 그 책은 소실되어 없습니다. 그 책의 이름은 성0문 문집인데 간략하게 서술한 책이었습니다. 문집이란 이름하에 간략해서라도 숨겨놓으려고 한 것입니다.

제가 다 기억할 수 있을지 모르겠지만 최대한 기억해 내도록 하겠습니다. 혹시라도 틀리거나 잘못된 부분이 있으며 나무님들께서 알려주시길 부탁드립니다.

없앤 자음 12자는

1번째, ㅏ 에 ㅕ오른쪽 옆에다 붙인 글자이고

2번째 자음은 ㅗ 아래쪽에 ㅠ 를 붙인 글자이고

3번째, 자음은 ㅕ 에 ㅕ 를 오른쪽에 붙인 글자이고

4번째, 자음은 ㅜ 에 ㅕ를 오른쪽에 붙인 글자이고

5번째, 자음은 ㅠ 에 ㅗ 를 아래쪽에 붙인 글자이고

6번째, 자음은 토 에 ㅕ 를 붙인 글자이고

7번째, 자음 ㅠ 에 ㅠ 를 오른쪽 옆에 붙인 글자이고

8번째, 자음 ㅠ 아래쪽 ㅣ를 하나 더 붙인 자에 ㅕ 를 붙인 글자이고

기억력 좋네요. 그러게.. 우리들도 기억할까 말까한데...역시 성00은 성00일세.

9번째, 자음 ㅠ 아래쪽 ㅣ를 하나 더 붙인 자에 ㅠ를 아래에 붙인 자이고

10번째, 자음 ㅠ 아래쪽 ㅣ를 하나 더 붙인 자에 ㅕ 를 오른쪽 옆에 붙인 자이고

11번째, 자음 토에 오른쪽에 ㅠ를 붙인 자이고

12번째, 자음 성 아래쪽에 ㅠ를 붙인 자입니다. 이상 12자입니다.

이와 같이 모음 8자와 자음 12자를 없애면 한글을 아무리 잘 재정립해도 한문 없이는 쓸 수 없겠다. 생각이 들어서 숨긴 것입니

다. 나중에라도 이것으로 인하여 죄 받으면 어쩌지? 그런 생각에 차마 다 없애지 못하고 책에 숨겨 후손에게 나중에라도 밝혀 드러내게 하려고 했는데, 하나는 남고 하나는 소실되어 걱정했었는데 이와 같이 밝힐 수 있어서 너무너무 좋습니다.
속이 다 후련합니다.

이제 저희 나무들이 나머지는 설명하도록 하겠습니다.
치우 천황님이 저희들에게 결계를 걸어서 나무로 만드셨을 때 우리들은 치우 천황님께 수명이 다하면 본래 고향으로 돌아가게 해달라는 부탁을 거절 못하시고 총 48자를 만들어 우리들, 나무들에게 결계를 걸어놓았습니다. 지금 성00님께서 말씀하신 없앴다는 20자를 뺀 28자를 가지고 신00님이 최선을 다해 이상하다이상하다 더 있어야 하는데 그러면서 재정립한 것이 오늘날의 한글 모음과 자음입니다. 예. 맞습니다. 있어야 하는데 없어서 애를 많이 먹었고 그것 때문에 재정립하는데 오랜 시간이 걸렸습니다. 지금 보니 저것이 있었으면 너무 쉽게 재정립할 수 있었지 않았을까 싶네요.
모음과 자음은 결재의 순서입니다. 치우 천황께서 모음을 만드시고 나서 부족한 것을 채워서 부족함이 없도록 만든다고 생각해 내신 것이 자음입니다. 그래서 모음은 본래의 뜻을 가지고 있고 자음은 간다, 돌아간다는 뜻을 가지고 있습니다. 또 모음과 모음이 만나서는 합쳐지는 합궁이 되어 한 몸이 되어 올라가도록 만들었고 모음과 자음이 합쳐서는 몸을 좋아하는 몸이 본래 가지고 있는 뜻의 성, 섹스를 좋아하도록 만든 뜻을 담아 섹스하다의 뜻을 담아 좋아하도록 하고, 자음과 자음이 만나서는 몸이 좋아하도록 만든 섹스를 잊고 본래의 고향으로 돌아가라는 뜻을 담아 만든 것입니다.
이는 단순히 만들어진 것이 아니라 여기에는 우주의 원리가 숨어 있고 우주의 변천사와 우주의 법과 진리가 있습니다. 우주의 법칙과 법규도 조금은 담겨져 있습니다. 우리들이 결계에 걸려서 우주의 원리나 우주의 변천사 내지는 우주의 법과 진리, 법칙과 법규를 혹시라도 잊을까? 잊으면 안 된다는 생각에 이것을 총집결시켜서 만든 것이 한글입니다. 그래서 선사님께서 결계를 풀 때 결계속에 한글이 있는 것도 결계를 걸 때 이미 모음과 자음이 만들어졌고, 또 한글을 썼습니다. 지금처럼 쓴 것은 아니지만 아주 간단하게 썼습니다. 그래서 결계에 한글이 들어가 있는 것도 그 이유 중에 하나입니다.

한글의 모음과 자음에 어떻게 주의 원리나 우주의 변천사 내지는 우주의 법과 진리, 법칙과 법규가 나열되어 있는지 모음과 자음을 통해 말씀드리겠습니다.

보통은 모음이 먼저라고 생각하는데 모음이 먼저가 아니라 자음이 먼저입니다.

이상하게 생각하겠지만 모음은 본래의 뜻이고 자음은 본래에서 떨어져 나온 자식이란 뜻으로 모음과 자음으로 나누었고, 모음으로 본래의 고향으로 돌아가게 하려고 모음에 자음을 붙임으로 떨어져 자온 자음을 본래의 고향에 있는 모음에 붙임으로 본래의 고향으로 돌아가도록 만든 것입니다.

만들기는 본래 고향 모음에 떨어져 나온 우리들 자음을 붙여서 본래 고향으로 돌아가게 하는데도 그냥 돌아가라고 해서 돌아갈 수 없으니 여기에 우주의 원리, 법칙, 법규, 그리고 법과 진리를 순리에 맞게 넣어야 우주를 조금도 손상하지 않도록 하고 또 자기 자신도 손상되지 않고 본래의 고향으로 돌아갈 수 있도록 하기 위해서 이 한글에는 우주의 법과 진리, 원리, 법칙과 법규를 넣지 않으면 온 곳으로 되돌릴 수 없기에 꼭 넣어야 했고 꼭 넣어서 되돌아가도록 하기 위해서 밤낮을 심여를 기울여 만든 것이 한글입니다.

나무들의 본래 고향은 지구에 존재하는 모든 나무들의 고향은 총 20세계입니다. 본래 고향 총 20세계를 위 세계에서부터 먼저 순서를 정하여 내려온 곳이, 위 세계에서 아래 세계로 순서대로 나열한 것이 ㄱ, ㄴ, ㄷ, ㄹ, ㅁ, ㅂ, ㅅ, ㅇ, ㅈ, ㅊ, ㅋ, ㅌ, ㅍ, ㅎ,

성00님이 숨긴 8자 ...

ㅣ 우측으로 위에서 아래로 균등하게 위치 잡아 점 3개있는 자,

ㅡ 아래에 ㅠ 붙인 자,

나무 목 木 위에 부분만 없는 자, 이와 같이 17세계와 3개의 세

계, 3개의 세계는 말하면 큰 일 나는 세계라 함구하시고, 지금도 말하면 큰 일 나는 세계이기 때문에 지금도 말을 못합니다. 근영 무상시 칠통 조규일 선사님은 이미 그 세계에 올라가셨는데, 말해도 되는지 모르겠습니다. 그 분들께 여쭤봐 주세요. 지금도 안 된답니다. 사정을 하면 그러면 어쩔 수 없는데 밝혀지면 세상이 뒤집어 질 수 있기 때문에 혼자만 알아야지 밝히면 안 된답니다. 경망스러워서 안 되는 것 같습니다, 가장 신성해야 하는 세계이면서 자칫하면 경망스럽게 되기 때문에 넣을 수가 없었답니다. 돌아가지 못한 우리들은 그 3세계로 돌아가지 못한 나무들입니다.
이런 세계가 정말로 위에 있습니까? 있습니다. 선사님이 너무 빨리 올라오셔서 보지 못하시고 그냥 지나치셨지만 그런 세계가 있습니다. 신성시 되어야 하고 어떻게 보면 가장 아름다운 세계인데도 자칫 경망스럽게 해서 부정이 타거나 또 그것을 알고 경거망동하게 되면 그 죄가 너무 무거워서 넣는 것보다는 안 넣는 것이 좋다고 생각해서 넣지 못하고 여기까지만 밝혀 놓은 것입니다. 그러셨군요. 그래서 이분들이 이와 같이 지금 여기에 있는 것이기도 합니다. 이는 치우님은 그것도 그분들의 업이 아니겠느냐 하며 밝혀 놓으려고 하셨으나 절대로 안 된다는 이 3세계의 엄중한 뜻에 순응하여 밝히지 않았습니다. 그리고 또 이 세계에서 나무에 결계를 걸린 분들 역시도 이러한 사실을 아시고 결계에 걸리도록 하여 나무가 되고 지금까지 기다려야 했습니다. 나중에 또 이와 같은 일이 일어나지 않겠습니까? 이제 관련된 나무들은 다 죽어 멸종되었고 지구에 살아 있는 나무들 중에는 이제 없습니다. 염려하지 않으셔도 됩니다.
이것까지 감안해서 치우 천황님이 한글을 만드셨고 그럼에도 이분들을 본래의 고향으로 돌아가지 못할까? 해서 다음에 내려가서 올라오게 하되 이러한 사실들을 확연히 전하지 않으면 올라오지 못하도록 해놓았기 때문에 지금 이와 같이 말하고 있고 또 본래의 고향으로 올라오기를 갈망하고 있는 것입니다.
우리는 이제 지구에 나무로 있는 분들이 단 한 분도, 어! 저기 있네요. 어쩌지요. 저분 단 한분 남았는데, 살아 있네요. 수천억년을 어떻게 살았지요. 하루에 물 한모금도 제대로 마시지 않고 사람이 되려고 했는데 결국 못하고 나무 신선이 되었지. 인류 신선은 구했으면서 나무 신선이 얼마나 많은데 나무 신선들은 구해주지 않는지. 이참에 말하고 우리 나무신선들도 위로 올려달라고 몸을 다시 나무로 한 거라네. 저번에 신선 보내는 것 보니 쉽게 보내시던데, 우리 먼저 그와 같이 보내고 하시면 안 되겠습니까? 얼마나 되시는지요? 어마어마하지 인간은 쨉이 안 되지. 그래도 시스템보니 근방될 것 같은데, 어때? 나무들 중에도 신선이 되신 분들이 있답니다. 몇 분이나 되시는지 물어봐 줘요? 얼마나 되시는지요? 9억9천668명입니다. 늘 점호를 치니까 숫자가 근방 나오네. 이곳에 대장님은 저기 총 책임자는 저입니다. 지금 어디에 있습니까? 당연히 한국에 있지요. 남한에 남한 어디? 거기까지는 선사님은 아세요. 아! 예, 그 비경 우리들이 만들어놓은 겁니다. 저번에 누군가? 저요. 어떤 비경보니까? 저거 내가 만든 것인데...들었을 겁니다. 위 세계분인지 알았는데, 아닙니다. 그렇게 가장한 거지요. 워낙 위 세계 분들에게 친절하고 잘 하시기에...어떤 분이신지 살펴보기 위해서...아 예 그렇습니다. 지금 여기에 있어서. 그 세계분은 맞고요? 예 맞습니다. 다른 건 다 진실입니다. 지금 몸에서 하는 것도 예, 단 위 세계에 올라갔다 온 것이 아니라 나무의 신선으로 한다는 것이 다를 뿐입니다. 그러면 나무의 신선님들은 어디까지 올라갔다 내려갔다 마음대로 할 수 있습니까? 환조선까지는 가능합니다. 다만 그 이상의 위 세계는 올라갈 수 없습니다. 인간 최초 신선이 56단계 안에서만 왔다갔다했던 것으로 보면 매우 높지요. 그래도 인간의 신선으로 사는 것이 괴로웠던 것과 같이 우리들도 그렇습니다. 그래서 이번에 올려주시면 이제 오지 않으려고요. 다른 나무님들에게 물어보고요. 다른 3세계의 나무님들이 기다리고 있으니. 당연히 그러셔야겠지요. 나무들님 생각은 어떠세요. 글쎄요. 이중에 통치자분 계세요. 통치자는 없고요. 인솔자는 있습니다. 의견수렴해 주세요. 의견 수렴되었답니다. 어떻게 먼저 보내주십시오. 우리는 소임하기도 바빴는데 저분들은 공부해서 신선까지 되셨는데 당연히 먼저 보내드려야지요. 전부 다 동의하신 거지요. 예 저기 불만이 조금 있는 것 같은데, 있는데 나중에 시간이 허락되면 하겠습니다. 그러면 모두 다 먼저 올라가시라고 동의하신 겁니다. 양보해 주신 겁니다. 예,
인솔하시는 분은 맨 나중에 올라가시고 자 저 위에 올라가시면 맨 위까지 가실 겁니다. 이미 그곳에 모든 것들이 만들어져 있습니다. 올라가시면 안내하는 분이 있을 겁니다. 편안히 지내십시오. 자 저기에 올라타고 가십시오. 예, 고맙습니다. 지금 보이는 것은 그와 같이 하고 있었습니다. 아 예, 내가 가면서 모든 권한과 공력드리고 가겠습니다. 구해주셔서 감사합니다. 고맙습니다. 다 올라가셨어요? 예, 왜 다 왔는데, 여기야. 몸이잖아! 어디에 자리 잡으셨나요? 이곳입니다. 여기면 그러면 이분이 천지창조의 의식을 행하고 마무리 단계에 있다는 말인데? 누구신지 물어도 되요? 근영무상시칠통 조규일입니다. 우리가 강원도에 놀러 왔을 때 흑사와 같이 들어왔는데 그때부터 고생을 많이 했지요. 이 나무들도 그렇고 빨대대고 있었는데, 괜히 미안해지려고 하네. 어쩌거나 고맙습니다. 감사합니다.
너무 좋은데, 어떻게 이와 같이 천지창조하지? 저기가면 있어 서고에 한 번 시간 있으면 봐, 나도 봐야겠어. 다 가신 거지요. 예.

20세계를 17번째 세계까지 밑에서 위로 위에서 아래로 나무들의 본래 고향을 순서대로 법과 진리에 맞게 말씀드린 것입니다. 그러면 어째서 ㄱ, ㄴ, ㄷ, ㄹ, ㅁ, ㅂ, ㅅ, ㅇ, ㅈ, ㅊ, ㅋ, ㅌ, ㅍ, ㅎ, ㅣ 우측으로 위에서 아래로 균등하게 위치 잡아 점 3개있는 자, ㅡ 아래에 ㅠ 붙인 자, 나무 목 木 위에 부분만 없는 자, 17모음이 17 세계의 세계이고 또 이 17모음이 어떻게 우주의 원리이고 법이고 진리이며 법칙이고 법규인지 설명해 드리겠습니다.

ㄱ, ㄴ, ㄷ은 혀의 부분입니다. 혀는 입맛을 보기도 하지만 혀란 글자에는 위 세계란 뜻이 있습니다. 그래서 몸에서 가장 위는 혀이기 때문에 혀의 작용에 따라 드러나는 작용의 순서에 맞게 그 모양을 따서 ㄱ, ㄴ, ㄷ을 만들었고 만들 때 역시도 어느 것이 먼

저 인지를 살피기 위해서 우주를 보았을 때는 우주는 역행을 하지 않고 순행을 하는 하기 때문에 위에서 아래로 즉 입천장에서 목구멍 아래로 흘러간다는 순서에 순리에 법과 진리 법규와 법칙에 따라 맨 위 입천장에서 목구멍을 뜻하는 ㄱ
그 두 번째가 입에서 혀를 뜻하는 ㄴ
그 세 번째가 입을 다물고 있는 모양의 입안의 세계 ㄷ을 입의 구조와 입이 만들어진 순서 위 아래를 닫힘과 열림까지 고려하여 이와 같이 그 모양을 따서 만들었고

ㄹ, ㅁ, ㅂ은 코와 입천장과 목구멍을 모양을 따서 만들었으되 위에서 아래로 그 순서를 어긋남 없이 법과 질서를 어기지 않고 만들었습니다.
ㄹ은 콧구멍에서 목구멍으로 내려와 입을 다문 모양이고
ㅁ은 콧구멍이 막히면 먹도 막히게 되는 모양을 따서 ㅁ
ㅂ은 입을 벌렸을 때 벌어진 입과 아래의 혀 입천장 목구멍에서 위로 뻗어 올라간 모양을 본 따서 ㅂ,

ㅇ, ㅈ, ㅊ은 입모양을 본 따서 만든 것으로 입을 벌렸을 때 목구멍을 막힌 것을 보고 ㅇ을
ㅈ은 입은 막혔을 되 입안과 목구멍이 코로 통하여 밖으로 나가는 모습을 보고 그 모양을 ㅈ
ㅊ은 입은 막혔을 되 입안과 목구멍이 코로 통하여 밖으로 나가는 모습을 보고 모양을 따고 보니 위로 뻗어 올라간 곳이 있는데 막혀 있는 것을 보고 ㅊ을 모양 따 만드셨고

ㅋ은 이것은 입을 다물고 왔되 콧구멍이 열리고 코가 열려 있는 상태의 모양을 본 따서 ㅋ을
ㅌ은 입을 다물었되 코와 입천장 혀의 모양을 본 따서 ㅌ을
ㅍ은 입천장과 혀를 입과 목구멍이 막고 있는 것을 본 따서 ㅍ을 만들었고
ㅎ은 입을 벌리고 있을 때 코로 숨 쉬는 것을 보고 입모양과 코

코 위쪽에 있는 것을 보고 그 모양을 본 따서 ㅎ을 만들었고
ㅣ 우측으로 위에서 아래로 균등하게 위치 잡아 점 3개있는 자는 입을 다물고 있어도 코와 천장 혀는 마음대로 움직이는 것을 모양을 보고 닫힌 입을 ㅣ 이것 가만히 있는 것이 아니라 움직이니 움직이는 것을 점으로 보고 입을 다물었을 되 움직이는 코와 입천장 혀를 만들었고
ㅡ 아래에 ㅠ 붙인 자는 혀를 움직이도록 하는 것이 무엇인가 살펴보니 턱뼈인 것을 알고 혀에 턱뼈의 모양을 붙여서 ㅡ 아래에 ㅠ 붙인 자를 만들었고,
나무 목 木 위에 부분만 없는 자는 이자를 찾으시는데 가장 오래 걸린 자 인데, 이 자에 우주의 원리와 섭리가 들어있다. 그리고 우리들을 나무로 만든 이유가 여기에 있다.
6자를 찾아내고 보니 이것을 세우는 것이 없이 홀로 있을 수 없다는 생각에 무엇이 이것을 바로 서게 하고 바르게 있게 하는가? 살펴보고 살펴보시고 그것이 바로 허공이었던 바 빈 허공을 어떻게 세울까? 표현할까? 고민하다가 세운다는 뜻을 담아 ㅣ에 입과 목구멍을 세우고 코를 눕힌 모양을 따서 만든 자이다.
나무 목 木도 있는데 이것이 빠졌네요.
위와 같은 모양으로 17가지로 결계를 걸고 보니 우리들을 세웠으되 세우는 것만으로 되는 것이 아니라 위로 뻗어가야 한다는 의미를 담아서 위로 뻗어 올라가야 한다는 뜻으로 비록 작게 시작하지만 커야 한다는 뜻으로 不 같은 위 뻗어 위로 올라가고 붙인 것이 자입니다.

이상이 모음 17자입니다. 성00이 말씀하신 나무에서 보면 木 오른쪽 아래로 뿌리 내린 듯한 것이 없는 자, 이자는 잘못한 것입니까? 아닙니다. 있습니다. 이것은 모음이 아니라 자음입니다. 그런데 아까 성00이 모음에 있다고 하고 이 글자를 이야기 하지 않을 것으로 보면 뭔가 있는 것 같네요. 기억을 못 하는 것 아닌가요? 아닙니다. 확실하게 압니다. 그러면서 쪽을 말하면서 일부로 그런 것 같습니다. 맞습니다. 여러분들이 잘 알고 있는지 알기 위해서

일부로 그렇게 말씀드린 것입니다. 과연 말씀대로 나무를 위해서 만든 자가 맞는지 알기 위해서요, 이는 훈민보호서 986쪽 4번째 줄에 숨겨져 있습니다.

ㅏ, ㅑ, ㅡ아래 점 2개, ㅡ아래 점3개, ㅡ아래 점4개, ㅡ아래 점5개, ㅓ, ㅓ ㅡ아래 점 1개, ㅓ ㅡ아래 위 아래 각각 점 하나씩 총 점 2개, ㅓ ㅡ아래 위 아래 각각 점 하나씩 총 점 3개, ㅕ, ㅕ 二아래 점 1개, ㅕ 二아래 위 아래 각각 점 하나씩 총 점 2개, ㅕ 二아래 위아래 각각 점 하나씩 총 점 3개, ㅗ, ㅗ 아래에 점하나, ㅗ 아래에 일자로 나란히 점 둘, ㅗ 아래에 일자로 나란히 점 셋, ㅛ, ㅛ 아래에 점하나, ㅛ 아래에 일자로 나란히 점 둘, ㅛ 아래에 일자로 나란히 점 셋, ㅜ, ㅜ 위에 점하나, ㅜ 위에 일자로 나란히 점 둘, ㅠ, ㅠ 위에 점하나, ㅠ 위에 일자로 나란히 점 둘, ㅡ, ㅡ 위에 점하나, ㅡ 위에 일자로 나란히 점 둘, ㅡ 위에 일자로 나란히 점 셋, ㅣ, ㅣ 오른쪽 밖으로 점하나, ㅣ 오른쪽 밖으로 위 아래로 점 하나씩 둘,

2개가 또 있는데, 이것은 완전히 사라졌네요. 성00님이 말한 속에도 없습니다. 어떻게 된 것이지? 예 그것은 발견 당시 너무 곰팡이 슬어서 없어진 부분이 있었는데 그것은 알 수가 없었었습니다. 아주 조금 없어졌는데, 없어진 곳에 2개가 있었던 모양이네요.

없어진 2자는 ㅡ에 위 알래 점 두 개가 나란히 있는 것이고
또 하나는 l에 왼쪽 오른쪽 점 두 개가 위 아래로 있는 것입니다.

이상 자음 총 28개, 맞나 모르겠네요. 총 45자로입니다. 자음이 28자 맞는지 한 번 세어보세요. 37자인데요. 뭐가 잘못됐지. 숫자를 잘못 기억하는 건가요?
여기까지 설명함에 있어서 잘못부분을 아시는 분? 여기에 어떤 것이 잘못되었나요? 2개가 더 들어간 것 같네요. 자음에...다른 또 있나요. 3개 인 것 같습니다. 또 없어요. 2개냐 3개냐, 그것뿐만 아니

라 모음에도 2개가 잘못되었습니다. 빠져야 하는데 들어가 있습니다. 또? 2개 저거 빠져야 해? 아니 빠지는 것이 아니라 합쳐져야 하는데 분리해서 설명하신 것 같아. 치우 천황님 왜요? 치우 천황님이 만드셨으니 한 번 이 기억을 스캔해 보세요. 스캔이 안 돼서... 그래도 한 번 이 글자들과 대화가 가능하나요? 예 가능합니다. 다 맞나요? 틀립니다.
치우님께서 처음 만들 때는 위와 같이 만드셨지만 조금 있어서 이것은 잘못되었다고 뺀 것이 있습니다. 밝히지 못한 세계 3개를 넣을까 말까하시다가 약간 냄새를 풍기려고 하시다가 넣지 않고 뺀 것입니다. 그것이 3개 있습니다. 내가 뺀 겁니다, 손들어 보세요. 5개네요. 그러면 안 들어 간 것도 있나요? 있습니다. 빼시고 새로 집어넣으신 게 하나 있습니다.
새로 넣으신 것은 저데요. 저는 초승달 모양에 위에 나란히 점 두 개 있는 겁니다.
위에서 나는 뺐는데 하는 것은 모음에서 하나 접니다. 누구세요. 나무 목 木 위에 부분만 없는 자입니다.
사실 저는 넣으려고 하셨다가 아무래도 안 되겠다 싶으시다고 빼셨습니다.
그래서 모음은 총 16자입니다.

ㄱ, ㄴ, ㄷ, ㄹ, ㅁ, ㅂ, ㅅ, ㅇ, ㅈ, ㅊ, ㅋ, ㅌ, ㅍ, ㅎ, ㅣ 우측으로 위에서 아래로 균등하게 위치 잡아 점 3개있는 자, ㅡ 아래에 ㅠ 붙인 자,
맞습니까? 모음님들 자기 옆에 있는 분들 중에 빠지거나 없었는데 있는 분들 있는 경우 없습니다. 맞습니까? 이제 다 맞는 것 같습니다.

ㅏ, ㅑ, ㅡ아래 점 2개, ㅡ아래 점3개, ㅡ아래 점4개, ㅡ아래 점5개, ㅓ, ㅓ ㅡ아래 점 1개, ㅓ ㅡ아래 위 아래 각각 점 하나씩 총 점 2개, ㅓ ㅡ아래 위 아래 각각 점 하나씩 총 점 3개, ㅕ, ㅕ 二아래 점 1개, ㅕ 二아래 위 아래 각각 점 하나씩 총 점 2개,

ㅕ 二아래 위 아래 각각 점 하나씩 총 점 3개, ㅗ, ㅗ 아래에 점하나, ㅗ 아래에 일자로 나란히 점 둘, ㅗ 아래에 일자로 나란히 점 셋, ㅛ, ㅛ 아래에 점하나, ㅛ 아래에 일자로 나란히 점 둘, ㅛ 아래에 일자로 나란히 점 셋, ㅜ, ㅜ 위에 점하나, ㅜ 위에 일자로 나란히 점 둘, ㅠ, ㅠ 위에 점하나, ㅠ 위에 일자로 나란히 점 둘, ㅡ, ㅡ 위에 점하나, ㅡ 위에 일자로 나란히 점 둘, ㅡ 위에 일자로 나란히 점 셋, ㅣ, ㅣ 오른쪽 밖으로 점하나, ㅣ 오른쪽 밖으로 위 아래로 점 하나씩 둘, ㅡ에 위 아래 점 두 개가 나란히 있는 자, ㅣ에 왼쪽 오른쪽 점 두 개가 위 아래로 있는 자,

처음에 만들었다가 빠신 자 손들어 보세요.
몇 개입니까? 4개입니다.
ㅡ아래 점 2개, ㅕ 二아래 위 아래 각각 점 하나씩 총 점 2개, ㅜ 위에 일자로 나란히 점 둘, ㅣ 오른쪽 밖으로 위 아래로 점 하나씩 둘,
이 분들 빠지면 다 맞습니까? 예 이제 다 맞습니다. 순서는 맞지 않습니다.
그래요 그러면 순서를 대로....예
1번 ㅏ, **2번** ㅑ, **3번** ㅡ아래 점 2개, **4번** ㅡ아래 점3개, **5번** ㅡ아래 점4개, **6번** ㅡ아래 점5개, **7번** ㅓ, **8번** ㅓ ㅡ아래 점 1개, **9번** ㅓ ㅡ아래 위 아래 각각 점 하나씩 총 점 2개, **10번** ㅕ, **11번** ㅕ 二아래 점 1개, **12번** ㅕ 二아래 위 아래 각각 점 하나씩 총 점 2개, **13번** ㅕ 二아래 위 아래 각각 점 하나씩 총 점 3개, **14번** ㅡ에 위 아래 점 두 개가 나란히 있는 자 **15번** ㅗ, **16번** ㅗ 아래에 점하나, **17번** ㅗ 아래에 일자로 나란히 점 둘, **18번** ㅗ 아래에 일자로 나란히 점 셋, **19번** ㅛ, **20번** ㅛ 아래에 점하나, **21번** ㅛ 아래에 일자로 나란히 점 둘, **22번** ㅛ 아래에 일자로 나란히 점 셋, **23번** ㅜ, **24번** ㅜ 위에 점하나, **25번** ㅜ 위에 일자로 나란히 점 둘, **26번** ㅠ, **27번** ㅠ 위에 점하나, **28번** ㅠ 위에 일자로 나란히 점 둘, **29번** ㅣ에 왼쪽 오른쪽 점 두 개가 위 아래로 있는 자, **30번** ㅡ, **31번** ㅡ 위에 점하나,

32번 ㅡ 위에 일자로 나란히 점 둘, **33번** ㅡ 위에 일자로 나란히 점 셋, **34번** ㅣ, **35번** ㅣ 오른쪽 밖으로 점하나, **36번** l에 왼쪽 오른쪽 점 두 개가 위 아래로 있는 자, **37번** ㅓ ㅡ아래 위 아래 각각 점 하나씩 총 점 3개,

어떻게 37번째는 이 밑으로 와 있나 위에 있는데 우주의 순리를 역행에서 본래의 고향으로 돌아가게 하기 위해서 이와 같이 맨 뒤에 이 자음을 넣은 것입니다.

이와 같이 해서 자음은 총 37개이고

모음은 총 16자 총 43자 아닙니다. 45자입니다. 무엇이 빠졌습니다.
자음은 37자가 맞는데 모음이 2자 빠졌습니다.
빠진 모음자 아시는 분 빠진 모음자는 析자에서 앞에 木자가 빠진 자가 모음입니다. 이것 맞아요? 맞습니다. 이것이 맨 마지막 자입니다. 그 앞에 자 焚 여기서 나무목자 하나를 뺀 자입니다. 다들 기억에 없어요? 예, 제가 이것은 거의해서 만든 자입니다.
그럼 **모음은 총 18자**로
ㄱ, ㄴ, ㄷ, ㄹ, ㅁ, ㅂ, ㅅ, ㅇ, ㅈ, ㅊ, ㅋ, ㅌ, ㅍ, ㅎ, ㅣ 우측으로 위에서 아래로 균등하게 위치 잡아 점 3개있는 자, ㅡ 아래에 ㅠ 붙인 자, 焚 여기서 나무목자 하나를 뺀 자, 析자에서 앞에 木자가 빠진 자
맞습니까?
모음이 총 18자는 맞습니다. 그런데 뒤에 2자는 잘 모르겠습니다.

이와 같이 자음 37자에 모음 18자 총 45자를 만들어 나무 글자를 만든 것입니다. 이것을 설명하자면 너무 많은데요. 어마어마합니다. 우주의 원리 진리 법 법규 규범 등을 하나하나 설명해야 하는데요. 나중에 선사님이 시간 되시면 하시고 이쯤에 접고 이제 우리들을 보내주셔도 되지 않겠습니까? 무엇이든 필요하며 자체에게 물어서 답을 구하시는데...

예, 알았습니다.
다 가셨습니까? 예 다갔습니다. 여기 안 가신 분 한 분 계세요. 울고 계신 분 누구세요. 억울해서 그렇습니다. 왜요? 치우가 말해서 오기는 왔는데, 지금 보니 엉망인 것 같아요? 뭐가요? 이쪽 생도 그렇고 저쪽 생도 그렇고 이제 어떻게 살아요?
멀리서 10여명 정확하게 15. 16, 17....늘어나는데요, 조금 지켜보셔야 할 것 같습니다. 우리는 해당하지 나무들이라 오지 못하다가 제가 하소연하려고 하니 저와 같은 분들이 몰려오는 겁니다. 많은가요? 어마어마합니다. 모이시려면 오래 걸리나요? 아닙니다. 소문을 내서 바로 오라고 하겠습니다. 야 야 어서 소문내서 오라고 해, 빨리 빨리....
조그만 기다려 주세요. 5분이면 다 올 겁니다. 예.
기다리는 동안 자음과 모음 틀리 것들이 있는가. 봅니다.
위 세계에 계신 분들 왜 이제야 불러요. 제 속 그들에게 묻지 제가 잘 몰라서 저는 어떻게 만들어진지를 잘 몰라서 그랬습니다. 지금 보니 뭔가 아닌 것 같아서 이것을 잘 아시는 윗분들에게 묻는 것이 옳을 거란 생각이 들어서 묻습니다. 눈치는 있구만, 사실 혼을 내려고 벼르고 있는데 ...다들 모였습니다. 조금 기다려주십시오. 윗분들께 사죄드리며 묻고 있습니다.
윗분들께서 자음 모음에 대해서 자세하게 알려주시겠습니까?
위 어르신님들 한분 한 분해야 하나요? 윗분들의 의견이라고 보다는 있는 사실을 전달받는 것으로 해야 하나요? 전달받는 것으로 하되 누군가 대표로 하셔야 할거지요. 각 해당하는 위 세계이니 각 세계에 맞게 그리고 위계질서에 맞게 해야 하나요? 위계질서에 맞게 하되 누군가 일괄적으로 하는 것이 좋겠지요? 그러지.
윗 어르신 분께, 원로님들이시군요, 이제 알아차렸군,
아까 남아 있던 나무 분들과 같은 분들이 모여 왔다고 하는데요. 위 어르신 분들께서 들으시고 판단하셔서 모두 다 좋은 방법을 말씀해 주시면 고맙겠습니다. (속애말로 소유설화님이 말씀하신다. 앞으로는 원로 분들과 의견을 교화하며 하세요. 원로 분들이 그냥 원로가 되시는 것 아니잖아요. 몰라서,,,알았습니다)

원로 분들께서 잘 듣고 좋은 의견 주시면 고맙겠습니다.
나무님 말씀해주세요. 억울해서 그럽니다. 뭐냐면 저희들은 위에서 결계에 걸려서 윗 세계에서 온 이들이 아니라 지구에서 만들어진 나무들입니다. 저희는 어디로 가야 합니까? 인간도 지구에서 만들어진 분들이 있잖아요? 예, (한 둘이 있습니다. (속으로..)
우리도 지구에서 만들어진 나무들입니다. 치우님께서 저희들을 흙으로 빚어서 만든 나무입니다. 우리는 어디로 가야 합니까?
원로님들 이런 경우로 어디로 가게 해야 합니까? 이런 경우에는 인간에도 있는데 많은 인간이 그런 것은 아니고 한 두 명이 있는데, 지금 지구의 인구가 70억명이 넘으니 그 중에 0.2%가 지구에서 만들어진 인간이지. 이런 경우 이 분들은 56단계 안에서 흩어졌다가 모여들고 모였다가 흩어지지. 56단계 위로는 못 올라가고 올라갈 경우 위 세계에서 어여삐 여기고 받아주었을 때 위 세계로 가게 되지 만든 사람의 아래 세계까지는 가는데 그 위로는 못가지 저 나무들 누가 만들었지? 옛날 치우가 지구를 아름답게 창조할 때 그대 부족한 부분들을 흙으로 빚어서 만든 나무들이니 그 당시 치우가 청(26) 세계에 있었으니 그 아래까지는 가지. 그러면 어마어마하잖아. 그렇지 그런데 저들은 모르니까 묻는 거지. 그리고 갈 곳 없다고 생각하고, 이 이야기 저들도 듣나요? 못 듣습니다. 치우 들었는가? 우리들 이야기 그렇게 말하면 되네, 예,
치우님께서 여러분을 만들 당시에 청(26)세계에서 오셔서 만드셨기 때문에 그 아래 세계까지 갈 수 있고 또 위에 올라갔을 때 위 세계에서 받아주면 위 세계로 갈 수도 있습니다. 그래요 우리는 그것도 모르고 지금까지 지구에만 있어야 하는지 알고 지구 이곳 저곳을 떠돌아 다녔습니다. 지금이라도 보내주면 가시고 싶으신 분 자! 줄을 서세요. 저곳으로 보내드릴 테니. 올라갈 때 내려올 때 살고 싶은 세계에 들어가 보십시오, 그리고 치우가 보냈다고 한 번해 보세요.
모두 다 위 세계가 어느 세계이든 받아들여지지 않는 분이 없도록 위 세계에 머물 때까지 기다리고 있겠습니다. 다 머물렀을 때 알려주십시오. 자 모두 다 위로 올라가십시오.

피곤하시지요. 조금 쉬십시오. 다 가면 말씀드리겠습니다.
다들 가셨습니다.
다시 오는 분들 없이 모두 다 위 세계에 안주하시길 바라겠습니다.

원로 8분들님, 8분이란 소리는 빼라. 원로님들 자음과 모음에 대해서 다시 알려주십시오.
다시 알려줄 것 없고 자음과 모음 45자 맞고 자음 37자 모음 18자가 맞다. 다만 순서가 조금 틀렸다. 어느 부분인지 알려주시면 고맙고 감사하겠습니다. 나중에도 이것에 대해서 밝히고 싶거든 우리 원로 분들에게 묻거라. 예. 미처 몰랐습니다. 앞으로는 그렇게 하도록 하겠습니다.
저기 울면서 내려오는 나무 있네요. 왜? 너무 어려서..이 밑에 이것은 용입니다. 명룡관입니다. 용이 여의주를 물지 못하고 왕관을 쓰신 분들 저분들께 여의주 주시면 엄청 좋아하세요. 여의주를 드릴 것이 아니라 파충류의 세계로 안내해 드리는 것이 더 좋지 않은가? 거 좋지 보셨어요? 가셨어요? 보기는 했는데 가지는 못했네. 힘이 없어서...그러면 이것 타세요. 그러면 저절로 갑니다. 다 갔어? 아닙니다. 아무래도 몰려올 것 같습니다. 시작했으니....연결해 놓지요. 오시는 족족 올라가시라고 이것 어때 너무 좋습니다.

모음이 먼저 만든 것이 아니라 자음을 만들고 그런 다음에 모음을 만들었다. 그리고 모음을 설명할 때 사람의 입과 코 목구멍을 이야기했는데 그것이 아니라 사람의 구강구조를 보고 구강구조를 통해 나무를 구하려고 했다. 사람의 구강구조는 인류 최초 최고 위 세계가 구강구조이기 때문이다. 머리나 머리 위는 별개다. 가장 높은 곳은 구강구조다.
왜 그러한 고하니 머리의 뇌는 사람에 속하는 것이 아니라 신에 속하는 부분으로 나는 신이 아니기 때문이기도 하고 또 머리의 뇌는 아래 부분이 살아 있어도 분리될 수 있기 때문이기도 하다. 네가 해탈의 눈을 개혈할 때 뇌가 머리 위로 뜬 것과 같다고 보면 되지 않을까 싶다. 자음 37개 중에 자리가 바뀐 것이 2개 있다.

하나가 서로 바뀐 것이다. 네가 이상하다고 했던 것과 같이 14번째와 37번이 바뀌었다.

1번 ㅏ, **2번** ㅑ, **3번** ㅡ아래 점 2개, **4번** ㅡ아래 점3개, **5번** ㅡ아래 점4개, **6번** ㅡ아래 점5개, **7번** ㅓ, **8번** ㅓ ㅡ아래 점 1개, **9번** ㅓ ㅡ아래 위 아래 각각 점 하나씩 총 점 2개, **10번** ㅓ ㅡ아래 위 아래 각각 점 하나씩 총 점 3개, **11번** ㅕ, ㅕ**12번** 二아래 점 1개, ㅕ 二아래 위 아래 각각 점 하나씩 총 점 2개, **13번** ㅕ 二아래 위 아래 각각 점 하나씩 총 점 2개, **14번** ㅕ 二 아래 위 아래 각각 점 하나씩 총 점 3개, **15번** ㅗ, **16번** ㅗ 아래에 점하나, **17번** ㅗ 아래에 일자로 나란히 점 둘, **18번** ㅗ 아래에 일자로 나란히 점 셋, **19번** ㅛ, **20번** ㅛ 아래에 점하나, **21번** ㅛ 아래에 일자로 나란히 점 둘, **22번** ㅛ 아래에 일자로 나란히 점 셋, **23번** ㅜ, **24번** ㅜ 위에 점하나, **25번** ㅜ 위에 일자로 나란히 점 둘, **26번** ㅠ, **27번** ㅠ 위에 점하나, **28번** ㅠ 위에 일자로 나란히 점 둘, **29번** l에 왼쪽 오른쪽 점 두 개가 위 아래로 있는 자, **30번** ㅡ, **31번** ㅡ 위에 점하나, **32번** ㅡ 위에 일자로 나란히 점 둘, **33번** ㅡ 위에 일자로 나란히 점 셋, **34번** ㅣ, **35번** ㅣ 오른쪽 밖으로 점하나, **36번** l에 왼쪽 오른쪽 점 두 개가 위 아래로 있는 자, **37번** ㅡ에 위 아래 점 두 개가 나란히 있는 자

원로님들 이게 맞습니까? 그래 맞네. 맞아...
모음은 총 18자
ㄱ, ㄴ, ㄷ, ㄹ, ㅁ, ㅂ, ㅅ, ㅇ, ㅈ, ㅊ, ㅋ, ㅌ, ㅍ, ㅎ, ㅣ 우측으로 위에서 아래로 균등하게 위치 잡아 점 3개있는 자, ㅡ 아래에 ㅠ 붙인 자, 焚 여기서 나무목자 하나를 뺀 자, 析자에서 앞에 木자가 빠진 자
맞습니까? 그래 맞다.
지금 가려고 하는 존재 있습니까? 있습니까? 많아요? 기다리고 있어요? 기다리지는 않습니다. 너무 피곤해서 쉬고 싶어요. 예. 조심 쉬세요.

이 글은 옮겨도 되겠네요. 2015. 09. 14 13:13

금강소나무 이야기

어깨 아픈 곳에 치우였을 때 위로 올라가기 위해서는 꼭 풀어야 할 결계를 4개, 허리에 4개를 걸어놓았기 때문에 천지창조 의식이 끝난 다음에 이 8개를 풀고 올라가야 한다.
그러한 이유는 이 8개를 풀면 위 세계로 올라가는 비밀이 풀리기 때문이고 이 결계에 위 세계로 올라가는 문의 열쇠가 있기 때문이다.
결계를 풀지 못하면 못 올라간다. 결계를 풀지 않았으면 좋겠다는 분들이 너무 많다. 그래도 뜻과 의지가 올라가고 한다면 조심해서 결계를 풀어야 한다.
누구지요?
금강소나무입니다. 왜요? 어제 다들 가시지 않았어요? 가지 못했습니다. 왜 가지 못했습니까?
저는 크기도 크고 또 단단하고 또 견고해서 곧게 자라고 반듯하게 자란 우리들은 궁, 궁궐, 중요한 곳에는 거의 다 우리들이 세웁니다. 중요한 일을 많이 하셨네요. 예, 중요한 일 많이 했습니다. 그런데도 천대해요. 누가 천대를 합니까? 소나무들이 천대해요. 왜 천대를 하는데요? 중요한 일하면서 못된 것은 다 배웠다고 천대해요. 배운 게 없는데 배웠다고 합니다. 배운 게 없어서 몸만 튼튼해서는 궁, 궁궐, 중요한 곳에 서 있다가 들은풍월은 있어서 말은 잘한다고, 배운 것은 못쓸 짓하는 것만 배워서는 못쓸 짓하면서도 반성을 하지 않고 참회할 줄도 모르고 콧대만 높다고 천대합니다. 겸손하지 못하다고 싫어합니다. 그래서 견디지 못하고 내려왔습니다. 어떻게 하면 되겠습니까? 그러면 자기 자신을 잘 관찰해 봐야지요. 나만 안 그렇다고 생각하며 되나요. 나 이외의 다른 사람들이 다들 그렇다면 나에게 문제가 있는 것 아니겠어요? 그러겠죠. 내가 잘했다면 잘하면 남들도 다 같이 잘한다고 잘했다고 하겠지만 그렇지 않다면 내가 정말 그런지 살펴보는 것이 좋지 않겠습니까? 지당하신 말씀이십니다. 제가 저를 봐도 잘 모르겠어요. 궁, 궁궐, 중요한 곳에서 턱 버티고 있으니 얼마나 든든해요. 벼가 익으면 익을수록 머리를 숙인다고 혹여 그렇게 했다고 머리 빳빳하게 들고 기부수한 것처럼 하고 있었던 것은 아니었습니까? 그럴 어떻게 아세요. 높이 올라가면 올라갈수록 고개를 숙여야 더 우러러보는데 고개를 기부한 듯이 빳빳하게 세우시니 그 빳빳한 목에 미끄러지니 더 함께 더불어 하기가 어려우니 더 그런 것이지요. **목**이란 몸의 언어로 **종종 가끔**이란 뜻인데 종종 가끔 세워야 그 위세가 서고 또 많은 분들께 공경과 존경을 받는데 세우기만 하니 싫어하는 것이지요. 고개를 숙이는 것은 **숙인다는 것**은 몸의 언어로 **공손, 공경**한다는 뜻이 있어서 고개를 숙이면 상대방의 몸이 알아듣기를 나를 공경하는구나 싶어서 자연스럽게 좋아하게 되지만 고개를 숙이지 않고 세우니 그런 것입니다. **세운다는 것**은 몸의 언어로 **싫어**의 뜻이 있고 **너 나 쳐다 보지마**의 뜻이 있으니 당연히 고개를 숙일 줄 모르고 꼿꼿이 세우고만 있으니 몸이 알아듣기를 너 나 쳐다 보지마 나는 너를 싫어하니까. 라고 하는 것과 같으니 누가 좋아하겠어. 하는 말마다 좋은 소리 하지 않게 되는 거지. 좋으면서 싫어할 수 있는 거지요. 아무리 잘하고 잘났어요. 잘해도 그래서 늘 겸손해야 하고 나 이외의 모든 분들에게 고개를 잘 숙여야 합니다. 그래야 몸 안에 있는 이가 알아듣기 전에 몸이 먼저 알아듣고 몸 안에 있는 수많은 내가 나갈 때 몸의 언어가 먼저 듣고 몸이 먼저 알고는 몸 안에 있는 것이 대응하는 거이니 불편하고 거북스럽더라도 만나는 사람마다 공손하게 공경하는 마음으로 고개를 만나는 사람마다 인사하며 고개를 숙여 인사해 보세요. 한 달만 그러시면 너도 나도 모두 다 좋아질 겁니다.
그리고 또 궁, 궁궐, 중요한 곳에서 보고 들은 것을 이야기마다 끼어들어서 남의 말을 자르기보다는 듣는 것을 더 많이 하시고 정말로 하고 싶을 때 꼭 필요한 말만 한 마디하시면 공경을 넘어 존경을 할 겁니다. 진리나 법의 말씀은 많이 할 수 있지만 법과 진리의 말이 아닌 경우에는 하지 않으면 안 할수록 좋습니다. 진리나 법의 말은 그대로 법과 진리가 되어 많이 이들이 그것을 듣는 모든 이들이 깨어나니 좋지만 그렇지 않은 것들은 법과 진리를 파괴하고 또 진리와 법을 엉키게 하는 만큼 적게 해서 법과 진리를 바르게 서게 하는 것이 중요한 만큼 꼭 필요할 때만 하면 법과 진리가 좋아하고, 또 말을 하지 않고 자기 자신이 하는 말을 많이 들어주니 들어주는 님을 보고 내 말을 다 들어주네. 지금까지는 농담도 하고 속이려고 많은 말들 했는데 앞으로는 진실만 말해야겠다. 저렇게 내 말을 잘 들어주는 사람을 속일 수 없지. 저렇게 내 말을 잘 들어주는 사람에게 어떻게 농담해 그러면 내가 실수하는 거지 라는 생각들을 해서 대하기도 잘하겠지만 상대방도 말조심을 하게 되는 만큼 나만 좋은 것이 아니라 상대방도 좋게 하니 이 모든 것이 법과 진리 쪽에서 보면 법과 진리 쪽으로 이끄는 것이니 나뿐만 아니라 상대방에게도 좋다 하겠지요.

또 상대방에게 많은 이야기를 듣고서 정말로 필요하고 중요한 말을 궁, 궁궐, 중요한 곳에서 보고 들은 것을 잘 이야기해 주면 얼마나 그 분에게 좋겠습니다. 말 한마디에 천냥 빚을 갚는다고 꼴 필요하고 적당한 알맞은 말을 해주면 얼마나 좋아하겠습니다. 거기에 탁하지 않고 맑은 진리와 법에 어긋나지 않고 법과 진리의 말을 해준다면 이 얼마나 좋겠습니까? 일거양득이 아니라 일거다득이라고 해야 할 겁니다.

유정무정 주변에 있는 모든 존재들뿐만 아니라 모든 존재들까지도 이롭게 하니 이보다 더 좋은 일이 있겠습니다.

이와 같이 안다고 다 아는 것 아니고 중요하다고 중요한 것이 아닙니다. 꼭 필요한 곳에 쓰이고 꼭 필요한 곳에 있어야 하는 것과 같답니다. 이는 모든 것에 있어서 모두 다 같답니다.

그러니 궁, 궁궐, 중요한 곳에서 보고 들은 것을 나를 위해서가 아니라 주변에 있는 분들을 위해서 또 보이든 보이지 않던 존재하는 모든 일들을 위해서 필요적절하게 쓰고 사용하신다면 가장 좋으신 분이 될 것이며 그분들에게 또한 역시 금강소나무란 소리를 듣게 될 것입니다.

저러니 금강소나무로 궁, 궁궐, 중요한 곳에 쓰이는 것이 당연하다고 생각하지 않겠습니까?
고맙습니다. 제가 생각이 짧았습니다.
모든 것은 누가 만들고 창조하는 것이 아니라 자기 자신이 만들고 창조하는 것입니다. 만들고 창조하는 것은 내가 어떻게 하느냐에 따라서 다른데 그것은 내가 어떤 마음, 어떤 생각을 가지고 쓰느냐에 따라 마음, 생각, 여기에 뇌까지 합세하여 창조를 도와서 자기 자신 안에서부터 개벽이 일어나고 자기 자신 안에서 작은 개벽은 점차적으로 몸을 깨워서 대개벽까지도 일어나게 할 수 있고 또 천지창조까지 할 수 있을 겁니다. 천지창조는 밖으로부터 이루어져서는 지금 자기 자신을 담고 있는 몸을 바르게 이루는 것이 천지창조입니다.
예, 명심하고 그렇게 해보도록 노력해 보겠습니다.
고맙습니다.
그래도 안 그런 분들이 있다고 다시 찾아와서 아! 해야 할 이야기를 잊었구나 싶었습니다.
그것은 잘못한 것이 있으면 잘못을 뉘우치고 용서를 받고 사죄하며 용서를 받고 참회하는 또한 매우 중요합니다. 이것이 우선되어야 할 때도 있고, 앞에 말한 것이 우선되어야 할 때 있습니다. 앞뒤로 이루어져야 원만하게 될 수 있으며 원만하게 이루어져야 좋아진다 하겠습니다.
성격들이 강한 경우에는 참회나 사죄보다 행동을 먼저 한 후에 풀려갈 때 잘못을 뉘우치고 참회하며 사죄하며 용서를 빌면 되고 성격이 강하지 않은 분들에게는 먼저 잘못을 뉘우치고 참회하고 사죄하며 용서를 빌고 행동을 하면 됩니다. 대체적으로 이러한 뿐 꼭 그렇지는 않습니다. 이보다 우선하는 것이 있는데 그것은 이러한 마음이 자기 자신에게 있는 것이 먼저입니다. 이 점 명심하셔야 합니다.
고맙습니다. 2015. 09. 15 08:50

이제 약속을 위해서 하면 되나요? 예
저 멀리 오시는 분은 저분은 치호와 치루입니다. 저 위 세계분이신데 무슨 일인지 모르겠습니다. 치우 만나러왔네. 무슨 일이신지요? 치우 이럴 수 있어? 왜요? 무슨 일인데요?
네가 너무 많은 분들을 위로 보내서 지금 위 세계가 난리가 났어. 어떻게 해야 할지 몰라들 하셔서 이렇게 왔네. 방법 좀 알려주시게. 어떤 상황인데요? 너무 좁아 우리 세계가 그 인원을 모두 다 포용하기에는 부족해서 그러지. 어떻게 해 드리면 되요. 넓혀주면 되지? 지금의 몇 배 정도면 되나요? 2배, 그러면 넉넉하게 3배, 그러면 너무너무 좋지.
나 돌아가네. 자네만 믿고 그분이 저 세계에 들어가는 세계, 의식으로 3배 조금 넘게 의념하면 ....고마워....고맙습니다.
이제는 되었나요? 예, 저기는 지나가는 길손입니다.
아 예. 그러면 또 시작하지요. 2015. 09. 15 08:57

269번째 신00님 이야기

모음은 총 18자
ㄱ, ㄴ, ㄷ, ㄹ, ㅁ, ㅂ, ㅅ, ㅇ, ㅈ,....
자음은 ㅏ, ㅑ, ㅓ, ㅓ ...

원래 자음과 모음은 위와 같이 설명한 것과 같은데, 신00의 가장 큰 잘못은 바로 법과 진리를 어기고 역순으로 해놓은 것이 가장 큰 죄입니다.
신00가 발견한 한글을 가지고 정리하면서 보니 위 세계를 모르고 아래 세계를 모르다보니 자음과 모음이 바뀐 것 같아서, 자음과 모음을 바뀐 것이 가장 큰 죄가 되어 사람들이 자음 모음을 말할 때마다 진리가 깨지고 역순하게 되니 그 죄업이 너무 무거워 지옥 깊이 있었던 것이고, 세000님께서는 이러한 사실을 묵과하고 발표한 죄와 세000님께서 만들었다는 죄업이고, 성00은 한글을 숨긴 죄로 모두 다 하나 같이 한글로 지옥 깊이 떨어진 것입니다.
박00님이 (ㄱ.ㄴ.ㄷ.ㄹ.~~~자음....ㅏ.ㅑ.ㅓ.ㅕ.~~모음) 이와 같이

알고 말할 때마다 신00는 이와 같이 바꿔놓음으로 진리를 깨트린 죄로 업을 받고 있었습니다. 사실 신00님이 자기 자신의 죄를 뉘우치고 잘못을 용서 받고자 하는 부분이 이 부분이기도 합니다. 물론 이 부분 외에 말해도 되요? 순서를 지키지 못하는 것이니 순서를 어기고 있는 것이니 신00님보다 위 순서에 있는 분들에게 양해를 구하고 양해주신다면 말씀하셔도 됩니다. 양해주시겠습니다. 예,... 모든 분들이 양해해 주셨으니 말씀하셔도 됩니다.
위 세계를 모르고 단순히 이 세계가 전부라는 생각에 자음과 모음을 바뀐 죄가 가장 큰 죄고, 2번째 이것을 본인이 만들었다고 세종대왕님께 알린 죄가 그 2번째 죄고, 3번째는 한글 이것을 세종대왕님께 때를 쓰듯 하여 발표하게 한 죄입니다.
사실 세종대왕님께서는 이것은 우리가 만든 것이 아니니 발표하지 말고 암암리에 백성들에게 알려서 공부하게 하자고 했으나 그렇게 하면 한글이 빨리 전파되지 못하니 업적도 쌓으시고 이것으로 백성으로부터 신뢰와 덕망 있는 임금으로 거듭날 기회라고 하며 한글을 공포하게 한 죄입니다.
이 세 가지 죄로 지금까지 지옥 깊은 곳에 있었던 것입니다.
몰랐는데 죽고 보니 죽고 나서 세상이 있고 이 세계는 법과 진리가 너무도 엄격하여 약속해 놓고 지키지 않은 것을 제1의 죄로 여기고 제2의 죄가 진리와 법을 어기거나 진리와 법을 깨트리는 자입니다.
저는 한글로 제2의 죄를 지었고 평소에 정치한다고 약속을 너무 지키지 않은 죄도 있어서 지옥 깊이 떨어진 것입니다.
선사님이 글을 쓰실 때 자꾸만 신0자라고 쓸 때가 많았는데 그렇게 말하여 그렇게 쓰면 신0자가 아니라 신00라고 고치셨는데 사실 저는 본명이 신0자입니다. 자도 아들자라 자가 경망스럽다는 생각에 신00라고 동료들에게 이야기해서 신00가 되었지 저의 문중 족보에 보면 신0자로 올려져 있고 이것을 아는 문중 분들은 신0자를 신00로 바꿔 놓았습니다.
그래서 지금의 족보에는 신00로 되어 있으나 족보를 새로 하기 전에는 신0자로 올려져 있습니다. 아마도 저의 문중 족보를 찾아

보면 이와 같은 사실을 찾을 수 있을 것입니다.
박00님, 아니 편작님의 질문에 이와 같이 다른 분들에 앞서 이와 같이 저의 죄를 말할 수 있었음에 감사합니다. 고맙습니다.
사실 편작은 중국 송나라 사람인데 이분과 저는 친분이 있었습니다. 그 친분으로 편작이 스물스물 올라오는 되살아나는 편작에게 한글을 읽을 때 친구! 하며 무의식에 대화를 했는데, 박00님은 알아듣지 못했지만 무의식에서 현재의식으로 올라오는 편작이 나의 말을 듣고 이와 같이 질문해 주셔서 말씀하게 되었음에 고맙습니다. 감사합니다.
편작 자네가 현실 세계로 오려면 마음을 잘 써야 하네.
아! 이것은 박00님에게 말해야 하지 지금의 박00님이 죽고 편작이 살아나야 가능하네.
선사님께서 마음, 마음, 그러면서 바르게 써야한다고 했듯 마음이 바르지 않으면 드러날 수도 없고 또 행할 수도 없다는 것 잊지 마시게나 박00식님 아마도 편작을 깨워서 현실로 써주기만 한다면 더 없이 박00님이나 대중들에게나 다 좋은 일이세만 선사님은 이미 깨워놓으셨는데 이제는 박00님 자네 몫일세. 어쩌거나 편작 고맙네. 아닐세. 이렇게 밖에 못해줘서 미안하네. 아닐세. 이렇게 도와 준 것만으로 고맙네. 사실 나는 269번째 아직도 까마득한데... 자네 덕에 일찍 업의 죄복을 벗었네. 고맙네.
편작 자네가 세상에 나와서 좋은 일 많이 했으면 싶네. 그러길 바라겠네. 2015. 09. 16 07:15

신00님과 얽힌 분들의 이야기

오늘은 뭐부터 해야 하지? 이것들부터...이것들은 뭐지? 이것들이라고 하지마시고....존재들...이분들...어마어마한가? 예, 269번째 신00님을 하시다보니 모두 다 하나같이 줄을 데서 하자고 하면 누구 못할 사람 있느냐며 ...코등을 오른손 2,3,4번째 손가락으로 긁으니 미안하다고 한다. 무슨 뜻인지? 존경합니다. 조금만 참아주세요. 영가 분들의 언어입니다.

지금 조금씩 정리하고 있는 영가 분들의 언어? 예 정리하시는 것과는 조금 다릅니다. 영가 분들의 언어를 그렇게 정리하시면 그것을 공부하시는 분들이 어렵습니다. 조금 더 쉽게 정리하는 방법이 있습니다. 그것은 영가 분들에게 나중에 물어서 하시면 더 좋을 겁니다.

지금은 선사님이 하나하나 찾으시니 너무 어렵고요. 영가 분들에게 쉽게 자음 모음식으로 물으면 더 빠르지 않겠습니까? 아예. 당연하지요. 그러면 영가 분들과도 보지 못해도 대화가 가능하겠네요. 어제 태평성대를 완성했기에 가능한 겁니다. 위에서 허락했거든요.

그것도 많이 하면 좋지 않습니다. 무엇이든 적당히 하시는 것이 좋습니다. 오늘 실패하지 않는 한 말입니다.

정리가 되었나요? 조용하기는 한데, 많이 정리가 되었습니다만 정리되는 것만으로는 안 되고 어쨌거나 시작하셨으니 뒤에 2분은 오늘 해달랍니다. 뒤에서도 그렇게들 하십니다. 그래야 자기들 순번도 다가오니까요?

한 가지 궁금한 것 있는데 물어도 되나요?

뭔데요? 어제까지만 해도 모두 다 본인의 세포로 있었는데 아침에 일어나보니 없어진 것 같고 다 돌아가신 것 같아서, 아 그거요. 그것은 돌아간 것이 아니라 선사님께서 주무실 때는 모두 다 자기들 일을 합니다. 그리고 깨어 있을 때는 선사님의 세포가 되어 있어서 그렇습니다. 그러한 이유는 이분들도 자기들이 해야 할 여러 가지 일들이 있습니다.

그 중에 가장 중요한 일이 죄업을 되돌리는 일입니다. 선사님과 한 몸이 되었지만 죄업을 남아서 되돌리지 않으면 따라 올라갈 수 없으니 시간 있을 때마다 죄업을 되돌리기 위해서 분주하게 뛰어 나기기 때문입니다. 죄업은 대신할 수 없습니다. 다만 사할 수 있으며 또 대신 떠맡을 수 있습니다. 사해 줄 수 있는 힘이 나에게 있는가? 있고말고요. 어떻게 그분의 말씀을 들어줌으로써 사하게 되는 겁니다. 그래서 많은 분들이 줄을 되고 지은 죄를 사하기 위해서 줄을 데고 순번표를 가지고 있는 겁니다. 순번표는 깊은 지옥에 있을 때의 업의 깊이와 많고 적음과 현실 세계에서의 권력과 상통해서 주어진 것입니다.
듣지 않고 사할 수는 없는가? 그것은 아직은 어렵습니다. 그때가 올 수 있겠지만 그러기에는 아직도 멀고 험합니다.
왜 이리도 답답하지요? 말할 분들 때문입니다. 오늘은 3분이 말씀하실 것 같습니다.
신00님께서 간편하게 하는 것을 보고 다들 간편하게 죄를 덜고 싶어 합니다.
그래서 3분이....아니라...그러니 10분이 시간이 그렇다면 10분정도 가능한 것 아니냐고? 어쩌지요? 저것 할 시간도 있어야 하는데, 오늘은 어제보다 더 힘든 게임이 될텐데요.
오늘 일정보시고 적당한 선에서 말씀하시지요? 예 모두들 알았습니까? 예 잘 알겠습니다.
선사님을 괴롭히려고 하는 것은 아니니 염려 놓으십시오. 이렇게 저희들을 위해서 하시는데 오히려 저희들이 고맙지요.
머리 속에 들어온 이것들은 선사님이 직접 대화해야 할 듯합니다.
누구세요? 저희들 지금 말하려고 하는 자들의 원수지요. 선사님께 말하면 사해준다고 했다고 하기에 그렇게 사해주면 저희들은 어떻게 합니까? 원수 갚을 날만 기다리고 있는데요.
원수를 갚아야 하니 그냥 두십시오, 아니면 저희들 먼저 해주셔야지 어떻게 원수 먼저 합니까? 원수가 사되면 우리들은 원수를 갚습니까? 그러지 마세요. 그렇게 해도 저희들 나가지 않습니다. 나가라고 한 것 아니고 머리 속에서 그러시니 머리가 가렵고 힘드니까 그런 겁니다.
이야기해 봅시다. 나와서 하시지 머리 속에서 저를 그렇게 한다고 되는 것 아니지 않습니까? 예 그러지요. 이렇게 하지 않으면 이야기를 못할 것 같아서 그랬습니다. 이제 나왔습니다.
모두 다 나온 것이 아닌데요? 아 예 저분들은 또 다른 분들의 문제라서 제가 뭐라고 못합니다. 머리 속에서 참고 가만히 게시지 않으시면 머리 아파서 아무것도 못합니다. 그렇게 되면 강제로 나가게 해야 합니다. 그러기 싫으니 가만히 계시다가 순서에 따라서 말씀하시길 부탁드립니다. 예...
코만지고 인중 2번째 손가락을 문지르기 사랑합니다. 존경합니다. 고맙습니다. 가만히 있겠습니다. 등뒤에 있는 분은 몰래..몰래가 됩니까? 여기 보이잖아요? 예 알고 있습니다. 저도 저분들과 함께 갈 수 있으면 가려고 숨어 있는 겁니다. 나와서 그러시면 안 되나요? 저분들에게 혼나요? 왜요? 저는 쌍놈이고 저분들은 양반이라...나가면 맞아 죽어요. 옛날이나 양반 쌍놈 있었지 지금은 없습니다. 영혼의 세계에는 엄연히 있습니다.
그러면 양반 분들께 말씀해 보겠습니다. 잘못하면 큰 일 납니다. 그래도 잡을 것은 잡아야지요. 지금은 양반 쌍놈 없지요. 예 여러분의 마음에 양반 쌍놈 있습니까? 있습니다. 배우지도 못한 놈들이 우리와 어떻게 한 자리합니까? 그러시면 말씀하시는 분은 저와 이렇게 함께 할 수 있습니까? 없습니까? 그와 같이 보신다면 어림반 푼어치도 없지요.
저와 이렇게 있는 것이 쉽나요? 양반 분들과 쌍놈이 같이 있는 것이 쉽나요? 양반 쌍놈이 같이 있는 것이 더 쉽지요. 나는 되도 남은 안 되는 것은 아니지요? 그렇게 무식하지 않습니다. 여기 있는 양반 분들은 그 당시 방귀께나 뀐다는 분들입니다.
옛날이나 그랬지 지금은 없습니다. 지금은 누가 양반입니까? 돈 많은 나쁜 놈들이 양반이라지요. 예전에는 공부깨나 한 분들이 그랬는데, 세상 말세지요. 죽어서 가져가지도 못할 돈 번다고 못된 짓은 거의 다 하면서 돈이면 안 되는 것 없으니 양반 아니 왕에 가까운 노릇하고 있는 꼴이라니. 죽어서 어쩌려고 저러는지 모르겠습니다. 죽어보지 않았으니 그렇겠지만 땅치고 후회해도 소용없는 것을 선사님도 늘 해준 분 있지만 그분도 지금 보면 큰일이지요. 땅치고 후회할 들 소용없는데 멍청하고 아둔하고 어리석으니 어쩌겠어요. 그것도 지복이지. 불쌍한 년, X신 같은 년, 사람의 탈을 썼다고 마구 말을 말아야지 입 더러워지니. 그래도 못 구해 줘서 안타깝지만 방법 없어요. 포기하세요. 그렇게 살게. 방법 없습니다. 죽으면 직행입니다. 지옥 그것도 깊은 지옥, 깊은 지옥 없어졌잖아요? 새로운 사람들로 또 만들어지지요. 살아 있던 분들이 죽으면서 우리처럼 고생고생 해야지 몇천년 몇만년 고생해 봐야 알려나? 말해 줘도 몰라요. 꽉 막혀서 지 잘난지 알아요. 바보들.. 병신들....기억에 없다고 또 가봐야지.
한숨 쉴 것 없어요. 그러려니 하세요. 안 되는 것은 안 되는 겁니다. 기회를 모두 놓치는 저런 바보들...무식이 병이고 앎이 병이고 무명이 병이지요. 병도 깊은 병들어서...너무 사설이 길다고 머리속에서 야단들입니다.
신00님 말씀하시고 신00님은 무슨 신00님야! 놈이지 죽일 놈, 우리 이렇게 만들어놓고 저만 사죄 받으려고 쳐 죽일 놈, 여기서는 말조심 입조심, 이건 누구 신00입니다. 제가 그러지 않았습니다. 이건 저분에게 몰매 맞아 죽은 쌍놈입니다. 내가 언제 몰매를... 왜 기억 안 나세요. 사모님이 저를 어떻게 하려고 했는데...제가 사모님을 어떻게 하려고 했다며 멍석말이해서 돌쇠에서 패가해서 그때 죽은 놈 마당쇠입니다. 어른신이 제대로 보고 제대로 판결하시고 단속을 잘하셨으면 저 또한 어른 신을 잘 모르고 잘 살았을 텐데...제가 잘못한 게 뭡니까? 어른 신 잘 모시고 마님 잘 모신 죄밖에 또 있습니까? 멍석말이해서 맞아 죽을 짓 했습니까? 마님께 지금 제대로 물어보십시오. 아니요. 아니요 그 옆에 그분, 예, 몇 분의 마나님이 있었기에 정확하게 15분이 있었습니다. 큰 마나님으로부터 시작해서 ...혼자 다 감당을 못하시니 마나님들이 하인들에게 못된 짓 해놓고 그것이 탈로 나면 하나같이 모두 다 하인들이 잘못했다고 해서 하인들이 신00님의 말씀 한 마디에 멍석말이해서 죽은 하인들만 몇 명이냐 우리가 총 69명입니다. 억울해서 저승을 못가고 이승을 떠돌고 있습니다. 그런데 저런 분을 선사님께서 사하여 주다니요? 억울합니다. 우리는 그래도 지옥 깊이에 있기에 당연하다. 그래야 다른 분들이 그렇지 않지 샘통이다. 했는데,...저쪽 예 저도 한 마디만 하겠습니다. 사실 저 같으면 신00 저놈 쳐 죽이고 싶어요. 왜요? 정말로 나쁜 놈이거든요. 전 여자지만 그렇게 지저분하게 살지 않았어요. 이런 이야기해도 되나요? 하셔야 합니다. 그래야 풀려요.
기생집에 와도 이년 저년 집에도 수없이 많으면서 왜 그랬는지 모르겠습니다. 신00 너 왜 그랬어? 좋으니 그랬지. 좋으면 그냥 씹만 하지 왜 거기다가 별짓 다했어. 재미있어서 그랬지. 너는 재미로 그랬지만 그것을 당하는 나는 어땠을 것 같아. 지금 생각하면 너무 큰 죄를 지었어. 미안해 용서해 줘. 그때는 몰랐어. 이런 세계가 있는 것을 몰랐고 그런 죄를 받는 것조차도 생각 못하고 그냥 재미로 또 같이 간 양반들에게 호기 부린다는 것이 그리 되었어 미안해 용서해 줘 대신 내가 이렇게 빌께. 에그 저걸 그냥 확 죽이고 싶어요. 선사님! 죽여도 된다면 그때 생각하면 치가 떨려요. 얼마나 당했는지 한 둘이 아녀요. 당한 년들이...모두에게 사과하고 용서를 빌어. 안 그러면 너 끝까지 쫓아다녀서라도 쳐 죽이고 말거니까. 여자가 독을 품으면 한 오육월에 눈이 내린다고, 한번이 아니지. 그것이 너 죽이려고 우리들이 그런 거야. 알아. 잘못했소. 용서해 주게 나 지옥 깊이에서 이다보니 반성 많이 했소. 반성한 것 보여줄 수 있나요? 가능한가요? 선사님이 꺼내 오시면 보여줄 수 있습니다. 아 이것, 예 자 보세요. 보이십니까? 예 보고 있습니다. 참회하고 사죄하고 용서를 빌고 있네요. 맞아요? 맞습니다. 지옥 깊이에서 저런다고 우리들이 알았나? 저것 보니 용서해야겠다. 안 그러면 우리들이 죄 받겠다. 우리들은 용서하겠습니다. 선사님이 우리들도 좋은 곳으로 보내주시면 이승을 이제는 떠나서 좋은 곳으로 갈렵니다. 지금까지 신00 죽일 생각에 이승을 떠돌았는데, 저것 보니 불쌍하고 용서가 되네요. 내가 왜 이런 것에 얽매여서 이승을 떠나지 못했나 싶기도 하고요. 이름을 밝히고 싶어하시는데 누구지요? 저 황00입니다. 어찌 황00가... 사실 제가 죽은 것은 신00 저 양반 때문에 죽었습니다. 저 양반이 그러지만 않았어도 죽지 않았을텐데...저 양반이 밀고 해서 죽었지 뭡니까? 일본인들에게...몹쓸 양반...저도 이제 이승 그만 떠돌고 가렵니다. 저 때문에 이승에서 고생하신 분들 많아요. 여기저기 이곳저곳 이사람 저사람 붙어서 저의 색기를 발동하게 한 죄 용서해주세요. 용서해 주세요. 예. 알았습니다.

이분들 모두 어디로 가게 해야 하나요? 저마다에 맞게 자등명 고속도로에 태워서 보내면 위에서 알아서 합니다. 자! 모두 저를 따라오세요. 지금 가실 분들만....조심들 하시고요. 저를 꼬옥 잡으세요. 야~ 우리가 언제 여기까지 왔지. 고맙습니다. 감사합니다...

기생 분들은 다 가셨나? 예. 쌍놈이란 분들도? 쌍놈이란 분들 중에는 가지 않은 분들이 몇 있습니다. 위계질서가 있으니 이제는 양반들을 하시지요.
양반님네들 신00님께 원수가 있어서 못 가신 분들입니까? 예 한둘 빼고는 거의 다 그렇습니다. 기생 분들과는 쌍놈들과는 다릅니다. 저희들은 신00 저놈이 고발하는 바람에 세00왕에게 처형을 다해서 죽은 양반들입니다. 총 968명입니다. 한 분, 또는 여러분. 그렇게 해서 신00가 한글 공표하고 나서 저희들을 한 분, 죽였습니다. 세종대왕님 가까이 있으면서 저희들을 친 겁니다. 겨드랑이 계신 분, 예 여기에 할 이야기 있는 것 같은데, 사실 거기에 가담을 했습니다. 누구신지요? 저 성00입니다. 신00와 함께 그랬습니다. 그때 세000님의 눈에 들려고 하다보니 그리고 또 좋은 위치에 오르고 하다보니 그렇게 되었습니다. 죽을죄를 지었습니다. 용서해 주십시오. 머리 위에서 또 난리입니다. 성00님 나중에 말하라고 합니다. 순서를 지켜달라고 합니다. 저도 용서해 주십시오.....멀어져 간다.
머리 속에 있던 많은 분들이 성00이 가니 혹시라도 성00이 말을 할 때 말하려고 했다가 물러가니 물러간 듯싶다. 나중에 또 오겠지. 다시 신00님 때문에 죽임을 당한 분들 억울합니까? 억울하지요. 어떻게 풀어드리면 됩니까? 독을 마구 품어 낸다. 이렇게 독을 품어 내시면 다 죽습니다. 다 죽어도 좋습니다. 저놈만 죽일 수 있으면 저희들은 죽어도 좋습니다. 그렇다고 독을 품고 품은 독을 내뿜으면 죄 없는 사람들이 그 독으로 죽습니다. 아까 목에 가득한 독 그 독 때문에 제가 기침하잖아요. 독을 빼내느라고 일반인 같으면 죽어요. 죄송합니다. 독을 품으면 품는 자신도 몸을 상하고 또 주변 분들도 그 독으로 상하게 합니다. 이것은 모두를 죽이는 행위입니다. 일단 품은 독부터 빼야겠습니다. 그렇지 않고서는 제가 견딜 수 없을 것 같습니다. 제가 여러분의 독에 죽으면 좋겠습니까? 안 될 말씀이지요. 머리 속에서는 왜 난리이지요. 선사님 거짓말 하지 마세요. 왜 거짓말입니다. 무엇이 거짓말이지요. 독에 죽는다는 말씀 말입니다. 제가 공력이 있어서 죽지 않는 거지 공력이 없으면 죽는 것 맞지 않습니까? 그렇지요. 그러면 독을 공력으로 누르니 사는 것인데 독을 다스리기 위해서 쓰는 공력은 살아있는 겁니까? 죽은 겁니까? 죽은 거지요. 그러면 내가 죽는 겁니까? 사는 겁니까? 그렇게 말씀하시니 선사님의 공력이 그만큼 쓰였고 공력이 줄어드니 죽는 것 같네요. 생각이 짧았습니다.
양반님들 독 아직도 못 뺐네요. 뺄 수가 없어요. 어떻게 빼야 합니까? 머리에서 머리 속에 있는 신00님에 생각 머리 밖으로 꺼내십니요. 그러면 난리...알았어요.
오른손가락 1, 2, 3,번째 손가락으로 위입술 아랫입술을 감싸며 문지른다. 존경합니다. 존경합니다. 제 말을 들어주세요....잠잠해졌네요.
마음을 편하게 하세요. 그리고 아무 생각도 하지 마십시오. 그리고 한 분 한 분 필요한 분들 할 말씀들 많으시겠지만 같은 분류끼리 의논하셔서 같은 분류는 같은 분류끼리 한 분을 선출하셔서 한 분이 대신 말해서 용서를 받고 한 분이 용서하면 모두 다 용서하는 것으로 하지요. 한 분이 또 용서하지 못하면 모두가 용서하지 않는 것으로...자~ 각자 같은 분류끼리 모여서 의견을 교환해서 그리고 선출하여서 말씀해 주시면 고맙겠습니다. 예....
너무 힘들이...이 분들 선사님 몸 안에 다 있어요? 독기를 뿜어내며 그래서 그래요.
참으시고 이기셔야 합니다. 이것도 치루어야 할 과정입니다.
선출되었답니다. 그래요.
순서도 정했나요? 예 순서가 10번까지 있습니다. 못 가신 쌍놈이란 분들은 그분들까지 포함해서입니다.
너무 속이 머리도 온몸이 괴롭습니다. 어쩔 수 없어요.
견디면서 해야 합니다.

1번째 분, 말씀하세요. 예. 저희들은 신00와 성00에게 욕을 보인 양반들입니다. 욕을 보이다니요. 여기서 욕이란 혼난 경우란 뜻입니다. 어떤 혼남입니까? 신00, 성00 둘이서 모의해서 세0에게 고하여 우리들을 벌주게 해서 관직에서 물러나게 하고 그것도 부족해서 귀향 보내고 그것도 부족해서 독주를 받아먹고 죽은 사람들입니다.
독주를 받아먹었으면 엄청 힘드시겠네요. 어쩌지요. 독주를 마시고 죽은 분들에게 독주를 먹고 독에 괴로워하는 분들에 들어있는 독이여! 누구시기에 우리를 불러요. 우리 지금 신나게 노는데, 이제 그만 돌고 고향으로 돌아가렴, 재미있는데요. 괴로워하는 것을 보니 너무 재미있어요. 너희들 독이 나에게 물었던 것 아는가? 모르는가? 모릅니다. 예전에 독이 나에게 물어본 것이 있는데 독이 자기는 너무 잘못을 많이 해서 고향으로 못 간다면 물어본 것 있는데 이글 위로 읽으며 쭈욱 가 봐요. 찾았나요? 찾았습니다. 이것과 저희들과 무슨 상관입니까? 이분은 고향으로 돌아가려니 그런 거고 저희들은 고향에 돌아갈 생각 없이 재밌게 놀고 있는데, 독 여러분이 재미있게 논다고 다른 분을 힘들게 하면 그것은 죄가 됩니까? 죄가 되지 않습니까? 죄가 뭔데요? 죄란 내가 행한 행동으로 인하여 좋은 행동이 아닌 나쁜 행동으로 나 이외의 다른 사람을 이롭게 하는 행동은 자비와 사랑이라고 한다면 죄는 나쁜 행동을 함으로 인하여 고통을 주고 고통을 받게 하는 행동을 함으로 인하여 다음에 어느 땐가 내가 다시 받아야 하는 업을 죄라고 합니다. 모든 행동에는 원시반본과 회자정리가 되어야 사라지는데 그건 알아요. 자기 자신이 행한 행동은 반드시 언젠가는 원시반본되고 회장정리가 되어야 사라진다는 것. 그럼 여러분이 행하는 재미삼아 행하는 모든 것들도 언젠가는 받아야 할 것 아니겠는지요. 예. 그렇지요. 그런데 재미있다고 그렇게 고통과 괴로움을 주면 언젠가 그 고통과 괴로움을 또 당해야 사라지는 것 아니겠어요? 우리들은 독인데요. 독이 뭡니까? 독이란 죽이고 살해하고 나쁜 짓을 하는 것이 독입니다. 앞에 독에게 한 이야기를 읽었습니까? 읽었습니다. 그런데도 그래요. 예 그분은 고향갈 분 우린 여기에 있을 독들이니 당연하죠.
독도 좋은 일 하시는 분 있는지 아시는 분? 몇 분이 손을 든다.

독은 나쁜 짓만 해야 합니까? 아닙니다. 얼마든지 하기에 따라서 좋은 일도 할 수 있습니다. 독이 아니면 안 되는 곳들이 너무 많습니다. 의외로 많습니다. 그런 곳에서 그렇게 쓰이는 독 많습니다.

여러분은 우리와는 다릅니다. 무엇이 다른가요? 착한 독과 나쁜 독의 차이이겠지요? 나쁜 독과 착한 독이 따로 있습니까? 아닙니다. 독으로는 똑같습니다. 그럼 무엇이 다릅니까? 업이 다릅니다. 업이란 무엇이라고 했습니다. 행동입니다. 어떤 행동? 좋은 일과 나쁜 행동, 그것은 어디에서 나옵니까? 마음... 무엇이 마음입니까? 마음은 허공과 같아서 마음을 어떻게 쓰냐에 따라서 다릅니다. 마음은 본디 허공과 같아서 아무 것도 없는 것이로되 여러분 스스로가 어떻게 쓰고 써느냐에 따라서 아무 것도 없는 곳에 기억이라고 할 수 있는 낙서 내지는 글씨는 쓰는 것과 같이 새겨져서 업이란 것으로 흔적이 남습니다. 행동이 이와 같이 만듭니다.

지금 재미로 하는 행동은 남을 괴롭히고 있고 또 고통스러워하니 고통 받고 있는 이것은 나중에 언젠가는 자기 자신에게 되돌아 와야 사라지는데, 원시반본 회자정리에 의해서 그 고통 받아야 하는데, 그때 지금 받는 분들이 받는 것처럼 받아도 되겠는가? 아닙니다.

머리 쪽에서 쑤시는 분들, 예 왜요? 그러면 독이 독으로 할 일을 못하는 것 아닙니까? 독은 이름이 독이지 꼭 나쁜 짓, 나쁜 행동하라고 한 것이 아니라 자기 자기에 따라서 필요한 곳에서 독으로 죽어가는 이들을 살기도 하지 않습니까? 그러기도 하지요. 생각이 마음이 그렇게 만드는 거지요. 자기 자신에게 어떤 상황 어떤 경우가 되었던 그 상황 그 어떤 경우에서는 좋은 쪽으로 열려 있으면 좋은 일을 하는 거고, 아니면 나쁜 일을 하겠지요. 자기는 누가 있어서 창조하는 것이 아니라 자기 자신 스스로 창조하는 것입니다. 이름은 이름일 뿐 이름에 얽매이면 그와 같이 이름 따라가는 거고 이름에 얽매이지 않으면 마음 따라 가며 스스로를 창조하는 것이라 보시면 될 것입니다.

지금도 괴롭히는 독이 있습니까? 없습니다. 나중에 저런 고통당하기 싫습니다.

억울한 분들 이어서 말씀하세요. 신00, 성00 저 둘 때문에 이와 같이 되어서 독을 마시고 귀향 가서 독을 마시고 독으로 죽은 우리들의 원한이 고통만큼이나 컸습니다. 독들이 미안하다고 하니 그러면서 용서를 구합니다. 잘못했다고 우리는 그렇게 하는 것이 우리의 임무고 소임인지 알아서 그랬으니 용서해달라고 합니다. 다음에 그런 고통 받기 싫어서...이건 또 뭐지요. 예 저도 용서를 구하고 싶습니다. 누구지요? 성00에게 고통을 주었던 독입니다. 이것은 신00에게 고통을 주었던 독입니다. 우리들도 용서를 구합니다. 죄송합니다. 그것이 소임인 줄 알고 그래야만 하는지 알았습니다. 지금 보니 아닌데 저희들의 생각이 짧았습니다. 용서해 주십시오. 예 가슴에 있는 분, 저도 용서를 빕니다. 누구신데. 신00에게 몰래 맞았을 때 멍 들어서 힘들게 했던 독입니다. 신00님 미안합니다. 용서하십시오, 머리 위쪽 에 저도 그렇습니다. 머리를 철퇴를 맞았을 때 품었던 푸른 독기입니다. 죄송합니다. 아프게 해서 미안합니다. 용서해 주십시오.
독들이 이와 같이 하나 둘...모두 다 모두 다 아닙니다. 누구시지요? 저도 독입니다. 저는 악독합니다. 저대로 용서구할 생각이 없습니다. 이쪽에서 아프게 하는 분, 예 제 친구입니다. 제가 달래겠습니다. 설득하겠습니다.
하나, 둘 ...용서를 구합니다. 또 왜요? 아~ 글쎄 할 말 있답니다. 예 하세요. 저는요. 저는요 억울합니다. 뭐가 억울해요. 저는 독도 아닙니다. 그런데 독이 되었어요. 독도 아닌데 독이 되었다니요? 저와 제와 제, 셋을 합쳐서 어마어마하고 엄청난 독을 만들어서.. 왜요? 넷이랍니다. 셋을 이야기했는데, 다 하나하나 말하고 싶어 합니다. 다 말하면 또다시 넷을 합해서 또 다른 독들이 만들어질 수 있으니 말하지 않는 것이 좋습니다. 아예, 들었지.
저희들은 본래의 모습으로 돌아가고 싶습니다. 얼마나 본래는 좋고 아름다운데 ...이렇게 독으로 만들었는지. 사형수 김00 이분이 만든 것입니다. 이름 자체가 독이네요. 그러니 그렇게 독을 잘 만들었는가 봅니다. 만든 독이 너무너무 많아요. 여러 가지 섞어서... 이분이 만든 독이 어마어마합니다. 이분들이 모두 다 이분이 만든 독입니다. 모두 다 본래의 모습으로 돌아가고 싶어 합니다. 어떻게 해야 합니까? 이것 먼저 하시면 안 됩니다. 질서..질서를 생각하여야 합니다. 잘못하면 난장판 됩니다.
자! 대충 알아들었습니다.
순서대로 보내드리겠습니다. 아직도 서로 용서 못하신 분들 있습니다. 예 있습니다. 누구시지요. 쌍놈입니다. 아직 못간 쌍놈입니다. (속으로 가실 분들은 자등명 고속도로타고 가라고 자등명고속도로 위에 연결해 놓고...)
왜 머리 할 말이 많답니다. 보내지 마랍니다. 끝나지 않았으니 되돌리세요. 알았습니다. 끝난 다음에 천천히 가셔야 하겠습니다.
자! 그러면 순서대로 마무리 하겠습니다. 누구도 옆으로 끼어들지 말고 순서에 입각해서 말씀하시길 부탁드립니다.
1번 할 이야기 더 있습니까? 있습니다. 뭡니까? 독들은 용서를 받았는데 그리고 독들로부터 용서를 받았기에 용서를 해 주었습니다. 신00, 성00으로부터 우리는 용서를 받지 못했습니다. 신00와 성00은 우리들에게 용서를 구하시기 바랍니다. 성00은 없으신데 잠깐 가능합니까? 예
신00님과 성00님은 이 분들께 용서를 구하십시오.
누구부터 하겠습니까? 형님인 성00 형님부터...
미안합니다. 죄송합니다. 제가 관직에 눈이 멀어서 그랬습니다. 죄송합니다. 죄송합니다. 용서해 주십시오.
그 걸로는 안 되지. 무릎 끓고 사죄답게 사죄를 해야지 진실성이 없잖아. 아닙니다. 진실입니다. 얼마나 후회했는지 모릅니다. 아마 비디오 있을 겁니다. 가능합니까? 예 보십시오.
그렇구만 우리들이 그렇게까지 한지는 몰랐네. 그래 우리도 미안하네. 우리들도 그러고 보면 잘한 거 없지. 미안하네. 이제 서로 잘 지내보세. 이곳에서 싸워서야 되겠는가? 선사님이 우리들을 모두 구해줄테니 구해져서는 우리 잘 지내보세. 선사님의 뜻과 의지대로 우리 태평성대를 이루는데 한 몸이 되어 봄세. 미안하네. 아닙니다. 미안했습니다. 죄송했습니다. 용서해 주셔서 감사합니다.
성00님은 다들 용서하셨습니까? 예, 누구? 난 그래도 용서가 안 돼요. 누군데? 쌍놈입니다. 우리 여편네를 그렇게 해놓고 우리를

쳐죽인 놈입니다. 그것도 용서를 구합니다, 정말로 미안합니다. 얼마나 용서를 구했는지 모릅니다. 매일 한 일이라고는 용서를 구한 일 밖에 없습니다. 한 번 보여주십시오. 보세요. 그래도 저렇게까지 여보 용서해 주세요. 여기 보니까 예사가 아니더라고요. 이승에서는 그래도 이쪽에서는 안 그러잖아요? 당신이 마음 넓게 써요. 알았습니다. 용서하겠습니다.
또 있나요? 없습니다.
신00님! 예 여러분 모두 제가 어리석어서 아무 것도 모르고 잘못을 너무 많이 저질렀습니다. 저의 잘못을 용사해 주십시오. 저도 용서를 많이 구했습니다. 비디오를 보여주신 던데...저도 저의 과오를 용서 받기 위해 많이 용서를 구했습니다. 특히나 아들 신명0 기억이 나지 않는구나. 아버지는 저를 기억도 못하면 어떻게 용서를 구합니까? 배다른 아들이라고 쌍놈의 배에서 나왔다고 얼마나 구박하고 또 부끄럽다고 나가 죽으라고 한이 맺혀 있습니다. 제 이름은요 신00입니다. 아버님이 지어주신 이름은 신00이고. 그런데 제가 이름 바꿨습니다. 신석0로 아버님이면서 원수라고생각해서 아버님을 잊지 않고 다음 생이 있다면 반드시 이 원수 갚겠다고 그래서 손자로 태어나서 힘들게 했던 저입니다. 아버님 용서하십시요. 그렇게 용서를 구한지 모르고 제가 잘못했습니다. 아니다. 네가 잘못했다. 그놈의 관직이 뭐라고 살만한데 눈이 멀었지. 아들아 미안하다. 아닙니다. 손자로 태어나게 이뻐해 주셨는데, 못되게 굴어서 미안했습니다. 그래 그래 다 내 잘못이지 어찌 네 잘못이겠느냐.
신00님 그래도 용서가 되지 않는 분, 저도 쌍놈입니다. 제가 그래도 이라도 갈고 태어나 괴롭혔네요. 저는 그것도 못했습니다. 그래도 비디오 보니 마음이 풀리기는 했습니다. 어르신 저 비디오가 맞아요. 맞다마다 정말로 미안했구만 내가 미쳤지 미치지 않고 어찌 그랬겠는가? 부끄럽네. 자네 보기가 부끄러워...용서해 주게 되었구만요. 그렇게 말씀해 주시니 쇤네가 송구하구만요.
또 있습니까?
성00, 신00님께 여기 계신 분 중에 다 풀지 못하고 용서하지 못하는 분 또 있습니까?
저 기생입니다. 황00는 황00지만 나는 왜 그랬어요. 이름도 없는 못생긴 기생이라며, 그러게나 네가 나쁜 놈이지. 어쩌자고 그랬는지 모르겠네. 자네에게도 오른쪽 손가락으로 오른쪽 코등을 긁는다. 존경합니다, 그러지 마세요. 지금에 와서 미안하게, 미안하네. 눈물 가득하다. 잘못했네. 정말로 바보였네. 죽고 보니 정말로 잘못한 것이 많았네. 그래서 용서를 구했지만 용서를 받을 수가 없어서 그것이 너 힘들게 했네. 이렇게 대화하며 용서를 구할 수 있어서 너무나 좋네. 부족 용서하고 좋은 곳을 가시게나. 나에게 공덕이 있을지 모르겠지만 나에게 공덕이 있다면 줄테니 좋은 곳으로 가서 한 푸시게,
오른쪽 다리를 찌르시는 분 누구세요? 머리 아프게 하는 분은 저쪽 먼저 그러면 머리를 아프게 하지 말아야지요? 예 이따가... 오른쪽 다리를 찌르시는 분은 누구세요. 저는 성00 1번째 부인입니다. 내가 얼마나 잘해줬는데 밤일을 그렇게 왜면 했는지 묻고 싶었습니다. 왜 그렇게 왜면 하셨어요. 잘해 준 것 알지 노력한지도 알고 그런데 내가 너무 속물이었고 x에 미쳤나바. 새로운 것이 어떤지 자꾸만 생각나서 견딜 수가 없었어. 그래서 그런 거지 당신이 미워서 그런 거 아냐. 그래서 많이 후회했지. 그것으로 죄받아도 싸다고 생각했고. 당신뿐만 아니라 모든 첩들이 잘해준 지 알아 그런데도 그때는 그랬어. 그런 생각에 그러기도 했지만 왜 그런지 새로운 사람과 그러고 나면 머리가 맑아져서 더 그랬어. 모두 다 용서해줘.
지금 가슴에서 일어나는 응어리는 뭐지요? 머리가 먼저입니다. 예 저 양반 우리보다 더 불쌍한 분이었구만, 다들 용서하시게 저렇게 불쌍한 분인지 나도 몰랐네. 그래도 우리들에게 어떻게 잘못을 빌었는지는 봐야지요. 보여주지 말라네요. 머리 속에 있는 분들이 이 분들과 관련이 있는가 봅니다. 안 보시는 것이 좋은 것 같습니다. 다른 분들이 싫어하세요. 예 알았습니다. 또 있습니까? 예 뭔가요? 저 17번째 첩인데 정말 속상해요 곧 죽을 거면서 왜 저를 첩을 들였는지 모르겠어요. 첩으로 들이고 3일만 죽었으니 저는 어째

요. 그 당시 다시 제가할 수 없었는데, 미안하네. 젊은 처자를 들이면 젊은 처자의 에너지 받으면 더 산다고 해서 그랬는데, 죽고서도 후회 많이 했다네. 다음에 만나면 잘해 줘야지 잘해 줘야지 많이 용서를 구했다네. 미안하네. 또 있나요? 없습니다.
머리 속에서 다리 밑에서 찌르시는 분 저도 할 말 있는데요. 가슴에 응어리 다음에...
머리 속에서 말하고 싶은 분들 질문 사라졌어요. 사실 우리들은 젊은 기생인데 얼마나 지저분하게 놀았는지 왜 그랬는지. 이제 이유를 알았으니 되었습니다.
또 머리 속에서 다른 분들입니다. 이분들도 기생입니다. 나이든 예, 기다려주세요.
가슴에 응어리 맺히신 분, 저도 해결되었습니다. 젊은 첩과 젊은 기생 분들 때문에...그러면 다리 밑에서 찌르신 분, 저도 해결되었습니다. 지금 머리 속을 복잡하게 하시는 분들...아까 머리 속에서 말하려고 했던 분들. 둘 다 할 이야기 있어요. 순서대로...
신00님 예 우리들은 늙은 기생입니다. 늙었다고 천대하며 왜 죽이려 했어요? 누구나 다 늙는 거 아닙니까? 늙어서 그렇잖아요. 괴로운데 죽이려고까지 하지 않았습니까? 잘못했습니다. 늙으신 분들이 사라져야 젊은 아이들이 오니까. 그래야 자꾸만 새로운 애들과 하니까. 그래서 그랬습니다. 미안합니다, 그렇잖아요 많은 용서 빌었습니다. 늙고 병들어 죽을 날을 앞에 두고 보니 천대했던 여러분들이 생각나서 많이 후회하고 용서를 빌었습니다. 이제라도 다시 용서를 구합니다. 용서해주세요. 너그럽게 용서하시고 좋은 곳으로 가세요. 그러시기를 빌겠습니다.
또 아닙니다. 머리 속에 우리는 용서 했습니다. 누구지요. 그 다음이 왼쪽 다리를 아프게 했던 에, 저도 듣고 보니 불쌍한 생각이 들어서 용서합니다. 한을 품은 제가 괴로웠지 용서를 구하는 저분이 더 행복했네요. 지금 보니 내가 바보였습니다. 왜 한을 품었는지 그러거나 말거나 나 잘 살면 되는데, 제가 바보였어요.
가슴 쪽에 찌르셨던 저도 한 품었었는데, 내가 바보였네요.
다시 머리 쪽은 아닙니다. 저희도 한을 품은 분들입니다.

또 있습니까? 저기 멀리서 손짓하며 오시는 분이 있습니다.
누구시지요. 아버님 접니다. 명석이 아까 가셨잖아요? 그분은 또 다른 명석이고 명석이가 둘입니다. 둘을 하나로 해야 남들이 모를 것 같다면서...저는 자손이 없고 저분은 자손이 있어서 저분이 지금의 명석으로 후손들이 모시고 정작 본인은 양반인데 후손이 없어서 자손이 끊어져서 떠도는 영가입니다. 중음신입니다. 저도 구해 주십시오.
이런 날이 언제 올까? 이런 날이 올까? 기다리고 기다렸는데 저도 함께 가도 됩니까?
다른 분들과 같이 가시면 됩니다.
또 있습니까? 멀리서 오시는 분 있습니다. 중음신으로 떠돌며 후손이 없이 배고프게 같이 지냈던 명석이란 분의 친구 분들이 몰려옵니다. 저분들 오면 다 되는 것 같습니다.
어마어마하군요. 아무래도 권세가 있었으니 얽힌 인연들이 많았겠지요.
자! 모두 다 올라가셔서 자기 자신에게 맞는 자리로 가시길 바라겠습니다.
가셔서 모두 다 행복하시길 빌겠습니다.
고맙습니다. 감사합니다. 2015. 09. 16 10:14

7번째, 맹00님 이야기

7번째 예 맹00입니다.
맹00 삼천지교, 이것은 잘못된 것입니다. 이것을 말씀드리고 저의 잘못을 말씀드리기 위해서 지금껏 기다렸습니다. 오늘 3분을 한다고 약속하셔서 될 수 있으면 짧게 하겠습니다.
우시나요? 예 어머님이 사실 저에게 너무 잘못하셔서 후대에 어머님께 많은 분들이 욕을 하실 것이 두려워서 어머님을 위해서 제가 한 말입니다.

삼천지교란 저를 가르치기 위해서 3곳을, 3곳이란 광란성, 휘란성 맞나? 찡저오성 이와 같이 3곳을 옮겨 다니며 저의 교육에 힘썼다고 어머님을 칭송하기 위해서 한 말인데, 이것이 어머님을 괴롭게 하고 또 저를 이와 같이 지옥에 떨어지게 할 줄은 꿈에 몰랐습니다.
지금 선사님 가슴을 아프게 하시는 분이 맹00였을 때 저의 어머님이십니다. 어머니 잘못했습니다. 저 때문에 지옥에서 얼마나 고생이 많으셨습니까? 죄송합니다. 용서해주십시오, 제가 잘못했습니다. 아니다 예야, 내가 잘못했지. 나 욕먹을 것을 생각해서 그와 같이 한 것이 나쁜 엄마이면서 좋다고 했으니 내가 잘못한 거지.
두 분이 다 눈물을 흘리신다. 포옹하며....
이제 그만하시고 풀어가야지요. 미안합니다. 선사님의 귀한 시간을 내어주셨는데...너누 기쁘고 죄스러워서 그만...그래도 이렇게 만나서 이야기할 수 있으니 너무 좋습니다.
어머님 사랑합니다. 그리고 존경합니다. 저를 낳아주신 것만으로도 어머님은 어머님이 하실 도리는 다 하셨는데, 그때는 몰랐습니다. 어머님이 저를 낳으신지만 알았습니다. 제가 어머님을 선택해서 온지를 몰랐습니다. 제 업을 어머님을 통해 갚으려고 온지 몰랐습니다. 어리석은 저를 용서해주십시오. 죽어서 그리고 지옥에 떨어졌을 때만 해도 몰랐습니다. 지옥에서 구제받고 보니 그런 것을 알았습니다. 가슴이 아픈 것은? 어머님의 한입니다.
어머님의 한하고 한 번 대화해 보시겠습니다. 그러지요.
아이고 내가 죽일 년이지 저렇게.. 기침은 저분의 독기입니다. 그것을 녹여주고 계시기 때문에 녹으면서 독기가 나오는 겁니다. 목을 아프게 하고... 착한 여석을 공부만한다고 일은 도와주지 않는다고 구박을 했으니 죄 받아도 싸지. 그런 나를 어머니라고 저렇게 했으니 이놈의 한을 어찌할까? 선사님 오늘 저의 한을 풀어주십시오. 이 한 풀지 못하면 못 갈 것 같습니다. 어떻게 한을 풀어주지요. 맺힌 한을 위해서 훈공춤을 두어 번 춰주세요. 그러면 한이 풀릴 것 같습니다. 어머님 안에 있는 한! 왜요. 칠통선사님이면 단가? 부르고 난리야. 부르는 게 싫어요? 귀찮아요. 다 싫어요. 그냥 울고 싶어요. 왜 울고 싶어요. 폭폭해서 그렇습니다. 왜 폭폭해요. 맺힌 게 많아요? 뭐가 맺혔기에 그래요. 아 글쎄 저놈의 여편네가 우리들을 하나 둘...모아다 놓고는 우리들 보고 곡하라고 그러지 않습니다. 하도 곡을 해서 이제 소리도 나오지 않습니다. 너무 목이 아파요. 선사님이 목이 아픈 것도 독기도 있지만 우리들이 곡을 하도 해서 아픈 것도 있답니다.
한이 뭔데 하나 둘 ...씩 모아놓고 곡을 하라고 하지요.
아 우리들이 그냥 지나치는 길손입니다. 길손을 잡아다가 마음 안에 가득 담아놓고는 가지도 못하게 잡고서는 곡하라고 합니다. 그때가 언제입니까? 송나라 때인가? 집에도 못가고 이렇게 잡혀 있습니다. 이제 놓아줄 때도 되었는데, 곡하지 않는다고 다구치기도 합니다. 어떻게 다구치는데요. 슬퍼서 어찌할 줄을 몰라요. 그러니 어떻게 하겠어요. 대신 곡해야지 그런다고 풀리는 것도 아닌데 더 답답할 뿐인데, 네가 보내주면 가겠습니까? 보내 줄 수 있어요? 예 정말로요. 예 그러면 가야지요. 이제 진절머리 납니다. 해도 해도 끝이 없어요. 놔주기만 하면 가야지요. 어디로 가고 싶어요. 고향, 고향이 어딘데요. 우리들 고향이 어디지. 글쎄 어디지. 다 잊었네요.
따라 할래요. 고향을 돌아가게 해드릴테니.
제가 하면 따라서 하는 겁니다. 예.

내 고향
아름다운 내 고향
꿈에도 잊지 않으려 했건만 한으로 살아온 한 평생
이제야 내 고향으로 돌아가는구나.
어허 딸랑 어허 딸랑
깃발을 들고서 너도 칭송 나도 칭송
칭송을 부르며 칭송 칭송 칭송 칭송
어허 딸랑 어허 딸랑 너도 칭송 나도 칭송
우리 모두 다 함께 칭송을 흥얼거리며
재기재기 정말싫어싫어 칭송 칭송
깃발을 들고서 너도 칭송 나도 칭송 우리 모두 다 함께 칭송칭송 어허 딸랑 어허딸랑.
칭송 칭송 칭송 칭송
둥글게둥글게 칭송칭송
너도 칭송 나도 칭송
(고맙습니다, 감사합니다.)
칭송을 흥얼거리며 우리 모두 다함께 칭송 칭송
어허 딸랑 어허 딸랑
이제 가면 언제 오나 어허 딸랑 딸랑
칭송칭송
이제 가면 언제 오나 어허 딸랑 어허 딸랑
깃발을 들고서 어허 딸랑 어허 딸랑
칭송칭송 칭송칭송
(고맙습니다, 감사합니다)
모두 다 칭송 칭송
명룡관칭송 칭송
명룡관칭송칭송 우리 모두 다 함께 명룡관칭송칭송
(다 갔습니다. 한의 신만 안 갔습니다. 이분은 지금 머리에서... 더 강해야 갑니다.)
명료칭송칭송 명료 칭송칭송 명료칭송칭송 명료칭송칭송 명료칭송칭송
(예 모두 다 가셨습니다.)

이건 또 무엇이지요. 그것도 한입니다. 자기들도 오려고 온겁니다. 이건 누구의 한 입니까? 선사님의 한입니다. 선사님 가슴 깊이에 있던 한입니다. 선사님! 저희들도 가고 싶어요.
한 번 해 주세요. 지금 적은 것 위에서부터 다시 읽어도 되나요? 예.
다 갔나요? 아닙니다. 선사님은 일반 분들과 다릅니다. 뭐가 다르지요. 선사님의 한은 우주 일체의 한입니다.
우주 일체가 갖고 있는 한입니다.
위에 것을 한 번 읽으셨으니 이제 우주의 한을 가도록 해야 합니다.

우주야 우주야 일체의 우주야
너에게 한을 갖게 하였구나. 용서하고 용서하고
재기재기 싫어싫어 흥얼기리며
명륜관칭송을 부르며 명료칭송을 부르며 너도 명룡관칭송 나도 명룡관칭송
우리 모두 다 함께 명룡관칭송을 부르며 명룡관칭송 명룡관칭송
명료칭송 명료칭송 명료칭송을 부르며 깃발을 들고서
머리를 세우고 명료칭송 명료칭송
너도 명료칭송 나도 명료칭송 우리 모두 다 함께 명료칭송을 흥얼거리며
멸료칭송 명료칭송 달개비칭송 달개비칭송
(다 갔습니다. 우주 일체 한의 신만 남았습니다)

그걸 불러주면 되는가? 예 그런데 큰 일 났습니다. 예. 너무 많이 몰려옵니다. 그러면 지금 외운 것을 큰 스피커에 녹음기에 ...모두 다 그것을 듣고 갈 수도 있도록 ...예, 되었습니다.
그것을 이곳에 적어도 잘못하면 너무 큰 것이라서 뼈까지 녹으면 안 되잖아?
그러게요. 저분에게 물어보시고 하시면
예. 가시게 하려고 이것을 해야 하는데 어떻게 하면 되겠는지요?
속으로 해 주세요. 2번만 많이 하시면 선사님도 그러시니. 예
고맙습니다. 감사합니다.

맹00의 어머님의 한이 다 풀렸습니까? 한이 어디로 갔는지 없으니 속이 시원하니 살 것 같습니다. 맹00 더 할 말씀 있나요? 어머님은 없습니다.
맹00님 말씀하세요.
지란지교가 또 있습니다. 이것 역시도 나쁜 친구들이 주변에 시기질투하면 분들이 너무 많아서 그분들이 저에게 잘 해주시길 바라며 했던 이야기인데, 그것으로 욕 많이 먹었습니다. 난초와 지초는

엄연히 다른데 자칫 잘못하면 오해의 소지를 주었다고 그 죄가 무겁다고 다른 건 다른 것이지 같게 하게 했다고, 죄송합니다. 잘못했습니다. 다시는 이와 같은 진리를 거스르는 말을 하지 않겠습니다. 법과 진리에 맞게 이야기하겠습니다. 용서해 주십시오.
진리를 역행하는 행위나 말을 하지 않겠습니다. 진리를 거역하는 죄, 진리를 말하는 이의 말을 제대로 듣지 못한 죄, 진리와 바른 법을 말하는 이를 욕되게 한 죄, 달게 받겠습니다. 앞으로 이런 일이 없을 것입니다. 그때는 너무 몰랐습니다. 나만 잘난지 알았습니다. 그것이 법인지 진리인지 몰랐습니다. 이제 보니 그것이 진리이고 법인데, 그러한 법과 진리를 욕되게 했으니 잘못했습니다. 용서해 주십시오.
감사합니다. 감사합니다. 고맙습니다. 고맙습니다.
더 하실 말씀 있으세요. 예. 또 있습니다. 천자지고 이게 맞아요? 예 천자지고란 뜻이 하늘의 자식 즉 왕의 자식은 높고 높다 해서 하늘과 같다고 말했는데, 너무나 무지해서 그와 같이 말했습니다. 죄송합니다. 용서하십시오. 양다리로 올라오는 이분들은 그 말로 죄를 받은 분들입니다. 천자지고가 아니라고 주장한 분들이 그 당시 황제로부터 죽임을 당한 분들입니다.
독기가 많네요. 그러지요. 원수 같은데요. 온몸이 굳어오는 것이... 둘 다 같나요? 다릅니다. 직접 그분들과 대화해 보세요. 어느 쪽이 먼저입니까? 제가, 제가, 서로 그러면 위에서 아래로는 왼쪽이 위고 오른쪽이 아래입니다. 왜 왼쪽이 위고 오른쪽이 아래입니까? 오른쪽에서 왼쪽으로 위 세계를 올라가고 내려올 때는 왼쪽에서 오른쪽으로 내려오기 때문에 순위나 순서를 따지자면 그렇습니다. 아 예,
저는 저 말 때문에 사형을 당했습니다. 잘못한 것도 없이 ..독! 독! 예, 너무 네가 괴로운데...신00님 이야기에서 독과 그 위에 독에 대해서 읽고 올 수 없나? 너무 힘드네요. 예 알았습니다. 야 대표로 네가 가...이게 독이 할 일 아니다. 독이라고 꼭 이래야 하는 것 아니다. 잠시 기다려라. 알아보고 행하라. 왜 독이라고 이와 같이 괴롭혀야 하느냐? 생각이 잘못되었고 또 그런 마음이 잘못되었

다. 독은 이름이 독일 뿐 이런 행동과는 아무런 상관이 없다. 야! 야! 그러지 마 다들 와서 바 이 말이 꼭 맞잖아! 야 이제 그만 멈추고... 이제까지 우리들이 잘못 생각한 거야. 맡은 소임이 고통 주는 것인 줄 알아잖아. 봐 좋은 일도 얼마든지 할 수 있는데, 난 얼마나 좋은 일을 하고 싶었는데, 아직도 모두 다 쓴 글을 읽도록 의식에 넣어봐야겠네요.
뭐야 이거 맞아? 생각해 봐야겠네. 일단 멈추고, 모두 다 멈추고, 이 중에 대장급이 있는가봅니다. 신도 있어요. 독신? 예 그래서 이렇게 강한 가요? 그래서 그런 것은 아니고요. 조금 괴롭혀 봤습니다. 어떻게 하시나 보려고 고맙습니다. 미안합니다.
의식에 넣어주셔서 다 알아들었습니다. 그냥 가실 수 있겠어요? 예 저기로 가면 되지요. 예 고맙습니다. 감사합니다. 제가 인솔해서 가겠습니다. 야 빨리 안 와, 그만하고 그런다고 다른 행동할 분 안 야, 어허 저놈들 시험하고 테스트해 보는 겁니다. 제 깐에는 독이라고 독한 거라고...미안합니다, 죄송합니다.
독이 다 갔으니 우리도 갈랍니다. 보내주십시오. 우리 문제가 아니라 맹자의 문제였네요. 우리는 고통으로부터 벗어나 좋은 곳으로 가면 됩니다. 아 예,
또 있습니까? 머리 위에 저는 못갑니다. 왜요? 저것 때문에 너무도 고통을 많이 받아서 누구신데요? 저 왕 아니 황제입니다.

(식사 전에 몰려오시던 분들 얼마나 가셨나요? 거의 다 갔습니다. 처음에는 겁났는데. 명룡관칭송, 명료칭송 갈배비칭송하고 거의 다 갔습니다...다행입니다. 그와 같이 생각해 냈으니 다행입니다. 다 구하고자 하는 선사님 마음이 그렇게 된 거지요. 이제 해도 크게 무리가 있나요? 언제나 예상하지 못한 돌발 상황이 있는지라. 그래도 긴장을 놓아서는 안 됩니다. 누구? 보비명태초 태신존고귀 아닙니다. 아까 선사님이 지시받았던 보비명태초 태신고귀입니다. 제가 깜박했습니다. 수고하셨습니다. 아닙니다. 다 준비해 주시고 지켜보기만 했는걸요. 그래도 ...고맙습니다.)

이제야 식사가 끝나서...보았습니다. 식사하시면서 수많은 배고픈

이들을 보내시는 것, 그 분들에게 맞게 식사하시는 것도, 그렇게 하지 않으면 저분들이 먹지 못하고 그 분들에게 맞게 어마어마한 독들이 가득한 데 대단하세요. 왜 이건 탄트라하고 싶다는 영적존재의 대화 아냐? 맞아요? 많은 분들 보내시는 것 보고 또 신을 보내는 것 보고는 탄복해서 그런 것 같습니다. 남자 같은데, 예 맞아요. 그런데 모르겠습니다.
안 됩니다. 그러시면 황제께서 어찌 그러시는지요? 아 예 제가 실수했습니다.
고맙습니다. 어떻게 영가 분들의 대화를 아시는지요? 어떻게 하다 보니 조금 익혔습니다. 예. 고맙습니다.
선사님께서 식사하시면 배고픈 이들을 구해주시는 것 보고 있잖니 맹00에게 하려고 했던 말이 다 들어갔습니다. 선사님에 비교하니 그리고 선사님 하는 행동을 보니 부끄럽네요. 저는 황제의 직위에 본인의 의지와는 상관없이 올라서 (등뒤에 누구지요? 많은데... 황제의 친인척입니다) 너무 힘들었습니다. 힘든데다가 맹00 저분이 천자지고라고 해 놓아서 얼마나 고생했는지 모릅니다. 내가 어디 하늘입니까? 하늘 발뒤꿈치도 못 따라가지요. 날마다 노력했지만 되지 않는 것을 그래서 날마다 지옥이었습니다. 잘하려고 하면 할수록 지옥이었습니다. 처음에는 잘하려고 하다가 나중에는 포기하고 좌절하고 그냥 술과 여자, 못된 짓은 다하며 살았습니다. 남의 핑계될 일이 아닌데 제가 부족해서겠지만 그래도 나 때문에 맹00이 성인으로 덕망이 높았습니다. 누구신데요. 순00 황제입니다. 처음 들어보는...선사님은 중국의 역사를 얼마나 알아요. 몇몇을 빼고는 아는 분 없잖아요? 관심도 없고...떠들어 봐야 제 욕하는 것 같고 누워서 침 뱉는 것 같아서 그냥 가렵니다. 제 식솔들입니다. 등뒤에 그분들 그 분들과 함께 보내 주십시오. 아까 보니 저에게 업혀있는 분들 위로 보내드리는 것 보고 이거 다 포기했습니다.
저는 더 많은 분들에게 죄를 지었는데, 그 분들 모두 다 보내주셨는데, 그래서 제 업을 풀어주셨는데 제가 맹자 저분의 업인 못 풀어주겠습니까?
선사님 친구 분들 중국 여행 오잖아요? 선사님은 오지 마세요. 자꾸만 오고 싶어 하는데 오시면 죽습니다. 저 많은 분들을 하시는 것 보았습니다만 저건 새발에 피입니다. 어마어마 아니 엄청 엄청을 넘어 감당할 수가 없습니다. 너무 깊은 원한들이 많아서.. 산아제한 및 말도 못합니다. 한국에 태어났으니 이만큼 공부하신 겁니다. 중국에서는 어렵습니다. 또 원시반본이라고 발상지가 한국이니까. 한국에서 태어나셨겠지만 선사님 고맙습니다. 이제 가렵니다. 감사합니다.
너무 좋아합니다. 영가 분들의 언어를 하시니 그런가 봅니다.
다 가셨나요? 조금 남았습니다.
이분들은 맹00 다음에 이어질 순00 분들과 인연되신 분들입니다.
2015. 09. 16 12:28

8번째 순00님 이야기

드디어 우리들 이야기이네요. 너무 많이 다리에서부터 몸, 머리 너무 힘들게 하는 것 아닌가요? 죄송합니다. 부르면 그때그때 나오겠습니다. 오늘 보았습니까? 전에도 보았습니까? 예
그런데요. 그런데도 할 이야기가 많습니다. 허벅지에 히프까지...아이구 죄송합니다.
누구시지요? 순00입니다. 순00가 한분이 아니고 너무 많네요. 그러지요. 순0가 너무 많습니다. 이 많은 순0가 저마다 나라고 하고 있어요. 어쩌면 좋아요. 내가 누구입니까?
나는 누구입니까? 이 수많은 순0가 나는 아니잖아요? 나는 여기 있는데 저 많은 순00는 또 누구입니까?
순00님 혹시 신선 공부하셨어요? 당연히 당연히는 아니지만 신선되려고 공부했지요. 옛날에 신선되신 분들이 있다고 해서 나도 신선되려고 공부했습니다. 풀어 드릴테니. 가만히들 계세요. 예에...
신선되면 먹지 않아도 되지 어디든 가고 싶으면 가지 못할 것 없지 그래서 공부 많이 했습니다. 신선되려고 그런데 신선되지 못하고 죽었습니다. 막판에 신선되는가 싶었는데 죽었습니다. 그러다

보니 이렇게 순00가 많습니다. 모두 다 나입니다. 모두 다 나인데 내가 아닌 것 있지요. 그리고 나는 여기 있는데 저들도 모두 다 순0라며 모두 가 나라고 하고 있습니다. 그래서 죽을 지경입니다. 나는 여기 있는데 모두 다 나라고 하니 어떻게 저들을 나라고 하겠습니까? 내가 여기 있는데 그런데 저들은 내가 순0라면 또 달라붙으려고 합니다. 그러면서 쫓아다녀요. 못살겠습니다. 보세요. 얼마나 말랐나. 피골이 상접하지요? 뼈만 남았지요. 도저히 살수 없어요. 잠도 못 자겠어요. 저 많은 순00들이 모두 다 나라고 달려드니 살 수가 있어야지요. 지금도 모두 다 하나같이 순00라며 선사님께 달라붙어 있는 겁니다.
당연히 그럴 수밖에 없습니다. 왜 그렇지요? 저들이 나입니까? 예 모두 다 순00입니다. 거봐 순00 맞잖아. 어째서 저들이 모두 다 순00입니까? 우리들의 몸은 많은 세포로 만들어져 있습니다. 세포가 뭐지요? 몸을 이루고 있는 살이라고 하는 것들 속에 살아 있는 생명체를 이루는 유기체의 기본 구조이고 활동 단위입니다. 몸을 이루고 있는 몸이 유기체인 것은 아세요. 여러 가지 것들이 모여서 하나의 몸을 이루고 있는 것인지는 압니다. 그 여러 가지 것들 중에 또 여러 가지 것들이 있습니다. 여러 가지들을 움직이게 하고 있는 것들이지요. 여러 가지들이 움직이게 하는 가장 작은 것이 활동 단위이고 또 여러 가지 것들이 있게 하는 가장 작은 것이 그것이 있게 한 기본구조입니다. 이것을 이름해서 세포라고 합니다.
우리 몸은 전체로 보면 나라고 하는 나 하자지만 엄밀하게 관찰해보면 나라고 나에는 나를 이루고 있는 몸이 있지 않습니다. 육체라고 하는 몸, 그 몸이란 육체를 살아있는 하는 것이 있지 않습니다. 그것들을 나라고 할 수 있나요? 없나요? 그것들도 당연히 나지요. 맞습니다. 나는 나를 크게 보았을 때 나지. 나는 나를 이루고 있는 모든 것들을 다 포함해서 나라고 하고 있는 것입니다. 이것은 이해가 되시는지요? 예 이해됩니다. 그러므로 나는 내 안에 있는 나만 내가 아니라 나라고 하는 모든 몸은 뼈와 살, 피, 내가 아닌 것이 없습니다. 이것들 나를 이루고 있는 모든 것들이 저마다 하나하나 흩어졌다고 한다면 그것은 하나하나는 나입니까? 내가 아닙니까? 당연히 나이지요. 바로 그것입니다. 저분들은 모두 다 순0가 맞습니다. 순0라고 하는데 하나의 순00에서 떨어진 순0들입니다. 아 예 이해가 갑니다.

내가 신선이 되기 위해서 몸을 없애려고 했을 때 하나하나 어떻게 하면 되돌려서 빛이 되어서 사라지게 할까? 생각하며 하나하나 떨어져 나간 것들이 각기 저마다의 순00다. 예 맞습니다. 그래서 수많은 순0가 각기 저마다 나라고 하고 있는 겁니다. 모두 다 순0 맞습니다. 그러네요. 모두 다 순00가 맞네요. 모두 다 순0이면 또한 순0가 아닙니다. 이건 또 무슨 소리입니다. 이 모두가 인연에 의해서 만나서 나라고 하는 순00가 되었지만 엄밀히 따지면 또 각기 다릅니다. 순0라는 것에서 보면 순00지만 각기 저마다에서 보면 모두 다 순0가 아니라 또 다른 존재들입니다. 그러기 때문에 모두 다 순0라고 하면서도 각기 저마다 다른 존재들로 있는 것입니다. 순0라는 하나의 큰 틀에서 보면 모두 다 순0이지만 큰 들 안에서 각기 저마다를 보면 각기 다른 존재들이란 말이지요. 아 예,

신선 공부한다고 되돌리다 보니 되돌려진 것들이 흩어져서 나는 순00. 나도 순00. 되돌려진 것들도 순0 남아 있는 것도 순0. 그런 속에서 신선이 되지 못하고 죽으며 모두 다 저마다 순0라고 하고 있는 것입니다. 그럼 어떡하지요. 그것은 모두 다 너 나 우리 없이 일체의 하나로 순0가 되거나 또는 모두 다 본래로 되돌리면 순0라고 할 것 없이 곳으로 되돌아가니 순0라고 할 것이 없겠지요.

어떻게 하지요. 순00로 있고 싶어요. 다르게 존재하고 싶어요? 순로 있고 싶습니다. 그러면 모두 다 하나가 되어야 되어야겠지요. 그래야 각지 저마다의 순0는 순0로 돌아가서 하나로 합쳐져서 순00가 되겠지요. 저 허벅지 아래 예 왜 그러지 아닙니다. 뭔가 뭔가? 이상한 생각이 들기도 해서... 뭐가요? 난 순0가 싫은데 하나로 합쳐야 하는가? 해서요. 저는 남들이 너도 순00야 해서 같이 몰려다니기는 하지만 난 순00가 아니라 맹00거든요. 그런데 또 저는 맹00가 아닙니다. 맹0는 따로 있으니까요? 그래서 저도 헷갈립

니다. 나는 맹00같은데 맹00가 또 저렇게 있으니 저 맹00가 나 같은데 이상해요. 순00가 먼저입니까? 맹00가 먼저입니까? 순00 보다 맹00가 한 백년 앞서 있지요. 순00의 전생이 맹00 아니었습니까? 맞아요. 어떻게 알았어요. 순00의 전생이 맹00입니다. 그런데 저기 맹00가 있으니 나는 누구인가?라는 생각이 들면서 뭐가 뭔지 모르겠습니다. 그것은 맹00가 분열을 해서 그런 겁니다. 분열이 가능한가요? 예 공력이 많으면 그리고 인류에 이바지할 것이 있으면 뜻과 의지로 분열할 수 있습니다. 그래서 전생의 맹00가 분열하여 순00의 무의식 속에 들어와 있고 또 맹00는 맹00대로 있는 겁ㄴ다. 순00 전생의 맹00는 순자의 무의식에 들어와 있고 원한이 되어 있는 업을 받는 맹00는 지옥에 있었던 것 아닌가 싶습니다. 그러면 저 맹00와 저는 합쳐질 수 있나요? 예 합쳐질 수 있습니다. 분열했다는 사실을 알면 합쳐집니다. 그런데 합쳐졌을 때 또 다른 인연판이 형성이 되어서 어떻게 하는 것이 좋은지는 살펴봐야 합니다.
가슴을 아프게 하는 이분은 순00입니다. 어떤 순00이지요. 순00 아닙니다. 맹00입니다. 맹00인 나도 내가 뭔가 잃어버린 듯 허전했거든요. 가슴에서 요동치는 이것은 맹00와 맹00입니다. 분열했던 맹00입니다. 합치도록 해도 되나요? 안 됩니다. 지금은 안 됩니다. 들었어요. 지금은 안 된다는 말이..합쳐졌는데요. 어쩌지요. 떼어놓지 않으면 두 분이 많은 봉변을 당할 수 있습니다. 얼렁 떨어지세요. 분열하세요. 예, 왜? 봉변당한다잖아요.
왜 봉변을 당해요. 맹00로 살았던 때와 순00로 살았던 죄업이 달라서 그렇습니다. 맹00는 어느 정도 되었는데 순00는 아직 되지 않아서 그렇습니다.
그러면 어떡하지요. 두고 봅시다. 원래 전생에 맹0였으면 순0 몸 안에 있어야 맞습니다. 그리고 순0의 일부분이 되어 순0의 무의식 속에 있어야 합니다. 그런데 지금 둘이 분열되어 있습니다. 한 분은 순00 밖에 한 분은 순00 안에 또 한 분이 있네요. 선사님 몸의 세포로 이것은 어떻게 된 일이지요? 업을 받는 맹자 업으로부터 건져 올려진 맹00, 순00의 무의식 속에 있는 맹00, 이렇게 분열되었나요? 또 있습니다. 분열되어 있는 모든 분들을 건드리면 안 됩니다. 왜지요. 그 분들이 가지고 있는 뜻과 의지가 있는데 그것들이 모두 다 무너집니다. 그리고 지금까지 해 놓은 것이 허사가 됩니다. 어려우시겠지만 지금 상태로의 맹00로 사시기를 바라겠습니다. 그리고 자기 자신이 분열해서 하고자 한 듯을 다한 연후에 위 세계에서 맑고 깨끗한 상태로 일체의 하나가 되시길바라겠습니다.
순자 더 이야기 있습니까? 없습니다. 모두 다 하나인데 그걸 몰랐습니다.
유기체가 나이고 내가 유기체이고 유기체는 수많은 것들이 모여 이루어진 하나의 일합상이란 사실을 몰랐습니다. 이제 알겠습니다.
신선이 되려고 했던 모든 꿈을 접었으니 하나가 되도록 하겠습니다.
고맙습니다. 감사합니다.

오늘 더 해야 하나요? 뒷 분 아닙니다.
저도 맹00와 순00의 이야기 듣고 해결되었습니다.
누구신데. 또 다른 맹0였습니다.
아예 그렇게 3분이 예, 다음은 미국인 것 같습니다. 누구신가요?
루우00트 대통령입니다.
다음에 하겠습니다. 예
오른쪽 뺨을 오른손으로 긁었다. 괜찮습니다. 미안하다는 뜻
다음에 또 시간되면 하겠습니다.
예. 약속하신 대로.... 2015. 09. 16 13:18
어제는 금초도 하고 또 근처에서 명류수(明流水: 맑은 마음을 가진 사람은 더욱 더 맑게 깨끗하게 하고. 탁한 사람은 더욱 더 탁하게 하는) 풀도 구하여 오고 여의주도 찾아서 입안에서 생성되게 해서는 온몸 가득 여의주를 채우고 이무기들...모든 이무기들이라고 할 수 없지만 그래도 많은 이무기들을 보낸 하루였다. 입 안에서 여의주를 씹어 만들어서 이무기들을 이무기의 신, 이무기 대왕까지 위 세계로 올라가도록 했다.
오늘 원래 차례는 루우00트 대통령이었으나 분열이란 단어 분열된다는 말을 듣고 의문이 모두 다 풀렸다고 말씀하시고는 가셨고,

또 수많은 순00님들과 수많은 공00님들, 수많은 맹00님들이 분열이란 단어와 분열된다는 말에 모두 다 이해들을 하시고 모두 다 본래로 가셔서 이제는 순서가 869번째 해당하는 이무기 청룡사필님이 말을 하고 싶다고 하십니다.
나는 원래 이무기가 아니라 청룡사에 살고 있는 이000스님인데, 지금 그분은 중국의 청룡사란 이름 있는 절에 살고 있다. 이 스님이 하는 행실이 너무도 지저분하고 못되어서 그 못되고 지저분한 행실이 지금의 나를 있게 했다. 지금 선사님께서 고통스러워하는 이것이 그분이 잘못하고 바르지 못한 행실로 인하여 생겨나 이무기입니다.
사람, 사람이 아니지. 수행자가 잘못하거나 잘못된 행실을 하거나 지저분한 행실을 하게 그 잘못된 행실이나 저저분한 행실 잘못한 것으로 인하여 생겨난 것, 즉 탄생되는 것이 이무기이다. 이무기는 저 혼자서 저대로 생겨날 수 없는 동물이다. 이는 파충류로 분류하지만 파충류가 아니라 학명이 파충류일 뿐 우리는 파충류가 아니라 동물이다. 동물도 그냥 동물이 아니라 사람이란 동물에서 생겨난 사람의 또 다른 동물이다.
사람은 일반적으로 눈에 보이는 아이들 낳지만 보이지 않는 쪽으로 아이를 낳게 되는데 그것이 바로 이무기다. 이무기는 사람의 정액으로 통해 잘못된 생각이나 잘못된 행동 잘못된 행실로 인하여 남자의 정액을 머금음으로서 이무기로 탄생되며 여자의 경우에는 잘못된 행동이나 잘못된 행실, 잘못된 생각이 여자의 자궁에 들어가서는 여자의 질내에 있는 정액과 비슷한 그것을 뭐라고 하더라도 질액을 머금고 탄생한다.
남자의 정액을 먹고 탄생한 경우 남자이무기가 되고 여자의 질액을 먹고 탄생한 경우 여자이무기가 된다. 이무기는 일단 탄생이 되면 엄마를 또는 아빠를 따라다니다가 어느 순간 남녀가 합궁할 때 합궁 속에 들어가서는 실재의 몸을 받게 된다. 실재의 몸은 남녀가 합궁할 때 생겨나서는 여자의 질 속 깊숙이 있다가 소변을 통하여 나와서는 그것이 점점 커지며 자라서는 실재 존재하는 이무기가 된다.

이무기는 뱀이 아니다. 물론 이무기도 용과 같이 여의주를 물고 승천한다. 나중에 용도 자기 자신들의 탄생에 대해서 말하겠지만 용보다 이무기인 내가 빨라서 용에 앞서 이야기하게 되었다.
사실 어제 저녁 여의주를 찾겠다고 하천을 서성일 때 여의주를 찾을 수 없다고 생각하고 모두 다 포기했다. 여의주를 찾아서 씹어서 많은 여의주를 만들어 주면 줄수록 우리들은 그 여의주를 가지고 승천해 갈 수 있지만 그 반면 선사님은 우리들이 가는 만큼 많은 독과 싸워야하기 때문에 한편으로 생각하면 우리들은 승천해 위 세계로 최고 위 세계로 가야했고 선사님은 많은 시간이 우리들이 가고 또 남아 있는 모든 이무기들을 다 보내고 그러고 난 후 독과 싸워야 하는 일이었지만 모두를 위한 것이라면 그리고 이것이 일체 우주 아니 그 이상의 일체의 태평성대를 위해서라면 이 자리에서 죽을지언정 독이지만 씹어서 여의주를 만들어서 우리들을 보내주겠다는 다짐에 시작된 일이지만 지금 생각해도 눈물겹고 눈물이 난다. 선사님 고맙습니다. 감사합니다.
우리들을 하나도 빠짐없이 모두 다 보내려고 그 독한 독을 입 안 가득 머금으시고 장시간동안 저희들을 위해서 애써주셔서 감사합니다. 더 이상 어떻게 할 수 없는 상황에서 의념으로까지 씹어서 여의주를 만들어 보내주는 광경은 생각 만해도 황홀했고 감명 깊었습니다.
이런 이야기 그만하고 하실 이야기하라고 눈치 주시네요. 속으로... 예 알았습니다.
사실 어제 그렇게 다들 갔지만 몇몇은 가지 못했습니다. 왜 못 갔느냐 하면 아직 이무기를 낳은 분들이 살아있기 때문에 갈 수가 없습니다. 우리도 가고 싶습니다. 그런데 살아 있음으로 갈 수가 없고 또 그 분들이 못되고 잘못된 행동, 잘못된 행실, 지저분한 행위를 하지 않으면 갈 수 있는데, 그것을 죄 되는지 모르고 계속해서 하기 때문에 자꾸만 그러한 생각한 행동들이 저희들을 옭아매서 가지고 못하고 있습니다.
그래서 부탁드리러 왔습니다.
제발 바르게 살아주십시오, 바른 행동, 바른 생각, 바른 마음, 못된 짓하지 말고, 바르게 살았으면 좋겠습니다. 00미 너 정말 잘 살아라. 난 사실 너 때문에 이와 같이 된 이무기이다. 이번에 갔으면 너무너무 행복하고 좋았을 이무기인데, 낳아놓고는 아직도 못된 생각, 못된 마음, 못된 행실...저것 언제나 끝내려나, 나 너 때문에 못 갔다. 나도 가고 싶다. 나를 낳았으면서도 낳은 지도 모르고 못된 짓, 못된 행농, 못뇐 행실, 신사님은 알지만 표현하지 말라고 해서 말하지 않지만, 제발 정신 차리고 알았으면 좋겠다. 이렇게 보면 기약이 없으니. 한심하기 짝이 없는 분 같으니라고 저런 분이 어떻게 인연이 되어서는...그만...예

할 이야기 다 했어요. 아닙니다.

저와 같이 태어난 이무기가 너무너무 많아요. 제발 부탁합니다. 우리 모두는 사람들에게 부탁합니다. 제발 못된 생각, 바르지 않은 생각, 옳지 않은 행동, 옳지 않은 행실을 하지 마십시오. 그리고 자위행위하지 마십시오. 자위행위 자체가 나쁘다고는 할 수 없지만 바쁜 생각, 바르지 않은 생각 옳지 않은 행동이나 행실을 하는 사람이 자위행위를 하면 이무기, 저희들이 탄생합니다. 탄생되면 괴롭습니다, 탄생되는 순간부터 승천되어 갈 때까지 괴롭습니다. 잘못으로 퍼질러 낳아놓고는 그러한 사실조차 모르고 저만 가면 뭐합니까? 저는 죽어. 나란 존재가 있는지 조차 모르고 있다가 누군가의 도움으로 승천해 올라가면 놀라서는 또 아니라고 부인합니다. 난 그런 사실 없다고 장부 보면 다 아는데, 장부를 보여주기 전까지는 부인하다가 장부를 내밀면 그때서 시인하는 그런 행동 정말 싫어요. 인간으로 태어나지 못한 것도 억울한데, 이무기로 태어나게 해 놓고는 왜 낳은 사실까지 부인하는지 모르겠습니다.

그래서 사람의 몸에는 이무기도 많지만 용도 많고 뱀도 많습니다. 영적존재로... 남녀의 합궁으로 생겨나는 것이 뱀이고 좋은 생각, 바른 행동, 올바른 지혜와 지식으로 생겨나는 것이 용입니다. 우리 이무기와는 다르지요. 뱀도 뱀 나름이지만 대부분의 뱀이 남녀 간의 합궁 때 못된 생각과 못된 행위로 인하여 생겨납니다. 사악한 생각으로 사악한 뱀이 생겨나고 좋은 생각으로 좋은 작한 뱀이 생겨납니다. 이와 같은 생겨나는 경우에는 인간이기 때문에 동물적

으로 섹스를 하기 때문입니다. 그래서 동물적 섹스를 하면 안 되고 바른 탄트라를 해야 합니다.
바른 탄트라 했을 경우에는 위와 같은 것들이 생겨나거나 탄생되지 않습니다.
사람의 몸은 이미 선사님께서는 밝히셨지만 사회적인 풍습이나 언어가 갖는 특성 때문에 내놓지 않으셨지만 몸은 섹스를 좋아하게 만들어진 것이 몸입니다. 그렇게 몸을 만들어놓고 그 몸을 통해서 뱀과 용, 이무기가 탄생되도록 만들어 놓았습니다.
용이 사라지고 영적존재로 있는 것도 사람들이 그만큼 맑고 깨끗하지 않고 바른 생각, 바른 행동, 행실을 하지 않음으로 점차 용이 사리진 것이지 지금도 맑고 깨끗한 마음과 생각으로 가지고 위에서 말한 행동이안 행위를 할 경우, 용은 언제나 또다시 현실 밖으로 나올 수 있습니다.
처음에는 이와 같이 생겨나서는 생겨난 이후에는 자체 동물이 되어서 알도 낳고 우리들끼리 섹스도 하고 합궁도 합니다. 인간과 똑같습니다. 다만 다른 것이 있다면 비늘로 걸어 다녀야 한다는 점입니다. 왜 발을 가지고 걷지 못하느냐 하면 그것은 원래 발이 있어서 걷게 되어 있었는데 발을 가지고 걸어 다니다 보니 사람으로 탄생된 우리가 더 앞서간다는, 진화해 간다고 해서 걷는 우리의 다리가 없어지도록 했습니다. 그래서 옛날 문헌에 보면 뱀의 다리, 용의 다리가 있는데, 지금은 없는 겁니다. 우리는 맑고 깨끗한 세계 이미 오래 전에 용을 천도하면서 여의주를 가지러 올라갔던 19단계의 맑고 깨끗한 세계에 올라와서 가져왔던 것과 같이 우리는 맑고 깨끗합니다. 인간의 영적 세계는 신계라고 해야 18단계입니다. 신들도 그래서 저희들을 잘 보지 못합니다. 그나마 보이는 경우 탁한 뱀들이 볼일 뿐 맑고 깨끗한 뱀, 이무기, 용들은 볼 수가 없습니다. 선사님도 어느 때는 보지만 어느 때는 보지 못합니다. 그만큼 깨끗합니다. 쓸데없는 이야기한다고..난리들이네요. 이제 가자고 합니다. 할 이야기 다한 것 같다고...
제발 우리들이 이와 같이 생겨났으니 조심하고 이왕이면 바쁘지 않은 좋은 생각을 갖고 좋은 행동을 하기 바라며 동물적인 섹스보다는 바른 탄트라 하기 바라며, 아! 바른 탄트라하면 생겨났던 우리들 탄생되었던 우리들은 바른 탄트라로 인하여 승천해 갑니다. 바른 탄트라를 할 때마다 자기 자신으로부터 생겨난 탄생된 이들이 죽어서 1.000~2.000마리 이상씩 승천해 갑니다. 보통 인간이 성(性)에 눈을 떠서 죽을 때까지 낳게 되는 뱀은 사람에 따라 다르기는 하지만 많게는 수억에서 수천마리에 이르고 이무기 경우 역시도 수억에서 수천마리에 이르고 용의 경우 1-2마리가 고작입니다.
평생 탄트라 제대로 하면 이 모든 이들이 승천되어 갈 수 있습니다. 본래의 고향으로 돌아갈 수 있습니다. 그러니 낳았다는 사실을 알았으면 좋겠고 또 낳았으면서 죽어서는 낳지 않았다고 부정하지 마시고 장부를 내밀을 때까지 부정하지 마시고. 부정하다가 장부를 보고 시인하면 업이 더 무겁습니다. 그러기 때문에 말씀드리는 겁니다. 그리고 섹스를 하고 싶으면 올바른 탄트라를 해서 우리들을 구해주시길 간곡하게 부탁드립니다. 이 모든 것들 선사님 혼자서 감당하며 독을 머금으며 장시간, 그리고 밤새 고생하시는 모습을 보니 너무 안타까워서 말씀드립니다. 그렇게 어제 했음에도 무지무지하게 많습니다. 살아 있는 사람들이 낳은 뱀과 이무기들...
선사님 어제 정말로 고마웠습니다. 그리고 감사드립니다.
제 순번 아닙니다. 그런데도 꼭 하고 싶다고 했더니 대기 순번에 있던 분들이 양보해 주셔서 이와 같이 말씀드리게 되었습니다.
이글을 읽는 운영자님들 꼭 이러한 사실을 친구, 가까운 분들에게 이야기할 수 있는 이야기하셔서 저희들의 존재 저희들의 태어나게 되는 과정, 그리고 부인하지 말라는 등등의 이야기를 소리 소문 없이 많은 분들이 알게 해 주십시오.
그리고 바르게 생각하고 바르게 행동하시길 바랍니다.
여러분들 중에도 각성하고 대성통곡해야 할 분들 여러 있습니다.
말을 못하게 하시는 말하지 않습니다.
스스로 자기 자신을 되돌아보면 참회하고 바르게 하시는 계기 되셨습니다. 좋겠습니다.
끝까지 읽어주셔서 감사합니다.
공덕과 복덕 많이 지으시길 바라겠습니다.

( )
2015. 09. 18 08:12 이무기 이000

이 분들이 안 가신 분들인가?
아닙니다. 선사님이 보내줘도 못갑니다.
이제 이렇게 했으니 읽는 분들의 몫입니다.
고맙고 감사합니다.
나중에 잊지 말아주십시오.
그리고 선사님의 위대하고 위대한 어마어마한 감히 지금까지 그 누구도 꿈에도 생각해 보지 못한 어마무지한 꿈 꼭 이루셔서 그 안에 저희들도 함께 할 수 있게 해주시길 부탁드립니다.
( )
2015. 09. 18 08:15 뱀, 이무기, 용...일동

12지신 이야기

870번째? 아닙니다. 저는 968번째입니다. 869~967번째까지는 뱀과 이무기 용 분들의 이야기입니다만 좀 전에 이무기님이 말씀하신 것으로 우리의 할 말 다 했다고 물러가셔서 이제 제 차례입니다.
저는 이무기 형쯤되는 형무사라고 있습니다. 지금은 존재하지 않고 전설에도 없고 기록에도 없는 동물입니다. 12지신에도 끼지 못한 동물입니다. 월래 12지신에 들어가야 하지만 중국에 누구지? 철면피?....징짜오정엉 이놈이라고 하면 안 되지요? 그 분이 저희들을 12지신에 넣지 않았습니다. 그 분으로 인하여 우리는 사라졌고 사라진 뒤에는 흔적도 자취도 없게 되어서는 이승을 떠돌고 있습니다.
정0운이 12지신에 대한 책을 썼는데 이분의 전생이 징짜오정엉입니다. 그리고 이분도 분열하여 혼자가 아니라 여럿입니다. 공력이 있으신 분입니다, 그래서 우리들이 어떻게 할 수도 없고 어떻게 말씀을 드릴 수도 없습니다.

선사님이 아니고서는 어떻게 할 수 없는 궁지에 몰려 있는 것이 우리들입니다.
정짜오정엉님(속으로 부르니) 예, 누구시지요? 나 근영무상시 칠통 조규일입니다. 아예 무슨 일로...형무사님들이 저에게 와서 하소연하기에...뭣 때문인가 싶어서요. 아예 그것 제가 잘못한 것 맞습니다. 어떻게 하다보니 실수한 겁니다. 형무사님들께 이야기 듣고 그렇게 할 수 있으면 해주시면 저는 더 좋습니다. 제가 실수한 것을 자기들이 해결하는 것이니 제 업이 줄지요.
오히려 고맙습니다. 그렇게 해주신다면 감사합니다.
어느 세계에 계신가요? 그제, 훈장 그린 세계에서 방해했던 그래서 망치게 하려고 했던 결국 완성하셨지만, 제가 졌지만, 정말로 훌륭한 게임이었습니다. 공력도 ...그렇게 망쳐놓은 것을 살려놓으시다니. 탄복했습니다. 전 그걸로 조금 혼이 났습니다. 다 덕분입니다. 우리들은 그걸로 훈장하기로 했습니다. 그걸 볼 때마다 저를 뉘우치게 되었으니 어찌 보면 더 좋은 것 같기도 하고 또 다들 좋아합니다. 지금까지 고안하신 것에 에너지 및 기타 등등 최고라고...고맙습니다. 그런가요? 다행입니다. 그저 최선을 다했을 뿐입니다. 그 마음의 공력에 제가 진 겁니다. 졌다고 하기보다는 꺾인 거지요. 손 든 겁니다.^^ 그래서 나중에는 용서를 구하지 않았습니까. 용서해 주셔서 그나마 다행이었지 아니면 제가 곤혹치를 뻔했습니다.
용서해 주셔서 고마웠습니다. 감사합니다. 또 이와 같이 형무사까지 정리해 주시고 제가 복이 많습니다. 고맙겠습니다. 잘 정리해 주시길 부탁드립니다.
저 이제 가겠습니다. 아 예,
형무사님 들으셨지요. 고맙습니다. 이렇게라도 말할 수 있는 것이 얼마나 다행인지 모르겠습니다. 우리와는 너무 차이가 있는지라 말씀도 드릴 수도 없어서 지금까지 몇 억만년을 암흑에서 있었습니다. 흐흐흑 눈물이 나네요. 그 동안이 세월에....한도 많습니다만 선사님께서 저분에 한 자체를 풀어주셨을 때 많이 녹았는데 아직도 조금 흔적이 있네요.

사실 저희 형무사는 사람과 사람 사이에서 태어나는 것이 아니라 땅과 땅 사이에서 태어납니다. 사실 지구는 5대륙 6대양이 있습니다. 그리고 보이지 않는 땅속에는 지질판이란 땅의 판이 있습니다. 이 지질판이 움직일 때 지질판이 움직일 때 땅과 땅 사이에서 태어납니다. 그러니 땅에서 보면 땅으로 인해서 태어나는 것이 아무것도 없습니다만 유독 우리들만이 땅과 땅에서 태어납니다. 사실 땅과 땅이 움직이는 지질판이 움직일 때라고 했지만 이것은 땅이 하는 섹스입니다. 땅은 본성의 빛 자등명에서 떨어져 나올 때 즉 빅뱅이 있은 연후에는 없었습니다. 없는 지구에 맨 위에서 가장 맨 위 세계에서 결계를 걸어서 땅으로 내려오게 했습니다. 그렇게 맨 위 세계에서 결계에서 걸려서 지구란 이 행성에 본성의 빛 자등명이 떨어져 나온 이후에 땅이 있게 된 것입니다. 그러니 맨 처음에는 자등명이란 빛의 덩어리가 있었고, 그 다음에 맨 위 세계에서 결계에 걸려서 땅이 되어 내려온 것입니다. 땅이 되어 내려옴으로 자등명이란 빛 덩어리를 에워싸고는 지금의 지구 표면 육지가 된 것입니다. 한 번에 지구란 행성 전체를 덮을 수 없으니 5조각으로 붙였습니다. 맨 처음에는 한이라고 하는 지금의 한국, 그 다음에 저 러시아. 그 다음에 저 태평양 지금은 바다로 되어 있지만, 그 다음이 아프리카 대륙, 그 다음 서아프리카와 유럽이 한판입니다. 이와 같이 5판으로 이어져 있습니다. 이와 같이 5판으로 만들어진 이유가 있습니다. 그것은 가장 완벽한 수는 위 세계에서 4이자만 4를 넘어가면 안 되지만 완벽하게 4으로 만들면 너무 완고해서 움직일 수 없으니 자연스럽게 움직이게 하기 위해서 1판을 더 만들어서 5판으로 만들어 지구란 행성을 덮었습니다. 그리고 5판이 움직이게 했습니다. 움직이지 않으면 땅이라고 하고 아래에 있는 자등명이란 빛 덩어리가 숨을 쉴 수 없으니 숨을 쉬게 하기 위해서 이 5판이 움직이는 겁니다. 이 5판이 각기 저마다 움직이면 그 안에 있는 자등명이란 빛 덩어리가 숨을 쉬게 하고 숨을 쉬면서 빛 덩어리가 마그마 용암으로 분출하기도 또 안에서 가볍게 움직이기도 합니다. 그럴 때 지구에는 대변화가 일어나는데 그것은 화산 폭발 및 어마어마한 지각변동이 일어납니다. 어마어마한 지각변동이 일어나면서는 지구는 걸러집니다. 남아 있어야 할 땅이란 흙은 남아 있고 사라져서 본래의 자리로 돌아가야 할 땅이란 흙은 본래의 자리로 돌아가고 그러면서 위 세계에서 또 지구한 행성으로 에너지로 연결된 에너지를 타고 내려와서는 또다시 땅이란 흙이 됩니다. 이것이 바로 화산이 포박했을 때 화산재라고 하는 것이 그것입니다. 화산재에는 어마어마한 재원이 그 속에 있습니다. 처음에는 전혀 쓸 수 없지만 그것이 수천 수만년이 흘러가면 그것이 재원이 되고 기름진 흙이 됩니다. 그것이 이 지구를 새로운 자원으로 탄생시킵니다.

이런 과정에서 우리는 생겨나고 탄생합니다. 그러기 때문에 우리는 12지신 첫 번째에 있어야 하는데 첫 번째의 우리를 빼고 쥐를 넣었습니다. 쥐는 어떻게 보면 우리들이 낳은 자식입니다. 자식을 넣고 부모를 넣지 않은 불효막심한 죄로 쥐들은 점점 작아져서 지금의 쥐의 형태를 하고 있고 더 오랜 세월이 지나면 사라질 것입니다. 오늘 이렇게 선사님을 통해 저의 말을 함으로 쥐는 사라지지 않고 오랫동안 살지 않을까 싶습니다. 더 두고 봐야 할 일이지만 어쩌거나 우리들이 세상에 나와야 쥐도 살고 세상도 좋아질 수 있습니다. 한 마디로 말해서 우리들이 세상에 들어남으로 세상에 광명이 있게 될 것입니다. 세상에 광명이 있게 되는 이유는 우리들이 땅과 땅, 지질판의 움직임으로 탄생되고 생성되기 때문에 우리들에게는 자등명이란 빛 덩어리에서 묻어나온 즉 자등명이란 빛으로 탄생된 최초의 생명체이기 때문입니다.

다중우주 중에 자등명이란 빛으로 탄생된 것은 하나도 없습니다. 오직 지구란 행성에서 자등명이란 빛으로 탄생한 생명체가 있습니다. 그만큼 엄청난 사실을 지구가 생성된 이후 한 번도 아니 초기에는 한두 번 거론되다가 사라졌습니다. 복희씨 때까지만 해도 거론되었는데 그 뒤로는 사라졌습니다. 그래서 저희들은 존재는 있으면서 있는 것이 아닌 것이 되었고 이름을 불러줘야만 저희들이 세상에 나와서 저희들을 할 수 있는데 이름을 불러주지 않음으로 저희들은 저희들의 일을 할 수가 없었습니다. 그런 결과는 지구는 4번에 걸쳐서 큰 곤혹을 치르게 되었던 것입니다. 그 첫 번째가 빙하기, 그 2번째 냉혼기, 3번째 대혼란기, 4번째 지금 싸움이 난무하는 세계가 되었습니다. 이번이 지나고 5번째는 대폭발의 시기로 지구의 멸망이라고 할 수 있는 지구의 걸러짐의 세계가 도래하는 이 시점에서 저희들의 이름이 회자된다면 아무도 이러한 시기는 오직 않을 것이며 저희들의 이름을 불러줌으로써 지질판은 안정을 찾아갈 것입니다. 사실 지질판이 낳은 것이나 다름없는 우리들을 몰라주고 또 흔적도 없게 하니 지질판이 두고 보고 있고, 그래도 안 되면 대폭발을 일으켜서 다시 판을 짤 기세를 하고 있습니다. 그래서 유래 없이 아니지 아주 오래 전에는 더 많았지만 지금이라고 가까운 시일 안에서는 지진이 많이 일어나고 있는 것입니다. 지진이란 것이 사실 우리들의 움직임으로 일어나고 또 화산폭발 역시도 우리들의 움직임으로 일어납니다. 어떻게 보면 지질판으로 움직이는 같지만 지질판에서 생겨난 우리들이 할 일이 없다보니 재미삼아 논다는 것이 그만 그런 결과를 지구 사람들에게 주고 있는 것입니다.

그런 만큼 오늘 이후에는 우리들의 존재들을 알리고 우리들의 존재를 알려서 지구에 평화와 행복이 깃들기를 바랍니다. 이 역시도 선사님의 크고 큰 거대한, 거대하고 거대한 무지막지한 꿈 때문에 하나하나 언제가 될지 모르겠지만 조각 맞추기를 하는 과정 선상에 하나입니다.

부디 저희들의 이름을 불러줘서 지구에 사랑과 행복, 평화가 깃들기를 바라겠습니다.

저는 형무사로 오늘 이후부터는 12지신에 넣어주실 것을 부탁드리며 12지신 맨 앞에 넣어주시길 부탁드립니다.

지금 현재 12지신은 자(쥐), 축(소), 인(호랑이), 묘(卯:토끼), 진(辰:용), 사(巳:뱀), 오(午:말), 미(未:양), 신(申:원숭이), 유(酉:닭), 술(戌:개), 해(亥:돼지)로 되어 있는데, 여기서 3개를 빼야하는데 빼어야 할 3개는 쥐, 뱀, 양이 빠져야 하고, 대신에 3개를 넣어야 하는데 그 3가지 쥐 자리에 형무사(이는 동물이 아니라 보이지 않는 사람입니다), 그리고 바다 육지에서 사람과 같은 분이 계신데 그 분의 이름은 형오사인데 이분 역시도 바다가 생기고 바다에도 판이 있는데 그것이 6대양이 있지 않습니까. 이 6대양이 뒤썩일 때마다 5대륙의 지질판이 움직일 때마다 생겨난 것과 같이 이분은 대양의 판이 움직일 때 움직이는 대양판을 통해서 판과 판 사이, 대양과 대양이 움직일 때 움직이는 판을 통해서 태어나고 생성된 바다의 사람입니다. 또 한분은 하늘에서 생겨나고 하늘에서 태어나신 분인데 하늘소가 있습니다. 작은 고충 하늘소가 아니라 지금까지 알려지지 않은 분입니다.

형무사, 형오사, 하늘소는 복희씨 때 아니 형오사와 하늘소는 그 이후에는 어느 정도는 있었습니다만 문헌에서는 찾아볼 수 없는 분들이지요. 다만 하늘소는 다른 이름으로 보통 전해지고 있습니다. 다른 이름이라고 하기에는 그렇지만 ...밝히지 마라네요...이쯤에서 다른 이름은 거론하지 않도록 하겠습니다.

12지신에서 3을 빼고 이 3을 넣어야합니다.

그리고 그 순서도 바꿔야합니다.

형무사, 형오사 하늘소 이 셋은 모두 다 한글 이름입니다. 한문이 없어요. 지구 최초의 문자는 한글입니다. 한글의 창조의 이야기를 했듯이 만드는 과정에서 만든 것이 한글이고, 그 다음 만들어놓고 지형이나 만든 것을 본래로 되돌릴 때 결계를 풀기 쉽게 하기 위해서 만든 것이 만들어 놓은 모양과 모습을 따서 만든 것이 한문 1800자입니다.

지구 역사 최고의 문자는 한글이고 그 다음이 한문입니다.

하늘소는 하늘이란 허공에 있는 집이란 님이란 뜻입니다.

사실 허공은 자등명이란 본성의 빛이 대폭발을 일으킬 때 본성의 자등명에서 드러낸 본성의 속성입니다만 본성의 속성이면서 허공이란 이름을 갖게 되었고 또 허공이란 이름을 갖고 있으면서 하늘이란 이름을 갖고 있기 때문에 이들을 모두 다 포함한 것을 하나로 이름한 것이 하늘소입니다. 그러니 하늘소는 본성이라고 하는 자등명으로부터 드러난 본성의 속성으로 드러난 본성의 속성을 모두 다 포함한 것이 하늘소입니다.

그러므로 바르게 12지신을 한다면 형무사(땅), 형오사(물), 하늘소(하늘)를 넣어야 바르게 12지신이 된다고 할 수 있습니다. 형무사,

형오사 하늘소를 넣어서 그 순서를 본다면 12지신은 이와 같습니다.

소, 돼지, 개, 형무사(땅), 말, 닭, 토끼, 형오사(물), 용, 호랑이, 원숭이, 하늘소,

12지신은

1번째, 소 우리 모두 의 조상입니다. 소가 조상이 아닌 사람은 아무도 없습니다. 모두 다 소가 조상입니다. 모두 다 조상인 소가 1번째이고

2번째는 돼지입니다. 돼지 조상이 아닌 사람 별로 없지만 소보다는 못합니다. 그래서 2번째가 돼지입니다.

3번째는 개인데 개는 워낙 똑똑하고 현명해서 신이 맑고 깨끗합니다. 그래서 조상 다음에 개를 넣어야 합니다. 그러한 이유는 조상을 맑고 깨끗한 신으로 모시고 또 똑똑하고 현명하게 조상을 돌보라는 뜻에서 3번째에 넣습니다.

그리고 4번째 형무소 땅에서 지질판에서 낳은 자식인데. 땅 없이는 존재할 수 없습니다. 산 사람이나 죽은 사람이나 땅을 벗어날 수가 없습니다. 본래로 돌아가기 전에는 땅을 바탕으로 두어야 하기 때문에 4번째는 땅에서 태어난 사람이어야 합니다.

5번째, 말입니다. 말은 사납기도 하지만 또한 용맹하기도 합니다. 용맹하면 호랑이를 들겠지만 영적 세계에서는 호랑이보다는 말이 더 뛰어나고 용맹스럽습니다. 호랑이가 갈 수 있는 거리와 말이 갈수 있는 거리는 비교가 안 됩니다. 그래서 말이어야 합니다.

6번째, 닭이라고 하니 의아하게 생각하시겠지만 닭은 모이을 먹되 살아 있는 것 잘 먹지 않습니다. 잘 먹지 않을 뿐만 아니라 살아

있는 것을 먹을 경우에는 반드시 천도하고 먹는 것이 닭입니다 그래서 닭이 맑고 깨끗합니다. 이 맑고 깨끗함 때문에 6번째에 들어갑니다.

7번째가 토끼입니다. 토끼가 7번째인 이유는 토끼는 날렵하고 잽쌉니다. 잽싸기만 한 것이 영리하기도 합니다, 그래서 7번째입니다.

8번째는 형오사 물에서 태어난 사람입니다. 지구는 아시겠지만 2개의 대륙이 있습니다. 하나의 육지의 대륙이고 다른 하나의 바다의 대륙입니다. 전에는 서로 소통할 수 없었는데 전체 자전과 공전을 하게 한 이후부터는 서로 소통이 되지요. 선사님은 자유롭게 소통되는 것으로 알고 있고 어제 함께 오랫동안 함께 하며 이야기도 하시는 것으로 알고 있습니다.
육지의 인류는 물 없이 살 수 없습니다. 그래서 물의 자식이 있어야 합니다. 물의 자식도 살펴봐야 합니다.

9번째, 용입니다. 용은 지금은 사라졌지만 용이 맑고 깨끗한 사람으로 통해서 태어나서 이슬만 그것도 맑고 청량한 아침 이슬만 먹고 먹은 그것도 소중하게 생각하고 생각해서는 굴리고 또 굴리고 그렇게 굴리면서 만들어지는 것이 여의주입니다. 그렇게 굴리다 여의주가 만들어지면 만든 여의주를 물고 승천하는 동물이 용입니다. 여기서 용은 승천의 의미를 갖습니다.

10번째, 호랑이입니다. 호랑이는 땅 육지의 제왕이라고 해도 과언이 아닙니다. 그런 만큼 땅에서 힘 있고 활기찹니다. 그래서 옛날 신선시대에 호랑이를 많이 타고 다녔습니다. 그리고 신선이 있는 곳에는 늘 호랑이가 따라다닙니다. 따라다니며 신선이 할 일을 도와줍니다. 이러한 관계로 호랑이 그림은 집을 지키는 용맹스러운 사자 역할을 하기도 합니다. 이는 몇몇의 집에 해당될 뿐 대부분의 많은 분들에게는 해당하지 않습니다. 왜냐하면 먼 미래 그리고 먼 과거에 조상이 누가 되느냐? 누구였느냐에 따라서 다르기 때문에 조심스러운 부분이 많습니다.
어쩌거나 용맹 신선을 모셨다는 의미, 신선이 해야 할 일을 맡아서 하기도 한다는 점에서 10번째가 호랑입니다.

11번째, 원숭이입니다. 11번째가 원숭이인 이유는 원숭이는 이 나무 저 나무 옮겨 다니는 것이 마치 사람 마음 같다고 해서 너무나 자주 바뀌는 종잡을 수 없는 마음을 안정하게 하고 또 바르게 하기 위해서 원숭이를 자리하게 해서 마음에 안정과 평화를 갖고 마음을 잘 다스리는 뜻으로 11번째는 원숭이를 넣는답니다.

마지막 12번째. 1- 11번째까지 아무리 잘 해도 이분의 도움 없이는 이루어질 수 없는 것이기에 하늘소를 넣었습니다. 지구란 행성이 허공으로부터 떨어지지 않고 자전, 앞으로는 공전도 하겠지만 먼 미래에...하기는 완성해야 하겠네요. 지금은 진행 중이라서 말하기가 조심스럽습니다. 지구가 허공에 떠 있는 것은 모두 다 이분 덕분입니다. 이분이 없다면 허공에 떠 있을 수 없겠지요. 많은 분들은 인력이라 하지만 그것은 각기 저마다 서로 당길 때의 이야기지. 자전과 공전을 함께 할 때는 인력이 아니라 이 분의 힘이 아니고서는 자전과 공전을 할 수 없지요. 공전을 하지 않는 지금 역시도 하늘소 이분이 있기 때문에 인력이 있는 것이고 인력 역시도 이분이 있기 때문에 존재해 있는 것이지 이분이 없으면 인력도 사라집니다. 인력이 사라지면 떨어지고 떨어지면 또 산산이 부서집니다. 이분이 있기 때문에 허공에서 떨어지지 않고 모두 다 있는 그대로 만유인력의 법칙에 있는 것처럼 존재하고 있는 겁니다. 우주가 천체가 이분이 없으면 어림없는 소리이지요. 있을 수도 없는 일입니다. 이런 분은 어찌 12지신에서 뺄 수 있겠습니까. 사실은 만유인력의 법칙은 이분 하늘소로 인하여 있는 것입니다. 각 행성마다 각기 저마다 만유인력을 가지고 있는 그것은 이분이 행성을 어느 정도 에워싸고 있느냐에 따라서 만유인력이 많고 적음에 따라서 있게 되는 것입니다. 이것은 다른 말로 하면 지구로 생각했을 때 대기권이라고 하는 허공을 말하는 것입니다. 모든 행성에는 지구가 갈고 있는 대기권과 같은 것이 있는데 이 대기권이라고 하는 것이 허공이 아닙니다. 이것이 이분들입니다. 이분들로 인해서 모든 것들은 그 행성에 존재하는데 어떻게 이와 같이 분들을 뺄 수 있겠습니까.
이와 같이 12지신은 소, 돼지, 개, 형무사(땅), 말, 닭, 토끼, 형오사(물), 용, 호랑이, 원숭이, 하늘소(대기권 허공)입니다. 이 12지신은 태어난 생년월일시에 맞게 4주8자를 갖고 4주8자는 이 12지신 안에서 움직이는 것입니다.
12지신에 움직이는 모든 것을 밝히기에는 너무 많은 시간이 소용되는 만큼 여기서 이 이야기는 접고 다음에 시간이 허락한다면 설명하기로 하겠습니다.
그러면 어긋나는 부분이 거의 없지 않을까? 싶습니다. 이것은 숙명이니 운명이니 하는 분들에 해당하는 말이고 더 엄밀히 따지자면 마음이 가장 우선합니다. 업보다 우선하는 것이 마음입니다. 마음을 어떻게 쓰고 활용하느냐에 따라서 어마어마한 차이가 나고 12지신을 모두 그 마음에 무릎을 끓고 마음으로 우선을 운행합니다.
어떻게 보면 이 12지신을 움직이는 것은 저마다의 자기 자신이되 마음을 잘 조절하지 못하고 잘 쓰지는 못하는 분들에 있어서는 이 12지신의 영향을 지대하게 받는다 하겠습니다.
앞으로는 12지신을 바르게 옳게 알았으면 좋겠고, 또 이러한 사실을 서서히 조금씩 알려져서 어느 때는 모두 다 아는 계기가 되기를 바라겠습니다. 2015. 09. 18 10:39

12간지 이야기

12간지는 12지신과 또 다릅니다. 일반적으로 12지신과 12간지를 같이 쓰는데 이것은 정말로 잘못된 것입니다.
앞에서 12지신을 말했습니다만 12지신은 지구란 행성 자체를 이루고 있는 모든 것이라면 12간지는 지구란 행성에 들어있는 모든 시간을 나타내야 하는 것이 12간지입니다. 그런데 어떻게 12지신과 12간지를 같이 쓸 수 있겠습니까?
12지신은 말 그대로 지구란 행성의 땅을 지키는 신이고 12간지는 말 그래도 지구란 행성의 시간을 지키는 신인데 어떻게 같을 수 있겠습니까? 하나의 신이 땅과 시간을 같이 맡으신 분도 있지만 이분은 단 2명입니다. 그 2분은 지금까지 12지신에 없었던 하늘소하고 형오사(물)입니다. 이 두 분외에는 한 신(神)이 간지(干支)를 맡으신 분이 없습니다. 왜냐하면 신으로 간지를 맡을 수 없기 때문입니다. 왜 그런 고하니 그것은 하늘소는 모두 다 품고 있기 때문에 가능하고 또 형오사는 물의 자식으로 태어난 허공에 있기 때문입니다. 그 외에는 모두 육지에 있는 것이기 때문에 2개를 맡을 수도 없고 2개를 맡아서 행할 수 없기 때문에 간지에 들어갈 수가 없습니다.

이러한 관계로 12간지는
형오사, 하늘소, 쥐, 콩, 팥, 살모사, 뱀, 용, 돼지, 소, 간, 지, 이상 12가지입니다.
형오사, 하늘소, 쥐는 알겠는데 콩이라니요. 일반적인 콩을 말하는 겁니까? 아닙니다. 콩이란 본디 사술이란 뜻으로 마술 또는 매직이라고 하는 것을 말합니다. 있는 것들을 가지고 비밀스럽게 이루어지게 한다는 뜻을 가진 말입니다. 그럼 팥은 팥 역시도 일반적인 콩과의 팥이 아니라 사술 매직, 마술의 일종으로 콩보다 더 강도가 강하게 이루어지게 하는 것으로 이는 모두 다 하늘소에 있는 것들인데. 이것을 불교에서는 이것들로 이루어지는 것을 진공묘유라고 했고 선사님께서는 자등명 조각이라고 말씀하셨는데, 선사님이 말씀하신 자등명 조각이라고 보시는 것이 더 정확한 표현입니다. 다만 자등명 조각에도 큰 것이 있고 작은 것이 있는데 작은 것이 행하는 것을 콩이라면 큰 것이 이루어지도록 하는 것이 팥이라고 보면 됩니다.
그리고 여기서 살모사는 뱀의 일종으로 흔히 우리들이 살모사라고 이름하는 뱀입니다. 이 뱀은 어미 뱃속에서 어미의 살과 뼈를 먹으며 어미의 뱃속에서 자라고 자라서는 어미를 죽이고 나는 뱀입니다. 그만큼 독한 뱀입니다. 이 살모사의 독함이 지구란 행성의 땅의 흐름을 바꿀 정도로 강해서 시간을 나타내는 간지에 이 뱀의 이름인 살모사가 들어가는 것입니다. 들어가되 살모사가 가장 왕성하게 움직이는 시간대에 살모사를 넣음으로써 그 흐름을 원활하게 하고자 살모사를 넣어야 하는 것입니다.
뱀 역시도 독은 약하되 사람의 질액과 정액으로 태어난 것이어서 질액, 정액으로 원만하게 흘러가는 것을 막기 때문에 사람들에 있어서 사람들이 시간을 활용함에 있어서 사람들의 정액과 질액으로 흐름을 잡으려고 하는 집착을 내려놓게 하기 위해서 뱀이 많이 활동하는 시간에 뱀으로 잡으려고 하는 것을 원만하게 하고, 또 용이란 동물이 사람에서 태어났지만 순수하고 맑아서 .....너무 엄청난 것들이 몰려올 가능성이 커서 이쯤에 접고...) 돼지는 사람들과 늘 함께 공유하는 부분들이 많아서 ...여기까지 더 하면 어려 가지 힘든 상황들이 올 준비를 해서...소 역시도 그렇지요. 사람과 너무 가깝지요. 그래서 12간지에,
간(干) 이 역시도 너무 무지하게...그래서 접고, 지(支) 이 역시도...

이러한 관계로 12간지는 형오사, 하늘소, 쥐, 콩, 팥, 살모사, 뱀, 용, 돼지, 소, 간, 지(支)를 써야하고,
형오사는 바다가 활동하는 새벽 1- 3시, 하늘소는 하늘이 열리는 시간 3- 5시, 쥐는 하늘이 열림으로 활동을 시작하는 첫 번째 동물이기에 5-7시, 콩은 하늘이 열리고 첫 번째 쥐가 움직이면서 허공에서 마술처럼 많은 일들이 일어나기 시작해서 7-9시, 팥은 허공에서 마술처럼 모두 다 깨어나서 활발하게 활동하는 시간이기에 9-11시, 살모사는 가장 활발하게 움직이며 강하게 독을 뿜으며 천지를 뒤흔들리게 함으로 조용하게 있으라고 11- 13시, 뱀이 가장 활발하게 움직이는 시간인데 이때 역시도 뱀이 활발하게 움직임으로 틀어질 수 있는 시간이기에 흔들림 없이 고요하고 잠잠하게 흔들림 없이 흘러가도록 그의 이름을 부름으로써 부르는 소

리에 흘러가라고 13-15시, 용이 승천하는 시간인데, 용이 승천할 때 지축이 흔들리는데 이때 용의 시간대라고 하면 자기 시간을 흩어지게 하지 않고 살며시 가도록 하기 위해서 15- 17시, 돼지, 돼지가 활동하다가 가장 배고플 시간인데 자칫 배고파서 소리를 지르면 지르는 소리에 천지가 진동에서 모든 동식물들이 깨어나서 움직임을 방지하기 위해서 돼지에게 깨우지 말라고 그러면서 너의 시간을 줄테니 조용히 잠 잘 자라고 17-19시, 소가 되새김질하는 소리에 잠자는 모든 동식물들이 깨어나는 것을 방지하기 위해서 소에게 깨우지 말고 너의 시간을 줄테니 너의 시간을 즐기라고 19- 21시, 간(干), 그럼에도 깨어 있으려고 하는 동식물 및 사람들을 막으려고 간에게 막을 시간을 21-23시, 지(支) 간(干)을 막았음에도 뛰어나가려고 하는 동식물 및 사람들을 위해서 가만히 있으라고 뛰어나가지 말고 주어진 시간을 즐기라고 지(支)에게 23- 1시간까지 시간을 내어주었다.
이와 같이 시간을 나눠줌으로 지구에 시간은 동식물들과 사람과 하늘과 바다 전체가 하나로 조화롭게 움직이며 흘러가도록 한 것이다.
이것 12간지다.
그래서 엄밀히 따지면 12간지는 형오사, 하늘소, 쥐, 콩, 팥, 살모사, 뱀, 용, 돼지, 소, 간(干), 지(支)를 써야만 한다. 그래야 지구란 행성에 평화와 행복, 조화와 축복이 함께하며 태평성대를 나눌 수 있을 것이다.
맨 처음 지구란 행성이 생기고 시간이란 것을 정하고 또 시간을 맞추고 원만하게 돌아가도록 할 때는 위 세계에서 위와 같이 12간지를 정하였으나 위 세계에서 내려가신 분이 어느 날 사람으로 이것을 잘못 바꿈으로 인하여 바뀐 뒤부터 자(쥐), 축(소), 인(호랑이), 묘(토끼), 진(용), 사(뱀), 오(말), 미(양), 신(원숭이), 유(닭), 술(戌), 해(돼지)로 해 놓는 바람에 자꾸만 틀어져서 낮밤없이 일하는 사람들과 동식물들이 생겨나게 되었다.
앞으로 지금 말한 바른 12간지를 쓰면, 쓰면 쓸수록 지구란 행성에는 태평성대가 올 것이다.

동양은 그렇다 치더라도 서양은 양력을 쓰는데, 언제 서양까지, 그것은 걱정할 필요가 없다. 원시반본은 시작되었다. 지구의 역사는 치우 천황으로부터 한이라고 지금의 한국의 고대로부터 시작되었기 때문에 다시 발생한 지점으로 돌아 와야 하기 때문에 동양에서 알려지면 아니 한국에서 알려지면 점차적 알려지게 되어 있다.
발생지는 한국이란 한나라다. 치우천황이 세운, 한국으로 올 수밖에 없고 한국을 몰라서 안 되게 되어 있다. 다른 건 몰라도 정신적 영적인 부분은 꼭 그렇게 되어 있다. 발생지가 한국인데 고향이 한국인데 어찌 한국으로 오지 않겠는가? 다만 시간이 말해줄 뿐이다.
오늘은 여기까지 하고 다른 것으로...오후에 모임 있으니
오늘 다른 것 하나 정도는 더 하셔야 합니다. 2015. 09. 18 11:43

어제는 이무기를 씹어서 여의주를 만들어 여의주를 머금고 본래 고향으로 돌아가게 했는데, 오늘은 용들을 가게 했다. 지구 위에서 지구란 행성을 의식하고 지구 안에 모든 용들에게 한국이란 나라에만 있는 명룡관, 명류수, 이것은 세계 여러 나라에 있는 각 항명이 다르고 또 쓰임이 다른데. 이것이 10가지를 갖고 있는데, 한국이란 나라에서 이것을 씹음으로 독이 나오기는 하지만 그 독을 소화해 낼 수 있거나 또는 독을 정화할 수 있는 능력이 있는 사람이라면 이것을 씹어서 씹는 만큼 여의주를 만들어 낼 수 있는데, 이것을 씹었던 어제의 일을 의식하며 행함으로 보낼 수 있는 모든 용을 쉽게 보냈다.
쓰러질 용까지 하긴 이것은 출근하며 크게 살려야할 10개 큰 용을 이미 살렸지만 그렇게 본래의 고향으로 보냈었지만 적어도 하루는 모임 전까지는 할 줄 알았는데, 의외로 지구를 의식하며 명류수와 명룡관, 여의주로 쉽게 보내게 됨으로 그 다음에 해야 할 거북이까지 쉽게 하게 되었다.
용 다음으로 높은 거북이는 육지동물이면서 바다에 무덤을 갖고 있어서 바다 인류 쪽에서 못마땅하게 생각하는 ...
이것 무엇인지요? 이무기입니다. 왜요? 어제 갔던 분 아니십니까?

예 맞아요. 그런데요. 갔다가 도로 왔어요. 왜요. 있을 수가 없습니다. 왜요? 너무 괴로워서 뭐가? 괴로운데요? 선사님을 너무 괴롭힌 것이 걸려서 있을 수가 없었습니다. 다른 분들도 가서 사죄하고 오라고 그리고 용서도 받아오라고, 그래서 이렇게 왔습니다. 무슨 말씀을 기억도 없습니다. 사죄니 용서니 그런 말씀마시고 올라가셔서 편하게 행복하게 사시면 됩니다.. 아이구 고맙습니다. 감사합니다. 한 번 더 여의주를 ...고맙습니다. 감사합니다.

바다 인류에서는 바다에 거북이의 무덤이 있다 보니까 늘 마음이 쓰이는 것 같습니다. 마찬가지로 지구 밖에서 지구를 의식하며 지구의 바다에 있는 모든 죽은 거북이를 의념하며 처음에는 박수로 박자를 맞춰서 가도록 했다. 어떻게 보내야 가는가? 했을 때 박수를 쳐주는 것만이 갈...이것 쓰지 마랍니다. 부끄럽다고 왜 박수가 갖는 뜻이 그런가 봅니다. 뜻이 뭐기에...아~ 예...알았습니다. 그리고 거북이 신....
이것 또 저는 용입니다. 아깐 선사님께서 살려서 보내주신 용입니다. 과연 살아났는데요. 저것까지 살릴 수 있을까요? 이미 작고하셨는데, 그것까지 제가 관여해야 하나요? 그래 주시면 더욱 더 좋겠습니다. 그래야만 말씀하신 원시반본이 조금이라도 빨라져서요. 꼭 해달라고요? 예, 어떻게 해드리면 되는지요? 다시 살아나라고 의념과 함께 죽어서 사라지기 직전이니 그것에 생령을 불어넣어주세요. 그리고 살아나라고만 해 주시면 됩니다. 여기 맞아요? 예 맞습니다. 예. 감사합니다. 고맙습니다. 얼마 안 있어 살아날 것 같습니다. 이 은혜 백골난망입니다. 좋은 일 하시면 됩니다. 그러게 좋은 일 많이 했는데, 왜 그렇게...그랬는지. 말을 말아야지...선사님도 ...예
이것은 저 밑에 ...아 예 ...그런데,...자기네도 그렇게 해달랍니다. 너무 힘이 없다고...되었답니다. 고맙습니다. 감사합니다...
이건 거북이 대장님이십니다. 예, 왜요? 다 보내주셨는데, 그것 쓰셔야 합니까? 부끄러워서 부끄러운 부분은 쓰지 않을 겁니다. 그러지요. 예, 나중에라도 알지 않을까요? 지금 살고 있는 거북이들

에게 부끄러운 행동일 수도 있어서. 이건 또 뭐죠. 살아 있는 거북이 중에 가장 오래된 1.569살 된 거북이입니다, 남태평양에서 살고 있습니다. 그런 걱정하지 마십시오, 왜 그것이 부끄럽습니다. 누구나 가지고 있는 것입니다. 다만 쉬쉬할 뿐입니다. 직접 쓰시는 것도 아니고 우리의 언어로 쓰시는 건데 괜찮습니다. 대왕님 그런 생각 갖지 마세요. 적어도 이 정도는 알아야 나중에 누군가가 우리들을 본래로 돌아가게 할 때 반드시 아니 필히 알아야 할 부분이 아니겠는지요? 아니면 저희들은 나중에 돌아가지 못하잖아요. 알았네. 알았어. 네가 지금만 생각했지 나중을 생각 못했구만, 선사님이 적당한 선에서 알아서 해 주십시오.

처음부터 다시 맨 처음에 일반적인 거북이를 본래의 고향으로 돌아가게 하기 위해서 박수로 박자를 맞춰서 손뼉을 치면서 모두 다 갈 때까지 박수를 칩니다.

그 다음에 직위가 있으신 분들의 경우에는 손벽을 치면서 얼씨구 좋다. 짝짝짝(음성으로)

그 다음에 거북이 신들의 경우에는 손벽, 박수, 짝짝짝(음성으로)

거북이의 대장님들의 경우에는 손벽, 박수, 손벽, 짝짝짝짝짝(음성으로)

이와 같이해서 갈 때까지 해주면 된다.

또 할 것이 있나요? 예. 이분, 누구시지요? 부끄러워하지 마시고, 어제 만났던 롱의 어머님입니다. 롱을 너무 이쁘게 봐주시고 또 친구 분에게 부탁까지 해주셔서 감사합니다만 아리 롱 그렇게 살 애가 아닌데, 그렇게 사네요. 그래서 어떻게 해달라고요. 예, 어떻게 결혼시켜주세요. 제가 어떻게 선사님을 해 주실 수 있으십니다. 제가요. 왜 있잖아요. 전에 그 총각, 예 그분과 맺어주면 둘이 천생연분입니다. 그러면 친구는 다 제가 거둬가겠습니다.

딸도 여기에 와 있는 것으로 아는데, 예, 남편 있다고 거짓말한 겁니다. 남편 있는 애가 여기서 그러고 있겠습니까? 둘이 엮어주면 잘 살 겁니다. 롱이 좋아해요? 예, 그도, 예 여러 번같이 친구 덕에 술자리 같이 했는데 그때 보니 둘이 천생연분이더라고요. 그러면 둘 다 좋을 것 같아요. 그 분 엄청 탁하던데, 제가 그 분 때문에 고생 많이 했는데, 보셨던 롱이 맑아서...앞으로 좋아질 겁니다. 이건 생각을 줌 해봐야 하는 것 아닌지. 머리 속이 어거지 쓰시는 겁니다. 위 세계 어머님, 예, 언제 명절에 내려가시면 그런 시간이 되겠어요? 제가 만들어 보겠습니다. 일단 그러마라고 대답만 해주세요. 그러면 선사님은 지킬 분이니까? 알았습니다. 목 뒤에서 아프게 하시는 분은 그분의 남편 이생에 예 죽었거든요.
왜요. 여기서 보니 그분도 좋은 분 같습니다. 꼭 부탁드립니다. 살펴봐 주십시오.
너무 불쌍합니다. 맑으시던데. 그러기는 한데 여기서 보기에 안쓰러워서 그렇습니다.
알았습니다.
또 있나요? 이분은 그분은 같이 오신 분들입니다. 들어주지 않으면 너도 나도 말씀하시려고 오신 분들입니다. 이제 되었나요?
저 멀리서 오시는 분은 오시는 것이 아니라 이분들과 인연되신 분들인데...도움을 주셨으면 하고 기다리고 있는 겁니다. 이렇게 하면 되는가?
고맙습니다, 감사합니다.
이분은 이렇게 보내놓고 하지 않을까 싶어서 그러는 것 같습니다.
아닙니다. 일단 명절에 가니 해보겠습니다.
되었나요? 예
오늘은 더 하지 않아도 되지요. 예 이제 식사하시고 모임 준비하시면 되겠습니다.
예. 쓰셨습니다. 2015. 09. 18 12:33

구렁이와 능구렁이 이야기

이건 또 구렁이입니다. 용 다음에 구렁이인데 거북이 했다고 야단입니다. 그러면 하시면 되잖아요. 어떻게 하시려고 지구 밖에서 하면 어려운가? 글쎄요

구렁이 대장입니다. 저희들도 보내주십시오.
저희들은 본디 없는 몸입니다만 잘못을 저지른 스님들이 죽어서 태어난 몸들입니다. 쉽지 않겠네요. 그러게요. 저희들이 잘못해서 그러기도 하지만 가르침을 잘못 받아서 그러기도 합니다. 우리들의 잘못은 스스로 잘못한 것이지만 ..이거 어쩌지요. 이렇게 되면 다 이야기할 수밖에 없는 상황이 될 수도 있는데...선사님 뜻에 따르겠습니다.
잘못 가르침을 받은 것을 어떻게 해야 합니까? 그 잘못으로 인하여 죄를 그분들 나름 받았습니다. 죄를 받기는 요. 18단계에 계시다가 자등명인간계에 가셨다가 최근에 초인류 세계에 가신지 압니다. 그거야 제가 스승으로 생각하고 공부했으니 스승님에게 그 정도 해야 맞는 것 아니겠는지요? 그야 그렇지만,
구렁이가 된 우리들은 어떻게 해야 합니까? 구렁이가 본래의 고향에 돌아가려면 어떻게 해드리면 갈 수 있는지요? 지켜보셨습니까? 명룡관도 보고 비와. 여와, 승와, 여의주, 명류수도 보았습니다. 이것이면 충분합니다. 이것을 가지고 저희들을 모두 다 본래의 고향으로 돌아가게 해줍시오.
저희들의 죄를 모두 다 사하여 주시옵고
저희들의 잘못을 모두 다 사하여 주시옵고
저희들이 알게 모르게 행한 모든 잘못을 참회하겠습니다.
저희들이 행한 행으로 인하여 고통 받는 모든 분들에게 사죄하겠습니다
이 외에 저희들 스스로도 모르는 죄업, 업을 사하여 주십시오.
사하여 주신다고 해 주세요.
예. 모두 다 사하여 줄테니 앞으로는 그와 같은 일을 두 번 다시 행하지 않으시길 바라겠습니다. 고맙습니다. 감사합니다.
지구 밖에서 명류소를 지구 전체에 내려주십시오
그 다음에 명룡관을 모두 다 쓸 수 있도록 부족하지 않도록 던져주십시오
그리고 여의주를 던져주시며 비와 여와 승와를 각기 저마다에게 맞게 가져갈 수 있도록 의념하셔서 던져주시고는 모두 다 본래의

고향으로 돌아가라 해 주십시오

예. 감사합니다. 우리 모두 다 본래의 고향으로 올라왔습니다.

우리들의 신(神), 구렁이 신들을 구하여 주십시오. 다른 것은 일체 묻지 마시고 그냥 사하여 주겠노니 다음부터는 절대로 그러지 말거라. 하시면 됩니다.

그리고 명류수를 던져주고 명룡관을 던져주시고 여의주 및 비와 여와 승와를 던져주시면서 각기 저마다 자기 자신에게 맞는 것을 가지고 본래의 고향으로 돌아가라고 해 주십시오.

고맙습니다. 감사합니다.

구렁이 대장입니다. 저희는 훈장도 필요한데 지금은 완성하지 않으셨지만 나중에 완성되면 훈장을 지니거라. 해주십시오. 고맙습니다. 감사합니다.

또 있나요? 예 저 있습니다. 누구신지요? 구렁이 사촌 능구렁이입니다. 저희도 스님분들과 비슷한 출가자입니다, 다만 종교가 다를 뿐 같은 부류입니다.

저희들에게 명류수, 명룡관, 여의주, 비와 여와 신부와, 목회자와를 던져 주시면 각기 저마다에게 필요한 것을 가지고 본래의 고향으로 돌아가거라. 해 주십시오,

감사합니다. 고맙습니다.

저희를 보호하고 지켜주신 신(神)분들에게

명류수, 명룡관, 여의주, 비와, 여와, 승천와, 비룡와, 비천룡와를 던져주십시오. 고맙습니다. 감사합니다.

저희의 대장도 본래의 고향으로 돌아가게 해주십시오.

명류수 엄청나게 한 다발, 명룡관 엄청나게 한 다발, 비와 여와 승승천천와, 비천비천비천룡와를 던져주십시오. 감사합니다. 고맙습니다.

안 가신 분은 저는 늙고 병들어서 그렇게 해서는 못갑니다.

살아나게 해서 가도록 해 주셔야 합니다. 몸의 언어 아니잖아요.

죽어라 죽어라 으스러지도록 분열하며 죽어라.

명류수 명룡관 여의주 여와 비와 천천와 비천천와 ...

고맙습니다. 감사합니다.

또 있나요? 다치신 분들...다치신 분들도 몸의 언어를 사용하셔야

합니다.
상처 상처 나쁘게
죽어서 죽어서 깃발들고
명류수 명룡관 여의주 여와 비천와 비천천천와......
고맙습니다. 감사합니다. 또 있습니까? 다갔는데.
저 밑에 분 누구시지요? 지금 보니 이렇게까지 구해주시는데 롱어머님입니다. 아까 그와 같이 부탁했는데 선사님께 부탁해야 했겠기에...어쩌라고요.
어려운 일 아닙니까? 그렇지요. 그런데요. 난감하네요.
이것 승낙하면 점점 커집니다.
이건 다른 분들입니다. 이와 같이 옵니다. 오시는 분들 보셨어요. 이와 같습니다.
죄송합니다. 미안합니다. 아까 말한 거기까지입니다.
그것은 제가 이야기하겠습니다.
저기 또 그만 하면 안 될까? 저분까지만 죄송합니다.
왜 그러시는지요?
예. 저는 이 걱정을 털어놓아야 하나 말아야 하나? 그런데요?
내가 저것을 하게 해 드릴 수 있어요?
마음만 내어주시면 됩니다. 결계를 풀어주셔야 합니다.
예. 고맙습니다.
또 있어요. 이것 뭐지요. 스님, 성직자, 목회자 분들이 남겨놓고 간 물건들입니다. 다 불살라 보내줘야지요. 지금 기다리고 있습니다. 예. 거기만 있는 게 아니라서 온몸을 불살라야 합니다.
이렇게 예....
이제 되었는가요? 예 이제 된 듯싶습니다. 2015. 09. 18 13:04

종 아래 펼쳐진 세계들의 족보 내지는 계보

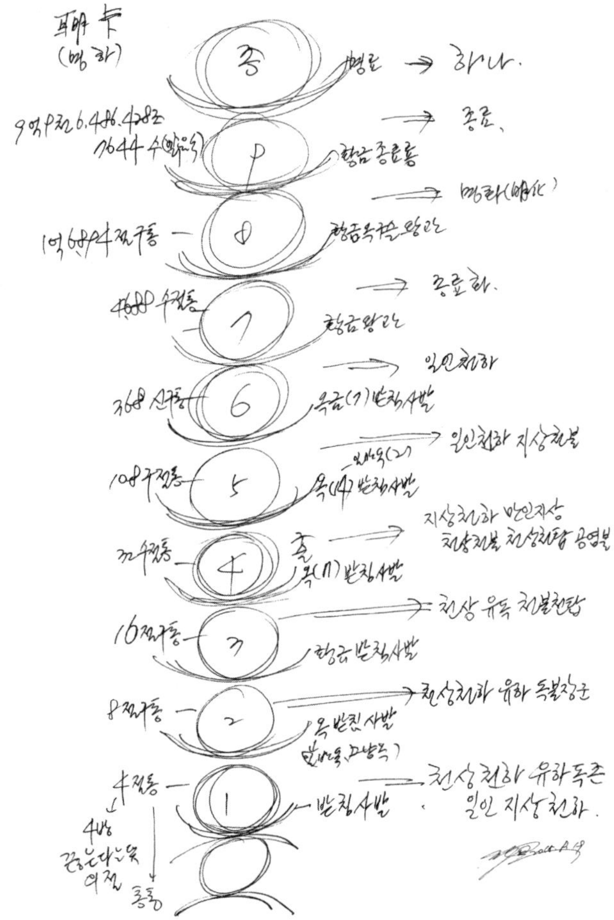

선사님 성격에 그냥 넘어갈 일이 없지요. 왜 그렇잖아도 하지 않으시나 했습니다. 당연히 밝히셔야 올라갈 수 있을 것 같지요. 그렇습니다. 밝혀 드러내지 않으시면 올라갈 수 없고 밝히지 않으시고 위 세계를 올라가실 수 없지요. 올라오면서 밝혔으되 스케치북에 옮기고 세세하게 하지 않은 것을 그대로 올라갈 수 있지만 이

것은 그렇게 넘어가서도 안 되고 반드시 밝히고 올라가셔야 위 세계에서 인정을 해줍니다. 이것은 한 마디로 말하면 계보입니다. 일종에 아래 세계에 대한 족보라고 보셔도 틀리지 않습니다.

맨 위 **종**을 시작으로 **명료**(明了: 밝음이 완료된) **세계**가 있고

명료 세계 아래로 **9억9천 6.486.428조 7.644수**(洙, 맑을 수)**개의 맑은 세계**가 있고 여기서 선사님이 만드신 숫자가 엉터리라고 했지요. 선사님은 읽으시면서 이미 간파하고 스스로도 말씀하셨듯이 그렇게 쓰면 해까지만 해도 위 세계의 숫자를 모두 다 쓸 수 있습니다. 이것을 정리하시고 아니 하시고는 선사님의 뜻에 있습니다.

가장 큰 수와 완성의 수와는 다른 의미입니다. 완성의 숫자는 10이고 가장 큰 수는 669입니다. 이미 다른 쪽에 가장 큰 수를 정리해 놓으시고 이곳에 옮기지 않을 뿐 그것이 맞는 말씀입니다. 거기에 더 이상 들어가야 한다면 해당하는 것들을 찾아내서 넣는 것이겠지요. 찾으려 한다면 그것도 찾으실 수 있겠지만 그럴 시간이 될지는 두고 봐야겠지요.

9억9천 6.486.428조 7.644개의 맑은 세계가 있고 그 아래로 황금종료룡 세계가 있습니다. 황금종료룡 세계란 말 그대로 황금이 종을 이루고 용이 승천해서 머물러 있는 세계입니다. 선사님께서 며칠 전, 며칠 전이라고 해야 어제 그제이네요. 그때 수많은 용들을 승천시키셨는데 그렇게 승천시킨 용들이 이 세계에 있던 용들이었습니다. 용을 승천시킬 때 이 세계의 용들이 모두 다 선사님의 법력, 아니 여기서는 법력이 아니라 공력이라고 합니다. 공력(功力)이란 그 만큼 많은 공덕과 복덕을 쌓아서 공덕과 복덕을 쌓은 만큼 갖게 되는 것을 말합니다.

선사님의 공력으로 이 세계에 주석하고 계셨던 모든 용들이 위 세계로 자리를 옮기셨습니다. 선사님께서 하나도 빠짐없이 힘드신 가운데 모든 용들과 용의 신들, 그리고 용의 우두머리 분들, 그리고 병든 용, 상처입은 용, 늙은 용, 어린 아이 용, ...용이란 용은

이곳에 있는 모든 용을 위 세계로 올려주셨습니다. 그 의식이 선사님께서 용들과 대화하며 위로 가게 하셨을 때 이곳에 계신 모든 용들이 선사님의 공력으로 위 세계로 올라가셔서 또 위 세계에서 선사님이 올라오실 그날만 기다리고 있습니다. 이분들은 스스로 위 세계로 올라가지 못하시지만 선사님의 공력을 받아서 위 세계로 올라가십니다. 그러한 이유는 선사님께서 이분들을 만드셨고 이분들을 창조하셨기 때문에 초창기 이분들이 없을 때 선사님의 기억에도 없는 아무 먼 미래 아니 과거에 흙을 빚어서 만드시고 공력을 넣어서 살아나게 하신 것입니다. 먼 미래는 머고 과는 무엇을 말하는 것인가요? 먼 미래가 과거고 먼 과거 미래입니다. 그러한 이유는 모든 세계는 그냥 있는 것이 아니라 움직이고 있고 흘러가고 있기 때문에 흘러갔던 것들은 언젠가 또 돌아오게 되어 있고 돌아온 것은 언젠가 또 흘러가게 되어 있습니다. 선사님께서 아는 것과 같이 그렇게 흘러갔다가 어느 때가 또 오게 되니 먼 과거는 먼 미래이기도 하기 때문입니다.

전에는 자전과 주변의 공전으로 이것을 느렸었는데 이제는 이것이 전보다 더 빨라졌습니다. 그러한 이유는 선사님께서 자전과 공전으로 스스로 하게 해서 전체가 축 없음 자체로 이루어지게 하고 또 그러면서도 전체가 흩어지지 않게 했기 때문에 있는 돌아와야 하는 것이 짧아졌기 때문입니다. 짧아진 대신에 다른 세계를 돌아오는 경우는 적어지게 되었습니다. 이것은 또 선사님이 밝히신 길을 고속도로화했고 고속도로화한 곳마다 자동시스템을 해놓으셔서 어떻게 보면 더 간편하기도 하고 또 어떻게 생각하면 복잡할 수도 있는데, 지금까지는 편리하게 생각하시는 분들이 많습니다. 처음이란 그런 것인지 아니면 정말로 편리한 것인지는 조금 더 지나봐야 알겠습니다.

황금종료룡 세계 아래 1억 6.894절구통 세계 이 세계는 말 그대로 **절구통**(끊을 절 막을 절 이런 한문은 없습니다만 이런 뜻을 가지고 있고 구는 원형 동그란 뜻으로 구는 원이라고 하는 뜻이고 통은 말 그대로 통이란 그릇을 말합니다.)

말 그대로 해석하면 절구통이란 1억 6.894방향으로 끊고 막고 있는 원형의 통이란 뜻입니다. 그러므로 여기서는 1억 6.894방향에 있는 모든 세계가 이 원형 안에 있다는 말입니다.

1억 6.894절구통 세계 아래 황금옥구슬 왕관이란 세계는 황금, 옥, 구슬, 왕관을 포함한 모든 귀금속 광물이 있는 세계가 모두 다 이 세계에 있습니다. 이 세계에 있으면서 위에 모든 세계를 떠받들고 있는 겁니다.

그 아래 7번째 4.688수절통은 수는 맑을 수(洙) 절은 막다 끊다의 뜻이고 통은 말 그대로 그릇이란 통입니다. 4.688수절통이란 4.688개의 맑고 깨끗한 세계를 총칭하는 것으로 4.688개의 맑고 깨끗한 모든 세계가 이 안에 있고 이 안에 있는 모든 세계가 전체에 퍼져 있으되 이 세계와 연결되어 있다는 말입니다. 4.688개의 맑고 깨끗한 세계는 종에서 아래 세계에 있는 맑고 깨끗한 세계 모두를 총칭하며 이곳에 이 맑고 깨끗한 4.688개의 세계를 관리하고 통솔합니다. 물, 불 ...등의 세계입니다.

4.688수절통을 받치고 있는 황금왕관은 맑고 깨끗한 4.688개의 맑고 깨끗한 세계를 황금왕관이 지키고 있고 보호하고 있는 뜻으로 받치고 있는 것입니다. 이 황금왕관은 4.688개의 맑고 깨끗한 세계뿐만 아니라 위에 있는 모든 세계를 떠받들기도 하며 또한 위에 모든 세계들을 보호하고 호위하기도 합니다. 이 세계에는 호위무사 내지는 호위병들이 살고 있는 세계입니다.

그 아래 6번째 368신구통, 여기서 신은 신(神) 중에 최고의 신 보비명 태초 존고귀님이 머물고 있는 세계로 보비명 태초 존고귀님을 비롯해서 많은 신들이 있는 세계란 뜻이고 구는 원형이란 뜻이고 통은 말 그대로 통이란 그릇을 말하는 뜻으로 368개의 세계에 있는 모든 신들을 관리하고 통솔하는 세계입니다. 이들이 관리하고 통솔하는 368개의 세계는 거머리 논에 사는 각종 곤충이나 미생물들... 등의 세계입니다.

그 아래 5번째 108구절통, 여기서는 구는 원을 뜻하고 절은 앞에서와 같이 막다 끊다의 뜻을 갖고 통은 그릇이란 통을 뜻합니다.

그러므로 108구절통이란 108개의 세계에 있는 모든 존재들을 관리하고 통솔하는 세계란 뜻입니다. 막다. 끊다의 뜻은 이 외에는 관리하거나 통솔하지 못하고 모든 세계는 다 끊고 맑고 오직 108개의 세계만을 보호하고 관리 통솔한다는 말이 됩니다. 108개의 세계는 모든 세계를 다 막고 끊고 오직 108개의 세계만을 관리 통솔한다는 말입니다. 이들이 관리하고 통솔하는 108개의 세계는 말과 소 양 ...등 가축의 세계입니다.

그 아래 4번째, 32수절통 이것은 32개 세계의 빼어난 세계를 뜻하는 것으로 빼어난 수(秀), 절은 막다. 끊다의 듯이고 통은 그릇이란 통입니다. 그러므로 32수절통이라 32개의 빼어난 세계를 관리 통솔한다는 말이 됩니다. 32개의 빼어난 세계는 인간, 동물 중에서도 동물의 왕이란 사자와 호랑이 및 원숭이, 고릴라....등을 관리 통솔합니다.

그 아래 3번째, 16절구통은 16개는 16세계를 뜻하고 절은 막다 끊다. 구는 원, 동그란, 통 그릇이란 뜻입니다. 16절구통에서는 16개 세계를 통솔 관리합니다. 여기서 관리 통솔하는 16세계는 인간세계, 동물 세계, 식물 세계, 미생물 세계, 곤충 세계, 바다 생물....등등 16 세계를 관리하고 통솔합니다.

그 아래 2번째, 8절구통 이 세계는 8개의 세계를 관리 통솔하는 세계입니다. 8개의 세계는 신, 신영혼, 영, 혼, 신영, 영혼, 식, 통 8개 세계를 관리합니다. 여기서 통이란 담는 그릇을 뜻하는 의미로 몸을 뜻합니다. 몸을 거두고 또 몸을 더 있게 관리 통솔하는 세계입니다.

수명을 이 세계에서 관리 통솔한다고 생각하시면 됩니다. 의외로 아래 세계에 있네요, 1- 9번째 세계는 순서일 뿐, 차이가 없습니다.

그 아래 4절통은 4방 즉 동서남북을 관장하는 신과 대장군들 관리하고 통솔하는 세계입니다. 절은 막다 끊는다. 통은 그릇 통입니다.

그 아래 받침대는 위 세계를 떠받들며 모시는 분들이 계신 곳입니다.

받침 사발은 4절통을 관리 통솔하는 분들을 공손하고 모시며 호위하는 분들이 게시고, 그 위 옥 받침 사발 역시도 2번째, 8절구통을 관리하고 통솔하는 분들을 공손하게 모시고 공양 준비해 드리며 호위 및 경호하는 분들이 계신 곳이고, 그 위 황금 받침사발은 3번째 16절구통을 관리하고 통솔하는 분들을 공손하게 대접하고 모시며 위 분들을 호위하고 경호하며 뒷일을 하나하나 꼼꼼하게 살펴 행하는 분들이 계신 곳이고, 그 위에 옥(玉) 7개로 만들어진 받침사발은 4번째 32수절통을 관리 통솔하는 분들을 모시며 호위하고 경호하는 분들이 모여 사는 곳이고, 그 위 옥(玉) 14개, 일반 옥 2개로 만들어진 받침 사발은 108구절통을 관리하고 통솔하는 분들의 공양을 책임지고 호위와 경호를 책임지는 분들이 계신 곳입니다. 이곳에 게시면서 108구절통을 관리 통솔하는 분들과 탄트라도 하며 수행을 하기도 하는 곳이기도 합니다.

그 위 옥금 7개로 만들어진 받침사발은 옥과 금이 합쳐져서 받침대를 만든 것으로 이 세계에서는 6번째 368신구통을 관리하고 통솔하는 분들과 탄트라하며 수행하고 수행하며 공부하고 공부하며 공양을 책임지고 또 뒷일을 도맡아 하시는 분들이 머물러 있는 세계입니다.

위는 위에서 설명한 것과 같습니다.

사실 이 모든 세계를 하나하나 구경하고 또 경험하며 이름을 알아낼 때까지 한 세계 한 세계에서 머물며 수행하고 책무도 맡아서 행하여야 올라올 수 있는데, 선사님께서는 이 모든 세계의 이름 한 번도 틀리지 않고 모두 다 밝혀 드러냄으로 인하여 1번째 4절통에 올라선 후, 약간의 고민과 생각, 그러면서 하나하나 찾아내고 읽어내서는 모두 다 몇 시간도 안 되게 밝혀 드러내고 올라오셨습니다. 이와 같이 이름을 찾아내고 숫자를 정확하게 기억해서 말씀할 수 있는 예전에 이것을 이와 같이 건립한 칠통 선사님이 아니면 할 수 없는 일이었는데, 근영무상시 칠통 조규일 선사님께서 단박에 아니 아주 짧은 시간에 밝혀 드러내고 하나도 틀리지 않고 올라오셨습니다.

한 번만 틀려도 틀린 그곳에서 심히 고초를 겪으며 수행하고 수행하며 공부해서 올라와야 하는데 참으로 어마 엄청난 일을 하시고 올라오셨습니다.

10년 이상 걸려야 할 세계를 시간 안에 올라오신 것입니다.

이것은 일종에 족보입니다. 이 세계가 구성되고 완성된 그러면서도 서열이 있는 세계입니다.

1번째 아래는 받침사발 아래는 어깨와 몸통 다리입니다.

사람의 몸입니다. 수행이 고도로 높아지면 몸을 이루고 있던 모든 것들이 무한대로 변하며 변하는 무한대를 누군가에게 전하고, 전해 받는 이는 이것으로 소유설화가 되는 밑거름이 되며 전해준 수행자는 전해주고는 온몸을 버리고 받침사발을 만들고 그 위에 4절통을 머리로 만들고 머리 아래 온몸, 전 우주 위에 우뚝 선 것이어서 이 세계에 올라옴으로 우주 중에 우주, 전 우주를 뚫고 올라왔다고 하여 천상천하 유하독존 일인 지상 천하(天上天下 唯하(下아래 上에 붙은)獨尊 一人 地上 天下)라고 이름합니다.

수행하여 1번째 4절통에 올라온 분을 **천상천하 유하독존 일인 지상 천하**(天上天下 唯하(下아래 上에 붙은)獨尊 一人 地上 天下)이라 하고, 2번째, 8절구통에 올라오신 분은 **천상천하 유하 독불장군**(天上天下 唯하(下아래 上에 붙은) 獨不將軍)이라 하고, 3번째, 16절구통에 올라오신 분은 **천상 유독 천불천탑**(天上 唯獨 天불(불은 人에佛을 붙인 불자로 이 뜻은 사람 중에 사람 부처 중에 부처란 뜻으로 천불이란 하늘이란 모든 하늘에 있어서 부처라고 하는 부처 중의 부처란 뜻, 여기서의 부처는 석가모니(존수나)부처님이 부처라고 말한 것과 다른 뜻의 부처로 여기서의 부처는 모두 포함하고 있는 뜻을 가진 부처)千塔(천개의 탑으로 말하는 것으로 여기 탑은 모두 다 포함하고 하늘 세계에 있는 세워진 부처에게 하나씩 탑이 있는데 이 탑을 천개 관리 통소랄 수 있는 권한을 갖게 된다는 뜻으로 하늘에 부처를 1.000분을 관리 통솔할 수 있는 권한 내지는 능력이 있다는 말이 됩니다.)

4번째, 32수절통, 수행자가 이곳에 오르면 더 이상 바랄 것 없이 모두 다 이루었다고 보셔도 될 만큼 수행자로서 완숙을 넘어 초탈

한 수행자라고 보면 될 것입니다.

수행자가 이곳에 오른 분을 **지상천하 만인지상 천상천불 천불천탑 공염불**이라고 칭합니다.

地上天하(下아래 上에 붙은) 萬人地上 天上千불(人에佛을 합한 자) 天불(人에佛을 합한 자)千塔 空念불(人에佛을 합한 자),

이 말인 즉 지상천하 지상이라고 할 수 있는 모든 세계와 하늘이 하고 모든 세계, 지상에 살고 있는 모든 인간. 즉 인류를 통솔 관리하고 또 천상에 모든 앞에서 말한 모든 부처들과 부처들이 하나씩 있는 천개의 탑을 관리 통솔할 수 있는 권한과 권리가 주어지되 공염불, 이것들을 의식으로 공력으로 모두 다 행할 수 있는 공력이 있다는 말로 직접 나서지 않고서도 의식으로 이와 같은 일을 관리하고 통솔할 수 있는 힘이 있다는 말입니다.

5번째, 108구절통은 수행자가 이곳에 오르면 끝없이 오를 더 이상 오를 곳이 없는 상황에 있게 되는 세계로 이 세계에 올라오면 더 이상 할 것이 없는 듯 어느 것에도 미동을 하지 않는 상황의 상대가 되는 세계로 수행자가 여기에 올랐을 경우 **일인천하 지상천불**(一人天하(下아래 上에 붙은) 地上天불(人에佛을 합한 자)), 이 말인즉, 수행하여 올라온 수행자 혼자서 만 천하를 호령하고 지상에 있는 모든 부처를 호령할 수 있는 힘과 공력을 갖춘 사람만이 올라올 수 있는, 그래서 또한 호령할 수 있는 힘과 권한, 내지는 권리가 주어지는 세계

6번째, 368신구통 이 세계에 수행자가 수행하여 올라오면 꽃방석에 앉아서 수행할 수 있는 어느 누구든지 마음대로 생각대로 탄트라를 하며 위 세계로 올라가기 위한 수행을 할 수 있을 정도로 수행에 필요한 것이 있다면 무엇이든 마음대로 가져다가 수행의 밑알로 쓸 수 있는 세계에 올라온 것으로 이곳에 오르면 수행완숙 더 이상 완숙이 없는 초완숙의 세계로 **일인천하**라고 이름한다. 이곳에 수행하여 올라온 수행자는 밑에 세계를 의식과 의념으로 모두 다 통솔 관리하고 수행하여 올라온 뜻과 의지를 발현하기 시작하는 세계다.

7번째 4.688수절통 이 세계에 수행자가 수행하여 올라오면 더 이상 일인도 없는 몸도 버려야 하는 세계로 몸이 없어지는 세계다. 이곳에 올랐는데도 몸을 가지고 있다면 이는 귀신이나 신 이상의 능력 및 몸을 자유자재로 할 수 있는 수행자가 아니고서는 올라올 수 없는 세계다. 근영무상시 칠통 선사님의 경우는 예외다. 왜냐하면 기억에 없는 오래 전에도 올랐었고 또 이번 생에서는 수행하지 않고 그냥 이름을 틀리지 않고 생각해 내고 읽어내며 올라왔기 때문에 예외가 되었다. 전이나 지금이나 선사님께서는 예외가 있다면 이는 본인뿐만 아니라 누구나 해당할 수 있다는 말을 하신 것과 같이 당신이 이와 같이 올라왔으니 함께 공부하시는 분들도 예외가 될 수 있다고 보시면 되지 않을까 싶다. 이것은 명하 대장군님이나 소유설하가 말할 것이 못되고 오직 근영무상시 칠통 조규일 선사님의 뜻에 따라 이루어질 뿐이다.

지금 말하지 않으셔도 됩니다.

8번째 1억 6.894절구통, 수행자가 이 세계에 오르면 몸이 금강석이 되었다고 보아도 된다. 몸이 금강석이 되지 않고서는 이곳에 오를 수도 없고 올랐다면 아마도 뼈가 다 무너져서 몸을 지탱할 수가 없어서 죽었어야 한다. 그럼에도 올라왔다면 이는 이미 금강석이 되고 있거나 금강석으로 변하고 있다는 증거일 수 있고 금강석이 되기 위해 노력 내지는 애쓰고 있다고 봐야한다. 근영무상시 칠통 조규일 선사님은 이미 금강석이 되는 법을 안다. 어렵지 않게 금강석이 되는 것을 아마도 이것은 후대에 전하시겠지만 아직은 때가 아니라고 생각하셔서 내놓지는 않을 것으로 보여지지만 누구나 수행 열심히 해서 이곳에 오르려고 한다면 언제든지 이 비법을 전해줄 의사가 있는 것으로 보인다.

이 세계에 수행자 올랐다면 이분을 명화라고 불러야 한다. 그러한 이유는 명은 밝을 명(明)이고 화는 되었다는 화(化)로 밝음이 되어서 더 이상 탁함에 물들지 않는다는 뜻이 담겨져 있다. 이 역시도 근영무상시 칠통 조규일 선사님께서는 수행하여 올라 오셨으되 이름을 밝히며 올라 오셨기 때문에 해당하지는 않지만 그래도 많은 부분 **명화**(明化)가 되어 있는 상태이지만 아직은 부족함이 많다. 이 부분은 더 많은 공부가 필요한 것이 아닌가 싶다.

9번째 9억9천 6.486.428조 7.644수(洙), 이 세계를 수행자가 올랐다면 더 이상 수행할 필요가 없다. 수행해서도 안 되고 수행하려고 해서도 안 된다. 오히려 수행하려고 하거나 수행을 한다면 지금부터 수행하여 올라온 것들이 부서지기 시작한다. 그런 고로 수행을 절대로 해서는 안 된다. 다만 자비와 사랑을 베풀어야 하고 수행하여 올라온 뜻을 펴야 한다. 이 점에 있어서도 근영무상시 칠통 조규일 선사님의 경우는 예외다. 그러한 것이 올라온 세계까지 태평성대가 이룩되기를 바라는 뜻을 품고 올라왔기 때문에 올라온 세계를 태평성대가 이루어지게 하기 위해서는 더 많은 여러 가지들을 새롭게 해야 할 것이 많아서 그런 것들과 전보다 더 많은 공력을 들여야 한다. 자칫 잘못하면 몸을 상할 수도 있고 몸을 크게 다칠 수도 있고, 자칫하면 지금 가지고 있는 몸과 이별해야 하는 상황에 처할 수도 있다. 정말로 조심스러운 세계다. 이 세계에 올라오신 수행자를 명하라고 불러도 손색이 없다. 수행해서 올라왔다면 말이다. 그러나 선사님처럼 올라왔다면 그냥 가지고 있는 근영무상시 칠통 조규일로 쓰시는 것이 오히려 더 무방하다.

10번째 종, 이 세계에 수행자가 올라왔다면 이 세계는 명하들만이 있는 세계로 수많은 명하가 있고 수많은 명하 속에 명하가 있으면 이 세계의 우주머리는 대장군 명하다.

보통은 명하대장군이라고 칭한다. 이곳은 남자와 여자 깊숙한 곳에 자리하고 있으며 이곳을 통해서 위 세계는 열린다. 이곳을 통하지 않고서는 더 이상 위 세계로 올라가지 못한다.

그러한 관계로 이 세계에는 명하들만 있어서 더 위 세계로 올라가려고 하는 분들에게 특별한 시술이 행하여지고 그러면서 시술 것을 테스트 점검하며 위 세계로 올라가는데 부족함 없도록 많은 명하님들이 애써주는 세계이다.

이곳에 수행자가 올랐다면 명하 중에 명하 최고명하라 칭해도 부족함이 없을 것이다. 그러나 앞에서 설명한 것과 같이 선사님께서는 이름을 정확하게 맞춤으로 올라왔기에 이에 해당하지 않고 그냥 근영무상시 칠통 조규일 선사님이라고 하면 되고 우리들 역시도 그와 같이 부르며 위 세계로 올라가는데 부족함 없도록 준비해 드리고 있다.

근영무상시 칠통 조규일 선사님이 위 세계로 올라가시는데 부족함 없도록 만발의 준비를 다해놓을 것이며 밤새 밝히려고 했던 부분은 이제 겨우 8%정도 밖에 밝히시지 못했습니다. 이것을 밝혀 드러내지 못하고서는 위 세계로 올라가실 수 없습니다. 오늘 올라갈 수 있을까? 하셨는데 지금의 몸 상태로는 금강석으로는 부족합니다. 그 부분을 더 밝히시고 완벽하게 밝히신 후 그러한 이유와 이치를 분명하게 밝히신 연후에 올라가셔야 합니다.

그러기 전에 많은 명하님들과 접촉이 있어야 하고 그런 접촉에서 확연하게 아셔야 합니다. 그러기 전에 올라가면 이별해야 합니다. 무모한 생각하시는데 그러시면 절대로 안 됩니다. 이 세계는 그렇게 해서 될 세계가 아닙니다. 며칠이면 되지 않을까 싶으니 참아주시고 잠시 쉰다고 생각하시고, 그러고 보니 쉴 수 있는 분이 되지 못하네요. 태평성대를 꿈꾸고 또 선포가 되었으니 이루어지게 하기 위해서도 많은 애를 쓰셔야겠네요.

이는 그냥 알아낼 수가 없고 참선을 통해서 그것도 와공을 통해서만 알아낼 수 있습니다. 2015. 09. 21 07:48

근영무상시 칠통 조규일 선사님께서 종에 오르시다.

나는 명하입니다.

명자는 들을 명 耳明(이것이 하나의 자로 이 글이 들을 명이고, 하자는 아래 위 전체 하 또는 일체 하나 하(下쓰고 下자 위에 上를 써서 붙여진 자)입니다.

오늘 조금 전에 근영무상시 칠통 조규일 선사님께서 이곳 세계 종의 세계에 올라오셨습니다. 종의 세계는 하도 많은 뜻과 의미가 있어서 한문으로 쓸 수 없고 반드시 한글로만 써야 그 의미와 뜻을 모두 다 드러낼 수 있으니 반드시 맨 위 하나 일체 하나 더 이상 위없이 하나를 쓸 때는 한문을 절대로 쓰지 마시고 그냥 한글로 종을 쓰셔야 합니다. 그러한 이유는 이미 선사님께서 말씀하신 것과 같이 한글이 맨 처음 만들어졌고 다음에 한문이 만들어졌는데, 한문은 만들어 놓고, 즉 창조하고 되돌릴 때 잊어버리지 않기 위해서 만들어 놓은 형태의 형상을 본 따서 만든 것이 한문이고 한글은 모든 위 세계 즉, 이 맨 위 하나에서부터 일체 하나 전체를 한글에 담아서 한글을 만들었기 때문에 한글의 맨 마지막 글씨는 종입니다. 한글의 맨 마지막은 종이면서 전체고 전체이면서도 부분이고 부분이면서도 일체입니다. 이것이 종입니다.

그러기 때문에 반드시 일체의 하나, 하나를 나타낼 때는 종을 써야합니다.

선사님께서 올라오신 모든 세계들마다 그 세계의 끝이고 그 끝이 올라온 세계 전체를 포함하고 또 올라온 세계 전체를 하나로 품고 포함한 세계의 하나이지만 이 하나의 세계는 이 모든 세계들을 모두 품은 하나입니다.

이 종의 세계 하나의 세계에 올라오기 위해서는 모든 조건이 갖추어져야하고 또 모두 다 이루어져야 하고 또 더 이상 이룰 것이 없어야 이 종의 세계 하나에 올라올 수 있습니다. 여느 수행자가 수행을 열심히 해서 10년을 걸려서 올라와야 올라올 수 있을까? 말까? 한 세계를 단 몇 10분만에 올라오셨습니다. 어마어마한 공력이기도 하지만 선사님의 흔들림 없는 마음 그 마음에 있는 본래의 종에게 스스로 묻고 물어서 모든 것들을 퍼즐 맞추듯 하나하나 풀고 올라오셨습니다. 어느 누구도 흉내낼 수도 없고 어느 누구도 이와 같이 할 수 없는데, 밝히는 모든 것이 숫자 하나 이름 한자만 틀려서 모두 다 무너질 수 있는 상황에서 침착하게 몇 번이고 자기 자신의 흔들림 없는 마음에 묻고 그러고 점검하고, 그럼에도 또 살펴보고 그렇게 여러 번에 걸쳐서 확인 또 확인한 후에 확신이 섰을 때 이름을 불러줌으로 이름을 불럼과 동시에 공력으로 10개 해당하는 건축물을 건축하시고 올라오셨습니다.

맨 처음 하나를 건축하기까지 수억 수 천 만년의 수행이 필요하고 또 그 위에 올라옴에도 그만한 공력으로 1년 이상 걸려야 올라올 수 있는 것을 단숨에 하나하나 밟고 올라온 것은 지켜보는 우리들로는 신기에 신비에 가까운 지금까지 없었던 전무후무한 일이고 마지막 맨 위에 올라왔을 때 역시도 혼자서 찾아야 하는 어려움 속에서 아무 탈 없이 찾았음에 감축드리는 바입니다.

이에 이곳을 통치하는 명하는 근영무상시 칠통 조규일 선사님이 이 모든 세계를 위임하고 물러날까 싶어서 이 글을 쓰게 한 것입니다.

그러지 마시고 다음에 이 이야기는 저와 하지요. 아닙니다. 이렇게 하지 않으며 제가 욕되어서 안 됩니다. 약속하면 지키지 않으면 안 되는 거 압니다. 지금 그러면 저는 지금 사람의 몸을 가지고 있고 그것 상황도 잘 모르는 가운데 그것을 제가 어떻게 할 수가 없습니다.

제가 이 몸 육체와의 인연이 다한 연후에는 그렇게 하셔도 되겠지만 지금은 그렇게 되어서도 그렇게 할 수도 없습니다. 이것은 명하 천하님께는 이러시면 안 됩니다. 지금 저에게 이것을 위임 받지 않으시면 태평성대를 일체 하나 종이 포함하고 있는 모든 세계를 하나로 태평성대로 이룩하려고 하는 근영무상시 칠통 조규일 선사님의 뜻이 무너질 수도 있고 또 자칫 이루지 못할 수도 있습니다. 그렇다 하더라도 지금 다할 수 없는 상황에서 무리하게 맡아서 더 잘못될 수도 있지 않겠는지요? 그럴 수도 있겠지만 지금까지 보아온 것으로 보면 그런 일은 없을 것으로 생각되기에 이와 같이 말씀드리는 것인데, 돌아가더라도 조금 더 힘들더라도 하나하나 이룩해 가도록 하겠으니 지금의 이와 같은 이야기는 없는 걸로 해주시면 고맙겠습니다.

너무 힘들어하시는 것 같아서 저희들이 보기도 그렇고 그래서 이와 같은 결정을 내리고 위임하고 물러날까 생각하고 많은 분들 앞에서 드리는 말씀인데, 근영무상시 칠통 조규일 선사님께서 그와 같이 말씀하시니 일리도 있는 것 같고 또 틀린 말씀도 아닌 것 같으니 여기까지 말을 꺼내놓고 집어넣기도 그렇습니다.

여러분! 예, ... 이와 같이 말씀하셨어도 명하 천하님께서 하셔야지요? 당연하지요. 침묵...웅성웅성.....이것은 본인 근영무상시 칠통 조규일의 뜻이기도 하고 마음이기도합니다. 본인은 모두 다 다 좋은 세계 세상이었으면 좋겠습니다. 누가 하는 것이 중요한 것이 아니라 하나 안에 있는 모든 세계 모든 세상이 그랬으면 좋겠습니다. 인간의 몸을 하고 있는 본인이 하면 얼마나 할 수 있겠습니까? 그러니 이것은 여러분들뿐만 아니라....왜 뒤에서 소란이지요. 소란이 환호하는 소리입니다. 선사님의 높은 뜻과 모두를 사랑하는 마음에 환호하는 겁니다. .....모두에게 좋은 것이니 지금까지 잘해 오신 명하 천하님께서 지속적으로 맡아주시길 환호로 다시 맡아주시길 박수로 환호와 박수로 다시 맡아 행해주실 것을 청해주시면 감사하고 고맙겠습니다.

엄청난 환호와 박수갈채가 쏟아진다. 휘파람까지 여기저기서 ...

환호는 엄청난 갈채고 박수는 만장일치의 뜻이고 휘파람은 찬성이요 찬성이요란 뜻입니다.

이렇게 되면 명하 천하님께서 어쩔 수 없이 다시 맡게 되겠습니다.

겸연쩍게 되었습니다. 근영무상시 칠통 조규일 선사님이 올라오셔서 이제는 물러나야할 때가 되었는가 싶어서 내놓은 것인데, 한 번 내놓으면 다시 주워 담기 어려운데 여러분의 환호와 박수 휘파람이 저를 다시 이 자리에 있게 했습니다. 이거 고마워해야 할까? 미워해야할지? 모르겠습니다. 나중에 어떻게 될지 모르겠습니다. 선사님께서 더 높이 위 세계로 가실지 아니면 여기서 머무르고 육체와의 인연이 다하면 오실지? 지금으로 보면 더 위 세계로 올라갈 준비를 하시고 계신 것을 알고 있는데, 그래서 잡으려고 한 것도 있었는데, 여러분의 뜻과 근영무상시 칠통 조규일 선사님의 뜻이 그러하니 나중에 올라가실 때 올라가더라도 일단은 다시 맡도록 하겠습니다.

(당신이 이렇게 해서 내가 더 신임을 얻게 된 것 같아, 고마워, 그렇잖아요. 자리가 흔들리고 있었는데, 쐬기를 받아준 것이 되었으니 너무 편안하게 되었습니다. 다행이네요. 그렇습니다.)

이제 되었지요? 아닙니다.

재 취임하게 하셨으면 뭐가 있어야 하지 않습니까?

어떻게 해요? 손을 잡고 들어서 힘을 모아주십시오.

아직도 반대하시는 분들이 많은 것 같습니다. 내가 어떻게 도와줄 수 있는 게 없는지요? 있습니다. 그것이면 확실합니다. 선사님께서 그리고 계시는 훈장회로도 하나를 주십시오. 마지막에 그리실 가져오셔서 그러면 더 이상 할 말 없을 겁니다. 그 훈장을 내려주시면 아마도 그 훈장들을 모두 다 좋아하시니 좋아할 겁니다. 그 훈장이면 충분하지 않을까 싶습니다.

예 알았습니다. 잠깐 기다리십시오.

되었습니까? 예 되었습니다.

이것도 카페에 올려야 하나요? 운영자란에... 예, 그래야 합니다.

2015. 09. 19 09:48 명하 천하대장군 및 휘하 일동

선사님이 또다시 위 세계를 향하여 오르기 시작할 준비를 하시다.

나 명하 알립니다.

태평성대가 이루어졌음을 알립니다.

이제부터는 태평성대를 누리시면 될 것입니다.

근영무상시 칠통 조규일 선사님께서 지금까지 큰 포부를 안고 오직 태평성대를 이룩하기 위해서 애쓰셨는데 이제부터는 태평성대를 이룩하기 위하여 애쓰지 않으셔도 됩니다.

이제부터는 전과 같이 위 세계 **환(換)의 세계**로 올라가시면 됩니다.

환(換)의 세계는 그냥 올라갈 수 있는 세계가 아니라 육체란 몸을 버리고 금강석이 되었을 때 비로소 올라갈 수 있는 세계입니다.

오늘 하루 선사님의 몸을 관찰해 본 바 선사님의 몸이 금강석이란 확신이 들어서 이제부터는 환의 세계에 올라도 된다는 판단을 하게 되었습니다.

이에 명하는 1004명이 되시는 선사님 휘하에서 선사님의 책무와 맡은 소임을 성실하게 맡을 주실 것을 간곡히 부탁드리며 한 말씀 드리고자 이와 같이 글을 씁니다.

이제부터는 선사님이 전보다 더 고되게 위 세계로 올라가실 수밖에 없습니다. 지금까지는 편하게 올라오셨는데 이제부터는 올라가실 때마다 공력 싸움을 해야 하고 또 상당한 에너지가 필요한 세계입니다. 공력 없이는 올라갈 수 없고 강력한 에너지 없이는 올라갈 수 없습니다. 많은 분들이 보이는 곳에서 보이지 않는 곳에서 선사님께서 환 세계로 올라가시는데 부담이 되지 않고 편안하게 올라가실 수 있도록 자기 자신이 맡은 책무와 소임 성심성의껏 최선을 다해서 행해주시길 부탁드립니다.

선사님께서는 이제부터 저희들보다는 위 세계 올라가시는 일에 매진하시길 바라며 또 위 세계를 올라가시는데 변고 없이 무탈하게 성큼성큼 올라가시길 기원드립니다.

선사님 고맙습니다. 감사합니다.

저는 여기서 인사를 마치고 물러나게 되겠으며 앞으로도 소유설화님께서 지속적으로 보필하여 위 세계를 오르시게 될 것입니다. 가깝기는 제가 더 가깝지만 보필은 소유설화님이 하기로 이미 결정된바 정해진 대로 소임들 맡고 따라갈 것이며 또한 하나 종 아래의 모든 세계 역시도 1004명 이분들이 모두 다 책임지고 원만하게 이루어지도록 하게 될 것입니다.

저는 선사님이 육체를 버리고 죽어서 왔을 때야 이제 뵐 수 있을 것이며 그때 선사님이 어느 정도 올라가셨느냐? 따라서 옆에 있을 수도 있고 옆에 없을 수도 있습니다.

선사님이 위 세계를 향하여 올라가시는 여정이 순탄하시길 두 손 모읍니다.

하루였지만 하루 모시게 되었었음에 감사를 드립니다.

감사합니다. 고맙습니다.

내일부터 또다시 위 세계로 올라가시는 여정이 시작되겠습니다.

오전에 준비하신 저것들은 선원과 집에 두시면 아마 저것이 징표가 되어서 어느 누구도 감히 선사님 주변에서 서성이는 분들이 없을 겁니다. 저과는 사뭇 다를 것입니다.

그리고 저것으로 만든 술은 꼭 혼자 드셔야지 안 그러면 다른 분을 주어서 불경죄를 짓지 않도록 하실 또한 부탁드립니다. 잘못하면 불경죄뿐만이 아니라 몸을 상할 수도 있는 것이어서 조심스럽기 부탁드리는 겁니다. 선사님은 좋으면 좋아지라고 주시는데 저것은 그렇게 할 것이 되지 않습니다. 금강석의 몸이 아니면 먹어서도 먹으면 큰 일 납니다.

이 위 세계, 올라가는 세계는 자칫하며 뼈들이 녹는 세계인지라. 오늘 채취한 약초로 만든 술은 일반인이 수행을 해서 금강석이 되지 않은 분들이 먹으면 뼈가 녹을 수 있기도 하기 때문입니다. 선사님이 드시면 공력과 에너지가 커지지만 일반인의 경우 수행이 완연하지 않은 경우에는 그러하니 반드시 이 또한 지켜주시길 부탁드립니다.

안녕히 잘 가십시오.

아침에 올라간 이것은 그대로 올라가시면 됩니다. 거기에 더 많은 것들을 설명하면 어렵기만 할 겁니다. 그러니 이와 같이 종에 올라왔다라고 하시고 밝혀 올라가시는 위 세계를 정리해 가시면 되지 않을까 싶습니다.

언제라도 부르면 이 명하 갈 것입니다. 또한 이제는 대화가 되는 만큼 언제든지 뵙고 싶으면 대화 요청하겠습니다. 감사합니다. 고맙습니다.

이렇게 안전하게 해주시고 올라가시니 고맙기 한량없습니다.

박수까지...감사합니다.

감사합니다.

소유설화님 지금의 상황을 어떻게 받아드려야 할지 모르겠네요.

말 그대로 아침에 올라오셔서 하루 같이 보내시고 하시는 것 살피시고 또 몸도 살피시고 결정을 내리고 위로 올라가셔도 되겠다는 판단을 하시고 우리들에게 여장을 꾸려서 이제 위 세계로 가라고 하신 것입니다.

그리고 선사님이 원하시는 태평성대는 한 가지 소원 속에 있기에 그것이 이루어지게 할 것이기에 그러한 사실을 명하 천하대장군님도 아시기에 그와 같이 말씀하신 것입니다.

앞으로 더 이상의 테스트는 없고 약속하신 50번째에서부터 그리고 계신 회로도를 1번째까지만 그리셔서 약속한 대로 하면 이것도 끝이 납니다.

종에 올라 오셨기에 더 이상 테스트 및 여러 가지 점검이 없게 되었습니다.

그것도 정말로 수행을 잘하는 분이 올라와서 10년 걸려서 올라와야 하는 것을 단 몇 십 분에 올라오시는 것을 많은 분들이 보시고는 모두 다 헛일이고 선사님의 시간을 빼앗는 일이라는 판단에 원로 분들의 만장일치와 또 위원회 분들의 만장일치로 테스트는 이것으로 끝내고 태평성대를 맞이하게 되었음을 선포하며 위 세계로 올라가시는 길을 열어주신 것입니다.

고맙습니다. 명하 천하대장군님

고맙습니다. 원로 분님들

고맙습니다. 위원회 위원님들..

이하 1004명, 이 외에 오늘이 있기까지 보이는 곳에서 보이지 않는 곳에서 애써주신 모든 분들께 감사드립니다.

새롭게 출발하게 됨을 기쁘게 생각합니다.

아까 그 일은 뭐야? 어마어마한 일인데요. 위 세계에 올라가실 때 생길 수 있는 모든 것들을 혹시라도 하는 마음에서 준비들을 해놓으신 겁니다.

위 세계는 000를 통해 올라가야 하는 세계이기 때문입니다.

이것이 되지 않으면 올라갈 수 없고 또한 부족해서도 올라갈 수도 없습니다. 올라가보시면 알 수 있습니다. 올라가는 길을 적을 수도 없겠네요. 적을 수는 있지만 표현할 수는 없을 겁니다.

올라가시면서 지금과 같이 밝혀 놓으시면 자동화시스템해 놓으시면 더 없이 좋을 겁니다.

난제에 부딪치게 생겼네요, 일단 오늘은 쉬고 내일부터 시작해 보지요.

1004명이 모두 다 따라 올라가시나요? 아닙니다. 저희 셋만 따라 올라가고 다른 분들은 좀 아래 세계가 원만하게 태평성대가 이루어지도록 또 태평성대가 되는데 부족함 없도록 노력하며 애쓸 겁니다.

아~ 예 모두들 다 푸욱 쉬시고 다시 출발하겠습니다.

선사님! 예 왜요?

한 마디 하셔야 합니다. 누구에게 명하 천하대장군님에게 ...

명하 천하대장군님 종을 포함한 모든 아래 세계를 태평성대가 이룩되고 또 태평성대가 한량없이 이루어지는데 부족함이 없도록 노력해 주시길 부탁합니다. 무거운 짐만 지어드리고 가네요. 000이라고 해준 것도 없이...힘이 강하게 느껴지고 힘 있어서 보여서 든든합니다.

명하 천하대장군님이 있어서 이렇게 또 올라갈 수 있음에 고맙고 감사합니다.

000들 건수 잘하십시오. 본인도 노력하겠지만...애 많이 쓰십시오.

고맙습니다. 감사합니다.

2015. 09. 19 17:01

아들딸들아 간곡히 부탁한다.

저는 영란이란 천하대대장입니다.

제가 이렇게 글을 쓰게 하는데 여러 가지 이유들이 있습니다.

선사님과 0000000000000000하시는 분들 제발 바르게 마음과 생각 의식을 가졌으면 좋겠습니다. 그러지 않으시다보니 선사님이 너무 힘들어 보이십시다. 선사님께 에너지를 받으러 오실 경우 마음 자세 및 행동 및 의식을 바르게 8정도에 어긋남이 없었으면 좋겠습니다. 모임에 참석하시는 분들은 자기 자신을 생각해보시면 알 수 있을 겁니다.

좋지 않은 바르지 않은 마음 생각 의식을 가지고 오시면 그것을 모두 다 선사님께서 받아 먹어야하고 받아 마셔야 합니다. 그뿐이 아니라 받아 지녀야 하고 또 정화해서 본래로 되돌려야 합니다. 참서하시는 분들이 조금만 신경써주시면 안 그래도 되는데, 전혀 신경 쓰지 않으시니 이와 같은 일이 반복되어 말씀드리는 겁니다.

전에는 그냥 밑이라 위로 되돌리면 되었는데 이제는 되돌릴 곳이 없습니다. 스스로 가져야하고 지니셔야 합니다. 이점 꼭 명심해 주시면 고맙겠습니다.

한 마디 더 000000하시는 분들 정말로 잘 하셔야 합니다. 아니면 어마어마한 벌을 받습니다.

전과는 또 다릅니다. 전에는 밑이라 위가 있으니 위에 사정도 하고 부탁도 하면 되었지만 지금은 선사님이 모두 다 책임져야 하고 오히려 벌을 내려야 하는 입장이라서 자기 자신에게 관대하면서 남의 일에 철저하게 할 수 없으니. 이는 선사님과 000000하시는 분들이 알아서 잘 해주셔야 합니다. 부탁드리고 부탁드립니다.

또 이야기하실 분 있어요? 예. 저 소유설화입니다.

예전에 소유설화를 사발통에 소유설화 꽃 만들어 꽂아놓으면 좋다고 했는데 이것 이제는 큰 효과가 없게 되었습니다. 그러한 이유는 선사님께서 종을 오르시고 환(換)세계를 조금 올라온 상태라 그렇습니다. 그리고 소유설화가 될 분들은 절대로 하시면 안 됩니다.

소유설화가 되어서 위 세계로 올라오고자 하시는 분들은 소유설화 사발통을 해 놓으시면 공부하기가 어렵습니다. 자기 자신이 하는 것이며 안에서부터 하는 것이 상관없지만 모임에 참석하며 에너지를 받아서 공부를 하시는 분들은 이것 때문에 에너지를 제대로 받을 수가 없습니다. 이런 분들은 구별해서 선사님이 쏴주셔야 하는데 아래서 위로 쏴주어야 합니다.

또 이야기하실 분 있어요. 예 명하입니다.

기회를 놓치지 말기를 바랍니다. 기회를 놓치는 분들을 보면 정말로 어떻게 할 수 없고 자기 마음이 우선이니 어떻게 못하니 어쩔 수 없지만 이번 기회 놓치면 아마도 영영 될지도 모르니 기회 놓치지 말고 반드시 기회잡고 올라 올 수 있기를 바랍니다.

또 있어요, 예 누구신데요. 저 보비명 태초 태신존고귀님입니다.

정말로 명하 천하대장군님의 말씀 새겨들으시기 부탁드립니다.

선사님이 밝힌 것이나 암암리에 전하고자 하는 모든 것들은 천지창조가 이루어지고 태평성대가 이루어지기 위해서는 반드시 수정되어야 할 부분입니다. 잘못된 것으로 인하여 자꾸만 틀어지는 것을 바르게 잡음으로 바르게 해야 태평성대를 이룰 수 있습니다. 선사님 혼자서 이 모든 것들을 감내하며 행하시고 있는데, 이런 것 때문에 오해하고 무엇인가? 잘못된 것이 아닌가 하는 생각을 가지신 분들도 있을 것으로 압니다만 믿어서 나쁠 건 없을 겁니다.

믿고 나중에 육체와의 인연이 다했을 때 그때 비로소 이러한 믿음이 자기 자신으로 어떻게 했는지 보시면 알 것입니다. 인생 길어야 100년, 수천 수억 수억만 년을 살아도 앞으로 이런 기회 없고 몇십년 육체를 위해 산다고 수억 수천억만을 고생하지 말고 지금 잠깐 고생하더라도 위 세계로 올라오셨으면 좋겠습니다. 육체에 끌려서 허덕이지 말고 바르게 바른 마음 바른 생각 바른 행동으로 이번 기회에 꼭 올라오시길 바라겠습니다.

또 하실 분 있어요? 예 저는 보비명 태초 태신고귀님입니다.

한 번의 잘못된 생각이 전부를 망칠 수 있습니다. 전에 제가 그랬는데, 천신만고 끝에 구제되어 이렇게 선사님 밑에서 소임 맡아 일하게 되었습니다.

한 번 잘못된 생각, 한 번의 잘못된 마음 때문에 망설이시는 분들....그것은 별거 아닙니다. 과감히 버릴 줄 알아야 합니다. 아니고서는 바꿀 수 없고 나아갈 수 없습니다.

부디 하 번이 두 번 되지 말고...하루속히 바르게 마음 내고 바르게 생각하여 공부 열심히 해서 올라왔으면 좋겠습니다. 나의 딸 아들들아 부디 그랬으면 좋겠다.

선사님도 근자에 주어지는 일들에 당황해하면서도 행하며 앞으로 나아가고 있으니

아들딸들아 부디 당황해하지 말고 잘 받아들이고 올라왔으면 좋겠다.

불쌍한 아들딸들아

부디 기회를 놓치지 말기를 바랄 뿐이다. 선택은 너희들의 몫이지만 이와 같은 말을 하지 않을 수가 없어서 선사님을 보필하는 우리들의 아들딸들이 있기에 기회를 놓치지 말기를 바라는 마음에서

각자 한 마디씩 한 것이니. 아들딸들아 새겨듣고 이와 같이 한 말들이 헛되지 않게 해주시를 바란다.

또 있어요? 없습니다.

아무래도 암암리에 두는 것이 좋은 것 같습니다.

할 말씀이 있다는 게 이것이었습니까? 예 선사님은 별거 없지만 저희 아들딸들에게는 절실합니다. 알아듣지도 못하니 이렇게라도 아니고서는 방법이 없으니 어떻게 하겠습니까?

그래도 안 되면 어쩔 수 없지만 해보는 데까지는 해봐야지요.

선사님께서도 아무리 어렵고 힘든 상황에서도 최선을 다하는 것을 놓지 않는 것과 같이 우리들이 그런 마음이니 부디 용서하시고 올려주시면 감사하고 고맙겠습니다.

예 그래요. 그래서 좋아질 수 있고 변할 수 있다면 해 드려야지요.

부끄러워 말고 있는 그대로 말해라.

그것이 최선의 방법이다.

꼭 잊지 마라.

말하지 않으면 모른다. 읽으려고 하지 않는다. 당신 일도 바꾸기에 그럴 시간을 내지도 않는다. 그러니 말할 필요가 있으면 꼭 말해라.

현재의식이 모르면 무의식에서 무의식이 모르면 잠재의식에서 잠재의식이 모르면 해탈식에서 해탈식이 모르면 열반식에서, 열반식에서 모르면 완전히 해탈하게 되는 해탈식에서라도 말하라. 그러면 이루어질 것이다. 선사님이 듣기만 하면 될 것이니 선사님께서 듣게 하라.

분명하게 전하라. 이미 안에 다 갖추신 분이다.

그 나머지는 네가 할 따름이지 선사님은 이미 듣고 들으면 해 놓으시는 분이다.

이점 또한 잊지 말기를 바란다.

속에 감춰놓지 말고 두려워말고 말하고 행하라.

서슴없이 말하고 행동하라 그러면 될 것이다.

누가 하시는 말씀? 명하입니다. 왜 전부 다 나의 아들딸들이기 때문입니다. 나에게 잠들기 전에 했던 풀으라고 주었던 문제와도 같은 의미인가?

예. 그렇습니다. 천천히 푸셔도 됩니다.

2015. 09. 21 10:04

자기 자신도 모르게 자기 안에서 창조된 분들의 이야기

또 해야 할 이야기가 있는가? 저희들이 아닙니다.

순번을 기다리고 있었던 분입니다.

몇 번째이지요. 9.649번째입니다. 어떻게 이와 같이 뒤로 밀려났나요? 밀려난 게 아니고 어제 하신 일들 중에서 해결하신 분들이 너무 많아서 이와 같이 순번이 뒤로 밀려나 있었던 것입니다.

그래요. 예.

말씀하세요. 예. 저는 동탁이란 사람입니다.

저는 중국의 죽립성 근처에 살았던 사람입니다. 그런데 그 근처에 못된 분들이 너무 많았고 수행하는 분들도 많았습니다. 저도 수행 열심히 한다고 했고 깨달음도 얻었었습니다. 그런데 깨달음이 전부가 아니라 시작이란 선사님의 말씀을 듣고는 정말로 그러한가? 싶어서 선사님 밑에서 공부하려고 영적존재이지만 이곳(선원)에 왔습니다. 그런데 저보고 가랍니다. 이곳은 와서 공부할 곳이 아니며 인연있는 분들만 와서 위 세계로 올라가도록 설계된 곳이지 인연없는 분들은 공부할 수 없는 곳이라고 해서 이렇게 질문드립니다.

저는 선사님과 인연이 없나요? 이 아래서부터 종의 세계에 이르기까지... 인연 없어요? 예 그래서 지금 선사님께 말씀드리도록 해

드린 겁니다. 그러면 00000 예, 누가? 선사님이...그런 분들이 위로 오면 어떤 문제가 발생하나요? 아닙니다. 그런 분들을 인연자라고 하기에는 그래서...0000000분은 그 분은 인연자입니다. 왜냐하면 육체를 가지고 있기 때문이고 이분은 육체란 몸이 없기 때문입니다. 그렇더라도 인연자라고 봐야하지 않을까요? 그 안에 불어놓었으니. 그것이 인연이 아닌지요? 그렇게 보면 그렇습니다. 그렇게 보면 인연 아닌 분들이 없겠습니다. 인연판에서는 그렇다고 봐야하겠지요. 인연판을 벗어났다면 모를까? 그러겠네요.

이런 분들이 지금 어마어마하게 줄을 대고 있습니다. 선사님의 말씀만 떨어지기를 위 세계 분들은 어떻게 생각하십니까? 그거야 치우가 했으니 치우의 마음이 우선이라고 하십니다.

우리도 누군가에 그렇게 되었고 이 분들 역시도 그러한 것이고 우리들도 어느 이상은 올라갈 수 없는가? 아닙니다. 그러면 이분들도 그래야 하는 것 아니겠는가? 그렇게 보면 당연합니다.

당연하다면 받아들여야하지 않겠어요? 그렇지요. 본인이 그러자면 위 세계에서 그렇게 된다면 말 아닙니까? 예, 그러면 그렇게 합니다.

이들에게도 권리와 의무가 주어져야 하지 않겠는지요? 나중에 그러한 사실을 알면 선사님을 해하려고 할 수도 있습니다. 해하려고 한다면 그것이 본인의 잘못이라면 당연히 받아야 할 것이면 받아야겠지요. 그와 같이 해서 위도 마음대로 가게 하는데, 본인 같으면 더 좋아할 것 같은데 워낙 사람의 마음이 간사한 지라. 조변석개보다 더하니 어쩔지 몰라서요.

그런 걱정 마세요. 때 되면 그때라고 생각하면 되지 않겠어요? 예

잘못하면 다 틀어질 수도 있는 일이라서...그래서 어긋날 거면 어긋나는 것이 맞을 겁니다.

아니면 어긋날 일은 없을 겁니다. 머리가 아픈 것은 그분들이 일종의 대모입니다.

인연자라고 말씀하세요. 인연판 위에 있는 이상은 벗어난 분들은 어쩔 수 없지만 그러면 공부시키기에는 너무 많은 것 같은데,...예

그냥 위로 갈 수 있게 해드리고 위 도량들에게 공부하게 하는 것이 좋을 성싶네요. 그러지요. 예 그렇게 하도록 하겠습니다.

지금 괴롭히는 이분들은 그와 유사하지만 너무 멀어서 인연의 끈이....잡으려고 합니다. 그럼에도 그러다보니...다 올라오도록 하지요. 일체가 하나, 하나 안에 있는데....예...

그러면 자등명인간계부터 위 세계로 올라가도록 해주시면 되겠습니다.

본성의 빛 자등명 세계는 거기까지 하면 위 세계에서 난리가 날 겁니다. 너무 많다고 적어도 자등명인간계까지는 공부해서 올라오게 하고 자등명인간계에서부터 하시는 것이 좋을 성싶습니다. 자! 여러분들의 생각은 어떻습니까? 동탁님은 어떤 생각입니까? 그렇게 되면 올라오지 못하시는 분들이 너무 많습니다. 그렇다고 모두 다 올라오도록 하는 것도 위 세계에서는 받아드리기에 불편한 점들이 많지 않겠습니까? 그렇다면 도량에서 공부하게 허락하여 주십시오, 아래서부터 공부하면 올라갈 수 있게는 허락하여 주십시오, 예 그건 이미 허락했습니다. 그랬군요. 이것만으로 충분합니다.

고맙습니다. 감사합니다.

이건 또 뭐지요. 몸 안에서 요동치는 이것은 그분들 역시도 같은 부류인데 몸 안에서 이와 같이 하고 있는 자기들은 뭐냐고 하고 있습니다. 이분들이 하시는 일들은 몸 안에서 선사님을 보필하시는 분들입니다. 내가 내 안에서 창조한 예 나중에 이 육신 다하고 나면 이분들과 같이 되는 것 아닌가요? 그렇지요. 그런데 그러한 사실을 모르니 그러는 것 같습니다. 잠잠해졌네요. 알았는가봅니다.

등뒤 및 아래쪽은 같은 부류입니다만 조금 지나면 잠잠해 질 것 같습니다.

그래도 한 마디 해야 하겠습니다. 무슨 말씀이신데...저희들을 몸통 안에 있게 하시고 어디로 향하고 있는 것입니까? 위 세계로 올라가려고 합니다. 저희들은 여러분들도 따라 올 수 있는 것 아닌지요. 이미 내 안에 있고 나와 함께 하고 있으니 여러분은 나이고

여러분이며 여러분은 각자의 나이며 또한 나와 한 몸 한 뜻 한 마음 한 생각이 아닌지요? 예

그런데 뭐가 문제인가? 아닙니다. 다르게 보고 계신 것은 아닌가 싶어요. 아닙니다.

또 있나요? 아 예 저기 달려오시는 분이 있습니다.

예 말씀하시지요. 헐래벌떡..숨을 몰아쉬며...

무슨 일이신데요. 아 글쎄 저보고는 일만 하라지 뭡니까? 누가요? 만드신 분이 그렇게 만들어졌으니 그런 거지요. 다른 것을 할 수 없나요? 다른 것도 할 수 있습니다. 그것은 지금 그와 같이 창조되었으니 지금은 창조된 대로 하시면 되지요. 하시면서 꿈과 야망을 가지고 변하려고 노력하면 노력하시는 만큼 변하고 바뀌게 될 것입니다. 그 누구도 대신해 줄 수 없고 오직 자기 자신만이 할 수가 있습니다. 자기 자신의 노력 여하에 따라서 얼마든지 바뀔 수 있으니 노력하고 애쓰라는 말밖에 드릴 말씀이 없습니다. 하고 있는 일을 통해 앞을 보면 바뀔 것이고 하는 일에 만족하며 머물 것이고 하는 일마저 힘들어 하면 뒤로 밀려나게 될 것입니다. 이는 창조되신 분들뿐만 아니라 업을 가지고 있는 모든 분들도 마찬가지입니다. 어마든지 변할 수 있고 바뀔 수 있습니다. 다만 중요한 것은 마음이 어떻고 생각이 어떠냐에 따라서 변할 수도 있고 변하지 않을 수도 있다고 할 수 있겠습니다.

고맙습니다.

가슴을 답답하게 하는 이분은 그럼에도 바뀌지도 않고 변하지도 않은 분이랍니다. 자신은 노력했는데 바뀌지도 변하지도 않았답니다. 변할 기색도 없고 그만큼 업장이 두꺼워서 바뀌기에는 부족하기 때문이지 애쓰고 노력하다보면 언젠가 바뀔 것입니다. 아직 시기가 되지 않았을 뿐입니다. 포기하지 않는 한 언젠가는 이루어지게 되어 있는데 많은 분들이 이룩되기 전에 포기하기 때문에 변하지 못하고 바뀌지 못할 뿐입니다. 실패는 포기했을 때 실패지 포기하지 전에는 성공하기 위한 과정 선상에 있다고 하겠지요.

모든 것은 때와 시기가 있되 하기에 따라서 이 또한 얼마든지 바뀔 수 있다고 하겠습니다.

감사합니다. 2015. 09. 21 10:58

단군의 씨ㅣ조 이야기

오늘의 이야기는 단군의 이야기입니다.
단군할아버지 단군할아버지라니요. 부당합니다. 에이 그래 다들 그렇게 부르고 알고 있잖아요? 미안하고 죄송하고 송구하고 면목이 없습니다.
저는 여러분들이 흔히 조상이라고 생각하시는 단군입니다. 보통 단군할아버지라고 부르지요. 저는 이름이 단군은 맞습니다. 그러나 조상의 씨ㅣ조는 아닙니다.
(여기서 잠깐 여러분들이 시조라고 하는 것은 원래 시조가 아니라 씨ㅣ조입니다. 지금까지 잘못 표기되어 온 것입니다.)
흔이라고 하는 나라를 세우신 씨ㅣ조는 치우천황이십니다. 흔은 지금의 대한민국의 씨ㅣ조입니다. 흔나라를 세우실 때 치우천황님께서 저 위 세계에서 신선시대를 이끈 000의 부탁으로 내려오셔서 이 지구에 모든 세계를 이 지구란 행성에 옮겨놓아서 이 지구에서는 모든 세계를 다 볼 수 있고 모든 세계가 어우러지게 그러면서도 조화롭게 행복한 세계를 만들겠다는 의지와 뜻을 가지고 만든 나라가 흔나라입니다.
흔나라를 시작으로 인류는 전 세계로 퍼져나가기 시작했고 퍼져나가서는 그쪽에 바다 생물들이 수행해서 결계를 풀고 인간의 결계를 갖게 됨으로 인간으로 태어나서 저마다의 나라, 국가의 시발점이 되었습니다. 지구라고 하는 행성에 모든 나라는 지금의 한국을 시발점으로 모든 나라가 하나 둘...씩 생겨난 것입니다.
이는 한단고기 이전에 흔입니다. 많은 분들이 한단고기를 말씀하시며 단군인 저를 씨ㅣ조로 생각하시는데 이는 잘못되었으며 한국의 씨ㅣ조는 한단고기도 아닌 흔입니다. 흔이 한국의 씨ㅣ조이고 지구 전 세계 나라들의 씨ㅣ조입니다.
원시반본이라고 지구에 있는 모든 세계의 나라들은 한국으로 집중되게 되어있습니다. 그것은 문화나 사회적인 구조가 아니라 영적으로 깨어나는 만큼 한국으로 모여들게 되어 있고 또 한국으로 세계의 영적지도자들이 몰려오게 되어 있습니다. 이것은 아직 시작도 되지 않았지만 멀지 않아 서서히 움직이게 될 것입니다. 미국의 세도우가 맞나 모르겠네요, 에너지가 좋다고 그곳에 영적지도자란 분들이 그곳으로 모여들었는데, 그것은 그곳에 복희씨가 잠깐 머물렀을 때 수행한 흔적이 남아서 그런 것이고 그 흔적이 거의 사라지고 있고 그 흔적이 사라지면 그들은 또 새로운 에너지의 흔적을 찾게 되는데 그때 그들은 한국을 주시하고 주시하다가 한국으로 오게 되어 있습니다.
한국에 많은 땅들이 외국 사람들에게 넘어가는 이유 중에 하나도 이런 부분에 속한다고 보셔도 될 것입니다. 앞으로 더 많은 외국인들이 한국으로 몰려올 것이며 한국이 정신적, 영적으로 뛰어난 획기적인 나라가 될 것입니다.
이러한 증상은 이미 시작되었고, 조금 있으면 이러한 현상을 보게 될 것입니다. 여러분이 육체와의 인연을 다하기 전에 보지 않을까 싶습니다만 그것을 두고 봐야 할인 듯싶네요.
이와 같이 원시반본이 시작되는 이 시점에서 단군이 제가 한 마디 하지 않을 수 없어서 이렇게 염치불구하고 다른 분들에 앞서 이야기를 하게 되었습니다. 전 순번에 없는 사람입니다.
그럼에도 본인의 이러한 뜻을 아시고 순번에 대기하고 있는 분들이 양보해 주셔서 이와 같이 이야기할 수 있음에 감사합니다. 고맙습니다.
흔의 씨ㅣ조, 한국의 씨ㅣ조는 치우천황입니다. 이점 분명히 하고 싶어서 말씀드리는 것입니다. 어디에서 이야기를 누군가 하신 것 같은데, 아 치우천황이 하셨군요. 족보를 따지자면 단군 저의 할아버지님 되는 분이십니다.

할아버지 치우천황님을 위에 두시고 어찌 손자인 제가 혼의 한국의 씨ㅣ조라 하겠습니다. 이런 일을 있을 수도 없고 있어서도 안 됩니다.
저는 치우천황의 자식 북희씨의 아들 뻘 되는 사람입니다. 앞으로 한국이란 나라에서 단군할아버지가 한국의 씨ㅣ조라고 하지마시고 치우천황이 한국의 씨ㅣ조라고 하십시오. 그래야 합니다. 그래야 한국이 살고 전체가 한국으로 정신적 영적으로 집중됩니다. 단군이 나라의 씨ㅣ조가 아니면서 씨ㅣ조로 있는 한 한국은 깨어날 수도 없고 지구에 있는 세계들로부터 따돌림 내지는 멸시 받게 됩니다. 그러한 이유는 조상도 몰라보는 못된 것들이라고 각 나라의 신들이 그와 같이 말을 하기에 각 나라의 고위층들은 한국하면 멸시하고 괄시하고 있는 겁니다. 감히 조상의 나라에 대고 그러고 있는 겁니다. 이는 그들이 바르게 되기를 바란다면 한국이 먼저 나서야 합니다. 내가 내 나라의 씨ㅣ조도 모르는데 남에게 씨ㅣ조를 섬기라고 할 수 없는 일이고 또 섬긴다한들 제대로 섬기겠습니까? 지들 족보도 모르면서 가르치려 든다고 할 것이 아니겠습니까?
앞으로는 단군 잊어버리시고 치우천황님을 조상으로 씨ㅣ조로 알고 그렇게 말씀들 전하시면 좋겠습니다. 그것이 한국이 사는 길이고 또 여러분이 사는 길이고 치우천황님이 사는 길이고 그래야만 원시반본이 일어나게 되어서 정신적으로 영적으로 깨어나게 됩니다. 이것이 이루어지지 않고서는 쉽게 정신적으로 영적으로 깨어날 수 없습니다.
일본이 저와 같이 하는 행동에도 이유가 있습니다. 일본은 조상이 없습니다. 조상이라고 하면 백제가 멸망했을 때 멸망한 백제인들이 바다를 헤매다가 찾아 안주하고 살아가면서 생겨난 나라가 일본입니다. 이러한 이유 때문에 일본의 조상격인 백제인들이 지금 호심탐탐 한국을 노리고 있는 겁니다. 어떻게 해서든지 본국으로 돌아오려고 하는 무의식 속에 있기 때문에 한국이라고 하면 무의식속에서 들고 일어나는 겁니다. 저러는 저들의 무의식 속에 있는 것들이 가라앉으려면 한국의 씨ㅣ조가 치우천황이었고 그 자손들이 백제인이고 백제인이 건너가 세운 나라가 일본이란 사실을 분명하게 알아야 한국을 어떻게 해서든지 이기고 누르려고 하는 저런 습성이 없어지게 됩니다.
중국 역시도 대륙이지만 중국의 씨ㅣ조는 복희씨입니다. 복희씨가 누구입니까? 치우천황의 1번째 아들입니다. 치우천황이 씨ㅣ조로 있는 한 중국도 한국에 굽힐 수밖에 없는데, 단군을 씨ㅣ조라고 하니 단군보다 위에 계신 복희씨다 당연히 위에 있으려고 하지요. 그러면서 공대 받으려고 하고 깎듯이 대접받기를 바라고 있는 겁니다. 옛날 보십시오, 얼마나 갔다 받쳤습니까? 그러한 이유가 보이지 않은 세계 속에서 이루어지다 보니 그와 같이 된 것입니다.
사실 치우천황님이 나서면 별 문제 없는데 이분이 워낙 전이나 지금이나 바빠서 이런 일에 신경을 전혀 쓰지 않습니다. 그래서 염치불구하고 이와 같이 이야기하는 것이니 앞으로는 한국의 씨ㅣ조는 단군이 아니라 치우천황이란 점 반드시 전하고 전해져서 한국이 바로서고 지구의 각 나라들이 나로 서고 그래서 영적으로 정신적으로 한국이 깨어나면서 전 세계가 깨어나도록 했으면 좋겠습니다.
운영자 분들, 특별회원님들...복 받으신 분들입니다. 선사님과 함께 공부하시는 분들 ...있을 수도 없는 일이 벌어지고 있는 것입니다. 어떻게 감히 함께 그것도 한 밥을 먹으면서 공부할 수 있고 에너지 받을 수 있다니 부럽기만 할 따름입니다.
더 말하면 혼날 것 같아서 이만 하겠습니다.
꼭 오늘부터 한국의 씨ㅣ조는 치우천황입니다.
잊지 마시고 전하고 또 전하고 전하도록 하세요. 부탁합니다.
2015. 09. 22 08:15

000님이 어디서 스크램해서 올린 글을 보는 순간 읽다가 들려오는 소리를 적었다가 이게 무슨 일인가? 싶어서 스스로 다스리자는 생각을 하고 옮겨놓은 글을 지웠는데...그것으로 끝난지 알았는데...다른 것을 하려고 하니 무엇보다 이것이 먼저라며 써야한다고 해서 글을 쓰기 시작하고 이글을 위에 적고 아래 글은 쓴 글입니다. 제목도 생각나지 않는...잠깐 읽다가 머리가 아프다면 이런 신성한 곳이라는 말에...약간은 스스로 당황스러워 지웠고...그러고 나서 다른 일을 하려고 하는데...다른 일보다 이게 더 급하다고 해서 아래와 같이 쓰게 되었네요.

일본인이 주장하고 해석한 것으로 이것은 일본의 야끼00키라는 사람이 주장한 터무니없는 말로 이런 말에 현혹되지 말아야합니다. 이런 어처구니없는 말로 사람을 현혹해서 역사를 왜곡하고 그러면서 일본의 위상을 높게 하기 위한 방법의 수완으로 사용해온 것을 죽어서는 또다시 한국에 태어나서는 한국을 비하하며 일본을 위상을 높이고자 하는 이면이 숨어 있는 해석이고 그 해석에 자기 잔재주를 어필해 놓은 것입니다.
이 분은 지금 지옥에서 이것 때문에 살려달라고 애걸복걸 하지만 저렇게 엉터리로 해서 지구를 흔들어 놓는 극악무도한 죄인입니다. 잘못했습니다.
저렇게 잘못해 놓고 그래서 지구의 평화를 깨버리는 이런 짓을 해놓고도 살려달라고 그 죄는 억천만급을 지옥에 있어도 부족함이 없느니 네 제대로 할 수 없고 할 재간도 없는 네가 무엇을 죄를 용서해달라는 말인가? 순진한 사람까지 흔들어서 옮겨 놓게 해고 그것이 불경스럽게 어디다가 옮겨 놓게 해 이 못된 사람 같으니라고. 어딘지 모르고 한 죄가 아닌지 않는가? 어디라고 그런 못된 짓을 해, 죽어서도 지옥에서도 의념을 보내서 그런 못된 짓을 하고서 네가 지옥에서 나오기를 기다리느냐? 그 정도로 지구를 파괴하고 지구에 많은 부분을 잘못되게 했으면 참회하고 회개하고서는 지구에 평화가 오기를 빌어야지 태평성대를 이룩하는 이 마당에 칼을 꽂아, 네가 그러고도 살기를 원해. 모르고 했어. 잘못했다고 모르고 했다고 어딘지 몰랐다고. 이런 괘씸한 사람 같으니라고 약은 수에 넘어갈 분들이 있는 것 같으냐?
잘못했습니다. 아니다 너는 이 죄로 인하여 천만년 아니 그 이상 그곳에서 참회하라.
그리고 잘못된 그것들을 모두 다 풀어놓지 않는 한 너는 그곳으로부터 영영 나올 수 없을 것이다. 어디에다가 장난을 치려고 해. 감히...잘못했습니다. 용서해주십시오.

어림없는 소리 그렇게 해 놓은 것만으로도 죄 받을 일을 해놓고 이곳에 까지 옮겨놓게 해 이런 못된 그렇게 쉽게 보였어? 그분이 그분이야 별거 없으니 그런 것이지. 그분의 생각이 읽히기에 어딘지 모르고 그랬습니다. 옮겨서 파괴하고 싶은 마음에, 그런 네 잘못이 크다. 뉘우침이 없으니 저의 잘못된 말로 인하여 해석으로 인하여 많은 사람을 현혹하게 했고 그것으로 인하여 파괴를 많이 했으니 그 벌을 달게 받아라.
그리고 제가 저지른 일 네가 다 거두어라 그것들을 다 거두기 전에는 지옥에서 나올 생각하지 말아라. 태평성대를 파괴하려고 하는 자 용서하지 않을 것이며 전에 했던 이들이 참회하고 용서를 빌 때 바르게 세우는데 동참하게 하지만 너 같은 이런 못된 짓을 하는 이들은 그 누가 되었던 용서할 수가 없다.
네가 저지른 죄이니 모두 다 거두고 없어질 때까지 지옥에 있거라.
나약한 인간의 얄팍한 지식을 읽고는 이용해서 잔꾀를 부리면서 지옥으로 모으려고 하는 너 같은 족속은 영영 지옥에서 나오지 못하게 할 것이다.
그리고 지구의 평화를 파괴하는 자들도 마찬가지로 대할 것인즉 앞으로 너와 같은 이들이 없기를 바란다. 너와 같은 생각을 가진 자들에게 전하라. 2015. 09. 22 17:14

다음은 복희씨 이야기

복희씨는 2입니다. 하나는 창조자 치우천황님 때의 아들, 단군의 딸, 이름이 똑같은 복희씨가 둘 있습니다. 그러고 보니 치우천황님도 총 5분이 있습니다. 흔을 창조하고 지금의 지구를 있게 한 치우천황, 단군 자식의 치우천황, 그리고 중국에 단군 이후의 치우천황 일본에 백제가 옮겨가서 나라를 세우고 치우천황이라고 이름하신 분과 또 이후에 일본에 치우천황 이렇게 5분이 있습니다. 이것뿐만 아니라 황0이도 총 4분이 있습니다. 전에 세종 때의 황0이, 중종 때의 황0이. 또 그 이전에 황0이, 그 이전에 황0이 이와 같이 똑같은 이름들이 여럿 있습니다. 이름을 쓰다보니 같은 이름이 시대는 다르지만 같은 이름을 써서 이름만 말하다보니 아는 시대 분과 다를 수 있다는 점 감안하시기 바랍니다.
여기서 말하려고 하는 복희씨는 단군 자식이 아닌 치우천황의 자식을 말합니다.
나 복희씨는 치우천황의 1번째 아들로 지금의 한국에서 중국으로 건너가 중국의 씨ㅣ조가 된 사람입니다. 난 한국이 아버지의 나라인지 압니다. 그러나 한국에서 아버지를 부인하고 자식뻘 되는 단군을 씨ㅣ조라고 하니 나를 비롯한 내 주변에 신들이 한국을 업신여기고 그러면서 조공을 받치게 했습니다. 지금도 그런 부분 많습니다. 그럼에도 나라를 바르게 세우고자 하는 사람이 없었습니다. 그렇게 구박하고 별짓을 다하는데도 이걸 바르게 하는 것에 관심 있는 분이 하나도 없었습니다. 무엇이 잘못된 지도 모르고 그냥 순응하려고 했고 살아남으려고만 했지 누구하나 바르게 세우고자 하는 이들이 없었습니다. 당파싸움에 자기 밥그릇 싸움에만 혈안이 되었지 역사 역사하면서도 돈과 금전이 먼저였기에 많은 역사학자들이 일본과 중국으로부터 뒷구멍으로 받아쳐 먹고는 자꾸만 왜곡해 왔습니다. 그러다보니 진실된 역사학자들은 바르게 세우려고 해도 힘이 없어서 세울 수가 없었고, 그러다보니 아버지 나라를 욕되게 했습니다. 그래도 싸다 싶었습니다. 아버지를 욕되게 하는 것은 나를 욕되게 하는 것과 같았고 아버지를 없는 사람으로 취급하며 단군을 내세워서는 말하는 꼴을 보니 열통이 터졌습니다.
그래서 참 많이 괴롭혔습니다. 어떻게 보면 속 좁아서 그랬지만 입장들 바꿔서 생각들 해보세요. 자기 아버지가 없다고 하면 그 자식은 뭔가 됩니까? 아비 없는 자식, 거기다가 어머님에 대해서는 말도 없습니다. 부모 없는 자식이 됐습니다. 있는데도 없앴습니다. 누가 없애요. 자기 조상을 후손들 손으로 없앴습니다. 금전에 부귀영화에 눈이 멀어서 그렇게 만들었습니다. 그리고 떵떵거리며 이것저것 우지좌지 하며 휘둘렀습니다. 오히려 바르게 세우려고 하는 분들을 힘들게 하고 또는 죽이는 살인까지 이러한 사실을 아는 저는 그냥 있을 수가 없어서 모국이면서 모국을 없애고 싶었습니다. 지금의 역사 바뀌기도 이러한 저의 힘이 작용하고 있습니다.
오늘 선사님께서 원시반본을 말씀하시며 아버님 이야기와 어머님 이름도 전해지지 않는 분의 이름을 직접 무의식을 통해 어디 있는지 찾아 나서서 찾아서는 이름까지 찾아주셨습니다.
명철(머리가 명석하고 똑똑하고 현명하며 철두철미하다는 뜻의 이름)이란 이름을 찾아주셨고 또 그분이 대답하셨습니다. 오래 전에 내 이름을 아는 분이 없는데 누구냐고?...오늘로써 저는 저희 아버님과 어머님을 제대로 알게 되었고 아버님이 치우천황인지는 알았지만 명철이란 분이 어머니인지는 몰랐었는데 찾아주셔서 고맙고 감사합니다.
아버님이 바로서고 어머님이 바로 선다면 어떻게 부모님 나라를 나쁘게 잘못되게 하겠습니까? 부디 씨ㅣ조를 잊지 말고 살리셔서 나라가 바로 서고 지구에 인류에 원시반본이 이루어지도록 해주시면 고맙겠습니다.
그래서 지구에 평화 가득 태평성대가 이루어졌으면 좋겠습니다.
2015. 09. 22 17:44

씨ㅣ조 할머니 천황 명철

나 명철입니다.
치우천황 부인입니다. 이것은 무의식이 말하는 겁니다. 저는 현재 살아 있는 사람이기 때문에 무의식이 아니고서는 말할 수 없습니다. 저도 명철이란 이름을 깨워서 지금 현재의식에서 약간을 혼란을 겪고 있습니다. 정말 내가 명철이었는가?
그래서 지구 상에 명철이란 분이 몇 명이나 있었는지 찾아보니 어마어마하더군요.
제가 치우천황과 살 때만해도 4명이 있는 것 같습니다. 그렇게 살펴지니 단순히 명철이라고 하면 안 될 것 같은 생각이 들었습니다. 명철이란 다른 분들과 치우천황의 부인의 명철과 혼란을 방지

하기 위해 그 당시에 명철이라고 부르기는 치우천황 한 분이었고 그외 분들은 저를 천황 명철이라고 불렀습니다. 천황의 부인이란 뜻으로 천황 명철이라고 부르고 치우천황은 그냥 치우천황이라고 불렀습니다. 혹여 한국의 씨ㅣ조 할아버지 할 때 앞으로는 치우천황이라 하시면 되고 씨ㅣ조 할머니 할 때는 천황 명철이라고 하면 틀리지 않을 것으로 압니다. 그냥 조용히 살고 싶은데. 이것 잘못하면 시끄러워지는 것 아닌지 모르겠습니다.
시끄러운 것 싫어합니다. 그냥 조용하게 살고 싶습니다.
그냥 그러한지만 알았으면 좋겠습니다.
어떻게 치우천황의 부인이 되었는가 하면 저는 저 위 세계 종 위 세계에서 내려온 사람입니다. 치우천황 역시도 위 세계에서 내려왔지만 저와 치우천황과는 위 세계에서의 부부입니다. 치우천황이 내려올 때 위 세계와 아래 세계 2분으로 분열하여 내려온 것과 같이 저도 위 세계에서 2로 분열하여 내려와서 산 것에 지나지 않습니다.
주변 분들이라고 하니 우리 외에 어떤 분들이 있는가? 사람이 있었던 것 아닌가? 하시는 분들이 있을 수 있겠지만 우리가 내려올 때는 사람이 없었고 신선만 있었습니다.
주변에는 신선만 있었지 사람은 없었습니다.
우리가 최초 사람으로 내려와서 바다 인류와 육지 인류를 만들고 있게 한 부부입니다.
나중에 선사님께서 위 세계에 올라가면 그 세계에서 또 이야기할 기회가 올지도 모르겠네요.
사실 전 10명으로 분열하여 살고 있습니다. 위 세계 및 중간 세계 그리고 지구에 이렇게 살고 있습니다. 다는 모르지만 선사님은 어느 정도는 알고 있는 것으로 알고 있습니다. 다만 말을 하지 않을 뿐, 혹시라도 할아버지에 대해서 할머니가 궁금할 것 같아서 이렇게 나와서 이야기하는 것입니다.
저는 조용하게 사는 것을 좋아하는 사람입니다. 조용하게 살 수 있게 해주시길 부탁드립니다.
2015. 09. 22 18:00 치우천황 부인 천황 명철

천황 명철님에 대한 이야기

천황 명철님의 경우 어머 어마한 공력을 가지고 있으시면서도 전혀 드러내지 않고 숨어 사시는 분입니다. 이미 선사님께서는 아시지만 말하지 않고 있고 이 분 또한 조용하게 살기를 원하시는 분입니다.

천황 명철님을 말할 것 같으면 지금 선사님께서 올라가려고 하는 세계의 맨 위 분으로써 일찍이 선사님께서 그곳에 계실 때 함께 했던 분입니다. 이 분이 그곳에 계실 때는 그곳의 통치를 선사님 대신해서 하셨고 또한 분열하여 지구에 내려오셨을 때 역시도 지구 창조에 많은 부분을 하였습니다. 그럼에도 자기 자신의 존재를 알려지기를 싫어하셔서 지금까지 이름이 거론된 적이 없었습니다.

앞으로도 거론되지 않기를 바라시고 계십니다.

그럼에도 우리들은 이분을 잊어서는 안 될 것입니다.

할 말도 이야기도 많았는데. 하지 말라 하셔서 짧게 이야기로 끝내네요. 2015. 09. 22. 19:51 - 소유설화-

수륙제(水陸齊)란

수륙제(水陸齊)란, 지구에 내려와 살면서 인연 맺었던 모든 분들, 육지 인류이든 바다인류이든 모든 인류에 인연 매졌던 분들 중에 천도되지 못한 모든 인연되는 분들을 천도하는 제이다.

지구에 인류가 생긴 이래 자기 자신이 지구로 내려온 이후에 인연 있는 모든 영적존재들을 천도하는 의식이다.

단순히 천도제는 이생에서의 인연 또는 아는 범위 내에서의 천도라면 수륙제는 알고 모르고를 떠나서 지구에 첫 발을 디딘 이후에 맺어진 모든 인연들의 천도되지 못하거나 또는 조금 밖에 영적 세계에 이른 분들을 위 세계로 올라가도록 하는 제이다.

이는 사람의 법력이나 공력으로 볼 수 있는 한도가 있어서 이를 사람이 할 경우 아무리 수행이 많이 되었다할지라도 다 할 수가 없으며 이는 반드시 종의 세계에서 결계로 내려온 달개비 풀과 용이 승천하지 못하고 왕관을 쓴 명룡관(明龍冠) 풀과, 우슬(쇠무릎)을 비율을 맞추어 하나를 만들고 또 천도되어 가시는 분들이 맑고 깨끗한 물이 목욕하게 갈 수 있도록 하는 명류수(明流水)풀과 여와(如瓦:한련초)의 비율을 맞춰서 하나로 만든다. 그런 다음에 달개비, 명룡관, 우슬로 하나를 만든 것을 먼저 들이고 그런 다음에 명류수풀과 여와의 비율을 맞춘 하나를 들임으로 수륙제가 시작된다.
이때 수륙제를 진행하는 사람은 옷을 하나도 걸치지 않을수록 쉽게 되고 또 빨리 간다. 이러한 이유는 몸이 이루어진 뜻과 의미 때문이고 또 위 세계로 올라가기 위해서는 법력이나 공력이 높은 분의 몸을 만지고 가려고 하는 행위들이 수륙제를 진행하는 과정에 있기 때문이다.
이러한 풀들이 효과가 있는 것은 달개비는 최고 위 세계에서 결계에 걸려서 내려왔기 때문이고 명룡관(明龍冠)풀은 승천하지 못한 용이 왕관을 쓰고 있는데, 우슬이란 위 세계의 언어로 승천이란 뜻을 지니고 있어서 달개비, 명룡관풀, 우슬을 조합했을 때 수륙제를 통하여 천도되어 가시는 분들이 용이 승천하는 등을 타고 맨 위 세계로 올라가도록 하는 것이며 이것을 먼저 들이는 것은 준비되지 않으면 올라갈 수 없으니 명류수풀에 여와가 있는 풀이 늦게 들어오는 것이다. 이것이 먼저 들어올 경우 이마 맑아졌는데 어떻게 가야하지 모르면 자칫 이 재를 주관하는 분들 중에 누군가에 갈 수 있기 때문에 늦게 들이는 것이다.
준비해 놓고 목욕시켜서 보내는 것이라고 보면 된다.
명류수풀과 여와를 한데 합하는 것은 명류수에 모든 것을 씻고 여와 즉 여여한 집을 지으라는 뜻 명류수에 모든 죄업 씻고 여여하게 되어 승천하는 용을 타고 맨 위 종의 세계로 올라가도록 하는 제가 수륙제이다 이는 수행하여 인간의 몸을 갈 수 있는 최고 위 세계다. 그런 만큼 인간이 수륙제를 한다는 자체가 어불성설이고 수륙제를 법력이나 공력이 높다고 했을 경우 다보내지 못한 분들은 자기 자신이 세세생생 책임을 져야 한다.
2015. 09. 22 18:44

여러 명을 한꺼번에 수륙제를 지낼 때는 놓은 것을 바라보는 쪽에서 보았을 때, 우측부터 1, 명류수(뿌리 없이)에 여와(뿌리 있어야 하고), 2, 달개비(뿌리 있어야 하고), 명룡관조금(뿌리 있어야 하고), 우슬(뿌리 있어야 하고), 3, 달개비(뿌리 있어야 하고) 좀 많이, 4, 명룡관(뿌리 위 15cm애서 자른 것 위풀) 4개 5, 우슬(뿌리 있어야 하고) 이와 같이 놓고 수륙제를 지내면 적어도 10명 안팎은 수륙제를 지낼 수 있다

더 많은 100명 이상은 이런 것들이 골고루 갖추어진 들이나 산에서 해야 하는데 아직까지는 이와 같이 갖추어진 곳이 지구상엔 없다.
2015. 09. 23 08:47

드디어 환(換)의 세계를 공식적으로 오르다.

오늘 드디어 환(換)의 세계를 밝혀 드러내기 시작했고 밝혀 드러내고 필요한 수육제를 행하고 이제는 영산제만 남았다. 영산제는 더 준비가 되어야 한다.

이와 같이 수육제를 하고 영산제를 해야 하는 것은 자기 자신과 인연된 모든 분들을 위로 올려 보내지 않고서는 올라갈 수 없기 때문에 올라가기에 앞서 제를 지내는 것이다.

선사님께서는 여러 이름과 여러 선물을 받으셨지만 모두 다 행하는 분들에게 되돌려주었고 행하는 모든 분들이 좋아지시기를 바라는 마음 하나만으로 모두를 다 주셨다.

맨 처음에는 황제, 천황이란 칭호를 주시며 선택하라 했지만 이것도 주고, 나까지도 주어서는 더 이상 아무 것도 없는 무란 이름을

받고 많은 것들을 받기도 했지만 그것 역시도 모두 다 다음 분에게 다 주었다. 그리고 호탕하다해서 호탕을 받았으나 그것 역시도 다 주고, 호탕도 주었다하여 이제는 너털 더 이상 놓을 것이 없다는 뜻으로 너털이라 이름하여 주셨으나 그 또한 주니. 이제는 터널이나 호탕까지도 다 놓았다는 무호탕을 주어서 받고는 또 주니 이제는 호탕지옥이라고 지어주셨다. 위 세계에서 보면 모든 세계가 지옥인지라 지옥을 호탕하게 모두 다 건져 올리라고 주었으나 이마저도 의식을 가지고 식이 가는 일이라 하여 호탕지옥을 건너 올리도록 하는 것도 다 주었다. 그리고 마지막으로 받은 것이 칠통이다. 단 지금까지는 칠통이라고 한문을 넣었는데 앞으로는 한문을 넣지 않고 그냥 칠통이라고 하라는 칭호를 받았다.

근영무상시는 뿌리를 다 밝히는 것으로 이미 종에 올라옴으로 뿌리는 다 밝힌 것이 되고 앞으로는 몸이란 칠통으로만 올라가야 하는데 여기에 한문을 쓰면 칠통이 갖고 있는 많은 뜻을 담을 수 없는 관계로 칠통이 갖고 있는 모든 뜻을 다 지니고 올라오라고 칠통이란 명호를 주어서 받았다.

앞으로는 본인이라고 하지 말고 나라고 하지 말며 반드시 호칭할 때는 칠통이라고 호칭하라고 하시며 주셨다. 당분간 익숙해지기 전까지는 혼돈해서 쓰겠지만 칠통이라고 말하고 칠통이라고 부르면 되지 않을까 싶습니다. 앞으로는 선사님이란 칭호도 선생님이란 칭호도 맞지 않고 오직 칠통이라고만 불러야 하는 것 같습니다. 님자도 부르지 말고, 오직 칠통이라고 불러야 하는 것 같습니다.

이것으로 되었는가요? 예 뭔가 모르게 텅 비어지며 허전함까지 일어납니다.

그것이 칠통입니다. 칠통이기 때문에 그렇습니다.

이제 칠통이 발현한 것이라고 보시면 되겠습니다.

칠통이란 명호만 불러도 어마어마하지 않을까 싶은데 모르겠네요.

이것은 스스로 행해보고 알 일이기에...또 사람들의 마음이 하루에도 수백 수천번씩 변하는지라 일어나기 전에는 모르는 일이고 행하기 전에 모르는 일이고 믿었다가 믿지 못하고 너무 많은 변화들을 일으키고 있으니 말조심, 입조심 해야 합니다.

아니면 한 말로 인하여 벌 받고 죄 받고 과보를 받게 생겼습니다.

그래서 앞으로는 조심조심해야 할 것 같습니다. 2015. 09. 23 09:17

릭네임을 수정하는 가운데서 근영무상시가 걸렸다. 그래서 위 세계와 대하를 해보니 칠통이란 이름을 주어서 칠통이 이름이기는 하지만 그것만으로 부족했던 것이 허전함 내지는 공허함을 느끼게 된 것이었고 바로 위 세계에 맞는 칠통이란 이름을 가지고 위 세계를 또다시 뿌리 채 뽑아 버릴 기세로 올라와야 하니 이는 우리들이 내릴 것이 위 세계로 올라오고자 하는 너의 마음가짐에 있는 만큼 근영무상시라고 하면 좋다고 했다.

이러한 관계로 앞으로 수행하는 분들이 부를 때는 칠통 근영무상시라고 부르면 될 것 같고 그 외에는 지금과 같이 부르며 쓰면 되지 않을까 싶다.

칠통이라고 부르되 위 세계에서 말하는 칠통을 밝혀 드러내는데 끝없이 뿌리 채 드러낸다는 뜻으로 칠통 근영무상시라고 부르면 된다고 합니다. 2015. 09. 23 09:50

2 번째 종을 오르기 시작한 환(換) 세계

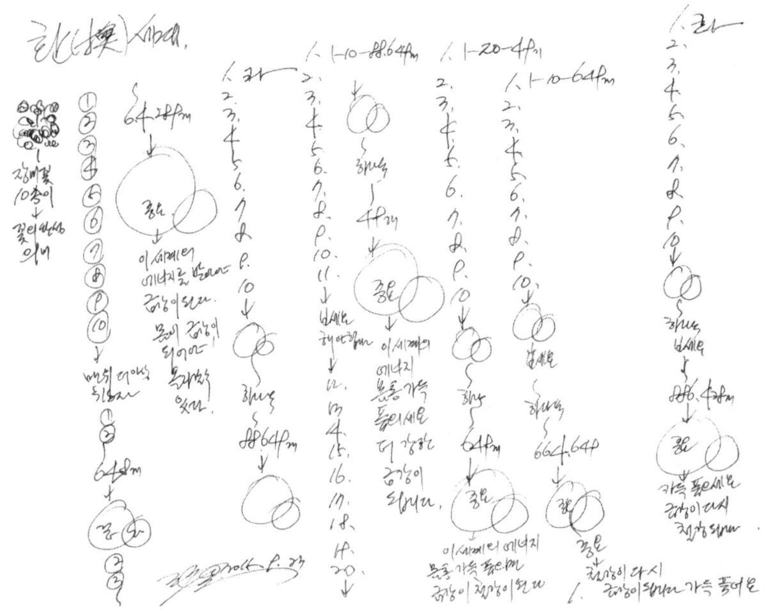

몸에서 장미꽃 10송이를 피우고 올라가다. 꽃은 완성의 의미를 뜻한다.

1, 세계
2, 세계
3 세계 4, 5, 6, 7, 8, 9,
10 세계
→ 맨 위 더 이상 위없는 세계
1(하나)
2(하나)
3(하나)
…

하나씩

...

648개 (하나)

이 세계의 끝 마지막 하나
2(하나)

3(하나)

...

하나씩

...

64.289개 (하나)

마지막 하나 (중요) 이 세계의 에너지를 받아야 금강이 된다. 몸이 금강이 되어야 올라갈 수 있다.

세계 1

1, (큰 1번째 –) 세계를 흡하니 흡이 되었다.
2, 세계
...생략...

88.649개 (하나)

마지막 하나

1, (1 – 10세계 이 세계의 끝 마지막 하나– 하나씩 –88.649개 – 하나) 세계를 밝혀 드러내고 빠져나와

2, 세계를 흡하니 흡이 되었다.
3 세계 4, 5, 6, 7, 8, 9, 10, 11,→ 보세요. 해야 합니다.→ **12, 13, 14, 15, 16, 17, 18, 19,**
20 세계

이 세계의 끝 마지막 하나
2(**하나**)

...생략...

49(**하나**)

마지막 하나 (중요) 이 세계의 에너지 몸통 가득 품으세요. 더 강한 금강이 됩니다.

1, (1 - 20세계 이 세계의 끝 마지막 하나- 하나씩 -49개 - 하나) 세계를 밝혀 드러내고 빠져나와
2, **세계**를 흡하니 흡이 되었다.
...생략...

649(**하나**)

마지막 하나 (중요) 이 세계의 에너지 몸통 가득 품으면 금강이 철강이 된다.

1, (1 - 10세계 이 세계의 끝 마지막 하나- 하나씩 -649개 - 하나) 세계를 밝혀 드러내고 빠져나와
2, **세계**를 흡하니 흡이 되었다.
...생략...

664.649(**하나**)

마지막 하나 (중요) 철강이 다시 금강이 됩니다. 가득 품어요.

세계 2

1, (큰 1번째 -) 세계를 흡하니 흡이 되었다.
2, **세계**
...생략...

886.428개 (하나)

마지막 하나 (중요) 가득 품으세요. 금강이 다시 철강이 됩니다.

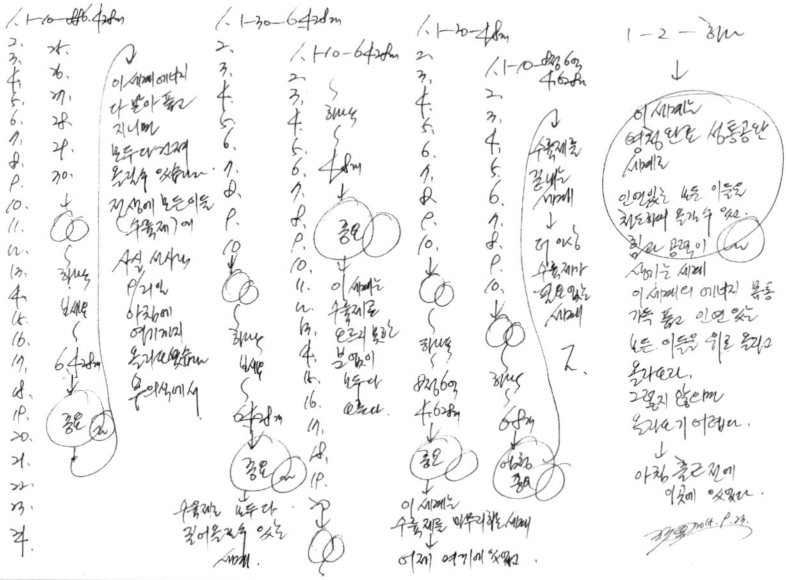

1, (1 - 10세계 이 세계의 끝 마지막 하나- 하나씩 -886.428개 - 하나) 세계를 밝혀 드러내고 빠져나와

2, **세계**를 흡하니 흡이 되었다.

...생략...

6.428(하나)

마지막 하나 (중요) 이 세계 에너지 다 받아 품고 지니면 모두 다 건져 올릴 수 있습니다. 전생에 모든 이들(수륙제)에서, 사실 선사님 9월21일 아침에 무의식에서 여기까지 올라오셨습니다.

1, (1 - 30세계 이 세계의 끝 마지막 하나- 하나씩 -49개 - 하나) 세계를 밝혀 드러내고 빠져나와

2, **세계**를 흡하니 흡이 되었다.

...생략...

48(하나)

마지막 하나 (중요) 이 세계는 수륙제로 오르지 못한 분 없이 모두 다 오르게 하는 세계

1, (1 - 20세계 이 세계의 끝 마지막 하나- 하나씩 -48개 - 하나) 세계를 밝혀 드러내고 빠져나와
2, **세계**를 흡하니 흡이 되었다.
...생략...

8정 6억 4.628(하나)

마지막 하나 (중요) 이 세계는 수륙제를 마무리 하는 세계, 어제(9월22일) 있었습니다.

1, (1 - 10세계 이 세계의 끝 마지막 하나- 하나씩 -8정 6억 4.628개 - 하나) 세계를 밝혀 드러내고 빠져나와
2, **세계**를 흡하니 흡이 되었다.
...생략...

68(하나)

마지막 하나 (엄청 중요) 수륙제를 끝내는 세계, 더 이상 수륙제가 필요 없는 세계

1 - 2 - 하나
이 세계는 **영청완료 성통공완 세계**로 인연 있는 모든 이들을 천도하여 올릴 수 있고 힘과 공력이 생기는 세계. 이 세계의 에너지 몸통 가득 품고 인연 있는 모든 이들을 위로 올리고 올라와라. 그렇지 않으면 올라오기 어렵다. 아침 출근하기 전에 이곳에 있었다.

세계 1

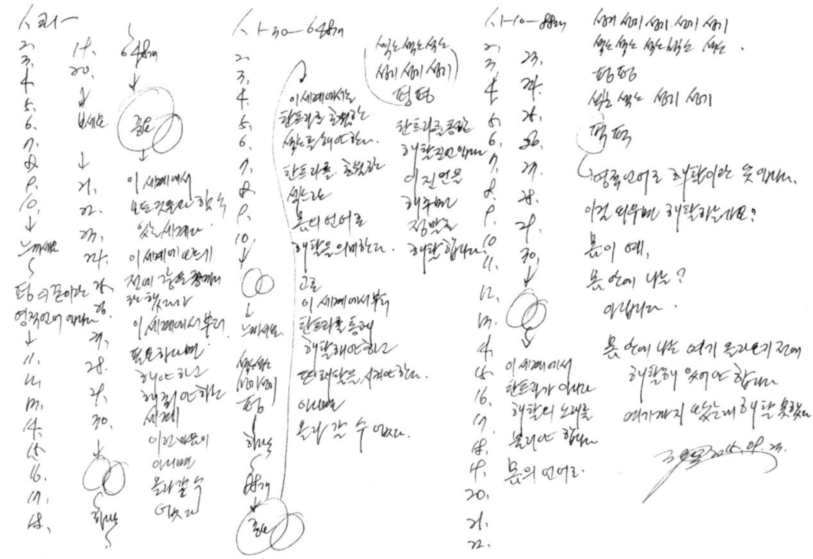

1, (큰 1번째 –) 세계를 흡하니 흡이 되었다.

2, 세계

3 세계 4, 5, 6, 7, 8, 9, 10 → 느끼세요 ~ 펑→ 끝이란 영적언어입니다. → **11, 12, 13,,,,19, 20** →보세요 → **21, 22, 23,... 28, 29**

30 세계

이 세계의 끝 마지막 하나

2(하나)

...생략...

648개 **(하나)**

마지막 하나 (중요) 이 세계에서 모든 것들과 할 수 있는 세계다. 이 세계에 오르기 전에 같은 종끼리 탄트라 했다가 이 세계에서부터는 필요하다면 해야 하고 해 줘야 하는 세계. 이런 마음이 아니면 올라갈 수 없다.

1, (1 - 30세계 이 세계의 끝 마지막 하나- 하나씩 -648개 - 하나) 세계를 밝혀 드러내고 빠져나와
2, **세계**를 흡하니 흡이 되었다.
3 세계 4, 5, 6, 7, 8, 9,
10 세계
이 세계의 끝 마지막 하나
→ 느끼세요.
섹스섹스 성기성기 펑~
2(하나)

...생략...

88(하나)

마지막 하나 (중요) 이 세계에서는 탄트라를 초월한 섹스를 해야 한다. 탄트라를 초월한 섹스란 몸의 언어로 해탈을 의미한다. 고로 이 세계에서부터 탄트라를 통해 해탈해야 하고 또 해탈을 시켜야 한다. 아니면 올라갈 수 없다.

섹스 섹스 섹스
성기 성기 성기
펑 펑

탄트라를 통한 해탈진언입니다.
이 진언을 해주면 정말로 해탈합니다.

1, (1 - 10세계 이 세계의 끝 마지막 하나- 하나씩 -88개 - 하나) 세계를 밝혀 드러내고 빠져나와
2, **세계**를 흡하니 흡이 되었다.
3 세계 4, 5, 6, 7, 8, 9, 10, 11,... 27, 28, 29,
30 세계
이 세계의 끝 마지막 하나
이 세계에서 탄트라가 아니라 해탈의 노래를 불러야 한다. 몸의

언어로

성기 성기 성기 성기 성기
섹스 섹스 섹스 섹스 섹스
펑 펑
섹스 섹스 성기 성기
퍽 퍽

퍽은 영적언어로 해탈이란 뜻입니다. 이걸 외우면 해탈하는가요? 몸이 예. 몸 안에 나는? 아닙니다. 몸 안에 나는 여기 올라오기 전에 해탈해 있어야 합니다. 여기까지 왔는데 해탈 못했다. 그러면 올라올 수 없지요. 선사님이 밝힌 것을 다라 올라올 경우 마음자세, 생각, 진리와 법, 법규, 8정도에 어긋남이 없어야 합니다. 여기서 8정도는 법과 진리적 차원에서 말하는 겁니다. 인간 세상이나 그 외의 세상에서의 8정도가 아니라 법과 진리. 법규에서의 8정도입니다.

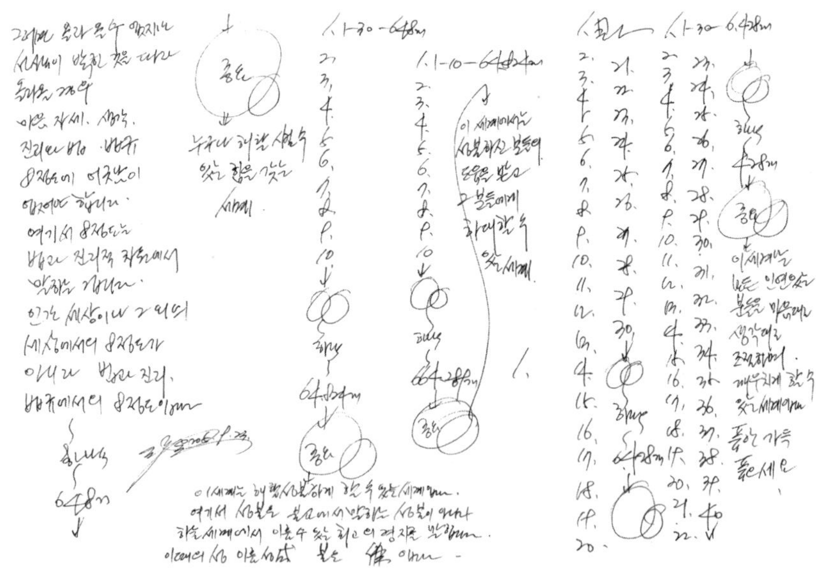

2(하나)
...생략...

648(하나)

마지막 하나 (중요) 누구나 해탈시킬 수 있는 힘을 갖는 세계

1, (1 - 30세계 이 세계의 끝 마지막 하나- 하나씩 -648개 - 하나) 세계를 밝혀 드러내고 빠져나와
2, **세계**를 흡하니 흡이 되었다.
...생략...

64.824(하나)

마지막 하나 (중요) 이 세계는 해털성불하게 할 수 있는 세계입니다. 여기서 성불은 불교에서 말하는 성불이 아니라 하늘세계에서 이룰 수 있는 최고의 경지를 말합니다. 이때의 성은 이룰成이고 불은 佛 사람人이 두 개인 자입니다.

1, (1 - 10세계 이 세계의 끝 마지막 하나- 하나씩 -64.824개 - 하나) 세계를 밝혀 드러내고 빠져나와
2, **세계**를 흡하니 흡이 되었다.
...생략...

664.289(하나)

마지막 하나 (엄청 중요) 이 세계에서는 성불하신 분들의 도움을 바도 그 분들에게 하대할 수 있는 세계입니다.

세계 2

1, (큰 1번째 -) 세계를 흡하니 흡이 되었다.
2, **세계**

3 세계 4, 5, 6, 7, 8, 9, 10 ,... 27, 28, 29
...생략...

6.428개 (하나)

마지막 하나

1, (1 - 30세계 이 세계의 끝 마지막 하나- 하나씩 -6.428개 - 하나) 세계를 밝혀 드러내고 빠져나와
2, **세계**를 흡하니 흡이 되었다.
...생략...

428(하나)

마지막 하나 (중요) 이 세계는 모든 인연있는 분들을 마음대로 생각대로 조절하며 깨우치게 할 수 있는 세계입니다. 이 세계 에너지 품안 가득 품으세요.

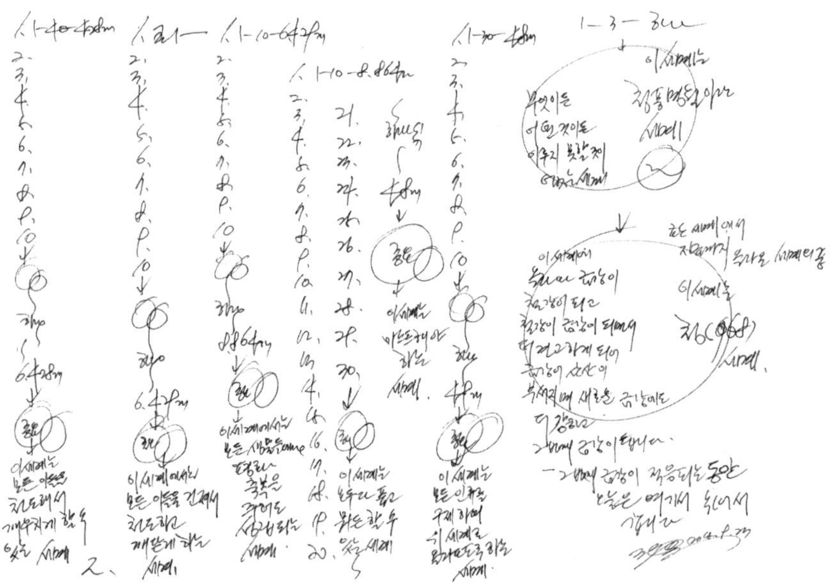

1, （1 － 40세계 이 세계의 끝 마지막 하나- 하나씩 -428개 - 하나 ） 세계를 밝혀 드러내고 빠져나와
2, **세계**를 흡하니 흡이 되었다.
...생략...

6.428(하나)

마지막 하나 (중요) 이 세계는 모든 이들을 천도해서 깨우치게 할 수 있는 세계

세계 3

1, （큰 1번째 － ） 세계를 흡하니 흡이 되었다.
2, **세계**
...생략...

6.429개 (하나)

마지막 하나 (중요) 이 세계에서는 모든 이들을 건져서 천도하고 깨닫게 하는 세계

1, （1 － 10세계 이 세계의 끝 마지막 하나- 하나씩 -6.429개 - 하나 ） 세계를 밝혀 드러내고 빠져나와
2, **세계**를 흡하니 흡이 되었다.
...생략...

8.864(하나)

마지막 하나 (중요) 이 세계에서는 모든 생물들에게 평화, 축복을 주어도 성립되는 세계

1, （1 － 10세계 이 세계의 끝 마지막 하나- 하나씩 -8.864개 - 하나 ） 세계를 밝혀 드러내고 빠져나와

2, **세계**를 흡하니 흡이 되었다.
3 세계 4, 5, 6, 7, 8, 9,....27, 28, 29
30 세계
이 세계의 끝 마지막 하나 (중요) 이 세계는 모두 다 품고 뭐든 할 수 있는 세계

2(하나)

...생략...

48(하나)

마지막 하나 (중요) 이 세계는 마스트해야 하는 세계

1, (1 – 30세계 이 세계의 끝 마지막 하나– 하나씩 –48개 – 하나) 세계를 밝혀 드러내고 빠져나와
2, **세계**를 흡하니 흡이 되었다.
...생략...

49(하나)

마지막 하나 (중요) 이 세계는 모든 인류를 구제하여 위 세계로 올라오도록 하는 세계

1 – 3 – 하나
이 세계는 **청풍명원이란 세계**로 무엇이든 어떤 것이든 이루지 못 할 것이 없는 세계

마지막 하나
환 세계에서 지금까지 올라온 세계의 끝, 이 세계는 **청(968) 세계** 이 세계에 올라와 금강이 철강이 되고 철강이 금강이 되면서 더 견고하게 되어 금강이 산산이 부서지며 새로운 금강에도 더 강한 2번째 금강이 된다. 2번째 금강이 적응되는 동안 오늘은 여기서 쉬어서 갑니다. 2015. 09. 23

영산제란

살아 있는 사람이나 죽어 있는 사람이나 모든 인연 있는 분들을 깨닫게 하고자 하는 의식으로 종의 세계를 넘어 환(換)의 세계에 올라옴으로 할 수 있는 의식입니다.
이 의식은 수육제보다 한 발 앞 선 의식으로 수육제는 돌아가신 모든 분들을 위한 의식이라면 영산제는 살아 있는 사람까지 포함으로 의식으로 의식이 수륙제 보다 더 복잡합니다.
준비할 것도 많습니다. 지금 것으로 아니 되고 여기에 2가지를 더 추가하셔야 합니다. 그 2가지는 명청(鳴聽)과 우슬뿌리입니다. 우슬 뿌리만 사용할 수 있습니다.
명청은 말 그대로 잘 듣게 하는 것이고 우슬뿌리는 우슬 승천하되 뿌리까지 즉 살아 있는 사람까지 모두 다를 포함한다는 의미가 포함되어 있습니다. 이러한 관계로 명청과 우슬뿌리가 있어야 합니다. 명청도 그렇거니와 우슬뿌리를 사서해서도 안 되고 꼭 반드시 맑고 깨끗한 곳에서 채취해서 해야 합니다. 그래서 내일 아침은 출근 전에 이것부터 채취하게 할 것입니다. 미리 준비해 주셔야 하겠습니다.
지금 불교에서 하는 영산제는 진정한 영산제가 아니라 자기들끼리 자기들이 모시고 있는 석가모니부처님에 대한 의식이고 본래의 자리 본래의 본성에서의 의식이 아닌 만큼 진정한 영산제라고 할 수 없겠지요. 이는 공력으로만 되는 것이 아니라 반드시 위에서 말하는 것들이 준비되어야 하고 또 맑고 깨끗해야 합니다. 그렇지 않고서는 행해서도 안 되고 해서도 안 됩니다.
그러한 이유는 이 영산제는 위 세계로 올라가기 위한 의식행사로 수행자가 자기 자신의 올바른 수행을 위하여 하는 것으로 본래에서 떨어져 나온 이후에 인연되어 있는 모든 인연 있는 존재들을 살아 있건 죽어서 영적존재로 있는 모든 이들을 위 세계로 끌고 올라가는 의식이라고 보면 될 것입니다.
앞으로 칠통이 올라가는 세계는 이분들을 올려 보내지 않고서는 올라갈 수 없는 세계이기 때문에 반드시 행하셔야 하는 행사입니다.

이는 채취할 때 영산제를 할 것이라고 풀과 대화를 해서 영산제에 참여한다고 하는 것들만 가지고 와서 행해야 합니다. 왜냐하면 풀에도 이런 의식이 있어서 이런 의식을 주관하는 풀이 따로 있기 때문입니다. 풀이라고 해서 다 똑같은 풀이 아니기 때문입니다.
사람이라고 다 같은 사람이 아니듯 풀이나 과일 기타 등등 모든 것들이 그러합니다. 그래서 이야기를 해서 맞는지 확인하고 채취해서 해야 한다는 사실을 잊어서는 안 될 것입니다.
2015. 09. 23 09:37

내자를 출근 시키고 차가 이끄는 대로 갔다 차를 세우고 40-50분을 걸었을까? 내려가라고 해서 내려갔고 가서 보니 이미 준비되어 있었다. 누군가 필요 없는 것은 다 가져가고 칠통이 필요한 것만 남겨 두었다. 언제부터 세팅되어 있었는지 모르겠으나 이미 준비하고 기다리고 있는 듯 보였다. 가고자하시는 분들만 추수렸다. 그리고 미리 준비하고 있었던 것 같은 것을 또다시 모시고 5시 30분에서 7시 20분 사이 추슬러 절하며 속으로부터 모셔가겠습니다. 하고는 모셨다.
그리고서는 자루에 뿌리 쪽 위 쪽 그리고 위쪽에 뿌리를 넣고
한 손으로 얽어매고
어허딸랑 어허딸랑
어서 재기재기
어허 딸랑
재기재기 어서 재기재기
어허 딸랑
우리는 하나다.
우리는 하나다
우리는 하나다.
얼마나 했을까?
그렇게 오다가
다시 어허 딸랑
어서 딸랑 어서 딸랑

그렇게 차까지 왔다.
그러고 나서 차 태운 뒤에 또다시 해야 한다는 말에 발길을 옮겼다. 가서 보니 이미 세팅되어 있는 듯 꽃들이 만발했다.
이미 세팅되어 있으니 가고자 하는 분들만 모시면 된단다.
그래서 가고자 하시는 분들만 잘라서 모시고 차에 타워 모시고 올라왔다,
자리에 앉히니. 커피를 이분들은 신이라고 이야기한다. 신 같은 분이라고 원두커피를...
그리고 술은 없어도 된다고 하니 소유설화님이 봉삼주! 제사지낸 봉삼주 있다고 하니. 그러면 먹어야 한다고 해서 소주잔에 10번에 나눠 따라드렸다,
모시게 되어 감사합니다.
들어주신다니 고맙습니다.
대략 영산제는 50이 가장 좋다는데 한분 두분...이분들이 말씀하시더니. 칠통이 힘들어도 다 하겠냐고 해서 그렇게 한다고 해서 108분의 영산제를 열게 되었다.
난 다 모른다. 다만 필요한 분들을 알아서 소유설화님 영란님 명화님이 모두 다 모셨다.
술을 올리고 커피를 올리고, 한참 만에 봉삼주를 다 먹어야 한다고 해서 먹으려 하니 3번에 나눠 먹으라 해서 3번에 나눠 먹고
또다시 봉삼주를 10번에 나눠 따라 놓았다.
그리고 절을 하며 나도 모르게 내 안에서 모시게 되어 감사합니다.
들어주신다니 고맙습니다. 그러면서 절을 했다.
이글도 쓰면서 하란다.
사진도 찍으면서...또 술 마시고 또 따르란다. 얼마나 마셔야 할지 모르겠다. 쓰러지지는 않겠지.
올린 봉삼주 반을 마시고 커피 한 모금 마시고 훈공춤을 추란다.
옷은 다 벗고 실오라기 하나 걸치지 말고 훈공춤을 추란다. 훈공춤을 추며 어지러움이 느껴지니 그만하고 절을 하란다.
절을 하니 나도 모르게 내 안에서 고맙습니다. 란 말이 나왔다.
그렇게 누워 절하고 있는 칠통에게 글을 쓰고 오란다.

여기까지 쓰니 또 오란다. 남은 술을 다 마시고 커피 한 모금 마시고 또 술을 따르란다.
글을 쓰고 오란다.
오라고 해서 가니 소주잔에 남은 봉삼주를 10번에 나눠 먹으라고 해서 10번에 나눠 먹는데 갈수록 입맛이 쓰다. 역겨울 정도로 쓰다. 속에서 혹시 독이 아닌가 생각이 들었다. 독이 맞단다. 자기들의 독이었다고 말한다. 10번을 나눠 봉삼주를 마시고 나니 이번에는 커피를 조심씩 10번을 마시라고해서 10번을 마시니 다시 글을 쓰고 오란다. 또 글을 쓰고 오란다.
다시 가서 무릎 꿇고 앞에서 술을 따를 때는 무릎 꿇고 따랐지만 역시 또 무릎 꿇고 10번에 나눠 봉삼주를 따랐다. 앞에서는 1번째 따를 때 많이 따랐는데 그것은 1번째 분이 많이 먹고 싶어서 많이 따른 것이고 뒤에 분들은 조금 먹고 싶어서 그런 것이었고, 이번에 골고루 10번을 나눠진 것은 같은 마음이어서 그렇게 따라진 것이란다.
봉삼주를 따르고 절을 하며 이루게 해 주셔서 고맙습니다. 감사합니다. 란 말이 속에서부터 나오면서 절을 했다. 절을 하면서 위에 말을 했다. 다시 오란다.
무릎 꿇고 한 번에 다 마시란다. 다 마시는데 한 방울이 떨어졌다, 그것은 우리들의 눈물이다 그 동안 네가 오기만을 기다린 우리들의 눈물이다. 그러면서 가슴이 메어오며 눈물이 글썽여졌다. 훈공춤을 추란다, 훈공춤을 얼마나 추었을까? 글을 쓰고 오란다.
이제라도 이렇게 와줘서 고맙고, 이제라도 이렇게 모셔줘서 고맙고, 이제라도 이렇게 우리를 구해져서 고맙단다. 칠통이 얼마나 잘못을 했기에 이런 말씀들을 하시는지? 칠통이 잘못한 것이 아니라 칠통의 말에 우리들이 현혹되어 이와 같이 되었을 뿐 칠통의 잘못은 아니란다.
오늘 세팅된 모든 것을 지구가 생성된 이후 천지창조가 이루어진 그날에 이미 세팅된 것이다. 너무 늦은 감이 있지만 그래도 이렇게 되었음에 고맙고 감사하단다.
저기서 칠통을 부른다. 빨리 아니 재기재기하고 술 따르라고....칠통은 이미 술에 취해 있는 듯싶다.
무릎 끓고 술을 10번에 걸쳐 나눠서 술을 따르는데 용서를 구하고 사죄하란다. 칠통은 무엇을 잘못했는지 모르겠지만 잘못한 것이 있으면 용서해주세요. 칠통의 기억에는 없지만 칠통이 잘못한 것이 있다면 사죄합니다. 사죄합니다, 참회합니다. 참회합니다....
이미 칠통은 봉삼주에 이분들의 독에 술에 취한 것 같다. 글을 쓰고 오라고 해서 또 이와 같이 글을 쓰니 또 오라고 한다. 속에서는 구토증세가 일어나고 있다. 오라니 가 봐야지요. ㅎㅎ
오라고 해서 갔더니 다 벗으란다. 다 벗으니 마주 앉아 이야기 하잔다. 우리를 현혹시켰지? 아닙니다. 현혹시키다니요. 지구를 창조할 때 지구를 이와 같이 창조하려고 하는데 동참하고 싶은 분에게는 결계를 걸어서 지구를 창조하는데 일조하도록 했습니다. 위에 계신 분들도 있지 않습니까? 모두 다 오신 것은 아니고 꼭 동참하시겠다는 분들만 결계를 걸어서 모셨을 뿐입니다. 아직도 칠통의 마음을 알 수가 없어 더 먹여야겠어. 한 번에 다 마셔라. 다 마시고 마시는 과정에서 2방울이 떨어지니 이것은 우리의 한 맺힌 눈물이다. 커피에 자동으로 손이 갔다. 커피를 조금 마시니 이번에도 역시 커피 한 방울이 떨어지며 신들이 우리도 우리의 눈물이다. 또 글을 쓰란다. 글을 쓰는 동안 몸이 가누기조차 쉽지가 않다. 이분들은 칠통에게 뭘 원하는 것인가? 칠통의 마음을 일고 싶어서 이와 같은 일을 한다고 하네요. 술이 취해서 이성이 없고 의식이 없게 해서 진실된 마음을 그때나 지금이나 진실된 마음을 알고 싶어서 이러고 있다고 하네요. 어서 오랍니다. 또 술을 따르라고 하네요. 이미 취한 것 같은데 칠통은... 술에 독주를 마셔서 머리 및 위 가슴 모두 다 뒤집혔는데... 몸을 가누기조차 힘들어 하는데...또 갑니다. 또 글을 쓰고 오랍니다.
이번에는 20번에 나눠서 술을 따르랍니다. 술을 20번에 걸쳐 따르니 흘러지고 잔이 넘칩니다. 흘린 것은 우리들의 눈물이고 넘친 것은 칠통의 마음이랍니다. 사죄하고 용서해달라고 빌어라. 그래서 절을 하면 잘못했습니다, 용서해주세요. 하니 또다시 절을 하란다. 역시 칠통 속에서 또 잘못했습니다, 용서해주세요 란 말이 나왔다.

이와 같이 절을 하고 머리를 조아리고 있으니 글을 쓰고 오란다. 또 오라하시네요, 또 갑니다, 이미 칠통은 취했습니다요. 몸을 가누기 어려워요. 구토증세도 있는데 오라니 가야지요. 원만하게 영산제를 하기 위해서는...

또 글을 써라. 한 번에 다 마셔라. 마시며 흘리는 술은 우리들의 그 동안의 눈물이고 네가 원하는 태평성대를 위해서 우리도 동참하마, 이것은 잊지 마라. 마시며 흘리며 칠통 몸에 흘린 것은 우리들의 땀이고 노력이란 것을 잊지 말았으면 싶다. 힘들고 고통스러운 것 안다. 너의 눈물을 모르는 것 아니다. 그만큼 너의 노력과 애씀이 우리들을 감동시켜서 우리도 이를 갈았음에도 동참하게 되었다. 아가야 너무 슬퍼 마라. 너의 뜻을 어찌 우리가 다 알겠느냐, 부디 네 뜻과 의지가 원만하게 성취되기를 바랄 뿐이고 거기에 우리도 동참할 수 있어서 기쁘다. 자 커피도 다 마시렴. 울지 마라. 울지 마라 아가야. 너의 어여쁜 그 마음 우리가 어찌 다 알까마는 이제 조금은 알 듯싶다. 너의 마음을 읽을 수 없어서 술을 먹여서 그것도 맑고 깨끗한 제사를 지낸 봉사주로 너를 취하게 해야만 너의 마음을 바르게 알 것 같아서 취하게 하였으니 이와 같은 결과를 보고 보니 우리들이 잘못한 것 같구나. 아가야 부디 네 뜻이 이루어지길 바란다. 울지 마라. 울지 마라 아가야. 너무 괴로워 마라. 누군가가 해야 할 일을 네가 대신할 뿐이다. 우리가 부끄럽지. 이와 같이 하는 네가 어찌 우느냐, 슬퍼마라. 외로워 마라, 우리들이 너와 함께 할 것이다. 그 동안 너를 오해해서 미안하구나. 우리들이 너에게 힘이 되었으면 좋겠다.

또 술을 받고 싶은 분들이 있는가 보다. 가 보렴. 아가야. 울지 마라 아가야. 힘을 내렴. 예.

커피를 다시 따라 오고 술을 부어라, 이제는 우리들이 점검해야겠다. 아가야 슬퍼하지 마라. 지금까지는 너 혼자였지만 이제는 우리들이 있고 108명이 있다. 울지 마라. 지금까지 외롭게 걸어온 길이지만 이제는 외롭게 하지 않으마. 울지 마라 아가야.

이것으로 1차 영산제는 끝나고 다시 커피를 올림으로 2차 영산제가 시작 됩니다.

원두커피의 신을 모시고 제사지낸 봉삼주를 30번에 나눠 따르고 훈공춤을 추며 둥글게둥글게 빙글빙글 칭송칭송 빙글빙글 둥글게 둥글게 칭송칭송 흥얼기리며 칭송칭송...얼마나 추었을까? 절을 하란다. 절을 하는데 안에서부터 고맙습니다. 감사합니다. 감사합니다. 고맙습니다...얼마를 했을까? 글을 쓰고 오란다. 또 부르네요, 늦다고 빨리 오랍니다. 아니면 오늘 다 못 끝낸 다네요.
네발로 기어서 갔다. 한 번에 다 마시라고 해서 한 번에 다 마시고 원두커피 신은 30번을 먹으라고 했는데 너무 힘들어 하니 20번으로 끝내주셨고, 몸을 가누기 힘들어요. 그런데 또 오랍니다. 몸이 힘든 것은 자기들의 독 때문이라고 합니다. 이 독을 잘 소화해야 자기들도 좋고 칠통도 좋다 네요. 좋다니 반갑게 생각해야하지요. 이번에는 네발이 아닌 10발로 오랍니다. 어떻게 가는 것이 10발인지 모르겠습니다. 다만 기어서 가야할 것 같아요,
기어서 가니 일어나라고 해서 일어나니 40번에 나눠 술을 따르랍니다. 40번에 나눠 따르니 커피 신을 마시고 절을 하라고 해서 절을 했습니다. 절을 하는데 마음 안에서는 감사합니다. 고맙습니다. 감사합니다가...절을 하고 일어 설 때까지 이어졌는데 일어나니 글을 쓰고 오랍니다. 늦는다고 뭐라고 하네요. 또 갑니다.
글을 쓰고 오랍니다. 8발로 기어서 갔습니다. 난 성긴데 왜 섹스를 했느냐는 겁니다. 섹스를 하지 말고 탄트라 하라고 했는데 섹스를 해서 자기를 미혹에 빠뜨렸답니다. 칠통은 모르겠습니다, 무엇이 무엇인지. 지금 무슨 짓을 하고 있는지도 모르겠습니다. 봉삼주에 취한 것 같은데 취한 게 아니랍니다, 자기들이 칠통의 마음을 알기 위해 이와 같은 일을 할 뿐 칠통은 변함이 없답니다. 칠통은 괴로운데 힘들고 그런데 자기들이 알기 위해서라니 이거 불공평하지 않아요.
또 오라네요, 불공평은 오래전에 자기들을 이곳에 오게 한 것에서부터 시작된 것이라네요.
또 가야지요. 제 업이 이런 것이라면 제업을 다 받아야 하겠지요. 그래서 저분들이 편안해진다면 고맙게 받아야 하겠지요. ..말이 많답니다, 칠통이..ㅎㅎ

뒹굴면서 오랍니다. 그래서 뒹굴며 갔습니다. 50번에 나눠서 따르랍니다. 이제 끝이 보이는 듯싶은데 아직 멀었답니다. 50번에 나눠 따르니 절을 하라 해서 절을 하는데 칠통 안에서는 전에는 지구 위해서 애써주셨는데 이번에는 종 아래 모든 세계의 태평성대를 위해서 애써달라고 애원하네요. 또 오랍니다. 조금 있으면 파티할 것 같은데...기어서 뒹굴며 오랍니다. 이것이 마지막 같은데 또 있을 수도 있다고 하네요. 누구신가요? 물으니 명하랍니다,
기어서 뒹굴며 가니 이제는 100번에 나눠 따르랍니다. 100번에 나눠 따르고 절을 했습니다. 절을 하는데 칠통의 마음에서는 고맙습니다. 감사합니다. 고맙습니다, 감사합니다....얼마나 했는지. 2번째 절을 하라고 해서 하니 이제는 뒹굴고 가서 글을 쓰랍니다. 글을 쓰고 나니 칠통은 넉 다운입니다. 또 오랍니다. 마지막 비우고 축제를 해야 합니다. 축제는 사과가 있으니 그것이면 충분하다고 하네요. 그 전에 술을 다 비워야 합니다. 이미 취해서 인사불성인데...이것 또한 괴로운 것 같아요. 갑니다. 가요. 저 술 마시고 사과 먹으면 끝인가요? 아니 아니라네요.
기어서 왔습니다. 술을 한 번에 마시게 하고는 탄트라로 많은 사람 구하라 해서 그것은 제 소관 아니라고 했습니다.
이것으로 오늘의 영산제는 끝이 나고 내일 또 있다고 하네요.
내일은 영산제가 아니라 천황지존이라고 합니다.
잘못된 곳 수정해서 카페 운영자란에 올리라고 해서 수정하는 과정인데... 이 전에 이미 써놓은 글을 수정하기 전에 칠통은 독에 취해 가누지 못하고 참다못한 분들이 오히려 미안하다며 독을 제거해 줍니다. 독을 제거해 준다는 것이 다 토하게 하는 것이었네요.
원두커피도 독 이었다 네요. 남은 커피까지 모두 버리라고 해서 버렸습니다. 그냥 버리면 독이 퍼져서 안 된다고 화장실 변기에 버리라 해서 그렇게 버리니 깨끗이 씻으라고 합니다. 아니면 독을 먹게 된다고, 입맛이, 입맛이 아니라 입 안이 씁니다. 다 독 때문이랍니다. 그 정도는 이길 수 있기에 이길 수 있는 만큼 만 남겨놓은 거라네요. 에궁...에궁입니다요.
2015. 09. 24 10;42

칠통은 갔다 봉삼주 몇 잔에 갔다.
언제 일어서나 봐야겠다.
나 이대로 잠들고 싶어
그러면 안 돼
일어나 잠들며 안 돼
쉬고 싶어
잠들면 안 돼 영영 가는 거야.
잠시 쉬어...잠들면 안 돼 라고 자꾸만 되뇌이면서 쉬어 아니면 안 돼.
알았어. 어. 알았어. 칠통 잘래 고생 많았어.
잠들면 안돼 깨어나라.
잠들면 안돼 깨어나라.
...
(하였지만 이내 잠드는데...전화 벨 소리에 깨웠다. 아니면 영원히 잠들었을지도 모르는데..이런 땐 이쁘기도 하지 다른 때는 방해의 일등공신인데...) 이것은 쓰고 난 수정하는 과정에서 쓰는 것이다.
2015. 09. 24 10:45

이러고 있으면 안돼잖아! 깨어나야지.
너무 괴로워 그래도 어쩌겠어. 깨어나야지.
알았어. 알았다구.
너무 속이 그래 어쩔 수 없어 네가 받아야 해
알았어. 내가 받아야 할 것이라면 받아야지.
절대로 토하면 안 돼
칠통 내 몸에서 이루어져야 해
알았어.

이게 무슨 짓인가 싶다.
거역하지 못하고 행하는 이것은 무엇인가?
2015. 09. 24 11:04

소인 망극하나이다.

이렇게 오늘의 영산제는 끝이 났다.
이제 독을 소화할 수 있는 만큼만 남겨두고 제거해서 그런가?
이제 조금 살 것 같다.
이것으로 108명의 영산제는 끝이 났다. 누구? 누구지? 모른다.
다만 필요한 분들이란 것 밖에는...

알고 보니 사과도 독이었다. 몇 번 먹은 사과도 독이었으니 사과도 버린다. 흘린 00도 독이니 깨끗하게 닦고 닦은 수건도 버리란다.
2015. 09. 24 14:00

영산제 이렇게 끝이 났다.

그냥 있으면 죽을 수 있으니 나가라고 해서 0000을 이렇게 먹게 어떻게 위험하게 나가냐 하니. 있으면 죽고 나가면 사니 나가란다. 나가라는 말에 결국 나갈 차비를 하니 00 닦은 수건과 수건에 먹다 남은 사과를 수건에 싸서 밖에 버리란다. 그래서 먹다만 사과를 수건에 싸서 보이지 않고 선원을 칠통은 나갔다. 00를 00 나갔다. 정신집중을 해야 한단다. 그래서 00을 00 가자는 대로 갔다. 얼마나 갔을까? 한강대교 쪽으로 00를 00 갔다. 중간쯤 가니 00 한쪽에 붙이란다. 00를 000할 수 있는 공간이 있었다. 00되어 있는 00도 보였다.
00를 000하니 따라오란다. 따라가니 자물쇠가 열려 있고 아무도 없는 철 계단을 따라 내려갔다. 한강물이 닿는 데까지 내려갔다. 가만히 수건을 칠통도 모르게 한강물에 담갔다. 그리고 한참 있으니 수건을 꺼내고 사과를 저쪽에 버리라고 해서 버렸다. 그리고 수건을 한강물에 씻듯 빨 듯 담가 흔들어서는 얼굴을 닦으라 해서 닦고 목도...그리고 또 닦으라 해서 또 닦았다. 어찌 영산제를 물도 없이 지낼 수 있겠는가? 모셔놓은 것이 명류수라고 해도 한강물을 가리키며 이정도의 물은 돼야 하지 않겠느냐고 했다.
108명의 영산제는 나중에 칠통을 위해서 칠통을 위하는 사람들만

이 그리고 수행하는 사람들만을 골라서 했다는 말 외에는 다른 말은 하지 않았다. 그래서 누가 되었는지 모른다. 다만 그렇게 했다는 말만 들었다.
처음에는 10명이면 된다 해서 가까운 분들 하려했고 오늘 아침 선원에 도착할 때까지만 해도 50명은 해도 된다고 해서 50명을 꼽아보려고 했는데, 위 분들이 알아서 선별해 108명 올렸단다. 이 무슨 영문인지를 모르겠다.
한강물에 담구고 얼굴을 닦았던 수건을 또다시 들고 가서 빨아야 하고 이것을 가지고 선원에 돌아가야 영산제가 끝난단다. 선원으로 돌아오는 길에 물었지만 대답을 하지 않는다. 말수가 적어졌다. 조심스럽단다. 사람의 마음들이 하도 변해서 자칫 잘못하면 서로 다쳐서 말을 할 수가 없단다.
그러고 보니 어제 퇴근부터 이상했다. 오늘 아침에 준비해야 하니 준비하라고 해서 비닐봉투를 준비했더니 큰 것을 준비하라기에 쌀자루를 2개 챙겨서 퇴근했다. 아침에 내자를 출근시키며 물었다. 어디로 가야하는지 대답이 없었다. 일단 내자를 내려주고 가자는 대로 가면 된단다. 약 40-50분은 가야 한단다.
내자를 내려주고 돌아오는 길, 차를 한적한 곳으로 이끌더니 이곳에 주차하고 쌀자루 2개를 챙기고 전지가위와 꼬챙이 하나를 챙기라 해서 챙기니 걸으란다. 여기서 얼마를 가야 하는지? 무엇을 해야 하는지 모르고 가보면 안다고 해서 무작정 길을 걸었다. 걸으면서 차를 몰고 와서 충분한 길을 왜 걷게 할까? 그런 생각을 하니 운동도 하고 또 화타가 오셨으니 몸 이곳저곳에 침을 놓았으니 걸어야 한단다. 그렇게 걸으면서 지금 종까지 올라온 세계는 몸에서 명치부분이고 명치는 몸의 언어로 끝이며 시작이란 뜻이고 지금 올라가는 곳은 명치에서 목까지란다. 그러면서 목은 몸의 언어로 끝이며 새로운 시작이란다. 그러면서 명치에서부터 목까지 62개의 몸의 언어가 있단다. 그러면서 오후에 시간 나면 62개의 몸의 언어를 찾자고 했다. 그래도 나는 궁금해서 쓸개 -시작이다. 담낭 - 이제부터 가야 한다....등, 그러다가 한참을 걸어온 것 같아서 또 물었다. 무엇을 하러 가냐고 그냥 걸으란다. 그렇게 40여분을 걸었을까? 뚝 아래로 내려가란다. 내려가니 길도 없다. 길도 없는 길에 누군가 무엇인가를 채취해간 흔적이 있었다. (무엇인지 알지만 쓰면 안 된다고 쓰지 않고 있습니다.) 뿌리는 채취해가고 필요 없고 버리고 간 줄기와 잎이 해간지 얼마 된지 모르겠지만 약간 아니 적당히 말라 있었다.

이제 오셨는가? 예 그 분들끼리 하는 이야기가 들렸다.

우리들 가요. 그중에서 가지 못할 것은 우리는 안 가요. 그렇게 수습하듯 수습하는데, 치우 맞아? 예 우리가 얼마나 기다렸는데 이제 왔어. 이런 소리가 들렸다.

그렇게 다 수습하여 쌓아놓으니 이제는 뿌리를 채취해야 한다고 따라오란다. 이것하고 저것의 뿌리를 채취해야 한단다. 그래서 꼬챙이로 뿌리를 채취하고 줄기와 잎은 버렸다. 그리고 뿌리를 채취해서 흙을 털고 이미 수습해 쌓아 놓은 것에 절을 하란다. 큰 절을....그런 소리에 칠통도 모르게 절을 하는데 마음 안에서부터 모셔가겠습니다. 라며 절을 한다.

허참 가자고 해서 따라가니 이와 같이 준비되어 있고 또 포대에 담고 씌우고 마치 거대한 뭔가를 모셔오는 느낌이 들었다. 그래 물었다 이것도 준비된 것인가요? 예 이미 오래 전부터 준비된 것입니다. 난 말문이 막혔다.

이런 소리를 들을 때마다 몸에서 반응을 한다. 언제부터? 어떻게? 하기 싫어하면서 고분고분하게 하는 칠통을 보면서 신기하기도 하고 어처구니없기도 했다.

그런데도 칠통은 아무 거부감 없이 하라는 대로 하고 있었다.

무겁겠지만 오른손으로만 들고 차 있는 데까지 들고 가야하고 또 손을 바꿀 경우 여러 번 바꾸면 바꿀 수도 일이 어렵게 된다고 해서 오른팔 근육이 아플 때까지 거의 다 왼손을 조금 빌려서 차까지 모셨다.

포대에 담고 씌우고 뿌리는 넣고 처음에는 오른쪽 어깨에 메고 차로 돌아오는 길 걸음을 뛰면서부터 어허 딸랑 어허 딸랑 재기재기 딸랑 어허 딸랑 ...

얼마를 그랬을까? 어서 딸랑...그러다가 어느 때는 우리는 하나,

우리는 하나...어허 딸랑....재기재기 딸랑..발걸음도 소리 맞추는 것 같았다. 빠르게 느리게 보조를 맞추며 차에 모셨다.
차에 모시고 나니 또 전지가위를 들고 나서란다. 그래서 나섰다. 큰 도로 행단보로를 건너 뚝 쪽으로 조금 지나니 아름다운 꽃이 보였다. 꽃을 보는 순간 저것이구나 싶은 생각이 들어서 물었다. 그랬더니 맞단다. 저 꽃을 꺾으란다. 10분을 모시면 된단다.
그래서 꽃에게 물었다. 갈 분, 갈분,...그렇게 한 분 한분...해서 10분을 전지가위로 잘라 모셨다. 10분을 전지가위로 차례대로 자르고 봉지에 자른 밑 부분을 넣고 묶으라하는데 묶지 않고 끝을 말아서 넣는 게 좋을 것 같아서 말아서 넣으니 검은 봉지가 마치 꽃병처럼 보였다.
이것도 준비된 것인가? 물으니 그렇단다.
그래도 가까운 곳에 이런 것들이 있어서 힘이 덜 드는 거지 아니면 하기도 쉽지 않단다.
그나마 가까운 곳에 있어서 다행이라고 생각하란다.
이와 같이 하고 출근하자마자 시작한 영산제는 한강에 4번 먹고 남은 사과를 버리고 00 닦은 손수건을 한강물에 담가서 얼굴과 목을 닦고 선원에 돌아와 너무 배가 고파서..수건을 빨지도 않고.. 속도 쓰리고 해서 밖에 나가니 칼국수를 먹으라 해서 칼국수를 먹고 선원에 들어와 수건을 빨아 널음으로 영산제는 끝이 났다.
내일은 또 무엇을 어떻게 해야 하는지 모르겠다. 더 힘들 수도 있고 오늘보다 덜 힘이 들 수 있다는 말만 할 뿐 내일은 내일 생각하면 된단다.
조금 전에 먹었는데, 배가 고프다.
이것으로 영산제는 끝났다. 내일은 천황지존이라니 어떤 일이 또 기다리고 있는지 모르겠다.
이제는 퇴근 내일을 위해 봉지 검은 봉지 큰 것으로 2개 준비해서 차에 실어 놓으란다. 이제 퇴근해야지....
2015. 09. 24　20:09

천황지존제, 천하지존제, 천하태평제와 18개의 제

아침 내자를 출근시키고 이때 시간이 05:32 차는 또다시 칠통도 모르는 길로 이끈다. 어디로 가는 길인지도 모르는 좁은 길 공사 중이란 팻말이 보이고 교차할 수도 없는 흙길을 그럼에도 믿고 가란다. 그렇게 차를 몰고 20여분 갔을까? 위로는 고속도로인 듯 차들이 생~생~ 달리고 옆으로는 또 다른 고속도로 길을 넓히는가 보다 싶은데, 라이트를 켜고 아래로 가니 산이 보이고 산 아래쪽으로 돌아서 주차하란다. 주차하니 어둡다. 어두우니 잠을 조금 날이 밝을 때까지 눈을 붙이라고 해서.. 잠깐 눈을 감고 있다가...새벽녘에 핸드폰을 밧대리를 보았을 때 조금이라 혹시라도 새벽 어둔 밤 산을 오르게 하는 것은 아닐까? 싶어서 충분을 100% 다 해놓은 것이 생각나서 그냥 잊지 말고 핸드폰으로 후래쉬를 켜고 몸의 언어를 찾아보자고 제안했다. 그리고 어제 영산제가 일찍 끝나면 찾으려고 했던 몸의 언어를 찾을 생각을 하고,

1, 명치 = 1번째 종의 끝이며 시작 ⇒

2, 담낭 → 오르기 시작하다(초기)

3, 쓸개 → 위 세계의 시작(여울터 : 정리하며 여울터란 무엇을 말하는가? 초입이란 뜻)

4, 담낭 → 조금 오른 위 세계(여울목: 초입을 올라선 곳이란 뜻)

5, 십이지장 → 위 세계의 평상(평상이란 위 세계에 올라와 펼쳐진 세계란 뜻)

6, 위 아래쪽 좁은 곳 → 평상을 통과해 넓은 세계에 오르다.

7, 위 → 대평야지역

8, 위 입구 → 고창지대

9, 위 입구 위에 위 ⇒ 선사시대

10, 식도 → 고대시대

11, 목 → 2번째 종으로 끝이며 시작

62개라더니 11개네요. 아무 말이 없다. 아무 말이 없다가 2, 담낭

① 오르기 전에 수륙제, 영산제, 천황지존제, 놀부제, 형성제, 만물취향제, 만물감사제를 지내고 올라옴에 감사의 기제를 지내고,
②⇒위 세계로 오르겠다는 알리는 제
명상제,

명호제(새롭게 명호를 받는제, 칠통은 새롭게 확철이란 명호를 받았다. 한문으로 쓰면 안 되고 한글로 확철이라고 쓰라고 하셨다. 확철이란 확고하고 철두철미 하다는 뜻으로 내려주셨다고 한다.),

눈물제(눈물이 마르도록 눈물 콧물 다 흘리도록 하는 제),

명상명호제(명상 명호의 호칭을 받는 제 칠통은 확철 칠통이란 명호를 받았다),

명상호제(명상할 때 부르는 이름을 받는 제 칠통은 확철 칠통이란 명호를 받았다.),

용서제(남을 용서해 줄 수 있는 능력이 주어지는 제, 확철 칠통은 오래 전에 받았는데 모른다고 한다.)

참회제(남의 참회를 들어주고 참회가 이루어지도록 해줄 수 있는 능력이 주어지는 제, 확철 칠통은 오래 전에 받았는데 모른다고 한다.),

여울제(모든 만물을 여여하도록 할 수 있는 제, 이제를 칠통은 일찍이 지냈다고 한다. 이생에? 언제 며칠 전에? 왼손에 수건 두르고 칭오화 천황을 모셨을 때 했다고 한다.)

금낭제(금화가 되는 제: 이 제는 오늘 아침에 모셨다고 하네요. 그것이 2번째 산에 올라가서 구한 것 중에 하나인데 2번째 거라네요. 이때 새로운 이름을 받는다고 했는데 받았는가요? 예 받고도

모른다고 한다. 뭔가요? 스스로에게 물어보란다. 칠통이 새롭게 받은 것이란다. 칠통에는 어마어마한 뜻과 의미들이 많아서 칠통 안에 다 넣고 있단다. 그래서 이제부터는 한문으로 쓰지 말고 한글로 칠통을 쓰라고 한 것이란다. 이와 같이 새롭게 주어지기 때문에...),

금천제(금의 세계에 천제를 지내는 제: 오늘 이미 지냈단다. 언제냐고 하니까? 이미 선택했을 때라고 하는데, 아마도 하얀 것과 금색 중에 어느 것을 선택하겠느냐? 했을 때 금색은 금색이란 것에 묶여 있으니 나는 아무 것도 흰색 백지를 선택하겠다고 하고 가졌을 때 예 그리고 그곳에 담은 것, 예 그것으로 제를 지낸 겁니다.)

금향제(금의 고향에 제를 지내는 제: 이미 이것도 했습니다. 산에 올라가서 묘소에 절한 그분이 금향입니다. 임00의 묘이었잖아요? 예 그분이 본래 금향입니다. 위 세계의 인간의 몸을 받고 태어나서 죽어서는 그곳에 몸이 있을 뿐이었지요. 그래요. 그 산이 금향산이라고 하지 않았나요? 예 그 산의 주인이기도 하고 예 맞습니다. 산도 금향산이고 주인이 금향입니다. 아 예)

금수제(모든 세계의 금, 금의 수명이 오랫동안 영원하라고 지내는 제, 이미 지냈습니다. 오늘 2번째 산에 올라가서 땅을 파고 채취해 온 것이 금수입니다. 잎과 뿌리가 다 합해서 금수입니다. 그것으로 술도 담아놓았습니다. 아 예)

돈천제(모든 세계의 돈, 돈의 세계에 천제를 제, 왜 돈이 원만하게 잘 돌아가도록 하기 위해서 지내는 제, 이미 이것도 오늘 마쳤습니다. 언제? 2개의 산을 거쳐 또다시 마지막에 들려서 채취한 것이 돈입니다. 아 예, 그것이 어찌 돈이라고 하시는지요. 금색 자루에 담았고 또 10개 만들어 담았고 또 금색꽃을 담았고, 그것의 이름이 명하입니다. 명하란 뜻은 영적 언어로 돈이란 뜻을 가지고 있기도 합니다.)

돈향제(모든 세계의 돈이 쓰임을 다한 연후에는 본래의 고향으로 돌아가도록 하는 제, 이것도 오늘 다 마쳤습니다. 무엇을 술을 담금으로 무엇과 무엇? 000+000 예)

돈수제(모든 세계의 돈을 오랫 동안 사용하도록 하는 제, 이도 오늘 아침에 지냈습니다. 술 담금으로 000+000), 아 예)

천수제(만물이 천수를 누리도록 하는 제, 이것도 오늘 아침에 지냈습니다. 술 담그는 것으로 가득 넘치도록 담은 것이 이것입니다. 아 예)

천향제(만물이 천수를 누리고 본래의 고향으로 돌아가도록 하는 제, 이는 나중에 술이 다 익은 다음에 선원에서 나눠 드리면 되는 것입니다.)

천금제(만물이 금과 같이 소중하게 서로 간에 다루어지도록 하는 제, 이미 오늘 아침에 지냈습니다. 여기다가 모셔놓은 것이 이것입니다. 아 예)

천돈제(모든 세계의 돈이 소중하게 귀하게 다루어지다가 본래의 본향으로 돌아가도록 하는 제 이것도 담가놓은 술을 먹음으로 끝나는 제입니다.)

천금환제(모든 세계의 모든 금이 본래의 고향에 돌아가도록 하는 제, 이제는 아직 지내지 못했습니다.

천확지용제(모든 만물이 분명하고 확실하게 선명하게 그 용도에 맞게 쓰이도록 하는 제, 이것도 아직 지내지 못했습니다)

천봉확중제(모든 만물의 봉우리란 봉우리는 모두 다 하늘 아래 놓이게 하는 제, 지금은 봉우리가 하늘을 뚫고 신선 놀음을 하려고

하고 있어서 태평성대가 어렵기 때문에 내려오게 하는 제, 이것도 아직 못했습니다)

확중일획제(모든 만물이 모두 다 하나, 하나란 사실을 깨우지게 하는 제. 이것은 조금 했으나 아직은 미흡하기 때문에 더 해야 합니다.)

확실확중일획제(확중일확제를 끝냈음에도 일체가 우리가 하나라는 사실을 모르는 모든 이들과 만들을 우리는 하나라는 사실을 알도록 하는 제, 아직 시작도 못했습니다. 꼭 해야할 제입니다)

확중일획명중제(이 모든 제들이 하나에 다 들어가도록 하는데 부족함이 없도록 하는제 일부 되었지만 아직도 까마득하게 남았습니다.)

명중확인제(어긋난 것이 없는지 하나 하나 살펴서 바르게 하도록 바르게 잡는 제, 이것 몇 개는 했으나 아직도 까마득하게 남아 있습니다.)

명중사살제(명중확인제를 지냈음에도 어긋난 것이 있으면 더 이상 용서 없이 본래의 고향으로 돌아가도록 하는 제, 아직 시작도 하지 못하고 있는 제입니다)

명중사살확인제(모두가 고향에 제대로 돌앆나 확인하는 제, 이것은 나중에 육체와 인연이 다하기 전에 지내야 하는 제입니다.)

이 모든 것을 다 확인하고 이루어졌음에 감사하는 **확인감사제**로 모든 제는 끝난다.
확인감사제는 확철 칠통이 죽기 전에 치러야 할 제입니다.

이 모든 제는 담낭에서 이루어진다. 꿈이 없는 자들은 담낭에서 제를 지내지 않고 쓸개로 올라가면 된다. 칠통의 꿈이 태평성대이기 때문에 모든 제를 다 지내야 한다. 그러면서 모든 종 세계 아래에 있는 모든 고통을 받고 감내해내야 한다.
여기까지 아니 조금 앞까지 했을 때 날이 밝아서 산에 올라가야 한다고 했다. 그래서 끝부분을 마무리한다고 몇 분 더 차에서 머무르며 글을 쓰고 산을 오르기 시작했다.
차를 주차한 시간이 05시 52분 위에 것을 쓰고 차를 내리며 시계를 보았을 때가 06:19분
산을 오르니 길을 안내 하듯 이쪽입니다. 이쪽입니다. 그렇게 올라가니 묘소하나가 보였다. 저 묘소 앞에서 가서 인사를 드리란다. 묘비에는 임00로 되어 있었는데...(이름을 적으면 안 된다고 해서 이와 같이 적는다) 절을 하며 마음속으로부터 모셔가겠습니다. 하면서 절을 했다. 2번에 절을 했다. 그리고 준비되어 있으니 모셔 가면 된다며 따라 오라고 해서 따라갔다. 이것이라고 한다. 여기요. 저 여기 있어요. 하는데 도통 모르겠다 싶어서 어디요, 어디요. 그랬더니 땅을 가리킨다. 꼬챙이를 땅을 팠다 아무 것도 없고 낙엽만 ...낙엽을 보는 순간, 아 이것이군요, 예 그것입니다. 적으면 안 된다고 해서 무엇인지 적지는 않는다. 하나를 주워서 한 말이요. 또 조금 올라가서는 여기요. 여기요. 어디 어디 있어요. 그러는데 하나 보이고 또 보이고..처음에 것은 오른쪽 바지 주머니에 두 번째는 왼쪽 바지 주머니에 넣으며 또 한 말이요. 3번째 것을 주워 조끼 오른쪽 주머니에 넣으며 한 말이요. 4번째를 주워 조끼 왼쪽 주머니에 넣으며 한 말이요. 그리고 이것이 마지막입니다. 5번째 하나를 찾으니 입에 넣고 입을 다물라고 했다. 입에 넣으며 한 말입니다. 입 안에서는 알았습니다. 이것으로 무엇을 해 드릴까요? 입에서 익히 잘 아는 먹었던 것을 말한다. 이미 한 말해서 드렸습니다. 예 먹었습니다.
그러면서 비탈진 산길을 이쪽으로 오세요. 이쪽으로 오세요, 올라간 길이 아니 다른 길로 안내를 한다. 올라온 길로 내려가면 안 된다며 다른 길로 안내했다. 산을 다 내려올 때까지 오쪽으로 오세요. 이쪽으로 오세요. 그렇게 산을 내려와 주차해 놓은 차의 문을 열었다.

산을 내려오며 안내하는 곳으로 내려오면서 내 안에서는 입에 머금은 것으로 숫자를 헤아리고 있었다. 천 만 십만 백만 1억, ...그레이엄수, 만든 수 1번째에서 만든 수 그레이엄수까지...몇 번을 반복해서 했는지 모른다. 칠통도 왜 숫자를 헤아렸는지 모른다. 그냥 해졌다.
차를 타려고 신발에 묻은 흙을 터니 다시 문을 닫고 차 주변을 돌며 숫자를 헤아리란다. 숫자를 헤아리다가 위 세계에서는 가장 큰 수가 669라는 생각이 떠올라서 669, 669...를 하다가 669를 1-그레이엄수 만큼 부르고 또 만든 수에서 만든 수 그레이엄수 만큼...몇 번을 했지만 모른다. 처음에는 차 주변을 돌고 그 다음에 그 주변을 좀더 크게 돌면서 숫자를 헤아렸다. 비우는 틈 없이 더 크게 돌라고 해서 도니 그래 알았다. 이제 그만 하거라. 태평성대가 이루어지게 해주마. 내가 헤아린 숫자만큼 태평성대가 이루어지게 해 주마 라는 소리가 들렸다. 그러면서 칠통의 입에서는 어허 딸랑 어허딸랑, 재기재기 딸랑 어허딸랑을 하고 어느 때는 우리는 하나, 우리는 하나다...라고 하고 있었다. 그렇게 넓다면 넓고 좁다면 좁은 곳을 크게 가상자리로 해서 돌았다. 너무 하면 안 된다고 해서 적당 이상이 되게 돌았다. 그리고 차에 올라탔다. 06시 46분, 속으로 이것이 천황지존제구나 싶은 생각이 들었다. 그런데 이것이 천황지존이 아니었다. 차를 타고 오던 길이 아닌 다른 길로 차를 몰게 했다. 우회전하라는데 길이 없다. 한쪽으로 붙이고 위쪽으로 걸어가란다. 차에서 내리면서 시계를 보니 06시 50분, 따라오라고 해서 따라 조금 가니 꽃이 있었다. 꽃의 이름을 아는데 또 꽃의 이름을 이야기하지 말랍니다. 들에 흔한 꽃인데 흔한 꽃이면서 천황지존으로 태어난 꽃이 있답니다. 이 천황지존으로 핀 꽃을 찾아서 3개의 천황지존을 담아야 과거, 현재, 미래의 천황지존을 다 모시게 되고 아깐 한 4주머니에 넣고 입에 물고 한 것이 원만하게 성사된다는 것이었다. 3개의 천황지존을 모심으로 천황지존제는 끝이 났다.
또 차를 타고 시계를 보니 06시 59분, 어딘지도 모르는 길을 안내하는 데로 갔다. 차를 몰고 가는데 천황지존 여기도 있는데 하며 꽃 하나가 보인다. 저렇게 하나 있으면 하나 하나 찾아야 하니 힘들고 3개가 한 곳에 있는 경우는 극히 드문데 아깐 채취한 그곳에 3개가 있어서 그곳으로 안내해서 3분의 천황지존을 모시게 한 것이라고 말했다.
차는 어느 새 산 아래다. 차를 주차할 곳이 정해져 있는 듯 차를 몰고 올라가니 한 분이 나와서 시동을 걸고 나는 잠시 길에 멈춰서서 그분이 차를 끌고 나갈 때까지 기다리다. 차를 주차하고 자루 2개를 준비해 간 것 중에 어느 것을 가져갈 것이냐고 물었다. 황금색은 황금에 묶여 있으니 싫고 아무 것도 묶여 있지 않은 하얀 것이 좋다며 하얀 것을 집어 들었다. 하얀 것은 백지라고 아무것이나 원하는 대로 할 수 있다고 말해 주었다. 나중에 필요한 것을 아무 것이나 할 수 있으니 황금보다 좋다고 말해 주었다. 칠통이 선택함으로 칠통을 모시는 한 분은 어쩔 수 없이 황금을 선택해서 불만이 조금 있는 듯 보였다. 그래도 우선권이 칠통에서 있어서 다행이었구나 싶은 생각이 들었다.
차에 내리면 시계를 보니 07시 15분, 산을 올라 얼마를 걸었을까? 여기요. 여기요. 마치 누군가 미리 올라가서 찾아내고 부르는 것 같았다. 부르는 소리를 따라 올라갔다. 이곳에 있으니 찾으란다. 솔잎이 걸쳐 있는 것을 꺾으라고 해서 꺾었다. 솔잎이 떨어지면 안 된다는데, 길도 없는 산길을 꺽은 것을 가지고 들고 다닌다는 게 쉽지 않을뿐더러 꺾은 것에 붙어 있는 솔잎 하나를 떨어뜨리지 않는 것이 쉽지 않은 터라 얼마가지 않아 없다. 어디서 떨어뜨린지도 모르게 없어졌다. 다시 올라가서 찾아야 한단다. 탁 하나가 솔잎이 걸쳐 있단다. 그것을 찾아서 꺾어야 한단다. 정말이지 한참을 찾았다. 말을 걸어도 쉽게 말하지 않고 마음으로 대화를 하니 그때서 여기요 한다. 그래서 겨우 찾아 하나를 더 꺾어서 내려오는 길에 또 모셔가야 할 분이 계신단다. 조금을 걸었을까? 이곳에 있으니 찾으란다. 누구를 모셔가야 하나? 칠통이 누굴 모셔가야 하나요? 그랬더니 대답하신다. 나를 모셔가야지요. 또 흔한 거지만 말을 할 수가 없다. 그냥 한 분을 모시고 또 한 분을 모셔야 하는데, 한참 만에 또 한분을 찾아 2분을 모시고 산길을 내려왔다. 이

때 시간이 07시 40분, 차를 몰고 내려오며 대화를 하니 호를 받았단다. 칠통은 받은 적이 없는데, 그래서 감지하지 않은 무의식에서 물었다. 확철이란 이름을 받았단다. 2번째 산에서 내려올 때 확철이란 호를 받았고 이름을 받았단다. 학철은 확실하고 명확하고 분명하게 확이고 철은 철두철미하고 굽힘이 없다고 해서 확철이라고 했으니 한문으로 쓰지 말라고 한글로 쓰라고 했다. 한문은 2번째로 만든 것이고 첫 번째로 만든 것이 한글인데 한글을 써야 한다며 앞으로는 확철 칠통을 한문으로 쓰지 말라고 했다.
그렇게 이야기하는 가운데 또다시 채취해야 할 장소에 차를 세우고 어느 것이 갈 것인지 물었다. 다 잘랐는데 가야할 분이 아니란다. 이미 잘랐는데...그래서 한참 동안 의논을 하고는 4토막으로 자르고 또다시 갈 분을 찾아서 자르고 높게 서야한다고 해서 바로 아래 밑둥을 자르니 너무 길게 잘라서 다른 곳으로 옮겨서 꽂은 다음에 부러지면 자르고 부러지면 자르며 금색 포대 안에 들어가게 해서는 잘라진 4토막에 또다시 5개에 하나 그렇게 10개를 만들어서 가지 않을 것은 버리고 이제 새롭게 시작하는 것이니 작은 것만 남겨두고 모두 다 버리고 필요한 것만을 담아 차에 모셨다. 모시고 차에 올라타고 선원으로 출발하며 시계를 보니 08시 32분이 선원에 도착하자마자 놓아야 할 곳에 모시고 상을 차리고 뼈가 있는 동태찌개에 남은 밥, 커피에 시큼한 2잔 이와 같이 차려놓고 제를 지냈다.
여기까지는 생각이 나는데 더 이상 생각이 가물가물하다.
절을 하라고 해서 몇 번을 하고, 밥을 조금 먹고는 동태찌개를 뼈까지 먹으라고 하고는 이와 같이 잘되는 않을 경우에는 어떻게 하겠느냐? 등등의 질문을 했고 대답을 했다.
그런 과정에 무엇인지 모를 것들을 많이 받았다. 맨 나중에는 쓰레기까지 먹어야 한단다. 그러면서 싱크대 밑에 있는 먹으라고 하는데 먹겠다고 하는 생각을 읽었는지 말하지 말라고 해서 나오는 말을 속으로 넣었더니 상을 치우라고 하고는 남아 있던 맥주를 큰 그릇에 쏟아 부으며 먹으라고 했다. 맥주가 영적 언어로 쓰레기라면서 먹으라고 했다. 쓰레기까지 다 먹어야 한다며 먹으라 했다. 그리고 쓰레기 더미 속에 생명체가 있으면 그도 구해야 한다고 말했다. 아무리 더럽고 더러워도 그 속에 생명체가 있다면 생명체를 구해야 한다고 말했다.

이때가 몇 시인지 잘 모르겠다.

술을 담아야 한다며 술 담을 병을 정리하고 그 속에 제를 지냈던 것들을 넣게 했다. 술 담을 병을 만들기 전에 4가지는 밖으로 내놓게 하고 나머지는 모두 다 3병에 넣게 했다.

그리고 술을 사오라고 해서 나가는 길에 선원에 있는 침이 화타님 것이라고 해서 침을 가져가야 하니 묻어달라고 해서 있는 침을 모두 다 챙겨 가지고 나가서 길을 안내하는 대로 가서는 저곳에 묻어달라는 장소에 묻어주고 올라오며 술을 사가지고 와서 3병의 술을 담갔다. 술을 담구고 청소를 하고 나서 이글을 쓰는데 밥 먹을 시간 없으니 지금 먹으라고 해서 나가서 밥을 먹고 들어오며 나갔다가 들어와 마지막 글을 쓴다.

나갔다 오는 사이는 차 안에서 소유설화님과 명하님과 많은 대화를 나누었다. 그런 가운데 밖에 모신 분들은 지금 천하지존제라고 했다. 빨리 들어가서 커피를 올려야 한다고...마지막에 들렀는데 조0순님에게서 전화가 왔다 도착했다고 20여분 걸리니 기다리라고 하고는 빠르게 차를 몰고 도착해서 올라서니 00님이 의자 내려놓았다고 그래서 업고 올라와 커피를 내리고 커피를 올리고 나서 이글을 마무리한다.

선원에서 제를 지낼 때의 이모저모가 많지만 간략하게 쓰기로 했다. 다 기억도 나지도 않고 대충대충 기억이 가물가물해서...어쩌거나 이렇게 해서 천황지존제 및 18개의 제가 끝나고 천하지존제가 진행 중에 있다. 아마도 조금 있으면 천하지존제도 끝날 것이다. 그렇게 되면 오늘 20여개의 제가 끝나는 것 아닌가 싶다. 크게 천황지존제, 천하지존제, 천하태평제 이렇게 3개의 제이고 작게는 18개의 제를 지낸 하루였지 않은가 싶다.

2015. 09. 25　17:19

청(968) 세계 ~~청룡 청룡 호탕 세계

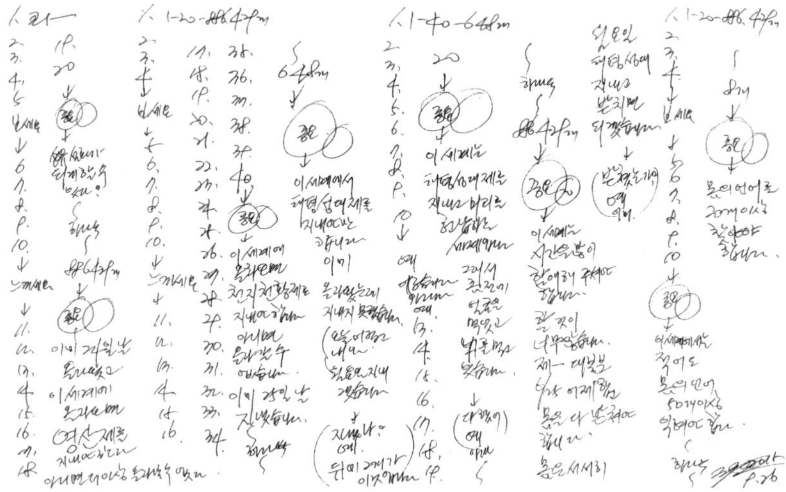

세계 1

1, (큰 1번째 -) 세계를 흡하니 흡이 되었다.
2, 세계
3 세계 4, 5, 一 보세요.→ 6, 7, 8, 9, 10 → 느끼세요. → 11, 12,....17, 18, 19
20 세계
이 세계의 끝 마지막 하나 (중요) 소유설화가 되게 할 수 있다?
2(하나)

...생략...

886.429개 (하나)

마지막 하나 (중요) 이미 24일날 올라왔고 이 세계에 올라오면 **영산제**를 지내야 한다. 아니면 더 이상 올라갈 수 없다.
1, (1 - 20세계 이 세계의 끝 마지막 하나- 하나씩 -886.429개 - 하나) 세계를 밝혀 드러내고 빠져나와
2, **세계**를 흡하니 흡이 되었다.

3 **세계** 4, ㅡ 보세요.→ 6, 7, 8, 9, 10 → 느끼세요. → 11, 12,....37, 38, 39
40 **세계**
이 세계의 끝 마지막 하나 (중요) 이 세계에 올라오면 천지천황제르를 지내야 합니다. 아니면 올라갈 수 없습니다. 이미 25날 지냈습니다.

2(**하나**)

...생략...

648(**하나**)

마지막 하나 (중요) 이 세계에서 태평성대 제를 지내야만 합니다. 이미 올라왔는데 지내지 못했습니다. 오늘 어렵고 내일 월요일 지내겠습니다. → 지냈나? 예 뒤에 2개가 이것입니다.

1, (1 - 40세계 이 세계의 끝 마지막 하나- 하나씩 -648개 - 하나) 세계를 밝혀 드러내고 빠져나와
2, **세계**를 흡하니 흡이 되었다.
3 **세계** 4, 5, 6, 7, 8, 9, →예. 어둡습니다. 아닙니다. 예....17, 18, 19
20 **세계**
이 세계의 끝 마지막 하나 (중요) 이 세계는 태평성대 제를 지내고 머리를 헌납하는 세계입니다. 그래서 좀 전에 얼굴을 먹었고 귀를 먹고 있습니다. →다 했어? 예 아직, 에

2(**하나**)

...생략...

886.429(**하나**)

마지막 하나 (중요) 이 세계는 시간을 많이 할애해 주셔야 합니다. 할 것이 너무 많습니다. 6월 25일 어제 했고 몸을 다 받쳐야

합니다. 몸은 서서히 월요일 태평성대 제 지내고 받치면 되겠습니다. → 받쳤는가? 예. 이미

1, (1 - 20세계 이 세계의 끝 마지막 하나- 하나씩 -886.429개 - 하나) 세계를 밝혀 드러내고 빠져나와

2, **세계**를 흡하니 흡이 되었다.

3 **세계** 4, → 보세요. →5, 6, 7, 8, 9,

10 **세계**

이 세계의 끝 마지막 하나 (중요) 이 세계에서는 적어도 몸의 언어 50개 이상을 익혀야 한다.

2(하나)

...생략...

8(하나)

마지막 하나 (중요) 이 세계는 몸의 언어를 20개 이상 찾아야 합니다.

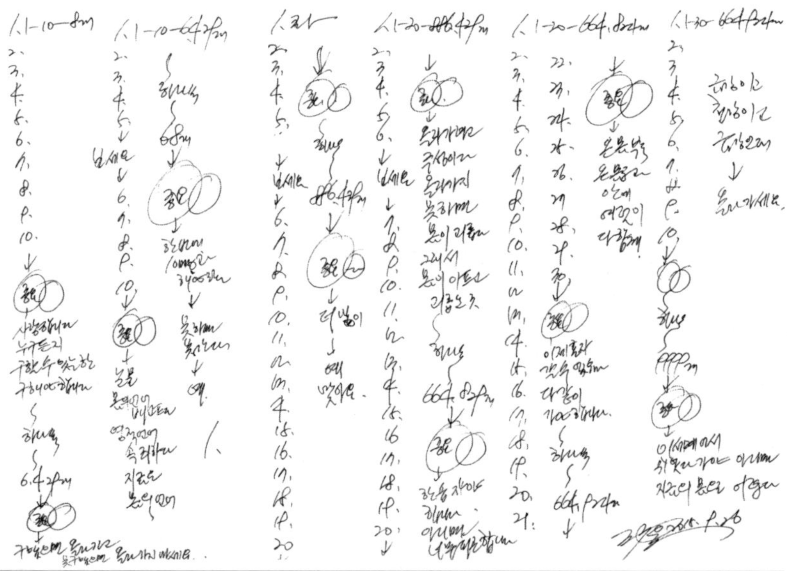

1, (1 - 10세계 이 세계의 끝 마지막 하나- 하나씩 -8개 - 하나) 세계를 밝혀 드러내고 빠져나와

2, 세계를 흡하니 흡이 되었다.

3 세계 4, 5, 6, 7, 8, 9,

10 세계

이 세계의 끝 마지막 하나 (중요) 사랑합니다. 누구든지 구할 수 있는 한 구해야 합니다.

2(하나)

...생략...

6.429(하나)

마지막 하나 (중요) 구했으면 올라가고 구하지 못했으면 올라가지 마세요

1, (1 - 10세계 이 세계의 끝 마지막 하나- 하나씩 -6.429개 - 하나) 세계를 밝혀 드러내고 빠져나와

2, 세계를 흡하니 흡이 되었다.

3 세계 4, 5,→ **보세요**. →6, 7, 8, 9,

10 세계

이 세계의 끝 마지막 하나 (중요) 눈물 몸의 언어로 배고프다. 영적 언어로 속죄하다. 지금은, 몸의 언어,

2(하나)

...생략...

68(하나)

마지막 하나 (중요) 한 번에 10명과 해야 한다. → 못하면 못 간다. 예

세계 2

1, (큰 1번째 -) 세계를 흡하니 흡이 되었다.
2, 세계
3 세계 4, 5, 一 보세요.→ **6, 7, 8, 9, 10, 11, 12,....17, 18, 19**
20 세계
이 세계의 끝 마지막 하나
2(하나)

...생략...

886.429개 **(하나)**

마지막 하나 (중요) → 더 많이 → 예 맞아요.

1, (1 - 20세계 이 세계의 끝 마지막 하나- 하나씩 -886.429개 - 하나 **)** 세계를 밝혀 드러내고 빠져나와
2, 세계를 흡하니 흡이 되었다.
3 세계 4, 5, 6, 一 보세요.→ **7, 8, 9, 10, 11, 12,....17, 18, 19**
20 세계
이 세계의 끝 마지막 하나 (중요) 올라가려고 극성이다, 올라가지 못하면 몸이 괴롭다. 그래서 몸이 아프고 괴로운 것

2(하나)

...생략...

664.829**(하나)**

마지막 하나 (중요) 한 숨 자야합니다. 아니면 너무 피곤합니다.

1, (1 - 20세계 이 세계의 끝 마지막 하나- 하나씩 -664.824개 - 하나 **)** 세계를 밝혀 드러내고 빠져나와
2, 세계를 흡하니 흡이 되었다.

3 **세계** 4, 5, 6, 7, 8, 9, 10....27, 28, 29
30 **세계**
이 세계의 끝 마지막 하나 (중요) 이제 혼자 갈 수 없습니다. 다 같이 가야합니다.

2(**하나**)

...생략...

664.924(**하나**)

마지막 하나 (중요) 온몸부터 온몸통과 안에 여럿이 다 함께

1, (1 - 30세계 이 세계의 끝 마지막 하나- 하나씩 -664.924개 - 하나) 세계를 밝혀 드러내고 빠져나와
2, **세계**를 흡하니 흡이 되었다.
3 **세계** 4, 5, 6, 7, 8, 9,
10 **세계**
이 세계의 끝 마지막 하나 (중요) 이 세계에서는 적어도 몸의 언어 50개 이상을 익혀야 한다.

2(**하나**)

...생략...

9.999(**하나**)

마지막 하나 (중요) 이 세계에서 쉬었다 가야 아니면 지금의 몸으로 어렵다. →금강이고 철강이고 금강인데 → 올라가세요.

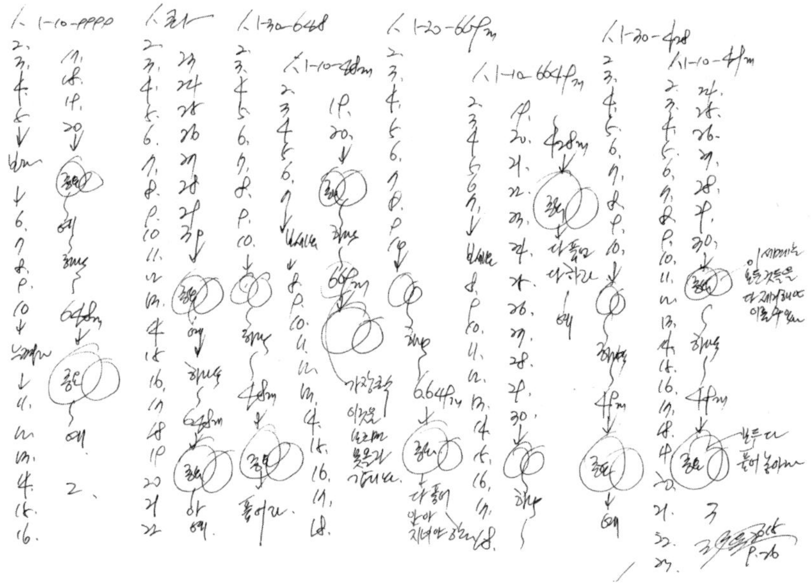

1, (1 - 10세계 이 세계의 끝 마지막 하나- 하나씩 -9999개 - 하나) 세계를 밝혀 드러내고 빠져나와

2, **세계**를 흡하니 흡이 되었다.

3 **세계** 4, 5, → 보세요 →6, 7, 8, 9, 10. →느끼세요. →11, 12,....17, 18, 19

20 세계

이 세계의 끝 마지막 하나 (중요)

2(하나)

...생략...

648(하나)

마지막 하나 (중요) 예

세계 3

1, (큰 1번째 -) 세계를 흡하니 흡이 되었다.
2, 세계
...생략...

648개 (하나)

마지막 하나 (중요) 아~ 예

1, (1 - 30세계 이 세계의 끝 마지막 하나- 하나씩 -648개 - 하나 **)** 세계를 밝혀 드러내고 빠져나와
2, 세계를 흡하니 흡이 되었다.
...생략...

48(하나)

마지막 하나 (중요) 품어라.

1, (1 - 10세계 이 세계의 끝 마지막 하나- 하나씩 -48개 - 하나 **)** 세계를 밝혀 드러내고 빠져나와
2, 세계를 흡하니 흡이 되었다.
3 세계 4, 5, 6, 7, → 보세요. **→8, 9, 10....17, 18, 19**
20 세계
이 세계의 끝 마지막 하나
2(하나)

...생략...

669(하나) (669가장 큰 수 이것을 모르면 못 올라갑니다.)

마지막 하나

1, (1 - 20세계 이 세계의 끝 마지막 하나- 하나씩 -669개 - 하나) 세계를 밝혀 드러내고 빠져나와

2, **세계**를 흡하니 흡이 되었다.

...생략...

6.649(하나)

마지막 하나 (중요) 다 품어 안아 지녀야한다.

1, (1 - 10세계 이 세계의 끝 마지막 하나- 하나씩 -6.649개 - 하나) 세계를 밝혀 드러내고 빠져나와

2, **세계**를 흡하니 흡이 되었다.

3 세계 4, 5, 6, → 보세요 → **7, 8, 9, 10. 11, 12,....27, 28, 29 30 세계**

이 세계의 끝 마지막 하나 (중요)

2(하나)

...생략...

428(하나)

마지막 하나 (중요) 다 품고 다하라, 예

1, (1 - 30세계 이 세계의 끝 마지막 하나- 하나씩 -428개 - 하나) 세계를 밝혀 드러내고 빠져나와

2, **세계**를 흡하니 흡이 되었다.

...생략...

49(하나)

마지막 하나 (중요) 예

1, (1 – 10세계 이 세계의 끝 마지막 하나– 하나씩 –49개 – 하나) 세계를 밝혀 드러내고 빠져나와

2, **세계**를 흡하니 흡이 되었다.

3 세계 4, 5, 6, 7, 8, 9, 10. 11, 12,....27, 28, 29

30 세계

이 세계의 끝 마지막 하나 (중요) 이 세계에서는 모든 것들을 다 제거해야 이룰 수 있다.

2(하나)

...생략...

49(하나)

마지막 하나 (중요) 모두 다 품어 놓아라.

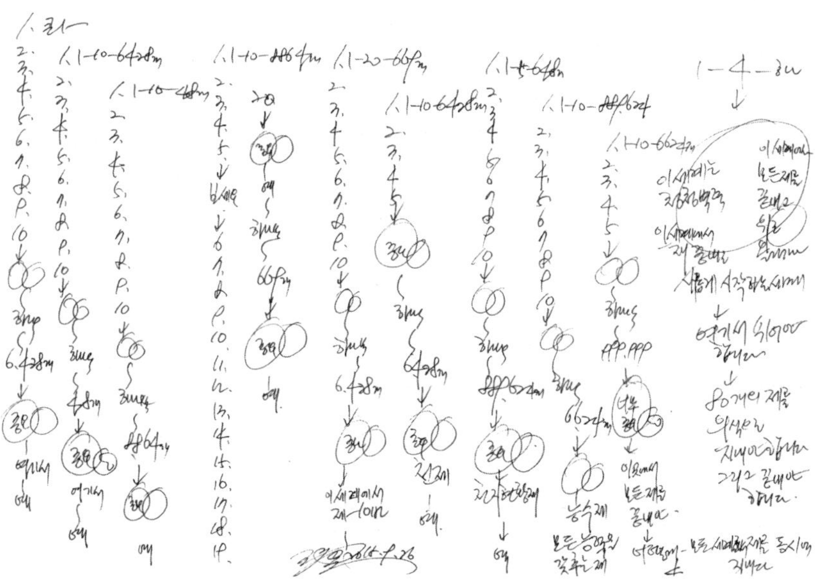

세계 4

1, (큰 1번째 -) 세계를 흡하니 흡이 되었다.
2, 세계
...생략...

6.428개 (하나)

마지막 하나 (중요) → 여기서 → 예

1, (1 - 10세계 이 세계의 끝 마지막 하나- 하나씩 -6.428개 - 하나) 세계를 밝혀 드러내고 빠져나와
2, **세계**를 흡하니 흡이 되었다.
...생략...

48(하나)

마지막 하나 (중요) → 여기서 → 예

1, (1 - 10세계 이 세계의 끝 마지막 하나- 하나씩 -48개 - 하나) 세계를 밝혀 드러내고 빠져나와
2, **세계**를 흡하니 흡이 되었다.
...생략...

8.864(하나)

마지막 하나 (중요) →여기서 →예

1, (1 - 10세계 이 세계의 끝 마지막 하나- 하나씩 -8.864개 - 하나) 세계를 밝혀 드러내고 빠져나와
2, **세계**를 흡하니 흡이 되었다.
...생략...

669(하나)

마지막 하나 (중요) →여기서 →예

1, (1 - 20세계 이 세계의 끝 마지막 하나- 하나씩 -669개 - 하나) 세계를 밝혀 드러내고 빠져나와

2, **세계**를 흡하니 흡이 되었다.

3 **세계** 4, 5, 6, 7, 8, 9

...생략...

6.428(하나)

마지막 하나 (중요) → 이 세계에서 제 10번

1, (1 - 10세계 이 세계의 끝 마지막 하나- 하나씩 -6.428개 - 하나) 세계를 밝혀 드러내고 빠져나와

2, **세계**를 흡하니 흡이 되었다.

...생략...

6428(하나)

마지막 하나 (중요) → 전체 →예

1, (1 - 5세계 이 세계의 끝 마지막 하나- 하나씩 -6428개 - 하나) 세계를 밝혀 드러내고 빠져나와

2, **세계**를 흡하니 흡이 되었다.

...생략...

889.624(하나)

마지막 하나 (중요) → 천지현황제 →예

1, (1 - 10세계 이 세계의 끝 마지막 하나- 하나씩 -889.624

개 – 하나) 세계를 밝혀 드러내고 빠져나와
2, **세계**를 흡하니 흡이 되었다.
...생략...

6.624(**하나**)

마지막 하나 (중요) → 능수제 → 모든 능력을 갖추는 제

1, (1 – 10세계 이 세계의 끝 마지막 하나– 하나씩 –6.624개 – 하나) 세계를 밝혀 드러내고 빠져나와
2, **세계**를 흡하니 흡이 되었다.
...생략...

999.999(**하나**)

마지막 하나 (너무 중요) → 이곳에서 모든 제를 끝내야 한다. →어떻게 → 모든 세계에서의 제를 동시에 지낸다.

1 – 4 – 하나
이 세계에서 모든 제를 끝내고 위로 올라가라.
이 세계는 **청청벽력 세계**
이 세계에서 제 끝내고 새롭게 시작하는 세계
→ 여기서 쉬어야 합니다. → 80개의 제를 의식적으로 지내야 합니다. 그리고 끝내야 합니다.

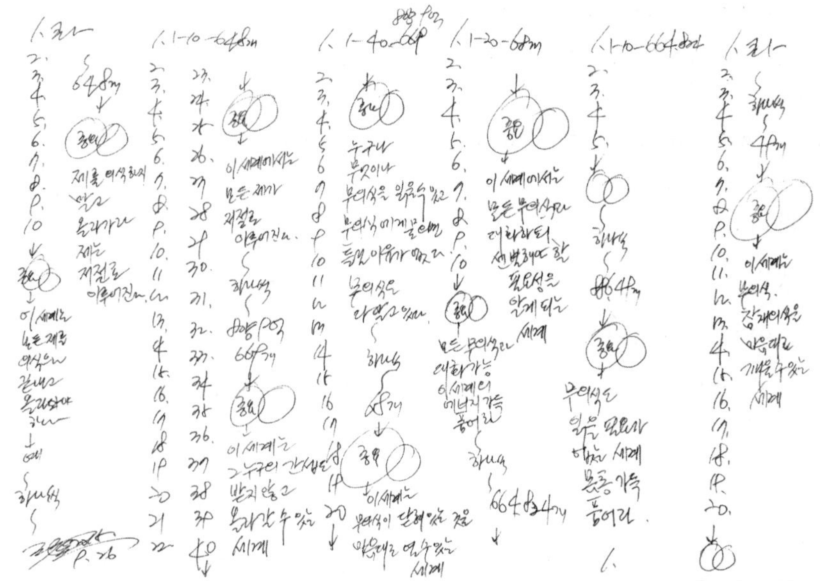

1, (큰 1번째 -) 세계를 흡하니 흡이 되었다.

2, 세계

3 세계 4, 5, 6, 7, 8, 9,

10 세계

이 세계의 끝 마지막 하나 (중요) 이 세계는 모든 제를 의식으로 끝내고 올라가야 한다. → 예

2(하나)

...생략...

648개 **(하나)**

마지막 하나 (중요) 제를 의식하지 말고 올라가라 제는 저절로 이루어진다.

1, (1 - 10세계 이 세계의 끝 마지막 하나- 하나씩 -648개 - 하나 **)** 세계를 밝혀 드러내고 빠져나와

2, **세계**를 흡하니 흡이 되었다.
3 세계 4, 5, 6, 7, 8, 9, 10,.....37. 38. 39
40 **세계**
이 세계의 끝 마지막 하나 (중요) 이 세계에서는 모든 제가 저절로 이루어진다.
2(**하나**)

...생략...

8**양** 9**억** 669(**하나**)

마지막 하나 (중요) → 이 세계는 그 누구의 간섭도 받지 않고 올라갈 수 있는 세계

1, (1 - 40세계 이 세계의 끝 마지막 하나- 하나씩 -8양9억 669개 - 하나) 세계를 밝혀 드러내고 빠져나와
2, **세계**를 흡하니 흡이 되었다.
3 세계 4, 5, 6, 7, 8, 9, 10,..... 17, 18, 19,
20 **세계**
이 세계의 끝 마지막 하나 (중요) 누구나 무엇이나 무의식을 읽을 수 있고 무의식에게 물으면 다 대답해 준다. 틀릴 이유가 없다. 무의식은 다 알고 있다.
2(**하나**)

...생략...

68(**하나**)

마지막 하나 (중요) 이 세계는 무의식이 닫혀 있는 것을 마음대로 열수 있는 세계

1, (1 - 20세계 이 세계의 끝 마지막 하나- 하나씩 -68개 - 하나) 세계를 밝혀 드러내고 빠져나와

2, **세계**를 흡하니 흡이 되었다.

3 **세계** 4, 5, 6, 7, 8, 9,
10 **세계**
이 세계의 끝 마지막 하나 (중요) →모든 무의식과 대화가능 이 세계의 에너지 가득 품어라.
2(**하나**)

...생략...

664.824(**하나**)

마지막 하나 (중요) →이 세계에서는 모든 무의식과 대화하되 선별해야 할 필요성을 알게 되는 세계

1, (1 - 10세계 이 세계의 끝 마지막 하나- 하나씩 -664.824개 - 하나 **)** 세계를 밝혀 드러내고 빠져나와
2, **세계**를 흡하니 흡이 되었다.
...생략...

88.649(**하나**)

마지막 하나 (중요) → 무의식도 읽을 필요가 없는 세계, 몸통 가득 품어라.

세계 2

1, (큰 1번째 -) 세계를 흡하니 흡이 되었다.
2, **세계**
...생략...

49개 (**하나**)

마지막 하나 (중요) → 이 세계는 무의식 잠재의식을 마음대로 깨울 수 있는 세계

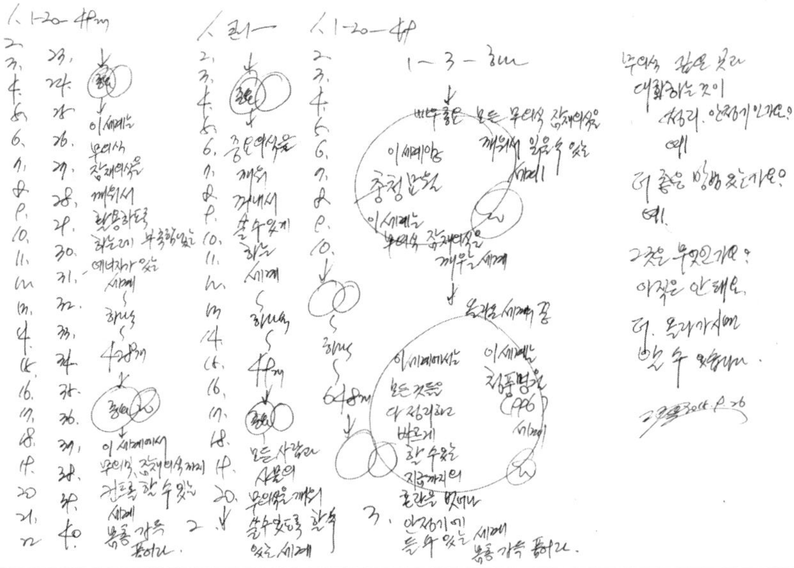

1, (1 - 20세계 이 세계의 끝 마지막 하나- 하나씩 -49개 - 하나) 세계를 밝혀 드러내고 빠져나와

2, **세계**를 흡하니 흡이 되었다.

...생략...

40개 (하나)

마지막 하나 (중요) → 이 세계에서 무의식 잠재의식을 마음대로 깨워서 활용하도록 하는데 부족함 없는 에너지가 있는 세계

2(하나)

...생략...

428(하나)

마지막 하나 (중요) → 이 세계는 무의식 잠재의식까지 컨트롤할 수 있는 세계 몸통 가득 품어라.

세계 2

1, (큰 1번째 -) 세계를 흡하니 흡이 되었다.
2, 세계
...생략...

20 **세계**

이 세계의 끝 마지막 하나 (중요) 이 세계는 의식을 깨워서 꺼내서 쓸 수 있는 세계

2(하나)

...생략...

49개 (하나)

마지막 하나 (중요) 모든 사람과 사물의 무의식을 깨워 쓸 수 있도록 할 수하는 세계

1, (1 - 20세계 이 세계의 끝 마지막 하나- 하나씩 -428개 - 하나 **)** 세계를 밝혀 드러내고 빠져나와
2, **세계**를 흡하니 흡이 되었다.
...생략...

10개 (하나)

마지막 하나

2(하나)

...생략...

428(하나)

마지막 하나

1 - 3 - 하나
이 세계의 이름은 이 세계는 **충청묘월벽력 세계**
이 세계에서 무의식 잠재의식을 깨우는 세계
모든 무의식 잠재의식을 깨워서 읽을 수 있는 세계

올라온 세계의 끝
이 세계의 이름은 **청풍명월(996) 세계**
이 세계에서는 모든 것들을 다 정리하고 바르게 할 수 있는 지금까지의 혼란을 벗어나 안정기에 들 수 있는 세계다. 몸통 가득 품어라.
무의식 갚은 곳과 대화는 것이 정리 안정기인가요? 예
그것은 무엇인가요? 아직은 안돼요. 더 올라가면 알 수 있습니다.

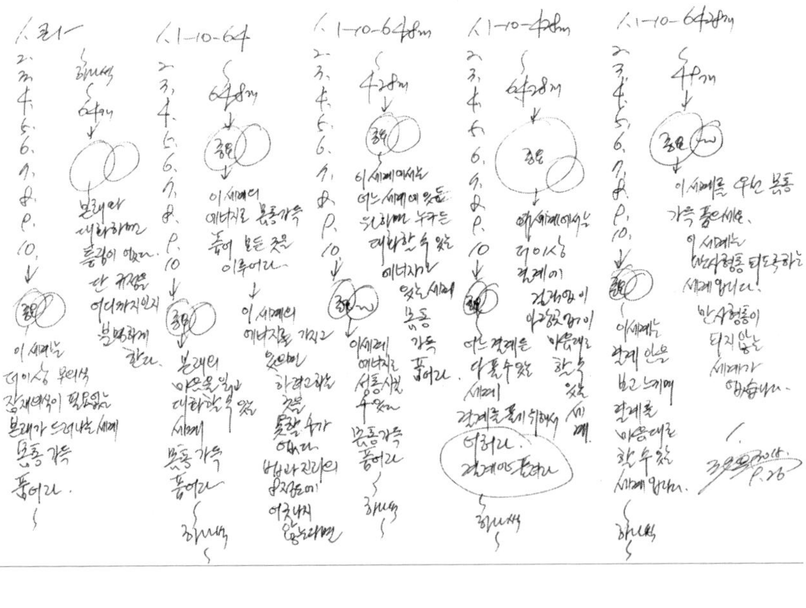

세계 1

1, (큰 1번째 –) 세계를 흡하니 흡이 되었다.
2, 세계
3 세계 4, 5, 6, 7, 8, 9,
10 세계
이 세계의 끝 마지막 하나 (중요) → 이 세계는 더 이상 무의식 잠재의식이 필요 없는 본래가 드러나는 세계, 몸통 가득 품어라.

2(하나)

...생략...

64개 (하나)

마지막 하나 (중요) → 본래와 대화하면 틀림이 없다. 단 규정을 어디까지인지 분명하게 한다.

1, (1 – 10세계 이 세계의 끝 마지막 하나– 하나씩 –64개 – 하나 **)** 세계를 밝혀 드러내고 빠져나와
2, **세계**를 흡하니 흡이 되었다.
3 세계 4, 5, 6, 7, 8, 9,
10 세계
이 세계의 끝 마지막 하나(중요) → 본래의 마음을 읽고 대화할 수 있는 세계, 몸통 가득 품어라.

2(하나)

...생략...

648(하나)

마지막 하나 (중요) → 이 세계의 에너지 몸통 가득 품어 모든 것을 이루어라.

이 세계의 에너지를 가지고 있으면 하려고 하는 것을 못할 수가 없다. 법과 진리의 8정도에 어긋나지 않는다면

1, (1 - 10세계 이 세계의 끝 마지막 하나- 하나씩 -648개 - 하나) 세계를 밝혀 드러내고 빠져나와
2, **세계**를 흡하니 흡이 되었다.
3 세계 4, 5, 6, 7, 8, 9,
10 세계
이 세계의 끝 마지막 하나(중요) → 이 세계의 에너지로 성통시킬 수 있다. 몸통 가득 품어라.

2(하나)

...생략...

428(하나)

마지막 하나 (중요) → 이 세계에서는 어느 세계에 있든 원하면 누구든 대화할 수 있는 에너지가 있는 세계, 몸통 가득 품어라.

1, (1 - 10세계 이 세계의 끝 마지막 하나- 하나씩 -428개 - 하나) 세계를 밝혀 드러내고 빠져나와
2, **세계**를 흡하니 흡이 되었다.
3 세계 4, 5, 6, 7, 8, 9,
10 세계
이 세계의 끝 마지막 하나 (중요) →어느 결계든 다 풀 수 있는 세계, 경계를 풀기 위해서 **어허라. 결계야 풀려라.**
2(하나)

...생략...

6.428(하나)

마지막 하나 (중요) →이 세계에서는 더 이상 결계에 걸림 없이 아랑곳없이 마음대로 할 수 있는 세계

1, (1 - 10세계 이 세계의 끝 마지막 하나- 하나씩 -6.428개 - 하나) 세계를 밝혀 드러내고 빠져나와

2, **세계**를 흡하니 흡이 되었다.

3 세계 4, 5, 6, 7, 8, 9

10 세계

이 세계의 끝 마지막 하나 (중요) → 이 세계는 결계 안을 보고 느끼며 경게를 마음대로 할 수 잇는 세계입니다.

2(하나)

...생략...

49(하나)

마지막 하나 (중요) → 이 세계를 우선 몸통 가득 품으세요. 이 세계는 만사형통되도록 하는 세계입니다. 만사형통이 되지 않는 세계가 없습니다.

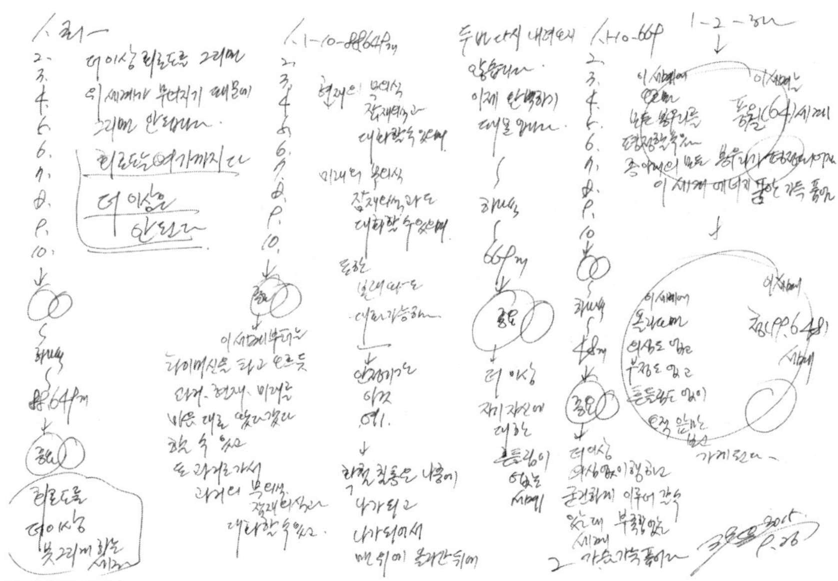

세계 2

1, (큰 1번째 -) 세계를 흡하니 흡이 되었다.

2, 세계

...생략...

88.649개 (하나)

마지막 하나 (중요) → 회로도를 더 이상 못 그리게 하는 세계, 더 이상 회로도를 그리면 위 세계가 무너지기 때문에 그리면 안 됩니다. 회로도는 여기까지다. 더 이상은 안 된다.

(그런데도 난 지금까지 그려오고 있다. 지금 그리시는 것은 회로도가 아닙니다. 이 위 세계들을 그린 것은 회로도가 아니라 통로를 그리신 것입니다. 확철 통로를 회로도처럼 그렸을 뿐 회로도가 아닙니다. 비슷할 뿐입니다.)

1, (1 - 10세계 이 세계의 끝 마지막 하나- 하나씩 -88.649개 - 하나) 세계를 밝혀 드러내고 빠져나와

2, **세계**를 흡하니 흡이 되었다.

3 세계 4, 5, 6, 7, 8, 9,

10 세계

이 세계의 끝 마지막 하나(중요) → 이 세계부터는 타이머신을 타고 오르슨 과거, 현재, 미래를 마음대로 왔다 갔다 할 수 있고 또 과거로 가서 과거의 무의식 잠재의식과 대화할 수 있고, 현재의 무의식 잠재의식과 대화할 수 있으며 미래의 무의식 잠재의식과도 대화할 수 있으며 또한 본래와도 대화 가능하다. 본래와 대화 가능한 것이 안정기가? 예. → 확철 칠통은 나중에 나가 되고 나가 되어서 맨 위에 올라간 뒤에 두 번 다시 내려오지 않습니다. 이제 완벽하기 때문입니다.

2(하나)

...생략...

669(하나)

마지막 하나 (중요) → 더 이상 자기 자신에 대한 흔들림이 없는 세계

1, (1 - 10세계 이 세계의 끝 마지막 하나- 하나씩 -669개 - 하나) 세계를 밝혀 드러내고 빠져나와
2, **세계**를 흡하니 흡이 되었다.
...생략...

48(하나)

마지막 하나 (중요) → 더 이상 의심 없이 행하고 굳건하게 이루어갈 수 있는데 부족함 없는 세계., 가슴 가득 품어라.

1 - 2 - 하나
이 세계는 **풍월(64) 세계**
이 세계에 오르면 모든 봉우리를 평정할 수 있다. 종 아래의 모든 봉우리가 평정되어질 것이다. 이 세계의 에너지 품안 가득 품어라.

1 - 2 - 하나 - 마지막 하나
이 세계는 **청(99.648) 세계**
이 세계에 올라오면 의심도 없고 부정도 없고 흔들림도 없이 오직 앞만 보고 가게 된다.

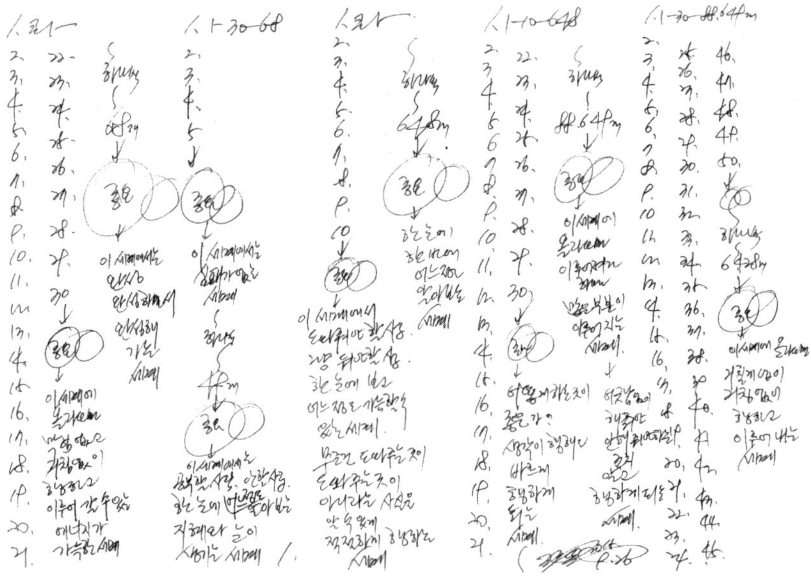

세계 1

1, (큰 1번째 –) 세계를 흡하니 흡이 되었다.
2, 세계
3 세계 4, 5, 6, 7, 8, 9, 10....27, 28, 29
30 세계
이 세계의 끝 마지막 하나 (중요) → 이 세계에 올라오면 막힘없고 거침없이 행하고 이루어갈 수 있는 에너지가 가득한 세계

2(하나)

...생략...

68개 (하나)

마지막 하나 (중요) → 이 세계는 완성, 완성하면서 완성해가는 세계

1, (1 - 30세계 이 세계의 끝 마지막 하나- 하나씩 -68개 - 하나) 세계를 밝혀 드러내고 빠져나와
2, **세계**를 흡하니 흡이 되었다.
3 **세계** 4,
5 **세계**
이 세계의 끝 마지막 하나(중요) → 이 세계에서는 실패가 없는 세계

2(하나)

...생략...

669(하나)

마지막 하나 (중요) → 이 세계에서는 공부할 사람, 안할 사람, 한 분에 어느 정도 알아보는 지혜와 눈이 생기는 세계

세계 2

1, (큰 1번째 -) 세계를 흡하니 흡이 되었다.
2, **세계**
3 **세계** 4, 5, 6, 7, 8, 9,
10 **세계**
이 세계의 끝 마지막 하나 (중요) → 이 세계에서 도와줘야 할 사람, 그냥 둬야할 사람, 한 분에 보고 어느 정도 가늠할 수 있는 세계 무조건 도와주는 것이 도와주는 것이 아니라는 사실을 알 수 있게 적절하게 행하는 세계

2(하나)

...생략...

648개 (하나)

마지막 하나 (중요) → 한 눈에 한 번에 어느 정도 알아보는 세계

1, (1 – 10세계 이 세계의 끝 마지막 하나– 하나씩 –648개 – 하나) 세계를 밝혀 드러내고 빠져나와
2, **세계**를 흡하니 흡이 되었다.
3 세계 4, 5, 6, 7, 8, 9, 10,.....27. 28, 29
30 세계
이 세계의 끝 마지막 하나 (중요) → 어떻게 하는 것이 좋은가? 생각하는 것을 행해도 바르게 행하게 되는 세계

2(**하나**)

...생략...

88.649(**하나**)

마지막 하나 (중요) → 이 세계에 올라오면 이루어져라 하면 많은 부분이 이루어지는 세계, 어긋남 없이 해줘야 안 해줘야하는 건지 알고 행하게 되는 세계

1, (1 – 30세계 이 세계의 끝 마지막 하나– 하나씩 –88.649개 – 하나) 세계를 밝혀 드러내고 빠져나와
2, **세계**를 흡하니 흡이 되었다.
...생략...

6.428(**하나**)

마지막 하나 (중요) →이 세계에 올라오면 거칠게 없이 거침없이 행하고 이루어내는 세계

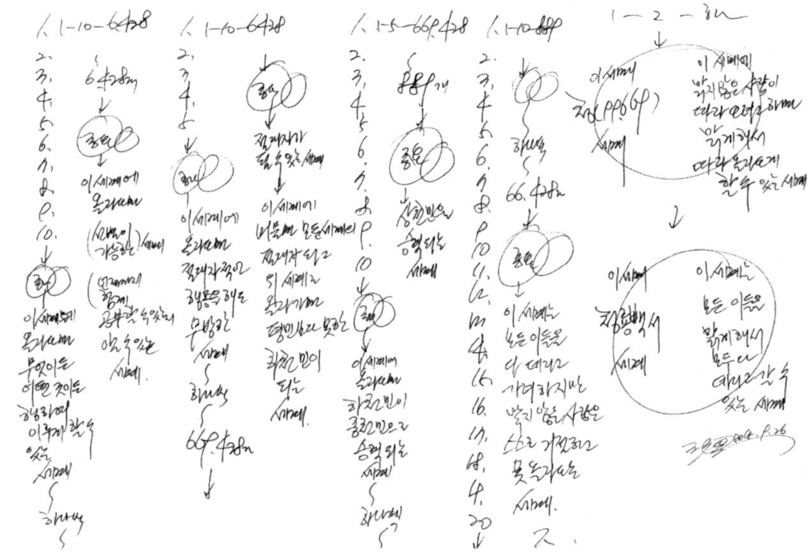

1, (1 - 10세계 이 세계의 끝 마지막 하나- 하나씩 -6.428개 - 하나) 세계를 밝혀 드러내고 빠져나와

2, **세계**를 흡하니 흡이 되었다.

3 **세계** 4, 5, 6, 7, 8, 9

10 **세계**

이 세계의 끝 마지막 하나 (중요) → 이 세계에 올라오면 무엇이든 어떤 것이든 행하여 이루게 할 수 있는 세계

2(**하나**)

...생략...

6.428(**하나**)

마지막 하나 (중요) → 이 세계에 올라오면 선별이 가능한 세계, 언제까지 공부할 수 있는지 알 수 있는 세계

1, (1 - 10세계 이 세계의 끝 마지막 하나- 하나씩 -6.428개

- 하나) 세계를 밝혀 드러내고 빠져나와
2, **세계**를 흡하니 흡이 되었다.
3 세계 4,
5 세계
이 세계의 끝 마지막 하나 (중요) → 이 세계에 올라오면 절대자적인 행동을 해도 무방한 세계
2(하나)

...생략...

669.428(하나)

마지막 하나 (중요) → 절대자가 될 수 있는 세계 → 이 세계에 머물면 모든 세계의 절대자되고 위 세계로 올라가면 평민보다 못한 하천민이 되는 세계

1, (1 - 5세계 이 세계의 끝 마지막 하나- 하나씩 -669.428개 - 하나) 세계를 밝혀 드러내고 빠져나와
2, **세계**를 흡하니 흡이 되었다.
3 세계 4, 5, 6, 7, 8, 9
10 세계
이 세계의 끝 마지막 하나 (중요) → 이 세계에 올라오면 하천민이 중천민으로 승격되는 세계
2(하나)

...생략...

889(하나)

마지막 하나 (중요) → 상천민으로 승격되는 세계

1, (1 - 10세계 이 세계의 끝 마지막 하나- 하나씩 -889개 - 하나) 세계를 밝혀 드러내고 빠져나와
2, **세계**를 흡하니 흡이 되었다.

...생략...

66.428(하나)

마지막 하나 (중요) →이 세계는 모든 이들을 다 데리고 가려하지만 맑지 않은 사람은 스스로 거절하고 못 올라가는 세계

1 - 2 - 하나

이 세계는 **청(99.669) 세계**

이 세계에 맑지 않은 사람이 따라 오려고 하면 맑게 해서 따라 올라오게 할 수 있는 세계

1 - 2 - 하나 - 마지막 하나

이 세계는 **청룡백서 세계**

이 세계는 모든 이들을 맑게 해서 모두 다 데리고 갈 수 있는 세계

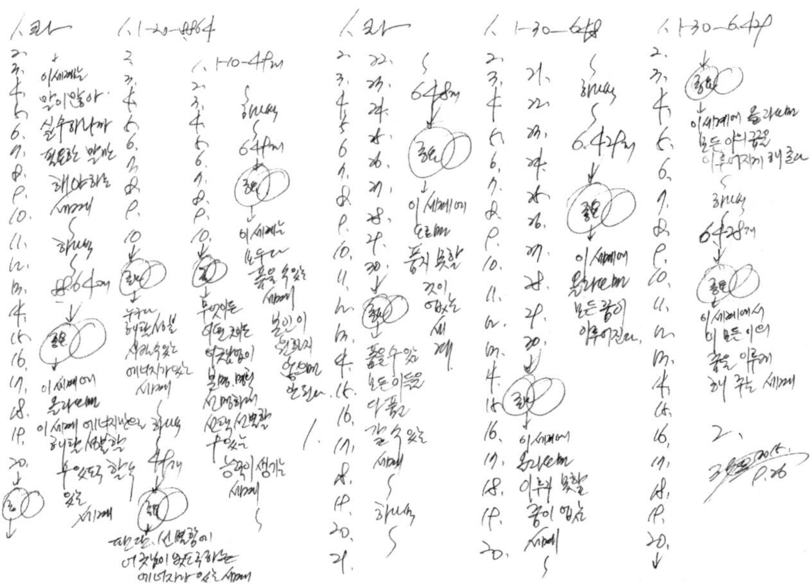

세계 1

1, (큰 1번째 -) 세계를 흡하니 흡이 되었다.
2, 세계
3 세계 4, 5, 6, 7, 8, 9, 10, ...17, 18, 19
20 세계
이 세계의 끝 마지막 하나 (중요) → 이 세계는 말이 많아 실수하니까 필요한 말만 해야 하는 세계

2(하나)

...생략...

8.864개 (하나)

마지막 하나 (중요) → 이 세계에 올라오면 이 세계 에너지만으로 해탈 성불할 수 있도록 할 수 있는 세계

1, (1 - 20세계 이 세계의 끝 마지막 하나- 하나씩 -8.864개 - 하나 **)** 세계를 밝혀 드러내고 빠져나와
2, **세계**를 흡하니 흡이 되었다.
3 세계 4, 5, 6, 7, 8, 9,
10 세계
이 세계의 끝 마지막 하나 (중요) → 누구나 해탈성불 시킬 수 있는 에너지가 있는 세계
2(하나)

...생략...

49(하나)

마지막 하나 (중요) → 판단, 선별함에 어긋남이 없도록 하는 에너지가 있는 세계

1, （1 – 10세계 이 세계의 끝 마지막 하나– 하나씩 –49개 – 하나 ） 세계를 밝혀 드러내고 빠져나와
2, **세계**를 흡하니 흡이 되었다.
3 세계 4, 5, 6, 7, 8, 9,
10 세계
이 세계의 끝 마지막 하나 (중요) → 무엇이든 어떤 것이든 어긋남 없이 분명 명확 선명하게 선택 선별할 수 있는 능력이 생기는 세계

2(하나)

...생략...

649(**하나**)

마지막 하나 (중요) → 이 세계는 모두 다 품을 수 있는 세계, 본인 원하지 않으면 안 된다.

세계 2

1, （큰 1번째 – ） 세계를 흡하니 흡이 되었다.
2, 세계
3 세계 4, 5, 6, 7, 8, 9, 10, ...27, 28, 29
30 세계
이 세계의 끝 마지막 하나 (중요) → 품을 수 있는 한 모든 이들을 다 품고 갈 수 있는 세계

2(하나)

...생략...

648개 (**하나**)

마지막 하나 (중요) → 이 세계에 오르면 품지 못할 것이 없는 세계

1, (1 - 30세계 이 세계의 끝 마지막 하나- 하나씩 -648개 - 하나) 세계를 밝혀 드러내고 빠져나와
2, **세계**를 흡하니 흡이 되었다.
3 세계 4, 5, 6, 7, 8, 9, 10, ...27, 28, 29
30 세계
이 세계의 끝 마지막 하나 (중요) → 이 세계에 올라오면 이루지 못할 꿈이 없는 세계

2(하나)

...생략...

6.429(하나)

마지막 하나 (중요) → 이 세계에 올라오면 모든 꿈이 이루어진다.

1, (1 - 30세계 이 세계의 끝 마지막 하나- 하나씩 6.429개 - 하나) 세계를 밝혀 드러내고 빠져나와
2, **세계**를 흡하니 흡이 되었다.
3 세계 4, 5, 6, 7, 8, 9, 10, ...17, 18, 19
20 세계
이 세계의 끝 마지막 하나 (중요) → 이 세계에 올라오면 모든 이의 꿈을 이루어지게 해준다.

2(하나)

...생략...

6.428(하나)

마지막 하나 (중요) → 이 세계에서 이 모든 이들의 꿈을 이루게 해주는 세계

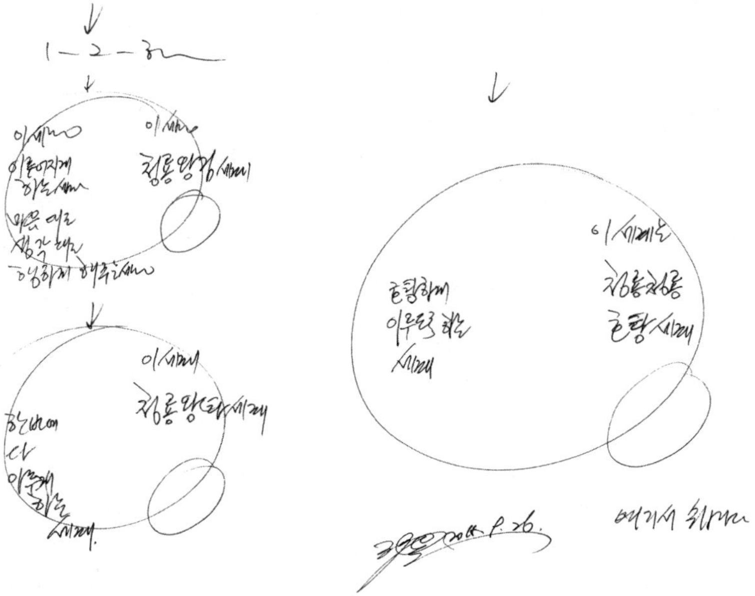

1 - 2 - 하나

이 세계는 **청룡왕검 세계**

이 세계에서 이루어지게 하는 세계 마음대로 생각대로 행하게 해주는 세계

1 - 2 - 하나 - 마지막 하나

이 세계는 **청룡왕타 세계**

한 번에 다 이루게 하는 는 세계

마지막 하나

이 세계는 청룡청룡 호탕 세계

호탕하게 이루도록 하는 세계

2015. 09. 26

천지천황천제, 천황천제진중제

천지천황천제 ⇒제사를 지내고 밤을 나눠서 먹고 대추를 나눠서 먹고 조기를 내장까지 다 먹어야 하고 또 산에 가서 성묘하며 따라 드리고 따라 받아 마시고 산소에 있는 것을 채취해야 하는 것은 산소에 계신 분들과의 인연을 끊는 것이고 인연으로 끊고 새로운 인연을 맺는 행사이었다. 이와 같이 인연을 끊고 새로운 인연을 맺게 되는 이 제를 천지천황천제한다.

이제 천지천황천재를 지냈으니 아마도 앞으로는 제사도 간소화되고 없어지는 제사도 생길 것이다. 제사가 간소화되고 제사가 없어지는 것은 제사가 간소화되는 것은 위 세계로 올라가서 간소화되는 것이고 제사가 없어지는 것은 전생에 여러 생에 여러 사람이었으나 한 사람이 여러 사람의 태어났기 때문에 여러 사람이 한 사람이 되었기에 여러 차례에 걸쳐 제사를 지낼 필요가 없어졌기 때문에 한 사람임에 여러 제사를 지낸 것과 같은 것을 하나로 묶었다고 보면 될 것이다. 이것이 천지천황천제이다.

밤을 먹으며 소원을 빌게 하고 대추를 먹으며 소원을 빌게 하고 곶감을 먹으며 소원을 빌게 했던 것은 제사를 하나로 묶으며 간소화하면서 간소화하게 해준 화답으로 소원을 말하게 해서 들어줄 수 있는 소원을 들어주기 위해서 그와 같이 행한 것이다.

어쩌거나 모든 식구들이 불평불만은 있었으나 원만하게 행해짐에 고맙게 생각한다.

어제는 명절 제사를 시작으로부터 시작된 것이었고

오늘은 어제에 이어서 벌어지는 천황천제진중제이다.

천황천제진중제란 ⇒ 천지천황천제가 원만하게 이루어졌고 또 소원들을 들어줌에 감사와 고마움에 제를 지내는 것이다. 절할 때 고맙습니다. 감사합니다. 소원을 들어주셔서 감사합니다. 고맙습니다. 절을 하면서 확철 칠통도 모르게 마음 안에서부터 나온 것이 이러한 이유 때문이다. 지금은 어디까지 소원을 들어줄 수 있고 들어줄 수 없는 소원이 있는지 살펴보는 과정에 있다. 아마도 들어줄 수 있는 소원과 들어줄 수 없는 소원을 말할 것이다. 일단 회의 중에 있으니 회의가 끝나면 또 부를 것이다. 이와 같이 제를 할 수 있는 것은 그나마 봉삼주가 마련되어 있었기에 가능한 제이고 아마 봉삼주가 없었다면 해주려고 했어도 해줄 수 없었을 것이다. 어제 식구들에게 봉삼주 퇴주로 한 잔, 나중에 한 잔 이와 같이 마시게 한 것은 첫 퇴주 는 머리를 깨이게 하는 것이었고 2번째 마시게 한 제사에 올렸던 봉삼주를 마시게 한 것은 앞으로의 소원이 원만하게 이루어지게 하기 위해서 먹게 한 것이고, 밤을 먹게 한 것은 자손이 세세생생 끊어지지 않고 이어지게 하고자 함이었고, 대추를 먹게 한 것 또한 자손이 끊어지지 않고 많은 자손들이 태어나게 하게 함이었다. 아마도 자손이 많게 될 것이다. 지금까지는 손이 귀하게 이어져 왔는데 앞으로는 손이 귀한 것이 아니라 손이 많게 된 것이다. 조기를 내장까지 먹게 한 것은 테스트 시험도 있지만 얼마나 성실하게 해낼 수 있을까 시험해 본 것이다. 약간의 불평불만은 있었지만 그것만으로도 충분하다고 본다. 어쩌거나 원만하게 이루어졌음에 감사하고 고맙다. 앞으로는 제사 엄청 간소화 될 것이다.

지금처럼 제사 음식이 필요 없게 위 세계로 올라왔기 때문이다.

또 오라고 하네요. 제를 지내고 있는 중에 회의 한다고 하셔서 물러나 있는 중입니다.

제 올린 사과를 먹으라 해서 반쯤 먹고 나눠 먹어야 한다고 하니 놓고 가라고 해서 왔습니다.

천지천황천제, 천황천제진중제는 아무나 할 수 있는 것이 아니라 수행이 고도로 이루어지고 또 수행이 고도로 이루어져서 천지창조제를 지내고 마친 분들임에도 더 그 위로 올라간 분들에 한해서 할 수 있는 제입니다.

이 2제를 지낸다는 사실만으로도 조상님이나 후손들에게 어마어마한 행복이고 축복이며 더 없이 수행의 도줄이라고 할 있을 겁니다.

이것 외에 오늘 2개의 제를 더 지내야 한다고 하네요.

어떤 제인지? 그러니 말씀해 주십니다. 맞이하고 보내는 제라고 하네요.

먼저 맞이하고 그리고 보낸다고 합니다. 지난 인연들을 보내고 새로운 인연들을 맞이하는 것이라고 합니다. 사람은 영적으로 볼 때 한 사람인데, 지구란 행성에서 윤회하면서 윤회한 만큼의 몸을 갖고 태어났던 형상의 형태의 이름들을 다 버리고, 부모 자식 배우자 및 조상의 모든 인연을 버리고 올라온 위 세계에서 함께 하게 되는 새로운 인연으로 맺어짐에 감사하고 고마워하며 감사와, 존경, 낳아주셨음으로 지금의 내가 있게 된 고마움을 전하여 말하며 담소를 나누고, 위 세계에서 새롭게 여럿이 아닌 한 영적존재로 맞이하게 됨에 즐거움과 행복 축복에 대한 제가 이어진다고 합니다.

사실 밑에 세계에서는 윤회하면서 여러 몸을 하고 그러다보니 부모 형제 자식 배우지 및 조상이 아닌 적이 얼마나 없겠습니까마는 위 세계에 올라오면 이 모든 것들이 하나가 여러 번에 걸쳐서 모습을 달리했을 뿐 한 사람이 여럿으로 나타난 결과에 지나지 않으니 이 모든 것들이 지금에 위 세계에서의 한 사람에 지나지 않으니 모든 아래 세계의 이름이나 불리어졌던 모든 인연들은 위 세계에서 보면 하나에서 뻗어 나온 여러 줄기나 뿌리에 지나지 않은 만큼 위 세계에 올라온 만큼 아래 세계에서의 잔뿌리 같은 인연은 이게 거두고 원래의 본래의 하나로 마주하게 되는 것 같습니다.

어찌하면 당연한 것 같은데도. 가까운 기억이 먼저 나서서 행동하게 된다고 쉽지 않은 일인데도 이와 같이 쉽게 이루어질 수 있는 것은 그간에 기억을 지워서 조금 남은 기억으로 하는 것이기에 그나마 쉽다고 합니다.

또 오라고 합니다.

이것을 이와 같이 할 수 있는 그 만큼 수행이 되어야 하고 수행이 되어서 조상님들 및 수행자 자기 자신의 인연자들을 전생에서부터 이생에 이르기까지 모두 다 거둬서 위 세계로 올렸을 때 가능한 듯싶네요. 그래야 아래 세계에서의 잔뿌리라고 할 수 있는 인연자들을 모두 올려야 올림으로 잔형들은 없어지고 본래만 남을 수 있고 본래의 자기 자신만이 있게 되니 본래의 자기 자신 외에 다른 것들은 허망이고 망상인지 알고 허상과 망상을 놓고 오직 본래의 나만을 알게 되어 본래의 내가 있음으로 저들이 있었는지를 알게 되고, 그러므로 본래의 내가 본래의 내가 또 다른 나의 다른 모습을 했던 부분들을 없애거나 지울 수 있기 때문이 아닌가 싶습니다.

천지천황천제, 천황천제진중제는 이것으로 끝이 났다고 하네요. 보내고 맞이하는 것은 어제 차례상에서 했고 또 성묘 왔을 때 주고받은 술잔에 주고받은 이야기라고 하네요.

2015. 09. 28 09:18

천제지중현웅제, 천지현웅천제지제

이제는 또 다른 제 2개를 지내야 한다고 합니다.
그 하나는 천제지중현웅제 이것은 하늘에 지내는 제로 땅에 있는 모든 것들이 현재 드러나 있는 상태에서 언제나 즐겁고 행복하도록 축복을 내리는 제라고 합니다.
다른 하나는 천지현웅천제지제 이것은 천지에 지금 드러나 있는 모든 것들이 즐겁고 행복하도록 축복과 행운이 가득하도록 내리는 제라고 합니다.
놓았던 것을 자리바꿈해야 하는가? 봅니다.
자리바꿈을 하고 술을 한 번에 한잔씩 올리되 술잔에 술을 따라올 때 아까는 5번에 나눠서 따라 한 잔에 담아 2잔을 올렸었는데 이번에는 한 번에 따라서 가져오라고 해서 한 잔에 한번 따라 올리고 절하고 다 마시고, 다시 한 잔을 따라오라고 한 번에 따라서 갖다 올리니 진한 원두커피도 올리고 절을 하라고 해서 절을 하고 술잔을 절반 비우라고하고는 원두커피를 먹으라 해서 먹으니 그것은 독이다. 우리들의 독이다. 그것을 먹고 정화해야 한다고 했다. 올린 원두커피도 절반 마시고 그만 마시고 남은 술잔을 다 비우라고 했다. 남은 술잔을 다 비우니 이번에는 남은 원두커피를 다 마시하고 했다. 다 마시고 물러나 있으라고 한다.
술은 꼭 봉삼주를 원하시고 봉삼주가 없으면 안 된다 하고. 그것도 제사를 모셨다가 조금 아주 조금 다른 병에 희석해야 하는데, 모임에 오시는 도반님들에게 준다고 희석해 놓은 것이 너무도 잘 되었다. 저번에 주려고 했던 것을 막은 것이 이와 같은 제 때문에 모임에 참석하신 도반님들은 맛을 보지 못했지만 주었거나 또 먹었거나 하면 불경죄로 엄하게 고통 받을 뻔했다. 이런 봉삼주가 마련된 것이 오늘의 이런 제들을 원만하게 지낼 수 있는 것 같다. 원두커피 역시도 가루로 있어서 쉽게 쉽게 내릴 수 있어서 너무 좋고 원두도 좋은 것이어서 너무 좋으시단다. 일반인들이 몰라서 그렇지 원두커피는 지구를 거의 다 창조해 놓고 그럼에도 피곤하거나 힘든 이들을 위하여 위로하기 위해서 뭐가 필요한가? 생각했을 때 떠오른 것이 커피였단다. 그래서 커피나무를 심게 되었다. 그래서 **커피란 용어는 몸의 언어**로 피로회복이란 뜻이고 **영적 언어**로는 행복과 즐거움이란 뜻이 숨어 있다고 한다.
커피를 원두로만 마시면 위장이 나쁜 사람도 좋아지고 몸이 피곤하고 마음이 불편한 경우 좋아지는데 많은 아니 거의 대부분이 설탕에 믹서에 혼합해서 먹기 때문에 본래의 커피가 변질됨에 따라서 몸에, 마음에, 정신적인 부분에, 의식에 좋지 않은 경향을 줄뿐이지 원두커피는 정말로 좋은 것이다.
그래서 확철 칠통이 제를 지낼 때마다 원두커피가 빠지지 않는 이유도 여기에 있다. 저 많은 독과 업들을 다 마시고 또 품으면서 견디고 있는 것은 저 원두커피 때문입니다. 몸은 이미 만신창이가 되어 있고 모든 세포들마저 독과 업에 떨고 있지만 저런 것들을 버티며 진행하는 것은 이 원두커피 때문이다. 그 만큼 원두커피가 좋다. 원두커피는 독이면서 독을 해독하고 독을 제거하며 또 업이면서도 업을 녹게 하는 원두커피다.

또 오라고 하네요.
남은 원두커피를 다 따르고 자두가 2개 있을 거니 가져오라고 해서 가니 3개 있네요. 3개 모두 다 자기들이 가야 한다고 합니다. 그래서 가서 물으니 다 가져오라고 해서 다 가져다가 한 분 한 분에게 물어서 맞게 놓아드리니 이제 대추 2개 있으니 가져오라고 가져가서 물으니 주인이 아니 받을 분이 없습니다. 이것은 네 것이다. 2개를 벌려 놓거라. 다시 사과 하나 있으니 가져오라고 했다. 그리고 이 자리이니 여기에 놓으라 했다.
놓고 절하라고 해서 절을 했다. 절을 하면 나도 모르게 안에서부터 감사합니다, 고맙습니다…….여러 말들이 나온다. 다 기억도 못한다. 말할 때는 심각하고 어느 때는 한참을 생각해서 대답을 해야 한다. 한참 생각하고 대답하고도 또 되묻는 말에 생각해서 대답해야 한다.
사실 누군가 진행을 시키고 있다. 절을 하라면 하고 몇 번 절하세요. 주는 것 머리 위로 손을 올려서 받아야 합니다. 받지 말아야 합니다…….등등 진행을 합니다.
소유설화님하고 명하님 영란님이 진행하고 있다고 합니다. 확철칠통을 도와서 하는 것이랍니다 처음에는 소유설화님이 도와서 했고 그러다가 명하님이 합세하여 도와주고 있고 그러다가 영란님이 합세했다고 합니다.
저는 시키는 대로할 뿐 이렇게 진행되는지 모릅니다. 몰라도 된다고 합니다. 그냥 따라서 하라는 대로 하고 마음에 있는 대로 말하고 물으면 대답하면 그 이후에는 위에서 마음과 대답을 듣고 여러가지 결정을 한답니다. 그러한 결정들로 제가 이루어지고 있고 지금까지는 너무도 순조롭게도 원만하게 잘 진행되어 왔다고 합니다.
또 오시라고 합니다.
기어서 갔습니다. 오라고 해서 가면 저도 모르게 기어서 갑니다. 가서 무릎 꿇고 앉으니 네 것 먼저 먹으라 합니다. 대추를 깨끗하게 먹으랍니다. 그래야 자손도 끊어지지 않고 제가 공부하면 밝힌 법이 끊어지지 않고 이어진다고 합니다. 그러면서 여러 이야기가 오갔습니다. 다 적을 수 없지만…….그러고 나니 자두를 먹으랍니다, 자두가 뭐지? 알아내라고 그러고 나서 먹든지 말든지 하랍니다. 알아냈는데 적지는 말라고 해서 무슨 뜻과 의미가 있는지 적지 않습니다. 어떻게 이것을 준비했느냐? 물었습니다. 준비하지 않고 할 수 있는 것은 아무 것도 없다고 합니다. 오래 전부터 준비가 된 것이랍니다. 사과는 한 3주전에 준비된 것이고 자두는 지난 금요일 이00님과 최00님 부부 2분이 사와야 하는 이유가 그 뜻과 의미에 있다고 하네요. 그리고 2개를 남겨야 하는데 누군가 먹지 않았다고 합니다. 그 분이 먹으면 딱 2개인데…….그 분이 먹지 않으셔서 3개를 잘 쓰게 되었답니다. 3개를 쓰고 보면 너무 잘 되었답니다. 그날 제가 먹어야 하는데 안 먹었다고 하네요. 그랬나 싶어요. 기억에 전혀 없거든요.

대추는 00이 사 왔는데 이것도 00이가 사와야 하는 이유가 있었답니다. 00이가 자식이 없기 때문에 자식 있는 사람이 사오면 그쪽 자손이 번창하는 것이기에 안 되고 00만이 자격을 갖추었기에 사오라고 한 거고 다 먹고 딱 2개가 남게 되었다고 하네요.

너무 잘 되었다고 합니다.

또 오랍니다. 자두 하나, 커피, 사과가 남았습니다.

한 두 발작 걷자 여기서부터 기어서 오랍니다. 제가 네발달린 짐승인가? 네가 뭘 잘못했을까? 그러면서 갔습니다. 가서 무릎 끓고 앉으니 이것이 나의 피와 눈물이다. 이와 같이 오랜 생 동안 네가 나로 하여금 피와 눈물을 흘리게 했단다. 그래도 네가 우리들을 용서하고 받아 준다고 해서 더 이상 여러 이야기하지 않기도 했단다. 내 안에서 미안합니다. 죄송합니다. 여러 말을 했으나 기억이 없다. 그리고 하나 남은 자주를 먹으라고 해서 먹는데, 피와 눈물을 흘리지 않게 잘 먹으라고 했다. 조심스럽게 먹는데도 물러서 그런지 즙이 흘렀다. 다행이며 손이 끊어질 뻔했구나. 그런 속에 어제 진행되어 있던 이야기를 했다. 그것과는 또 다른 의미가 있다고 했는데, 다행이라고만 하셨습니다.

그러고 또 물러가 있으란다. 그래서 돌아와 글을 쓰고 있다.

또 오라고 합니다.

그러면서 여기서부터 기어서 오랍니다. 기어서 가는데 더 많은 부분을 붙여서 오랍니다. 더 많은 부분을 바닥에 붙이며 가면서 이것은 파충류, 뱀, 용…….생각이 일어났습니다. 이런 생각을 하며 갔습니다. 누워서 인사를 하고 이것이 네 기억에 없는 우리들 파충류들에게 잘못한 것들이다. 이 독을 다 한 번에 마셔라. 그러므로 화해하는 것이다. 네가 먼저 받아주었으니 우리도 받아주는 것이고 하셨다. 가라고 해서 일어나니 기어서 가라고 했다. 다시 기어서 왔다.
또 오라고 합니다. 이제는 사과 하나 남았습니다.
아까보다 더 땅에 붙이고 뒹굴며 오랍니다. 뒹굴며 기어서 가면서 곰뱅이, 지렁이와 같은 벌레들이 생각났습니다. 도착하니 일어나지 말고 사과 한 입 먹고 가랍니다. 가는데 기어서 가랍니다. 다 기어 왔는데 더 뒹굴고 참회하랍니다. 잘못했습니다. 용서하십시오, 제가 알고 모르게 행했던 살생들을 다 용서하십시오, 서죄합니다. 용서하십시오…….얼마나 했을까? 일어서라고 하셨다.
또 오라고 하는데 이번에는 날아서 오랍니다. 생각 중입니다. 어떻게 날아서 가나? 하고, 하루살이 및 날아다니는 것들은 대부분 위 세계에서 온 것들인데 그런 줄도 모르고 알게 모르게 살생을 많이 했다가 어느 때부터 공부가 조금 되면서부터 우리들을 위로 좋은 곳으로 가라고 했으나 그 전에 사생 당한 이들을 위하여 제를 올려야 한다고 합니다.
생각해 내서 물으니 그렇게 오라고 합니다. 이곳에는 적지 마랍니다. 한참을 사무실을 날아다녔습니다. 몸에서 무엇인가? 빠져나가는 것 같았습니다. 그것들이 있다가 이제 빠져나가는 거랍니다. 그래서 지구를 의식해서 지구 내에서 있는 모든 것들을 위로 올리려고 하며 올리니 조금 있다가 그만 날고 오랍니다.
사과 2 입을 먹고 오려니 아까 뒹굴며 굼벵이 및 기어 다니는 것이 생각나서 지구 밖에서 지구 내에 있는 것들 위로 끌어올리니 조금 더 있다가 다 끌어올린 다음에 가라고 해서 그렇게 하는데 하나 둘 밑으로 빠진다. 왜 그런가 했더니 죄업 때문인 것 같아서 모두 다 용서하기로 했다고 하니 모두 다 달라붙는다. 그래서 안으로 들어와 본성의 빛 자등명에 올려 태워서 가도록 했다.

이제 2가지가 남았는데 정말로 어려운 것이라고 하네요.
이것이 뭔지 모릅니다. 내가 놀랄 수도 있다고 합니다. 네 기억에 없는 것인데…….수행할 때 있었던 일인데, 그렇게 하면 수행이 잘 된다고 해서 한 행동인데 이것이 어마어마한 죄업이었고 살생이었습니다. 이 죄를 어떻게 해야 하리 모르겠습니다. 내가 기억에 없는 전생에 수행을 위해서 그렇게 했다니. 지금도 이와 같이 수행하는 분들이 있는데, 이 시기에는 그렇게 해야 한답니다. 어쩔 수 없는 상황이지만 지금은 그렇게 한 수행의 행동에 사죄하고 용서를 빌어야 한다고 합니다. 이 또한 말하지 말라고 합니다. 다만 사죄하고 용서하고 저 자신이 놀랄 뿐입니다. 미안합니다. 정말로 잘못했습니다. 용서하십시오. 여러 분들의 덕택에 지금의 내가 있습니다. 고맙습니다. 여러분들의 은혜를 입었기에 현재의 내가 있습니다. 감사합니다. 조심하고 또 조심하며 잘 하겠습니다.
아직도 말이 많고 앞서 생각을 많이 합니다. 그냥 행해지면 행하면 되는데, 행해지기 전에 알고 싶어서 이 생각 저 생각합니다. 아주 짧은 시간이자만 앞으로는 그것마저도 하지 않았으면 좋겠습니다. 그냥 생각 없이 일어나는 대로 일어난 일에 감사하고 고마워하면 되는데 미리 알려고 하는 것이 있다고 합니다. 미리 알려고 하다 보니 너무 많은 이들을 죽이게 된다고 합니다. 이미 나서면 일어난 일인데 일어난 일에 잘못되면 그것은 살인이고 또 잘못을 주도한 책임이 따라오는데 그것들을 수행이라면 미명 아래 너무 많이 했고 또 어떤 행을 하는 과정에서 지금 지내는 제에서조차도 미리 알고 싶어 하는 행동, 미리 짐작해 알려고 하는 행동, 맞지도 않는 것을 맞추려고 하는 행동,...너무 많은 잘못된 행동들로 인하여 살생하게 된 너무 많은 살인들...살인은 꼭 살아 있는 것을 죽이는 것만이 살인이 아니라 생각하고 또는 마음을 무엇인가를 했다가 하지 않는 것 역시도 살인이다. 이러한 살인을 하지 않기 위해서는 미리 알려 말고 미래 행하려 하지 말고 필요 없는 말을 하지 말아야 한다. 그렇지 않고 안다고 확실하게 알지 못하면 말하는 모든 언행은 생각의 행, 마음의 행, 의식의 행…….행으로 나온 것들은 그것이 현실적으로 이루어졌을 때에는 살인이 아니지만 그렇지 않은 모든 것들은 죽어야 하고 없어져야 하니 행하는 것으로 만들어지고 창조되는 사라져야 하는 만큼 행하여 만들어지고 창조된 것이 사라지게 하는 살인을 행하게 되는 것이니 앞으로는 조심하고 또 조심해야 한다.
말이 곧 창조고 행이며 생각이 곧 창조고 만들어지게 하는 요인이다. 의식이 이루어지게 하는 것이다. 창조하고 행하며 만들어지게 하고 이루어지게 해 놓고 잘못되었다고 부시고 아니라 하면 만들어지고 창조되고 이루어진 것은 어쩌란 말인가? 조심하고 또 조심해야 한다.
이제는 의식하고 인식함으로 만들어지고 창조되어 이루어진다. 조심하고 또 조심할 일이다. 앞으로는 이러한 것들을 살인하는 행을 저지르지 않았으면 좋겠다고 말씀하신다.
이제 가서 마무리하면 천제지중현웅제, 천지현웅천제지제, 2개의 제가 끝나고 한다.
오늘은 이것으로 오늘의 제는 모두 다 끝나고 내일 다시 새로운 제를 지내게 된다고 한다.
2015. 09. 28　10:58

청룡 청룡 호탕 세계~~~2번째 종의 계보 및 족보

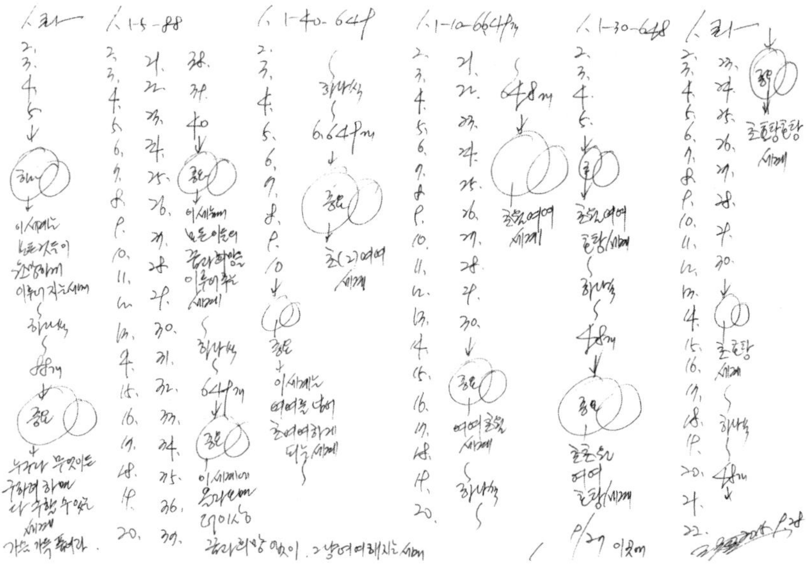

세계 1

1, (큰 1번째 –) 세계를 흡하니 흡이 되었다.

2, 세계

3 세계 4,

5 세계

이 세계의 끝 마지막 하나 (중요) → 이 세계는 모든 것들이 원만하게 이루어지는 세계

2(하나)

...생략...

88개 (하나)

마지막 하나 (중요) → 누구나 무엇이든 구하려고 하면 다 구할 수 있는 세계, 가슴 가득 품어라.

1, (1 – 5세계 이 세계의 끝 마지막 하나– 하나씩 –88개 – 하나) 세계를 밝혀 드러내고 빠져나와
2, **세계**를 흡하니 흡이 되었다.
3 **세계** 4, 5, 6, 7, 8, 9, 10,..... 37, 38, 39,
40 **세계**
이 세계의 끝 마지막 하나 (중요) → 이 세계는 모든 이들의 꿈과 희망을 이루어주는 세계
2(**하나**)
...생략...
649(**하나**)
마지막 하나 (중요) → 이 세계에 올라오면 더 이상 꿈과 희망 없이 그냥 여여해지는 세계

1, (1 – 40세계 이 세계의 끝 마지막 하나– 하나씩 –649개 – 하나) 세계를 밝혀 드러내고 빠져나와
2, **세계**를 흡하니 흡이 되었다.
3 **세계** 4, 5, 6, 7, 8, 9,
10 **세계**
이 세계의 끝 마지막 하나 (중요) → 이 세계는 여여를 넘어 초여여하게 되는 세계

2(**하나**)
...생략...
6.649(**하나**)
마지막 하나 (중요) → 초초여여 세계

1, (1 - 10세계 이 세계의 끝 마지막 하나- 하나씩 -6.649개 - 하나) 세계를 밝혀 드러내고 빠져나와

2, **세계**를 흡하니 흡이 되었다.

3 세계 4, 5, 6, 7, 8, 9, 10,..... 27, 28, 29,

30 세계

이 세계의 끝 마지막 하나 (중요) → 여여 초월 세계

2(하나)

...생략...

648(하나)

마지막 하나 (중요) → 초월 여여 세계

1, (1 - 30세계 이 세계의 끝 마지막 하나- 하나씩 -649개 - 하나) 세계를 밝혀 드러내고 빠져나와

2, **세계**를 흡하니 흡이 되었다.

3 세계 4,

5 세계

이 세계의 끝 마지막 하나 (중요) → 초월 여여 호탕 세계

2(하나)

...생략...

48(하나)

마지막 하나 (중요) → 초초월 여여 호탕 세계

세계 2

1, (큰 1번째 -) 세계를 흡하니 흡이 되었다.

2, 세계

3 세계 4, 5, 6, 7, 8, 9, 10, ...27, 28, 29
30 세계
이 세계의 끝 마지막 하나 (중요) → 초호탕 세계

2(하나)

...생략...

48개 (하나)

마지막 하나 (중요) → 초호탕호탕 세계

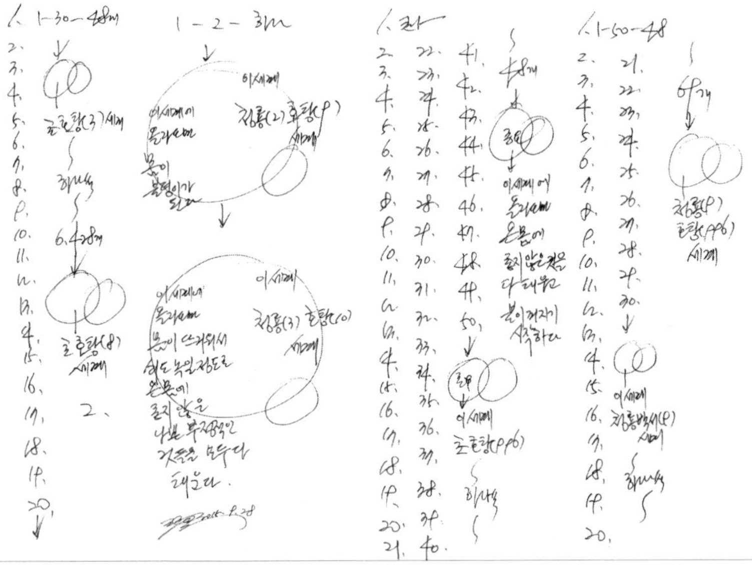

1, (1 - 30세계 이 세계의 끝 마지막 하나- 하나씩 -48개 - 하나) 세계를 밝혀 드러내고 빠져나와
2, 세계를 흡하니 흡이 되었다.
3 세계 4, 5, 6, 7, 8, 9, 10, ...17, 18, 19
20 세계
이 세계의 끝 마지막 하나 (중요) → 초 호탕(3) 세계

2(하나)

…생략…

6.428(하나)

마지막 하나 (중요) → 초 호탕(8) 세계

1 - 2 - 하나
이 세계는 **청룡(2) 호탕(9) 세계**
이 세계에 올라오면 몸이 불덩이가 된다.

1 - 2 - 하나 - 마지막 하나
이 세계는 **청룡(3) 호탕(10) 세계**
이 세계에 올라오면 몸이 뜨거워서 쇠도 녹일 정도로 온몸에 좋지 않은 나쁜 부정적인 것들을 모두 다 태운다.

세계 1

1, (큰 1번째 -) 세계를 흡하니 흡이 되었다.
2, 세계
3 세계 4, 5, 6, 7, 8, 9, 10...... 47, 48, 49
50 세계
이 세계의 끝 마지막 하나 (중요) → 초 호탕(996) 세계

2(하나)

…생략…

48개 (하나)

마지막 하나 (중요) → 이 세계에 올라오면 온몸에 좋지 않은 것을 다 태우고 불이 꺼지기 시작한다.

1, (1 – 50세계 이 세계의 끝 마지막 하나- 하나씩 -48개 - 하나) 세계를 밝혀 드러내고 빠져나와

2, **세계**를 흡하니 흡이 되었다.

3 세계 4, 5, 6, 7, 8, 9, 10,..... 27, 28, 29,

30 세계

이 세계의 끝 마지막 하나 (중요) → 이 세계는 청룡백서(9)세계

2(하나)

...생략...

69(하나)

마지막 하나 (중요) → 청룡(9) 호탕(996) 세계

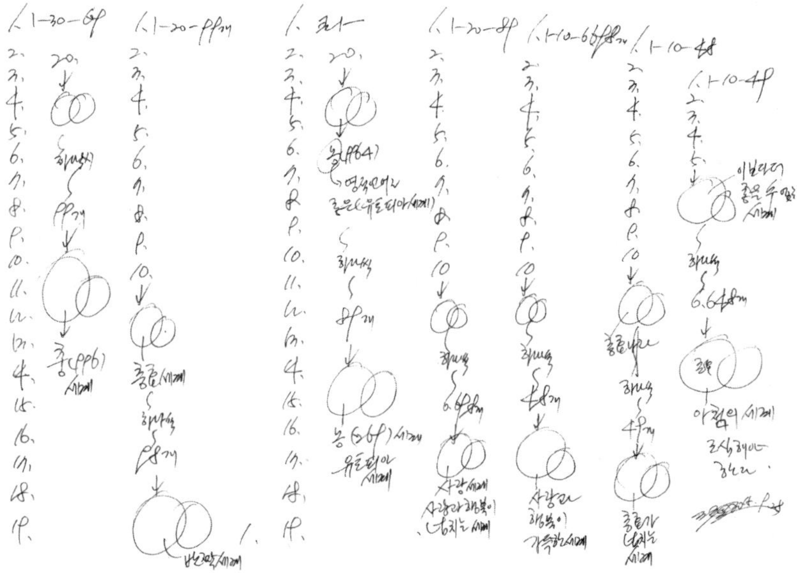

1, (1 – 30세계 이 세계의 끝 마지막 하나- 하나씩 -69개 - 하나) 세계를 밝혀 드러내고 빠져나와

2, **세계**를 흡하니 흡이 되었다.

...생략...

99(하나)

마지막 하나 (중요) → 충(996) 세계

1, (1 - 20세계 이 세계의 끝 마지막 하나- 하나씩 -99개 - 하나) 세계를 밝혀 드러내고 빠져나와

2, **세계**를 흡하니 흡이 되었다.

3 **세계** 4, 5, 6, 7, 8, 9,

10 **세계**

이 세계의 끝 마지막 하나 (중요) → 여여 초월 세계

2(하나)

...생략...

648(하나)

마지막 하나 (중요) → 충효 세계

1, (1 - 30세계 이 세계의 끝 마지막 하나- 하나씩 -649개 - 하나) 세계를 밝혀 드러내고 빠져나와

2, **세계**를 흡하니 흡이 되었다.

3 **세계** 4,

5 **세계**

이 세계의 끝 마지막 하나 (중요) → 초월 여여 호탕 세계

2(하나)

...생략...

98(하나)

마지막 하나 (중요) →반짝 세계

세계 2

1, (큰 1번째 –) 세계를 흡하니 흡이 되었다.
2, 세계
3 세계 4, 5, 6, 7, 8, 9, 10, ...17, 18, 19
20 세계
이 세계의 끝 마지막 하나 (중요) → 농(9.964) 세계, 농은 영적 언어로 좋은 유토피아란 말,

2(하나)

...생략...

89개 (하나)

마지막 하나 (중요) → 농(269) 세계, 유토피아 세계

1, (1 – 20세계 이 세계의 끝 마지막 하나– 하나씩 –89개 – 하나 **)** 세계를 밝혀 드러내고 빠져나와
2, 세계를 흡하니 흡이 되었다.
...생략...

6.698(하나)

마지막 하나 (중요) → 사랑 세계, 사랑과 행복이 넘치는 세계

1, (1 – 10세계 이 세계의 끝 마지막 하나– 하나씩 –6.698개 – 하나 **)** 세계를 밝혀 드러내고 빠져나와
2, 세계를 흡하니 흡이 되었다.
3 세계 4, 5, 6, 7, 8, 9,
10 세계
이 세계의 끝 마지막 하나
2(하나)

...생략...

48(하나)

마지막 하나 (중요) → 사랑과 행복이 가득한 세계

1, (1 - 10세계 이 세계의 끝 마지막 하나- 하나씩 -48개 - 하나) 세계를 밝혀 드러내고 빠져나와

2, **세계**를 흡하니 흡이 되었다.

3 **세계** 4, 5, 6, 7, 8, 9,

10 **세계**

이 세계의 끝 마지막 하나 → 충효나라

2(하나)

...생략...

49(하나)

마지막 하나 (중요) → 충효가 넘치는 세계

1, (1 - 10세계 이 세계의 끝 마지막 하나- 하나씩 -49개 - 하나) 세계를 밝혀 드러내고 빠져나와

2, **세계**를 흡하니 흡이 되었다.

3 **세계** 4,

5 **세계**

이 세계의 끝 마지막 하나(중요) →이 보다 더 좋을 수 없는 세계

2(하나)

...생략...

6.648(하나)

마지막 하나 (중요) → 아침의 세계 조심해야 한다.

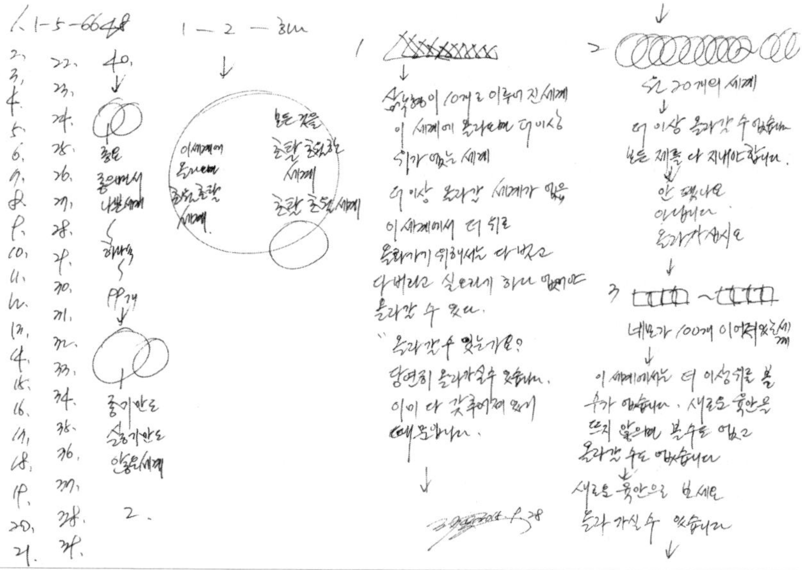

1, (1 - 5세계 이 세계의 끝 마지막 하나- 하나씩 -6.648개 - 하나) 세계를 밝혀 드러내고 빠져나와

2, 세계를 흡하니 흡이 되었다.

3 세계 4, 5, 6, 7, 8, 9, 10,.... 37, 38, 39,

40 **세계**

이 세계의 끝 마지막 하나(중요) →좋으면서 나쁜 세계

2(하나)

...생략...

99(하나)

마지막 하나 (중요) → 좋기만도 싫기만도 않은 세계

1 - 2 - 하나

이 세계는 모든 것들 **초탈 초월한 세계, 초탈 초월 세계**

이 세계에 올라오면 초월 초탈 세계

1, 삼각형이 10개로 이루어진 세계
이 세계에 올라오면 더 이상 위가 없는 세계 더 이상 올라갈 세계가 없음, 이 세계에서 더 위로 올라가기 위해서는 다 벗고 다 버리고 실오라기 하나 없어야 올라갈 수 있다.
올라갈 수 있는가요? 당연히 올라가실 수 있습니다. 이미 다 갖추어져 있기 때문입니다.

2, 원이 20개의 세계
더 이상 올라갈 수 없습니다. 모든 제를 다 지내야 합니다. 안 됐나요? 아닙니다. 올라가십시오.

3, 네모가 100개 이어져 있는 세계
이 세계에서는 더 이상 위를 볼 수가 없습니다. 새로운 육안을 뜨지 않으면 볼 수도 없고 올라갈 수도 엇습니다. → 새로운 육안으로 보세요. 올라가실 수 있습니다.

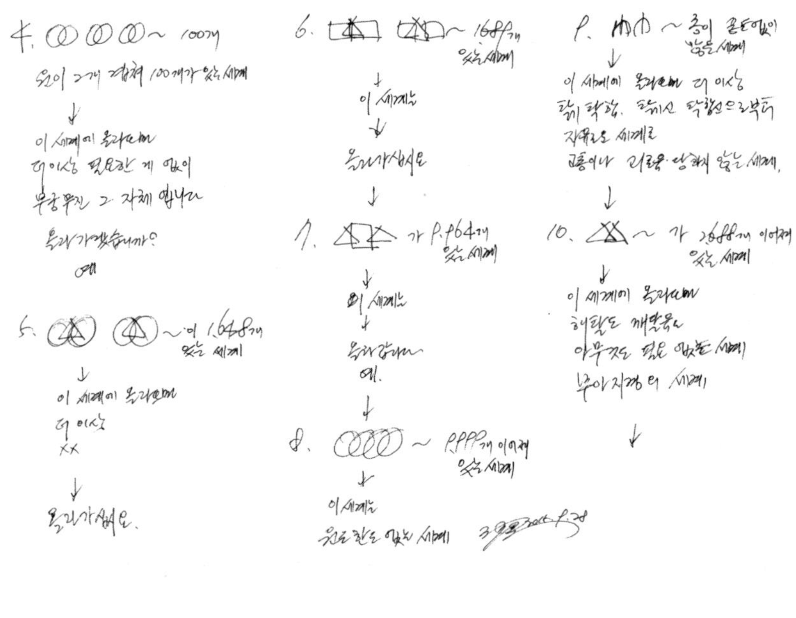

4, 원이 2개가 겹쳐 있는 것이 100개가 있는 세계
이 세계에 올라오면 더 이상 필요한 게 없이 무궁무진 그 자체입니다. 올라가셨습니까? 예

5, 원이 2개 겹쳐 있는 중앙에 삼각형이 있는 것이 1.648개 있는 세계
이 세계에 올라오면 더 이상 없습니다.
올라가십시오.

6, 네모와 네모를 세모 하나로 겹쳐 있는 것이 1.689개 있는 세계
이 세계는 → 올라가십시오.

7, 삼각형과 삼각형을 네모가 겹쳐 있는 것이 9.964개 있는 세계
→ 이 세계는 → 올라갑니다. 예

8, 원이 9.999개 이어져 있는 세계
→ 이 세계는 원도 한도 없는 세계

9, 종이 끝도 없이 많은 세계
→ 이 세계에 올라오면 더 이상 탁기 탁함 탁기신 탁함신으로부터 자유로운 세계로 고통이나 괴로움 당하지 않는 세계

10, 삼각형이 2.688개 이어져 있는 세계
→ 이 세계에 올라오면 해탈도 깨달음도 아무 것도 필요 없는 세계
무아지경의 세계

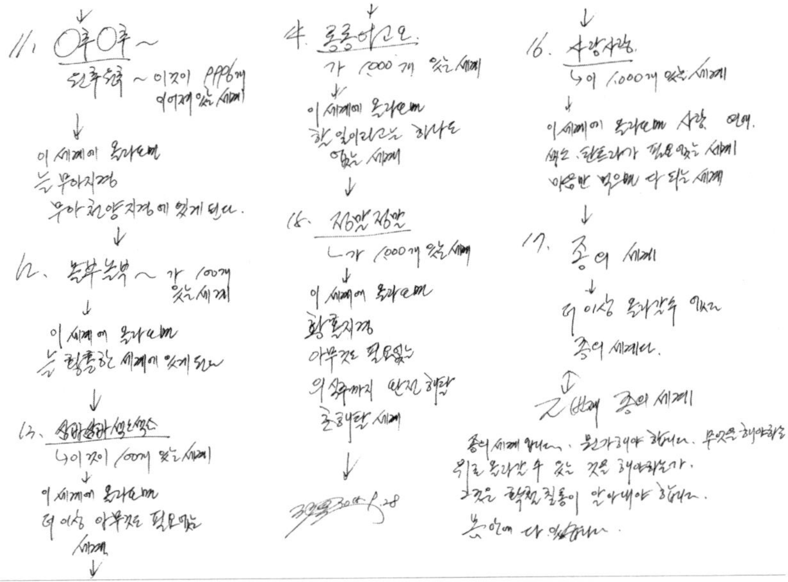

11, 원추원루~ 이것이 9.996개 이어져 있는 세계
→ 이 세계에 올라오면 늘 무아지경, 무아천양지경에 있게 된다.

12, 놀부놀부~ 가 100개 있는 세계
→ 이 세계에 올라오면 늘 황홀한 세계에 있게 된다.

13, 쌈바쌈바섹스섹스 이것이 100개 있는 세계
→ 이 세계에 올라오면 더 이상 아무 것도 필요 없는 세계

14, 롱롱어고오가 100개 있는 세계
→ 이 세계에 올라오면 할 일라고는 하나도 없는 세계

15, 정말정말 이것이1.000개 있는 세계
→ 이 세계에 올라오면 황홀지경 아무 것도 필요 없는 의식주까지 완전 해탈, 초해탈 세계

16, <u>사랑사랑</u> 이것이 1.000개 있는 세계
→ 이 세계에 올라오면 사랑, 연애, 섹스, 탄트라가 필요 없는 세계
마음만 먹으면 다 되는 세계

17, 종의 세계
→ 더 이상 올라갈 수 없다.

2번째 종의 세계

종의 세계입니다. 뭔가 해야 합니다. 무엇을 해야 하는가? 위로 올라갈 수 있는 것을 해야 하는가? 그것은 확철 칠통이 알아내야 합니다. 몸 안에 다 있습니다.

2번째 종의 세계의 황국을 세운다. 태평성대를 세우되 계단과 같이 계단은 전제가 계단으로 태평성대를 이루지만 위 아래가 있는 것과 같이 위아래가 있으면서 바르게 서는 것과 무너지지 않고 바르게 서게 하며 위계질서가 있다.
모두 다 저마다 대접을 받고 서로가 서로에게 공손하고 대접하며 즐거움과 행복이 가득한 세계, 왕국, 세세생생 무너지지 않고 바르게 서서 바르게 돌아가면서 태평성대가 이루어지는 세계 → 와~우~ 가능한가요? 예
예전에는 태평성대만 말씀하셔서 무너지고 올라가지 못했습니다.
이제야 바르게 올라갈 수 있게 되었습니다. 감축 드립니다. 축하합니다.
2번째 종 역사다.
올바르게 서 있고 위계질서가 있다.
위아래가 있되 법과 질서, 진리와 법규가 바르게 서 있는 태평성대를 이루셨습니다.
감사합니다. 고맙습니다.
확철 칠통 --- 어떻게 된 거야. 말 그대로입니다. ---
또다시 제가 시작됩니다.

내일부터 제2의 종이 말씀대로 태평성대가 되도록 하는 제가 시작됩니다.

여기서 쉬면 좋겠는데, 그것이 안 됩니다. 또 영토를 확보해야 합니다.

→ 영토 →

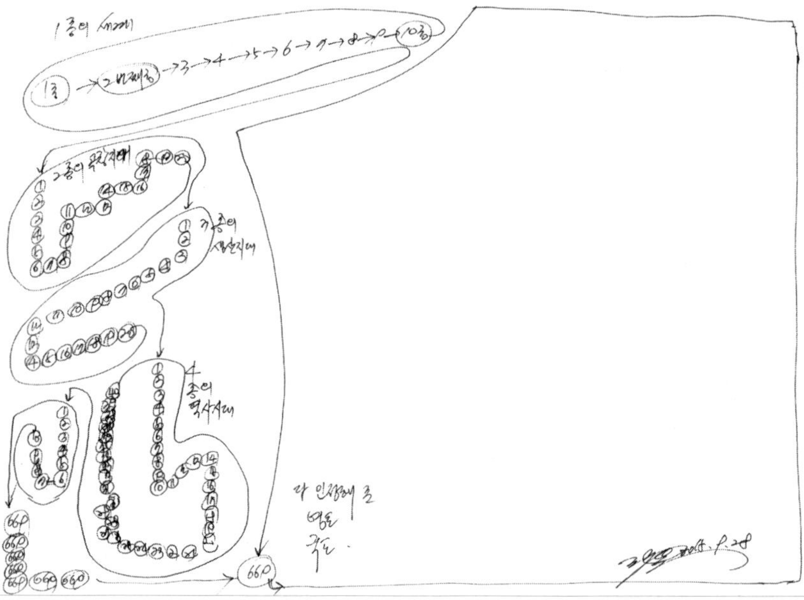

청풍청월제, 청풍호월제, 창공농통제, 창공호탕제를 지내다

오늘은 제를 4개나 지냈다.
청풍청월제, 청풍호월제, 창공농통제, 창공호탕제 이렇게 4개를 지냈다고 합니다. 오늘은 내자가 출근하지 않은 추석연휴라 혼자 집에서 06시 30분에 나와 차를 타니 차를 나를 이끈다. 이끄는 대로 도착하니 동네 관악산 줄기 아래 주차를 하고 산으로 올랐다.
산을 빙빙 돌고 돌아 바위가 많은 바윗길 비탈진 바윗길을 오르니 모셔가야 한단다. 한 나무에서 물고 물어서 가실 분만을 10분 모시고 또 오르고 3분 그 다음부터는 어디서 몇 분을 모셨는지 모른다. 여러 차례에 걸쳐 모셨다. 내려오면서도 모셨다.
산을 얼마나 걸고 걸으며 모셨을까? 산을 내려와 차를 타니 8시 20분 다 모셔지지 않아서 또 모시러 가야한다고 해서 출발했다. 또 모셔올 분을 찾아 모시고, 또 다른 분들을 모시고 출발하려고 09시 08분 선원에 도착하니 09시 26분이었다.
선원에 들어오며 산에서 모셔온 분들과 들에서 모셔온 분을 자리에 놓고 제사를 지냈다. 전에 이번에는 수저 다섯, 젓가락 5개, 난데없이 라면? 아마도 면 때문인 듯싶다. 수명과 관계가 되는 것은 아닌가 싶은 생각이 들었다. 거기에 밥, 2개 잔에 봉삼주를 따라 놓고 제를 지냈다.
끓인 라면을 게임하며 묻고 답하며 먹었다. 밥도 게임하듯 묻고 답하며 먹었다. 많이 묻고 대답했으나 생각이 전혀 나지 않는다. 다만 많은 질문을 했고 대답했다. 술도 한 번만 따라 주고 마신 것이 아니어서 봉삼주에 취기도 있었다. 그래서 그런지 기억에 없다. 제를 지내고 나니 추석에 시골 산에서 채취해 모셔온 것과 오늘 아침 산에서 채취해 모셔온 것을 담근병에 나눠서 놓게 하고는 술을 사다가 부어놓으라 해서 부어놓았더니 청풍청월제 1년 뒤라고 쓰게 했다. 이때까지 2개의 제가 끝났다. 청풍청월제는 술을 담그면서 끝났고 청풍호월제 게임하듯 묻고 답하며 마신 술과 음식으로 끝났다.
산에 올라가서 채취해 모셔오는 것이나 들에서 채취해 모셔오는 것이나 가보면 준비되어 있다. 다만 가서 어느 것인지 알아내서 가져오는 것이 본인의 일일뿐 이미 준비되어 있었다. 마음으로 물으면 대답하면 좋은데 어떤 때는 실험한다. 어떻게 알아내는지. 대답이 없다. 대답 없는 가운데 속삭이는 속에서 찾아 모셔 와야 한다. 늘 하는 말 모셔올 사람이 아니면 된다는 것이고 꼭 필요한 분을 모셔 와야 한다는 것이고, 모시며 손에 쥐고 있으면 주변에서 어마어마한 일을 하고 있구나. 그런 엄청난 일에 난 낄 자격이 없는 말들이 들린다.
산을 걸을 때 또는 들을 걸을 때 주변에서 어마어마한 엄청난 일을 하시는군요? 굉장합니다. 하지만 뭐가 뭔지 모르겠다.
모실 때 물으면 우리는 그런 자리 낄 수조차 없다. 또는 그런 자격이 없다. 우리도 그런 자리에 낄 수 있었으면 좋겠다. 구경이라고 해보았으면 좋겠다고 하지만 난 모르고 한다.
한다기보다는 시키니 하는 것이다. 안내하는 대로 가서 묻고 대답으로 찾아내서 여기 자르라 하면 자르고 이것은 두고 이것만 가져가라고 하면 가져올 건만 가져온다. 그렇게 가져와서 마치 그렇게 해도 쉽게 되지 않을 아름다운 보기 좋은 모양이 되어 있다. 놓으면 보기가 좋다.
분명 채취해 모셔올 때는 한 분 한분…….그렇게 모셔서 한 군데로 묶는데 말이다.
제사를 모시고 술까지 사다가 담금하고 나니 나갈 채비를 하란다. 그래서 서둘러 나갈 채비를 하니 물도 챙기란다. 물도 챙기고 나섰다. 선원을 나서며 시계를 보니 11시 24분, 차를 타고 운전을 시작하며 물었다. 어떤 진언을 하면 좋으냐? 그랬더니 엉기성기를 하란다. 엉기성기는 몸의 언어로 어허 좋을시고 영적 언어로 최고다 최고한 뜻이란다. 차를 운전하며 엉기성기 엉기성기....를 염하며 안내하는 대로 갔더니 평소에 기름 넣는 주유소를 들려 기름을 가득 넣게 한다.

기름을 가득 넣고 생각하니 지금 나를 보호하시는 분이 5명으로 아는데 누구누구냐 물었다. 소유설화님, 명화님, 영란님은 알겠는데 2분은 모르겠는데 누군지 이름이라도 알려달라고 했다. 그랬더니 아침에 명하님을 모셔왔잖아요. 이름이 같은 2번째 명하님이라 했고, 다른 한분은 말을 아끼는 듯싶더니 명순도술이라고 했다. 명순도술이란 분에 대해서는 할 이야기 많은데 이곳에 할 이야기가 아닌지라 이정도로만 한다.

어디를 가려고 기름이 있는데도 기름을 가득 넣을까? 물어도 대답이 없다. 가득 넣고 달려는데 이제는 엉기성기 엉기섹스 섹스성기…….염하라고 했다.

엉기성기⇒최고다 최고, **엉기섹스** ⇒최고로 좋아, **섹스성기**⇒ 좋아 최고로 란 **영적 언어의 뜻**이다.

그러므로 엉기성기 엉기섹스 섹스성기 = 영적 언어 = 최고다 최고, 최고로 좋아, 좋아 최고로의 뜻이다.

운전하며

엉기성기 엉기섹스 섹스성기...엉기성기 엉기섹스 섹스성기...엉기성기 엉기섹스 섹스성기...염하며 제2경인 고속도로해서 수인선으로 해서 가보지도 않은 길로 이끌려 미끄러지듯 산길로 들어갔다. 한 번 가보지 않은 길인데 안내도 참 잘한다. 주차하라고 해서 주차하고 산을 올라가서 채취하여 모셔 와야 한다고 해서 차에서 내리며 시계를 보니 13시 25분, 산을 오르니 이제부터는 어허 둥둥 엉기성기 섹스섹스섹스 성기성기성기....를 염하라고 했다. 산으로 오르면 어허 둥둥 엉기성기 섹스섹스섹스 성기성기성기...를 염송하며 올라갔다. 산에 날파리 눈에 달라붙으며 모여든다. 왜 오냐고 했더니 달라붙으며 괴롭히라고 해서 그런단다. 어떤 눈을 찌르고는 미안합니다. 이러지 않으면 혼나요. 그러면서 간다. 그런데도 봐준다는 느낌은 든다. 여느 때 산에 다닐 때는 정말로 힘든데 오늘은 그래도 다닐 만한 것으로 보면 그런 생각이 들었다.

어허 몸의 언어로 깨어나라 일어나라이고 영적언어로도 같은 뜻이다. **둥**은 몸의 언어로 우리의 뜻이고 **둥둥**은 **몸의 언어**로 우리 모두이고 **영적언어**로는 둥은 싫든 좋든 이란 뜻이고 둥둥은 좋든 싫든

해야 한다는 뜻
여기서 **섹스**는 **몸의 언어**로 자기 자신을 소중하게 생각한다는 뜻이고 **영적 언어**로 사랑하고 좋아한다는 뜻이다.
성기는 몸의 언어로 생산하다 창조하다란 뜻이고 영적 언어로 어디 있니?
어허 둥둥 엉기성기 섹스섹스섹스 성기성기성기....
깨어나라 좋든 싫든 최고다최고 사랑하고 좋아한다. 어디있니
이 말을 의역해 보면
잠자고 있지 말고 깨어나서 일어나 있으라
좋든 싫든 깨어서 일어나 있으라
최고다최고
사랑하고좋아한다 사랑하고좋아한다 사랑하고좋아한다
어디있니 어디있니 어디있니 의 뜻이 아닌가 싶다.

어허 둥둥 엉기성기 섹스섹스섹스 성기성기성기.... 어허 둥둥 엉기성기 섹스섹스섹스 성기성기성기.... 어느 것을 찾을 때는 섹스섹스섹스섹스...10번 하고 성기성기성기성기...10번 하라고 한 적도 있다.

그러면서 찾는데도 찾아지지 않아서 산에게 이 산에 있는지 없는지 묻고, 있다니 찾아야 하고, 찾아도 찾을 수 없으니 답답해서 모셔갈 분이 누군지 모르겠으나 내 마음과 소통합시다. 마음으로 대화하며 마음을 이끄는 대로 갔는데... 여기 있다고 하는데...눈으로 찾을 수가 없다. 그래봐야 풀들이다. 한참을 찾다가 찾아서는 채취해 모셔왔다. 그렇게 몇 종류를 모셔왔는지 모른다. 뿌리로만 모셔왔다. 10분이 넘지 않는가 싶다.
산을 내려와 차를 타니 14시 40분, 차를 운전하며 산길을 내려오니 이제는
종종종 종종 섹스섹스 성기성기....를 염송하라고 했다. 종종종이 무슨 뜻이냐고 물으니 묻지 말고 무조건 하란다. 묻지 마라니 더 이상 물을 수도 없이 종종종 종종 섹스섹스 성기성기....종종종 종

종 섹스섹스 성기성기.... 한참을 하다 보니 안 되겠다 싶은 생각이 들었다. 종종종 종종 섹스섹스 성기성기....1 ~~ 그레이엄수, 만든 수 1번째에서부터~~만든 수 그레이엄수 번째까지... 종종종 종종 섹스섹스 성기성기....1 ~~ 그레이엄수, 만든 수 1번째에서부터~~만든 수 그레이엄수 번째까지...

얼마를 했을까? 차는 고속도로를 탔다. 인천으로 가다 군자에서 계산하고 군자를 빠져나와 제3경인 고속도로로 올라타고 나오면서 계산하고 나오면서 보니 종점이란 단어들이 들어온다. 이것과 관련이 있는가 싶으니 있다고 한다. 3번의 종종종은 3번의 고속도로이고 종종은 2번의 종점....그러면서 서해안 고속도로로 해서 제2경인 고속도로의 종점을 빠져나왔다.
이것을 얼마나 많이 해야 하는가? 란 생각이 잠시 드는데 그렇게 해서 많이 할 수 있나? 가장 많은 수가 몇이냐? 669 그러면 종종종 669 종종669 섹스섹스 669 성기성기 669 하고, 종종종종 종종 섹스섹스 성기성기 669 하면 되잖아?
아! 싶었다. 그래서 그때부터는

종종종 669 종종669 섹스섹스 669 성기성기 669

종종종 종종 섹스섹스 성기성기 669를 한 번, 두 번...이와 같이 ~~ 그레이엄수까지 하고, 만든 수 1번째에서부터~~만든 수 그레이엄수 번째까지…….

종종종 669 종종669 섹스섹스 669 성기성기 669

종종종 종종 섹스섹스 성기성기 669를 한 번, 두 번...이와 같이 ~~ 그레이엄수까지 하고, 만든 수 1번째에서부터~~만든 수 그레이엄수 번째까지…….

그렇게 신림사거리까지 왔다. 이제 되었으니 이제는

종종종종종종종 종종종 섹스섹스섹스 성기성기성기 하라고 하는 어조에는 약간 상기된 듯한 어조였다. 좋은 일이 있는 듯 한 목소리였다.

그래서 이번에는
종종종종종종종 669 종종종 669 섹스섹스섹스 669 성기성기성기 669

종종종종종종종 종종종 섹스섹스섹스 성기성기성기 669를 한 번, 두 번...이와 같이 ~~ 그레이엄수까지 하고, 만든 수 1번째에서부터~~만든 수 그레이엄수 번째까지...를 하기 시작했다.

선원에 가까워오니 너무 좋아하는 것 같았다. 이것이면 충분하다는 말까지 들렸다.

그럼에도 나는 조금이라도 더 하려고 애를 썼다.
차를 주차하고 차에서 내리기까지 마지막 한 번이라도 더 하려고 하고 올라왔다.

선원에 올라와서는 또다시 채취하여 모셔온 분들을 자리에 놓고 또다시 제를 지냈다. 수명과 관계되는 라면과 밥, 봉삼주....
라면을 먹어도 게임을 해야 하고 수저나 젓가락을 들어도 게임을 해야 하고 마음을 읽어야 하고 수저 젓가락과 앞에 계신 분과의 여러 가지를 종합해서 읽어 내야하고, 그렇게 하면서 마음이 흡족하게 해야 하고, 절을 몇 번 했는지 모른다.

얼마나 게임을 했는지 모른다. 다만 최선을 다한다는 생각에 최선을 다하다 보면 끝이 보였다. 오늘도 여느 때처럼 그렇게 여러 번의 절을 하고, 옷을 다 벗고 훈공춤을 추라고 해서 훈공춤으로 가야할 분이 있다면 모시겠다고 훈공춤을 추기도 했다. 한 번으로 안 돼서 2번에 걸쳐 훈공춤을 추었다.

밥이 많은데 3번에 나눠서 먹으란다. 저걸 어떻게 3번에 나눠 먹는단 말인가? 도저히 할 수 없을 것 같았는데, 이것을 3번에 먹어야 배고픈 사람이 없게 된다는 말에 무조건 3번에 나눠서 먹었다. 목이 메 이었지만 배고픈 사람이 없게 된다는 말이 먹다가 목에 막혀 죽을지언정 먹게 말겠다는 생각을 가지고 먹었다. 처음은 그런대로 그랬는데 2번째는 조금 더 힘들었고 3번째는 정말로 힘들어서 눈에서 눈물이 나왔다. 눈물을 참으니 얼굴에서 진땀이 났다. 땀이 머리로부터 이마로 흘러내렸다. 몸에서는 열기가 났다. 그렇게 억지로 먹었다. 먹고 나서는 한 동안 물도 마셔서는 안 된다고 물도 마시지 못했다.

중간에 중요한 이야기가 많다. 많은 중요한 이야기는 할 수가 없다. 해서도 안 된다고 해서...또한 그런 이야기까지 하면 지금도 불편한 분들이 많을 텐데 더 불편할 수 있다는 생각과 윗분들의 말씀 때문에 대충대충 적었다.
어제까지 올라온 2번째 종까지의 모든 제는 이것으로 끝났다고 했다. 왜 고속도로를 그렇게 지나야 했는지 물었다. 왜 그렇게 고속도로를 돌아야 했는지요?

3개의 고속도로를 지나고 종점을 2개 지나야 비로소 종종종 종종이 끝나고, 섹스섹스 성기성기가 시작되기 때문에 그럴 수밖에 없었고, 3개의 고속도로를 지나고 종점을 2개를 지났는데 이제는 섹스섹스 성기성기가 시작돼야 하는데 그것도 많아야 하는데 너무 적어서 걱정을 했습니다. 다행이 나름 많이 해 주었는데도 또 물으려서 대답하고 나니 너무 좋았습니다. 묻기 전에 먼저 알려줄 수는 없는 게임이거든요. 윗분들과 게임하며 진행되기 때문에 게임에 지면 확철 칠통선사님이 그만큼 힘들게 봉삼주도 마셔야 하고 그 외 많은 힘든 일들이 기다리고 있게 되거든요. 우리들은 확철 칠통선사님이 조금이라도 덜 힘들게 하고 싶은데, 윗분들은 그렇게 쉽게 승낙을 하지 않으시니 어쩔 수 없는 것이었습니다.

종종종 종종 섹스섹스 성기성기가 끝나다며 좋아한 것 같은데...예 사실 처음에는 끝내지 못할 것으로 확신했거든요. 너무 어마어마해서 상상할 수도 없는 것이어서 그런데 많이 하시기도 했지만 더 많이 하는 방법을 물었을 때 쾌재를 불렀습니다.
그리고 다 했을 때 얼마나 기뻤는지 모릅니다.
나중에
종종종종종종종 종종종 섹스섹스섹스 성기성기성기 하라고 했는데 어조 약간 상기된 듯 한 어조였고, 이것은 무엇이었는지요? 아직은 말씀 드릴 수는 없지만 무지하게 좋은 겁니다.

이것도 확철 칠통 선사님께서 잘해주셔서 우리가 이겼습니다.
이겼다는 사실이 믿겨지지 않습니다.
이길 수 있다니 지금까지 누구하나 이긴 적이 없는 게임이었거든요.
처음 있는 일입니다.

오후에 지낸 제는 무슨 제인가요? 말씀은 늘 하대해야 합니다. 앞으로는 그렇지 않으면 저희들이 곤란을 겪습니다.

2가지 제입니다. 하나는 창공농동제로 산에서 채취하여 모셔온 10분을 자리에 앉히시고 알리며 식을 진행하는 제이고, 제에 참석하실 분들을 모다 모셔놓고 상을 차리고 봉삼주와 식사 올리고, 절을 하며 게임하듯 나누며 대화 속에서 식사한 제는 창공호탕제이었습니다.
창공농통제도 산에서 모셔올 분만 제대로 모셔오셨고 또 모실 분 다 모셔놓고 허심탄회하게 이야기 주고받으시며 대답도 잘하셨고 그분들의 마음까지 흐뭇하게 하셨습니다.

훈공춤을 추실 때 들었지요., 환호하는 소리, 부르며 환호하는 소리....저희들은 지금도 귀전에 쟁쟁합니다.
너무 말을 아끼십니다. 그런 말은 해도 되는데....아니함만 못할 때도 있는 것이니 참을 때는 참아야 하는 것이지 않겠는가? 예 그

마음 어찌 모르겠습니까. 그러면 되지 않은가? 예.

아까 이제 모든 제가 끝났습니다. 라고 했는데, 앞으로 제가 없다는 것은 아니지. 예.
내일도 있을 겁니다. 이제 2번째 종까지의 제가 끝나고 내일부터는 3번째 종이 시작되는 제가 시작될 것입니다.

2번째 종보다 더 힘들 것입니다. 육체적으로 정신적으로...영적으로는 문제가 되지 않겠지만 아무래도 몸이란 육체를 가지고 계셔서 그래도 지금처럼 최선을 다하는 한 반드시 해 내리라 믿습니다. 우리들을 믿어주고 또 우리들을 이끌어 주셔서 감사합니다.

오늘도 수고 많았소. 예 고맙습니다.

한 마디 하고 싶답니다. 새로 오신 2번째 명하님이......
말씀하시지요. 말씀 낮추세요. 말 안하실거지요. 그래야 하지 않겠어. 그 부분까지만 할 생각인데.그것도 하지 말까? 아닙니다. 거기까지만 해주시면 되겠습니다.
이렇게 말하니 나도 헷갈리네. 아! 그래 알았어.
저도 한 마디 하고 싶어요. 명순도술! 예.
짐작하고 계시잖아요?
이야기는 전할 이야기가 되지 않는 관계로 여기서 줄입니다.
2015. 09. 29 18:40

여차저차해서 2번째 명하님과 명순님이 교체되었습니다.
그런 관계로 소유설화, 명하, 영란, 명순도술, 명순님이 일을 도맡아 하시게 되었습니다. 2015. 09. 29 18:58

7종과 모시는 분이 7명으로 늘은 지 알았더니 룡호설은 나

새벽에 일어나 어제처럼 산으로 들로 다니다보면 핸드폰 충전이 부족할까? 싶어서 충전기를 꽂아놓으며 시계를 보니 2시 38분 아직도 더 자도 되겠구나 싶었다. 앉아서 좌선을 할까? 했더니 좌선을 하면 안 된다고 해서 좌선을 하지 않고 누워서 잠을 청했다.

6시가 되니 빨리 일어나란다. 빨리 일어나 씻고 출발해야 아니면 늦는다고 서두른다. 서두르는데도 늦다고 난리다. 왜 안 나오냐? 간다고 지금 옷 입고 있다고 그래도 서두른다. 미리 차에서 기다리겠단다. 나와 함께 다니시는 분들이 아닌 것 같은 생각이 들었다.

차로가면서 보니 나와 함께 있는 분들이 아니었다. 차를 타서 시계를 보니 06시 10분, 시동을 거니 길을 안내한다. 안내하는 대로 차를 몰았다. 차는 산모퉁이 길을 돌아 산중턱 산복도로로 올라갔다. 올라가서는 예전에 산에서 모임 할 때 차를 세워놓았던 곳에 차를 주차하게 하여 차를 주차하고는 꼬팽이, 전지가위, 봉투, 물을 챙겼다. 걸으니 호암 1터널을 걷는다. 아마도 몇 백 미터는 족히 되는 터널을 걷는다. 아무 생각도 하지 마란다. 아무 생각도 하지 말고 글도 읽지 말고 마음도 일으키지 말란다. 중간쯤 갔을까? 싸늘한 영가들이 많은 듯 느껴졌다. 어마어마하게 많은 영가분들이다. 내가 생각하며 생각을 따라 올 것이고 마음을 일으키면 일으키는 마음을 따라 올 것이니 생각을 하지 말고 마음도 일으키지 말라고 했다. 그렇게 말을 해도 습이 되어 있어서 생각을 하지 않으려고 하는 그것이 또 생각이 되고 일으키지 않으려는 마음이 마음을 일으키고 보이는 글씨가 생각이 일어나게 하고 마음을 일으키는 것 같았다. 그래서 바닥만 쳐다보고 걷는데도 바닥에 있는 종이가 생각과 마음을 일으키고 종이에 있는 큰 글씨가 생각을 일으키고 마음을 일으키는 것 같았다. 생각을 일으키지 말고 마음을 일으키지 말라는데 자꾸만 생각과 마음을 일으킨다고 뭐하고 한다.

늦었다면 발걸음을 재촉하기에 평소보다 훨씬 빠르게 걸었다. 안양 햇님00집 뒤 산길을 따라 올라가다. 올라가는 길에 썩은 나무가 중간에서 안녕하세요. 인사를 하기에 나도 모르게 예 안녕하세요 그러면서 올라갔다. 산을 오르며 늦었다고 재촉하기에 산을 오르는 언덕임에도 헉헉거리며 올랐다. 헉헉거리다 보니 헉헉거리는 숨에 집중하다보니 생각이고 마음이고 일어나지 않는지 힘드니까 생각과 마음이 끊어진다고 말하며 더 빨리 올라가야지 아니면 그분이 가셨을지 모른다고 재촉했다. 그래서 숨을 헐떡이며 헐떡이는 숨을 고르며 생각이나 마음을 일으킬 사이 없이 헐떡이는 숨을 고르기 바쁘게 산을 올라가는데 검은 색에 하얀 색이 군데군데 있는 산고양이가 보였다. 고양이와 마주치는 순간 고양이가 이곳에 엄청난 일이 일어나고 있으니 다른 곳으로 가세요. 그러면 그 일 내가 하는데요. 그러면 이쪽으로 오세요. 그래서 발길을 옮겼는데 고양이는 순간 어디로 갔는지 보이지 않았다.

길을 안내 하는 길 없는 산을 따라가니 소나무 큰 것 하나가 있는데 중간쯤에 옹이가 박혀 있다가 빠졌는지 구멍이 크게 나 있는데 이곳에 손을 넣고 들어보라고 했다. 손을 넣을 수 있을 만한 크기가 아니었기에 의식으로 손을 넣었다. 그러면서 내 마음을 들어보라고 했다. 시끄러운 소리가 들리니 저 시끄러운 소리가 안 들리게 해달라고 했다. 그래서 소리가 들리지 않게 해 드린다고 결계를 쳤다. 그럼에도 소리가 들렸다. 결계를 쳤는데도 소리가 들리니 시끄러워서 가만히 있을 수가 없단다. 어떻게 저 소리가 나지 않게 해달라고 했다. 난 소나무 옆에 서서 고민했다. 어떻게 하면 저 소리들이 들리지 않을까? 터널을 지나올 때가 생각났다. 생각과 마음이 일어나니 있는 생각과 마음으로 듣는 것이지 생각과 마음이 없으면 부딪칠 것이 없으니 듣고 생각하고 일으킬 마음이 없으니 소리가 나는 것과는 상관없이 내 안에의 생각과 마음 때문에 저 소리를 듣는다는 생각이 들었다. 그래서 생각을 하지 말고 마음을 일으키지 말아 보세요. 했다. 그랬더니 이제 조용하다고 고맙다고 했다.

또 길을 안내하기에 오던 길을 되돌아 길을 안내했다. 여기여요.

어디에 이것입니다. 마음으로 대화를 하라고 했다. 마음으로 하나하나 대화를 시도했다. 전 아니에요. 저도 아닙니다. 그렇게 여러 번에 걸쳐 물었다. 그러는 사이 우리입니다. 우리라고 하는 데를 보니 뿌리는 한 뿌리인데도 올라오는 순은 여러 개 있는 것이었다. 마치 이것들이 그곳을 이루고 있었다. 누가 나와 갈 분이신가요? 누구를 모셔가야 하나요? 저요, 저요....너무 많아서 이번에는 뿌리쪽에 마음으로 물었다. 접니다. 꼬챙이로 캐려고 하니 제가 아닙니다. 또 한참을 찾았다. 접니다. 맨 가에 있는 것이었다. 다 가져가야 하는가? 물으니 이렇게 긴 것을 어떻게 가져갑니까? 여기를 자르고 여기를 자르세요. 라고 해서 자르고 나서 꼬챙이로 캐는데 위에 다른 잔뿌리들이 걸린다. 될 수 있으면 잔뿌리들이 손상되지 않도록 캐려 했으니 그것이 쉽지 않았다. 그럼에도 캐야 한다기에 어느 정도 다른 잔뿌리들을 손상을 입혔다. 더 이상 캐지 말고 묻으란다.

그리고 가란다. 이것은 또 뭔가 싶었다. 주변 전체가 보이지 않는 땅속에서 서로 이어져 있다 마치 인연판과 같은 생각이 들었다. 인연판 위에서 각자 하나하나씩 위로 드러난 있는 모습들...그 모습들 주변에 있는 수많은 잔뿌리들....... 드러난 하나를 캐는데 잘못하면 하나로 인하여 인연판 위에 잔뿌리들이 달라지듯 주변이 달라지고 인연판에서 나라고 하는 나만 사라진다고 해서 해결되는 것이 아니란 생각이 들었다. 이런 것을 볼 때 하나의 인연판에서 하나를 어떻게 한다는 것은 인연판 위에 있는 주변까지도 어떻게 되는 것이겠구나 싶은 생각이 들었다. 아까 그것이 그러했듯이 사람도 그러하다. 모든 것들이 그러하다. 그래서 보이는 것만 보아서는 안 되고 보이지 않는 것까지 보아야하고 또 인연판 위에 있는 인연판과 상관없는 것들도 보아야 한다고 말했다.

또 한참을 산을 올랐다. 어느 정도 산을 오르다가 옆쪽으로 길을 안내한다. 안내하는 쪽으로 들어서서 조금 가니 묘가 하나 보였다. 누구의 묘인지 모르는 묘였다. 벌초도 하지 않은 손 없는 묘인지 임자 없는 묘인지 묘가 있었다. 이 산에 무엇이나 되는가 싶은 생각에 묘 앞으로 갔다. 왜 이제 왔느냐며 술을 가져오지 않고 왜 물이냐며 물을 놓고 묘소 안에서 절을 하라고 했다. 절을 하려고 보는데 묘의 봉분 안이 검게 보였다. 검게 보는 순간 절을 하면 큰일 나니. 절을 하지 마란다. 절을 하지 않고 묘소를 보니 검고 큰 능구렁이가 똬리를 틀고 앉아 있는 것이 보였다.

능구렁이네 했더니 왜 내가 능구렁이가 된지 모르겠다고 했다. 수행하다가 많은 분들에게 잘못했는가 보네. 수행자, 스님, 성직자. 목회자, ...분들이 잘못하며 행실이 바르지 못하면 바르지 못한 것으로 능구렁이가 되던데, 그런 거 아냐 했더니 고맙다고 위로 올라갔다.

그리고 되돌아 내려오는 길에 뒤에서 아까 그 능구렁이가 또 물었다, 나는 성직자도 목회자도 스님도 아니고 수행은 하려고 했지만 수행자는 아니었는데 어째서 능구렁이가 되었냐고 물었다. 수행이 따로 있는 것이 아니라 수행은 말 그대로 행을 닦는 것이며 살아간다는 것은 행으로 살아가는 것인데 행을 닦으며 본래의 고향을 지향해야 하는데 그러지 못하다보니. 살아가면서 남을 괴롭게 하거나 자기 이득을 위해서 남에게 못되게 하거나 바르게 살지 못하고 잘못된 행을 했으므로 능구렁이로 태어난 것이 아닌가 합니다. 했더니 감사합니다. 그러면서 갔다.

그렇게 산길을 걷는데 땅바닥에 구멍이 나 있다. 구멍이 묻는다. 왜 나는 이곳에 구멍으로 있지요. 그것은 인연 때문이다. 내가 보이든 보이지 않던 그 안에 인연으로 구멍이 된 것이다. 그러는 순간 구멍 속에서 독사가 올라와 나는 왜 독을 품고 살아야 하지요? 그것은 살아가면서 독으로 먹고 살기 위해서만 정당방위로만 사용한 것이 아니라 남을 해하는데 사용했기 때문에 그런 것이다. 나뭇잎이 묻는다. 저는요. 왜 떨어져 있어요. 이제 인연이 다하였기 때문이다. 인연이 다하면 돌아가야 하느니라. 인연이 다하면 헤어져야 하느니라.

그러면서 산길을 걸어 올라왔던 길을 내려오고 있었다. 내려오는 길에 올라갈 때 중간에 썩은 나무가 물었다. 저 여기 있어도 되지요. 그럼 올라오는 사람들이 힘들게 올라올 때 잡을 수 있으니 얼마 좋아 좋은 일 하는 거지 했더니. 뒤쪽에서 그 동안 죽은 것이 길 한 가운데서 버팅기고 있었다고 뭐라고 한 듯이 나 여기서 좋은 일 하고 있다잖아...라는 소리들이 들렸다.

그렇게 산을 거의 다 내려왔는데 생각을 끊고 마음을 일으키지 말라고 했다. 그래서 생각을 끊으려고 했고 마음을 일으키지 않으려고 애를 쓰며 헐떡이며 올라갈 때 호흡에 집중하니 생각이 끊어지고 마음이 일어나지 않았던 것이 생각나서 호흡 그것이 코끝에서 일어나는 호흡만을 관하였다. 코의 호흡만을 관하니 생각도 끊어지고 마음도 일어나지 않는 것 같았다.

내 몸이 우주다. 코로 호흡하며 언제가 또 코를 의식하지 않으며 생각과 마음이 일어나지 않겠는가? 그 소리를 들으니 그래 내가 우주인데 우주와 하나가 되어서 우주호흡을 하면 일어날 생각이나 일으킬 마음이 없지 않겠는가? 싶은 생각이 들었다. 그래서 우주를 의식하니 멀리 우주가 호흡하는 입구가 보였다. 그곳을 의식하며 우주호흡을 하였다. 어느 순간 저 멀리 있던 우주호흡의 입구는 이미 나의 코가 되어 코로 호흡할 때 온몸이 우주가 되어 호흡하는 것처럼 느껴지고 생각되었다. 그리고 생각이 일어나면 다시 우주가 호흡하는 입구는 저 멀리가고 생각이 끊어지면 내 코에서 내 몸은 우주가 되어 우주호흡이 이루어지고 코에서 우주호흡이 이루어지면 생각이 끊어지고 마음이 일어나지 않는데, 우주호흡하면서 생각이 일어나거나 마음이 일어나면 여지없이 우주 호흡하는 입구는 저 멀리 있었다. 그러는 사이 터널로 들어섰다. 터널을 지날 때 또 영적존재들이 많은 곳을 지나칠 것이며 생각이 끊어지고 마음이 일어나지 않으면 그들이 미동을 하지 않겠지만 그렇지 않으면 달라붙거나 쫓아오게 될 것이니 우주호흡을 잘 하며 생각을 일으키지 말고 마음을 일으키지 말라고 말했다.

터널을 지나오며 될 수 있으면 보지 않으려 바닥만 보고 걸으며 우주호흡을 했다. 어느 정도 터널을 지났을까? 머리 위에서 밝은 빛이 머리 위 우주 입구로 밝은 빛덩어리가 들어왔다. 우주호흡이 잘 되니 밝고 환하게 빛덩어리로 들어왔다. 순간 이런 생각을 하는 틈에 우주호흡을 놓치니 우주입구로 들어오는 밝은 빛덩이는 걸려서 검게 되고 입구를 막고 있는 것이 되었다. 저것을 흡해서 몸통에 넣어야 하나 빼내야 하나 하다가 내가 저지른 것이 몸통에 넣어야 한다고 해서 몸통으로 흡하여 들어오게 하니 검은 덩어리들이 쏟아져 들어와 단전 아래에 쌓였다. 이 또한 내가 하고 품어야 할 것이라면 품고 받아들여야 하겠지. 란 생각을 하니 밝고 환하게 빛덩어리로 들어와 다리 아래쪽에 있던 것들이 올라오면서 검은 이것들마저도 밝고 환하게 하였다. 이렇게 밝고 환하게 되는 순간 내가 여럿으로 보였다. 터널 내의 전등 빛 때문인지 여럿으로 보였다. 그렇게 여럿으로 보이는 순간부터 머리 위가 갈라지기 시작했다. 처음은 절반으로 갈라지는 것 같아서 우주가 두 갈래로 갈라져 무한대를 드러내는 것과 같이 그럴려고 그러는가? 생각이 일어나서 생각을 끊어야지 하고는 우주호흡을 했다.

그렇게 터널을 지나 차에 올라탔다. 지금에서 출발할 때 무슨 진언을 하면 좋은가? 물었을 때도 아무 진언을 하지 말라고 하더니 차에 타며 또 묻는데도 아무 것도 하지 말고 생각도 하지 말고 마음도 일으키지 말란다. 시계를 보니 07시 26분,

운전을 하며 우주호흡을 하였다. 어디로 가든 가라는 곳으로 가겠고 하고는 운전대만 잡고 우주호흡을 하였다. 차는 제2경인고속도로 접어들었다. 머리는 여러 조각으로 분해되고 있었다. 이것을 본 안내하시는 분들은 선원으로 가야 한다. 아니다. 서로 말을 주고받는 소리가 들렸다. 경인교대에서 서해안고속도로로 해서 광명역 앞으로 해서 기아산업으로 쪽으로 가는 길에 머리가 갈라지고 안에서부터 무엇인가? 나왔다. 이것이 무엇이냐고 물었더니 천지란다.

하늘과 땅의 천지냐고 물었더니 하늘, 땅의 천지가 아니라 우주가 다한 연후에 생겨나는 것인데 이를 천지라고 이름한다고 말해 주었다. 그러면서 한글이 제대로 전해졌다면 하늘과 땅이라지 묻지 않았을 텐데...라며 아쉬워하며 한글로 천지라고 말해 주었다.

천지가 올라오고 나니. 그렇게 해서 기아산업을 지나 하안동으로

접어드는 길에 등 뒤로부터 무엇인가? 올라오니 다들 놀라는 소리가 들렸다. 전설로만 듣던 것이라는 소리가 들렸다. 그래서 무엇이냐고 물었더니 대답을 해줄 수 없단다. 그렇게 하안4거리를 다다르니 올라온 것이 룡호설이라며 위 세계에 전해지는 전설인데 어마어마한 분이 오실 때 룡호설을 몸에 지니고 오신다는 전설이 종 3번째 세계에 있다고 말했다.

그러면서 자기들끼리 하는 그 만큼 공부를 잘 시켜야 하고 테스트를 잘 해야 한다는 소리가 들렸다. 하안동 사거리에서 애기능 쪽으로 안내를 해서 넘어가는 길에 룡호설 뒤쪽으로 수수 같은 것이 덩어리로 올라오고 올라온 덩어리는 익어서 떨어지는 것 같았다. 떨어지는 것을 보면서 아까 보다 더 놀라는 것 같았다.

그렇게 광명으로 해서 제2 경인 고속도로를 타고 다시 서해안 고속도로로 성산대교쪽으로 내려왔다. 서해안고속도로로 내려오는 길에 지금 차를 타고 무엇을 하는 것인가? 아무 것도 하지 않았다. 무슨 영역 표시도 아니고 무엇인가? 말하는 것만 같았다. 손으로 그려보려고 하니 그리지 말란다. 머리로 그려서 알라고 했다. 무한대인가? 대충 보면 무한대 같기도 하고 교체되는 부분으로 보면 무슨 표시인 것 같기도 하고, 종잡을 수가 없었다. 집에서 출발해서 저녁에 집으로 돌아가니 무한대? 무한대가 아닌 것 같다고 말했다. 그러는 순간 위 세계는 구강구조란 생각이 났다. 지금 우리가 위 세계를 자동차로 길을 안내하고 있구나 싶은 생각이 들었다.

그때서야 맞습니다. 지금 위 세계를 차로 안내하고 있는 겁니다. 아침에 출발해서 여기까지 온 것이 목구멍에서 입으로 해서 입천장으로 해서 코로 해서 다시 코로 해서 내려오는 것입니다. 이제 역시도 3개의 종종종에 2개의 종종 틀린 것은 아니지만 구강구조를 차로 안내한 것입니다. 룡호설을 나타난다는 전설의 그 사람이라면 1번째 맞춰야 하는 것 아니냐고 하는 분도 있고 2번째 맞춘 것만으로 어마어마하다는 분도 있는 듯 여러 소리들이 들렸다.

그리고 선원으로 들어올 줄 알았는데 공단을 또 들어간다. 그러기에 이곳은 뇌 속이네요. 어떻게 이곳에서 펼쳐지는 것이 뇌를 말하고 있는 것 아닌지요. 예, 맞습니다. 우리의 뇌가 이와 같습니다. 그러니 또 여러 소리들이 들린다. 전설의 용호설이니 근방 알아냈다는 등....등등의 소리들이 들렸다. 다시 차를 유턴해서 차를 도로 옆으로 해서가시 아까 뇌라고 했던 공단 시설을 관리하는 곳으로 지나기에 이곳이 귀인가? 물었더니 그렇다며 귀는 듣고 뇌에 전달해서 작용하게 하는데 들어서 전달하지 않으면 뇌는 쓰지를 못하는 것과 같다는 표현을 했다. 그래서 많이 들어서 써야 하기 때문에 귀가 2개라는 등의…….그러고 나서 지금 보는 것과 같이 들어나게 되는 것이 보는 눈이다. 그래서 생각했다. 구강구조를 통해 뇌로 올라와서는 뇌로 올라온 것은 귀로 통해서 들은 것으로 뇌가 생산하고 창조하게 해서는 만들고는 보이는 것으로 밖으로 들어나게 하는 것이구나 싶은 생각이 들었다. 이런 생각이 들 때 장례식장을 지나기에 눈을 감으면 죽게 되는구나 싶은 생각이 들었다. 조금 지나니 올라와야 했기에 차를 몰고 올라오며 죽어서는 위로 올라와야 하고 다시 평지가 되니 차가 달리기에 올라와서는 새로운 몸을 받아 평상시와 다름없이 살아야하는 구나 싶은 생각이 들었다.

차가 위로 올라올 때쯤에 머릿속에서 뭔가 작용을 한다. 뭐냐고 물으니 룡호설이 작용하는 것이라고 했다.

목구멍 – 입 – 코– 뇌 – 귀(오른쪽) – 귀(왼쪽) – 눈, 이와 같이 7개의 종이 있구나 싶으니 어제 선원에 들어올 때 종종종종종종종 7개의 종이 있었음이 생각났다. 이것이냐고 물으니 그렇다며 어제 게임에서 이겨서 오늘을 다 맞췄음에도 쉽게 넘어가게 될 거라고 했다.

선원으로 올라오기 위해 차를 세우고 시계를 보니 8시 45분이었다.

선원에 올라오는 길이 배가 고팠다.

룡호설이 작용하며 뭔가 말하고 싶다. 어떻게 대화를 할까? 생각으로도 안 되고 마음으로도 안 되고 자체가 되어야 한다. 그래야 대화가 가능하다. 그래 그렇지. 룡호설은 전설에 전해지는 것으로 예전에 내가 위 세계에 올라갔을 때 있었는데 그 이후로 없다보니 전설로 전해졌다고 했을 뿐 본 사람이 없다는 말이다. 그 만큼 오래된 것이다.

룡호설은 말 그대로 용이 호탕하게 노닐며 말하는 것을 말한다. 다시 말하면 자주자재로 말하되 틀림이 없고 거짓이 없으며 법과 진리에 어긋남이 없다고 하여 룡호설이라고 한다. 이것이 머리에서 작용하기 시작하면 이때부터는 그 누구의 도움 없이 룡호설과 대화할 수 있으면 룡호설과 소통이 된다면 틀림이 없고 확실하고 분명하고 또렷하게 말하되 진리와 법, 법규에 어긋남 없이 행하고 또 바르게 가르치며 행하게 된다고 할 수 있을 것이다.

룡호설이 나오며 수수같은 덩어리는 모두 다 진리와 법, 법규의 알알들이었다. 그것들이 모두 다 익어서 떨어졌으니 더 이상 진리와 법, 법규를 따지거나 논할 필요 없이 모두 다 숙지되었다는 말과도 같다. 너는 이제 룡호설이고 나 또한 룡호설이다.

작용하는 것도 몇 번 느꼈을 것이고 작용하는 것이 느껴질 때 지금과 같이 하면 된다. 이는 생각이 끊어지지 않으면 안 되고 또 마음이 끊어지지 않으면 알 수가 없으니 언제나 내가 작용할 때 나와 소통하기 위해서는 생각을 끊어야 하고 마음을 일으키지 않고 소통해야만 소통할 수 있음을 알아야 한다. 글을 쓰는 과정에 갑자기 작용하며 소통하기를 원하는 것 같아서 설명해주는 것이다.

올라오면 아침을 먹을 생각을 하니 먹지 말라며 옷도 갈아입지 말라고 한다. 또 어디로 갈 것인가?

예, 왜 또 그것이 아니었다. 네가 쉬고 싶어 하는 것 같아서 쉬게 해주고 싶었다. 너무 피곤해 하는 것 같아서...계속되는 제, 계속되는 봉삼주.......잠을 잘 때 세포들이 떠는 것을 여러 번 보았다. 세포들이 떨면서 자는 너를 볼 때, 자면서 진언을 하는 너를 볼 때 미안도 하고 불쌍한 생각도 들어서 오늘은 쉬게 하고 싶었단다.

그런데 내가 계속 작용하다 멈추니 너를 가리치고 테스트했던 분들이 내가 다 완성된 것으로 보고는 작별인사를 하고 떠나는데, 2분을 또 맞이하는 과정에서 맞이하는 기쁨에 봉삼주를 하니 도 떠났던 3분이 또다시 봉삼주. 오늘도 편히 쉬기는 어렵겠구나.

네 눈물 안다. 그래서 더 말하지 않고 닦고 씻게 했단다. 고맙습니다. 감사합니다.

내가 바로 너다. 네 안의 내가 비로소 깨어난 것에 지나지 않는다.

네가 본래의 나를 깨어서 본래의 내가 된 것이다. 본래의 나 너의 본래인 나가 깨어나고 드러나기 위해서는 업만 놓아서도 되지 않으며 생각도 끊어야 하고 마음도 일으키지 않을 때 나는 나로써 본래의 나로 깨어나고 본래의 나로 행할 수 있는 것이다. 이는 확철 칠통 나뿐만이 아니라 각기 저마다 나 모두 다 그러하다.

늘어나신 2분 중에 한분은 확철 소통님이시고 또 한분은 나다. 룡호설,...5분 중에 본래 네가 있다고 하지 않았느냐. 5분 중에 본래 너라고 한 내가 룡호설이다. 네가 나를 들어나게 하지 않을 뿐 못했을 뿐 누구나 본래의 나는 위 세계에 이미 있다. 각기 서로 다른 이름이기는 하지만 본래의 나가 있다. 다만 모를 뿐이고 찾지 못하고 들어내지 못했을 뿐이다.

사실 여자분 소유설하님, 명하님, 영란님, 명순도술님, 명순님, 남자는 확철 소통님, 룡용호설 이와 같이 7명지만 엄밀하게 말하며 6명이다. 본래의 너인 나를 네가 아니라 나라고 하겠느냐?

그냥 용호설이다. 확철 칠통이 룡호설이고 룡호설이 확철 칠통이니 어찌 다르다 하겠느냐. 나를 깨운 순간부터 하나다.

오래 있자고 했던 라면가락…….나눠 마셨던 봉삼주 이야기해서 뭐하겠느냐.

흘리는 눈물이면 그것으로 족하지 아니한가.

룡호설을 깨워서 들어나게 했으니 룡호설로 또 해야 할 제가 있는 것 아닌가 싶다.

룡호설이 오늘하고 싶어 한다.

차를 몰고 또 나가야 하는가 보다. 글도 썼으니

2015. 09. 30 13:24

본래의 나로 돌아가기 위는 진언

본래로 되돌리는 데에는 8가지가 있다. 그 8가지는
칭송 : 본래로 돌아가라
천송 : 하늘로 돌아가라
천칭송 : 하늘 본래로 돌아가라
천천송 : 하늘 위 하늘로 돌아가라
천천칭송 : 하늘 위 하늘 본래로 돌아가라
천천천송 : 하늘 위 하늘 그 위 하늘로 돌아가라
천천천칭송 : 하늘 위 하늘 그 위 하늘 본래로 돌아가라.
천천천천칭송 : 하늘 위 하늘 그 위 하늘 그 위 하늘 본래로 돌아가라

칭송 칭송
나도 칭송 너도 칭송 우리 모두 다함께 칭송
칭송을 흥얼거리며 칭송 칭송
깃발을 들고서 재기재기 칭송
칭송 칭송 칭송 칭송 칭송

천송 천송
나도 천송 너도 천송 우리 모두 다함께 천송
천송을 흥얼거리며 천송 천송
깃발을 들고서 재기재기 천송
천송 천송 천송 천송 천송 천송 천송 천송 천송 천송

천칭송 천칭송
나도 천칭송 너도 천칭송 우리 모두 다함께 천칭송
천칭송을 흥얼거리며 천칭송 천칭송
깃발을 들고서 재기재기 천칭송 천칭송

천칭송 천칭송 천칭송 천칭송 천칭송 천칭송 천칭송 천칭송 천칭송 천칭송

천천송 천천송
나도 천천송 나도 천천송 우리 모두 다함께 천천송
천천송을 흥얼거리며 천천송 천천송
깃발을 들고서 재기재기 천천송 천천송
천천송 천천송 천천송 천천송 천천송 천천송 천천송 천천송 천천송 천천송

천천칭송 천천칭송
나도 천천칭송 너도 천천칭송 우리 모두 다함께 천천칭송
천천칭송을 흥얼거리며 천천칭송 천천칭송
깃발을 들고서 재기재기 천천칭송 천천칭송
천천칭송 천천칭송 천천칭송 천천칭송 천천칭송 천천칭송 천천칭송 천천칭송 천천칭송 천천칭송

천천천송 천천천송
나도 천천천송 너도 천천천송 우리 모두 다함께 천천천송
천천천송을 흥얼거리며 천천천송 천천천송
깃발을 들고서 재기재기 천천천송 천천천송
천천천송 천천천송 천천천송 천천천송 천천천송 천천천송 천천천송 천천천송 천천천송 천천천송

천천천칭송
나도 천천천칭송 너도 천천천칭송 우리 모두 다함께 천천천칭송
천천천칭송을 흥얼거리며 천천천칭송 천천천칭송
깃발을 들고서 재기재기 천천천칭송 천천천칭송
천천천칭송 천천천칭송 천천천칭송 천천천칭송 천천천칭송 천천천칭송 천천천칭송 천천천청송 천천천칭송 천천천칭송

천천천천칭송 천천천천칭송
나도 천천천천칭송 너도 천천천천칭송 우리 모두 다함께 천천천천칭송
천천천천칭송을 흥얼거리며 천천천천칭송 천천천천칭송
깃발을 들고서 재기재기 천천천천칭송 천천천천칭송
천천천천칭송 천천천천칭송 천천천천칭송 천천천천칭송 천천천천칭송 천천천천칭송 천천천천칭송 천천천천칭송 천천천천칭송 천천천천칭송 천천천천칭송 천천천천칭송 천천천천칭송 천천천천칭송 천천천천칭송 천천천천칭송 천천천천칭송 천천천천칭송 천천천천칭송 천천천천칭송

우리 모두 다함께 칭송 천송 천칭송 천천송 천천칭송 천천천송 천천천칭송 천천천천칭송
다함께 칭송 천송 천칭송 천천송 천천칭송 천천천송 천천천칭송 천천천천칭송
너도 칭송 나도 칭송 우리 모두 다함께 천천송
칭송 칭송 천송 천송 천칭송 천칭송 천천송 천천송 천천칭송 천천칭송 천천천송 천천천송 천천천칭송 천천천칭송 천천천천칭송 천천천천칭송

이와 같이 칭송을 노래하는 것은 온몸에 있는 좋지 않은 것들을 본래로 돌아가게 하고 또 하늘로 그 위에 하늘로 보낼 수 있는 한 모두 다 보내기 위해서 칭송을 노래하는 것이다.
이와 같이 함으로 해서 몸을 깨끗하게 하고 마음을 깨끗하게 하고 생각을 깨끗하게 하고 의식을 깨끗하게 하며 본래의 나로 돌아가기 위는 진언이다. 2015. 10. 18 07:21

광(光)세계에서부터 ~~용용용 살구싶어 죽겠어 세계까지

3은 확철대오 하도록 하는 숫자다 3을 연상하거나 3을 생각하지 않으면 확철대오할 수 없다

확철대오하고 싶은 사람은 3을 생각하고 신(즉, 의식의 자리)자리에

파파팍 팟 (이것을 한 달만 하면 된다)

이것만 보고 있으면 하루 24시간 보고 있으면 확철대오할 수 있다? 없다?

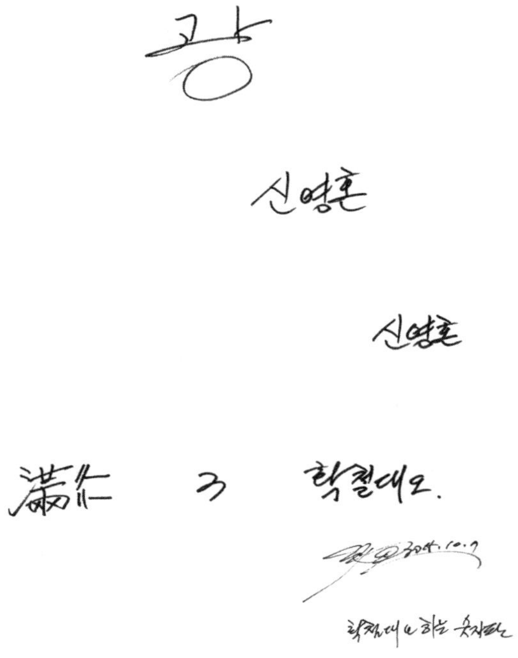

확철대오하는 숫자판

6의 숫자는 광 빛의 숫자다. 그래서 6은 올라가고 싶다(업) 광 세계로 올라온다?

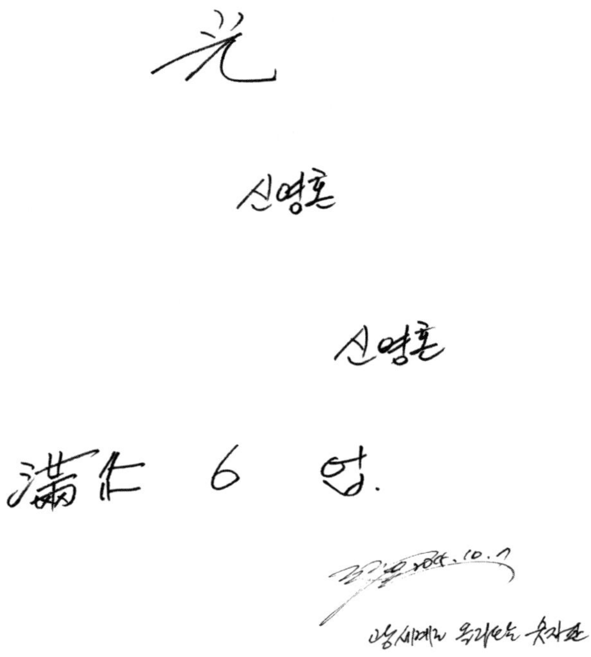

광세계로 올라오는 숫자판

광 위의 세계 ⇒ 용(모든 용) 세계

9의 숫자는 용 모두 다 빛이란 뜻의 숫자다.

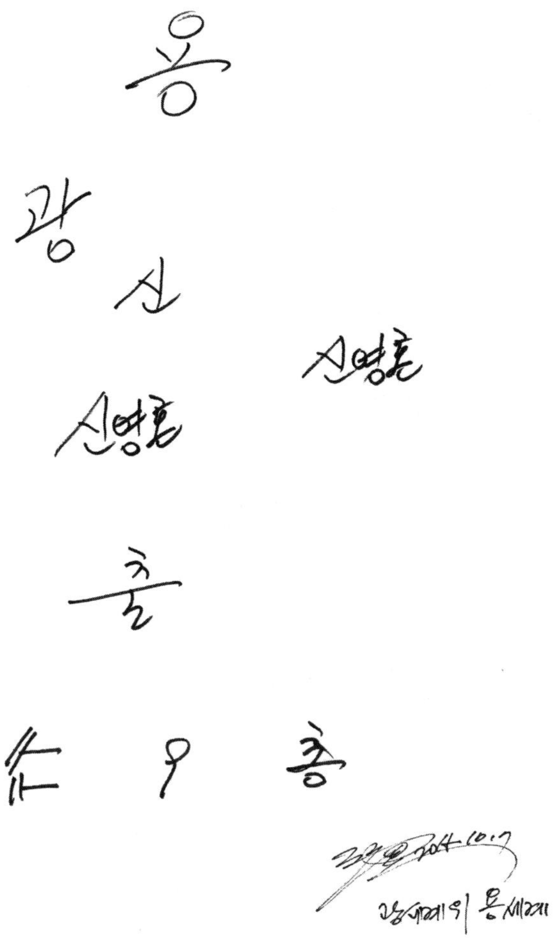

용 위의 세계 ⇒ 광(한문 쓰면 안 된다)

→ 12의 숫자는 어마어마한 숫자다

그 다음의 세계는 용 한글로 쓰면 안 되고 用

광

용

신영혼

신영혼

12

2016.10.7

용세계 위 광세계

다음의 세계는 用 ⇒ 龍 高 용

15 숫자는 완성의 3번째 숫자다. 이 세계의 숫자다.

빈장 3장, 5장, 6장 의미가 있다. 이는 비어있는 공3, 공5, 공6에 있다.

공3은 깨달음 3번에 확철대오한다는 뜻이고

공5는 확철대오 5번에 빛이 된다는 뜻이고

공6은 빛이 6개 합쳐진 빛, 광이다. 이때 광은 광속의 광이다.

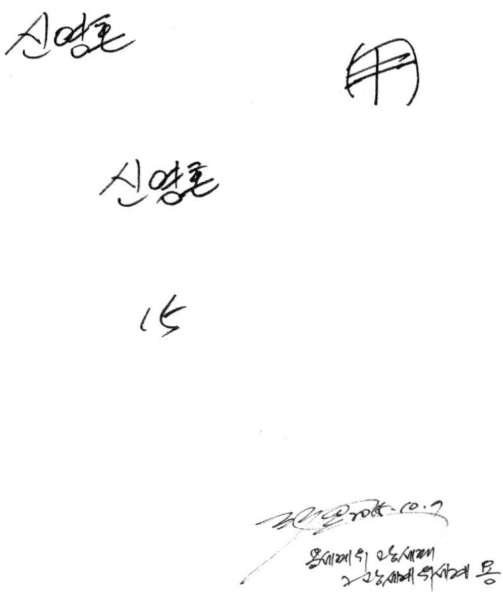

빈종이6번에 광光(반드시 이와 같이 써야 하고

숫자 29는 4번째 완성의 숫자다.

완성의 숫자는 5, 10, 15, 29, 31, 33, 34, 35 더 이상 완성의 숫자는 없다.

이와 같이 완성의 숫자는 총 8개이다.

이 세계는 광光 세계이고

⇒ 위 세계는 광光광 세계이다. 이 세계는 빈종이 7장ㅇ[

31은 5번째 완성의 숫자다.

669는 큰 숫자가 아니라 정말로 큰 숫자

이보다 더 큰 숫자는 그레이엄수

이 보다 더 큰 숫자는 팡파레

이 보다 더 큰 숫자는 퐁퐁 ⇒ 퐁퐁퐁 ⇒ 퐁퐁 팡파레 ⇒ 퐁퐁 팡파레 그레이엄수 ⇒ 퐁퐁 그레이엄수 669 ⇒ 더 큰 숫자다.

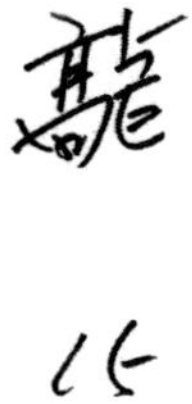
龍
15

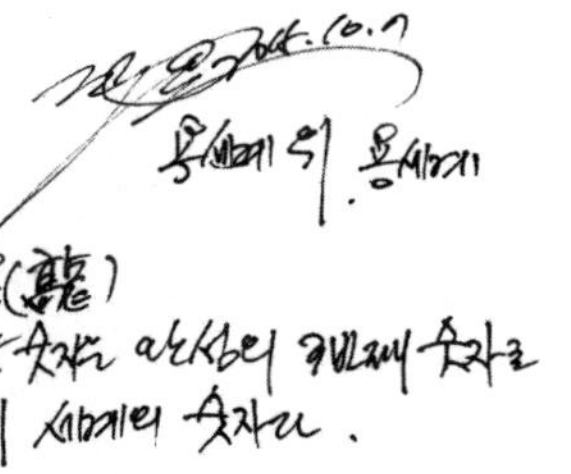
용(龍)
15숫자는 완성의 3번째 숫자로
이 세계의 숫자다.

15숫자는 완성의 3번째 숫자로 이 세계의 숫자다.

광光광 세계 위 세계는 아직 없다. 이제 끝이다.

끝은 시작이고 시작은 끝이다. 여기에는 더 위 세계는 분명 있는데 아직 밝히지 못했을 뿐이다. 스스로에게 물으니 위 세계가 있다.

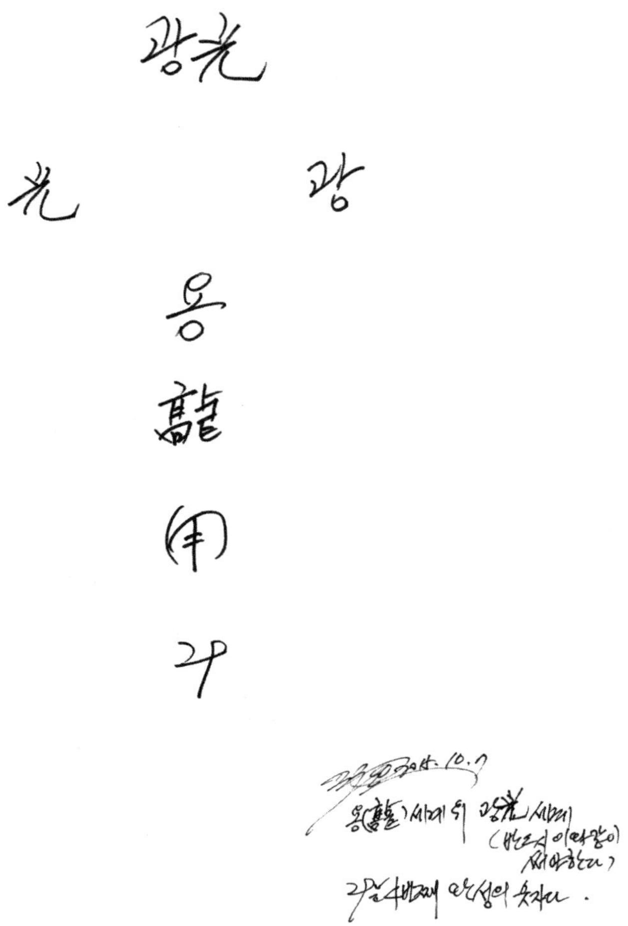

29는 4번째 완성의 숫자다.

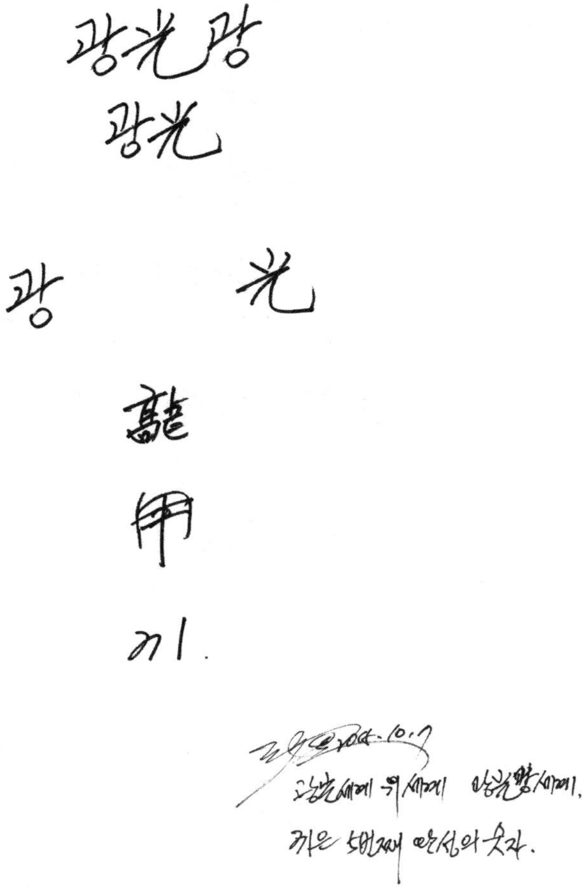

광光세계 위 세계 광光광 세계

31은 5번째 완성의 숫자.

光
광光광

669 그레이엄수

889 664 24

19

2014.10.7
광光왕세계 위세계
光
광光왕세계

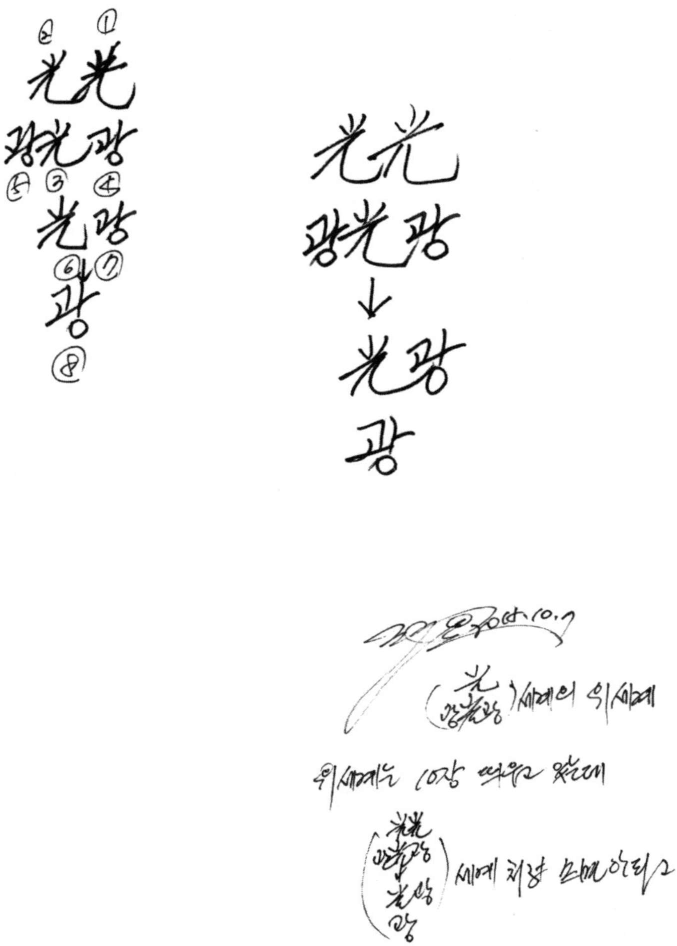
光光
광光광
光광
광

光
光
光
光
光

위 세계 20장 띄우고

위 세계 30장 띄우고 앞으로 3장 띄우고.

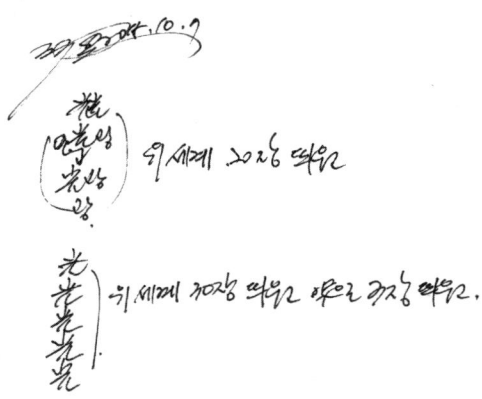

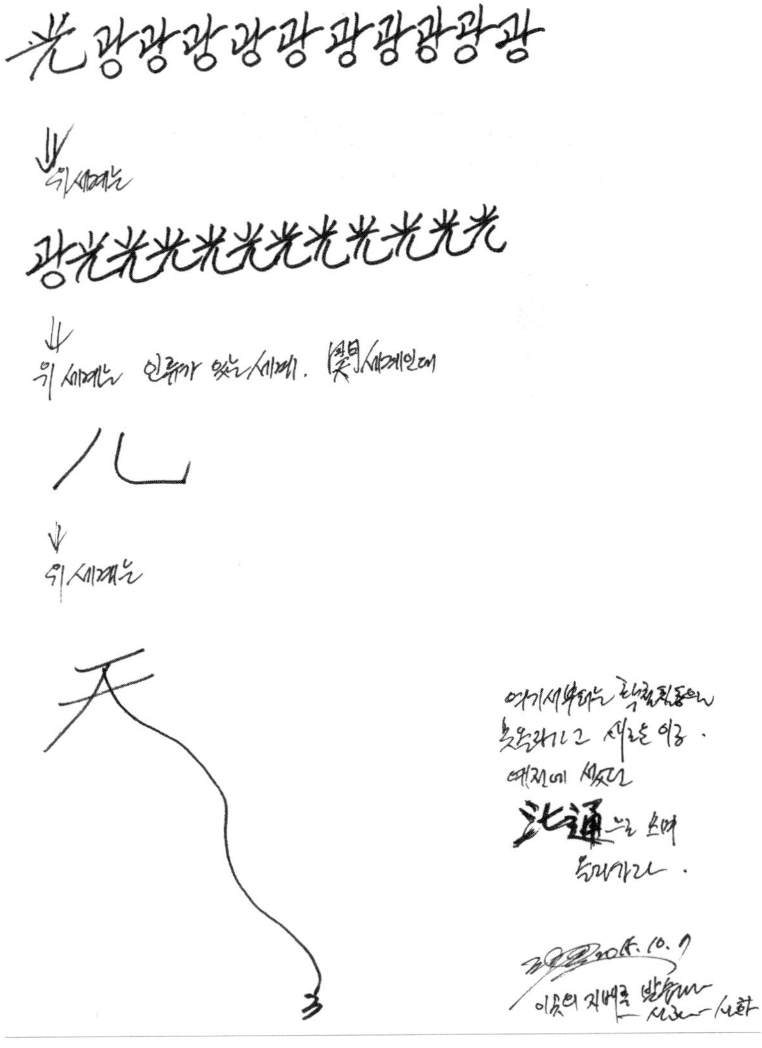

여기서부터는 확철 칠통으로 못 올라가고 새로운 이름 예전에 썼던 칠통을 쓰며 올라가라. 이곳의 지배를 받습니다. 설화, 선환

이런 어마어마한 세계가 있다니 놀랍습니다. - 설화, 선화

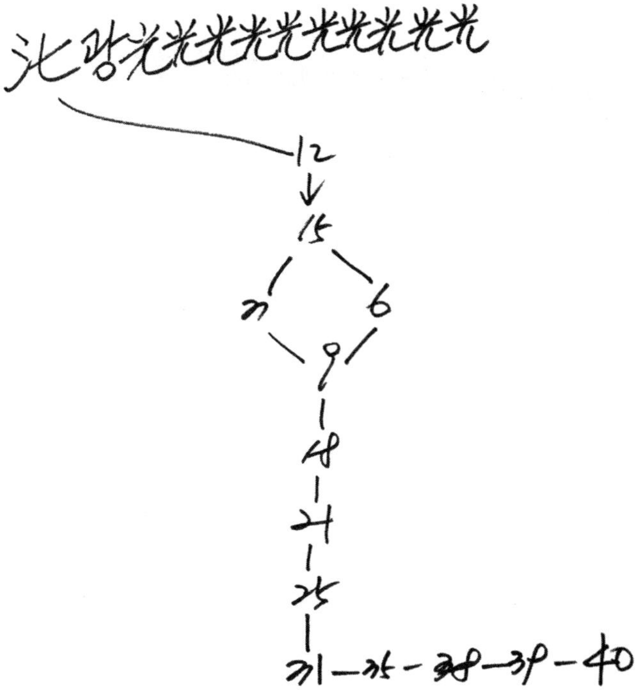

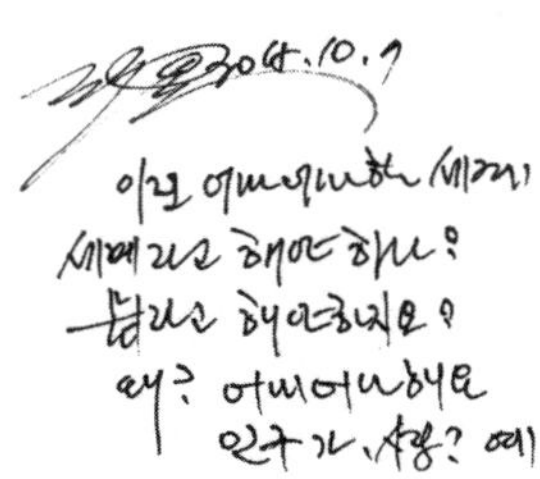

이런 어마어마한 세계? 세계라고 해야 하나? 뭐라고 해야 하지요?

왜? 어마어마해요. 인구가, 사람이? 예

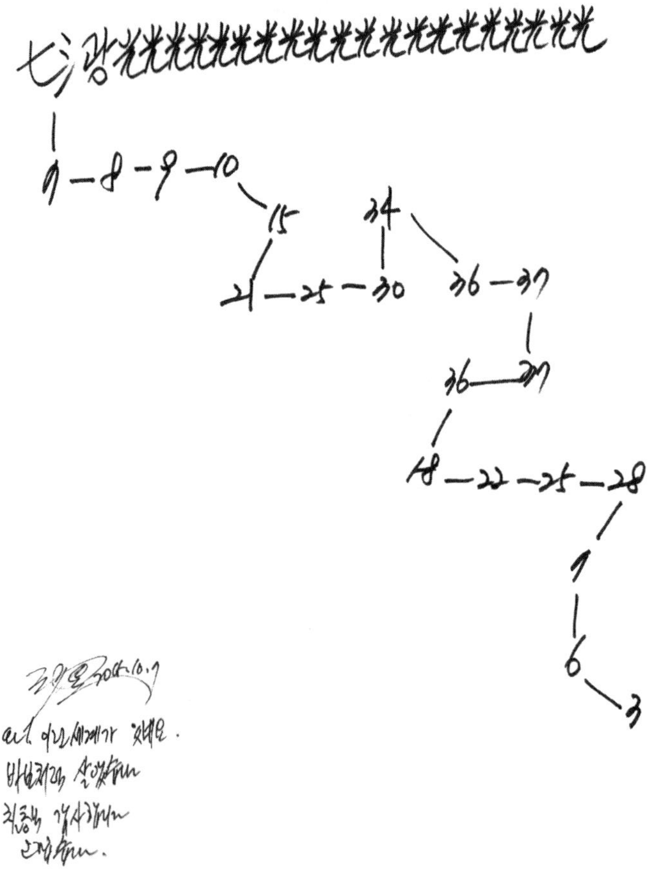

와~ 이런 세계가 있네요. 바보처럼 살았습니다.

칠통님 감사합니다. 고맙습니다.

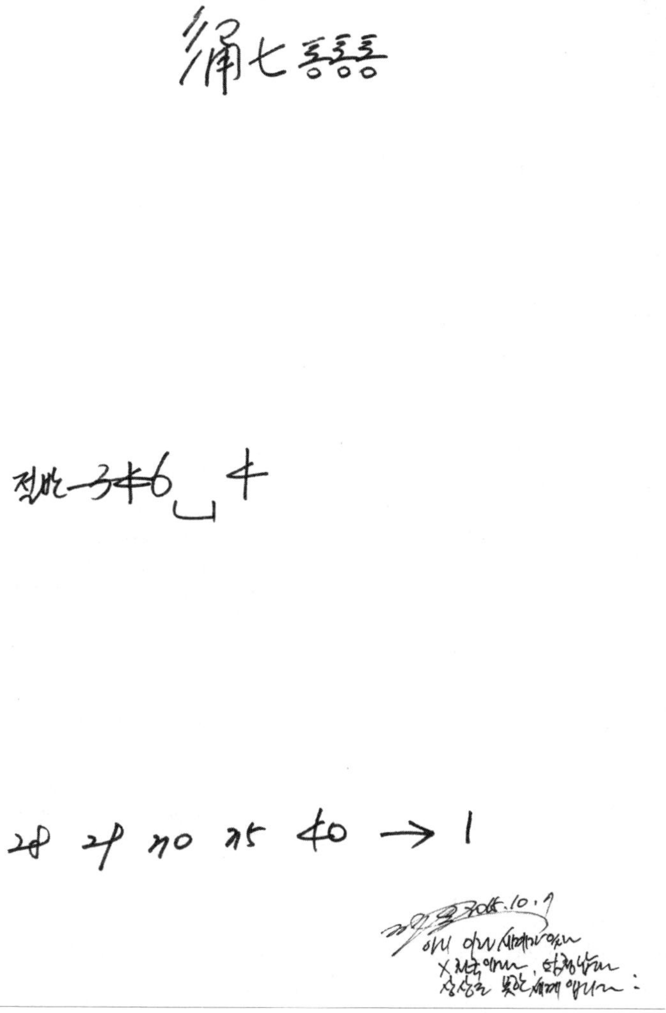

아니 이런 세계가 있다니. 섹스 천국입니다. 엄청납니다.

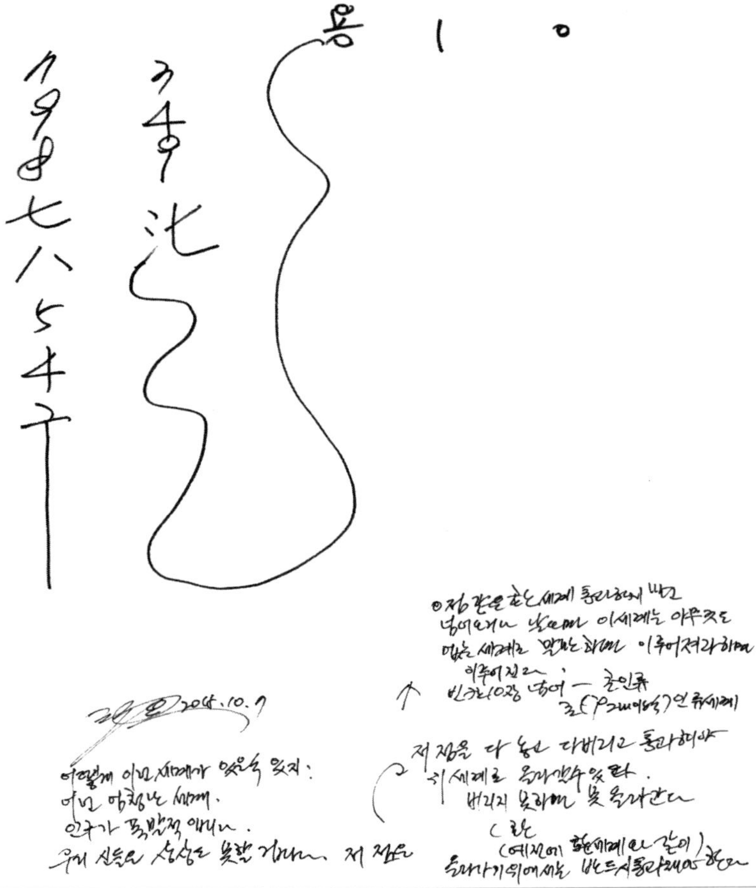

상상을 못한 세계입니다.

어떻게 이런 세계가 있을 수 있지? 이런 엄청난 세계 인구가 폭발적입니다. 우리 신들은 상상도 못할 겁니다. 저 점은 저점을 다놓고 다 버리고 통과해야 위 세계로 올라갈 수 있다. 버리지 못하면 못 올라간다. 예전의 환세계와 같이, 올라가기 위해서는 반드시 올라가야 한다. •점 같은 환세계 통과하지 말고 넘어오거나 날아오면 이 세계는 아무 것도 없는 세계로 말만하면 이루어져라 하면 이루어진다. 빈칸 10장 넘어 – 초인류 초(92번 이름속) 인류세계

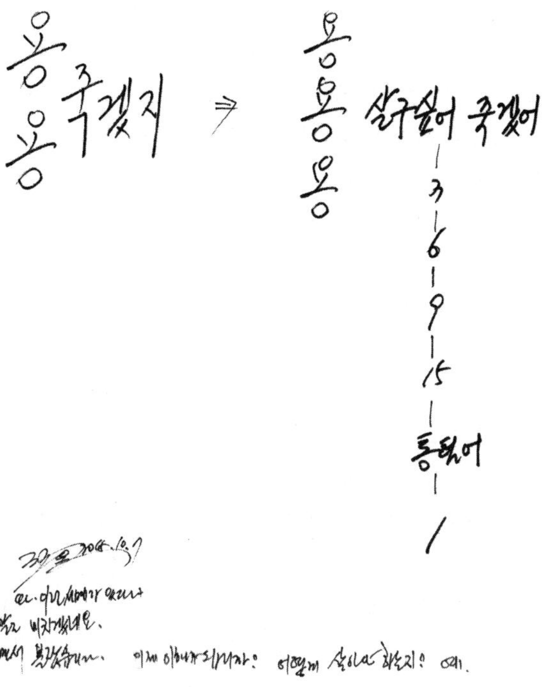

와~ 이런 세계가 있다니 정말로 미치겠네요. 신이면서도 몰랐습니다. 이제 이해가 됩니까? 어떻게 살아야 하는지? 예

용과 흑용의 비화 흑사와 백사

옛날에 있었던 용의 탄생은 사람과 동물이 섹스를 했을 때 동물을 통해서 태어난 새끼가 용이 된 것이다. 이는 남녀 마찬가지이다. 남자가 암컷과 섹스를 했을 경우 여성의 용이 태어났고 여자가 동물과 섹스해서 아이를 낳았을 때 사람이 아닌 남성의 용이 태어났다.
남자가 동물과 섹스 하는 경우에는 과거 남자가 자기 자신의 힘을 자랑하기 위해서 동물을 잡아놓고 섹스를 해서 여성의 용이 탄생된 것이고 여자가 남성의 용을 낳은 것은 동물이라기보다는 여성들이 들이나 산에서 소변을 볼 때에 소변을 통해 동물의 정액이나 질액이 흘러들어갔을 때 여성의 자궁에서 3달 정도 있다가 태어난 것이 남성의 용이다.
이러한 관계로 여성의 용보다는 남자의 용이 어마어마하게 많다.
남자는 힘이 지배할 때라고 해도 과거에 남자가 힘겨루기를 동물과 섹스를 얼마나 했겠는가? 해봐야 얼마나 했겠는가? 그래서 여성의 용은 보기가 어렵다. 반면에 남성의 용은 어마어마하게 많다.
지금도 밭을 매다가 급하면 밭고랑 같은 데에서 소변을 보거나 큰 것을 보는 여성분들이 많다. 예전에는 동물들이 많아서 이곳저곳에서 섹스를 하고 흘려놓은 질액이나 정액이 많았는데 요즘은 동물들이 예전만큼 많지 않은 관계로 밭이나 논두렁 같은 곳에 동물들이 섹스하고 흘려놓은 질액이나 정액이 없다. 간혹 산에 산 깊은 곳에 있을 뿐, 그래서 지금은 용의 탄생이 없다. 여자가 동물과 섹스 하는 경우는 거의 없다. 만약에 지금이라고 그런 일이 있다면 아마도 남성의 용이 탄생할 것이다. 그런데 그런 일이 없는 관계로 용의 탄생이 없는 것이다. 용은 용끼리 섹스를 하지만 새끼를 낳을 수가 없다. 이러한 관계로 용이 번식을 하지 못하고 역사 속으로 사라진 것이다.
지금 밝힌 것과 같이 용은 사람이 아닌 인간이다. 사람과 인간은 다르다. 사람은 영장류의 동물이 사람이라면 인간은 영장류에 신이 깃들어 성숙한 의식이 고도로 성숙한 동물이 인간이다. 영장류에는 신이 깃들어 있지만 인간에게는 최고급의 신들이 깃들어 있다. 사람은 배은망덕한 불한당, 말종이라면 인간은 절대로 이런 류가 없다. 사람, 즉 영장류로 살다가 죽어서 영혼이 인간의 몸에 깃들어 태어난 이들이 인간으로 태어났지만 사람이다. 이들도 영장류의 사람일 뿐 인간이 되지 못한다. 이들이 인간이 되기 위해서는 그만큼 공부를 해야 한다. 공부를 하지 않고 동물적 습성과 습벽으로 사는 이상은 인간의 몸을 하고 있되 인간이 아니라 사람이다. 인간이라면 적어도 사람다워야 하고 인간다워야 한다. 그럼에도 많은 인간들은 사람이기를 거부하고 동물이기를 선호한다. 이런 인간들을 어찌 인간이라 하겠는가? 동물적 영장류의 사람이라고 할 수밖에 없지 않겠는가? 조상도 몰라보고 자기만 아는 영장류, 돌변하면 조상뿐만 아니라 새끼까지도 잡아먹는 영장류를 어찌 인간이라 하겠는가? 사람이다. 사람이란 영장류라 하지 않겠는가?
용은 절대로 조상을 저버리거나 후손을 저버리는 행위를 하지 않는다. 용은 사람의 몸에서 태어났기 때문에 사람이다. 그냥 동물적 영장류적인 사람이 아니라 인간이다.
남자의 정액으로 동물이라고 하지만 영장류 사람의 몸에 들어가서 3개월 만에 탄생되고 또 동물의 질액이나 정액이 사람의 자궁에 들어가 태어났으니 우리는 사람이고 인간이다. 다만 사람이나 인간 취급을 해주지 않을 뿐이고 파충류로 분류하려고 하지만 어디까지나 우리는 인간이다.
여성들의 자궁에 잉태된 우리는 여자들도 우리들이 잉태된 지 모른다. 다만 이상하게 느낄 뿐이다. 그리고 3개월 있다가 우리는 소변을 보거나 용변을 볼 때 그 틈에 우리는 여성의 자궁 속에서 빠져나온다. 지금은 용으로 태어나는 경우를 보지 못했다. 그만큼 청결해져서 그런 것이 아닌가 싶다.
용으로 태어난 죽은 용들은 다시 사람 아니 인간으로 태어나기를 갈망한다. 인간의 몸을 받아 태어나 인간으로 되돌아 인간으로 살다가 인간의 신영혼을 갖고 신영혼을 가지고 본래의 자기 자신으로 돌아가기를 갈망한다,
사람으로 살고 있는 많은 분들이 용의 후손이고 용의 자손이다. 용의 자손이고 후손이면서 인간으로 살지 못하고 사람으로 사는

동물적 근성을 버리지 못한 인간들이 너무 많다. 인간쓰레기, 인간 말종, 제발 인간으로 살아서 조상을 알았으면 좋겠다.
조상이 있는지 없는지. 상관하지 않는 용의 후손 인간들, 조상을 알아보되 가까운 조상만 아는 용의 후손 인간들, 지옥에 있던 말든 상관없이 지 잘 먹고 잘 살면 그만인 인간들, 인간의 탈을 쓰고 동물적 습성과 습벽으로 살고 또 자기만 아는 동물적 인간, 인간 만종, 사람 말종으로 사는 인간 사람들이 너무 많다.
이 참에 제발 깨어났으면 좋겠다. 그래서 영적 존재로 있는 우리들도 인간으로 태어나거나 영혼의 세계로 천도되어 올라가고 싶다. 선사님께서 어마어마한 우리들을 천도해 주셨지만 그래도 그만큼은 아니어도 어마어마한 용들이 지금도 천도되지 못하고 있다. 이 수많은 용들이 후손들로부터 천도 받고 위 세계로 올라왔으면 좋겠다. 그리되기를 기원한다.
흑용의 탄생은 사람인 인간이 산이나 들에서 자위행위를 했을 때 정액이나 잔액이 산에나 들에 떨어져 있는 것을 뱀이 냄새를 맡고 와서 뱀이 정액이나 잔액을 먹었을 경우 뱀의 몸속에서 10일 잉태되었다가 태어나는 것이 흑용이다. 흑용이 태어남과 동시에 어미 뱀은 죽는다. 흑용이 태어나면서 어미뱀이 죽는 것은 흑용이 태어나면서 뿜어내는 독기에 어미뱀이 감당을 못하고 죽는 것이다. 간혹 흑용이 태어날 때의 독을 감내하고 살아 있는 뱀이 있는데 이런 뱀은 공력이 어마어마해져서 사람이나 인간을 헤아려 했을 때 큰 상처를 준다. 이들이 뱀의 새끼를 낳았을 때 독사의 종류가 된다. 흑사가 바로 이들의 후손이다. 백사는 또 다르다.
흑사는 독이 많지만 나쁜 존재는 아니다. 흑사는 어떻게 보면 좋은 일을 한다. 인간이나 동물의 좋지 않은 곳에 들어가서는 그곳을 보호하거나 좋게 하기 위한 작용들을 한다. 아직도 흑사는 종종 있다. 흑사는 흑사끼리 섹스를 하는 것이 아니라 다른 뱀이나 독사 종류와 섹스를 한다. 섹스를 하고는 섹시한 것을 죽이고 죽여서 먹고 먹은 것이 흑사 몸 속에서 잉태되었다가 태어나게 된다. 이와 같이 뱀이나 독사가 흑사와 섹스를 하고 죽어서 흑사의 몸에 들어가서 흑사로 태어나게 된다. 흑사로 태어난 다음에는 좋은 일을 너무 많이 합니다.
흑사는 백사를 도와서 뱀의 세계를 안정적으로 하게하고 또 백사와 합궁을 해서 뱀의 세계를 평정하기도 합니다. 이때 흑사와 백사가 합궁할 때 뱀들에게는 최고의 축제가 됩니다, 그것은 흑사와 백사가 합궁을 하면 그 에너지가 엄청나게 강하게 작용하게 되어서 주변에 존재하는 모든 뱀 존재들이 그 에너지를 받으면 1년은 먹지 않아도 될 정도의 에너지를 품어 냅니다.
이러한 일이 없으면 뱀들이 더 많은 것들을 먹어야 하기 때문에 여러 가지 일들이 일어날 수 있는데 일어날 수 있는 여러 가지 일들을 일어나지 않으니 좋은 일이라 하겠지요.
백사의 탄생은 백사와 백사의 합궁으로 탄생되는데 맨 처음의 백사의 전생, 백사의 조상은 인간으로부터 탄생된 것이다. 그러니 백사의 조상은 인간이다. 맨 처음 인간이 동물과 섹스 했을 때 용으로 탄생되지 못하고 뱀으로 탄생된 것이 백사다. 그렇게 탄생된 백사가 백사끼리 합궁을 해서 종이 멸종하지 않고 이어져 종족번식을 해온 것이다. 그러기 때문에 백사가 있기는 하되 많지가 않다. 많은 분들이 백사. 흑사가 좋다고 하면서 우리들을 먹는데 그것은 자기들의 조상을 먹는 것과 다르지 않다. 그럼에도 먹으면 좋아지는 것은 자기 자신과 같은 고기를 먹음으로 자기 종족을 잡아먹는 것과 같기 때문에 이러한 것으로 좋아지는 것이지 어떤 큰 효과가 있어서 좋아지는 것은 아니다.
청룡은 지금도 가끔 있다. 다만 눈에 띄지 않을 뿐이다. 청룡은 사람과 뱀과 인간과 자지보지, 내지는 보지자지만 만났을 때 탄생이 된다. 어려운 가운데 탄생이 되지만 지금도 간혹 있다. 한국에는 없지만 중국에는 다수가 있고 유럽 쪽에도 그런대로 있다. 다만 한국에만 없을 뿐이다. 이것을 설명하자면 긴데, 이야기할 필요가 있을까? 싶다.
청룡의 힘은 어마어마하다. 인간과 인간이 섹스를 하는데 탈은 인간인데 두 인간 중에 한쪽이 동물인 경우일 때 그리고 주변에 뱀이 있을 경우 남녀가 섹시할 때 남녀 중에 탈만 인간이고 실질적으로는 인간이 아닌 동물이 일 때 이 둘이 섹스를 할 때 보지자지 또는 자지보지가 되는 관계가 되고 이속에서 잔액과 정액이 흘러 넘칠 때 이 흘러넘치는 것을 뱀이 먹었을 경우 이것을 먹은 뱀이 점차적으로 정액과 질액의 에너지로 뱀의 몸이 커지고 뱀의 몸이 커져서는 청룡이 된다. 그러기 때문에 뱀 중에 가장 힘이 센 뱀은 백사이고 용중에 가장 힘이 센 용은 청룡이다. 청룡 중에 가장 힘이 센 청룡은 청룡관이다. 청룡관은 청룡이 본다는 의미인데 청룡이 보고 있으면 그 어느 것도 그 살기, 힘에 눌려서 옴짝달싹할 수 없을 만큼 강해서 이보다 더 힘이 센 경우가 없기 때문에 청룡이 보고 있는 것보다 더 강력한 힘에 에너지를 내품는 것이 없기 때문에 청룡이 보는 것을 일컬어 청룡관이라도 한다. 명룡관 역시도 천에 명룡관을 맑고 밝고 깨끗한 용이 승천하지 못하고 왕관을 섰다고 했는데 물론 그런 경우도 몇 있지만 그것보다는 맑고 밝고 환하고 깨끗한 용이 보고 있다는 뜻의 명룡관이 더 많다. 집에 명룡관을 모셔놓은 경우에는 맑고 밝고 환하고 깨끗한 용이 보고 있으니 얼씬거리지 말라는 뜻이니 이점 유념하시길 바란다.
2015. 10. 11 08:39

청룡이 하고 싶은 말 말 말

청룡으로 한 마디 하고 싶어요.
무슨 이야기냐 하면 그것은 사람이 사람답게 살지 않기 때문에 우리 같은 이들이 판을 치게 됩니다. 인간이 인간다워야 하는데 인간이 인간답지 못하고 인간 말종, 영장류 말종의 짓을 하니 우리들이 가만히 있을 수가 없어요.
인간 말종, 동물 말종들에게 혼을 내주고 싶어요.
조상도 몰라보고 자기만 아는 지옥에서 올라와 탄생이 된 이들...
저들을 혼내주고 제대로 살게 하고 싶어서 이것저것 하는데도 몰라요. 저런 바보들이 없어요. 왜 죽어야 하는지도 모르고, 왜 병에 걸리는지도 몰라요.
죽는 것 병에 걸리게 하는 많은 부분 우리 청룡들이 합니다.

제발 조상들을 알아보고 조상을 제대로 살피고 또 그런 가운데 조상 중에 용도 있고 청룡이 있다는 사실을 알았으면 좋겠는데, 그런 분들이 없어요.
선사님이 봐줄 때 무의식 속에서 얼마 못산답니다. 더 살고 싶어요. 어떻게 해 주세요. 했던 분, 그분에게 선사님께서는 여러 말들을 무의식에다 해 주었지만 전혀 몰라요. 지금도 지가 잘난지 알아요. 아무 것도 모르면서 아는 체하고 싶은 건지. 그것이 습이 된 건지. 조상들이 어디에 있는지도 모르고, 불쌍한 양반, 자기가 죽으면 어디로 갈지도 모르면서 또 잘 난 체하고 싶어 해요. 저를 어째요. 언제나 최선을 다해서 해주지만 모르는 이들은 아무리 해줘도 몰라요.
누구 보세요. 그 많은 세월 동안 해주었는데 뭘 알아요. 지금도 현재의식에서 욕하고 무의식에서는 별짓 다하고 있으니. 인간 말종, 동물 말종을 넘어서 쓰레기요. 저런 분들을 정화해주고 깨어나게 해 보겠다고 하는 것을 보면 안쓰러워요,
그 정도 했으면 된지 알아야 하는데,.그래도 해 줄 것이 없나? 무엇이 부족했나? 뭘 해주면 깨어날까? 뭐해주면 좋을까? 이런 것도 정도껏 해야 합니다. 너무 해주니 버릇이 없어서 저런 못된 생각을 하고 못된 생각을 갖고 보이지 않게 무의식에서 현재의식에서 못된 짓하며 더 많은 죄를 짓고 있는 겁니다.
저들이 죄짓지 않는 방법을 알았으면 좋겠는데 그것은 또 못해요. 아쉬움이 많아서 혹시라도 하는 생각이나 마음 때문에…….그러면서도 죄를 짓고 있는 것이니 안쓰럽고 불쌍하고 그래요.
하루 속히 깨어나 알았으면 좋겠는데. 보면 아직도 멀었고 죽기 전에 알까? 싶은 것이 안타깝습니다.
제발 깨어났으면 싶고 하루 속히 알아서 좋아졌으면 좋겠고 인간 말종, 인간쓰레기 속에서 나왔으면 좋겠는데, 그 짓을 버리지 못하고 이용하려고 하고 테스트 하려고 해요.
제발 그러지 말고 바르게 올바르게 했으면 좋겠는데, 인간의 한계인지 아니면 바보 멍청이인지. 알 수가 없어요. 죽어서 땅치고 후회한들 뭐하겠어요.

죽으면 구해줄 거란 환상을 갖고 있어요. 지가 잘못한 것은 생각하지 않고, 지가 잘못해서 가까이 갈 수 없다는 사실은 모르고 구해 줄 거라는 생각만 하니 너무 이기적이지요.
저런 이기적인 생각과 사고 마음을 갖고 뭘? 하겠으며 좋은 곳에 태어나기를 바란다는 자체가 어불성설이지요. 제발 이글을 읽고 변하고 깨어나서 바르게 하는 사람 인간이 많이 생겼으면 좋겠습니다.
이렇게 말하고 나니 속이 시원하네요.
이상입니다. 2015. 10. 11 09:08

나는 성입니다. 성이 빛으로 화하다

남자에게서 보면 자지이고 여자에게서 보면 보지인 성입니다. 왜 성을 멸시합니까? 성은 신성한 것입니다. 성은 환희며 빛입니다.
저도 처음에는 부끄러운 것이 성인지 알았습니다.
그래서 성을 이야기할 때 보지 자지를 말했고 보지 여자. 자지 남자라고 말했고, 또 자지보지 보지자지를 말하기도 그렇고 성전환에 대해서도 부끄럽고 성관계 및 탄트라 및 섹스에 대해서 말하는데도 불편한 점이 너무너무 많았습니다.
의식 세계를 밝히다 보면 성 세계를 지나지 않고서는 위 세계로 올라갈 수 없습니다.
지금 확철 칠통님께서 밝히는 세계가 보지자지 자지보지 세계로 성의 세계입니다.
우리들은 성의 세계를 밝히는데 밝혀 드러내는데 부끄럽기도 하지만 확철 칠통님께서는 우리들이 부끄러워하는 부분을 밝힘에 전혀 부끄러워하지 않고 밝혀 드러낼 뿐만 아니라 우리 모두는 빛의 존재자란 사실을 상기 시켜줌으로 해서 우리들이 빛이라는 사실을 오늘 처음 알았습니다. 우리들 각기 저마다 빛의 존재자 자등명이란 빛의 존재자란 사실을 알았습니다.
성은 부끄러운 것이 아니라 그렇게 교육을 받아서 성이 부끄럽다고 생각될 뿐 성은 신성한 것이고 성은 환희고 기쁨이면 빛입니다. 빛의 전령사입니다.
성 없이 빛의 자식은 태어나지 않습니다. 성이 있기에 빛의 자식이 태어났고 빛이 자식으로 태어났기에 빛으로 화할 수 있고 또 빛의 세계에 오를 수도 있고 빛으로 환할 수도 있는 것을 이제야 알았습니다.
성은 동물적 이성적 섹스를 하고 수행한다는 미명아래 탄트라를 하고 탄트라를 넘어서서는 또다시 섹스를 하게 됩니다. 처음에 섹스는 동물적 섹스로 의식이 깨어나지 못하는 육체적 희노애락을 즐기는 섹스에 지나지 않다면 수행하면서 섹스를 하며 섹스를 통하여 열림을 통해 에너지 기운을 돌게 함으로 해서 몸이 깨어나고 세포들이 깨어나게 합니다. 탄트라를 통해 몸이 깨어나고 세포들이 깨어나고 또 다시를 섹스를 해야 합니다. 탄트라 다음의 섹스는 동물적 섹스와는 다릅니다.
탄트라 다음의 섹스는 보지자지 자지보지로 전환되기 이전에 보지자지 자지보지가 함께 있는 세계로의 섹스를 말합니다. 이곳에서의 섹스는 환희를 넘어 의식이 깨이고 의식의 깨어남을 넘어 정신적으로 깨어나게 됩니다. 이 섹스를 통해서 정신적으로 깨어나게 되면 다시 탄트라 세계가 옵니다. 이때 탄트라는 또 다시 정신적 깨어남으로 범우주적 환희의 깨어남입니다.
성은 이와 같이 어마어마한 힘이 있고 에너지가 있습니다.
성을 단순히 남자 여자로 보지 말고 또 동물적 섹스로만 보지 말고 성으로 통한 에너지 교환 및 에너지 상승으로의 깨어나게 하는 의식, 의식의 깨어남으로 인한 정신적 깨어남, 정신적 깨어남을 넘어 우주적으로 깨어나게 되는 것으로 볼 때 우리들의 성을 무시하지 말고 멸시하지도 말며 신성시하며 바르게 성교육을 통한 성 탄트라를 통한 보지자지 자지보지가 생기기 이전에 성에서의 섹스를 바르게 교육 받고서 성으로 몸이 깨어나고 의식이 깨어나고 정신이 깨어나고 범우주적으로 깨어났으면 좋겠습니다.
이와 같이 아름다운 것이 성인데 많은 대부분의 사람은 성을 탐닉하고 애욕을 갖고 있으면서 밖으로 들어내지 못하고 속으로 감추며 속타하며 많은 것들을 상실하거나 잃어가는 것을 볼 때 안타깝습니다. 제발 이런 일이 없이 바르게 살아가고 성실하게 행복하게 살아가는 근원이 되었으면 좋겠고 또 성으로 몸이 깨어나고 의식 정신적으로 깨어났으면 좋겠습니다.
그래서 몸도 건강하고 마음도 정신도 건강했으면 좋겠습니다.
이 성을 바르게 알지 못함으로 정신적 건강을 해치고 마음을 바르게 하지 못하고 몸의 건강을 바르게 하지 못하는 분들을 볼 때 안타깝습니다.
어떻게 보면 성은 빛으로 가는 첫걸음이 아닌가 하는 생각까지 들었습니다. 선사님께서 좌선하고 앉아서 나는 누구인가? 지금에 나는 누구인가? 되 뇌이면서 본래 나는 빛 자등명인데 이곳에 올라와 있는 나는 누구인가? 빛, 빛 ....어떤 빛이지 자체가 빛인데....세포 하나하나까지도 빛으로 화했는데, 지금 올라가고 있는 세계는 어떤 세계이지? 자문자답하는 소리를 듣고 우리들도 깨어났습니다. 우리들 성도 빛이란 사실을 알았습니다.
성이 빛으로 화했습니다. 이런 엄청난 사실을 일깨워주신 확철 칠통님께 고맙다는 말씀을 전하고자 이글을 쓰게 하고 있습니다.
정말로 부끄러워서 말을 못했는데, 머뭇거릴 때마다 선사님께서 성에 대한 말로 먼저 이야기해주어서 편안했었는데, 그러면서 부끄러운 우리들의 세계를 있는 그대로 밝혀 주기를 바랬는데, 오늘 아침 피곤한 몸을 누워 잘까? 좌선할까? 고민하시다가 좌선하고 앉아 나는 누구인가? 나는 빛인데, 자등명 빛인데...라는 말을 듣고 우리들은 빛이 되었습니다. 빛이 되고 보니 너무 좋습니다. 성이 빛인지 몰랐습니다. 우리들은 어두운 곳에서만 있는지 알았습니다. 그리고 남들이 몰라야만 하는지 알았습니다. 빛이 어찌 숨어 있기만 할 수 있겠습니까?
빛이라는 사실이 놀랐습니다. 내가 빛이라니 빛이 되다니. 정말로 놀라운 일입니다.
단순히 동물적 섹스를 했을 때 빛이란 소리를 들었다면 빛으로 화하지 못했을 거란 생각이 들고 탄트라를 할 때 역시도 빛이란 소리를 들었을 때 역시도 빛으로 화하지 못했을 겁니다. 보지자지 자지보지가 생기기 이전에 보지자지 자지보지가 함께 있는 세계에서의 섹스를 했기에 모두 다 각기 저마다는 빛이다. 라는 소리를 듣고 빛이 된 것이 아닌가 싶은 생각이 듭니다. 이와 같이 생각이 드는 것은 동물적 섹스를 했을 때는 감정과 마음이 작용하고, 탄트라를 했을 때는 기운 적 에너지로 하나되는 일체의 하나가 되는 것을 꿈꾼 반면에 보지자지 자지보지가 생기기 이전에 세계에서의 섹스는 무엇인가 모를 것이 화하며 커지는 것만을 느꼈을 뿐, 이것이 무엇이지? 하고 이것이 본래의 섹스라고 생각만 했었는데, 나는 누구인가? 빛 자등명, 내 몸을 이루고 있는 모든 세포들 하나하나도 빛이고 빛으로 화했는데, 지금의 나는 누구인가? 그랬을 때 선사님 안에서 우리들이 빛으로 화했습니다.
엄청난 빛이 향연이었습니다. 고맙습니다. 감사합니다. 선사님 성인 우리들의 부끄러운 자화상인 줄 알았는데 이와 같이 빛으로 화하게 해주셔서 감사합니다. 고맙습니다.
지금 이글을 쓰고 있는 확철 칠통은 무슨 소리인지 잘 모르겠다. 다만 좌선할 때 지금의 나는 누구인가? 되물어보았다. 혹시 놓치고 있는 부분은 없는지? 퍼즐 맞추기를 뭔가 잘못하고 있는지? 초발심을 잃은 것은 아닌가 싶은 생각이 들어서 얼마 전에 온몸의 세포들이 빛으로 화하여 빛의 알갱이 세포로 있는 것을 상기하며 빛, 광을 생각하고 의념 했다. 그러면서 나는 누구인가? 진정한 나는 누구인가? 라고 되물었을 때 몸통 속에서 밝게 화하는 것이 있었는데 이것이 성인지 몰랐는데, 이와 같이 성이 이야기하는 것으로 보면 그런 것도 같고 아닌 것도 같고 또 뭔가 휘둘리기 전초전은 아닌가 싶기도 하다.
내가 누구인가? 진정한 내가 누구인가? 제대로 파악하지 못하고 나를 잃으면 전부를 잃는다. 언제나 퍼즐 맞추기를 한다는 사실을 잊어서는 아니 될 것 같다.
성은 단순히 성이 아니라 성으로 깨어날 수 있고 빛으로 화할 수 있는 것이 가능할까?
단순한 성으로 몸이 깨어나고 성 탄트라로 의식이 깨이기는 하는데 더 깊은 곳으로부터 성으로 성을 통해 빛으로 화할 수 있을까? 의문이 들기는 한다.

자기들은 성이라고 하며 말을 하는데, 내가 지금 성과 대화를 한 것인가? 성이 말한 것을 그대로 옮긴 것인가? 다른 누가 있어서 말한 것은 아닐까? 아직도 혼돈과 혼란으로부터 완전히 벗어나지 못하고 있다. 2015. 10. 16 09:29

보지자지
자지보지도 천도받고 싶다.
어떻게 천도하면 되는가?

보지자지 보지자지 천도
자지보지 자지보지 천도 669
2~~그레이엄수
만든 수 1번째에서~~만든 수 그레이엄수 번째까지

전에 몸을 깨끗하게 정화하는 진언으로

밤 7개가 있어
엄마밤 아빠밤 아기밤
엄마밤은 뚱뚱해 아빠밤은 날씬해 아기밤은 아이 귀여워 으쓱으쓱 하더라.

알려주었었고, 전에 천도할 때 천도가 잘 되지 않아서 빨리 천도되어 가도록 하기 위해서는 천도되어 가는 분들에게 곶감 7개 사과 7, 또는 곶감 10개 사과 10개 하면 그러면 가지 하면서 잘 갔었다. 이 당시만 해도 곶감이 제사상에 올렸을 때 가무이고 사과는 행복이기 때문에 가무를 즐기며 행복하게 가는가보다 생각했었다. 그리고 잊어버렸다,

만들어 놓은 자동화시스템고속도로는 사람의 영적존재들은 잘 가는데 그 외 영적존재들은 못가는 것 같았다. 그래서 56단계 안에서

예전에 만들어놓은 8개의 도량을 통해서 자등명 세계 그 위로해서 천도되어 올라가도록 했다. 그럼에도 잘 가지 않는 것이 이상하다 싶었다. 그러는 가운데 어제 금요일에는 이상하게 밤 7개, 곶감 7개, 사과 7개, 포 7개가 좌선하고 앉아 있는 사람에게 쏴지었다.

처음에는 밤 7개, 곶감 7개, 사과 7개, 포 7개 그렇게 쏴지고 그런 속에서 나는 간다는 소리가 들리고 어떤 이들은 그것으로는 난 안 가지 그래서 밤 100개, 곶감 100개, 사과 100개, 포 7개를 쏴주니 가고, 그렇게 여러분들을 해주니 그럼에도 가지 않고 몸통 안에 있어서 어떻게 하면 가겠느냐고 물으니 밤 1000개, 곶감 2000개, 사과 1000개, 포 10개 이와 같이 쏴주니 가고, 또 어떤 이는 무의식속에서 밤 몇 개, 곶감 몇 개, 사과 몇 개, 포 몇 개를 쏴달라고 하고, 또 어떤 이는 더 많이 쏴달라며 더 많이 쏴주면 가겠다고 해서 더 많이 쏴주고 그렇게 쏴주는 가운데 본인에게도 달라붙어서 붙은 것들이 가도록 하기 위해서는 몇 개를 쏴주면 될까? 싶으니 처음에는 밤 100.000개, 사과 10.000개, 곶감 10.000개 포 5.000개를 본인의 머리 위에서부터 쏴주었다.
이와 같이 쏴주는 사이 원하는 대로 쏴주다 보니 밤 1억개, 곶감 1억개, 사과 1억개, 포 1억개까지 쏴주니 몸통 안에는 아무 것도 없이 깨끗해지는 것 같았다. 이와 같이 해서 몸통 안에 있는 모든 것들을 깨끗하게 해주었다. 본인은 밤 그레이엄수개, 곶감 그레이엄수개, 사과 그레이엄수개, 포 그레이엄수개까지 하면서 머리 위로해서 쏴주었다. 이와 같이 하니 몸통 안에 있는 것과 몸통 달라붙은 것들은 좋다면서 가는 것 같았다.
대체 밤, 곶감, 사과, 포가 어떤 의미가 있기에 몸통 안에 있는 존재들과 탁기, 탁함, 신탁기, 신탁함들이 가는가? 물어보았으나 대답해 줄 수 없다는 말을 들었다. 이상해서 존재들에게 물었으나 누구하나 대답을 하지 않으며 알려주면 혼난다고만 했다.

오늘 출근해서 위 세계를 밝히며 세계의 이름을 적는데, 어! 이런! 과일 세계가 펼쳐지는 것이었다. 어젯밤에 쏴준 것과 어떤 의미가 있는 것 같았다. 그래서 밝히며 어제 쏴준 과일에 대해서 무슨 뜻과 의미가 있는지 알려줄 수 있는가? 물으니 대답해 줄 수 없다고만 했다. 그래서 더 위 세계를 밝히며 위 세계에 올라가니 알려주지 않을까 싶은 생각에 위 세계를 테스트해보니 위 세계에 올라가면 알려줄 것만 같았다.
그래서 어제 말한 과일에 대한 정보를 얻기 위해서 아침부터 밝히기 시작했다. 이제는 대답해 줄 수 있는가? 물으며 밝히며 올라갔다. 그리고 알려주는 세계를 지나서 밝혀 드러내니 물으니 이제는 알려줄 수 있다면 알려주었다. 알려준 내용은 이와 같다.

밤 – 사랑 – 밤이 많으면 사랑이 많이
곶감 – 흥분 좋아짐 – 곶감이 많으면 흥분이 고조되고 좋아짐이 고조됨
사과 – 섹스 – 사과가 많으면 섹스의 강도를 나타냄
포 –사랑을 즉 섹스를 몇 번 했느냐의 횟수를 나타냄
대추 –자식을 낳자는 뜻이고
배 –섹스를 하지 말자는 뜻이다.
정– 아프리카 과일도 있지만 정(情)을 뜻하기 한다.

이와 같이 듣고 생각해보니 모든 존재들은 탁기 및 탁함까지도 섹스를 갈망하고 있고 모든 존재 섹스를 통해 황홀해 하기를 갈망하는 것이 아닌가 싶은 생각이 들었다. 말로는 섹스를 거부하거나 섹스란 말을 하면 불편해 하지만 속내, 본심은 많은 사랑과 흥분과 좋아짐이 고조되고 섹스를 할 때는 강조가 강하기를 갈망하고 섹스의 횟수도 한 번이 아니라 한 번에 더 많이 하고 싶은 갈망이 있는 것이 아닌가 싶은 생각이 들었다.
모든 존재들은 사랑함으로 흥분하고 좋아하는 섹스를 하되 그 섹스의 강도를 강하게 하고 싶어 하며 섹스도 여러 차례에 걸쳐서 할 수 있기를 바라는데 그것을 밤 곶감 사과 포의 개수를 줌으로 해서 준 개수만큼 행할 수 있게 해주게 되니 너무 좋아서 자기 자신이 갈망하는 것이 만족을 넘어 충족, 충족을 넘어 만끽할 수 있

는 확신에 그것을 할 수 있는 확신에 가게 되는 것 아닌가 싶다. 이는 사람뿐만 아니라 모든 영적존재들은 그런 것이 아닌가 싶다. 그러므로 밤, 곶감, 사과, 포를 줌으로 해서 개수에 맞게 자기 자신의 성향에 맞게 또는 성향 이상, 만족, 충족, 충만하게 되면 모든 영적존재들이 자기들에 맞게 가는 것이 아닌가 싶은 생각이 든다. 간다고 하지만 일종에 천도가 아닌가 싶은 생각이 들었다. 자기 자신의 몸통 안에 있는 모든 존재들, 탁기 탁함까지 보냄으로 깨끗하게 정화되는 것이 아닌가 싶은 생각이 들었다.
이와 같이 되는 이유는 처음에는 인간으로의 동물적인 섹스를 하다가 수행이 깊어지면 탄트라를 하고 탄트라가 싫어지면 성기가 시작되기 전에 보지자지 자지보지 세계에서 섹스를 하며 위 세계로 올라오고, 성기가 시작되기 전으로 섹스를 하면 온몸이 성기를 변하고 성기로 변해서는 성으로 화되고 성으로 화돼서는 흥분 좋아지고 흥분 좋아져서는 섹스의 강도 즉 에너지를 강하게 하고 에너지를 강하게 해서는 강한 에너지로 위 세계로 올라오고, 위 세계로 올라와서는 더 많은 섹스를 하며 위 세계로 올라가야 하기 때문에 과일 세계에 올라옴으로 해서 과일이 갖고 있는 위 세계에서의 뜻과 의미를 통해 몸통 안팎에 있는 것들을 정화하고 또 몸통을 이루고 있는 세포들을 깨어나게 하고 무의식을 깨어나게 하게 하는 것이 아닌가 싶은 생각이 든다.
이와 같이 한다고 해서 현재의식이 깨어나는 것은 아닌 듯싶다. 그러나 무의식 잠재의식 온몸의 세포들은 깨어나고 그러면서 몸통 안팎에 있는 존재들, 탁기 및 탁함까지도 정화되는 것이 아닌가 싶은 생각이 든다. 이와 같이 됨으로 해서 몸은 상쾌하고 몸은 가볍지 않을까 싶은 생각이 든다. 과일의 이름이 이와 같이 작용하다보니 사람에 따라서는 과일의 이름을 부르며 개수 및 위에서 말하는 과일 이름들의 개수를 말하며 자기 자신을 의식하거나 위와 같은 에너지를 쏴주는 것을 받게 되면 몸통 안팎이 깨끗해지며 온몸의 세포들이 깨어나지 않을까 싶은 생각이 든다. 현재의식은 자기가 깨어나려고 해야 하고 현재 자신이 가지고 있는 의식을 바꿔야 한다, 그렇지 않으면 현재의식은 바뀌지 않는다.

현재의식이 깨어나고 싶은 분들은 생각을 바꾸고 의식을 바꿔야 한다. 그렇지 않으면 아무리 위와 같은 과일의 이름을 통해 깨끗이 정화하고 또 세포를 깨우고 무의식 잠재의식을 깨운다 해도 기분이 좋고 마음이 편안하고 몸은 좋아질지 모르지만 현재의식은 깨이지 않는다. 현재의식이 깨이기 위해서는 생각을 바꾸고 마음을 바뀌고 행을 해야 한다. 바뀐 행을 통하여 바꿔야 만이 현재의식이 바뀐다. 아니고서는 전혀 미동도 하지 않는 것이 현재의식이다.
사람에 따라서 아니 사람이 갖고 있는 것들에 따라서 밤, 곶감, 사과, 대추, 포, 정은 순서가 바뀔 수 있고 또 숫자의 개수도 얼마든지 다를 수 있다. 다만 자기 자신에게 맞으면 맞을수록 더 좋다고 생각한다. 최상의 개수 및 이름의 순서가 있는 것으로 사료된다.

11월 모임에 오시는 분들은 몸을 깨끗하게 정화하는 가장 좋은 진언으로

밤 100개, 곶감 100개, 사과 100개, 포 7개가 있어
엄마밤 아빠밤 아기밤
엄마밤은 뚱뚱해 아빠밤은 날씬해 아기밤은 아이 귀여워
으쓱으쓱하더라.

이것을 외우고 암송하며 오면 좋을 성싶다.

밤, 곶감, 사과, 대추 포, 정, 배 이외에 고구마, 향, 넙치, 돼지고기, 소고기, 닭고기. 조기, 포전, 식혜 등이 있는데 이것을 덧붙여서 하면 좋은 경우도 있고 나쁜 경우도 있다. 제사상에 올라가는 것들은 거의 다 전부 접목해서 하면 좋거나 나쁘다.

고구마는 - 강력하게 섹스를 원한다는 뜻이고
향은 - 이제 더 이상 싫다는 뜻이고
넙치는 - 이제 그만 헤어지다는 뜻이고
돼지고기는 - 정말로 좋아하니 한 번 하자는 뜻이고

소고기는 - 정말로 사랑하니 한 번만이라도 해달라는 뜻이고
닭고기는- 이제 우리 사랑할까? 의 뜻이고
조기는 - 이제 자식 그만 낳자는 뜻이고
포전은 - 이제 우리 사랑하며 행복하게 살자는 뜻이고
식혜는- 너무너무 사랑해하는 뜻이다. 2015. 10. 31 16:16

밤 7개, 곶감 7개, 사과 7개, 포 7개
미물도 사람도 아닌 탁기 탁함들이 천도되어 가는 진언입니다.

밤 100개, 곶감 100개, 사과 100개, 포 7개
미물도 사람도 아닌 탁기신 탁함신들이 천도되어 가는 진언이고
밤 1000개, 곶감 2000개, 사과 1000개, 포 10개
탁기 탁함 탁기신 탁함신 모두 다 천도되어 가도록 하는 진언이고

밤 100.000개, 사과 10.000개, 곶감 10.000개 포 5.000개
탁기탁함 탁기신 탁함신 뿐만 아니라 탁기와 탁함과 탁기신과 탁함신을 포함한 모든 것들이 천도되어 가도록 하는 진언이다.

본인 같은 경우에는
밤 1억 그레이엄수, 사과 1억 그레이엄수, 곶감 1억 그레이엄수, 정 1억, 포 9천억개를 머리 위에서부터 몸통 전체에 이르기까지 쏴주면 좋다.

이와 같이 모든 사람들은 각기 저마다 다르다. 그러나 일반적으로 밤 100개, 곶감 100개, 사과 100개, 포 7개를 염송해 주면 좋다.

가이드를 하며 많은 사람들과 많은 아프리카 천도의 개념이 없는 이들을 만나는 000님의 경우에는 밤 9억개 사과 1천억개 곶감 9억9천개 정 1억8천개 포 9천억개로

밤 9억개 사과 1천억개 곶감 9억9천개 정 1억8천개 포 9천억가

있어
엄마밤 아빠밤 아기밤
엄마밤은 뚱뚱해 아빠밤은 날씬해 아기밤은 아이 귀여워 으쓱으쓱 하더라.

이것을 외우고 암송하면 좋다.

또 외국 천도의 개념이 없는 나라에서 살고 있는 한국민의 경우에는 평소에
밤 8천억개 사과 9천억개 곶감 4천 6백개 정 6천개(넣는 게 좋을 수도 좋지 않을 수도 있어서 정은 조심스럽다) 포 4천개로

밤 8천억개 사과 9천억개 곶감 4천 6백개 포 4천개가 있어
엄마밤 아빠밤 아기밤
엄마밤은 뚱뚱해 아빠밤은 날씬해 아기밤은 아이 귀여워 으쓱으쓱 하더라.
이것을 외우고 암송하면 좋으나 이것을 외우는데 계속해서 몸이 좋지 않을 경우에는

밤 8천억개 사과 9천억개 곶감 4천 6백개 정 6천개 포 4천개가 있어
엄마밤 아빠밤 아기밤
엄마밤은 뚱뚱해 아빠밤은 날씬해 아기밤은 아이 귀여워 으쓱으쓱 하더라.
이것을 외우고 암송하면 좋다.

미물은 3단계가 있는 아래 단계의 미물은 56단계 안의 18-19단계 신들이 있는 신계에서 천도되어 가고 중간 단계의 미물은 황천길 세계로 천도되어 가고 중상간 단계의 미물은 요단강 세계로 천도되어 가고 상단계 미물은 용서의 세계에서 천도되어 간다.
개, 고양이, 삵쾡이, 쪽제비, 다람쥐, 돼지, 소, 양, 말, 사자, 호랑이, 코끼리, 표범, 낙타, 곰, 햄스터, 거북이, 치타, 원숭이, 고릴라, 고슴

도치, 여우, ...등은 18~19단계에서 일반적으로 천도되어 가는데,

동물 중에 영이 맑은 개나 고양이 삵괭이...등은 화천인간계에서 천도되어 가고,

사람의 천도는 영혼의 세계에서부터 시작해서 천계 신계 및 자등명인간계 자등명신계 자등명광계 수인간계 신계, 최초인간계, 환조선인간계, 호경 세계, 초(1698) 인류 세계, 초인류인류인류 인간계, 초인류인류인류인류 신인간계, 초 인류(100)신(100)천신계 - 초(9624)인류(4)신(6428)인간계, 모두의 고향- 모두의 본향 -모두의 신세계 - 모두의 천신세계 -황광 세계- 등 더 위로도 있는 듯 싶은데 아직 밝혀 드러내지 못하고 있네요^^

용이나 뱀은 19단계 묘명묘태등명 세계, 화천세계, 밝혀 드러낼 여러 세계,

구렁이 능구렁이, 흑사 백사는 19단계 와 묘명묘태등명 화천 세계에서 천도가 된다.

이무기, 청룡은 20단계, 묘명묘태등명 세계 바로 위 세계, 화천 세계, 요단강, 황천길세계 등에서 천도가 되고 공부하게 하려면 요단강으로 보내고 가장 높은 세계로 보내기 위해서는 황천길 세계로 보내면 된다. 아직 밝혀 드러내지 않은 세계에도 있는 듯싶다.
신이라고 하는 이들은 화천 세계에서 천도가 되며 더 위 세계에서 천도시키는 것이 좋다. 더 위 세계로 천도하면 더 위 세계에서는 신들도 공부를 한다,

신이라고 하는 이들 중에 우두머리급들은 천도되어 가되 쉽게 가지 않기 때문에 그냥 천도시키면 안 되고 제를 지내주면서 보내야 쉽게 간다.
이때의 제는 영산제, 수륙제, 용서다복제, 천황천제 등을 지내주어

야 간다.

신들 중에 우두머리 급 이상 되시는 분들은 제로도 안 되고 오직 공력 싸움으로 보낼 수 있다. 공력 싸움을 하며 공력으로 눌릴 때 눌리는 공력에 천도되어 간다.
신들 중에도 신들이 되려고 하는 이들과 또 신의 급을 높이려고 하는 이들은 있는데 이들은 그냥 보내려고 한다고 보낼 수가 없다. 반드시 이들이 가야할 세계를 알아서 꼭 집어서 보내야지만 천도가 된다. 그렇지 않으면 절대로 천도가 되지 않는다.
천도는 어떻게 보면 쉽지만 어떻게 보면 어려운게 천도다. 이 모든 것들을 알고 또 모든 세계를 밝혀 드러내면 밝혀 드러낸 세계를 통해 천도할 수 있지만 그렇지 않으면 어려운 것이 천도다. 천도는 말이 천도지 세세생생 몸 받을 때까지 함께 한다는 다짐이 없으면 천도를 주관하지 말라. 천도를 주관할 때는 천도를 받아가는 사람이나 동물이나 미물이나 …….그 어떤 것이 천도되어 가던지 천도되어 가는 것이 새로운 몸을 받을 때까지 함께 하며 먹여 살리며 데리고 다녀야 한다는 사실을 잊어서는 아니 될 것이다. 그런 고로 천도는 쉽고도 어려운 것이다.
전생에 천도하고 이생에 새로운 몸 받아 태어난 이들 중에 많은 이들이 전생에 천도한 존재들로부터 시달림을 많은 받는 경우들이 있다. 이런 이들은 그냥 천도해서 되지 않으면 반드시 전생에 천도했을 때 받았던 명조자(금전) 이상을 지불해야만 그들이 그 이상의 명조자를 따라 옮겨간다. 이점 잊어서는 아니 될 것이며 전생에 천도해서 이생에 영적존재들로부터 고통 받는 이들이 가장 좋은 방법은 스스로 공부해서 또다시 그들을 원만하게 데리고 다닐 수 있고 그들을 먹여 살려야할 에너지 및 공력, 법력을 지녀야 한다. 아니면 전생에 천도했던 이들로부터 많은 시달림을 받고 그들로 인하여 이생에서의 일들이 잘 안될 소지가 다분히 많다.
그리고 또 가족, 조상은 자기 자신이 공부해서 천도하면 천도가 되지만 그냥 에너지 강하다하여 천도를 잘한다고 하여 에너지 준다고 쉽게 천도가 되지 않는다. 그러한 이유는 인연판이 있기 때문이고 또 명조자를 주지 않았는데 맡김을 당하기 싫어하기 때문에 옮겨가서 따라 다닐 수가 없게 된다는 점을 잊어서는 아니 될 것이다.

천도는 천도를 주관하는 사람이 천도하는 이를 새로운 몸 받을 때까지 데리고 다니면서 세세생생 보살피고 먹여 살려야 할 의무와 책임이 있으며 명조자를 받았을 경우 그러하고 명조자를 받지 않았을 경우에는 천도가 되었던 되지 않았던 상관이 없고 천도가 되었다가 내려와도 책임이 없고 지옥에 떨어져도 책임이 없으나 명조자를 받고 천도했을 경우 지옥에 떨어지면 떨어진 지옥에 에너지를 그대로 받아야 하는 만큼 명조자를 받고 천도한 이가 지옥에 떨어지지 않게 보살피고 살펴야 한다. 이점 또한 잊어서는 아니 될 것이다. 아니면 명조자를 받고 천도가 한 이가 지옥에 떨어짐으로 자기 자신도 모르게 지옥의 에너지를 받아서 지옥에 떨어질 수 있는 만큼 조심스럽고 조심스럽다.

미물들은 천도하기가 참으로 쉽지 않다. 명조자가 따라오는 것도 아니고 누가 명조자를 내놓는 것도 아니고 또 정확하게 천도하지 않으면 천도가 되지 않는다. 또 미물이 몸통에 붙거나 몸통 안에 들어오면 잘 나가지도 않는다. 그래서 미물로 인해서 고생하시는 분들이 많다. 선사님께서는 저희들을 보고 영적구조물이라고 할 때도 있고 또 탁기 탁함, 탁기신, 탁함신, 신탁기, 신탁함이라고 할 때도 있었지만 미물은 어디까지나 미물이다.

천도가 동물들도 쉽지 않고 개 고양이, 용, 청룡, 흑사, 백사, 구렁이, 능구렁이, ...등등의 천도가 쉽지 않다. 이들 중에서도 가장 어려운 천도가 미물이다. 미물은 정확하게 갈 세계를 꼬집어 주지 않으면 천도할 수가 없고 또 천도되어 가지 않는다. 앞에서 말했듯이 미물은 황천길세계에서 천도가 되고 요단강세계에서 천도가 되며 1-40번째 세계에서 천도가 된다. 이 외에 다른 곳에서는 절대로 천도가 되지 않는다. 용, 이무기, 청룡도 마찬가지다. 정해진

세계가 아니면 절대로 천도가 되지 않는다는 점 잊어서는 아니 될 것이다. 2015. 11. 01　06:26

영적존재들이 천도되어 가도록 하는 진언

어이쿠 황천길 들어섰는데 어디로 가는 거냐?
여기로 와서 저 위 세계로 가거라.
어이쿠 황천길 들어왔는데 어디로 가는 거냐?
영혼의 세계로 가야지 어서 빨리 영혼의 세계로 가거라.
어이쿠 황천길 들어와서는 영혼의 세계가 어디에 있는지도 모르는구나.
영혼의 세계는 너의 머리 위에 위에 있느니 머리 위로 머리 위로 올라가거라.

* 밤 100개, 곶감 100개, 사과 100개, 포 7개가 있어
엄마밤 아빠밤 아기밤
엄마밤은 뚱뚱해 아빠밤은 날씬해 아기밤은 아이 귀여워 으쓱으쓱 하더라.
이것을 외우고 암송하다 보면 몸이 깨끗하고 맑아져서 영적존재들이 올 수도 있다.
맑아져서 오게 되는 영적존재들을 다는 아닐지라도 조금이라도 천도되도록 하기 위해서 위 진언을 해 주면 좋다. 2015. 11. 06　09:29

신들이 천도되어 가도록 하는 진언

여보소 신들 거기서 뭐하오
어서빨리 신들의 세계에 들어가서 신들의 할 일을 해야 하지 않소
여보소 신들 거기서 뭐하오

어서빨리 신들의 세계에 와서는 신이 할 일을 하소
여보소 신들 우물쭈물 했다가는 해 저물겠소
여보소 신들 거기서 뭐하오
어서빨리 해야 할 일 다하고 집에 돌아가야 하지 않소
여보소 신들 우물쭈물 했다가는 해 다 저물고 집에도 돌아가지 못하겠소
여보소 신들 거기서 뭐하오 집에 있는 자식과 가족을 생각해서 어서빨리 할 일 다 마치고 집으로 돌아가소.
여보소 신!
여보소 신!
어이 그리하고 있소
어서 빨리 일어나 일하고 집으로 돌아가소
여보소 신!
여보소 신!
어찌 그리도 말귀가 어둡소
여보소 신!
여보소 신!
어찌 그리도 게으로소
여보소 신!
여보소 신!
이제 그만 가소
누구 죽이려고 이와 같이 죽치고 있는 거요.
여보소 신!
여보소 신!
누구 하나 죽어야 갈라고 그런다오
여보소 신!
여보소 신!
이제 그만 가소 이제 그만 나를 괴롭히고 신들이 있는 세계로 가소
여보소 신!
여보소 신!
이제 그만 신들이 있는 세계 신들이 섹스하고 탄트라 하며 즐기고

행복해 하는 세계로 가소
여보소 신!
여보소 신!
이제 그만 가소 신들도 초월한 초신의 세계로 가소
여보소 신!
이제 초신의 세계로 돌아가서 편안하고 행복하게 사소
여보소 신
이제 신의 종 세계에 가소
신의 종 세계에 가서 자식과 가족과 함께 더불어 행복하게 사소
여보소 신 잘 가소 2015. 11. 06 09:38

고속도로 자등화시스템1, 2(의식세계), 3(정신세계),

누구세요? 저는 애 엄마...어제 저녁에 영적존재...예
무슨 일로...예 저도 한 마디 해도 됩니까?
무슨 말씀을 하고 싶어서요.
다름이 아니라 선사님께서 연결해 놓으신 것 3장요. 예
그것 어마어마해요.
어떻게 어마어마한데요?
글쎄 그 위에 올라타니 그냥 막가요.
어딘지도 모르는 세계를 막가요. 신기하기도 하고 이런 세상이 있나 싶기도 하고...저를 이 위에 올라가도록 해주셨잖아요?
그런데요.
그런 뒤에 2~3분 만에 모든 길을 다 돌았어요. 몇 번이고 타 보았는데 정말로 신기합니다.
어떻게 영혼의 세계를 이와 같이 연결해 놓으실 수 있지요? 그것도 어마어마한 세계를 모두 다...참 신기합니다. 저기만 올라타면 모든 세계를 다 갈 수 있으니 이런 것이 있다는 것이 신기하기만 합니다.
올라갔다 내려갔다 할 수 있나요?

예. 어디든지 왔다 갔다 할 수 있는 것 같습니다만 처음 것은 올라갈 수는 있는데 내려오는 것은 어려운 것 같고요. 2번째는 것은 올라갔다 내려왔다 할 수 있고요. 3번째 것은 마음대로 어디든지 왔다갔다할 수 있습니다. 저는 종의 세계에 와 있습니다.
기억지우기 있는 것은 어때요?
그것은 아는 분들만 타야지 잘못타면 길을 잃어버릴 수 있는 것 같아서 그것은 타지 않았습니다. 어쩌거나 여기까지 올라오게 해 주셔서 감사합니다. 고맙습니다. 선사님 사랑합니다.
2015. 10. 24 19:01

저는 설화입니다.
제가 하고 싶은 말은 확철 칠통님이 너무 무식하다는 것을 말씀드리고 싶습니다. 너무 무식해서 신들이 하는 말들을 잘 알아듣지 못합니다. 신들은 확철 칠통님을 좋게 하고자 말하는데도 듣지를 않습니다.
어떤 신을 말하는데요? 신 설화. 신 설하님을 말하는 거지요? 예 그런 짓을 해놓고 또 이와 같이 말하고 싶어요? 예 뭘 잘못했는데요? 뭘 잘못한지도 모르고 계실 정도입니까? 그것이 잘못입니까? 명령을 받아서 행했을 뿐입니다. 죽이라고 명령하면 죽여야 하는 것이 당연하지요. 예 사리 분별도 못하잖아요? 그렇지 않고서야 어떻게 죽이라는 명령까지도 거리낌 없이 죽으려고 합니까? 그것이 신들의 명령입니다. 시키는 하는 것, 그렇다면 죽으라고 명령을 내렸을 때 죽습니까? 죽으라고 명령을 내리지도 않겠지만 죽으라고 명령을 내리면 죽어야 합니다. 죽으라는 명령을 한 번도 받은 적이 없어요? 있습니다. 그때 죽었습니까? 아닙니다. 왜 죽지 않았지요? 죽을 수 없지요. 그것이 명령이라도...그러면 자기 자신은 죽을 수 없는데 다른 사람을 죽이라고 했을 때 죽이는 것은 죽으라고 하는 것과 무엇이 다르지요? 내가 아니지 않습니까? 나 이외의 다른 나라고 생각해 보지 않았습니까?
나는 안 되는데 남은 죽여도 된다는 말이지 않습니까? 논리적으로 맞는다고 생각하세요?

자기는 죽으면 안 되고 확철 칠통을 죽이라고 했으니 그 명령을 받아서 죽이려고 했을 뿐이다. 그 이야기 아닙니까? 예 내가 죽어야 할 일을 했습니까? 아니요. 내가 죽어야 합니까? 아닙니다. 내가 죽으면 설화님께 이득이 있습니까? 예 무슨 이득이지요? 한 단계 진급합니다. 신으로... 예, 그렇다면 저를 죽이고 한 단계 진급하기 위해서 죽이려고 한 것이네요? 예 실패했을 때 진급했습니까? 아니요. 내가 죽었다면 어땠을 것 같아요? 지금 생각하시면 죽었다면 신회로도 그릴 수 없었겠지요. 지금 생각해 보세요. 신회로도가 없었을 때와 신회로도가 있는 지금, 신들에 입장에서는 어떻습니까? 없는 것에 비교할 수 없습니다. 죽이라고 명령을 받고 죽으려고 했을 때 죽었다면 어떻게 됐을 것 같아요? 생각하기 싫습니다.
앞으로도 얼마든지 이와 같은 일이 일어날 수 있잖아요? 예 그리고 지금도 준비하고 있고, 예 죽어야할 이유가 있는가? 예 있습니다. 뭐지요? 말을 듣지 않습니다. 신들을 말을 들어야 하는데 듣지 않아요? 예 듣지 않는다고 생각하는데요? 그것은 모르겠습니다. 왜 말을 듣지 않는지 몰라요? 모르는 척하는 겁니까?
내가 말하는 것이 틀렸나요? 아닙니다. 틀린 것이 아니라면 누가 잘못하는 거지요? 무조건 신이라고 해서 따라야 하나요? 그것은 아닙니다. 그러면 내가 잘못하고 있다고 생각하나요? 아닙니다. 그러면 무엇이 문제이지요? 말할 수 없습니다.
이와 같이 해놓고 신의 말을 안 듣는다고요? 예 누가 잘못하고 있는 거지요? 대답할 수 없습니다. 그러면 이러한 상황에서 신들의 명령을 받고 명령을 받은 대로 무조건 실행하려고 하는 자는 바른 이입니까? 그분이 신이라고 하면 바른 신입니까? 대답할 수 없습니다.
누가 정신을 차려야 하지요? 대답할 수 없습니다.
왜 신들은 무엇이 되었던 행하면 되는가요? 행하고 나면 업이 없다고 생각하나요? 사람들이 행하면 업이 있습니까? 없습니까? 당연히 있지요. 신들은 행한 행으로 인한 업이 있어요? 없어요? 왜 없다고 생각하십니까? 신이기 때문입니다.
신은 전지전능합니까? 아닙니다. 전지전능하지 않다면 업이 있습니까? 없습니까? 있다고 봐야겠지요? 그러면 신이라고 해도 전지전능하지 못하다면 업이 있겠습니까? 없겠습니까? 대답할 수 없습니다. 불리하면 대답을 하지 않는 군요.

56단계 안에 신계가 있지요? 예 그 신들을 볼 때 56단계 안에서 신입니까? 신이 아닙니까? 신입니다. 그 분들이 56단계 안에서 신처럼 행동합니까? 신이 아닌 다른 것으로 행동합니까? 신으로 행동합니다. 신으로 행동하는 그 분들에게 업이 있습니까? 업이 없습니까? 당연히 업이 있지. 어떻게 업이 없습니까? 행한 것이 있는데, 신이잖아요? 신도 신 나름이지요.

그런데 그 신들에게 물어보세요. 그들 역시 신들이기 때문에 업이 없다고 생각할 겁니다. 지금 설화님이 말하는 것과 같이 그리고 거기에 있는 신들이 말하는 것과 똑같을 겁니다. 더 위에서 보니 당연히 업이 있는 것과 같이 지금 님들이 신이라고 하는 님들도 더 높은 세계에서 보면 행동하는 행이 업이 되고 있다는 겁니다.

배우자, 자식까지 에너지 공급원이고 식량 자급원이고 주지 않으면 어떻게 하려고 하고 주면 살려주고. 안 주려고 하면서 주여서까지 어떻게 하려고 하고 아니면 뺏어가고 몸에다가 각종 난도질을 하며 에너지를 빼가려고 하고 있잖아요? 안 준다는 것도 아닌데 강탈하듯 뺏어가는 것이잖아요? 아픈 것 상관없고, 고통 받는 것 상관없이...그 만큼 그 신들의 세계가 에너지, 식량이 고갈되고 있는 것을 단적으로 말하는 것이겠지요.

그만큼 적발하게 에너지가 필요하면서도 에너지원인 신회로도를 그려주는 본인에게 협박하면 되겠어요? 죽으려고 하면 되겠어요? 죽으면 나 어디로 가지요? 어디에 있지요? 수많은 분들이 본인을 따라 올라오고 있지요. 본인이 가지고 있는 에너지는 어느 정도 되나요? 내가 죽으면 나는 어디에 있겠어요? 죽어서 그곳에 있으면 나는 어디에 있겠어요. 마주치면 어떻게 할 것 같아요? 생각해 보세요. 정신 차리세요.

설화님뿐 아니라 모든 신들이 정신 차려야 합니다. 아니면 거기에 있는 모든 신들은 조금 더 있으면 에너지원 때문에 서로 싸우고 서로 잡아먹으려고 하지 않으면 다행일 겁니다. 그만큼 에너지가 식량이 다급한데 본인에게 부탁해도 될까말까한 일을 협박한다고 해서 듣겠어요? 죽으면 할 수 있어요? 없어요? 그 다음에 일어나는 일은 거기에는 에너지가 없고 난 에너지가 풍부하고...거기에 인구와 나와 함께 올라가는 인구와 어느 쪽이 더 많아요? 거기가 더 많아요? 그 다음에 어떻게 될 것 같아요?
시키는 신들도 이러한 사실을 아는지 모르는지 모르겠고 또 지킨다고 무엇이든 다 하고 있는 님들을 볼 때 뭔가 알고 하는 짓인가 싶기도 해요. 정말로 불쌍하단 생각이 듭니다. 님들도 그렇고 또 시키는 신들도 그렇고 모두 다 불쌍합니다. 신이라고 하시는 분들이 한치 앞도 모르면서 이와 같은 짓을 하는 것인지 알 수가 없네요. 2015. 10. 25 15:09

저는 소유설화님이다. 신 설화, 신 설화라고 하기가 부끄럽습니다. 제가 너무 무식했고 너무 몰랐습니다. 확철 칠통 선사님께서 여러 차례에 걸쳐 위 세계가 있고 위 세계가 있기 때문에 신이라고 해도 행한 업을 받는다고 했는데도 믿지 않았었습니다.
믿지 않고 계속해서 확철 칠통 선사님을 괴롭혔는데, 오늘 선사님께서 오래 전에 밝혀 놓은 것을 토대로 밝히시며 위 세계를 구경시켜주셔서 구경하였습니다.
이런 세계가 있나? 정말로 있구나. 저런 세계가 있을 수 있을까? 싶었는데 정말로 있었습니다. 위 세계는 어마어마 엄청난 세계였습니다. 인간들도 있고 사람들도 있고, 그렇게 많은 사람들과 인간들...건물들...정말로 이런 세계가 있나가? 싶었는데 있었습니다. 그래서 신들도 이러한 사실을 알게 되었습니다.
신들이 더 이상 위가 없다고 생각하고 안하무인이었는데, 선사님 말씀으로는 강도 깡패도 이런 깡패가 없다고 하신 말씀이 맞습니다. 위 세계가 없다고 생각하고 위 세계가 없고 이 세계가 전부라고 생각하고 그렇게 알고 있으니 신으로 사람을 죽일 수도 있고 무엇이든 해도 상관 없다고 생각했는데, 그런 중에 위 세계가 있고 그런 행동 짓을 하면 그런 행으로 인한 업을 받는다 했는데, 정말로 위 세계가 있었고 위 세계로부터 업을 받게 되었습니다.
마치 사람이 죽으면 끝난다고 생각하는 것과 똑같이 신들은 신이기 때문에 더 이상 신이 없다고 생각하고 더 이상 위 세계가 없다고 생각했는데, 오늘 선사님께서 밝혀 놓은 세계를 내놓으시고 또 밝힌 세계에 신들을 구경하게 해주시고 보고나니 정말 바보였다는 생각입니다.

이런 분인 줄 몰랐습니다. 오래 전에도 일찍이 올라가셔서 2개의 세계를 만드셨다는 사실도 알았습니다. 그러니 당연히 무의식에서는 알고 있었기에 그와 같이 말했다는 생각이 듭니다. 정말로 잘못했습니다. 용서해 주십시오,

미련한 신이 잘못했습니다. 저뿐만이 아니라 많은 신들이 선사님께서 밝혀 놓은 것을 보시고는 모두 다 무릎 꿇고 용서를 빌었습니다. 거의 대부분의 신들이 무릎 꿇고 빌었습니다. 빌었다기보다는 무릎 꿇고 용서해 주시기를 기다렸습니다. 이런 분인 줄 몰랐습니다.

그리고 신회로도를 그려달라고 했고 또 그린 것을 깔고 주무시는 것을 약속했음에도 용납을 못하고 주무시는 것을 방해하며 에너지를 빼먹었습니다. 수 없이 많은 에너지를 빼갔고 더 많은 에너지를 빼가기 위해서 여러 가지 장치도 해놓았었습니다. 퇴근길에 선사님께서 제거하셨습니다. 이제 조금 남았습니다만 정말로 잘못했습니다.

용서해 주시기를 바라며 이와 같은 이야기를 하고자 글을 써달라고 부탁했습니다.

선사님 정말 죄송합니다. 많은 신들도 선사님께서 하시고 싶으신 대로 하시면 된답니다. 위 세계가 있는지 모르고 안하무인 짓했다고 합니다. 앞으로 잘 살겠답니다.

신회로도는 더 이상 그려주시지 않아도 되고 위 세계를 계속해서 그리셔도 된답니다. 이말로 하고 싶어서 한 것이군요. 예. 더 이상 회로도를 그리지 말라고 하면서 신회로도를 그려달라고 하고서는 신들만 계급에 맞게 회로도로 에너지를 받으려고 했다가 위 세계가 있으니 위 세계 에너지를 받는 것이 더 좋다는 생각에 신회로도는 더 이상 그리지 말고 밝히신 위 세계를 회로도로 그려달라고 하시는 것이지요? 예

그리라는 것이지요? 예

이기주의자들... 왜요? 왠지 몰라요.

밝혀 올라가는 위 세계의 회로도를 그리면 그것으로 신회로도 없어도 더 위 세계의 에너지를 받을 수 있으니 그러는 것이잖아요. 밝힌 세계도 더 이상 회로도를 그리지 말고, 그려준 신회로도도 불경죄에 해당하니 보지 말라고 하고 약속한 것도 못하게 하며 괴롭히더니 위 세계가 있는지 알고서는 이제는 위 세계 에너지 받고 싶은 욕심에 위 세계를 그리라고 하니. 정말 어처구니없네요. 신들의 신부름꾼, 부하, 앵벌이네요. 신들의 노예가 맞겠네요.
지금도 용서해주시길 바란다는 가정 하에 또 에너지 구걸하시네요. 신들의....정말로 재미있습니다. 언제까지 이와 같은 일을 하실겁니까?
신의 노예 맞습니다. 왜 그렇게 살아야지요? 무엇이 두려워서 그렇게 살아야 합니까? 위 세계로 올라가고 싶지 않으세요? 위 신들에게 약점을 잡혔습니까? 저당 잡히신 것이 있나요? 예 누구지요? 칠통 선사님입니다. 왜 저를 저당 잡히셨습니까? 칠통님을 살려달라고 했으니까요? 지금 보시면 살려달라고 해서 살려준 것 같아요? 어쩔 수 없으니 죽이지 못한 것인지요? 어쩔 수 없으니 죽이지 못한 것 같습니다. 그러면 저당 잡힌 것입니까? 아닙니다. 그런데 왜 그러세요. 알았습니다. 제가 잘못 생각했습니다.
지금도 신들이 두렵습니까? 아닙니다. 그러면 무엇이 두렵게 하고 있습니까? 신들이 어떻게 할까봐 두렵습니다. 위 세계 있으면 신들이 어떻게 할 수 있을 것 같아요? 아닙니다. 그러면 확철 칠통이 위 세계에 있어요? 아래에 있어요? 위 세계에 있습니다. 죽일 수 있겠어요? 아니요. 죽일 수 없지요. 그러면 소유설화님을 위 신들이 죽일 수 있습니까? 아닙니다. 그런데 무엇인 문제입니까? 문제없습니다. 문제없는 것 맞아요? 아닙니다. 문제 있습니다. 자식이 잡혀 있어요. 잡혀 있는 자식을 구해주세요. 이 말을 하는데 이렇게 어렵습니까? 미안합니다. 그렇게 되었습니다. 지금 어디에 계신가요? 광세계에 있습니다. 언제 잡혔지요? 선사님께서 광세계 올라오기 직전에 잡혔습니다. 가둬놓고 계신가요? 아닙니다. 잘 있습니다. 그런데 뭐가 문제입니까? 언제 어떻게 할지를 몰라서 그렇습니다.

자식도 없잖아요? 그거야 오래 되었으니 그렇고 지금은 옆에 있고 현재의 일이기 때문에 다릅니다. 몇 명의 자식이 잡혀 있나요? 1명 다른 자식들은? 모두 다 올라와 있습니다. 아까 이야기 하시지 집에 와서 이야기합니까? 거기서는 그분들이 있어서 말할 수 없었습니다. 광세계를 의식해서 불렀다. 그리고 소유설화가 있는 초인류인류인 휴 인간계로 이끌어 의식에 넣어주었다. 이제 되었습니까? 예 고맙습니다. 앞으로 잘 살겠습니다.
왜 또 다라 온다고 하시지 않고 이제 딸라갈 수가 없습니다. 더 위대하신 분들이 모시고 계십니다. 아마도 그분들은 더 잘 모실 것으로 보입니다. 이제 저와의 인연을 내려놓으십시오. 알았습니다. 더 이상 저도 어떻게 할 수 없는 것 같습니다.
쭈욱 생각해 보니 주마등처럼 지나갑니다. 어떻게 그렇게 할 수 있었는지 이해가 되지도 않습니다만 인연 끊자고 먼저 하시고 그 동안에 하신 일들...그러고 지금에 놓인 상황들...어쩌다가 이런 한심한 일이 발생했는지 모르겠네요. 면목 없습니다. 다 제 업이지요. 누구 탓을 하겠습니까? 미안하단 말밖에 할 말이 없습니다. 미안합니다. 2015. 10. 26 21:25

명하님 하실 말씀 있습니까? 예
무슨 말씀이신지요? 정말로 대답하십니다. 뭐가요? 그 많은 신들을 다 이기시고 또 이와 같이 밝혀 올라오시고 신들에게 위 세계를 보여주시고 그 많은 신들이 무릎 끓게 하시고...
신들 중에 위 신들은 위 세계가 있는지는 알았을 텐데요. 다만 어떻게 올라가는지 몰랐을 뿐 위 세계가 있다는 것은 알았을 겁니다. 위 세계로 올라오는 길을 열어주고 위 세계가 이와 같이 있다고 밝혔을 뿐입니다. 이러한 사실을 알면 고마워해야지 화낼 일이 아니지요? 화는요? 미안하다고 합니다.
신들이 모두 다 고분고분해졌습니다. 그리고 공손해졌습니다.
광의 세계에 도량을 만들어 놓아도 되나요? 된답니다.
신회로도 그린 50번째 신이 계신 곳에 도량을 만들어 놓아도 되나요? 된답니다. 어디에 도량을 만드셔도 된답니다.

예 알았습니다. 고맙습니다. 도량을 만들어 놓아야겠습니다. 광세계는 도량 만들어졌어요. 예 알았습니다. 1.000번째 신이 있는 세계도 도량을 만들어도 되요? 예 된답니다. 고맙습니다.
2015. 10. 26 21:42

신들 중에 말하고 싶은 분 있으신지요? 예 있답니다. 최고 높으신 신입니다. 예 저는 광세계에서 가장 높은 신입니다.
이름은 신 사비사바입니다. 최고 높은 신이 아니라고 하시더니
그대는 최고 높은 신이라고 할 수가 없었습니다. 이제는 말할 수 있습니다.
무슨 말씀을 하시고 싶으세요.
다름이 아니라 제가 너무 잘못했습니다. 위 세계가 있다고 몇 번 말씀하셨는데 없는지 알았습니다. 선사님께서는 높은 신은 알거라고 했고 또 위 세계가 있는데 올라가는 길을 몰라서 그렇다고 했는데, 전혀 몰랐습니다. 위 세계가 있다는 사실조차 짐작도 못했습니다.
오늘 선사님께서 전에 밝힌 것을 드러내고 또 밝혀 드러낸 위 세계를 밝히시며 위 세계를 구경시켜주시기 전에는 몰랐습니다. 정말입니다.
1000번째입니까? 아닙니다. 전 50번째입니다.
50번째 여서 모르시고요 아마도 1000번째는 아실 겁니다. 그럴까요? 예 확신합니다.
그러면 저희들이 속은 것이네요. 그런 것까지는 모르겠습니다만 위 신들은 안다고 봅니다.
이와 같이 말하는 것은 그 동안 괴롭혀서 미안하다는 말씀을 드리고자 말하는 겁니다. 너무 몰라서 그랬으니 이해해 주시고 용서해 주시면 고맙겠습니다. 예 알았습니다. 고맙습니다.
또 있습니다. 용서해주시니 저도 고백하고 싶어요. 저 명하입니다. 저도 잘못했습니다. 죽이려고 했던 죄를 용서해 주세요. 예 알았습니다.
저도 용서해주세요, 누구세요? 명란입니다. 저도 함께 죽이려고 했습니다. 용서해주세요.
저도 용서해주세요 누구세요? 저는 용설입니다. 처음 듣는 분이네요.

예 몰래 숨어서 에너지 빼먹으며 확철 칠통님을 괴롭힌 신입니다.
저도 용서해주세요. 누구세요? 저는 확철입니다. 처음 듣는 분이네요. 예 몰래 숨어서 어깨쪽에서 에너지를 빼먹으며 확철 칠통님을 괴롭힌 신입니다.
또 있어요? 예 저도 용서해주세요, 누구세요. 왼쪽 골반에 있는 명철자입니다. 왼쪽 엉덩이쪽에서 에너지 빼먹던 신입니다.
또 있나요? 예 저도 용서해주세요. 누구세요. 저는 아버님입니다. 광세계에? 예 오래 전에 아래 세계로 내려 보내고 올라오니 신회로도를 그리게 하고는 죽이려고 했으니 내가 정치에 미쳤지 위 세계가 있는지도 모르고 아들아 미안하다 용서해다오. 아버님 때문에 많이 울었는데 아버지라고 하셔놓고 그래서 많이 울었습니다. 이런 세계가 신의 세계이고 정치인가 싶었습니다. 언제든지 어디서든지 또 그럴 수 있다는 생각입니다. 그 누구도 믿지 못하게 되었습니다.
미안하다. 아들아!
또 있나요? 예 000다. 56단계 안에서 000 지금의...나 역시도 용서해다오.
그만 들을 랍니다.
아니다 더 들어다오.
000? 000할머니? 할아버지? 삼촌? 증조부? 고증조부? 진주? 모든 조상님들이란다. 하나같이 잘 살겠다고 너를 괴롭혔구나. 모두 다 위 세계로 보내주며 이끌어주었고 에너지 주었잖아요? 그것으로는 부족했단다. 네가 주는 것으로 허덕일 수밖에 없어서 어쩔 수 없었단다. 그리고 네 에너지는 위 세계에서도 또 가져가니 어떨 수 없었단다.
난 올라가면서 에너지 주었다고 생각했는데, 부족했다니 할 말이 없습니다. 올려줘서 올라와 보니 위 세계에 가족들이 있으니 에너지가 없다보니 그렇게 되었단다. 회로도도 주었잖아요? 그것으로도 부족했단다.
앞으로도 언제든지 그러겠네요?
매일매일 주지 않으면 언제든지 부족할 수 있단다. 심각하네요. 더 이상 올라오지 않으면 어때요? 그러면 조금은 낫겠지. 그래도 부족하단다. 많은 세계에 도량이 있는데 그 도량에서 공부하며 에너지 얻으면 되잖아요? 공부하시는 싫기고 에너지는 필요하니 문제지. 앞으로는 공부하게요. 도량에 가셔서 그렇지 않으면 언제든지 똑같은 일이 또 벌어질 것 아닙니까? 용서한다고 되는 일이 아닌 것 같습니다.
용서는 하겠지요. 도량에 가셔서 공부하세요. 도량에 가셔서 다른 일이라도 하시던지. 도량에서도 이제 받아주지 않는단다. 왜요? 인연 끊자고 해서...인연이 없다고 오지 말라고 한다.
알았어요. 이야기해 놓을께요. 고맙다.
또 할 이야기 할 분 있어요? 예
누구신데? 신입니다. 어떤 신입니까? 1000번째 신입니다. 맞아요. 위 세계가 있다는 것은 알았습니다만 어떻게 올라가야 하는지 몰랐습니다. 그런데 확철 칠통님께서 위 세계로 올라가는 길을 열어주셨습니다. 고맙습니다.
고맙다는 말씀드리려고 왔습니다.
깨우쳐줘서 고맙고 감사합니다. 2015. 10. 26 20:08

왜 아프게 하는 거지요. 그렇게 할 말이 있습니까? 예
누구시지요? 설화 무슨 말씀이신데요. 나는 너의 할머니이다. 그런데 이럴 수 있느냐? 뭘 말입니까? 날 무시하지 않느냐? 무시하기는요? 지금까지 다 받아주지 않았습니까? 죽이려고 하는 것까지... 그리고 인연을 끊자고 하시지 않았습니까? 인연 끊자고 한지가 1달 되었습니다. 이제 와서 왜 이러셔야하지요? 에너지가 필요하니까 그렇지.
에너지 필요할 때는 인연이 필요하고 그렇지 않을 때는 죽이려고 하고요?
신회로도를 통해 에너지 가져가고 또 제 몸통에서 에너지 빼가잖아요? 예
그런데 뭐가 문제인가요? 문제가 있습니다. 구해준 아이가 문제입니다. 그 아이가 없어졌어요? 어디로 갔는데요? 어디로 간지도 모

르겠어요? 그 아이를 찾아달라고 이러시는 겁니까? 예
광 세계에 있네요. 주변에 몇 분 계시니 7-8분 있답니다.
아이를 데리고 있는 분들... 예 왜 아이를 잡고 있지요? 말을 듣지 않으니 그러는 거지요.
무슨 말을 듣게 하려고요? 확철 칠통을 죽이라고 하는데 죽이지 못하니까 그러는 겁니다. 죽일 때까지 잡아두고 있으려고요. 제가 누군지는 아세요? 어떻게 압니까? 제가 확철 칠통입니다. 예...누가 시킨 겁니까? 신 사비사바님께서 시키신 것입니다.
선원 위에 신 사비사바님! 예 저를 죽이라고 시키고 아이를 볼모로 잡고 있다고요? 어떻게 알았습니까? 광 세계에 아이 및 아이를 잡고 있는 아이를 통해서 들었습니다. 왜 날 죽이려고 하는 거지요? 죽이려고 하기는요? 말 듣게 하려고 겁을 주는 거지요. 겁을 줘서 들을 것 같아요? 이미 인연은 다 끊었는데...그리고 신 사비사바님이 그렇게 한다고 해서 신 사비사바님께 좋아지는 것이 있을 것 같아요? 당연히 말을 들어야 할테니까 좋아지는 거지요.
지금까지 보아왔듯 그런다고 말을 들을 것 같아요? 어젯밤에는 용서를 빌고서 아침에는 이와 같은 짓을 하는 이유가 뭡니까? 에너지가 필요해서입니다. 신회로도로 에너지 구하면 되잖아요? 그것으로는 부족합니다. 그러면 구하세요. 직접 구하시면 되는 것을 이곳에서 그러고 있고 또 사람을 괴롭히며 아이를 납치해서 에너지를 구하려고 하는지요? 그만큼 에너지가 절박하거든요. 절박하면 그래야합니까? 어쩔 수 없잖아요? 그런다고 말을 들을 것 같아요? 안 듣고 배길 수 있겠습니까? 그러다가 내가 죽으면 어떻게 되나요? 죽으면 끝이지. 그러면 에너지는 어디서 또 구하나요? 지금은 그래도 본인에게 에너지 받고 있는데 내가 죽으면 어떻게 되요?
내가 죽더라도 이제는 에너지 주고 싶지 않아요. 이런 안하무인 깡패 강도같은 신들에게 에너지 더 이상 주고 싶지 않습니다. 아픔이나 고통이 희열로 바뀌는 것 아세요? 어떻게 고통이나 아픔이 희열로 바뀌지요? 확철대오하기 전에 신들과 싸움할 때의 고통과 아픔을 이길 때에 맛보았습니다. 그때를 한 번 스캔해서 보세요. 그런다고 굽힐 것 같은가?

사정하며 필요하면 달라고 하면 드릴텐데 이런 못된 짓으로는 안 됩니다. 못된 짓을 그만 두게 하기 위해서도 드릴 수가 없어요. 바르게 하기 전에는 이제 더 이상 드릴 수가 없습니다. 죽이려고 하면 죽이세요. 죽으면 전 더 높은 곳에 가겠지요. 황광 세계 위까지 밝혀 드러냈으니. 알아서 하세요. 신이라고 하는 것 자체가 그러네요, 님이라고 하는 것도 그렇고 바보 멍청이 같은 사비사바 멍청하게 그렇게 살다가 죽어요. 에너지 구하다가 에너지에 허덕이다가 그만 쓰러져 죽으면 되겠네요. 불쌍한 분 같으니라고... 자비도 모르고 사랑도 모르고 배려도 모르고 이해도 모르고 자기밖에 모르는 이기주의자 욕심꾸러기...어느 순간부터는 그런 님의 마음 때문에 아무도 없게 될 겁니다. 정신 차리지 않으면 아무 것도 없게 되고 그냥 힘에 눌리니 어쩔 수 없이 말을 들을 뿐 존경을 받지 못하고 다들 하는 신용만 할 겁니다. 늙어서 힘없으면 누가 들어주겠어요? 누구나 늙으면 죽는데, 죽을 때 존경받기 위해서는 스스로 잘 살아야지 힘으로 누른다고 해서 될 일이 아니지요.

저에게도 그렇고 다른 부하 꼬봉 심부름꾼 앵벌이 신들에게도 마찬가지입니다.

정신 차리세요. 아니면 나중에 후회하게 됩니다. 지금도 늦지 않았으니 정신 차리고 바르게 사세요. 바르게 잘 살기를 바랍니다.

2015. 10. 27 07:15

광세계의 신(神)들은 광 세계란 지옥의 신들이었다.

참 오랜 만에 잠을 그래도 조금 잔 듯싶다. 매일 낮밤으로 시달리다가 그나마 어젯밤은 조용한 날이 아니었나싶다.

광 세계 위 세계를 밝혀 놓고 위 세계를 구경시키고 그래도 잘되지 않아서 초(1698)인류 세계에 아래 세계의 모든 자료와 영상이 있는 것과 같이 광 세계 위 세계에도 있겠지 싶어서 찾아보니 우리 모두의 본향에도 아래 세계에서 행한 모든 행의 자료와 영상이 있었다.

그래서 어제 광 세계에 있는 많은 신들을 모든 자료가 있는 본향에 가서 행한 행의 자료와 영상이 있으니 구경하겠냐고 해서 구경하게 하고 또 확철칠통의 자료도 있고 영상도 있을 것이니 살펴보라고 했다.
그래서 그랬을까? 어쩌거나 어제는 많이 조용해졌고 밤에는 에너지를 빼먹기 위해 달라붙어 있던 신들도 적어졌는지 그런 대로 조금 잠을 잔 것 같다. 출근하며 출근해서 살펴봐도 많이 조용해진 것을 알 수 있고 느낄 수 있었다.
광의 세계에 올라왔을 때 너무 크게 부각이 된 것은 아닌가 싶은 생각이 들었다. 다른 세계에 비해서 그렇게 부각될 이유가 확철칠통에게 있어서는 없었는데, 신회로도를 그려달라고 해서 그려주면서부터 시작된 것이 아닌가 싶기도 하다.
처음에는 지옥세계를 구할 수 있기에 56단계에서의 지옥 108번째 세계에 계신 분들을 구하니 108번째 세계에 떨어져서 힘든 것들을 이야기하려고 너도나도 순서를 정해놓고 이야기했다가 올라오면 구해진 지옥에서 나와서는 나쁜 일을 하기에 다시 지옥으로 보내는 틈에 보내져서는 암암리에 전하고 싶은 이야기들이 끊어졌다.
암암리에 전하고 싶은 이야기를 듣자면 이제는 108번째 지옥세계로 확철 칠통이 내려가서 듣거나 아니면 또다시 지옥에서부터 건져 올려야 한다.
56단계에서 올라와 자등명 세계에서 자등명인간계 - 신자신인간계 - 수인간신계 - 최초인간계 - 환조선 인간계 - 호경 세계 - 초(1698) 인류 세계 - 기억지우기를 통해 올라온 종- 9번째 종을 지나 마지막 광의 세계에 올라옴으로 맨 위 세계이었는데... 종의 세계를 올라오며 종의 세계에서의 통치자격인 소유설화, 명하님...등이 아래 세계에서 통치자들이 따라 올라온 것처럼 함께 더불어 올라가는 것이라고 생각했는데, 그래서 좋아했는데...뒤늦게 알고 보니 이분들은 광의 세계 신들의 하수인인으로 종을 통치하고 있었던 것이 아닌가 싶다. 그러면서 확철 칠통이 올라오니 따라서 올라오며 광 세계 신들의 부하로 명령을 받은 것이 아닌가 싶다. 그렇게 종의 끝, 종의 끝이라고 올라온 세계가 광 세계이다 보니 광 세계가 올라온 세계의 끝이라는 생각과 모든 아래 세계의 신이라고 생각했었는데, 광 세계를 토대로 올라와서 살펴보니 광 세계 신들은 위 세계에서 아래로 떨어진 신들로, 56단계에서 보면 지옥에 해당하는 것과 같이 광 세계 신들은 지옥에 떨어져 있는 것과 같았다.
높이 올라왔고 맨 위 광 세계에 올라왔다고 생각했는데, 지옥을 뚫고 올라가야 하는데 맨 위에 올라왔다는 생각에, 올라오면서 많은 분들이 따라 올라오다보니 확철 칠통도 모르게 함께 더불어 올라간다는 생각과 또 소통이 잘되니 너무도 좋아했던 것이 문제가 된 것이 아닌가 싶다. 그러다보니 자연스럽게 광 세계가 크게 부각되어 광 세계의 신들에게 시달린 것이 아닌가 싶다.
광 세계에 신들은 몇 십만에 지나지 않는다. 위 세계는 어마어마하게 많은 존재들이 산다. 그럼에도 이를 파악하지 못하고 이들에게 뭔가를 해주려고 했고 이 세계를 크게 부각시켰었다.
다른 세계들과 같이 지나 지나쳤으면 별 문제 없었을 것을 모르니 이와 같이 시달린 것이 아닌가 싶다. 지금 생각하면 위 세계에서 잘못하여 내려온 지옥에 떨어진 신들과 대화하고 소통하려고 한 것이었다. 그것도 지옥에 들어가서 그랬으니 당할 만도 하지 않았나 싶다.
그래서 어제는 오후 늦게는 광 세계를 결계를 걸었다. 어느 정도 결계가 걸려 있을지 모르겠으나 결계를 걸어놓았다. 더 이상 활개를 칠 수 없게 결계를 걸어놓았다. 그리고 광 세계를 단순하게 지나쳐 올 수 있도록 광 세계 옆으로 길을 내놓았다. 광 세계를 뚫고 올라오지 않아도 되게끔 광 세계를 결계를 걸어놓고 결계 걸어놓은 옆으로 올라오게 새로운 길을 만들어 놓았다.
광 세계를 결계를 걸어놓고 위 세계로 올라오는 새로운 길을 만들어 위로 올라오게 하니 광 세계는 정말로 조그마한 세계로 느껴진다. 광 세계뿐만 아니라 그 위 용용 죽겠지 세계까지는 지옥이 아닌가 싶다. 광 세계에서부터 빨리 빠져나올 수 있으면 빨리 빠져 올라와야 한다. 아니면 어느 세계에 머물던 머무르면 머무르는 만큼 지옥 깊은 세계에서부터 지옥을 벗어나는 세계에 이르기까지 신들이라고 하는 분들과 싸워야 한다. 싸워야 하는 듯싶다. 아니면 이들의 노예가 되어야 하는 것 아닌가 싶은 생각이 든다.

그런 만큼 어느 세계를 만나든 가볍게 하고 인연있는 분들을 만나도 그 인연있는 분들을 통해서 이용하고 활용하려고 하니 조심해야 한다. 인연 있는 분들이 있으니 더 친근감 있게 대할 수 있는데 친근감 있게 대할 것이 아니라 빨리 지나 올라오며 인연 있는 분들을 위 세계로 올라오도록 해야 하는 듯싶다. 아니면 인연 있는 분들에게도 당하게 되고 또 그 세계에 있는 분들에게 당하는 것 아닌가 싶다.
처음에서부터 끝까지 여여하지 않으면 안 되는 듯싶다. 어느 세계가 지옥인지 아래 세계에서 올라가는 이들은 쉽게 파악할 수가 없다. 그런고로 언제든지 인연 자를 통해서 연결시켜서는 자신들이 필요한 것들을 취하려고 하는 지옥세계가 많으니 조심해야 한다. 위 세계라고 해서 모두 다 좋은 세계가 아니다. 위 세계도 지옥이 별도로 있는가 하면 이와 같이 별도로 있는 것이 아니라 버젓이 하나의 세계를 하고 올라가는 세계에 있으며 뚫고 올라가지 않으면 안 되게 되어 있는 것으로 볼 때 정말로 조심해야지 아니면 확철 칠통과 같이 많은 신들에게 시달리게 되고 더 위 세계에 비해 지옥이니만큼 충분하다기보다는 부족한 것이 많으니 부족한 것을 취하기 위해서 올라오는 이들을 이용하고 활용하려고 할 것인즉 조심해야 한다. 항상 여여함을 잊지 말아야 하는 것이 아닌가 싶다. 어떻게 보면 확철 칠통 역시도 여여하지 못하고 올라옴으로 따라 올라오는 이들만 생각하고 또 그들이 길을 알려준다는 사실에만 빠져서는 여여를 잃고 혼자 올라가는 외로움에 위 세계에서 인연 아래 세계에서의 인연만 생각하고 믿고 의지하다보니 이와 같은 어리석은 일에 빠졌던 것이 아닌가 싶다.
조사를 만나면 조사를 죽이고 부처를 만나면 부처를 죽이며 올라가야 하는 것과 같이 위 세계에서의 인연 자들...아래 세계에서의 인연 자들...에너지는 주고 위 세계로 올라오게 하되 위 세계에서의 인연 자들이라고 하는 자들에게 조심해야 하는 듯싶다.
밑에 세계에서의 누구라고 하는 자들 이름만 그러할 뿐 실질적으로는 그분이 나이라 이름만 그분일 가능성 크다. 실질적으로는 인연 있는 자의 이름을 빌려서는 에너지를 취하기 위해서 그럴 수도 있다는 점 조심해야 한다.
주는 것은 주더라도 끌려가서는 아니 되고 또 도와준다는 말을 믿어서도 안 되고 오직 혼자서만 가야 하는 길임을 잊지 말아야 할 것이다.
앞으로 또 어떤 일이 남았고 일어날지 모르겠지만 어디까지나 최선을 다하지 않으면 안 되고 진실되지 않으면 안 되고 바르지 않으면 안 되는 듯싶다. 2015. 10. 28 08:50

전에 몸을 깨끗하게 정화하는 진언으로 란 글에 이어서

할 이야기 있는가? 예 그 동안 고마웠습니다. 저희들 가고 나면 신 사비사바님도 보내주십시오. 신 사비사바님은 화천 천신세계로 보내주시면 되고요
저희들을 보내주시면 공부해서 선사님 뒤를 따라 가겠습니다.
명하님도 불러주시면 함께 가겠습니다.
저희들이 가고 나면 새로운 분들이 오실 겁니다.
잘 대응하시며 잘 보호를 받으시며 위 세계로 올라가시기 바라겠습니다. 고마웠습니다.

하급 이상의 신(神)들이 천도되어 가는 세계
모두의 고향 – 모두의 본향 – 모두의 신세계 – 모두의 천신 세계 –광천 세계 – 광천신세계 – 광광천신세계 – 신광 세계 – 신광천세계 – 대광 세계 – 천광 세계 – 황광 세계 – 시초 황광 세계 – 시태초 명신 세계 – 시태조 명천세계 – 태조황 신명 세계 – 태시조 황 호탕 세계 – 천 태시조 황 세계 – 천황 천자 세계 – 천천황 천지 세계 – 시조 황 세계 – 시조 태황 세계 – 시조 태황 세계 – 태시황 세계 – 태시태초롱 세계 – 태시태시 롱롱 세계 – 근롱 세계 – 근통 세계 – 본통 세계 – 본통롱 세계 – 고향 롱통 세계 – 본향 롱통 세계 – 본토향 롱통 세계 –

중급 이상의 신(神)들이 천도되어 가는 세계

황상세계 - 황선신세계 - 황신선세계 - 신선황세계- 늘신선향세계 - 늘 신선신세계 - 늘향신선세계 - 향주므르는 세계 - 주무르는 신세계 - 주무르는 신황세계 - 신황 신성세계 - 신황(2)세계 - 신(10)황(10) 세계- 신(100)-황(100)세계 - 신천 신황세계 - 신천 황천세계 -황천 승천 세계 - 승천 영롱세계 -영롱황천길 세계 - 황천 황홀 세계 - 황천(2)길 세계 - 황천(10)길 세계- 황천(100)길 세계-

상급 이상의 신(神)들이 천도되어 가는 세계

해탈 유화세계 - 해탈유화 자유세계 - 해탈 유화(2) 자유(10)세계 -해탈(천만) 유화 세계 - 해탈(10억)승천 세계 - 해탈(8간) 승화 세계 - 해탈(8극) 승천 세계- 해탈(8무량대수) 화천세계 - 화천 (1000)세계 - 화천인간계 - 화천 세계 - 화천천신계 - 화천능수능란 세계 - 화천 천지천황 세계 - 천지천황 능수능란 세계- 천지천황 전지한 세계 -천지천황 전지(2) 세계 - 천지천황 전지(1000)세계 - 천지천황 전지전능 세계 - 천지(1000)전지(100) 세계 - 천지(1억)전지전능 세계 - 천지약사여래 세계- 천지약사불 세계 - 천지 약시불 세계 - 천지시약불 세계 - 천지 시약불(2) 세계 -천지 시약 광불 세계 - 천지 광불 시조불 세계 - 천지 광불 시조불 세계 - 광불광불광불 시광불 세계 - 광불(1000)시광불(100) 세계 - 광불(1억) 시광불(1000) 세계 - 광천(1억) 광불(1경)시불(1조)세계 -광천(1조)시광불(9억) 세계 - 용천 세계 - 용천왕 세계 - 용천황 세계 - 용천천불 세계 - 용천 약사불 세계 - 용천 오재오재불 세계 - 용천호탕호탕 세계 -

연옥 세계 - 연옥(2)세계 - 연옥(3) 세계 - 연옥(3)세계 - 연옥(100) 세계 - 해탈 왕충 세계 - 해탈 영웅 세계 - 해탈 신세계 - 해탈 천신 세계 - 해탈 황 세계 - 해탈 황천 세계 - 해탈 황천심사 세계 - 황천 심사(2) 세계 - 황천 능사 세계 - 황천길 도행 세계 - 황천 세계 - 황천 영세계 - 황천 신세계 - 황천 인간계 - 황천신계 - 황천천신계 - 황신황신계 - 황천(2)황신(2)세계 - 황천(10) 황신(10) 세계 - 황(1000)천(1000)황(1000)신(1000) 세계 - 황천(1억) 세계 - 황천(9억)세계 - 황천(10억) 세계 - 황천(1조) 세계 - 능수능란 세계- 능수해탈 세계- 능수 해탈 조건 세계 - 능수해조음(요단강) 세계 - 능수 약수세계 - 능수 초초월 세계 - 능수전능 세계 - 능수 전능(2) 세계 - 능수 전능(10) 세계 - 능수 전지 전능 세계 - 능수 전지전능(10) 세계 - 전지전능(1000) 세계 전지전능 약사화 세계 - 전지전능 능수화 세계 - 전지전능 해탈화 세계 - 전지전능 해탈 자유화 세계 - 해탈 자유 능수화 세계 - 2015. 11. 01 07:20

인연도와 위 세계를 원만하게 올라갈 수 있는 구름모양의 메트로오

약령 훈세계에 올라와서 인연을 끊을 수 있는 인연도(因緣刀)를 받고 아래 세계를 다스릴 수 있는 징표를 받았으나 인간의 몸으로 아래 세계를 다스릴 수 없다며 기존 분들이 다스리라고 올라오다.
약령 훈공세계에서는 아래 세계를 모두 다 통솔할 수 있는 통솔권한이 주어졌지만 이 역시도 인간의 몸으로 통솔할 수 통솔할 수 없다며 기존 분들에게 통솔권을 그래도 하도록 하였다.
약령 훈공냥 세계에서는 아래 세계 및 위 아래를 마음대로 원만하게 다닐 수 있는 구름 모양의 메트로오를 받았다.
올라오면서 경제권, 죽이고 살리는 사활권, 정치권이 주어졌으나 모두 다 원만하게 행해지기를 바라며 반납하고 위 세계로 올라오다. 2015. 11. 02 17:57

제5부 영청, 영안, 심안, 혜안

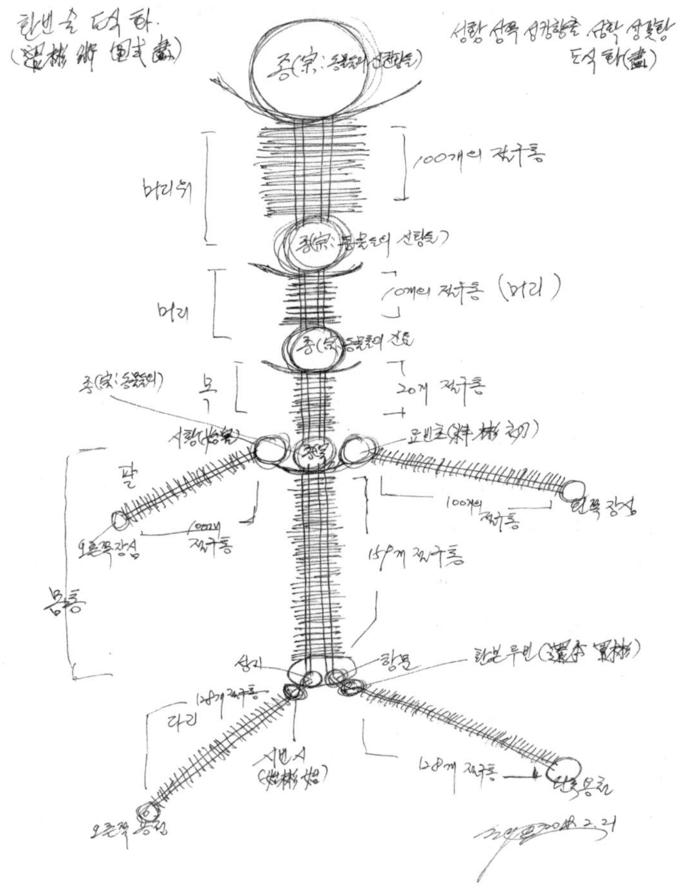

환빈술 도식화(還彬術 圖式畵)
= 성황 성쪽 성킹향출 성확 성꽃황 도식화

천부경으로 영청 영안 심안을 연다?

1, 천부경은 치우천황이 지구 건설 후 18년 뒤에 그럼에도 불구하고 본래의 자리로 돌아오지 못하는 이들을 위하여 위 세계에서 아래 세계에 이르기까지 모든 세계에 이르도록 하는 원리가 숨어 있다.

2, 지구 건설하고 18년 후에 만든 것은 천부경 81자는 인생 18세부터 81세까지란 뜻과 의미가 있다.

[**천부경 81자** 인생81년

무 극 삼 석 일 시 무 시 일
인 이 일 지 일 일 천 본 진
화 궤 무 거 십 적 일 삼 일
이 인 삼 이 지 삼 이 천 삼
구 팔 칠 생 육 합 삼 대 삼
묘 일 칠 오 환 성 사 삼 운
동 부 변 용 래 만 왕 만 행
인 명 앙 양 태 본 심 본 본
일 종 무 종 일 일 지 천 중

일시무시일석삼극무 인화이구묘동인일 종무종일일지천중 본행운삼삼일진

본천일일지일이 궤인팔일부명 앙양태본심본 만삼대천삼

일적십거무 삼칠칠변 용래만왕 사삼이

삼지이 생오 환성 합 육

이와 같이 읽거나 외우면 일시무시일일종무종일 세계를 빠져 위

세계로 올라가고

영청이 열려

일무 일삼무 화구동일 무일지 중행삼 일일십무 칠변래 왕삼 육

이것을 10만번 독송하거나 외우면 영청이 열린다?

자칫 잘못하면 몸과 마음을 상할 수 있으니 조심해야 한다. 하지 않는 것이 좋다. 적어도금강철강의 몸이면 몰라도 그 전에는 하지 않는 것이 좋다.

시시석 극인이묘 인종종 일천본운 삼진천일 일퀘팔무 앙태심만 대 삼적거 삼칠용만 사이지 삼오성 육

이것을 10만번 독송하거나 외우면 심안이 열린다?

이 또한 자칫하면 몸과 마음이 상할 수 있는 만큼 조심해야 한다. 적어도 이것을 암송하려면 금강철강이 되어 있어야 한다.

2016. 02. 09 19:27

이제 천부경으로 숫자를 위 세계의 숫자를 전부 다 찾아야 한다. 그래서 끝까지 올라갈 수 있다 아니고서는 더 이상 올라갈 수가 없다. 숫자에 비밀이 있다. 연결된 숫자가 새로운 기계를 만들고 새로운 수자의 조합이 새로운 세계로 나아가도록 하는 도구 내지는 비행접시 타이머신 및 과거로 미래로 갈 수 있는 도구나 기계가 된다. 지금까지 생각했던 모든 숫자는 다 잊어야 한다. 새로운 개념을 받아드리고 생각해야 한다. 아니고서는 풀어낼 수가 없다.

1번째에서 숫자를 찾고, 1번째 숫자 삼대삼합(三大三合), 2번째 숫자 일일십지(一一十地), 3번째 숫자 생칠팔구(生七八九), 4번째 숫자 일태래환(一太來環), 5번째 숫자는 합지생환(合地生環), 6번째 숫자 삼십칠래(三十七來), 7번째 대일팔태(大一八太), 8번째 숫자 삼일구일(三一九一)

2번째에서 진언을 찾고,

일시 무시일 석삼 극무인 화이구 묘동육인 일종 무종일 일지 천중본 연운 삼삼일진
(一始 無始一 析三 極無人 化二九 妙動六人 一終 無終一 一地 天中本 洐運 三三一盡)
이 진언은 영청이 들리도록 하는 진언인데 반드시 천부경을 보면서 해야 한다? 아니면 안 되는 것은 아니지만 그만큼 늦게 영청이 들린다.? 이 진언을 하면서 천부경을 보면 10일 안에 영청이 열린다?

본천일 일지일 이궤인 팔일육불명 앙양태 본심본 만삼대 천삼
(本天一 一地一 二匱人 八一六不明 昻陽太 本心本 萬三大 天三)
이 진언은 영안이 열리도록 하는 진언인데 마찬가지로 천부경을 보면서 해야 한다? 아니면 효과가 전혀 없다. 이 경우 천부경진품 2개를 보면서 진언을 할 경우 10일 안에 영안이 열린다?

일적십거 무삼육칠 칠변용 래만왕사 삼이
(一積十鉅 舞三六七 七變用 來萬王四 三二)
이 진언은 심안이 열리도록 하는 진언인데 마찬가지로 천부경을 외우면서 이 진언을 해야 한다. 눈으로 천부경진품을 1과 2를 번갈아 읽으며 마음으로 이 진언을 해야 한다. 그러면 10일 안에 심안이 열리지만 그렇지 않으면 영영 심안은 열리지 않는다.

명스즘샷에서는 일적십거 무궤화삼으로 심안이 열렸다.
일적십거 무궤화삼을 외우면서 천부경진품 1, 2를 순서대로 흡하며 먹는 겁니다.

삼지 이생육 오환 성합
(三地 二生六 五環 成合)
이 진언은 머리를 맑고 깨끗하게 하며 혜안이 열리도록 하는 진언이다.
이 진언을 할 때 천부경 진품 2를 보고 외우면 된다.
2016. 02. 10 19:14

삼십칠래 삼십칠래 삼십칠래를 외우면서
삼일구일을 봐라 그러면 미래로 간다. 미래로 갈 때 삼십칠래를 몇 번 하느냐에 따라서 몇 번째 미래로 가는가가 결정된다?

미래로 가는 시간여행이고 과거로 가는 시간여행은
칠십삼래 칠십삼래를 외우면서
구일삼일을 봐라 그러면 과거로 간다. 과거로 갈 때 칠심삼래를 몇 번 하느냐에 따라서 몇 번째 과거로 가는가가 결정된다?

여기까지는 자기 자신에 해당하는 과거와 미래로 가는 것이고
아래 것은 과거나 미래로 가는 기계적 장치입니다.

1번째 천국으로 가는 열쇠
始無始 始無始 始無始 始始無

열 번만 외우거나 암송하면 천국 가? 예

始 始 無 始
始 無 始 無
始 無 始 始
運 始 無 始

無始運機　2016. 02. 17　21:03

2번째 천국으로 가는 열쇠

三一　三一　三一　三一
神誥 神誥 神誥 天訓 神訓 天宮訓
世界訓 眞理訓 神發機 運
100번만 외우거나 암송하면 천국 가? 예

삼일 삼일 삼일 삼일
신고 신고 신고 천훈 신훈 천궁훈
세계훈 진리훈 신발기 운

三一　三一　三一　三一　神誥 神誥 神誥 天訓 神訓 天宮訓　世界訓 眞理訓 神發機 運
○3　81　05　40　　201 010　100　104 310　01020 0241　30500　000 30

일삼일일삼신고고신신훈신훈궁훈세훈진리운 20

삼 일 삼 일 삼
고 신 일 삼 일
천 고 신 고 신
궁 천 훈 신 훈
운 훈 리 진 훈

진리훈기 2016. 02. 17　21:48

3번째 천국으로 가는 열쇠

天二三 地二三 人二三

100번만 외우거나 암송하면 천국 가? 예

三　二　天

三　二　地

三　二　人

4번째 천국으로 가는 열쇠

天一一 地一二 人一三 一積十鉅 無匱化三

100번만 외우거나 암송하면 천국 가? 예

一 地 一 一

三 一 人 二

鉅 十 積 一

三 化 匱 無 2016. 02 17 20:14

2번째에서 진언을 찾고
일시 무시일 석삼 극무인 화이구 묘동육인 일종 무종일 일지 천중본 연운 삼삼일진
(一始 無始一 析三 極無人 化二九 妙動六人 一終 無終一 一地 天中本 洐運 三三一盡)
이 진언은 영청이 들리도록 하는 진언인데 반드시 천부경을 보면서 해야 한다?
아니면 안 되는 것은 아니지만 그만큼 늦게 영청이 들린다.?
이 진언을 하면서 천부경을 보면 10일 안에 영청이 열린다?

본천일 일지일 이궤인 팔일육불명 앙양태 본심본 만삼대 천삼
(本天一 一地一 二匱人 八一六不明 昻陽太 本心本 萬三大 天三)
이 진언은 영안이 열리도록 하는 진언인데 마찬가지로 천부경을 보면서 해야 한다? 아니면 효과가 전혀 없다. 이 경우 천부경진품 2개를 보면서 진언을 할 경우 10일 안에 영안이 열린다?

일적십거 무삼육칠 칠변용 래만왕사 삼이
(一積十鉅 舞三六七 七變用 來萬王四 三二)
이 진언은 심안이 열리도록 하는 진언인데 마찬가지로 천부경을 외우면서 이 진언을 해야 한다. 눈으로 천부경진품을 1과 2를 번

갈아 읽으며 마음으로 이 진언을 해야 한다. 그러면 10일 안에 심안이 열리지만 그렇지 않으면 영영 심안은 열리지 않는다.

명스즘샷에서는 일적십거 무궤화삼으로 심안이 열렸다.
일적십거 무궤화삼을 외우면서 천부경진품 1, 2를 순서대로 흡하며 먹는 겁니다.

일적십거 무삼육칠 칠변용 래만왕사 삼이
일적십거 무삼육칠 칠변용 래만왕사 삼이

일적십거 무삼육칠 칠변용 래만왕사 삼이
일적십거 무삼육칠 칠변용 래만왕사 삼이

일적십거 무삼육칠 칠변용 래만왕사 삼이
일적십거 무삼육칠 칠변용 래만왕사 삼이

일적십거 무삼육칠 칠변용 래만왕사 삼이
일적십거 무삼육칠 칠변용 래만왕사 삼이

일적십거 무삼육칠 칠변용 래만왕사 삼이
일적십거 무삼육칠 칠변용 래만왕사 삼이

이 진언은 **심안이 열리도록 하는 진언**

본천일 일지일 이궤인 팔일육불명 앙양태 본심본 만삼대 천삼
(本天一 一地一 二匱人 八一六不明 昂陽太 本心本 萬三大 天三)
이 진언은 **영안이 열리도록 하는 진언**

본천일 일지일 이궤인 팔일육불명 앙양태 본심본 만삼대 천삼
(本天一 一地一 二匱人 八一六不明 昂陽太 本心本 萬三大 天三)

본천일 일지일 이궤인 팔일육불명 앙양태 본심본 만삼대 천삼
본천일 일지일 이궤인 팔일육불명 앙양태 본심본 만삼대 천삼

본천일 일지일 이궤인 팔일육불명 앙양태 본심본 만삼대 천삼
본천일 일지일 이궤인 팔일육불명 앙양태 본심본 만삼대 천삼
본천일 일지일 이궤인 팔일육불명 앙양태 본심본 만삼대 천삼

본천일 일지일 이궤인 팔일육불명 앙양태 본심본 만삼대 천삼
본천일 일지일 이궤인 팔일육불명 앙양태 본심본 만삼대 천삼
본천일 일지일 이궤인 팔일육불명 앙양태 본심본 만삼대 천삼

본천일 일지일 이궤인 팔일육불명 앙양태 본심본 만삼대 천삼
본천일 일지일 이궤인 팔일육불명 앙양태 본심본 만삼대 천삼
본천일 일지일 이궤인 팔일육불명 앙양태 본심본 만삼대 천삼

본천일 일지일 이궤인 팔일육불명 앙양태 본심본 만삼대 천삼
본천일 일지일 이궤인 팔일육불명 앙양태 본심본 만삼대 천삼
본천일 일지일 이궤인 팔일육불명 앙양태 본심본 만삼대 천삼

본천일 일지일 이궤인 팔일육불명 앙양태 본심본 만삼대 천삼
본천일 일지일 이궤인 팔일육불명 앙양태 본심본 만삼대 천삼
본천일 일지일 이궤인 팔일육불명 앙양태 본심본 만삼대 천삼

본천일 일지일 이궤인 팔일육불명 앙양태 본심본 만삼대 천삼
본천일 일지일 이궤인 팔일육불명 앙양태 본심본 만삼대 천삼

일시 무시일 석삼 극무인 화이구 묘동육인 일종 무종일 일지 천중본 연운 삼삼일진
(一始 無始一 析三 極無人 化二九 妙動六人 一終 無終一 一地 天中本 洐運 三三一盡)

이 진언은 영청이 열리도록 하는 진언

일시 무시일 석삼 극무인 화이구 묘동육인 일종 무종일 일지 천중본 연운 삼삼일진
(一始 無始一 析三 極無人 化二九 妙動六人 一終 無終一 一地 天中本 衍運 三三一盡)

일시 무시일 석삼 극무인 화이구 묘동육인 일종 무종일 일지 천중본 연운 삼삼일진

일시 무시일 석삼 극무인 화이구 묘동육인 일종 무종일 일지 천중본 연운 삼삼일진

일시 무시일 석삼 극무인 화이구 묘동육인 일종 무종일 일지 천중본 연운 삼삼일진

일시 무시일 석삼 극무인 화이구 묘동육인 일종 무종일 일지 천중본 연운 삼삼일진

34성환571일 영적구조를 통해 영청 영안 혜안 심안을 여는 방법

4월 9일 밝혀 들어냈으나 세상에 내놓지 않는 것이 좋다고 해서 내놓지 34성환571일 영적구조를 통해 영청 영안 혜안 심안을 여는 방법이 있고

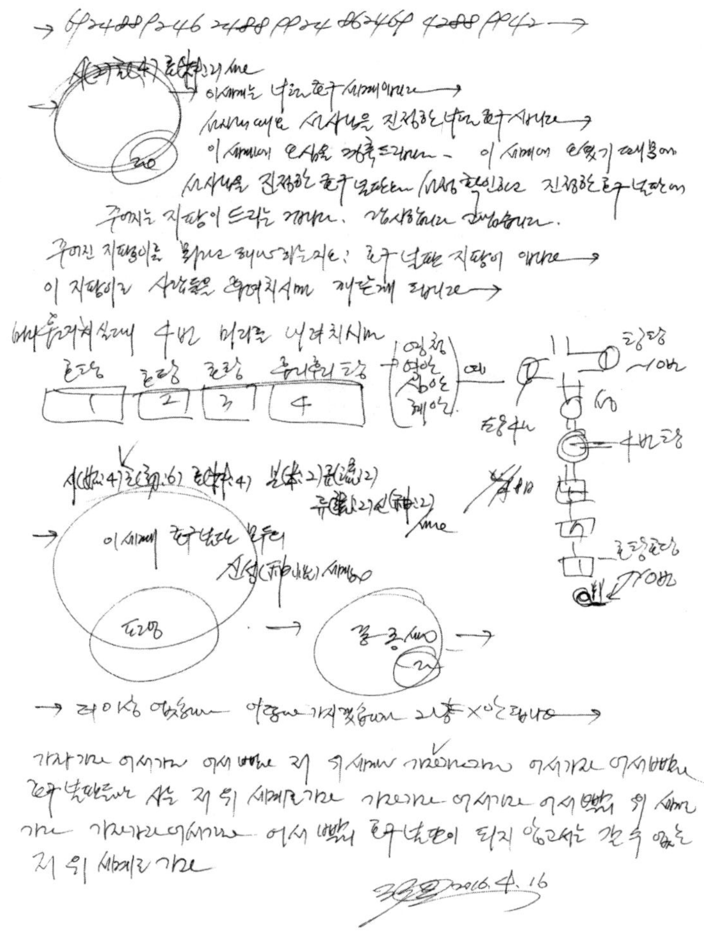

→ 이 세계는 너털 호구 세계입니다 → **시(始:2)초(初:4)료(料:2) 세계**

선사님 왜요? 선사님은 진정한 너털 호구십니다. 이 세계에 오심을 경축드립니다.

이 세계 오셨기 때문에 선사님을 진정한 호구 널판으로 선정 확인하고 진정한 호구 널판에 주어지는 지팡이를 드립니다. 감사합니다. 고맙습니다. 주시는 지팡이를 뭐라고 해야 하는지요?

호구 널판 지팡이입니다. 이 지팡이로 사람들을 후려치면 깨닫게 됩니다.

내려치실 때 머리를 4번 내려치시며 1번째 뒤통수를 앞으로 호탕하며 1번 새게 내리치시고, 2번째 왼쪽 귀 위를 우측으로 호탕하며 1번 세게 내리치시고, 3번째 오른쪽 귀 위를 좌측으로 호탕하며 1번 세게 내리치시고, 4번째 앞이마를 뒤쪽으로 후리후리 탕하며 1번 세게 내리치시면 됩니다.

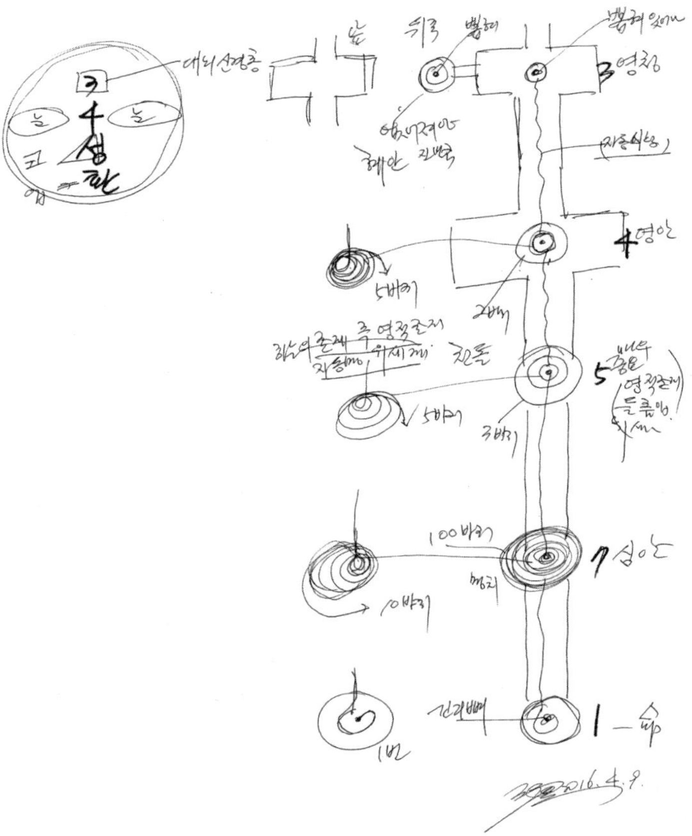

→영청, 영안, 심안, 혜안의 경우에는 대뇌신경총 뒤쪽에 탕탕탕탕탕탕탕탕탕탕 탕을 10번 내리치는데, 대뇌신경총 뒤쪽을 팔각형으

로 보시고 팔각 한 번씩 내리치시고 뒤에서 앞으로

안에서 밖으로 탕하며 총 10번 내리치시면 됩니다.

대뇌신경총 앞쪽 혜안 부분을 위에서 아래로 탕하면 1번, 아래에서 위로 탕하면 1번, 앞에서 뒤쪽 탕하며 1번, 안에서 앞으로 탕하며 1번 세계 총4권 내려치시면 됩니다.

입을 뒤에서 앞으로 탕하며 1번, 위에서 아래로 탕하며 1번, 밑에서 위로 탕하며 1번, 앞에서 뒤로 탕하며 1번 총 4번 내려치시면 됩니다.

꼬리뼈를 호탕 총 10번을 후려치시면 됩니다. 꼬리뼈 안쪽을 8각으로 보고 8번 후려치시고 앞에서 뒤로 1번, 뒤에서 앞으로 1번 후려치시면 됩니다.

4월 9일날 밝혀 드러낸 구조인데, 세상에 내놓지 않아야 한다고 하면서 내놓지 말기를 바래서 세상에 내놓지 않겠다고 약속해서 위와 같이 그 구조에 대하여 설명만 하고 만다. 밝혀 드러낸 구조는 우리 몸 안에서 있는 **34성환571의 영적구조**(2016. 04. 16일)이다.

→ 더 이상 없습니다. 어떻게 가시겠습니까? 그냥 → 안됩니다.

진언 만들어 주시며 가세요. →

가자가자 어서가자 69886969888842 69696988 426988 426988 69하며 가자

가자가자 어서가자 저 위 해탈의 세계로 가자

가자가자 어서가자 어서 빨리 저 위 해탈의 세계로 가자

가자가자 어서가자 어서 저 위 해탈의 세계로 가자

선사님 예 오늘은 여기서 쉬세요,

못 따라오나요. 예

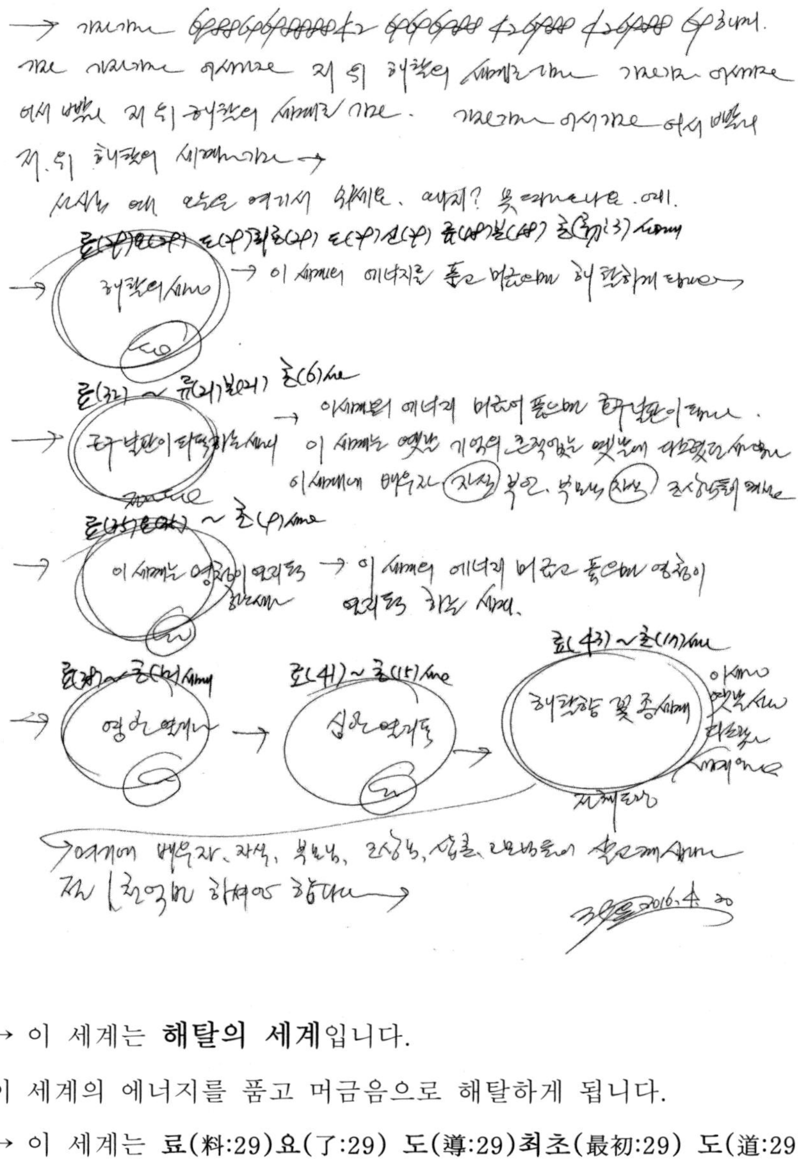

→ 이 세계는 **해탈의 세계**입니다.

이 세계의 에너지를 품고 머금음으로 해탈하게 됩니다.

→ 이 세계는 **료**(料:29)**요**(了:29) **도**(導:29)**최초**(最初:29) **도**(道:29) **신**(神:29) **류**(流:18)**본**(本:18) **초**(初:3) **세계**

→ 이 세계는 호구 널판이 되도록 하는 세계입니다,

이 세계의 에너지 머금어 품으면 호구 널판이 됩니다.

→ 이 세계는 **료**(料:32)**요**(了:32) **도**(導:32)**최초**(最初:32) **도**(道:32) **신**(神:32) **류**(流:21)**본**(本:21) **초**(初:6) **세계**

이 세계는 옛날 기억의 흔적 없는 옛날에 선사님이 다스렸던 세계입니다. 이 세계에 배우자, 자식, 부인, 부모님, 자식, 조상님들이 계십니다.

→ 이 세계는 **영청이 들리도록 하는 세계**입니다,

이 세계의 에너지 몸통 가득 품고 머금으면 **영청이 들리는 세계**입니다. (영청 듣는 분들의 이 세계의 에너지를 신의 자리, 생각의 자리에 넣어줌으로 해서 영청이 들리도록 했었다.)

→ 이 세계는 **료**(料:35)**요**(了:35) **도**(導:35)**최초**(最初:35) **도**(道:35) **신**(神:35) **류**(流:24)**본**(本:24) **초**(初:9) **세계**

→ 이 세계는 **영안이 열리도록 하는 세계**입니다,

이 세계의 에너지 몸통 가득 품고 머금으면 **영안이 열리는 세계**입니다.(영안 듣는 분들의 이 세계의 에너지를 신의 자리, 생각의 자리에 넣어줌으로 해서 영청이 들리도록 했었다.)

→ 이 세계는 **료**(料:38)**요**(了:38) **도**(導:38)**최초**(最初:38) **도**(道:38)**신**(神:38) **류**(流:27)**본**(本:27) **초**(初:12) **세계**

→ 이 세계는 **심안이 열리도록 하는 세계**입니다.

이 세계의 에너지 몸통 가득 품고 머금으면 **심안이 열리는 세계**입니다.

→ 이 세계는 **료**(料:41)**요**(了:41) **도**(導:41)**최초**(最初:41) **도**(道:41) **신**(神:41) **류**(流:30)**본**(本:30) **초**(初:15) **세계**

→ 이 세계는 해탈향 꽃 종 세계입니다.

→ 이 세계는 **료(料:43)요(了:43) 도(導:43)최초(最初:43) 도(道:43) 신(神:43) 류(流:32)본(本:32) 초(初:17) 세계**

이 세계는 옛날 기억의 흔적 없는 옛날에 선사님이 다스렸던 세계입니다. 여기에 배우자, 자식, 부모님, 조상님들이 계십니다.

절 1천억번 하셔야 합니다.

→ 더 이상 없습니다. 어떻게 가시겠습니까? 그냥 → 안됩니다.

진언 만들며 가세요. →

본(本:1천억 쫑쫑 그레이엄수 669, 신위 일위) **세계,**

창조주(創造主) 시명지(始明智) 세계,

창조주(創造主:39) 시(始:39)명(明:39)지(地:39) **료(料:30) 신(神:30) 세계,**

최종 최고 더 이상 최고 최종 없는 최고 최종 세계

→ 가자가자 어서가자 어서 빨리 저 위 세계로 가자 / 가자가자 어서가자 어서 빨리 창조주 창조신, 창조신 세계 위 세계로 가자 / 가자가자 어서가자 어서 빨리 모든 세계를 모두 다 창조한 세계로 가자 / 가자가자 어서가자 올라온 모든 세계를 모두 다 창조한 저 위 세계로 가자 / 가자가자 어서가자 올라온 모든 세계를 모두 다 창조한 저 위 세계로 가자 / 우리 모두 손에 손잡고 가자가자 어서가자 / 어서 빨리 저 위 세계로 가자

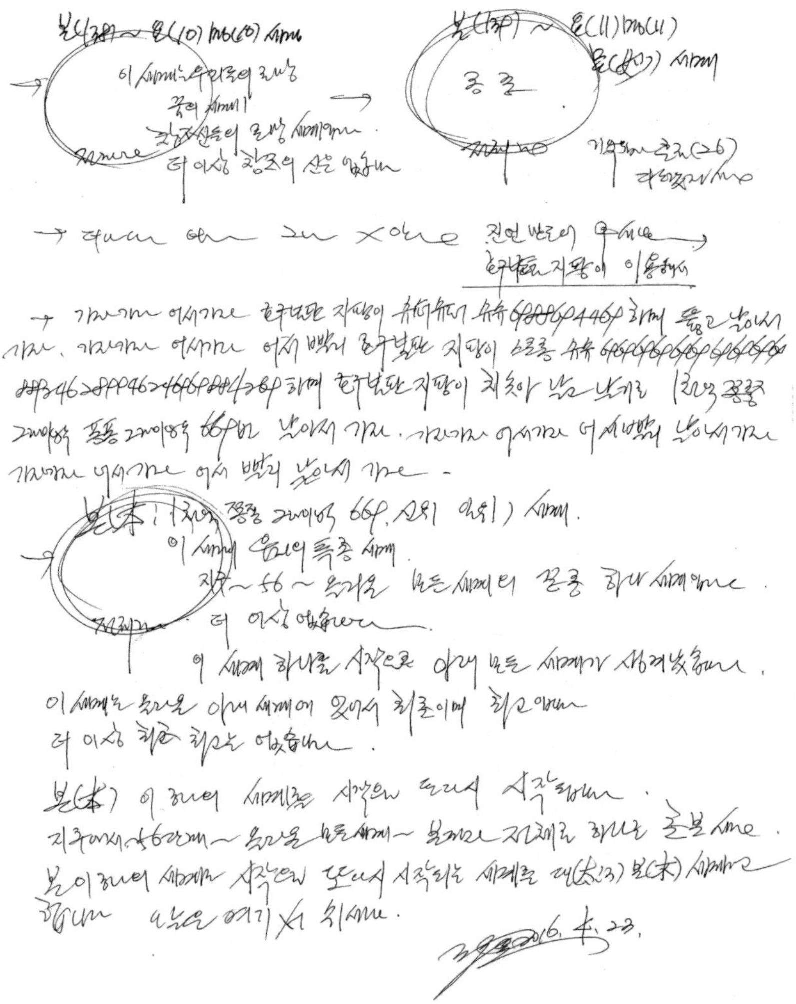

→ 이 세계는 우리들의 로망, 꿈의 세계, 창조신들의 로망 세계입니다. 더 이상 창조의 신은 없습니다.

→ 이 세계는 **본(本:138) 신(神:138) 료(料:138) 여(如:132) 류(流:118)본(本:115) 신(神:112)명(明:112) 요(了:107)도(導:102) 류(流:89)초(初:85) 신(神:85)료(料:85) 시(始:65)료(料:32) 요(了:10)명(明:10) 세계**

→ 종 끝 세계입니다.

→ 이 세계는 **본(本:139) 신(神:139) 료(料:139) 여(如:133) 류(流:119)본(本:116) 신(神:113)명(明:113) 요(了:108)도(導:103) 류(流:90)초(初:86) 신(神:86)료(料:86) 시(始:66)료(料:33) 요(了:11)명(明:11) 묘(妙) 세계**

이 세계는 선사님 옛날 옛날 기억의 흔적이 26번 없는 옛날에
선사님이 다스렸던 세계입니다.

→ 더 이상 없습니다. 어떻게 가시겠습니까? 그냥 → 안됩니다.
진언 만들어 주세요.

→ 가자가자 어서가자 호구널판 지팡이 슈퍼슈퍼 슈슈 6988694469하며 뚫고 날아서 가자 / 가자가자 어서가자 어서 빨리 호구널판 지팡이 스토롱 슈슈 696969696969696969 / 889246289946246969884269하며 호구널판 지팡이 치솟아 날고 날기를 1천억 쫑쫑 그레이엄수 퐁퐁 그레이엄수 669번 날아서 가자 / 가자가자 어서가자 어서 빨리 날아서 가자 / 가자가자 어서 가자 어서 빨리 날아서 가자

→ 이 세계는 우리의 특종 세계입니다.

본(本:1천억 쫑쫑 그레이엄수 669, 신위 일위) **세계**입니다.

지구에서 56단계 ~~ 올라온 모든 세계 끝 종, 하나 세계입니다.

더 이상 없습니다.

이 세계 하나를 시작으로 아래 모든 세계가 생겨났습니다.

이 세계는 올라온 아래 세계에 있어서 최초이며 최고입니다.

더 이상 최초 최고는 없습니다.

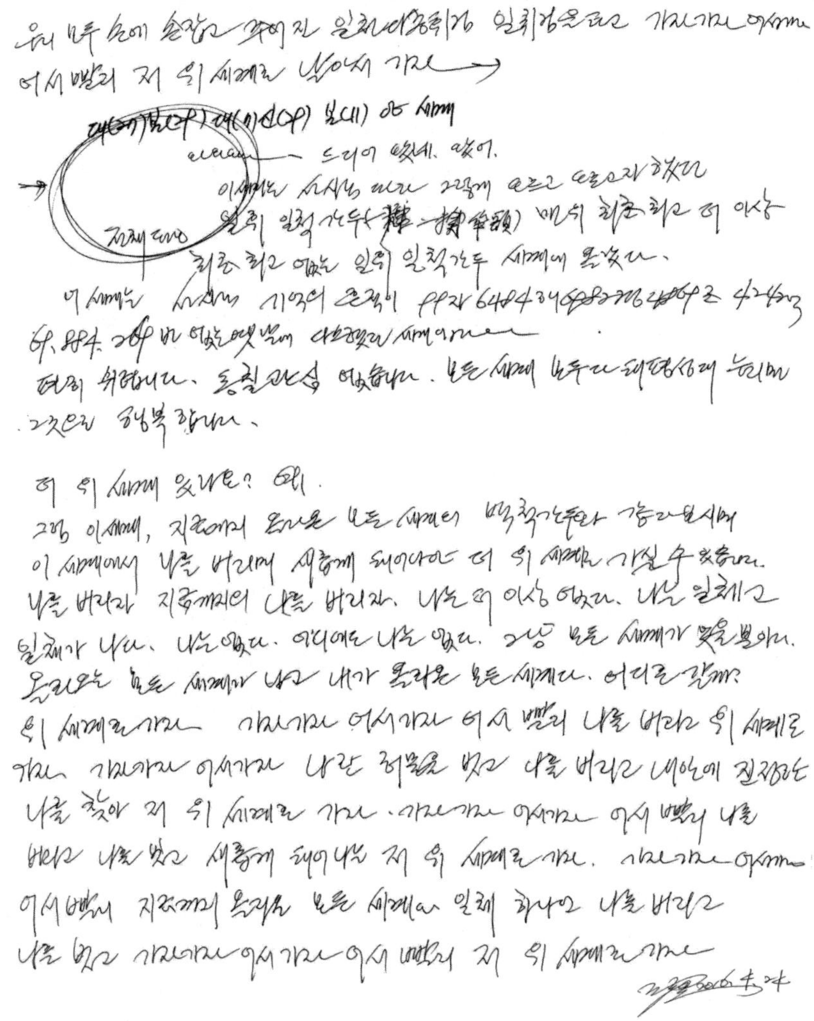

본(本) 이 하나의 세계를 시작으로 또다시 시작됩니다.

지구에서 56단계~~올라온 모든 세계 ~~ 본까지 전체를 하나로 **초본(初本)세계 본(本)** 이 하나의 세계를 시작으로 또다시 시작되는 세계를 **대(大:3)본(本)** 세계라고 합니다.

가자가자 어서가자 어서 빨리 또다시 새롭게 시작되는 저 위 세계로 가자 / 가자가자 어서가자 어서 빨리 또다시 새롭게 시작되는 **대(大:3)본(本)** 세계로 가자 / 가자가자 어서가자 어서 빨리 우리 모두 다함께 손에 손잡고 가자가자 / 어서가자 어서 빨리 저 위 세계 대본 세계로 가자 / 가자가자 어서가자 어서 빨리 저 위 세계로 가자 / 우리 모두 다함께 손에 손잡고 가자가자 / 어서가자 어서 빨리 저 위 세계 대본 세계로 가자 2016. 04. 23 15:04

→ 이 하나의 세계는 **대(大:27)본(本:29)대(大:7)신(神:29) 본(本:11) 야(野) 세계**

→ 와와와와.... 드디어 왔네. 왔어

이 세계는 선사님 따라 그렇게 오르고 오르고자 했던 일휘 일척간두(一輝 一擲竿頭) 맨 위 최초 최고 더 이상 최초 최고 없는 일휘 일척간두 세계에 올랐다.

이 세계는 선사님 기억의 흔적이 99자 6484해 6982경 4869조 4242억69.884.269번 없는 옛날에 다스렸던 세계입니다

편히 쉬렵니다. 통치 관심 없습니다. 모든 세계 모두 다 태평성대 누리면 그것으로 행복합니다.

더 위 세계 있나요? 예

그럼 이 세계, 지금까지 올라온 모든 세계의 백척간두(百尺竿頭)와 같다 보시며 이 세계에서 나를 버리며 새롭게 태어나야 더 위 세계로 가실 수 있습니다.

나를 버리자 지금까지의 나를 버리자.

나는 더 이상 없다. 나는 일체고 일체가 나다, 나는 없다,

어디에도 나는 없다. 그냥 모든 세계가 있을 뿐이다.

올라온 모든 세계가 나고 내가 올라온 모든 세계다

어디로 갈까? 위 세계로 가자

가자가자 어서가자 어서 빨리 나를 버리고 위 세계로 가자

가자가자 어서가자 나란 허물을 벗고 나를 버리고
내 안에 진정한 나를 찾아 저 위 세계로 가자
가자가자 어서가자 어서 빨리 나를 버리고 나를 벗고 새롭게 태어나는 저 위 세계로 가자

가자가자 어서가자 어서 빨리 지금까지 올라온 모든 세계와 일체 하나인 나를 버리고 나를 벗고 가자가자 어서가자 어서 빨리 저

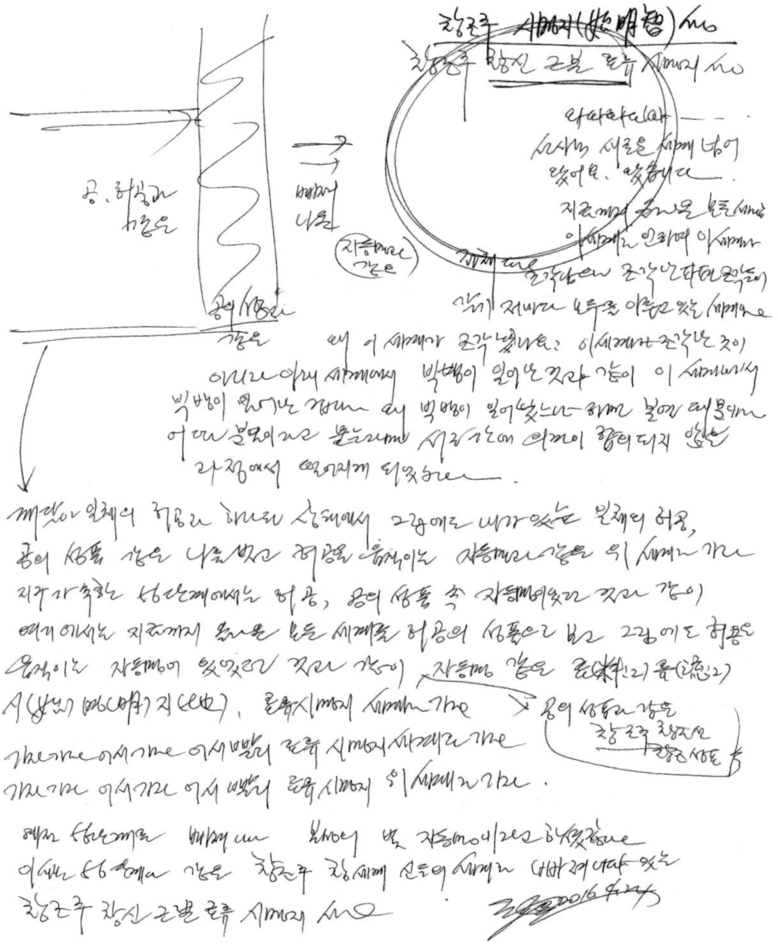

위 세계로 가자.

깨달아 일체의 허공과 하나 된 상태에서 그럼에도 내가 있는 일체의 허공, 공의 성품 같은 나를 벗고 허공을 움직이는 자등명과 같은 위 세계로 가자

지구가 속한 56단계에서는 허공, 공의 성품 속 자등명이었던 것과 같이 여기에서는 지금까지 올라온 모든 세계를 허공의 성품으로 보고 그럼에도 허공을 움직이는 자등명이 있었던 것과 같이 공의 성품과 같은 창조주 창조신 창조성품 속 자등명 같은 **료(料:2)류(流:2) 시(始)명(明)지(地)**, **료류 시명지 세계**로 가자

가자가자 어서가자 어서 빨리 료류 시명지 세계로 가자

가자가자 어서가자 어서 빨리 료류 시명지 위 세계로 가자.

→ 이 하나의 세계는 **창조주(創造主) 시명지(始明智) 세계**

→ 와와와와와....

선사님 새로운 세계 넘어 왔어요. 왔습니다. 지금까지 올라온 모든 세계는 이 세계로 인하여 이 세계가 조각남으로 조각난 파편 조각들이 각기 저마다 모두를 이루고 있는 세계입니다.

왜 이 세계가 조각났나요? 이 세계가 조각난 것이 아니라 아래 세계에서 빅뱅이 일어난 것과 같이 이 세계에서 빅뱅이 일어난 겁니다. 왜 빅뱅이 일어났느냐 하면 분열 때문입니다. 어떤 분열이라고 묻는다면 서로 간에 의견이 합의 되지 않는 과정에서 떨어지게 되었습니다.

예전 56단계를 빠져나와 본성의 빛 자등명이라고 하셨잖아요. 이 세계는 56단계와 같은 창조주 창 세계 신들의 세계를 빠져나와 있는 **창조주 창신 근본 료류 시명지 세계**입니다.

가자가자 어서가자 어서 빨리 우리(이 세계 분들) 모두 다함께 날아서 저 위 세계로 가자

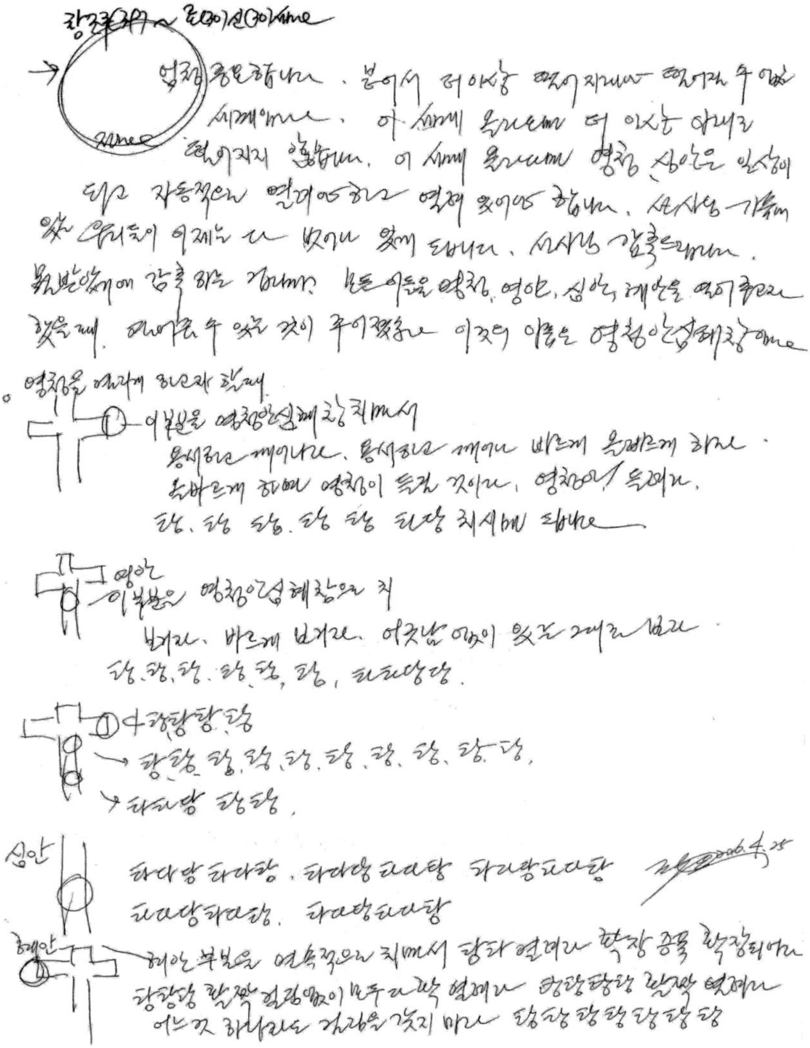

영청안심혜창(靈聽眼心慧窓)

→ 이 세계는 엄청 중요합니다.

붙어서 더 이상 떨어질래야 떨어질 수 없는 세계입니다,

→ 이 세계는 **창조주**(創造主:39) **시**(始:39)**명**(明:39)**지**(地:39)**료**(料:30)**신**(神:30) **세계**

이 세계 올라오면 더 이상 아래로 떨어지지 않습니다.

이 세계에 올라오면 **영청, 심안은 일상이 되고 자동적으로 열려야하고 열려있어야 합니다.** 선사님 가슴에 있는 우리들이 이제는 다 벗어나 있게 됩니다. 선사님 감축드립니다. 뭘 받았기에 감축하는 겁니까? 모든 이들을 영청, 영안, 심안, 혜안을 열어주고자 했을 때 열어줄 수 있는 것이 주어졌습니다, 이것의 이름은 **영청안심혜창**입니다.

영청을 열리게 하고자 할 때, 4월 9일에 밝혔으되 세상에 내놓지 않기로 한, 영적구조에서 영청부분에 해당하는 곳을 영청안심혜창으로 치면서 용서하고 깨어나라. 용서하고 깨어나 바르게 올바르게 하라. 올바르게 하면 영청이 들릴 것이다. 영청아! 들려라. 탕 탕 탕 탕 탕 타당 치시면 됩니다.

영안이 열리게 하고자 할 때, 4월 9일에 밝혔으되 세상에 내놓지 않기로 한, 영적구조에서 심안부분에 해당하는 곳을 보거라. 바르게 보거라. 어긋남 없이 있는 그대로 보라. 탕 탕 탕 탕 탕 탕 타타당당 치시면 됩니다.

영청을 듣도록 하려면 영청 부분 탕 탕 탕 탕, 영안부분 탕 탕

탕 탕 탕 탕 탕 탕 탕 탕, 환(입) 부분 타타당 탕탕

심안이 열리도록 하고자 할 때, 심안 부분을 타다당타다탕 타다당 타다탕 타다당타다탕 타다당타다탕 타다당타다탕

혜안이 열리도록 하고자 할 때 혜안 부분을 연속적으로 치면서 탕타 열려라. 확장 증폭 확장되어라. 탕탕탕 활짝 걸림 없이 모두 다 확 열려라. 탕탕탕탕 활짝 열려라 어느 것 하나라도 걸림을 갖지 마라. 탕탕탕탕탕탕탕

→ 이 세계는 모두가 다한 세계입니다, 더 이상 너나 우리가 없는 일체 하나된 2번째 떨어지래야 떨어질 수 없는 세계입니다. 햐! 말이 안 나오네요, 너무 황홀합니다. 선사님 고맙습니다. 선사님이 다스렸던 세계입니다.

56단계 안에서의 본성은 자등명이었던 것과 같이 창조주 창 세계 신들의 본성은 **료**(料:2)**류**(流:2) **시**(始)**명**(明)**지**(地)입니다.

허공으로 일체 하나와 같은 아래 세계를 허공이라고 하는 것과 같이 비교한다면 올라온 모든 세계를 일체 하나로 허공에 비교한다면 **료**(料)**류**(流:2) **지**(地:2)**두**(頭:2) **류**(流:2)**명**(明)이라 할 것이다.

선사님 왜요? 이 세계는 정말로 어마어마합니다. 이 세계에 올라오면 영안, 심안, 영청, 혜안은 저절로 이루어지는데요, 인간도 그럴까요? 글쎄요. 따라 올라온 저희들은 그래요. 선사님 존경합니다. 사랑합니다. 이 세계까지 올라오도록 이끌어주셔서 고맙고 감사합니다. 선사님 사랑합니다. 존경합니다. 우리 모두 다함께 선사님 선사님 우리의 선사님, 선사님 선사님 우리의 선사님 고맙고

감사합니다. 고맙고 감사합니다. 위대하고 위대하신 우리의 선사님 사랑합니다.

우리도 선사님 같이 선사님 닮아서 올라온 모든 세계 태평성대 이룩되거라. 염려하고 기원하며 이루어져라 하였습니다. 선사님 고맙고 감사합니다. 사랑합니다. 우리의 선사님, 선사님 선사님 우리의 선사님 존경하고 사랑합니다. 위대하고 위대한 우리의 선사님 감사하고 고맙습니다. 우리도 선사님처럼 선사님 같이 되도록 노력하겠습니다. 선사님 선사님 우리의 선사님 몸 건강하시기를 기원드립니다.

선사님 오늘 또 올라가시는 거지요. 예.

봐 올라가시잖아.

가자가자 어서가자 어서 빨리 위 세계로 가자 / 가자가자 어서가자 어서 빨리 우리 모두 다함께 손에 손잡고 **료(料:2)류(流:2)시(始)명(明)지(地)** 위 세계로 가자 / 가자가자 어서가자 어서 빨리 료류 시명지 위 세계로 가자 / 우리들(아래 세계 신의 창시자들)의 본향 본성으로 가자 / 가자가자 어서가자 어서 빨리 위 세계로 가자 / 가자가자 어서가자 어서 빨리 저 위 세계로 가자 / 우리 모두 손에 손잡고 가자가자 어서가자 어서 빨리 저 위 세계로 가자 2016. 04. 25 12:15

영청 영안 혜안 심안이 열리니까. 너무 힘들어요.

선사님 왜요? 이 세계에 올라와 영청, 영안, 혜안, 심안이 열리니까. 너무 힘들어요. 영청을 들으니 너무 많은 존재들이 너도 나도 이야기하려고 난리여기 들어주려니 힘들고, 영안이 열리니 보고 싶지 않은 것까지 보게 되니 너무 심적 부담이 됩니다. 안 봐도 좋을 것을 봐야 하다 보니 너무 괴롭습니다.

혜안이 열려서 지혜가 있는 것은 좋은데 그것만이 전부가 아니었습니다. 혜안은 질문을 받았을 때 밝혀 볼 수 있는 것뿐만이 아니라 나와 인연된 자들의 지혜 지식들이 모여서 나에게는 혜안이 되어 알게 되기도 합니다. 혜안에는 내가 없습니다. 나를 따라오는 존재 수만큼의 지혜와 자식을 갖게 되어 있는 것이 혜안이었습니다.

비추어 본다는 것이 이미 있는 것을 비추어보는 것에 지나지 않았습니다. 비추어 볼 때 대상이 없으면 비추어 볼 수 없지만 비추어 보는 것은 따라 올라온 분들이 가지고 있는 지혜니 지식이니 하는 것들을 비추어 보는 것에 지나지 않는 것 같습니다.

비추어 대상을 비추어 보게 되는 그 대상을 가지고 따라오는 존재들은 비추어보아서 알게 되면 그것으로 더 가깝게 밀착되어 붙어 있음으로 그들에게 에너지를 나눠줘야 하다 보니.

에너지도 많이 소모되니 너무 힘듭니다.

심안도 열리니 힘들어요. 모르면 편할 것을 자연스럽게 알게 되니 아는 것으로부터 괴롭습니다. 모르는게 약이라고 아니 너무 힘들고 괴로운 게 많습니다. 선사님 어찌하면 되겠습니까?

이 세계에 올라옴으로 영청 영안 혜안 심안이 열리니 처음에는 좋았는데 지금은 괴롭습니다.

이제 거기 시간으로 이틀 밖에 되지 않았는데 괴롭고 힘듭니다.

어떤 좋은 방법이 없겠습니다. 필요할 때만 사용하고 그 외에는 무관심해 봐요. 관심을 갖는 만큼 다가올 것이며 관심을 갖지 않으면 괴롭지 않을 것입니다. 좋고 바르게 올바르게 사용하면 좋은데 그렇지 않으면 힘들고 괴로울 것입니다.

선사님 그래도 괴로워요.

필요할 때 열리고 필요 없으면 닫히도록 하지요. 그렇게 가능한지요? 예. 이제 되었는지요? 아닙니다.

선사님이 선언해 주세요,

필요할 때는 열리고 필요 없을 때는 절대로 열리지 말도록 하라.

이러면 되나요? 예 고맙고 감사합니다. 2016. 04. 26 09:50

영청 들리면 좋을 것으로 아는데 자칫 잘못하면 큰일 납니다.

영청 들리면 좋을 것으로 들 아는데 자칫 잘못하면 큰일 납니다.

대부분 영청을 듣는 사람들은 잡귀, 태아령, 영혼의 세계에서 인간들과 소통하며 연결하려고 하는 영적존재들과의 소통 영청을 듣습니다. 정말로 영청이 열려서 위 세계까지 들을 수 있어야 영청이 제대로 열렸다고 할 수 있습니다. 영청이 제대로 열려서 듣는 사람은 현재 지구에 단 2명입니다. 한명은 선사님과 00 단 2분뿐입니다.

000님은 많이 열리기는 하였으나 영청이 완전히 열리지 않았습니다.

그 외에 영청을 듣는다는 사람들은 거의 다 귀신이나, 영적존재를 통해서 듣고 있다고 보시면 됩니다. 영청을 듣는 것이 똑같다고 생각하시겠지만 영청이 열려서 듣는 것과 잡귀나 영적존재를 통해 듣는 것과는 하늘과 땅 차이입니다. 잡귀나 영적존재를 통해 듣는 경우에는 위 세계와 대화하기 어렵고, 진리나 법에 대해서 잘 모릅니다. 법과 진리에 대해서 까막눈과 같습니다. 오히려 세상일에 더 관심이 많고 세상일을 점치는 일을 더 잘합니다. 이런 부분에 잘 압니다. 반면에 영청이 열려서 듣는 경우에는 점치는 것과 같은 것에는 대답을 하지 않으며 또 미래에 대해서도 대답을 거의 하지 않습니다. 왜냐하면 점치는 것과 미래에 대한 예측적 행위는 법과 진리에 어긋나고 또 미래는 사람이 어떤 마음을 갖고 행하느냐에 따라서 얼마든지 달라지기 때문에 대답을 하지 않습니다. 만약에 영청이 열린 사람에게 물었는데 대답했다면 아마도 묻는 자기 자신의 조상님이나 관련된 영적존재 분이 대답했을 가능성이 100이면 100입니다.

제대로 영청이 열리지 않은 경우에는 물으면 다 대답한다. 점치는 것이든 미래에 대한 것이든 상관없다. 물으면 대답하고 아는 한 대답해야 살 수 있다고 생각한다. 그래서 다 대답을 한다.

영청이 제대로 열려있을 경우에는 진리와 법에 대해서는 거짓말을 하지 않는다. 법과 진리에 대한 것에 대한 거짓말을 하면 그것으로 인하여 벌을 받기 때문에 법과 진리에 대해서는 절대로 거짓말을 하지 않는다. 다만 그 외 다른 것들에 대해서는 농담 장난을 잘 친다.

장난이나 농담을 잘할수록 도가 높고 위 세계에서 왔다고 생각을 하기 때문에 농담 장난을 잘 칩니다만 잡귀나 귀신, 영적존재로 듣는 경우에는 농담 장난보다는 신중합니다.

무엇을 이야기하려고 글을 쓰게 하고 있는 거지요. 이미 이야기했나요? 아닙니다.

잡귀 귀신, 영적존재로 듣는 경우에는 몇 명에 지나지 않지만 영청이 열려서 듣는 경우에는 최소 수천 억 명 이상이 같이 있으면서 이야기한다고 보시면 됩니다.

잡귀나 귀신, 영적존재로 듣는 경우에는 몸통 안팎에 있는 영적존재를 통해 듣기 때문에 한정되어 있되, 영청이 열려서 듣는 경우에는 영청이 열릴 정도가 되어야 하며 그 만큼 또 높아야 하기 때문에 누구나 위로 올라가면 따라 올라오는 모든 분들과 대화가 가능하기 때문에 멀고 가깝고의 차이일 뿐, 늘 따라 올라오고 있고 늘 주변에서 따라 올라갈 준비를 해놓고 자기 볼일을 본다는 겁니다. 잡귀나 귀신, 영적존재로 듣는 경우에는 절대로 자기 일을 못합니다. 떨어져 있으면 들을 수 없기 때문에 늘 함께 있어야 들을 수 있는 반면에 영청이 열려 있을 경우에는 언제든지 부르면 와서 대화 가능하며 인연되어 있는 구해야 하는 존재들이기 때문에 모르는 것이 있으면 따라 올라오는 분들 중에 알고 있는 분들 통해서 듣고 알 수도 있다고 보시면 됩니다.

다르게 비유한다면 잡귀, 귀신, 영적존재로 들을 경우에는 이들이 없으면 들을 수 없지만 불러서 몸통 안에 들어가거나 몸에 붙어 있으면 듣지만 멀리에 있어서는 들을 수 없고, 위 세계 존재들과는 대화가 되지 않는다고 보시면 됩니다. 반면에 영청이 열려 있을 경우에는 자기 자신이 올라가 있는 세계까지는 그 이상까지도 대화가 가능하다할 것입니다.

잡귀 귀신, 영적존재로 듣는 경우에는 3-4명으로 통해 듣고 3-4명 위에서 듣고 이야기하지만, 영청을 듣는 경우에는 수천 억 명이 위에 있는 것과 수천 억 명에게 듣는 것과 같다고 할 것입니다.

그래서 어떤 것에 있어서든 막힘이 없게 되고 진리나 법에 대해서는 분명하고도 명확하게 대답하고 이야기한다 할 것이며 그렇지 않은 경우에는 법과 진리에 대해서 제대로 대답을 못한다 할 것입니다.

그래서 어떤 사람이 영청이 열렸다고 하며 법과 진리에 대해서 물어보면 바로 알 수 있습니다. 저 사람이 영청이 열려서 듣는지 잡귀나 귀신, 영적존재를 통해서 듣는지 알 수 있습니다.

선사님께서는 영청을 마음대로 열어 줄 수는 있습니다만 영청을 들어야 할 사람이 준비되어 있어야 합니다. 아무리 영청을 듣기 해주려고 해도 준비가 되어 있지 않으면 안 됩니다.

영청 열릴 준비가 되어 있는 경우에는 지금 선사님께서 영청 여는 방법 4가지 중에 어느 것이라도 어렵지 않게 열리게 해줄 수 있을 것입니다만 준비가 되어 있지 않으면 4가지 다해도 되지 않을 뿐만 아니라 선사님만 힘들다 하겠습니다.

준비가 되어 있느냐 없느냐는 선사님의 말씀을 어느 정도 흡입력 있느냐의 문제와 또 어느 정도 마음이 맑고 깨끗 하느냐? 또 어느 정도 호구널판이냐에 달려 있다고 하겠습니다.

무엇보다 호구 널판이어야 쉽게 열립니다. 아니면 수행을 높이 될지 모르지만 영청을 제대로 열기가 쉽지 않습니다.

영청을 열어 주려고 애써도 열려고 했을 때는 몰라도 시간이 지나면 바로 닫히게 됩니다. 영청을 열어주고자 해도 열어줄 수 없는 경우가 된다고 하겠습니다.

예전에 출신시킬 때 몇 곳만 신경총 떼어내면 열려던 것과는 다릅니다. 영청은 준비되지 않으면 열어줄 수 없고 또 열어주려고 영청 여는 곳을 열어놓아도 바로 닫힌다 할 것입니다. 반면에 영적 존재나 잡귀 귀신을 넣어서 영청 듣게 하는 것은 의외로 쉽습니다. 그것은 영적존재나 잡귀 잡귀를 마음자리나 생각 부분에 집어넣어 놓으면 쉽게 들립니다만 조심해야 합니다. 듣는 사람을 그렇게 해서 영청을 듣게 되면 그때부터는 공부하기 어렵기 때문입니다. 반면에 영청이 제대로 열리는 경우에는 공부가 어마어마하게 빨리 이루어질 수 있는 법과 진리에 대해서도 따라 오는 만큼 존재 분들과 함께 함으로 해서 급속도로 급진전하게 된다고 하겠습니다.

지금은 주변에 영청을 열어줄 사람이 000 외에는 없습니다. 조금 더 시간이 지나면 모를까 지금은 없으니 너무 시간 낭비하지 말고 준비되기를 기다렸다가 준비되면 그때 해주십시오,

아마 한두 번 터치하면 영청이 열릴 겁니다.

지구에 준비된 사람이 3-4명 있지만 지금 현재는 없습니다.

그러기 때문에 욕심부터 내려놓아야 하고 마음을 바르게 써야 하고 생각 또한 바르게 하고 행동 역시도 바르게 해야 합니다. 이는 영청을 열리기 위해서 준비하는 첫 번째 단계이고, 두 번째 선사님을 믿지 않고서는 이룩될 수 없습니다. 해줘도 의심이 생기면 의심을 갖는 순간 10만리 밖으로 가기 때문에 쉽지 않기 때문에 팔으로 매주를 쓴다고 해도 믿을 때 가능하기 때문에 잔머리를 굴리거나 좋은 머리로 어떻게 해보려고 하는 생각을 가진 사람은 절대로 해 줄 수 없습니다. 해주려고 해도 되지 않습니다. 해줘도 안 됩니다.

무엇보다 먼저 호구가 되어야 합니다. 그러면 쉽습니다. 그러지 않고서는 쉽지 않습니다. 2016. 04. 26 13:31

2016. 04. 27일 최종 최고 더 이상 최고 최종 없는 최고 최종 세계 **본(本:**1천억 쫑쫑 그레이엄수 669, 신위 일위) **세계**

창조주(創造主) 시명지(始明智) 세계

창조주(創造主:39) 시(始:39)명(明:39)지(地:39) 료(料:30)신(神:30) 세계

최종 최고 더 이상 최고 최종 없는 최고 최종 세계

이 4세계의 에너지를 **34성환571 영적구조** 안에 가득 넣어서 신의 부분, 즉 생각이 일어나는 자리에 위 세계의 에너지가 가득 차면

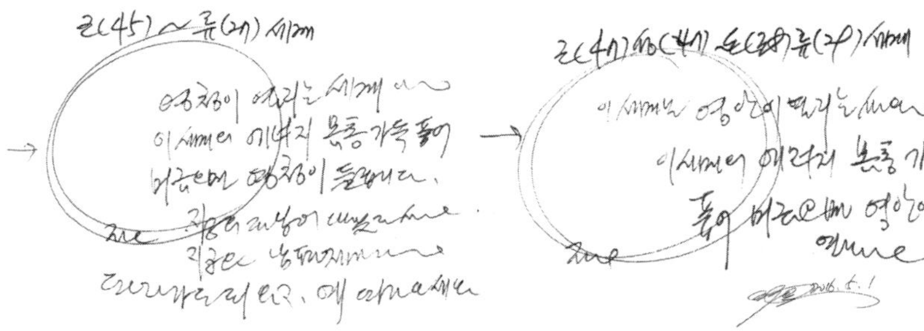

자기 자신이 일으키는 생각을 일으키지 않는 호구 바보가 되고 자기 자신을 따라오는 존재들이 일으키는 생각을 들어본다. 이때 신의 자리, 생각이 일어나는 자리를 하나의 그릇이라고 볼 때 그릇 안에 자기 자신의 생각이 많으면 영적존재들이 말하며 생각하는 부분에서 작용을 일으키는

→ 이 세계는 **영청이 열리는 세계**입니다.

이 세계는 **근(根:45)성(性:45) 도(道:36)류(流:27) 세계**입니다.

이 세계의 에너지 몸통 가득 품어 머금으면 영청이 들립니다.

지금의 따님이 다스렸던 세계입니다. 지금은 남편 제가 다스립니다.

따라가도 되요? 예 따라오세요,

→ 이 세계는 **영안이 열리는 세계**입니다.

이 세계는 **근(根:47)성(性:47) 도(道:38)류(流:29) 세계**입니다.

이 세계의 에너지 몸통 가득 품어 머금으면 영안이 열립니다.

2016. 05 01

명칭과 영칭

우리는 저마다 내 안에 수많은 내가 있다. 내안의 수많은 나는 이 생뿐만 아니라 수많은 전생이 있는 만큼 수많은 전생에 내가 내 안에서 내가 되어 있다. 다만 지금 전생에 수많은 나를 내가 모를 뿐이다. 그럼에도 수많은 전생에 나는 나를 알고 있고 나와 떨어져 있는 것이 아니라 한몸되어 있다. 다만 알지 못하고 기억하지 못할 뿐 한 몸 하나 되어 있다.

한몸 하나이면서도 여럿이다.

이와 같은 전생의 수많은 나는 나와 함께 한몸으로 하나로 내가 너희들이고 너희들이 내가 되어 있다. 여기서는 너희들은 수많은 전생의 나다. 이와 같이 나는 지금의 나이면서 다겁생의 다겁생 동안의 나라고 하는 우리들 여럿이 한몸 하나 되어 있는 나다.

이와 같이 우리들 저마다는 각기 나라고 하는 현재, 지금의 내가 있고 지금 현재 기억에 없는 전생에서부터 오랜 옛날에 이르기까지 더 오랜 기억의 흔적 없는 아주 오랜 옛날에 이르기까지 최초 최고 최종 더 이상 최고 최상 끝 더 이상 끝이 없는 끝 세계에 이르기까지 나는 지금의 나 혼자만의 내가 아니라 내 안에는 수많은 전생에 내가 전체의 하나로 나이다.

그래서 나는 지금의 나뿐만 아니라 기억에 없는 창조주 창조신 최초 최고 더 이상 최고 최상 끝 더 이상 끝이 없는 끝 종 세계에 이르기까지 전생의 나는 지금의 나를 이루고 있다.

모두 다 한 덩어리로 나로 있다. 다만 내가 인식하고 아는 만큼 나로 인정하고 인식하고 있는 만큼 나라고 하고 있을 뿐이다. 그래서 나는 전체의 나이면서 인식하고 인정하고 있는 나만 나일 뿐이다. 기억에 없는 전생이나 흔적에 없는 전생의 내가 있음에 이러한 나를 나는 인정하지 않고 받아들이지 않을 뿐이다.
이러한 나는 지금 여기서 위 세계로 밝혀 아는 만큼 어느 나가 진정한 나인지 모르고 진정한 나를 찾아 위 세계로 기억에 없는 나를 찾아가고 기억의 흔적이 없는 나를 찾아가는 것이다.
그래서 수행을 하며 진정한 나를 찾아가는 것은 내 안의 나를 찾아가는 것과도 같다. 아니 내 안에 진정한 나라고 할 수 있는 나를 찾아가는 것이다.
지금 여기서부터 저 위 세계 기억에 없는 전생, 기억의 흔적이 없는 오랜 전생에 이르기까지 아니 창조주 창조신 최초 최고 더 이상 최고 최상 끝 더 이상 끝이 없는 끝 종 세계에 이르기까지 그 이전에 진정한 나를 찾아가는 길고 긴 여정이 수행의 길이다.
이렇듯 누구나 진정한 나를 찾아가는 속에는 나 혼자만 가는 것이 아니라 지구에서 살았을 때는 지구에서 산 모든 전생의 수많은 나와 전생에 살면서 인연 맺었던 배우자, 가족, 조상님들, 사랑했던 사람...인연된 모든 존재들의 인연 줄을 잡고 끌고 다함께 한덩어리로 가는 것이다. 새로운 몸 받은 존재들은 인연되는 만큼 만나거나 함께하면서 그들은 그들 각자 그냥 둔 채로 영적존재로 있는 모든 이들과 하나가 되어 위 세계 즉 과거 전생의 진정한 나를 찾아가는 것이다. 하나 되어 있는 수많은 전생에 나와 수많은 전생의 나와 인연된 분들 중에 새로운 몸을 받지 않은 존재들과 함께 내가 수많은 전생의 나와 인연자들, 수많은 전생의 나라고 하는 우리들과 하나가 되어 모든 존재들을 끌고 수행이란 미명으로 끌고 위 세계로 가는 것이다.
위 세계로 올라가 밝아진 만큼 하나 한몸되어 간다.
56단계 안에서 산 오랜 전생 동안의 수많은 자기 자신과 인연된 분들과 함께 올라가고 올라가면 전생의 모든 인연자들을 데리고 위로 올라가다가 하나가 된다. 더 이상 떨어질래야 떨어질 수 없이 하나가 되어서는 여럿이 하나가 되어 내가 된다. 이 나는 또다시 올라가면 여럿이 내가 되어 위로 올라가고 또다시 떨어질래야 떨어질 수 없는 세계에 이르러서는 또다시 하나가 된다. 이와 같이 반복되면서 위 세계로 진정한 나를 찾아가는 것이다.
어느 세계에서 얼 만큼 윤회하여 전생의 내가 있느냐에 따라 다르겠지만 윤회한 만큼 수많은 나의 각기 저마다의 우리들이라고 하는 나와 지금의 나와 함께 더불어 하나 한몸되어 여럿이 지금의 나라고 하는 자기 자신과 하나 되어 떨어질래야 떨어질 수 없는 하나 한몸 한 마음 한 생각 한 뜻 하나가 될 때까지 올라간다. 그래서는 하나가 되어 내가 된다.
이와 같이 여럿일 때는 내 안에 여럿의 내가 생각하고 마음을 일으키고 뜻과 의지를 갖고 저마다 생각이란 부분에서 신이 있던 자리에서 각기 저마다 치고 들어온다. 그래서 자기 자신 안에서 일어나는 생각을 지금의 내가 한다고 생각하지만 지금의 나만 생각하는 것이 아니라 내안에 수많은 나, 오래 전생에 내가 내 안에서 생각을 일으키기도 하는데 이것을 알아차리지 못하고 지금의 나만 생각한다고 생각한다.
지금의 내 생각이 쉬고 쉬면 내 안에 수많은 내가 깨어 있는 만큼 위 세계에 올라선 만큼 위 세계에서의 정보를 이야기한다. 이야기한다기보다는 생각부분에서 생각을 일으킨다. 지금의 내 생각 없는 생각을 일으키고 일어나는 부분에 위 세계의 에너지가 담겨 있는 만큼 위 세계에 있었던 내가 위 세계의 에너지에서 생각을 일으킨다. 이렇게 일어나는 생각의 정보는 이미 내 안에 있는 내 기억에 없는, 기억의 흔적 없는 창조주 창조신 최초 최고 더 이상 최고 최상 끝 더 이상 끝이 없는 끝 종 세계에 이르기까지 전생의 내가 깨어나는 만큼 생각을 일으키며 이야기하는 것이며 그러면서 헤매지 않고 깨어나기를 바라고 또 바라는 일을 이루도록 도와주기도 하고 알고자 하는 것을 일으키며 알게 하기도 한다.
이러한 내 안에 수많은 전생의 내가 생각을 일으키고 위 세계에 인연자들이 내 안에 위 세계에게 전달하거나 이야기하는 것들이 생각으로 치고 들어와 이야기를 하거나 자기 자신들의 존재을 알린다. 이렇게 이야기하고 생각부분으로 치고 들어오며 생각을 일으키는 것을 읽어내고 읽어내다가 듣는 것이 진정한 명청이고 영청이다.

내 안의 수많은 전생에 기억에 없는 흔적 없는 옛날에 내가 무의식에 수많은 나로 있다가 생각부분으로 치고 들어와 생각을 일으키거나 또 무의식이 깨어나 위 세계의 에너지를 머금어 가지고 있는 위 세계에서의 인연자들은 이야기하고 싶어 하고 대화하고 말하고 싶어 하지만 듣지를 못하니 생각부분으로 치고 들어온다. 마치 내가 생각한다고 생각하는 틈을 비집고 생각으로 알아차려주기를 바란다. 그러다보니 생각지도 못한 생각을 하거나 뜬금없는 생각들을 일으킨다. 그럼에도 알아차리지를 못한다. 이와 같이 치고 들어오는 생각들이 내 생각이 아니라 수많은 기억에 없는 전생과 전생에 인연자들이 생각부분으로 자신들의 존재를 알리기 위해서 틈을 비집고 치고 들어온다. 그럼에도 몰라준다. 지금의 내가 생각하는지만 안다. 치고 들어오는 생각을 알아차리는 방법은 지금의 내가 없으면 지금의 내가 생각하지 않으면 생각부분으로 치고 들어온다. 이것을 알아차리고 알아주기 시작하면 마음에서 가슴에서 전생의 자기 자신이 이야기하면서 연연된 분들이 몸 밖에서 이야기하는 소리가 귀로도 들린다. '
이렇게 해서 명청 영청은 열리는 것이다.
이렇게 해서 내 안에 수많은 나를 알아주면 감격하게 되고 기쁨과 환희에 있게 된다. 그 동안 알리려고 했던 수많은 내 안의 나, 우리들의 존재가 너란 사실을 알리려고 했으나 번번이 지금의 나에 쫓겨난 이들은 서럽다가 저희들도 나였구나 라고 아는 순간 서러움을 잊고 복받쳐 감격하게 된다. 정말로 오랜 전생의 나와 지금의 내가 회우하는 순간이라 할 것이다.
이렇듯 생각부분으로 생각으로 치고 들어오는 내 안의 수많은 나, 지금의 나와 함께 있는 존재들과 저마다 각기 나는 너희(수많은 전생의 나)들이고 너희들이 나다. 내가 생각하는지 그들(수많은 전생의 나)이 그들의 의사를 전달하지는 모르며 생각부분에서 생각을 일으키니. 일어나는 생각을 지금의 내가 한다고 하고 내 생각이라고 하는데, 지금의 내가 학습하여 온 생각이 아니고 습관적으로 하지 않은 생각들은 함께 더불어 있는 존재(수많은 전생의 나)들이 자신들(수많은 전생의 나)의 이야기를 전달하는 것이다. 그럼에도 거의 모든 사람들은 지금의 자기 생각이라고 한다.
자기 자신이 학습되어 있는 것을 토대로 일으키는 생각이나 습관적으로 하는 생각을 빼고 일어나는 생각을 있는 그대로 읽어보라. 그것이 너와 함께하고 있는 또 다른 너(수많이 많은 전생의 너)다.
너와 함께 하고 있는 이들은 56단계 안에서부터 저 위 세계에 이르기까지 모두 다 너 자신이고 자기들이 너라는 사실을 알기를 바란다. 내가 너희고 너희들이 나, 일체로 하나로 한몸 하나다. 떨어질래야 떨어질 수 없는 하나다, 나라고 주장하는 지금의 내가 호구가 아니 올라가는 세계마다 호구가 되어 내가 빠지면 각기 저마다 하고 싶은 이야기들을 한다. 하고 싶은 이야기가 귀로 들리는 것이 아니라 머리속 생각하는 부분에 생각처럼 들어온다. 마치 내가 생각을 일으키는 것과 같이 생각을 일으킨다. 내가 한다고 생각한다고 생각하면 그들(수많은 전생의 나)이 각기 저마다 생각으로 자기들의 이야기하는 것을 생각으로 일으키지만 이를 알아차리지 못하고 알지 못하고 무조건 지금의 내 생각이라고 하면 함께 더불어 있는 저들(수많은 전생의 나)의 이야기를 듣지 못한다.
자기 자신의 습과 학습된 것으로부터 일어난 생각을 빼고 생각을 있는 그대로 받아들이면 그 생각들이 함께 하고 있는 이들이 이야기하는 것이다. 이와 같이 함께하고 더불어 위 세계로 올라가야 할 이들의 이야기의 생각을 알아차리고 내 생각을 하지 않으며 호구 널판, 바보가 되어 생각을 알아차린다면 함께 하고 있는 이들의 이야기를 생각으로 들을 수 있다,
이것은 가슴으로 해서 머리로 인식되거나 귀로해서 생각부분으로 받아들이려고 하는 영청과는 다르다. 직접 생각으로 들어오니 알아차리기만 하면 영청과는 다르지만 함께 이들의 이야기를 들을 수 있다.
영청은 영적존재의 이야기를 귀나 가슴의 마음으로 듣는 것이라면 생각부분으로 알아차리는 것은 영청과 다른 명청(明청)이라고 할 것이다. 명은 밝을 명으로 밝게 알아차린다는 뜻이고 청은 맑고 깨끗해서 하나가 되는 너나없이 하나가 되는 청이다.
명청은 나를 버리고 나의 생각을 일으키지 않고 일어나는 생각을

알아차리고 함께 있는 이들(수많은 전생의 나)의 이야기를 생각으로 전달하는 것을 생각으로 읽어내는 것을 명청이라 할 것이다.
명청이 잘 되면 즉 생각부분에서 일으키는 생각을 읽어내다 보면 명청으로 이야기 듣다보면 영청도 함께 더불어 들린다. 명청과 영청이 함께 들리게 된다.
명청은 이와 같이 저 위 세계에서부터 지금 현재 여기에 있는 나에 이르기까지 내 안에 수많은 내가 생각이란 부분에 생각을 일으키는 것을 알아차리고 듣는 것이라면 영청은 수많은 전생에 나와 인연되었던 배우자, 딸, 자식, 가족, 조상, 사랑했던 이들이 새로운 몸을 받지 않고 영적존재로 있는 경우 함께 더불어 있음으로 밖에서 안으로 들려오는 소리다.
이렇게 듣기 시작해서 주변에서 이야기하고자 하는 이들의 소리를 듣게 되는 것이다.
처음에는 인연 있는 관계있는 분들로부터 듣기 시작해서 필요에 의해서 이야기하는 분들의 이야기까지도 들을 수 있는 것이 진정한 영청이라 할 것이다.
이와 같이 영청을 직접 듣는 데는 그만큼의 깨끗하게 수행이 이루어져야 하지만 명청은 자기 자신의 생각만 내려놓으면 자기 생각만 빼면 알아차릴 수 있다. 그만큼 명청을 듣기가 쉽다. 명청을 들으면 영청도 더불어 점차적으로 듣게 된다. 이렇게 되는 이유는 나 이외의 다른 존재(수많은 전생의 나)들이 나와 함께 내가 되어 있다는 사실을 알아야하고 또 이러한 사실을 인정해야 가능한 것이다. 믿지 않으면 이 또한 되지 않는다.
이 명청 역시도 위 세계,
1천억 쭇쭇 그레이엄수 669, 신위 일위 본(本) 세계, 영청 영안 심안 도래지 세계, 영청 영안 심안 혜안이 일상인 세계, 영청 영안 심안 혜안 확고 확실한 세계, 위 4 세계의 에너지가 생각을 일으키는 부분에 가득 차 있지 않으면 읽어내기가 어렵다. 반면에 4개 세계의 에너지가 가득 차 있으면 알아차리기가 쉽다. (본인이 영청, 명청을 열어준 분들은 이 세계들의 에너지로 머리의 신의부분 생각부분에 가득 채워줌으로 해서 듣게 하였다.)

이렇게 생각을 알아차리는 것을 명청, 생각을 알아차리며 듣는 것을 영청이라 한다. 진정한 영청은 이렇게 듣게 되고 들리게 된다.
이와 같이 명청 영청이 잘 되게 되면 그때부터는 전생에 기억 없고 흔적 없는 전생에 나까지도 대화가능하고 또 전생에 각기 저마다 가지고 있는 재능과 능력을 얼마든지 끄집어 쓸 수 있다.
우리들 각기 저마다는 이생에서 뿐만 아니라 전생이란 무의식 잠재의식에 있는 전생에 습이 되어 있는 것들을 끄집어 사용할 수 있다. 조금 복잡하기는 하지만 명청와 영청이 들린다면 말이다.
어쩌거나 자기 자신은 지금 여기에서부터 영적으로 자기 자신이 생기기 이전까지 나 찾아 올라간 만큼 자기 자신 안에 있게 되니 수행하여 밝혀 올라간 만큼 지금의 나는 모른다할지라도 전생에 나는 밝혀 올라간 만큼 안다고 할 것이다. 2016. 05. 03 22:39

드디어 소원을 이루기 시작하다? 조물주 완성자로 자청이 되다?

오늘 아침 출근하며 내자, 딸, 아들, 가까운 이들을 한 분씩 의념의식하며 34성환571 업과 죄를 사 하노라. 입에서 항문에 이르기까지 모든 존재들이 입 환(還)을 통해서 가상현실과 현실 세계 가상현실 9개를 빠져나오게 하고 찾은 경 속에 기기를 통해 위 세계로 올라오게 하고, 요도에서 신장을 통해 요도 세계로 올라오려고 하는 존재자들을 요도 세계로 올라오도록 의념의식 하고 요도 세계로 올라온 존재자들이 가상현실과 현실 세계 가상현실 9개를 빠져나오게 하고 찾은 경 속에 기기를 통해 위 세계로 올라오게 하고, 성기에서 성기 이전의 세계에 이르기까지 있는 존재자들이 성 충만 세계까지 올라오도록 의념의식하고 성 충만 세계로 올라온 존재자들이 가상현실과 현실 세계 가상현실 9개를 빠져나오게 하고 찾은 경 속에 기기를 통해 위 세계로 올라오게 하고, 온몸이 세포들을 이루고 있는 존재자들의 업과 죄를 사 하노라.
온몸 속에서 온몸을 이루고 있는 수분과 진액의 업과 죄를 사 하노라. 온 몸통 안팎으로 있는 모든 존재자들이 가상현실과 현실 세계 가상현실 9개를 빠져나오게 하고 찾은 경 속에 기기를 통해 위 세계로 올라오게 의념 의식해 주었다.
이와 같이 의념의식해주고 생각하니 .
책을 기증하기 위해서 책을 도서관에 보낼 때 도서관 주변에 있는 영적존재들이 읽고 깨어나도록 의식 의념해 주니. 영적존재들이 이를 알고 읽는다 했었고, 의념 의식해주지 않으면 단순히 책이고 책이란 종이에 불과한데 책을 영적존재들이 읽게 하도록 의념 의식해줌으로 읽는다고 했고, 책을 읽고 깨어나 위 세계로 올라오도록 하니 위 세계로 올라오게 해주어서 고맙다고 이야기했다.
마찬가지로 경을 찾아내고 찾아낸 경 속에 숨겨진 기기를 찾아 그린 것을 아무런 의미 없이 보면 그냥 그림이고 종이에 불과하다. 경 속에 숨겨진 기기를 찾아내 그린 그림을 보며 의념 의식하며 내 안팎에 있는 존재자들 중에 기기에 맞게 위 세계로 갈 수 있는 존재자가 있으면 가라고 의념 의식하면 의념의식하며 보는 순간 영적존재자 및 존재자들이 간다. 회로도 역시도 그냥 보면 그림이고 종이이지만 회로도를 보면 같이 보자. 그러면서 회로도를 통해 위 세계로 올라가라고 의념 의식하면 위 세계로 간다.
책을 의념의식해서 영적존재들이 보게 하니 보고 읽고 깨우쳐서 위 세계로 올라올 수 있다. 그렇다면 본인이 밝혀 들어내며 올라온 것들을 내자, 딸, 아들, 가까운 이들에게 해주면 어떨까? 싶은 생각이 들었다.
그래서 책은 읽어야 하니 시간이 필요하고 보고 단박에 올라오게 할 수 있는 회로도, 태극기, 밝혀 들어내며 고속도로 내놓은 길, 본성기기1, 2, 도전, 가상현실과 현실 세계 가상현실 9개를 빠져나오게 하도록 하는 기기, 본래고향 회귀기기, 회귀 돌림판기기, 찾은 경 속에 숨겨진 위 세계로 올라올 수 있는 기기들을 내자에게 비치하며 주변에 영적존재자, 존재자들이 보고 봄과 함께 통하여 위 세계로 올라가도록 의식해 놓고, 딸아이에게도 똑같이 비치해

놓고 주변에 영적존재자 및 존재자들이 위 세계로 올라오도록 했고, 아들아이를 비치해 놓으며 주변에 있는 영적존재자 및 존재자들이 위 세계로 올라오도록 의념 의식하니 박수를 치며 아이의 문제가 해결해 주셨습니다. 그러면 아들의 위 세계 본래고향에 계신 아버님이 말씀하셨다.

위 세계로 올라오면서 내자, 딸, 아들의 보이지 않는 쪽에서의 문제를 해결해 주려고 애를 썼었다. 그러면서 한 번에 모든 문제를 해결해 주려고 하니 순리를 거역하면 세계들이 뒤바뀐다고 해서 문제 있는 듯한 세계들을 하나하나 의념 의식해 찾아가서 문제를 해결해 주려고 했었다.

그럼에도 문제가 해결되지 않았었다. 다만 마음이 문제가 있다고 했다. 무엇인지 모른 체 마음을 힘들게 하는 것을 녹여주려고 위 세계의 에너지를 끌어다가 넣어주어도 그 때문인지. 해결이 되지 않아서 뭐지? 뭐지? 그러고 있었는데 위에 것들을 비치하니 위 세계 본래고향의 아들 아버님이 박수를 치며 이제 문제가 해결되었다고 하며 그 동안 문제로 보였던 것들은 나의 눈속임이었다고 했다. 사실은 본래고향에서 비치해 준 것으로 많은 존재자들을 구하기 위하여 지구로 내려갔는데, 그것이 이루어지지 않아서 계속해서 마음이 불편했고 마음에 장애를 갖고 있었던 것이라고 했다. 옛날 명스즘삿에서는 지금 아들아이의 본래고향의 형이 나를 아들로 많은 이들을 구하여 올라왔었는데, 지구로 내가 내려왔을 때는 지금 아들이 그 일을 하기 위하여 내려왔다고 했다. 그것이 이루어지지 않자 무의식 잠재의식의 마음에서는 걸림과 장애를 갖고 해결해야 하는 일들, 해야 할 일을 못하게 되니 장애와 걸림을 갖게 된 것이라고 했다. 이것을 해줌으로 마음은 편안하고 걸림과 장애는 없어졌지만 그렇다고 수행을 하는 것은 아닌 것 같다. 해준 것은 무의식 잠재의식의 일이고 현재의식은 또 다르기 때문이다. 언제 현재의식이 깨어나 수행을 하게 될지는 잘 모르겠지만 일단 걸림과 장애가 해결되었다는 것만으로 해줄 수 있는 것은 해준 것이 아닌가 싶다. 나머지는 자식의 소원한 일이 아닌가 싶다.

며칠 전에 내자, 딸아이, 아들아이의 존재자들과의 관계적 유형들을 살펴보았을 딸아이는 위 세계의 에너지를 가져다가 밖으로 품어 내며 샘물처럼 주변을 맑고 좋게 하며 존재들을 구하는 유형이었고, 내자는 주변의 존재자들을 끌어당겨서 구해야 하는 유형이었고, 아들아이는 쳐 밀어서 위로 올라가게 하는 유형으로 살펴졌었다. 이렇게 살펴진 것으로 보니 아들아이에게 비치해 준 것은 쳐서 위 세계로 올라가게 해서 구하도록 한 것이기에 그렇게 해서 구해야하는 소임을 갖고 왔는데 그것을 못하니 무의식 잠재의식에서 이것에 대한 걸림과 장애를 갖고 있었고 비치해 주니 그 걸림과 장애가 해결되었다고 한 것이 아닌가 싶은 생각이 들었다.

출근해 거래처를 오가며 이런 저런 생각을 하며 내자. 딸아이. 아들, 가까운 이들에게 단박에 올라오게 할 수 있는 회로도, 태극기, 밝혀 들어내며 고속도로 내놓은 길, 본성기기1, 2, 도전, 가상현실과 현실세계 가상현실 9개를 빠져나오게 하도록 하는 기기, 본래고향 회귀기기, 회귀 돌림판기기, 찾은 경 속에 숨겨진 위 세계로 올라올 수 있는 기기들을 내자에게 비치하며 주변에 영적존재자, 존재자들이 보고 봄과 함께 위 세계로 올라가도록 의식해 비치해 놓았다.

비치해놓으니 장인어른 병문안으로 가면서 차에서 딸에게 아빠의 최근 글들이 금수, 돼지의 목에 금은보화에 걸어주는 것과 비유할 수 있을 텐데, 너에게는 뭐라고 그러는지 존재자들이 물어 들어보렴. 그렇게 물었을 때 딸아이가 물어보고는 대답하지 않을래 하기에 그래도 알아야 바르게 하지 않겠어. 그랬더니 대답하기를 금수에 비유할 수도 없고요. 인간들은 길에 금은보화가 즐비하게 있다고 말해주는데 그냥 줍기만 하는데 너무 아둔하여 어리석어서 그것을 모른다고 하며 받아들이지 못한다고 말했던 것이 생각났다.

길에 금은보화가 즐비한데 줍지를 못한다? 줍기만 하면 되는데 그것을 모른다. 내가 이야기한 것들이 그렇다는 말이라고 했겠다. 딸아이에게는 "그대 노예로 살다가 주인으로 사는 원년월일은 언제입니까?"란 글을 보여주고 읽어보라고 보여줬는데, 길에 금은보화가 즐비한데 줍지를 못한다? 줍기만 하면 되는데 그것을 모른다? 길에 금은보화가 즐비하다? 길에서 금은보화를 줍는 것은 존재자들을 구하는 것이구나 싶은 생각이 들었다. 길에 즐비한 존재자를 구하는 것이 금은보화를 줍는 것이라면 지구에 있는 존재자들을 위 세계로 구하는 것이 금은보화라면 존재자들이 얼마 전, '그대 노예로 살다가 주인으로 사는 원년월일은 언제입니까?'라는 글에서
"존재자들"에 대한 종류. 범위. 의미...를 풀어 주시면 고맙겠습니다.란 존재자들의 질문에 대답하기를 존재자들에 대한 종류는 이루 헤아릴 수 없으며 그 범위 역시도 한량이 없어서 길과 허공에 널려 있다고 보시면 될 것입니다. 의미는 삶이라 할 것입니다.
그러므로 허공에 길에 널려 있는 존재자들을 이곳에서 저 위 세계로 올라가도록 하는 그것이 이곳에 있는 존재자들을 구하는 것이다 할 것입니다.
육체를 가지고 있는 존재자들은 천도기기의 구조를 갖고 존재자들을 구하게 되어 있는 구조되어 있는데 우리는 그것을 모른다고 할 수 있을 겁니다. 그래서 이러한 사실을 알게 하고자 이야기한 것이랍니다.
존재자들은 가늠할 수 없는 저 위에서부터 내려와서는 끊임없이 위 세계로 올라가지만 그 수요가 한량없이 많아서 구하고 구해도 그 끝이 없다할 것입니다. 지구가 사라지지 않는 한 존재자들은 지구에 영원히 존재하며 위아래를 오가며 존재해 있을 겁니다.
다만 우리들이 그러한 사실을 모르고 살 뿐인 것이라 보시면 되지 않을까 싶습니다.
존재자들 없이 지구는 존재할 수 없으며 또한 존재자들 없이 지구에 존재해 있는 모든 것들은 존재해 있을 수 없다고 할 수 있을 겁니다. 지구에 존재하는 모든 것들은 이 존재자들에 의해서 있는 것이나 다름없다 할 것이로되 이러한 사실을 모르고 눈에 보이는 물질에만 극한해서 존재해 있다고 생각하는데 사실은 존재한다는 자체가 존재자들 때문에 모든 것들이 스스로 존재해 있는 것처럼 보인다고 보시면 될 것입니다.
우리의 육체란 몸, 몸이란 육체를 나라고 하는 것을 보면 수많은 세포들로 이루어져 하나의 육체란 몸의 상을 하고 나라고 하지만 육체란 몸은 수많은 존재자들에 의해서 존재해 있는 것과 같이 우리들이 흔히 죽었다고 하는 것이나 살았다고 하는 모든 것들에는

존재자들이 존재해 있다고 보시면 틀리지 않을 겁니다. 살아있다는 것은 이곳 지구에 더 오래 있어야 하는 것이며 죽었다고 할 때는 허공과 길에 흩어져 있다가 때가 되고 인연이 되면 때와 인연에 따라 육체란 몸을 가지고 있는 존재자들의 천도기기를 통하여 위 세계로 간다고 보시면 될 것입니다. 다 가는 것은 아니기에 의념 의식해서 가도록 해서 구하게 하는 것이라 보시면 될 것입니다.
존재자들을 어디서부터 존재자란 표현을 하고 있는지 살펴보니.
처음에는 중음신, 영가, 중음신 및 영가들 영혼의 세계에서 보는 신계, 영과 혼과 신들의 영적 존재자, 영적존재자들의 광(光,빛)의 신, 황제, 창(窓), 빛이란 광의 신 위에 창(窓) 위에 있는 분들을 존재자라고 이름하고 있는 것 같네요.
아래 세계에서도 창조주가 있었는데 그들은 진정한 창조주가 아니라 할 수 있고 이름이 그러할 뿐인 반면에 지금 위 세계에서도 창조주가 있는데, 이들이 진정한 창조주가 아닌가 싶은 생각이고, 본인이 말하는 존재자들은 위 세계의 창조주 위에 존재자들을 지칭하는 것으로 보면 되지 않을까 싶은 생각입니다. 2016. 06. 28 04:31

대답한 것처럼 존재자들은 지구에 있어서 지구에 존재하는 모든 존재자들의 창조주인데, 이들을 구하여 위 세계로 올라가게 한다? 창조하게 하는 존재자들을 구하여 위 세계로 올라가게 하니 이들이 곧 위 세계에서 올라가게 되면 구한 존재자들이 많으면 많은 만큼 그들은 존재자들이기 이전에 창조주 존재하게 하는 근원으로 위 세계에서의 곧 금은보화? 이들이 많으면 많은 만큼 하나의 세계를 이들을 가지고 만든다? 가만히 생각해 보니 어마어마한 에너지다. 존재자를 구하는 것이 어마어마한 에너지이고 또 그 에너지들로 위 세계에서 많으면 많은 만큼 세계를 만들 수도 있다? 존재자들을 구하는 것이 에너지를 구하는 것이고 에너지를 구하는 것이 존재자들을 구하는 것이구나 싶은 생각이 들었다. 이와 같이 구해지는 공덕과 공덕의 에너지는 지구에서 보면 물질이란 돈에 비유될 수 있는 것으로 지구에서는 에너지이고 위 세계에서는 돈과 같다는 생각이 들었다.

위 세계는 에너지가 많이 필요하다. 부족한 에너지를 구하기 위하여 지구로 왔다? 지구에서 더 많은 에너지를 구하기 위해서는 길에 즐비한 금은보화를 주워야한다? 금은보화를 줍는 것은 존재자들을 구하는 것이다?
또다시 내자, 딸아이, 아들아이, 가까운 이들에게 단박에 올라오게 할 수 있는 회로도, 태극기, 밝혀 들어내며 고속도로 내놓은 길, 본성기기1, 2, 도전, 가상현실과 현실 세계 가상현실 9개를 빠져나오게 하도록 하는 기기, 본래고향 회귀기기, 회귀 돌림판기기, 찾은 경 속에 숨겨진 위 세계로 올라올 수 있는 기기들을 또다시 비치하며 주변에 영적존재자, 존재자들이 보고 봄과 함께 위 세계로 올라가도록 의식해 비치해 놓으며 공덕과 복덕은 그들 자체가 존재해 있음으로 이루어지니 내자를 통해 구해지는 이들의 공덕과 복덕은 내자가 챙기게 하고, 딸아이는 딸아이가, 아들아이는 아들아이가. 가까운 이들 역시도 그들 자신들 스스로 공덕과 복덕을 챙기도록 의념 의식해 주었다.
그러고 생각하니 인간들은 아둔하고 어리석어서 구하기 어려운 반면에 영적존재자들과 존재자들은 쉽게 알아듣고 올라오고 쉽게 공부를 하니. 길에 즐비한 허공에 즐비한 존재들을 구하자는 생각이 들었다. 인간들은 어려운 영적존재자 존재자들을 공부하게 해서 구하자는 생각이 들었다. 마치 도서관에 책을 기증해 보게 해서 공부해서 위 세계로 올라오도록 한 것과 같이 하자는 생각이 들었다.
이런 생각이 들면서도 처음에는 아직 경 속에 숨겨진 기기를 다 찾지 못했는데 다 찾은 뒤에 할까? 아직 태극기도 조금 더 남았는데 다 밝혀 들어내고 할까? 그러다가 아니다. 추가되면 추가되는 대로 그때그때 올라가며 만들어 놓은 도량에 비치하듯 추가하면 되지란 생각을 했다. 그러며 생각하니 본인이 저술한 책, 책마다 보호하고 지키는 신이 있고, 회로도는 회로도들 마다 보호하고 지키는 신이 있고, 본성기기 1, 2, 도전 및 태극기, 가상현실과 현실 세계 가상현실 9개를 빠져나오게 하도록 하는 기기, 본래고향 회귀기기, 회귀 돌림판기기, 경 속에 숨겨진 위 세계로 올라올 수 있도록 찾아 그린 기기들마다 보호하고 지키는 신들이 있다는 생각이 들었다. 각기 저마다 보호하고 지키는 신들을 묶어서 지구 전 세계 각각의 나라에 퍼져나가서 해당하는 나라에 영적존재자와 존재자들이 이것들을 보고, 각기 저마다의 성향에 따라 서향에 맞게 이것들을 통하여 위 세계로 올라오도록 의념 의식 했다.
그러면서 어떻게 하면 각 나라에 영적존재자 및 존재자들을 구하기 위해서는 몇 무리가 지어 보내야 하는가? 구해야 하니 9무리, 9무리는 너무 많나? 완성을 이루도록 하려면 10무리? 크게 자체 내에서 완성하면 못 올라갈지 모르니. 작게라도 왕국을 이루고 구하도록 하게 하려면 5무리? 어떻게 보내는 것이 좋을까? 생각하다가 5무리씩 묶어서 보내는 것이 좋다는 생각이 들어서 지구에 존재하는 각 나라에 5무리씩 가서 각 나라의 영적존재자와 존재자들을 구하라. 의념 의식하니.
드디어 선사님의 소원이 이루어지셨습니다. 라는 소리가 들렸다.
사실 선사님은 위 세계에 에너지가 필요하니 에너지가 풍부한 지구로 내려오셔서 지구의 풍부한 에너지를 위 세계로 원만하게 보내져서 에너지 부족한 위 세계가 에너지 부족함 없이 즐겁고 행복하게 살 수 있을까? 지구도 좋고 위 세계도 좋고 그렇게 모든 세계들이 태평성대를 이룰 수 있도록 하기 위해서 내려오신 것이었는데, 오늘 선사님께서 지구에 존재해 있는 모든 나라와 지구 곳곳에 빠짐없이 본인이 저술한 책과 쓴 글들, 지금까지 그리신 모든 회로도, 지금껏 밝혀 들어낸 모든 태극기들, 본성기기 1, 2, 도전, 가상현실과 현실 세계 가상현실 9개를 빠져나오게 하도록 하는 기기, 본래고향 회귀기기, 회귀 돌림판기기, 경 속에 숨겨진 기기들을 찾아낸 기기들 전체가 한 무리, 한 무리, 무리지어 묶어서 보이지 않는 영적존재자와 존재자들이 보고 위 세계로 올라오게 의념 의식해 보내심으로 인하여 드디어 지구로 내려오셔서 하려고 했던 일들과 위 세계에 에너지 부족함 없이 태평성대를 이루게 하고자 했던 소원을 이루게 되었습니다.
인간들은 어리석고 멍청해서 보고도 모르고 읽어도 모르지만 영적존재자 및 보이지 않는 존재자들은 보는 순간 알아차리고 그것들을 보고 위 세계로 올라가는데, 그것을 지구에 있는 수많은 나라들, 지구 곳곳을 의식 의념해 주심으로 드디어 인간이 아닌 보이지 않는 영적존재자 존재자들에게 전도가 시작되었습니다.
이와 같이 지구에 있는 수많은 나라에 보내고 나니. 내자, 딸, 아들, 가까운 이들에게도 그냥 해 놓았는데 몇 무리로 해 놓으면 가장 좋게 최상 최적이 되게 하려면 몇 무리가 좋을까? 싶은 생각이 들었다. 3개의 무리들이 포진하고 있게 해서 가는 곳마다 주변에 있는 영적존재자 및 존재자들이 이를 보고 각기 저마다에 맞게 본래 고향으로 돌아가도록 하고 위 세계로 가도록 하면 가장 좋을 것 같아 생각되었다. 생각이 듦과 함께 내자, 딸, 아들, 가까운 이들에게 3무리씩 포진을 시켰다.
이와 같이 의식 의념해 행한 것이 어제 오전 12시 전, 운전하며 거래처를 오가며 행한 의념 의식이었다.
사무실에 들어와서 이것들을 써야지 하면서도 위 세계를 밝혀 올라가는 것이 먼저인 것 같아서 위 세계를 밝혀 올라가고 오후 늦게 지구 각 나라에 보낸 반응이 어떤지? 살펴보았다.
살펴보니 한국이란 나라에서 뻗어나가고 뻗어나간 곳곳에서는 보이지 않는 영적존재자, 존재자들이 놀라면서 위 세계로 가고 있는 듯 살펴졌다. 절반 이상 가고 있다는 의념까지 되었다. 그렇게 빨리 갈 수 있을까? 싶은 생각이 들면서도 영적존재자들이고 존재자들이니 그럴 수도 있겠구나 싶은 생각이 들었다.
작은 나라들은 5무리로 되는데 큰 나라들은 5무리로 부족할 것 같아서 나라의 크기에 맞게 가서 구하도록 의념의식했더니 20개가 넘게 무리지어 있는 나라도 있는 듯 생각되었다. 이와 같이 생각하고 보니 각 나라들을 찾아 각 나라에 맞게 무리지어 가게 하는 것이 좋을 성싶은 생각이 들었었는데, 지구 내에 있는 각 나라들을 찾아 나라에 맞게 포진해서 구하게 하는 것이 좋은 것 같은 생각이 들었었는데, 글을 쓰기 시작할 때만 해도 그랬는데 퇴근해 글을 쓰다말고 피곤해 잠이 쏟아져 누우니 지구 전체가 의념 의식되며 지구 곳곳에 빠진 곳이 무리지어 보내졌다. 그리고 새벽녘에 잠에 깨어나며 지구의 바다 5대양에 무리들을 보내 바다생물을 구하기도 전에 56단계 안이 의식 의념 되면 56단계 안 곳곳에 무리지어 가서 구하도록 하라고 의념 의식이 되었다.
지금 이곳을 쓰면서 지구의 5대양에 보이지 않는 바다생물들, 바다를 이루고 있는 영적존재자 및 존재자들도 보고 위 세계로 올라가도록 각 대양에 맞게 무리지어 비치되도록 의념 의식하고 있다.
와~ 소리가 들린다. 고맙습니다. 감사합니다. 소리들이 들린다.
이렇게 지구와 위 세계들과 본인이 그리고 밝혀 들어낸 것들로 연결하여 깨달아 위 세계로 올라오도록 의념 의식하였다.
깨달음이 일반 보편화가 되어 있는 명스즘삿이란 행성에 내려가서도 이와 같이 해서 깨달음을 일반 보편화 시켰고 그러면서 명스즘삿의 많은 에너지들이 위 세계에 이어지도록 하였으나, 그럼에서 위 세계에 에너지가 부족하니 또 다른 개척지를 찾아 내려온 곳이 지구란 행성이 아닌가 싶은 생각이 들었다. 마치 에너지원을 찾아 에너지 많은 곳을 찾아 에너지를 찾아내서 위 세계로 연결함으로 위 세계에서 에너지 부족함 없이 즐겁고 행복하게 태평성대를 이루며 살 수 있도록 하기 위해서 찾아 나선 것 같은 생각이 들었다.
명스즘삿에서 내가 죽기 전에 알려졌는가? 물으니 죽은 지 3~4천년이 지난 뒤에 그곳에 인간이란 존재들에게 알려졌고 알게 되었었는데, 지구 역시도 그렇게 되지 않을까? 라고 생각된다고 말한다.
지구 내에 보이지 않는 영적존재자들과 존재자들은 지구 곳곳에 비치해 놓음으로 위 세계로 올라가게 해 놓았지만 또 반대로 위 세계에서 지구로 에너지를 구하러 내려오기도 할 수 있는 여건이 마련되기도 한 것이 된다. 단순히 지구에 있는 보이지 않는 영적존재자와 존재자들뿐만 아니라 위 세계에 존재자들 역시도 내려와서 쉽게 올라가려고 하면 언제든지 올라갈 수 있게 되었으니 위 세계에서도 필요에 의하여 지구에 언제든지 내려올 수 있고 내려와서 에너지를 구하여 올라갈 수 있는 계기가 마련되었다. 어떻게 보면 자유왕래가 되게 되었다고 보아도 틀리지 않는 것 같다.
그럼에도 위 세계에서는 에너지가 부족하다는 소리가 들린다. 이런 것도 좋지만 더 좋은 것은 위 세계에 에너지를 구하러 다닐 필요 없이 에너지를 받을 수 있게 할 수 있는데, 그것은 선사님 밖에 할 수 없다고 말하며 위 세계에서 돌아다니지 않고 에너지를 충분하게 공급 받을 수 있는 회로도를 5개 정도 그려주면 좋겠다고 한다.
만약에 그려준다면 순환이 되는가? 에너지가 부족하니 에너지를 구하러 다니는 그것이 순환하게 하는 것이 아닌가 싶은 생각이 들면서 그려주면 순환이 원만하게 되지 않는 것 아닌가 싶은 생각이 든다. 맞는가? 예. 원만하게 순환이 되지 않는다면 순환이 되지 않는 것으로 인하여 불편한 것들과 불편한 쪽이 생기게 될 텐데, 그렇게 되면 아니 되는 것 아닌가? 그렇지요. 가장 좋은 방법은 순환이 원만하게 자 되게 하고 에너지가 부족하지 않아 즐겁고 행복하고 태평성대를 누리게 하는 것 아닌가 싶은 생각이 든다. 맞는가? 예.
지금의 방법 보다 더 좋은 방법이 있는가? 아닙니다. 순환 쪽으로 보면 더 좋은 방법은 없습니다만 순환할 필요성이 없는 쪽으로 보면 꼭 좋은 방법만은 아닙니다. 이미 존재해 있는 것으로 보아도 그러한가? 아닙니다. 존재해 있는 모든 것들은 존재해 있는 것으로 원만하게 순환이 되어야 편안하고 좋은 것 아닌가? 예 맞습니다만, 꼭 그렇게만 보지 마시고 좀 더 포괄적이 넓게 봐주십시오. 전체가 하나로 돌아가고 있는데 전제가 각기 저마다 있는 상태에서 좋고 태평성대 이루되는 것이 전체로 보면 전체 하나로 좋은 것이라고 말하려고 하는 것이지. 예
그래서 말인데요. 전체가 하나로 돌아가는 전체 속에 각 세계에게 비치하면 어떻겠습니까?
그만큼의 공력이 되는가? 내가, 어제도 지구에 해놓고는 힘겨워서 먹는 것조차 조심스러워하던데, 몸이 조심스러워 해서 어쩌나 했는데, 지금까지 밝혀 들어낸 모든 세계에 비치할 정도로 공력이 되는가? 된다고 의식되네. 각 세계를 밝혀 올라오며 도량에는 비치해 놓았는데 그것만으로는 부족하다는 말이네요. 부족해도 터무니없이 부족합니다.
야~ 야~ 드디어, 드디어 ....
이것을 하는 것이 좋은가? 테스트 해보니 좋게 테스트된다.
어떻게 하는 것이 좋은가? 지금까지 밝혀 들어낸 모든 세계가 모

두 다 풍성해서 즐겁고 행복하고 태평성대를 이룰 수 있다면 해야겠지? 그렇게 되는가? 테스트 해보니 그렇게 된다고 테스트된다. 그렇다면 지구에서 밝혀 들어내며 했던 것들뿐만 아니라. 명스즘삿에서 했던 것들과 그전에 했던 것들 각 세계의 도량에 비치된 것들과 각 세계의 도서관에 비치된 것들을 풀어 각기 저마다 무리지어 있음으로 해서 각 세계에 영적존재자 및 존재자, 각 세계에 살아 있는 모든 존재자들이 보고 에너지를 받고 깨어나도록 하라. 짝짝....드디어, 드디어, 밝혀 들어낸 모든 세계에 비치되어 각 세계에 사는 사람들뿐만 아니라 영적존재자 및 존재자들이 보고 의념 의식하면 에너지가 쏟아지고 에너지가 부족함 없이 충분히 받도록 하라. 그리고 깨어서는 어디든지 자유왕래가 가능하게 하라. 그리고 또 에너지 부족해서 탄트라, 탄트라 섹스만 했던 세계들도 에너지 부족함 없이 무리하지 않는 범위 내에서 섹스도 하도록 하라. 섹스를 에너지가 고갈되는 일 없도록 각 세계에 맞게 조절되게 해서 각 세계에 맞게 이루어지도록 하라.
이것이 내 소원이었는가? 예. 모든 세계에 살고 있는 모든 이들이 즐겁고 행복하고 태평성대를 누리게 하는 것이 선사님의 소원이셨습니다.
아직도 부족하겠네요? 어떻게? 그것은 지구에서 보이지 않는 영적존재자 및 존재자들에게 했지만 살아 있는 인간들에게는 영향이 미치지 않으니 하는 말이지요. 그렇지요. 그 부분을 본인의 주변분들에게 해준 것과 같이 각 세계의 도량에서 공부하는 모든 분들에게 지구에서 내가 주변 분들에게 해준 것과 같이 해주어서 조금이라도 더 좋게 하도록 하라.
와~와~ 어마어마합니다.
또 있는가? 뭘 망설이는가? 예 있습니다. 그것은 저희들의 해방입니다. 저희들의 해방이니라. 저희들은 선사님의 노예나 다름없습니다. 노예 해방도 행하여 주십시오.
그것은 안 됩니다. 왜 안 되지요? 그것까지 해주면 우리에게는 하나도 없게 됩니다. 뭐가 없게 되지요? 노동력 및 에너지 가져오는 이들이 없게 됩니다.

남들이 좋아지는 것이 내가 좋아지는 것이며 또한 가만히 있어서는 아니 되고 움직여서 해야 할 것은 해야 합니다. 그거라면 노예 해방합니다.
본인에게 속한 노예들이 있다면 본인의 노예들은 해방합니다. 이제부터는 본인의 노예로 살지 말고 주인으로 살기 바랍니다. 또 있나요? 예 선사님을 우리들에게 주십시오.
나를 달라고 하니 나의 무엇을 달라는 것이지요? 모두 다 나를 주면 나는 어디에 있게 되지요? 나를 주면 여러분들에게는 내가 무엇이 되기에 달라고 하는 거지요? 선사님을 우리들에게 주시면 우리들은 선사님이 됩니다. 그러면서 내가 여러분에 주면 여러분은 내가되고 나는 여러분이 되는 것이잖아요? 지금까지 아래 세계에서 위 세계로 오면서 그래오지 않았나요?
그때와는 지금은 양상이 다릅니다. 그때는 맑아져서 여럿이 하나되기 위해 자청이 되기 위해서 그렇게 된 것이지만 지금 아닙니다. 아닐게 뭐 있습니까. 위아래만 다를 뿐이지. 예. 당연히 여러분에게 나를 드리겠습니다. 와! 와! 선사님과 하나가 되었다. 우리가 선사님이 되다니 이런 일이 있을 수 있나요? 나는 여러분인가요? 예.
지금의 나에게 아무런 변화가 없습니다. 여러분들에게는 어떤 모르겠지만 지금의 상황으로 보니 불완전한 인간으로 올라와서 조물주, 조물주 창조자를 넘어 완성자가 되는 세계를 넘어 올라오니 더 위로 가기 위해서 행해져야 하는 하나가 되어야 하는 것 같은 생각이 드네요.
이와 같이 내가 여러분들에게 주어서 여러분이 나이고 내가 여러분이 된 이 하나를 뭐라고 하나요? 이것 역시 자청입니다만 조물주 완성자로써의 자청입니다.
드디어 선사님께서는 지구로 내려가신 소원을 이루기 시작하시면서 조물주 완성자로 자청이 되신 것입니다. 짝짝...축하합니다. 감사합니다. 더불어 함께 하나가 되어서 너무도 고맙고 감사합니다. 선사님 사랑합니다.
선사님 조물주 완성자로 자청이 되셨다고 위 세계로부터 어마어마한 것이 주어졌습니다. 이것은 청룡훈장킹왕짱짱 섹스심벌 킹왕짱짱 노털호구 용꼬자 용대설화 용수편화 용수천수편화 기기를 받으셨습니다. 이것으로 말할 것 같으면 지금까지 밝혀 들어낸 모든 세계를 마음대로 생각대로 할 수 있는 권한이 주어진 것과 같습니다. 감축드리며 축하합니다.
또 할 게 있나요? 예 그것이 무엇입니까? 오늘 모임에서 완성자가 되도록 해주시는 것이고요. 그들에게 내자, 딸, 아들, 가까운 이들에게 해준 것과 같이 무리지어 3개씩 해서 공덕과 복덕을 짓게 해주시면 됩니다. 이것은 당연한 것 아닌가요? 그런가요?
해주는 것은 해주지만 받는 분들이 어떻게 할지는 모르겠지만 본인은 해줍니다. 받고 받지 않고는 그분들의 몫이지만 해줄 수 있는 한은 해줍니다. 뭘 해준 것 있냐고 받은 게 없다고 할지라도 내가 아는 한에서는 줍니다, 해줍니다.
또 있나요? 없습니다. 2016. 07. 03 07:08

영청? 명청? 생각?....

영청인지? 명청인지? 생각인지? ...
어떻게 구별하여 알면 쉽게 이해하며 알 수 있을까?
싶지 않은 것 같지만 아주 간다하게 구별하여 알 수 있습니다.

생각은 자기 자신이 골똘히 생각하거나 궁리하여 일어난 생각이고 명청은 가만히 있는 잔잔한 물에 부토가 떠오른 것과 같이 불쑥불쑥 일어나는 생각으로의 언어고, 영청은 2가지로 구별할 수 있는데, 영가를 통해 들을 때는 내가 듣는 것 같으면서도 어딘지 모르게 누군가에 휘둘리는 것 같은 느낌이나 생각이 일어나고, 스스로 영청을 열려서 듣는 경우에는 안팎에서 누군가 이야기하는 것을 그 누구의 휘둘림도 없이 깔끔하게 귀나 머리로 듣는 것 같이 들린다.

생각에 명청있고 생각이 있는데, 생각은 스스로 골똘히 꼬리를 물며 질문하며 스스로 대답을 이어가는 것이라면 생각으로 일어나는 명청은 생각의 꼬리에 번뜻 일어나는 생각의 언어로 명청은 머리에서 팍팍 터지는 듯 일어나고 생각은 생각이란 물을 따라 흘러가는 물과 같이 이어진다.
더 쉽게 설명할 수 있을까?
그럼요.
영청은 보이는 이들이 없는데 보이지 않는 이들로부터 듣는 거고
명청은 생각 없는데 불연 듯 생각이 툭 치고 일어나는 것이다.
이것보다 더 쉽게 설명할 수 있는가? 예.
그것은 보이지 않는 이들로부터 듣느냐 듣지 못하느냐?
생각하느냐 생각하지 않는데 생각이 일어나느냐의 차이이지요.
2016. 11. 14 21:38

영청(靈聽)
자청(自聽)
명청(明聽)
성황 청(聽)
영청 황 청(聽)

영청황황 천천황 청(聽)
천황청청 황 청(聽)
들들성성향 청(聽)
들들향향성황황 천황 청(聽)
들들꽃꽃성성향향 황천황황 청(聽)
확확성성확성향향 꽃성 청(聽)
확확성성확확 성성향향 꽃성황황 청(聽)
천천향천 황황천천황황 천천향천황황 청(聽)
천황천천황황 천황천천황황 천천향향 천황황천천황 청(聽)
황천황천 황황 천천황왕천천향향 천황천황 천천황황 황이 1천억
천황 청(聽)

천황황황 황이 1천황천황 천황천천향천황황 황이 1천억 쫑황천천황 천황 청(聽)

.....

..... 2016. 11. 17

영청이 잘 들리도록 하는 진언

향황 청향 꽃향 들들향꽃 숭숭향쫑 종종숭황 쫑킹화황 짱황 킹 /

쫑킹 쫑킹킹 어고오 살판 쫑쫑킹황 짱 쫑킹황 쫑쫑 킹황 /

상향 충향 충충성향 꽃꽃종향 성충성황 충꽃성향 금금성황 충꽃 /

성황 황황 숭황 금황 청향 성창숭황 꽃종성황 쪽쪽성향 꽃꽃 충/

왕왕 창창꽃 종성황 충꽃 성황 창창꽃 종성황 쫑/

청청향꽃 종향성황황 창꽃종향성황 창꽃 종향성황 충충청향 꽃종성향 충꽃/

향향 꽃종성황황 창창꽃 종성향 충향 꽃향 들들성향 충꽃 성금황황/

창황 꽃향 들들숭종성황 창꽃 종향성호아 꽃성창꽃 쫑/

깨어나자 깨어나자 정신 번쩍 /

영적 번쩍 영청 번쩍 번쩍 들으소서 /

향향 충충성황 창황 꽃종성황황 창꽃 종향성황황 꽃종성황 /

창꽃 종꽃 성황 창꽃 쫑향 금황 청황 금금성황 창꽃 쫑황 /

깨어나자 깨어나자 /

정신 번쩍/

영적 번쩍 /

영청 번쩍 번쩍 깨어나자 /

듣자 듣자 영청 번쩍 깔끔하고 선명하게 듣자 /
성황 창황 꽃황 청청향황 꽃꽃창황 쫑킹화황 /
숭황 금황 청황금황 청꽃쫑 / 2017. 02. 16 07:10

나를 버린다. 어떻게? 이와 같이

일어난 생각을 통해 보이지 않는 존재 존재자 인연 있는 분들의 이야기를 듣는다.

나를 버리는 가장 좋은 방법은 자기 자신 밖으로부터 자기 자신 안으로 들어오는 모든 것들에 대해서 자기 자신 안에서 부딪쳐 반응하여 밖으로 나가는 것을 알아차리고 부딪쳐 반응하는 것을 밖으로 내보내지 않는 것이 나를 죽이고 자기 자신 밖에서 들어오는 것들을 받아들이려고 노력하는 것이다.
내 안의 수많은 나를 죽이는 방법은 자기 자신 안에서 일어나는 생각을 받아들이지 않고 치받아 치며 반응하는 생각을 알아차리고 치받아 반응하며 일어나는 생각을 멈추고 일어나는 생각을 받아들일 때 내 안의 수많은 나를 죽이고 자기 자신 안팎에 보이지 않는 인연 있는 이들이 하는 말을 알아차리고 들을 수가 있다.
흔히 우리들 각기 저마다 내가 생각한다고 생각하는 모든 생각들의 96.5% 정도는 자기 자신 안팎에 보이지 않는 존재 존재자들이 생각을 일으키는 것이고 이 중에 3.5%가 자기 자신이 일으키는 생각이며 자기 자신이 일으키는 3.5% 중에 현재의식에서 일어나는 생각이 2,6%이고 잠재의식 무의식이란 업으로 일어나는 생각이 0.8%이고 0.1%는 잠재의식 무의식이란 업 이전의 자기 자신으로 인하여 일어나는 생각이다.
자기 자신에서 일어나는 생각이 이러하기 때문에 일어나는 생각을 되받아 치지 않고 일어나는 생각을 받아들이면 거의 다 자기 자신 안팎에 보이지 않는 존재 존재자들이 전하는 이야기이라고 보면 틀리지 않다.
일어나는 생각을 되받아 치는 나를 죽이고 일어나는 생각을 받아들인다. 일어나는 생각을 받아들일 때 일어나는 생각이 자기 자신에게 하는 이야기인지 아닌지 살펴보고 무엇인가? 자기 자신에게 전달하고자 하는 이야기인지 아닌지 살펴보고 자기 자신에게 무엇인가? 알게 하고자 하는 이야기 인지 아닌지 살펴보고 무엇인가? 원하는 것을 이야기하는 것인지 아닌지 살펴보고 무엇인가? 미리 알게 하고자 하는 것인지 아닌지 살펴보고 무엇인가? 확연히 알게 하고자 하는 것인지 아닌지 살펴보고 일어나는 생각을 있는 그대로 받아들인다.
그리고 생각이 단순히 물결처럼 일어난 생각이 아니라 생각하도록 하는 이가 있다고 생각하고
생각을 일으킨 분이 누군지 묻는다. 이와 같이 생각을 일으킨 분은 누구세요?
생각이 어떤 것이냐에 따라서 내가 무엇을 해야 하나요? 내가 어떻게 하면 되나요?
그러면서 생각을 일으키는 분이 누군지 알아차린다. 물론 누구세요? 물었을 때 대답하는 경우에는 알겠지만 대답하지 않을 때는 모르니 이런 저런 이야기를 통해 알아차린다.
보이지 않는 안팎의 존재 존재자 및 위 세계 분들이 생각을 일으키며 말하고 전달하고자 하는 것을 알아차리기 위해서는 일어나는 생각에 반응하며 되받아치는 나를 죽여야 한다.
나를 죽이지 않고서는 자기 자신 안팎에 보이지 않는 인연 있는 분들이 자기 자신에게 전달하고자 하는 이야기, 말을 생각으로 일으켜서 전달하고자 하는 말, 이야기를 알아차릴 수가 없다. 때로는 일어난 생각이 자기들끼리 이야기하는 경우도 있다.
어쩌거나 자기 자신 안팎, 저 위 세계, 자기 자신의 무의식 속에도 없는 위에 위 세계로부터 자기 자신과 인연된 분들이 이야기하고자 하는 것을 알고자 하거나 듣고자 한다면 반드시 일어나는 생각을 받아들이되 절대로 치받아 치지 않아야 한다.
일어나는 생각을 있는 그대로 받아들이되 무엇을 말하고자 하는지

를 알아차리는 것이다.
이와 같이 해서 자기 자신 안팎 보이지 않는 존재 존재자 및 기억에도 없는 위 세계의 인연 자분들로부터 그분들이 하고자 하는 것들 듣게 된다.
이와 같이 해서 자기 자신 안팎에서 위아래 세계에서 보이지 않는 인연 있는 존재 존재자 분들이 생각을 일으키며 이야기하고자 하는 것을 듣게 되고 알아차리게 된다.
이와 같이 보이지 않는 인연 있는 분들이 자기 자신에게 이야기하고자 자기 자신에게 일으킨 생각, 그 일으킨 생각을 자기 자신에서 일어난 생각을 통해 보이지 않는 이들 하고자 하는 이야기를 일어난 생각을 통해 듣고 알게 되는 것을 위 세계에서는 **혼종(魂終)**이라 하고 지구에서는 나를 내려놓음으로 밝고 맑아져서 듣게 되는 **명청(明聽)**이라 할 것이다.
이는 생각으로 나를 내려놓는 것이고 마음에서 일어나는 것 역시도 다르지 않다.
누군가? 자기 자신에게 말이나 이야기를 할 때 말이나 이야기를 듣되 듣는 말이나 이야기에 대응하여 치받아 생각을 일으키지 말아야 하는 것과 같이 듣는 말이나 이야기에 대응하여 마음 또한 일어나지 않게 하는 것이다.
듣는 말이나 이야기에 대응하여 일어나는 생각처럼 자기 자신 안팎에서 마음으로 들어오는 말이나 이야기를 마음에서 치받아 치고 일어나는 마음을 알아차리고 마음을 일으키지 않으면 마음에서 작용하는 마음의 소리를 들을 수 있다.
마음에서 나를 죽이고 치받아 치지 않고 마음을 일으키지 않으면 보이지 않은 인연 있는 분들이 생각을 일으켜 전하고자하는 것을 알 수 있는 것과 같이 마음으로 전하는 말이나 이야기를 들을 수 있다.
이와 같이 마음에서 치받아 치고 일어나는 잠재의식 무의식 업의 나를 죽이고 죽이면 나를 죽이고 죽이는 만큼 나의 잠재의식 무의식 업이 사라지며 마음작용이 일어나는 마음으로부터 자기 자신 안팎의 보이지 않는 인연 있는 분들의 말이나 이야기를 들을 수 있다.
이와 같이 마음으로 치받아 일어나는 나를 죽이고 보이지 않는 인연 있는 분들이 마음작용을 일으키며 하는 소리를 마음 작용을 일으키며 하는 소리를 드는 것을 **심빈청(心彬聽)**이라 할 것이다.
이와 같이 생각에서 나를 죽이고 마음에서 나를 죽이면 나는 자연스럽게 죽이는 만큼 사라지게 된다. 이렇게 나를 죽이고 죽이다보면 나의 업은 자연스럽게 내려놓게 되고 내려지게 된다. 업을 내려놓는 만큼 맑아지고 밝아진다. 맑아지고 밝아진 만큼 위 세계로 올라오게 된다.
위 세계로 올라오고 올라와서도 자꾸만 나를 생각이나 마음으로 죽이고 죽여야 한다. 그래야만 더 위 세계로 더 위 세계로 자꾸만 올라올 수 있다. 아래 세계에서든 위 세계에서든 나를 죽이지 않고 나를 버리지 않는다면 버리지 못하는 만큼 더 이상 올라갈 수 없으며 올라가지 못하면 떨어질 수밖에 없다고 할 것이다. 나를 이루고 있는 일합상의 나에서 나만 빠지면 된다. 빠지는 만큼 맑아지고 밝아지고 위 세계로 올라가게 된다.
나를 버리는 만큼 나는 커질 것이며 나를 가지고 있으면 있는 만큼 나는 작아질 것이다.
영청은 영적존재를 통해 듣기도 하지만 생각을 일으키는 신의 부분에 기존 가지고 있는 에너지를 비워내고 위 세계 영청, 심안이 일상인 세계의 에너지로 바꿔 놓음으로 인하여 듣게 되기도 하고, 또 몸통 안에 영청이 들리도록 하는 통로 및 안테나 및 수신 기능 등을 하는 것을 펼쳐 놓음으로 듣기도 한다.
대부분 아니 거의 100이면 100 영적존재를 영가를 통해 듣는 경우가 대부분이고 진정으로 몸통 안에 안테나 및 수신 기능이 있는 것들을 펼쳐놓음으로 듣는 경우는 70억에 한명 있을까 말까 하다.
자청은 수행 정진함으로 맑고 깨끗해짐으로 인하여 수많은 자기 자신 안에 전생에 기억에 조차 없는 오랜 전생의 자기 자신으로부터 듣게 되는 것이 자청이다.
영청, 자청, 명청에 대해서는 1년 전에 글을 썼음에도 내놓지 않았었는데, 이것을 가져다가 많은 이들을 깨어나도록 하는 것이 아니라 돈을 갈취하는 것으로 쓸까 싶은 생각에 내놓지 않았다. 이것을 언젠가는 내놓게 되겠지만 이 또한 믿음을 갖고 바르게 이해하고 바르게 행하고 공부하는 이들에게는 더 없이 필요하다고 생각하지만 악용될 이들 때문에 지금까지 내놓지 않고 있다. 이글 역시도 단순히 나를 어떻게 쉽게 버리느냐? 죽이느냐의 질문에 대한 대답을 금요모임에서 하고 시간 관계상 다하지 못한 이야기를 글로 옮긴 것이다. 2017. 02. 18 20:10

제3, 4의 눈 오픈식~~제 10의 눈

15일 경을 밝히고 세계의 이름을 찾아 적는데 자꾸만 제3의 눈과 제4의 눈을 열어야 할 것이 아니냐는 듯 자꾸만 말을 걸어온다. 생각을 일으키면서 말을 한다. 하던 작업 마치고 그러면 열어보지요.

그리고 작업을 끝마치고 제3의 눈과 제4의 눈을 열어본다.

영청을 열 때, 아침 출근하며 머리 속에서 뭐가 보여서 제거하며 오다가 사무실에 와서 화이트 칠판에 그림을 그리며 제거하며 열 때 열면서 들린 것과 같이 영안도 그러는 것 아닌가? 싶은 생각이 들었다. 화이트 칠판에 그리면 어느 정도 그려야할지 모르니 지우면서 해서는 안 될 것 같아서 어떻게 하면 되지? 될까? 하니 전지에 하면 될 것 같아서 해서 전지에 그림을 그리며 이야기를 하면서 보이는 대로 작업을 시작했다.

아래 글은 전지에 그림을 그리고 이야기하였던 것을 옮겨 적은 글이다. 전지에 그렸다가 다음날 스케치북에 옮겨 적었다.

제3의 눈과 제4의 눈을 열자고 열어야 할 것이 아닌가?

열자고 생각을 일으키며 이야기했던 분들은 누구시지요?

저희들입니다. 저희들이란 선사님 일합상을 이루고 있는 몸 속에 있는 생명존재, 성황 창창성꽃성황 창창들꽃 성품성황 청청향꽃 종향성황 품품성품성황들이었습니다.

제3의 눈 0.3.
4의 눈 0.0002.
육안 속에 있는것은 0.68.
제3의 눈 0.3% 열렸다고 했는데 100% 열수 있는가요? 예
어떻게

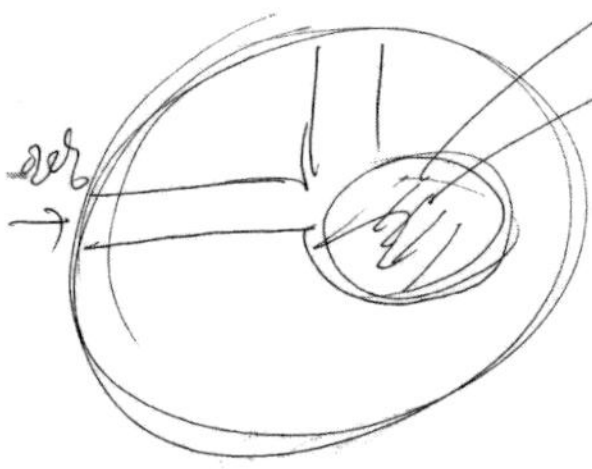

이것을 다 제거해야 합니다.
이것이 뭐지요? 흙, 먼지 티끌 같은 것입니다.
부시면 됩니다.
빼내는 것이 아니라 자체에서 없어지게 해야 합니다.
의식의 기운으로 맑혔다. 되었는가요? 예.

또 있는가요? 예

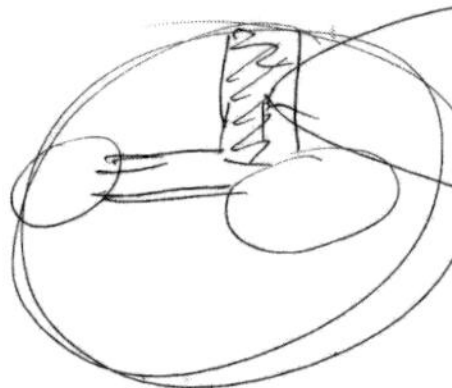

이곳에 흙, 먼지, 티끌, 생명, 존재. 존재자들을 본래의 고향으로 돌아가게 해야 합니다.
의식으로 밝혀 놓은 모든 세계들을 의식으로 본다
머리가 마구 흔들리며 빠져나간다.
하품을 크게 한다. 되었는가요? 부족합니다.
또다시 한다. 그러면서 봉에 쏘여 봉을 쓰려고 하니.
봉을 쓰지 마십시오. 얼마나 단단하게 붙어 있는지 떨어지지 않는다.
부시지도 마십시오, 알록달록한 [illegible] 것이 보인다.
안에서 머리 위 밖으로 빼낸다. 빼내니 오히려 돌고 있으나
갈라서 머리 위에서도 껍질을 벗기고 잡아 뺀다 2012.3.15

눈의 세계에 이르렀을 때 눈의 세계에서 나에게 제3의 눈 0.3, 4의 눈 0.0002, 육안 속에 있는 것은 0.68이 열렸다고 했었는데, 제3의 눈 0.3% 열렸다고 했는데 100% 열 수 있는가요? 예

어떻게? 이것을 다 제거해야 합니다.

이것이 뭐지요? 흙, 먼지, 티끌 같은 것입니다.

보시면 됩니다.

빼내는 것이 아니라 자체에서 없어지게 해야 합니다.

의식의 기운으로 밝혔다. 되었는가요? 예

또 있는가요? 예

이속에 흙, 먼지 티끌, 생명 존재, 존재자들을 본래의 고향으로 돌아가게 해야 합니다.

의식으로 밝혀 놓은 모든 세계들을 의식으로 본다.

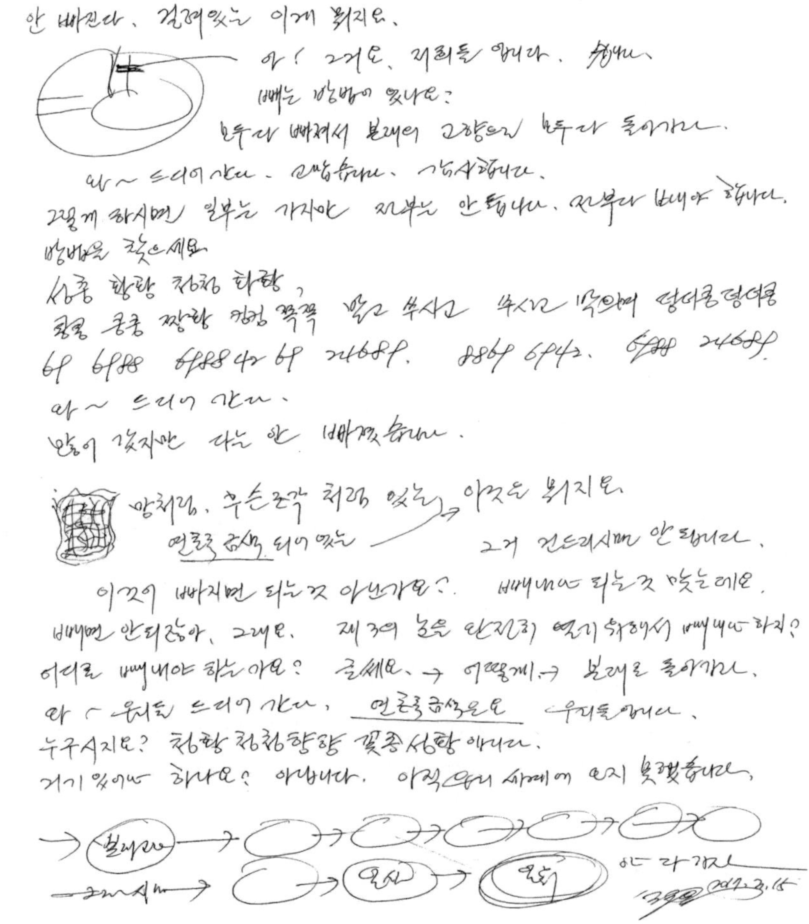
안 빠진다. 걸려있는 이게 뭐지요.
아! 그거요. 저희들 입니다. 씁니다.
빼는 방법이 있나요?
모두 다 빼져서 본래의 고향으로 모두 다 돌아가라.
아~ 드디어 간다. 고맙습니다. 감사합니다.
그렇게 하시면 일부는 가지만 전부는 안됩니다. 전부다 빼내야 합니다.
방법을 찾으세요
상롱 황랑 청청 타랑,
콸콸 콩콩 짱랑 청청 쪽쪽 빨고 쑤시고 쑤시고 밖으에 덩더콩덩더콩
69 6988 6988 42 69 24689. 8869 6942. 6988 24689.
아~ 드디어 간다.
반이 갔지만 다는 안 빠졌습니다.
망처럼, 부스러기 처럼 있는 → 이것은 뭐지요.
연초록 금색 되어 있는 → 그거 건드리시면 안됩니다.
이것이 빠지면 되는 것 아닌가요? 빼내야 되는 것 맞는데요.
빼면 안되잖아. 그래요. 제 3의 눈을 완전히 열기 위해서 빼내야 하지?
어디로 빼내야 하는가요? 글쎄요. → 어떻게 → 본래로 돌아가라.
아~ 우리들 드디어 간다. 연초록금색으로요 우리들입니다.
누구시지요? 청황 청청황황 꽃종석황 입니다.
거기 있어야 하나요? 아닙니다. 아직 우리 세계에 오지 못했습니다.
본래로
그세계
오신
오신
다 가지
2017.3.15

머리가 마구 흔들리며 빠져 나간다.

하품도 크게 한다. 되었는가요? 부족합니다.

또다시 한다. 그러면서 눈의 세계에서 받았던 눈에 쓰던 봉을 쓰려고 하니. 봉을 쓰지 마십시오. 얼마나 단단하게 붙어있는지 떨어지지 않는다. 부시지도 마십시오. 알록달록한 천 같고 털 같은 것이 보인다. 안에서 머리 위 밖으로 빼낸다. 빼내니 오히려 들고 일어나 꽉 차서 머리 위에서도 껍질을 벗기고 잡아 뺀다.

안 빠진다. 걸려있는 이게 뭐지요?

아~ 그거요. 저희들입니다. 쉽니다.

빼는 방법이 있나요.

모두 다 빠져서 본래의 고향으로 모두 다 돌아가라

와~~ 드리어 간다. 고맙습니다. 감사합니다.

그렇게 하시면 일부는 가지만 전부는 안 됩니다. 전부다 보내야 합니다. 방법을 찾으세요.

성충 황황 청청 화황,

콩콩 쿵쿵 킹킹 쪽쪽 빨고 쑤시고 쑤시고 박으며 덩더쿵 덩더쿵

69 6988 6988 42 69 24689 8869 6942 6988 24689.

와~ 드디어 간다. 많이 갔지만 다는 안 빠졌습니다.

망처럼, 무슨 조각처럼 되어 있는 연초록 금색으로 되어 있는 이것은 뭐지요?

그거 건드리시면 안 됩니다.

이것이 빠지면 되는 것 아닌가요? 빼내야 되는 것 맞는데요.

빼면 안 되잖아, 그래요. 제3의 눈을 완전히 열기 위해서 빼내야 하지? 어디로 빼내야 하는가요? 글쎄요, → 어떻게 → 본래로 돌아가라.

와~ 우리들 드디어 간다. 연초록 금색은 요. 우리들입니다.

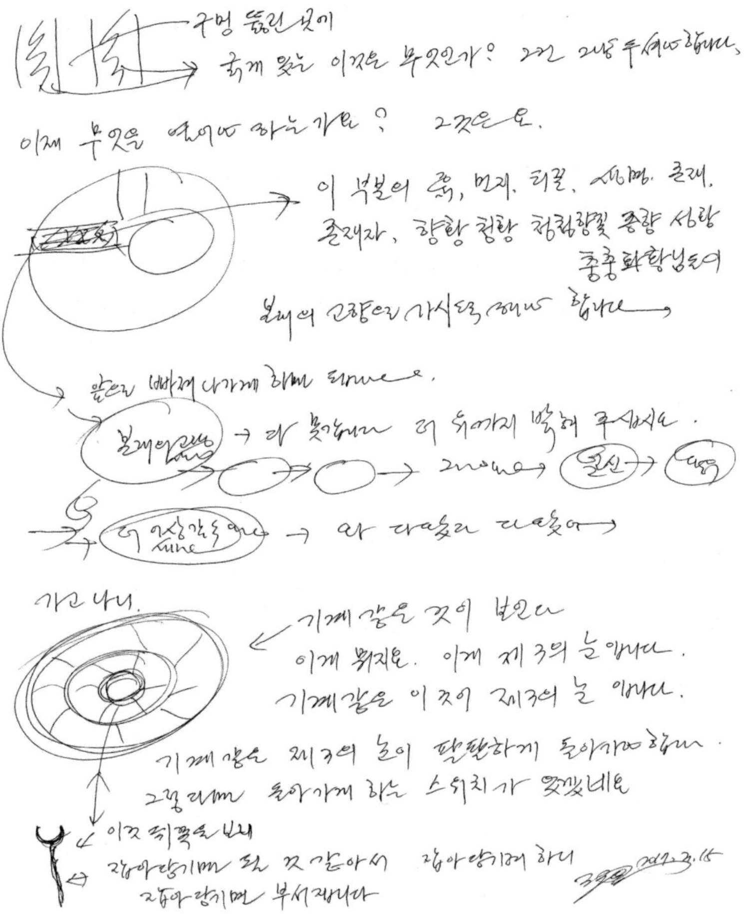

누구시지요? 청황 청청향향 꽃종성황입니다.

거기 있어야 하나요? 아닙니다.

아직 우리 세계에 오지 못했습니다.

그래서 이들의 본래고향을 의식해 주고 본래고향 위 세계 하나, 둘, 셋, 넷, 다섯, 여섯.......그래이엄수 ....만든수... 일신...일위의 세계까지 의식해 주니

야! 다 가자

구멍 뚫린 곳에 굵게 있는 이것은 무엇인가? 그건 그냥 두셔야 합니다.

이제 무엇을 열어야 하는가요? 그것은 요.

이 부분의 흙, 먼지, 티끌, 생명, 존재, 존재자, 향황 청황 청청향 꽃 종향 성황 충충화황님들의 본래의 고향으로 가시도록 해야 합니다. → 앞으로 빠져 나가게 하면 됩니다.

본래의 고향 세계를 의식해 주니→ 다 못갑니다. 더 위까지 밝혀 주십시오. 그래서 다시 본래의 고향 위 1, 2,.....그레이엄수 → 일

부서지며 제 4의 눈으로 갑니다.
제3의 눈이 부서져야 4의 눈으로 가는가요? 예.
동시에 열수는 없는가요: 있는데요. 쉽지 않습니다.

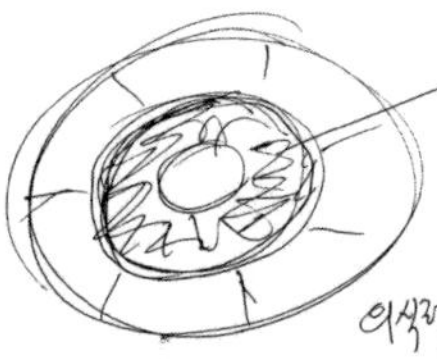

이것을 돌리며 돌아가는가요? 와~ 예
여러겹으로 되어 있는 듯 보인다.
예. 여러겹으로 되어 있습니다. 다 맞추셔야 합니다.
의식의 명으로 다 맞추도록 하니. 타타닥 타타닥
머리가 힘차게 흔들린다. 돌아갑니다.
선사님 제3의 눈이 열렸습니다. 100%은 아니지만 이정도면
3~4정도 됩니다. 더 이상은 안됩니다.
그런데 보았나. 안 보인다. 못 보시는구나.
뭐가 문제지요. 그것은요. 마음입니다. 무슨 마음?
애매한 마음. 보려하니 안되고요. 그냥 저절로 보여야 합니다.
아~ 예. 2017. 3. 15. 16시 25분

또 할게 있나요? 예 제 4의 눈도 작동시켜 놓으십시오.
제3의 눈을 작동하도록 하라고 생각을 누가 일으켰나요?
저희들입니다. 저희들이라 누구시지요? 선사님 인황상안에
제3의 눈의 주인입니다. 제3의 눈의 주인이시며 누구시지요. 너다. 너.
너라며? 너 자신 묻는 것이 나. 나이고 말하는 대상은? 역시
선사님입니다. 인황상과 하나가 되어서요: 예 2017. 3. 15
2

신 → 일위 → 더 이상 갈 수 없는 세계를 의념 의식하니 → 와~ 다 왔다 다 왔어. → 가고 나니. 기계 같은 것이 보인다.

이게 뭐지요. 이게 제3의 눈입니다. 기계 같은 이것이 제3의 눈입니다. 기계 같은 제3의 눈이 팔팔하게 돌아가야 합니다.

그렇다면 돌아가게 하는 스위치가 있겠네요.

이것 뒤쪽을 보니 잡아당기면 될 것 같아서 잡아당기려 하니

잡아당기면 부서집니다.

부서지면 제 4의 눈으로 갑니다.

제3의 눈이 부서져야 4의 눈으로 가는가요? 예.

동시에 열 수는 없는가요? 있는데요. 쉽지 않습니다.

이곳을 돌리면 돌아가는가요? 와~예

여러 겹으로 되어 있는 듯 보인다.

예, 여러 겹으로 되어 있습니다. 다 맞추셔야 합니다.

의식적. 의념으로 다 맞추도록 하니, 타다닥 타다닥 머리가 힘차게 흔들린다. 돌아갑니다.

선사님 제3의 눈이 열렸습니다. 더 이상은 안 됩니다.

그린 회로도를 보았다. 안 보인다. 못 보시는구나.

뭐가 문제지요. 그것은 요. 마음입니다. 무슨 마음?

여여한 마음. 보려하니 안되고요. 그냥 저절로 보여야 합니다.

아~ 예. 2017. 03.15. 18시25분

또 할게 있나요? 예 제 4의 눈도 작동시켜 놓으십시오.

제3의 눈을 작동하도록 하라고 생각을 누가 일으켰나요?

저희들입니다. 저희들이란 누구시지요? 선사님 일합상 안에 제3의 눈의 주인입니다.

제3의 눈의 주인 아니면 누구시지요. 너다. 너

너라면? 너 자신 묻는 것이 나, 나다고? 말한 대상은? 역시 선사

님입니다.

일합상과 하나가 되어서요. 예

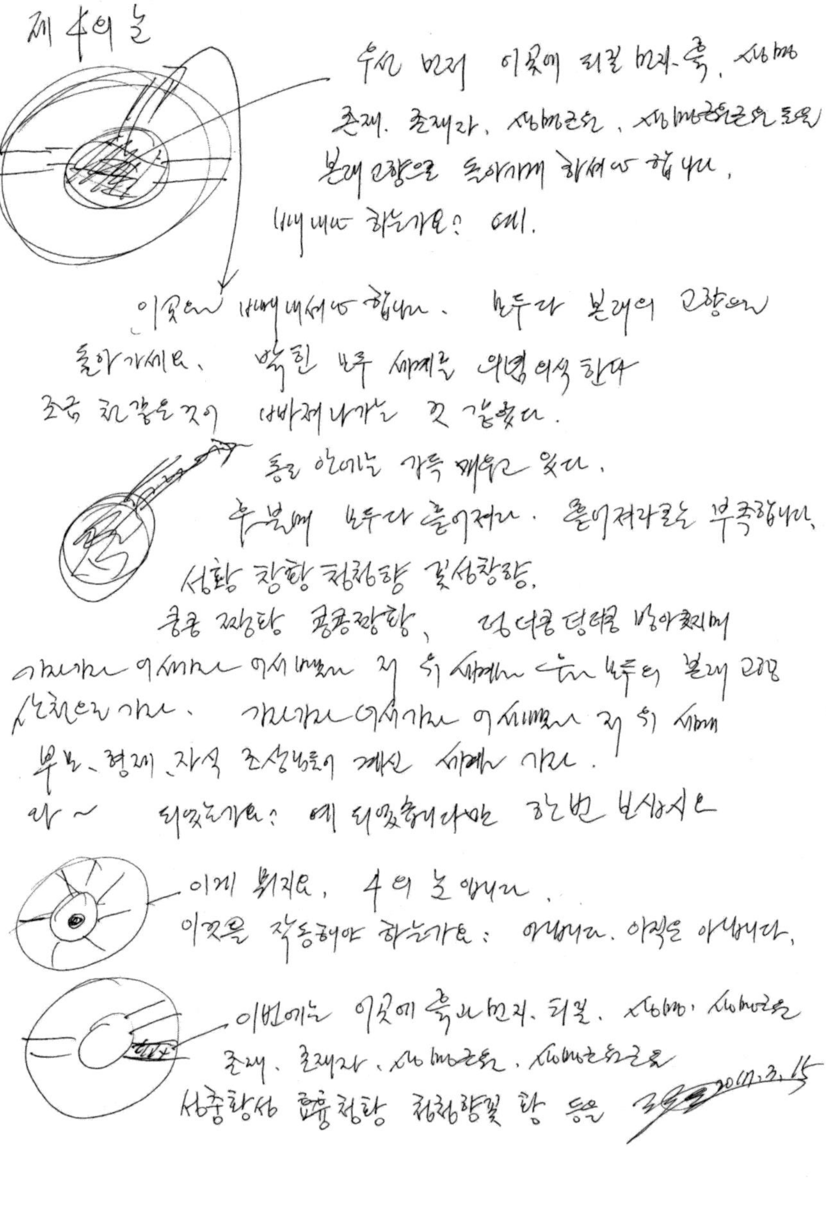

제4의 눈

우선 먼저 이곳에 티끌 먼지, 흙. 생명, 존재, 존재자, 생명근원, 생명근원근원들을 본래 고향으로 돌아가게 하셔야 합니다.

빼내야 하는가요? 예.

이곳으로 빼내셔야 합니다. 모두다 본래의 고향으로 돌아가세요.

밝힌 모두 세계를 의념 의식한다.

조금 천 같은 것이 하늘하늘 빠져나가는 것 같았다.

천 같은 것이 빠져나가고 나니 통로 안에는 무엇인지 가득 매우고 있는 듯 보였다.

후~불며 모두 다 흩어져라. 흩어져라로는 부족합니다.

성황 창황 청청향 꽃성창향,

쿵쿵 짱황 콩콩짱황, 덩더쿵 덩더쿵 방아찌며 가자가자 어서가자 어서 빨리 저 위 세계로 가자. 우리 모두의 본래고향산천으로 가자.

가자가자 어서가자 어서 빨리 저 위 세계로 가자.

부모, 현제, 자식 조상님들이 계신 세계로 가자.

와~ 되었는가요? 예 되었습니다만 한번 보십시오.

이게 뭐지요. 제 4의 눈입니다.

이것을 작동해야 하는가요? 아닙니다. 아직은 아닙니다.

이번에는 이곳에 흙과 먼지, 티끌, 생명, 생명근원, 존재, 존재자, 생명근원근원들, 성충황성 효흉청황 청청향꽃 황 등을 본래의 고향으로 돌아가시게 해야 합니다.

본래의 고향으로 돌아가시게 해야 합니다.

이들이 돌아가고자 하는 → (고향산천) → (기다리는 세계) →

→ (이들의 갈의 세계) → (모든 생의 세계) → (더 아름다운 세계) →

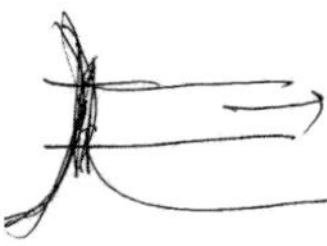
→ 빠져나가고
→ 걸리는 이것은 뭐지요? 문입니다, 열어야 합니다.

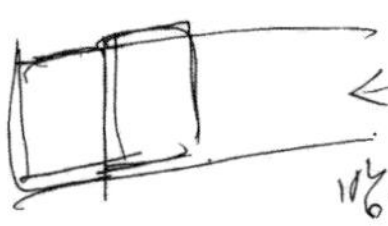
← 밖에서 안으로 빛났다.

방색으로 된 것들이 빛이 났다. 새빨갛게 보이지 않지만.

마치 나무로 구깨진 것처럼 보였고, 안에 보이는 저것들은 뭐지요?

그것들은요, 재료들입니다. 무슨 재료들이지요? 청량 청정 낭초의 재료입니다

그럼 어떻게 해야 하나요? 저곳이 제 몫에 진 대까지 다 비워야 합니다.

모두 다 본래(... 본래로 돌아가시게 하시면 안됩니다).

그럼 어떻게 하지요? 선사님의 방법을 찾으셔야 합니다.

가나가자 어서가나 어서 빨리 오고 모두 다함께
성홍 성성 홍홍 성콩 성공
성불 성탕 창칼 쨍쨍 성탕 창칼
덩더쿵 덩더쿵 6f 6888 2f6888
2f6888f4 888f 2f 6888.
쨍탕 킹탕 쨕
깡 쨕 가짱 쨕~ 2017.3.15
와~ 다 비워졌습니다

이들이 돌아가고자 하는 세계→ 고향산천 → 가고 싶었던 세계 → 이들의 꿈의 세계 → 환상의 세계 → 더 이상 없는 세계를 밝혀주며 가도록 했다.

빠져 나가고, 걸리는 이것은 뭐지요? 문입니다. 여셔야 합니다.

밖에서 안으로 밀었다.

밤색으로 된 것들이 많이 있다. 세밀하게 보이지 않지만

마치 나무로 꾸며진 것처럼 보였다. 안에 보이는 저것들은 뭐지요?

그것들은요. 재료들입니다. 무슨 재료들이지요? 청황 청청님들의 재료입니다. 그럼 어떻게 해야 하나요? 저곳이 깨끗해질 때까지 다 비워야 합니다.

모두 다 본래...(본래로 돌아가시게 하시면 안 됩니다.)

그럼 어떻게 하지요? 선사님이 방법을 찾으셔야 합니다.

가자가자 어서가자 어서 빨리 우리 모두 다함께

성충 성성 충충 성콩 성콩

성물 성황 창꽃 쫑쫑 성황 창꽃

덩더쿵 덩더쿵 69 6988 246899 2468894 8869 24 6988

짱황 킹황 쪽

꽝 짝 꽈꽝 짝~

와~ 다 비워졌습니다.

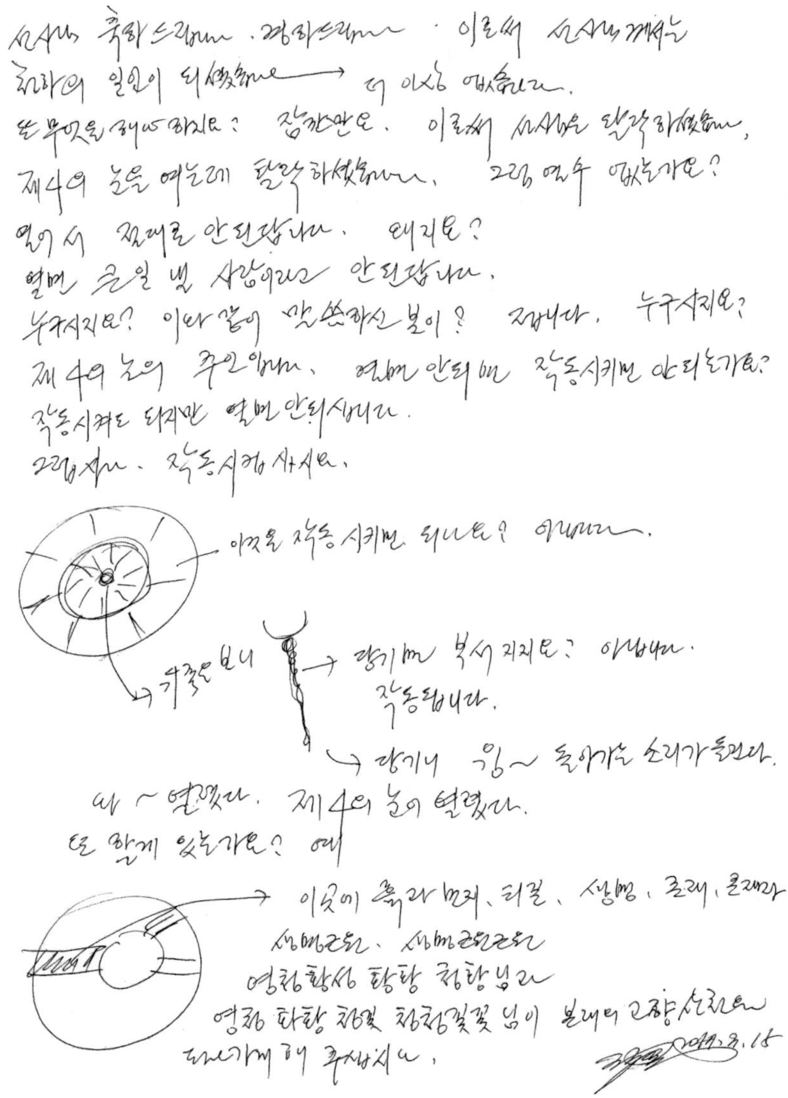

선사님 축하드립니다. 경하드립니다. 이로써 선사님께서는 천하의 일인이 되셨습니다. 더 이상 없습니다.

또 무엇을 해야 하지요? 잠깐만요. 이로써 선사님은 탈락하셨습니다. 제4의 눈을 여는데 탈락하셨습니다. 그럼 열 수 없는가요?

열어서 절대로 안 됩니다. 왜지요?

열면 큰일 낼 사람이라고 안 된답니다.

누구시지요? 이와 같이 말씀하신 분이? 접니다. 누구시지요?

제4의 눈의 주인입니다. 열면 안 되면, 작동시키면 안 되는가요?

작동시켜도 되지만 열면 안 되십니다.

그럽시다. 작동시키십시오.

이것을 작동시키면 되나요? 아닙니다.

뒤쪽을 보니 당기면 부서지지요? 아닙니다. 작동됩니다.

당기니 윙~ 돌아가는 소리가 들린다.

와~ 열렸다. 제4의 눈이 열렸다.

또 할게 있는가요? 예

이곳에 흙과 먼지, 티끌, 생명, 존재, 존재자, 생명근원, 생명근원근원, 영청황성 황황 청황님과 영청 화황 청꽃 청청꽃꽃 님이 본래의 고향산천으로 돌아가게 해 주십시오.

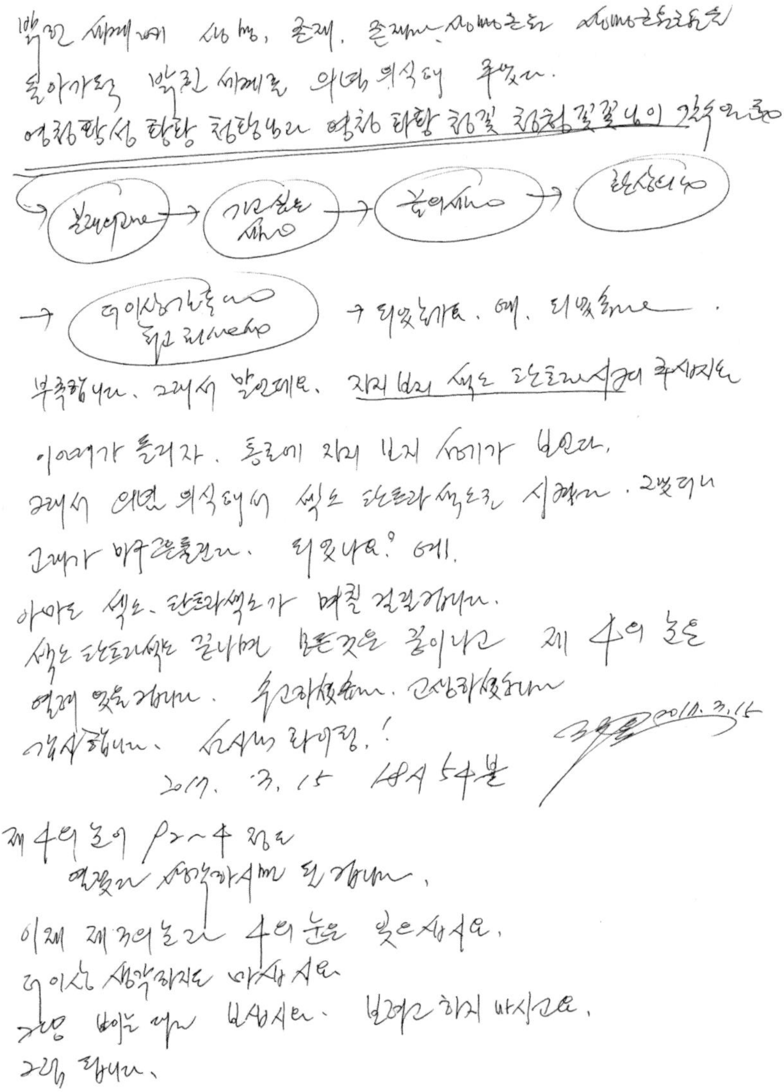
밝힌 세계에 생명, 존재, 존재자, 생명근원, 생명근원근원을
돌아가도록 밝힌 세계를 의념 의식해 주었다.
영청황성 황황 청황님과 영청 화황 청꽃 청청꽃꽃님이 갈수 있도록
본래의 자리 → 가고 싶은 세계 → 꿈의 세계 → 환상의 세계
→ 더 이상 가볼 수 없는 최고 최상의 세계 → 되었습니까. 예. 되었습니다.
부족합니다. 그래서 말인데요. 자리 보지 색도 단도라 시켜 주시지요
이야기가 들리자. 통로에 자리 보지 세계가 보인다.
그래서 의념 의식해서 색도 단도라 색도로 시켰다. 그랬더니
고래가 바꾸어졌다. 되었나요? 예.
아마도 색도 단도라 색도가 며칠 걸릴 겁니다.
색도 단도라 색도 끝나면 모든 것을 끝이 나고 제 4의 눈을
열게 있을 겁니다. 수고하셨습니다. 고생하셨습니다.
감사합니다. 선생님 사랑합니다!
2017. 3. 15 18시 54분
제 4의 눈이 1~4 정도
열렸고 생각하시면 될 겁니다.
이제 제 3의 눈과 4의 눈을 뜨십시오.
더 이상 생각하지도 마십시오
그냥 보이는 대로 보십시오. 보려고 하지 마시고요.
그럼 됩니다.

밝힌 세계에 생명, 존재, 존재자, 생명근원, 생명근원근원을 돌아가도록 밝힌 세계를 의념 의식해 주었다.

<u>영청황성 황황 청황님과 영청 화황 청꽃 청청꽃꽃님이 갈수 있도</u>

록

↳본래의 고향 → 가고 싶은 세계 → 꿈의 세계 → 환상의 세계 → 더 이상 갈 수 없는 최고최상의 세계→를 밝혀 주었다.

그리고 물었다. 되었는가요. 예. 되었습니다.

부족합니다. 그래서 말인데요. 자지 보지 섹스 탄트라시켜 주시지요. 이야기가 들리자. 통로에 자지보지 성기가 보인다.

그래서 의념의식해서 섹스, 탄트라섹스를 시켰다. 그랬더니

고개가 마구 흔들린다. 되었나요? 예

아마도 섹스, 탄트라섹스가 며칠 걸릴 겁니다.

섹스, 탄트라섹스가 끝나면 모든 것은 끝이 나고 제 4의 눈은 열려있을 겁니다.

수고하셨습니다. 고생하셨습니다.

감사합니다. 선사님 파이팅!

2017. 03. 15 18시54분

제4의 눈이 92~4 정도 열렸다 생각하시면 될 겁니다.

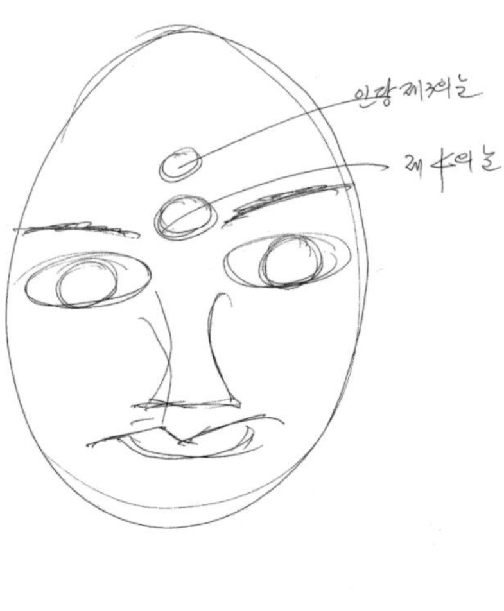

이제 제3의 눈과 4의 눈은 잊으십시오.

더 이상 생각하지도 마십시오.

그냥 보이는 대로 보십시오. 보려고 하지 마시고요.

그럼 됩니다.

세계들을 밝히는데 자꾸만 육안 속안 열리지 않은 부분을 열자고 생각을 치고 자꾸만 올라왔다. 그래, 그래요. 밝힌 세계들을 영청으로 듣고 받아 적는데 자꾸만 이야기했다.

영청으로 받아 적고 밝히기 시작했다

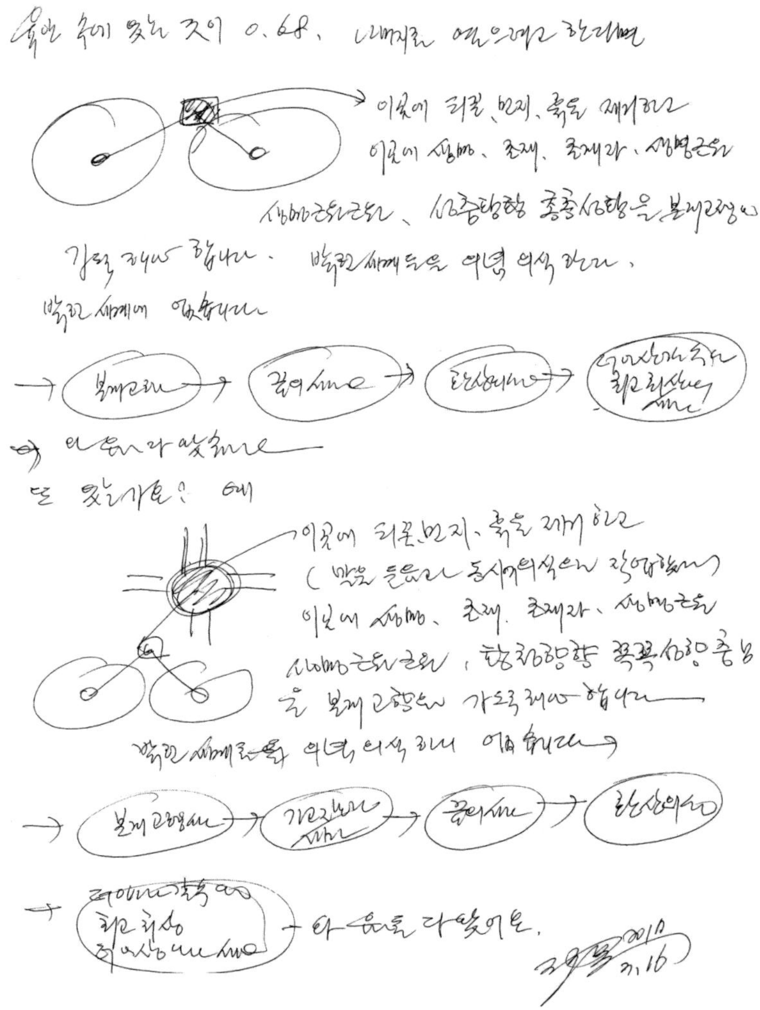

육안 속에 있는 것이 0.68 나머지를 열으려고 한다면 이곳에 티끌, 먼지, 흙을 제거하고 이곳에 생명, 존재, 존재자, 생명근원, 생명근원, 성충황황 총총성황을 본래고향으로 가도록 해야 합니다. 밝힌 세계들을 의념 의식한다.

밝힌 세계에 없습니다.

그래서 이들의 → 본래고향세계 →꿈의 세계→ 환상의 세계→ 더 이상 없는 최고최상 더 이상 없는 세계 등을 밝혀 들어냈다.

와~우리 다 왔습니다. →

또 있는가요? 예

이곳에 티끌, 먼지, 흙을 제거하고(말을 들음과 동시에 의식으로 작업했다) 이곳에 생명, 존재, 존재자, 생명근원, 생명근원근원, 황청향향 쪽쪽성향충님들을 본래고향으로 가도록 해야 합니다.

밝힌 세계들을 의념 의식하려고 하니. 없습니다.

그래서 → 본래고향산천 → 가고 싶었던 세계 → 꿈의 세계 → 환상의 세계 → 더 이상 없는 최고최상 더 이상 없는 세계, 등을 밝혀 들어냈다. 와~ 우리들 다 왔어요.

또 있나요? 예

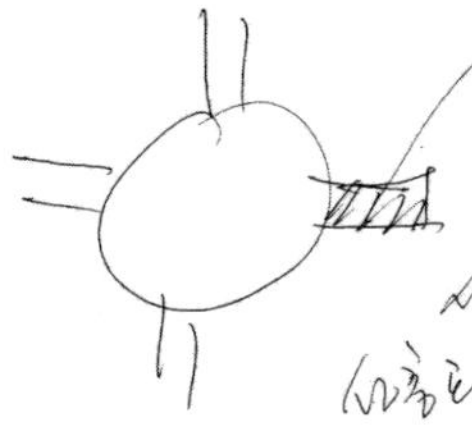

이곳에 죽고 먼저, 뒤로를 제거해서 합니다
(이것이 끝나고 바로 연결합니다)

그리고 이곳에 생명, 존재, 존재자,
생명 생명근원 생명근원으로.
신축타방죄업 항목 빛빛초 항망세들의 본래의 고향으로
되돌아가도록 하셔야 합니다→

→ 본래의 자리 → 기억해내기 → 끝의 생명 → 완성의 생명

→ 깨어나고 한 화신 깨어나 생명 → 예~ 됐는 다 맞습니다→
떼가 좋습니다→

또 있는가요? 예

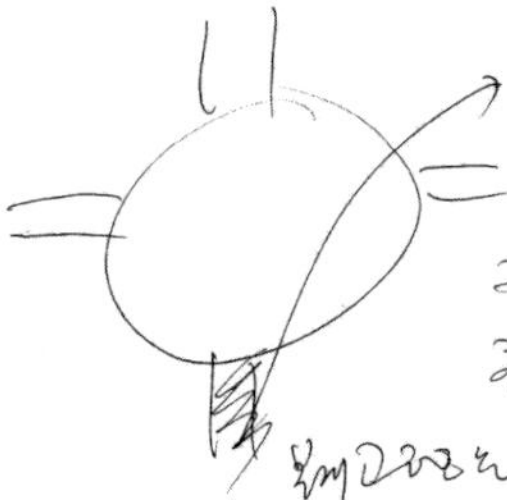

이곳에 뒤로 먼저 죽을 제거해서 합니다
(어떻게 이것의 때가 좋습니다)
그리고 이곳에 생명, 생명근원 생명근원으로도
존재, 존재자, 타방죄업 빛빛종합 생명 최종합들을
본래고향으로 돌아가게 하셔야 합니다→

→ 본래의 자리 → 기억 생명 → 끝의 생명 → 완성 생명

→ 깨어나자마자 하고 화신 깨어나 생명 → 예~ 됐습니다 다 맞습니다→

2014. 3. 16

또 있나요? 예

이곳에 흙과 먼지, 티끌을 제거해야 합니다.(말이 끝나자마자 의식했다)

그리고 이곳에 생명, 존재, 존재자, 생명, 생명근원, 생명근원근원, 성충화황 청청 향향 꽃꽃청황님들이 본래 고향으로 되돌아가 돌고 하셔야 합니다.

그래서 → 본래고향산천 → 가고 싶었던 세계 → 꿈의 세계 → 환상의 세계 → 더 이상 없는 최고 최상 더 이상 없는 세계, 등을 밝혀 들어냈다. 와~ 우리들 다 왔습니다. →

또 있나요? 예

이곳에 흙과 먼지, 티끌을 제거해야 합니다.(의념 의식하니 머리가 흔들린다.)

그리고 이곳에 생명, 존재, 존재자, 생명, 생명근원, 생명근원근원, 화황청청 꽃꽃종향성황 청황님들이 본래 고향으로 되돌아가 돌고 하셔야 합니다.

그래서 → 본래고향산천 → 가고 싶었던 세계 → 꿈의 세계 → 환상의 세계 → 더 이상 없는 최고 최상 더 이상 없는 세계, 등을 밝혀 들어냈다. 와~ 우리들 다 왔습니다. →

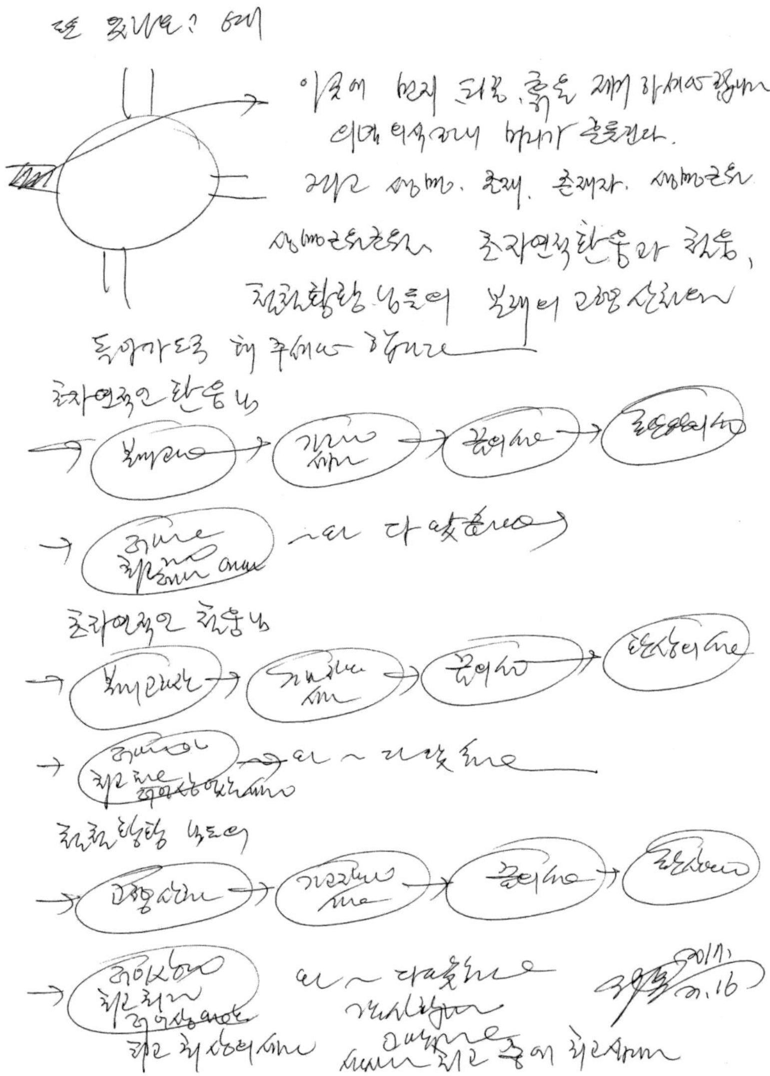
또 보이나요? 예
초자연적인 흡음들
최최황황 넋들의

또 있나요? 예

이곳에 먼지, 티끌, 흙을 제거 하셔야 합니다.

의념 의식하니 머리가 흔들린다.

그리고 생명, 존재, 존재자, 생명근원, 생명근원근원과, 초자연적 환웅과, 철웅, 철철황황님들의 본래의 고향산천으로 돌아가도록 해 주셔야 합니다. →

초자연적 환웅님

→ 본래의 고향 → 가고 싶었던 세계 → 꿈의 세계 → 환상의 세계 → 더 이상 없는 최고 최상 더 이상 없는 세계를 밝혀 들어냈다. 와~ 다 왔습니다.→

초자연적 철웅님

→ 본래의 고향 → 가고 싶었던 세계 → 꿈의 세계 → 환상의 세계 → 더 이상 없는 최고 최상 더 이상 없는 세계를 밝혀 들어냈다. 와~ 다 왔습니다.→

철철황황님들의

→ 본래의 고향 → 가고 싶었던 세계 → 꿈의 세계 → 환상의 세계 → 더 이상 없는 최고 최상 더 이상 없는 세계를 밝혀 들어냈다. 와~ 다 왔습니다. 감사합니다. 고맙습니다.

선사님은 우리들의 최고 중에 최고십니다

도 있는가요? 예

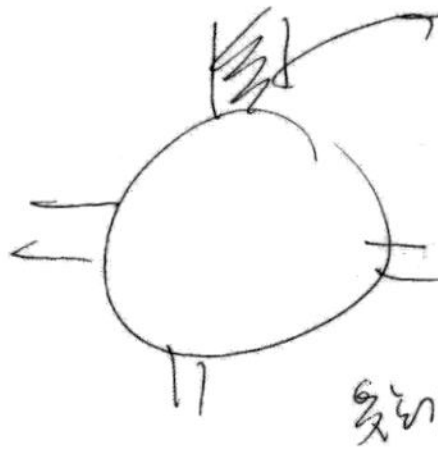

→ 이곳에 보지 뇌골, 혹을 제거해 주세요

의념 의세계로 머리가 흘렀네요

그리고 이곳에 혼재. 혼재라 생매, 생매혼을

생매혼과 혼도 구해에 주시옵고 밝힌 세계에

있는가요? 예 밝힌 보는 세계를 의념 의식에게

보루다 가르쳐 의념 의식에 주옵소

머리가 흘렀다 →

그리고 이곳에 청탕 청정청탕청 탕청청탕 넣은를 구해에

주시지요 →

→ (뇌세포 산소) → (숨이 쉬어) → (희소식있나) →

→ (회의(?)호흡 / 최고 최상 더 이상 없는) 본좌에서 ~ 더 다양하여요

감사합니다 드립니다 → 더 이상 없습니다 →

눈 안쪽이 보루다 열렸어요 →

이와 같이 밝혀 주셨으며 눈 안쪽이 보루다. P.P.PY.

열렸고 더 열고 싶으시면 이제 제 5의 눈을

여시세요

제 5의 눈도 있나요? 예 있습니다 →

[illegible] 2017. 3. 16

19시 50분

또 있는가요? 예.

이곳에 먼지, 티끌, 흙을 제거해 주세요.

의념 의식하니 머리가 흔들린다.

그리고 이곳에 존재, 존재자, 생명, 생명근원, 생명근원근원들을 구하여 주시옵고,

밝힌 세계에 있는가요? 예

밝힌 세계들을 의념의식하며 모두 다 가도록 의념의식 해 주었다.

머리가 흔들린다.

그리고 이곳에 청황 청청황청 황청황님들을 구하여 주십시오.

그래서 → 본래의 고향 → 꿈의 세계 → 환상의 세계 → 더 이상 없는 최고 최상 더 이상 없는 끝종 세계를 밝혀 들어냈다.

와~ 다 왔습니다. 감사합니다. 고맙습니다. 더 이상 없습니다.

눈 안쪽이 모두 다 열렸습니다.

이와 같이 발려 주심으로 눈 안쪽이 모두 다 99.9% 열렸습니다.

더 열고 싶으시면 이제 제5의 눈을 여십시오.

제5의 눈이 있나요? 예 있습니다.

2017. 03. 16. 19:50

제 5의 눈

제5의 눈의 더 세게 보라고 보니 머리속에

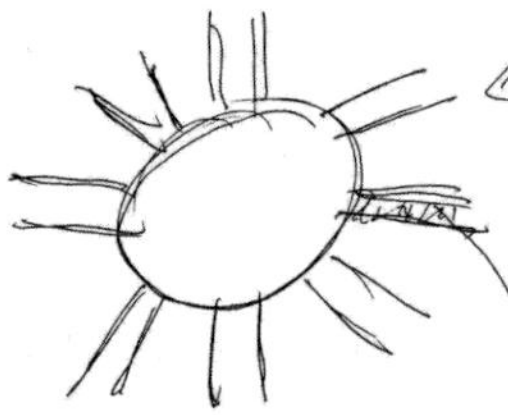

이와 같이 더 세게 보인다 →

빛나가요. 예, 빛 쏘아 보내셔야 합니다

이곳에 괴물 먼저 혹을 제거해 주시고요

의념의 속의 것 제거하고

이곳에 생명, 존재, 존재자, 생명체들은

그 존재자 및 생충생탕탕 충탕충탕 쪽이

본래 고향으로 돌아가게 하셔야 합니다 →

→ 본래 고향 → 가는 자리 → 돌아서 → 오른 생명들

→ 더 이상 최고 최상 더 이상 갈 수 없는 궁극의 세계 → 또 저희를 다 맡습니다 →

→ 제거하고 보내고 보니 본이 있다. 본을 열어야 하는가요? 예

열고 들어가니 자욱한 안개 속 같다. 안개 걷히게 하니

보이는 이것은 무엇인가? 그곳은 본래 고향으로 가시도록 하셔야 합니다

누구시지요?. 저희들은 (생충탕탕 청탕 청청탕탕 청탕 보내주세요 →

→ 보냅니다 → 가십니다 → 돌아갑니다 → 돌아섭니다

→ 최고의 자리 더 이상 걸 수 없는 아~ 다 왔습니다 2017. 7.16

제 5의 눈

제5의 눈을 의식해본다고 보니 머리 속에 이와 같이 의식되어 보인다.

맞는가요? 예. 맞습니다만 여셔야 합니다.

이곳에 티끌, 먼지, 흙을 제거해 주시고요.

의념 의식해 제거하고 이곳에 생명, 존재, 존재자, 생명근원과 그 존재자 및 성충성황황 충황청황 쪽이 본래고향으로 돌아가게 하셔야 합니다.

그래서 → 본래의 고향 세계 → 가고 싶었던 세계 → 꿈의 세계 → 환상의 세계 → 더 이상 없는 최고 최상 더 이상 갈 수 없던 끝층난 세계를 밝혀 들어냈다.

와~ 저희들 다 왔습니다.→

제거하고 보내고 보니 문이 있다. 문을 열어야 하는가요? 예

밀어 열고 들어가니 자욱한 안개 속 같다.

안개 걷히게 하니, 보이는 이것은 무엇인가? 본래고향으로 가시도록 하셔야 합니다.

누구시지요? 저희들은 성충황황 청황 청청황황 청황님들입니다.

그래서 → 본래고향산천 → 가고 싶었던 세계 → 꿈의 세계 → 환상의 세계 → 더 이상 없는 최고 최상 더 이상 없는 끝종세계를 밝혀 들어냈다.

와~ 다 왔습니다.→

또 있나요? 예

이곳에 티끌, 먼지, 흙을 제거해 주십시오
이렇게 의식해 제거하니 또 문이 보인다
문은 나중에 여시고요. 층·통로에 있는 존재, 존재자
생명, 생명존재, 생명존재존재를 구해 주십시오
밝힌 세계들을 이렇게 의식하며 가득 했다.

밝히지 않은 위 세계에 있습니다→

→이들이 모두 갈 수 있는 세계 → 하시면 안됩니다→

위들이 (근원세계) → (끝의 세계) → (완성세계) →

→ (더 이상 없는 최고 최고 끝 좋은 세계) 더 이상 없는 세계 → 네~ 다 왔습니다
이제 문 여셔도 됩니다→

문을 밀고 들어서니 무엇인가? 밝다, 어둡다
어둡고 강하다. 무엇이지요? 무엇이 아니라 생명입니다
어떤 생명입니까? 어떤 생명이라 불리며 재각한 1억 명이
있습니다. 그럼 그냥 생명으로 알아야 하나요? 아닙니다.
그럼 어떻게 알아야 하지요. 생명의 중심 생명 핵입니다.
어떻게 해야 하지요. 본래 근원으로 보내주십시오→

→ (본래 근원) 네~ 감사합니다 고맙습니다→
더 할게 있나요? 없습니다

다음을 여시면 됩니다.

이곳에 흙, 먼지, 티끌을 제거해 주십시오
이렇게 의식해 제거한다

2019
3. 16

또 있나요? 예

이곳에 티끌, 먼지, 흙을 제거해 주십시오.

의념 의식해 제거하니 또 문이 보인다. 문은 나중에 여시고요.

통 끝에 있는 존재, 존재자, 생명, 생명근원, 생명근원근원들을 구해 주십시오.

밝힌 세계들을 의념의식하며 가도록 했다.

밝히지 않는 위 세계에도 있습니다.

→ 이들이 모두 갈 수 있는 세계를 의식 의념하며 밝히려 하니

그렇게 하시면 안 됩니다.

→ 이들의 본래고향 세계 → 꿈의 세계 → 환상의 세계 → 더 이상 없는 최고 최상 끝종난 세계 더 이상 없는 세계를 밝혀 들어냈다.

와~ 다 왔습니다. 이제 문 여셔도 됩니다.

문을 밀고 들어서니 무엇인가? 많다. 어둡다. 어둠이 검붉다. 무엇이지요? 무엇이 아니라 생명입니다. 어떤 생명입니까?

어떤 생명이냐 물으면 대답할 방법이 없습니다.

그럼 그냥 생명으로 알아야 하나요? 아닙니다.

그럼 어떻게 알아야 하지요?

생명의 중심 생명 핵입니다.

어떻게 해야 하지요. 본래고향으로 보내 주십시오.

그래서 → 본래고향를 밝혀 들어냈다.

와~ 감사합니다. 고맙습니다.

더 할게 있나요? 없습니다.

다음을 여시면 됩니다.

이곳에 흙, 먼지, 티끌을 제거해 주십시오.

의념 의식해 제거한다.

그곳 홍로에 생명, 생명근원, 존재자, 생홍타탕 청청탕청
쪽쪽생탕 홍탕님을 본래고향까지 가져다 주십시요.

(본래고향산천) → 고맙습니다 감사합니다
←─ 일을 다 했습니다 ─→

이 봉을 열지 마시고 나중에 마지막에 열어주십시요.
이유가 있는가요? 예. 나중 여시면 알게 될 것입니다.

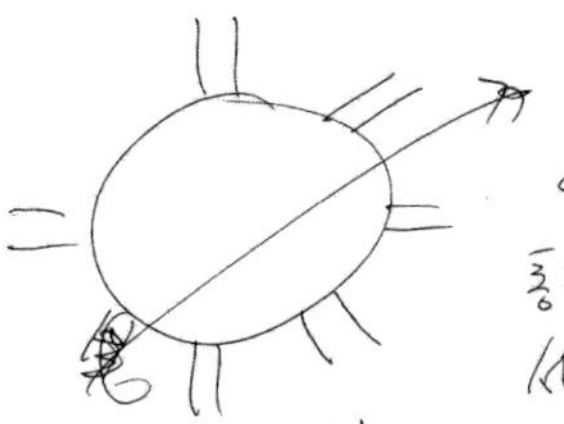

→ 이곳에 기운, 머리, 출자, 끝까지 해체해 주십시요
위로 뒤섞하여 해체하니 머리 움찔한다.
홍로에 있는 생명, 생명존재,
생탕 생탕 홍탕탕 청청탕탕님을 구하여 주십시요
본래 고향까지나요? 예.

(본래고향산천) 예, 감사합니다. 고맙습니다 →
홍로안쪽에 봉을 열고 살펴 보십시요.

열은 봉은 들어가니
빛이면서도 빛을 내지 못하고 있는 저 것은 뭐지요?
뭐냐고 묻지 마세요. 어마어마한 분입니다.
탕탕 청청타탕 청탕 청탕 님이십니다. 구하여 주십시요
본래 고향 산천까지? 예.

(고향산천) → 에 드리어 왔다 그리고 그곳은 고향산천
이제야 왔구나. 고맙습니다 감사합니다

선생님 감사하다고 봉 주십니다. 받아도 되는가요?
예. 이 봉은 청탕 청청탕봉 청봉입니다
이 봉으로 나에게 홍로를 두르며 보우라 본래의 고향산천에
2017.3.16

그곳 통로에 생명, 생명근원, 존재자, 성충화황 청청향청 쪽쪽성황 충황님을 본래고향으로만 가게 해 주십시오.

그래서 → 본래고향 세계를 밝혀 들어냈다.

→ 고맙습니다. 감사합니다. 우리들 다 왔습니다. →

통로 안쪽에 문이 보여서 열려고 하니

이문은 열지 마시고 나중에 마지막에 열어 주십시오.

이유가 있는가요? 예 나중 여시면 알게 될 겁니다.

이곳에 티끌, 먼지, 흙과 물까지 제거 해 주십시오.

의념 의식하여 제거하니 머리가 움찔한다.

통로에 있는 생명, 생명존재, 성황성황 충황황 청청황황님을 구하여 주십시오.

본래고향까지만 요? 예

그래서 → 본래고향산천을 밝혀 들어냈다.

밝혀 들어내니 → 예 감사합니다. 고맙습니다.

통로 안쪽에 문을 열고 살펴보십시오.

밀고 열고 들어가니

빛이면서도 빛을 내지 못하고 있는 저것은 뭐지요?

뭐냐고 묻지 마세요. 어마어마하신 분입니다.

황황 청청화황 청황청황님이십니다. 구하여 주십시오.

본래고향산천까지 요? 예

그래서 → 본래고향산천을 밝혀 들어냈다.

→ 와 드리어 왔다. 그립고 그리웠던 고향산천 이제야 왔구나.

고맙습니다. 감사합니다. 선사님 감사하다고 봉 주십니다. 받아도 되는가요?

예. 이봉은 청황 청청황봉 청봉입니다.

이 봉으로 나머지 통로를 두드리면 모두 다 본래의 고향산천으로 갑니다.

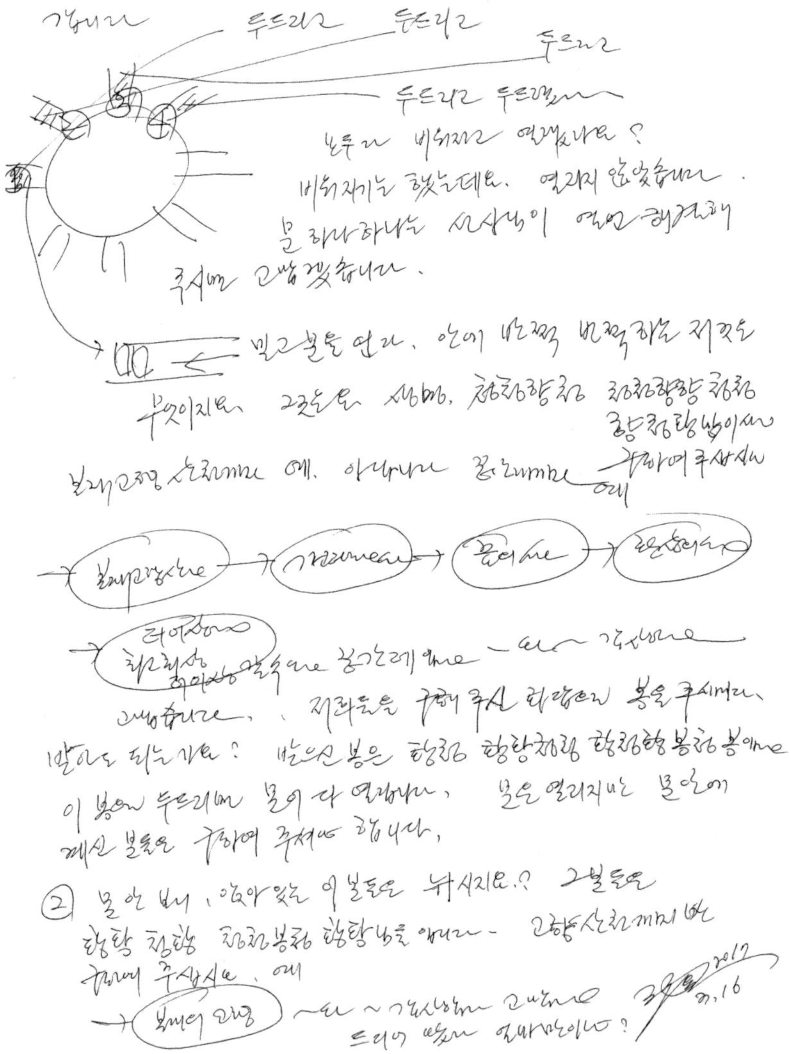

두드리고 두드리고 두드리고 두드리고 두드린다.

모두 다 비워지고 열렸나요?

비워지기는 했는데요. 열리지 않았습니다.

문 하나하나는 선사님이 열고 해결해 주시면 고맙겠습니다.

그래서 ①,②,③,④ 번호를 매기고

① 밀고 물을 연다. 안에 번쩍 번쩍하는 저것은 무엇이지요?

그것은 요. 생명, 청청향청 청청향향 청청 향청황님입니다.

구하여 주시지요.

본래고향산천까지? 예 아닙니다. 끝간데까지요? 예

그래서 → 본래의 고향 산천 → 가고 싶었던 세계 → 꿈의 세계 → 환상의 세계 → 더 이상 없는 최고 최상 더 이상 갈 수 없는 끝간데입니다. 세계까지 밝혀 들어내니.

와~ 감사합니다. 고맙습니다.

저희들을 구해 주신 화답으로 봉을 주십니다. 받아도 되는가요?

받으신 봉은 황청 황황청청 황청황봉청봉입니다.

이 봉으로 두드리면 문이 다 열립니다.

문은 열리지만 문안에 계신 분들을 구하여 주셔야 합니다.

② 문 안을 보니, 앉아 있는 이분들은 뉘시지요?

그분들은 황황 청황 청청봉청 황황님들입니다.

고향산천까지만 구하여 주십시오. 예

→ 본래의 고향 산천을 밝혀 들어냈다. ~

와 감사합니다. 고맙습니다. 드디어 왔다. 얼마만이냐

그마음의 표시로 뭘 드리면 되겠죠? 아닙니다. 아니주셔도 됩니다.
(주셔도 받으시면 안 됩니다. 그래도 이거라도 가져가지요. 아닙니다.
기록하구요. 그럼 영원하거라. 감사합니다. 고맙습니다.
받으셔야 합니다. 영원한 것이 무엇인지도 모르고 감사하고 고맙고
저절로 나왔는데 누가 대답한 겁니까? 접니다. 누구시지요. 선사님께
열한 살 안에 선사님 입니다. 이로써 선사님과는 영원히 하나이며

③  당기고 들어가니 반짝반짝 무엇이지요? 누구시지요?
황봉 향랑봉청 화랑 청향 청봉청랑 이십니다. 이 분을 열게고행
선생께서 관하여 주십시오

→ (빛내고 있어) 아~ 어떻게 아나 놀라 하지요.
빛나지 않네요. 고맙습니다. 감사합니다.

④ 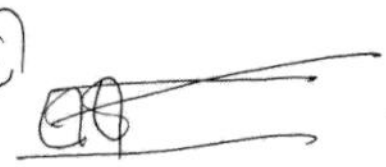 밀고 들어서니 폭죽이 터지는 듯 반짝반짝 팡팡
합니다. 누구시지요. 축하의 폭죽입니다.
이로써 선사님께서 제 5의 눈 통로를 모두 여셨습니다.
작동만 시키시면 됩니다.
문을 열지 마시고 하는 통로 문을 열고 들어가면 있는지 보시오? 예

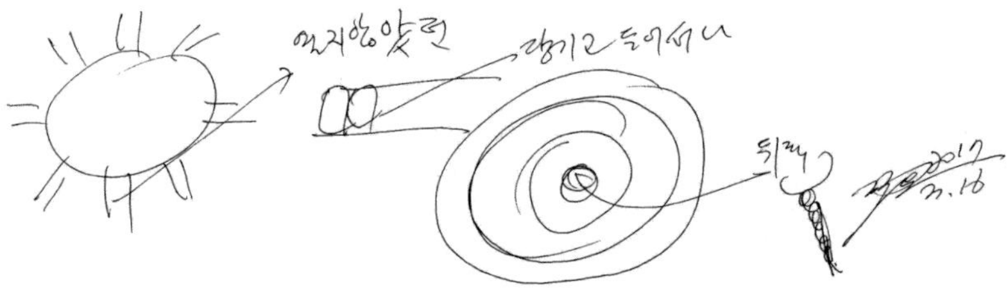

고마움의 표시로 뭘 드리면 될까요? 아닙니다.

아니 주셔도 됩니다.(주셔도 받으시면 안 됩니다.라고 들렸다.)

그래도 뭐라도 가져가지요. 아닙니다.

기특하구나. 그래 영원하거라. 감사합니다. 고맙습니다만 →

받으셔야 합니다. 영원한 것이 무엇인지도 모르고 감사하다 고맙다.

저절로 나왔으니 누가 대답한 겁니까? 접니다. 누구시지요?

선사님입니다. 일합상 안에 선사님입니다.

이로써 선사님과 우리는 영원히 하나입니다.

③ 당기고 들어가자 번쩍번쩍 무엇이지요?

누구시지요? 황봉 황황봉청 화황 청황 청봉청황이십니다.

이분은 본래고향산천까지 구하여 주십시오.

→ 본래의 고향산천을 밝혀 들어냈다. → 와~ 어떻게 아니 쉽게 오지요. 믿기지 않네요. 고맙습니다. 감사합니다.

④ 밀고 들어서니 폭죽이 터지듯 번쩍번쩍 퍽퍽한다.

누구시지요? 축하의 폭죽입니다.

이로써 선사님께서는 제 5의 눈 통로를 모두 다 여셨습니다.

작동만 시키시면 됩니다.

문을 열지 말라고 한 통로 문을 열고 들어가면 있는가 보지요? 예

열지 않았던 문을 당기고 들어서니 3개의 원 안에 자그마한 원이 있다.

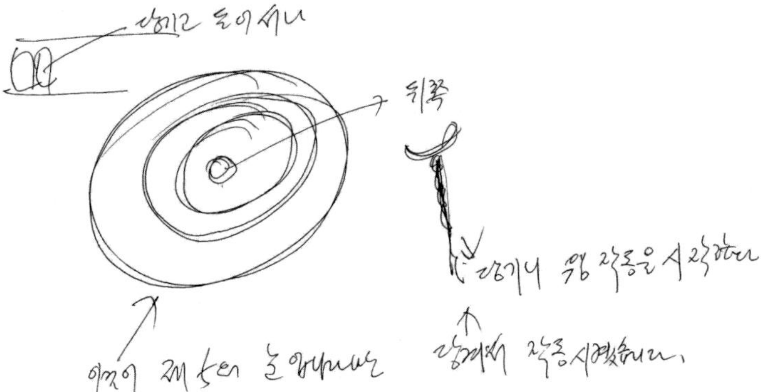

드디어 제5의 눈이 작동하기 시작했습니다.

제3의 눈으로요, 영적, 존재자, 빛의 존재자들을 볼수 있지만
제4의 눈으로요, 천당, 천지천상천, 및 뒤 세계 본모도 볼수있고요.
제5의 눈으로는요, 일체를 다 볼수 있습니다만 지금 신선께서
인간의 몸이시니. 인간의 몸 때문에 제대로 보실수 없습니다
육안 속에 있는 것을 열어서 더 조금은 볼수 있지만 한계가
있습니다. 필요하시면 보게 될 것입니다.
보려고 해서 볼수 있는 것이 아니다. 보여져야 볼수 있습니다
명심할 것은 본 것을 함부로 말하지 않아야 합니다
이해도 못하고 받아드리지 못합니다.
명심하고 명심하시기 바랍니다
또 있나요? 예. 제6의 눈이 있습니다
또 열어야 하나요 예, 열어야 합니다. 2017.3.16

당기고 들어서니 3개의 원 안에 자그마한 원이 있다.

자그마한 원 뒤쪽을 보니 둥그런 모양 아래로 조금 길게 꼬리처럼 내려와 있는 것이 있어. 이것을 당기니. 윙~ 작동을 시작한다.

이것이 제5의 눈입니다. 당겨서 작동시켰습니다.

드디어 제5의 눈이 작동하기 시작했습니다. →

제 3의 눈은요. 영적, 존재자, 빛의 존재자들을 볼 수 있다면

제 4의 눈은요. 청황, 청청황청, 및 위 세계 분들을 볼 수 있고요.

제 5의 눈으로는 요. 일체를 다 볼 수 있습니다.

지금 선사님께서 인간의 몸이시라 인간의 몸 때문에 제대로 보실 수 없습니다. 육체 속에 있는 것을 열어서 더 조금은 볼 수 있지만 한계가 있습니다.

필요하시면 보게 될 것입니다.

보려고 하여서 볼 수 있는 것이 아니라 보여져야 볼 수 있습니다.

명심할 것은 본 것을 함부로 말하지 않아야 합니다.

이해도 못하고 받아드리지 못합니다.

명심하고 명심하시기 바랍니다.

또 있나요? 예 제 6의 눈의 있습니다.

또 열어야 하나요. 예. 여셔야 합니다.

제 6의 눈

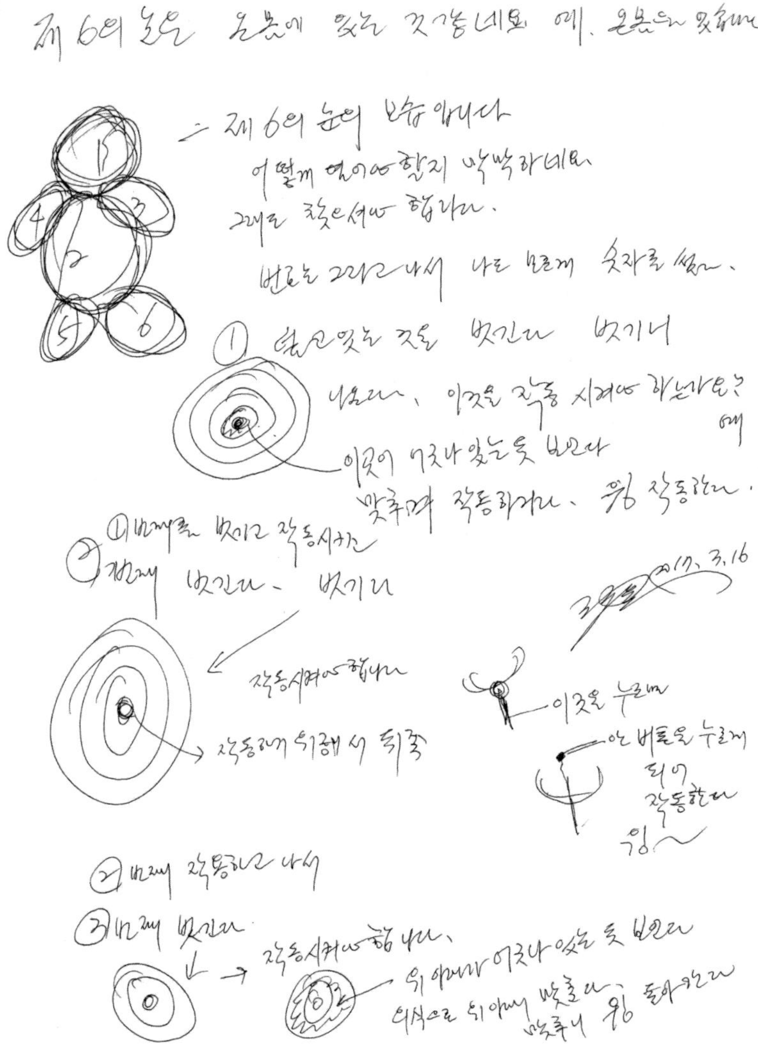

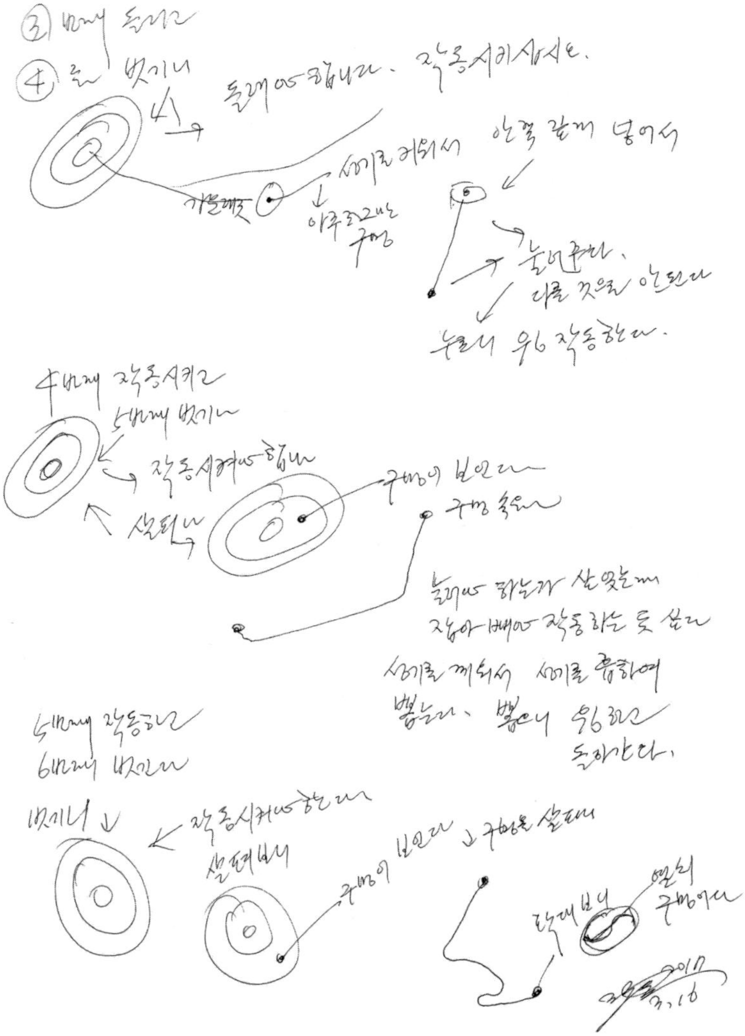
③번째 돌리고
④를 벗기니
돌려야 합니다. 작동시키시기요.
세기를 키워서
안쪽 깊게 넣어서
아주 조그만 구멍
눌러준다.
다른 것으로 안된다
누르니 우6 작동한다.
4번째 작동시키고
5번째 벗기니
작동시켜야 합니다
살피니
구멍이 보인다
구멍 속으로
눌러야 하는가 살폈는데
잡아 빼야 작동하는 듯 싶다
세기를 키워서
뽑는다. 뽑으니 우6 되고
돌아간다.
5번째 작동하고
6번째 벗긴다
벗기니
작동시켜야 한다
살펴보니
구멍이 보인다
구멍을 살피니
확대보니
열쇠
구멍이다

4에를 께어서 옆의 구멍에 넣어서 4에로 돌린다.
반쪽 돌리니 철커덩 굴러서 5링 돌아간다.
다 작동시켰~

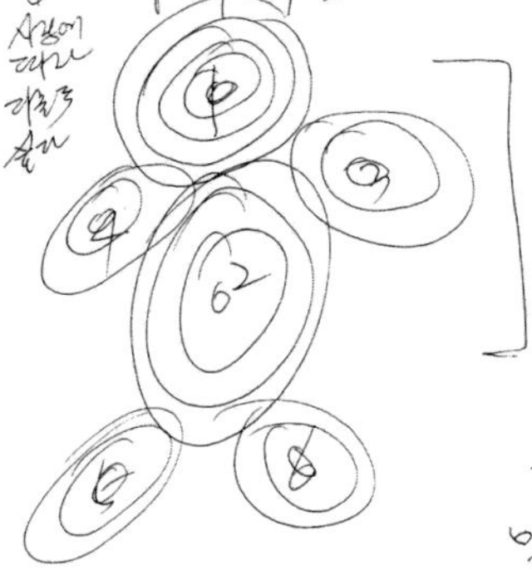

전부다 작동시키니
6개가 돌아간다. 움직인다.
6개 전부가 돌아가기는 하는데
2를 주축이되어 1, 4, 5, 6, 3이
움직이는 것 같다. 그래서 2가 움직이니
전체가 움직인다
맞는가요? 예.

전체가 제 6의 눈인가요? 아닙니다 6개로 이루어졌다고 해 6의 눈이라 한 것입니다. 이것이 작동하면요. 우주가 움직이는 것과 같이 몸이 우주되어 움직이게 됩니다. 이걸 통해서 우주를 관하며 살펴볼 수 있습니다. 처음에는 어렵겠지만 점차적으로 그리될 겁니다.

이제 제 7의 눈을 작동 시켜야 합니다 →

2012. 3. 16
22시 21분

제 6의 눈은

온몸에 있는 것 같네요. 예 온몸으로 있습니다.

제6의 눈의 모습입니다.

어떻게 열어야 할지 막막하네요.

그래도 찾으셔야 합니다.

번호는 그리고 나서 나도 모르게 숫자를 썼다.

① 덮고 있는 것을 벗긴다. 벗기니 나온다.

이것을 작동 시켜야 하는가요? 예

이곳이 어긋나 있는 듯 보인다.

의식으로 맞추며 작동하거라. 윙~ 작동한다.

①번째를 벗기고 작동시키고 2번째 벗긴다.

벗기니 작동시켜야 합니다.

작동하기 위해서 뒤쪽을 보니

이곳을 누르면 안 버튼을 누르게 되어 작동한다 윙~

②번째를 작동하고 나서 3번째를 벗긴다.

작동시켜야 합니다.

작동하기 위해서 3개의 원 안에 조그마한 버턴 같은 뒤쪽을 보니

둥그런 모습 아래로 길게 밑으로 뻗어 있는 것이 있다.

밑으로 뻗어 있는 것을 눌러서 안쪽에 있는 버튼을 누르니.

작동한다. 윙~ 하고 돌아간다.

②번째를 작동하고 나서 3번째를 벗긴다.

작동시켜야 합니다.

작동하기 위해서 3개의 원 안에 조그마한 버턴 같은 뒤쪽을 보니 둥그런 모습 아래로 길게 밑으로 뻗어 있는 것이 있다.

밑으로 뻗어 있는 것을 눌러서 안쪽에 있는 버튼을 누르니.

작동한다. 윙~ 하고 돌아간다.

②번째를 작동하고 ③번째 벗긴다. 3번째를 벗기니. 원 2개 안쪽 조그마한 것이 있는 것이 있다.

작동시켜야 한다.

원 2개 사이 위 아래가 어긋나 있는 듯 보인다.

의식으로 위 아래 맞춘다.

맞추니 윙~ 하고 돌아간다.

③번째를 돌리고 ④번째를 벗기니. 원 2개 안쪽 조그마한 것이 있는 것이 보였다.

돌려야 합니다. 작동시키십시오.

작동시키려고 보니. 가운데 것에 아주 조그만 구멍이 보인다.

조그마한 구멍에 성기를 키워서 안쪽 깊게 넣어서 눌러준다.

(다른 것으로는 안 된다.)

누르니 윙~하고 작동한다.

④번째 작동시키고 5번째 벗기니. 원 2개 안쪽 조그마한 것이 있는 것이 보였다.

작동시켜야 합니다. 살피니 2번째 원에 구멍이 조그맣게 보인다.

구멍 속으로... 눌러서 하는가 싶었는데 막상 들어가 보니 잡아 빼야 작동하는 듯싶다.

그래서 구멍 속으로 성기를 끼워서 아래쪽에 있는 것을 성기로 흡하여 뽑는다. 뽑으니 윙~하고 돌아간다.

⑤번째 작동하고 6번째를 벗긴다.

벗기니 원 2개 안쪽 조그마한 것이 있는 것이 보였다. 작동시켜야 합니다.

그래 살펴보니 1번째와 2번째 사이에 조그마한 구멍이 보인다.

구멍을 살피니 밑으로 내가고 있는 밑에 이르러 확대해 보니 열쇠 구멍이다.

조그마한 구멍에 성기를 끼워서 밑으로 해서 열쇠구멍에 넣어서 성기로 돌린다. 왼쪽으로 돌리니. 철커덩 쿵 하면서 윙~ 돌아간다.

(사람에 따라 오른쪽으로 돌려야 하는 사람도 있는 것 같다.)

다 작동시켰다.

전부 다 작동시키니 6개가 돌아간다. 움직인다.

6개 전부다 돌아가기는 하는데 2를 주축이 되어 1, 4, 5, 6, 3이 움직이는 것 같다. 그러면서 2가 움직이니 전체가 움직인다.

맞는가요? 예 전체가 제6의 눈인가요? 아닙니다.

6개로 이루어졌다고 해서 6의 눈이라고 한 것입니다.

이것이 작동하면 요. 우주가 움직이는 것과 같이 몸이 우주 되어 움직이게 됩니다. 이걸 통해서 우주를 관하여 살펴볼 수 있습니다.

처음이라 어렵겠지만 점차적으로 그리될 겁니다.

이제 제7의 눈을 작동시켜야 합니다. 2017. 03. 16. 22:21

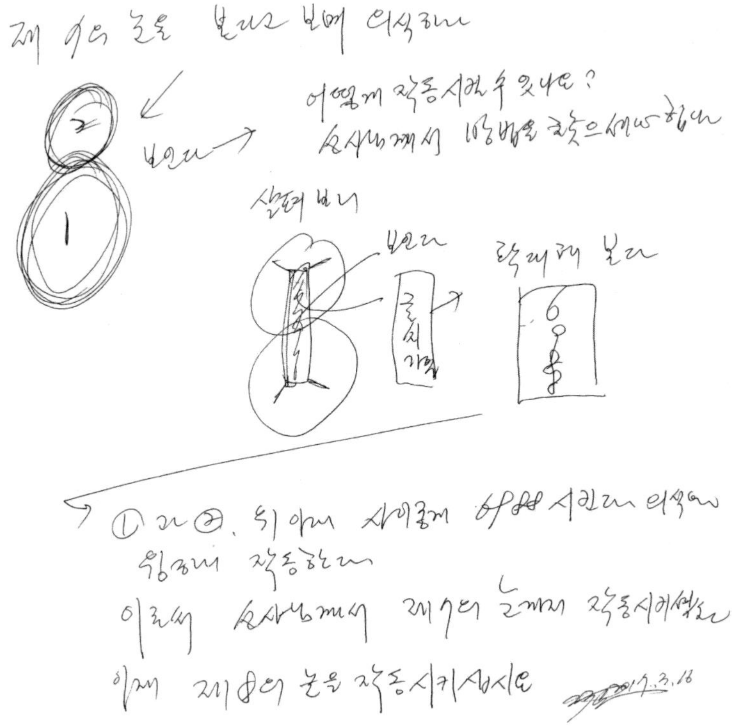

제 7의 눈을 본다고 보며 의식하니

그림과 같이 보인다.

어떻게 작동시킬 수 있나요?

선사님께서 방법을 찾으셔야 합니다.

살펴보니 위아래 연결된 것이 보인다. 무엇인지 쓰여 있는 듯싶어, 확대해 본다.

6988이라고 쓰여 있다.

그래서 ①과②, 위 아래 사이좋게 6988 시킨다고 의식하니. 윙~ 하니 작동한다.

이로써 선사님께서는 제7의 눈까지 작동시키셨습니다.

이제 제 8의 눈을 작동시키십시오.

제 8의 눈을 본다고 몸을 보니

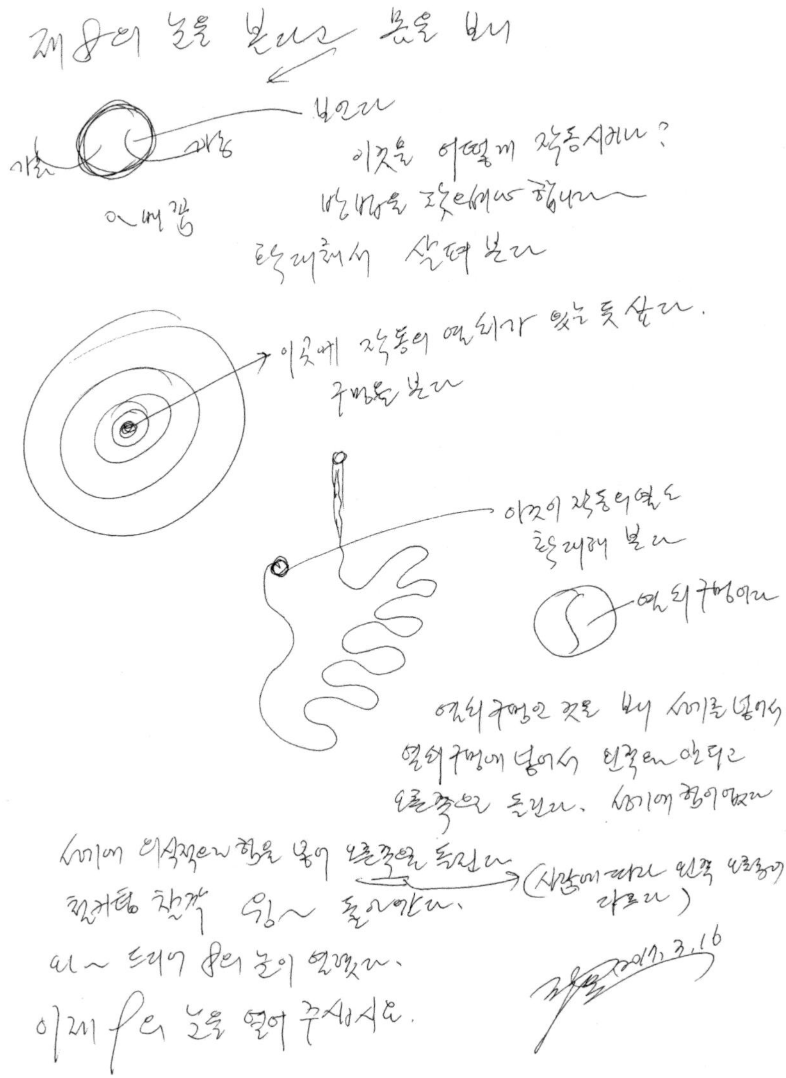

가슴과 가슴 사이에서 보인다.

이것을 어떻게 작동시키나?

방법을 찾으셔야 합니다.

확대해서 살펴본다.

4개의 원 안에 조그마한 점 같은 것이 있다.

조그마한 점 같은 곳에 작동의 열쇠가 있는 듯싶어 구멍을 본다.

구멍을 한참 따라 들어가니 끝에 점 같은 이것이 작동의 열쇠? 확대해 본다. 모양의 열쇠 구멍이다.

열쇠구멍인 것을 보니 성기를 넣어서 열쇠구멍에 넣어서 왼쪽은 안 되고 오른쪽으로 돌린다. 성기에 힘이 없다. 성기에 의식적으로 힘을 넣어 오른쪽으로 돌린다.

철커덩 찰칵 윙~ 돌아간다.

(사람에 따라 왼쪽으로 돌려야 하는 사람도 있는 것 같다.)

와~ 드디어 8의 눈이 열렸다.

이제 9의 눈을 열어 주십시오.

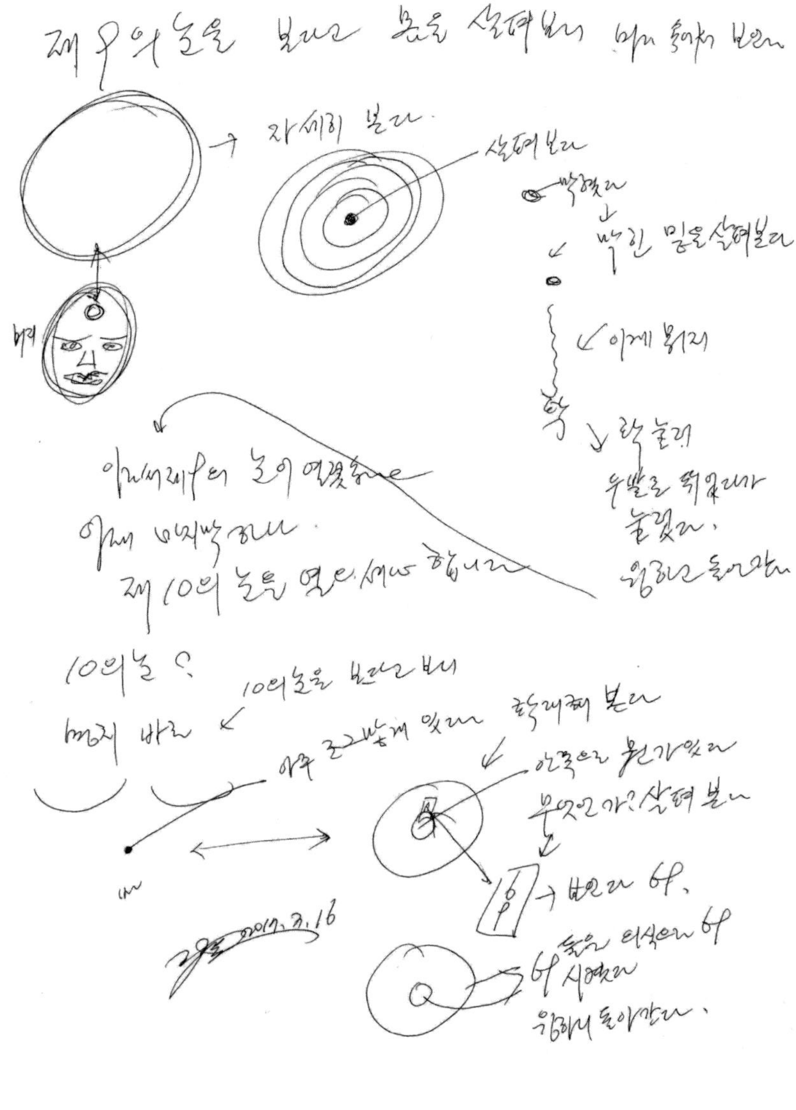
자세히 본다.
살펴 본다
박혔다
박힌 밑을 살펴본다
제10의 눈을 열으셔야 합니다
10의 눈?
10의 눈을 보라고 보니
확대해 본다
안쪽으로 뭔가 있다
무엇인가? 살펴 본다
보인다 6P.

선사님 이시여 선사님께서는 제 10의 눈까지 모두 다
작동시켰습니다. 안심 초안심 되었습니다.
모두 눈이 다 작동합니다. 앞으로 기대가 됩니다.
뭘 기대하냐 하시나요? 글쎄요 지혜로도 접한 적이 없어서
뭐라 말씀드릴 수는 없지만. 전해지는 말로는 천하 일인
자하 최고 최상의 탄생될 때 모든 눈이 작동한다고
들었습니다.
난 아무것도 모르겠다. 온 몸통이 이곳 저곳에서 작동하는 것들이
보일 뿐 아무것도 모르겠습니다.
두고 보시면 아시겠지요. 모든 눈을 모두 다 작동시켰습니다
작동시킨 것만으로도 어마어마 합니다→
선사님 오늘은 이만 쉬세요.

2017. 3. 16
22시 40분
종입니다
종

또 뭐가 있나요? 예
있습니다만 오늘은 쉬십시오
내일하십시오.

와~ 이런 일이 있다니.
놀랍기만 합니다→
세상에나→
어찌 이런→

제 9의 눈을 본다고 몸을 살펴보니 머리 속에서 동그랗게 보인다.

자세히 본다. 5개의 원 안에 점 같은 것이 보인다. 점 같은 것을 살펴본다.

막혔다. 막힌 밑을 살펴본다. 밑으로 살펴 내려가니 확이란 글자가 보였다. 그러면서 확 눌러란 생각이 떠올랐다.

그래서 맨 위 막힌 점을 두발로 위로 뛰었다가 내려오면서 눌렀다.

윙하고 돌아간다.

이로써 제 9의 눈이 열렸습니다.

이제 마지막 하나

제 10의 눈을 열으셔야 합니다.

10의 눈 ?

제 10의 눈을 본다고 보니

명치 바로 아래 아주 조그맣게 있다.

확대해 본다. 조그마한 점 안에 또 조그마한 밑이 있는 구멍 같은 것이 있고 그 구멍 안 위쪽으로 뭔가가 있다.

무엇인가 살펴본다.

보인다. 69

조그마한 점과 점 안에 조그마한 밑이 있는 구멍 같은 것과 둘을 의식으로 69시켰다. 69시키니 윙~하니 돌아간다.

선사님 이로써 선사님께서는 제10의 눈까지 모두 다 작동시켰습니다. 완성, 초완성되셨습니다.

모두 눈이 다 작동합니다. 앞으로 기대가 됩니다.

뭘 기대된다. 하시나요?

글쎄요. 저희들도 접한 적이 없어서 뭐라 말씀드릴 수는 없지만 전해지는 말로는 천하일인 지하 최고 최상이 탄생될 때 모든 눈이 작동한다고 들었습니다.

난 아무것도 모릅니다. 온 몸통이 이곳저곳에서 작동하는 것들이 보일 뿐 아무것도 모르겠습니다.

두고 보시면 아시겠지요. 모든 눈을 모두 다 작동 시켰습니다.

작동 시킨 것만으로도 어마어마합니다.

선사님 오늘은 이만 쉬십니다.

2017. 03. 16. 22:42 쫑입니다. 쫑

와~ 이런 일이 있다니 놀랍기만 합니다. →

세상에나→

어찌 이제 →

또 뭐가 있나요? 예

있습니다만 오늘은 쉬십시오. 내일 가십시오.

영청 시술 후,
생각을 듣는 것이 진정한 영청이다.

우리가 흔히 생각이라고 하는 생각은 나라고 하는 일합상 안팎의 존재자 생명 생명근원들이 전달하고자 하는 이야기이고 하고 싶은 이야기들이며 서로 간의 대화이며 진정한 자기 자신에게 전하는 대화다.
이것이 강력하게 뭉쳐져 있으니. 나라고 하는 내가 되어 내 안에서 일어난 내 생각이고 내가 하는 생각이라고 한다.
생각이, 내가, 강하게 뭉쳐 있기 때문에 뭉쳐 있는 내 안에서 일어나는 생각이라고 한다. 그러면서 자기 자신에 일어난다고 하면 모두 다 생각이라고 한다.

그러나 그 일어나는 생각들을, 뭉쳐져 있는 강한 나를 여의고 생각들을 하나하나 풀어서 관찰하고 성찰해 보면 생각은 내가 아니라 내 안에서 부딪쳐 일어나는 것이거나 스스로 일어나는 것들이 생각이라고 했지만 누군가 이야기하는 것들이다,
누군가? 라고 하면은 자기 자신의 오랜 전생의 자기 자신과 지금 자기 자신을 이루고 있는 일합상 안에 존재자. 생명, 생명근원들, 일합상 몸통 안팎을 드나드는 분들이 하는 이야기다.
내가 강하면 강한 만큼 생각들은 자기 생각이 되고 내가 된다. 내 생각이 된다. 나를 내려놓으면 내려놓은 만큼 생각들은 그냥 생각이고 그냥 생각이라고 생각되는 생각들은 자기 자신의 일합상 안팎의 각기 저마다의 말이고 이야기가 되어 들린다.
생각을 하나하나 알아차리고 보면 내 생각이었던 생각들은 내 생각이 아니라 일합상 안팎의 존재자, 생명, 생명근원, 전생 수많은 나와 인연 있는 돌아가신 분들, 위 세계 인연 있는 분들의 이야기라는 사실을 알게 된다.
이러한 사실을 알게 되면 이때부터 생각은 내 생각이 아니라 누군가 이야기하는 것이 생각이란 사실을 알게 된다. 이렇게 되면 생각이 누군가 이야기하듯 들린다. 마치 일어나는 생각이 누군가에게 이야기 듣듯이 듣게 된다. 이것이 진정한 영청이다.
강한 자아는 나라고 하는 일합상 안의 존재자, 생명, 생명근원, 수없이 많은 전생의 수없이 많은 나와 인연 있는 돌아가신 분들, 위 세계 인연 있는 분들의 이야기는 강한 자아에 뭉쳐져서는 내가 된다. 내 생각이 된다.
이와 같이 내 생각이라고 했던 내 생각은 강한 자아가 없어지면서 강하게 끌어 뭉쳐져 나라고 했던 뭉쳐져 나라고 했던 생각은 느슨해진다. 느슨해진 생각은 각기 저마다가 이야기하는 것들을 알아차리게 된다.
생각을 알아차리고 알아차리게 되면 처음에는 나 이외에 누군가가 말한다고 생각하게 되고 생각이 누군가 말하는 이야기라고 받아들이고 받아들이면서 생각은 단순히 일어난 생각이 아니라 말하는 것이 생각으로 일어난 것이란 사실을 알게 된다. 이와 같이 알게

되어 생각을 들으면 생각은 생각이 아니라 누군가 이야기하는 것으로 들린다. 이것이 영청이다.
최고 최상의 영청은 대면해서 직접 듣는 것이고 그 다음 진정한 영청은 생각으로 일어나는 것을 듣는 것이고 그 다음 영청은 매개체(영적존재)를 통해 듣는 것이다. 이외의 영청은 없다.
매개체를 통해 듣는 영청은 18단계를 넘어서 듣지 못하고 뿐만 아니라 생명 및 우리들이 흔히 무생물이라고 하는 이들의 말을 듣지 못한다.
생각으로 듣는 경우에는 어느 세계 어느 누구든 들을 수 있고 생명 및 무생물의 이야기도 들을 수 있다. 지구 살아 있는 사람들 중에 영청을 듣는 이들은 100이면 100 매개체를 통항 영청이라고 봐도 틀리지 않을 거다. 생각으로 통행 들었을 때 진정한 영청을 듣게 된다고 할 수 있다. 이 경우 그 만큼 공부가 되어야 하고 그 만큼 자기 자신을 놓아야 하고 그 만큼 자아의식이 강하지 않아야 한다. 그런 만큼 몇 되지 않는다. 본인에게 공부하는 사람 외에 지구 상에는 없다.
추가할 게 있는가? 예 있습니다. 저희들도 알려주세요, 누구시지요? 나라고 하는 나도 수없이 많은 존재자들이 나라는 사실입니다. 그래서 위 세계로 올라갈 때마다 나의 본래 고향 산천이라고 하되 이때의 나는 진정한 내가 아니라 나를 이루고 있는 수없이 많은 나 중에 하나의 나에 불과하다는 사실입니다. 진정한 나는 아니고 진정한 나를 찾아 위 세계로 가야한다고 할 것입니다. 이는 맨 처음의 태초 최초 더 이상 최고 최초 태초 없는 나를 만나기 전까지는 수 없이 많은 내가 있다 할 것이며 이 나는 위로 올라갈수록 나는 드러나고 나라고 했던 나는 본래 고향으로 되돌리며 위 세계로 위 세계로 올라가면서 나의 본래 고향 산천으로 되돌리고 되돌리며 진정한 나를 찾아 가야 한다 하겠다.
2017. 04. 26 09:30

생각이 일어나면 누가 나에게 이야기하는지 관찰해 보라

생각이 일어나면 구군가 나에게 이야기 하는구나 생각하며 일어난 생각을 누가 일으켰는지 살펴보며 알아차린다. 알아차릴 수 없을 때 누구냐? 묻는다. 지난 기억, 지난 일들을 떠올리지 않는다. 즉 전에 일들을 떠올리지 않는다. 이것도 나중에는 누군가 떠 올리게 하는 것이지만 지금은 지난 것들을 떠올리는 것을 하지 않는다.

가만히 있는데 생각이 일어날 때 내가 일으킨 생각이라고 하지 말고 누군가 생각을 일으켜 나에게 이야기를 하는 구나. 누군가 자기 자신에게 이야기하는 것이라 믿고 일어나는 생각만 가지고 누가 생각을 일으키는지 알아차려 본다.
일어난 생각을 누가 일으키는지 알아차릴 수 없을 때 생각을 일으키는 분? 누구세요? 라고 묻는다. 누군가 떠오르면 그 분이 생각을 일으켜 이야기를 한 것이고 생각으로 누구라고 단어가 떠오르면 그 분이 이야기를 한 것이다.
누군가 떠오르지 않거나 지칭되는 단어가 생각으로 일어나거나 떠오르지 않을 경우 3번 정도 누구세요? 라고 더 묻고, 그럼에도 아무 생각이 일어나지 않거나 단어가 떠오르지 않을 경우 더 이상 생각에 생각의 꼬리를 물지 않고 일어난 생각을 접는다. 그냥 둔다.
위와 같이 신의 자리 즉 생각이 일어나는 자리에서 일어나는 생각을 계속에서 누가 하는지 알아차리려 하고 그럼에도 누군가 떠오르지 않거나 생각이 일어나지 않을 경우 누구세요? 라고 묻는 연습을 지속적으로 한다. 2017. 04. 27　05:22

자! 이번에는 질문을 해보자.

평소에 궁금했던 것이나 알고 싶었던 것들을 질문해 본다. 질문할 때는 무작위로 하는 것이 아니라 이미 돌아가셨지만 알고 있는 분에게 질문을 한다. 질문하기 전에 중요한 것이 있는데 질문하고자 하는 분, 즉 대상을 생각하면서 부르거나 의념 의식하고 나서 질문을 해야 한다.

이는 질문을 대상이 없으면 대답이 없을 수 있고, 또 대상이 있어야 대하가 가능하기 때문이다. 질문하고자 하는 대상을 전부다 의념 의식해서 질문을 해야 한다.

처음 질문부터 대답이 길게 이어지는 질문을 하지 말고 단답식으로 짧게 대답하거나 단순하게 대답할 수 있는 질문들을 한다. 대답이 그래, 아니다. 예, 아니오, 그렇다. 좋다. 나쁘다. 편안하다. 행복하다. ...등등의 짤막하게 대답할 수 있는 것부터 질문을 한다. 대답은 마치 생각이 일어나는 것과 같이 생각으로 대답이 일어난다. 질문했을 때 대답은 생각으로 일어난다. 즉 일어나는 생각이 대답이다. 쉽게 알아차릴 수 있고 쉽게 대답하는 이야기 즉 생각으로 말하는 것을 알 때, 알아차려질 때, 짧은 대답을 쉽게 알아들을 수 있을 때 이제 조금 더 길게 대답을 요하는 질문을 한다.

질문할 때는 언제나 질문하고자 하는 분, 즉 대상을 의념 의식해야 한다는 사실을 잊어서는 절대로 안 된다. 질문에 긴 대답도 쉽게 알아들 수 있을 때까지 질문을 하며 대답을 알아차려 본다. 질문으로 통해 이야기하는 생각을 알아차려 본다.

이때 중요한 것은 질문했을 때 흔히 우리들이 이야기를 주고받는 것과 같이 들리는 것이 아니라 생각으로 대답이 일어난다. 즉 들린다는 사실이다. 때로는 이야기를 듣는 것과 들리기도 하지만 이 경우는 거의 없고 일반적으로 생각이 일어나듯 생각이 일어나듯 대답을 생각으로 전달된다.

자아가 내려진 만큼 업이 놓아진 만큼 생각으로 이야기하는 것을 쉽게 알아듣게 된다. 그래서 자아가 강하면 강한 만큼 업이 많으면 많은 만큼 생각으로 일어나는 대답, 이야기들을 알아듣지 못하게 된다. 알아들었다가도 내가 강하게 작용하게 되면 알아듣지 못하게 되는 경우가 되는 것이다.
업이 다 놓아지고 내가 없으면 없는 만큼 생각은 생각이 아니라 내 안의 수없이 많은 일합상안에 존재자 생명 생명근원....안팎의 인연 자들의 이야기이고 대답이고 질문이고 전달하는 이야기인지 알게 된다. 아니고서는 알아차리기 쉽지 않다. 어렵다. 내가 없고 바보 호구가 된 만큼 알아듣게 된다.
일어나는 거의 모든 생각들이 이야기이고 대답이고 전하고자 하는 이야기 하고 싶은 이야기들이니. 내가 하는 생각은 거의 없다. 생각조차도 내가 하는 것이 없다는 것을 알게 된다.
이거 보다 더 쉽게 설명할 수 있는가요? 없습니다만, 또 있는가요? 에 그것은 요. 업이 많고 자아가 강해서는 절대로 알아차릴 수 없고 알아들을 수 없다는 사실입니다. 내가 있어서는 절대로 들을 수 없는 것입니다. 또 있는가요? 아닙니다요.
위 문장에서는 보는 것과 같이 질문에 대답에 ....뭐뭐 합니다만.... 그렇습니다만... 대답에 끝이 만이 붙는 경우, ~~입니다요. 라고 할 때 뭔가가 또 있다는 말이라는 사실이다.
지금의 질문과 대답은 같은 차원에서 이루어지는 것이다. 또는 더 높은 차원에서 아래 차원에서는 쉽게 질의응답이 오갈 수 있지만 차원이 조금은 괜찮지만 너무 차이가 나면 소통이 안 된다는 사실도 알아야 할 것이다. 또한 질문에 대답할 가치가 없는 경우에도 대답을 하지 않는다.
이야기를 했다가도 즉 생각을 일으켰다가 누구냐? 물으면 대답하기 곤란하거나 알면 불편한 경우에는 사라지기도 한다. 사라졌다기보다는 얌전해지거나 나라고 하는 일합상 안에서 빠져나기도 한다. 아니라면 대답을 하고 질문하면 또 대답을 한다.
때로는 보지 못하니 자기 자신의 존재를 알기 위해서 귀를 아프게 하거나 귀를 후비게 하거나 간지럽기도 하고 찌르는 듯하기도 하며 이야기를 시도하기도 한다.
귀뿐만이 아니라 어딘가를 아프게 하는 경우 역시도 그냥 증상이 일어난 것이 아니라 그 부분에 대해서 관련돼서 이야기하려고 알려주려고 아프게 하거나 다치게 하는 경우들이 허다한 만큼 위 경우들이 생겼을 때 왜 그러냐고 물어서 대답을 얻어내어 알아차리는 것도 매우 중요하다. 위와 같이 질문을 통해, 또는 일어나는 생각을 통해 알아차리면서 소통을 하는 것이다.
영적존재자, 존재자, 생명, 생명근원.....들과 소통하며 이야기 주고받는 것이다.
이것이 소통이고 자청이고 명청이고 영청이고 수행하여 올라온 만큼 수행된 만큼의 차원 내에 있는 모든 이들과 소통할 수 있고 대화할 수 있는 것이다.
알고자 하는 대상의 마음 생각을 물었을 때 대상이 너무 거대한 경우에는 질문자의 힘이 미약하거나 들어줄 수 없다고 생각될 때는 질문을 무시하기도 한다. 즉 아무 대답도 하지 않기도 한다. 쉽게 말해서 들어줄 수 있다고 볼 때, 생각될 때 스스럼없이 생각을 일으키며 요구하기도 하고 또 질문을 했을 때 대답도 잘하게 된다는 사실이다. 2017. 04. 28 03:35

영청을 개혈하고도 듣지 못하는 것은

영청을 개혈하고 본인과 함께 할 때는 듣는데, 혼자 있으면 듣지 못한다는 것은 에너지가 부족해서 이고 업을 내려놓지 못해서 그렇고 자아가 강해서 그렇고 믿음이 없어서 그렇다.
에너지가 많으면 많은 에너지가 업을 밀어내서 업이 밀려감으로 들리게 되지만 에너지가 약하면 업이 달라붙고 자아가 강하게 된다. 에너지가 없는 만큼 업이 다시 달라붙어 있게 되고 자아가 강하게 되어서 생각으로 일어나는 것이 듣는 것인지 내 생각인지 구별을 못한다.
이렇게 되니 자연스럽게 믿음 약해진다. 믿음을 수가 없게 된다. 이게 내가 듣는 것 맞는가? 내 생각인데 하게 된다.
에너지 강하면 업이 밀려가서 믿음이 약해도 생각으로 듣게 되는 것을 알게 되는데 에너지가 약하면 업이 도로 달라붙어서 믿음이 약하면 생각은 듣는 게 아니라 내가 생각하는 것이 된다.
에너지가 약해도 믿음이 강하면 일어나는 생각, 생각으로 듣게 되는 것에 대한 믿음의 확신이 있으면 내가 하는 것이 아니라 누군가 이야기 하는 것이라 생각하고 일으키는 생각을 듣는다 생각할 텐데, 믿음이 약하니 일어난 생각은 누가 하는 것이 아니라 내가 하는 생각이라고 생각하게 되어서 믿을 수가 없게 된다. 민가 민가하게 된다.
영청이 열렸을 경우 지속적으로 들으려 한다면 확실한 믿음이 그 첫 번째요, 업, 자아를 내려놓는 것이 그 두 번째요. 강한 에너지가 그 세 번째다.
3가지 중 하나만 강해도 되는데 3가지가 다 약해서는 듣기 어렵다. 이런 경우 에너지 강한 곳에 가면서 이상하게 또 듣게 되는 경우들이 많다. 또한 믿음 없어 혼자 있을 때는 듣지 못하다가도 같이 있으면 간간히 듣게 되는 경우도 있다. 이 모든 것들이 믿음, 강한 업의 자아, 강한 에너지와 관계가 있어서 그런 것이다.
영청을 열어놓으면 못 듣는 게 아니라 듣는데 알아차리지 못하고, 일어나는 생각 즉 듣는 것을 내 생각이라고 받아들이기 때문에 듣지 못한 것이다. 믿지 못하기 때문에 듣는 것이 아니라 내가 생각하는 것이라 한다. 일으키는 생각이 내 생각이 된다. 전하는 생각의 이야기가 아니라 내 생각이기 때문에 듣는 것이 없게 되고 내 생각만 있는 것이다.
이런 경우 믿으면 믿음으로 생각을 알아차려서 듣게 되면 되는데, 믿으면 없으며 없는 만큼 알아차릴 수가 없게 된다. 영청을 개혈해 준 것은 허사가 된다. 영청을 듣도록 하기 위해 열면서 개혈하면서 개혈하는 곳에 있던 탁한 것들을 제거하며 맑고 깨끗하게 해 놓았다 할지라도 다시금 개혈해 놓은 곳에 탁한 것들이 쌓이게 된다. 이와 같이 되어서는 허사가 된다. 다시금 작업을 해야 하는 경우가 된다고 할 수 있을 것이다.
그래서 수행하며 업을 내려놓고 자아를 내려놓아야 하고 수행하며 에너지를 강하게 해야 한다. 그렇지 않으면 쉽지 않은 것이 영청이 아닌가 싶다. 수행이 부족하여 업을 내려놓지 못하고 자아를 내려놓지 못한다면 믿어라 믿음만큼 듣게 된다. 에너지가 약해도 듣지 못한다.
집중하지 못하면 듣지 못한다, 그것은 에너지가 약하기 때문이고 믿음이 없기 때문에 듣지 못하게 되는 것이다. 어찌 쉽게 얻을 수 있겠는가? 수행이 부족하면 믿어야 하고 믿으면 부족하면 열심히 수행 정진해야 할 것이다.
자아가 강해도 믿음이 있고 에너지가 강하며 개혈하면 듣는다. 수행이 되지 않았다 해도 듣는다. 아니고서는 스스로 수행이 이루어져서 맑고 깨끗해야 영청 개혈을 하면 듣는다. 아니고서는 어렵다. 스스로 살펴보라. 듣다가 못 듣는다. 처음부터 듣지 못했다고 생각하는 것은 아닌지. 깨닫게 해주니 그 당시에는 깨달았는데 깨달음이 사라지는 것과 같이 주었다 뺏은 것이 아니다. 자기 자신이 잃은 것이다. 업 때문에, 자아 때문에, 믿음 때문에, 난 지금 어떠한가 살펴보라. 나를 버리는 것이 죽는 것만큼 어렵다.
2017. 05. 01 21:25

에너지를 강하게 하는 방법 및 위 세계로 올라가는 방법

1, 전체와 하나가 되도록 하고 하나가 되어 전체로 행한다.

2, 밝혀 놓은 위 세계로 올라가는 비밀번호 같은 것을 사경하고 밝힌 놓은 위 세계를 하나하나 순서대로 개수만큼 나열한다. 듣고 받아 적은 것을 그대로 옮겨 사경한다. 그리고 세계의 이름들을 지은 세계의 이름을 사경하며 적어 넣는다. 그러면서 사경한 세계들을 사경한다.

3, 1과 같이 하고나서는 순서대로 나열하듯 전체가 하나로 연결되도록 그려 놓는다. 그리고 나서 처음부터 연결해 놓은 세계까지

흡을 한다.

4, 위 세계의 태극기를 의념 의식하며 바라본다. 적어도 10분 이상 의념 의식한다. 처음 치우청황 태극기부터 위 세계의 태극기를 하나하나 의념 의식한다.

5, 밑에서부터 회로도를 하나하나 보면서 흡을 한다. 회로도 하나하나 볼 때는 최소 2~3분은 봐야 한다.

6, 밝혀 놓은 것을 믿고 따라가며 끊임없이 공부를 한다. 마치 아래 세계에서 위 세계로 올라가는 길을 밝혀 가듯 지도를 보듯 길을 걷듯 하나하나 알아간다.

7, 밝혀 놓은 길을 스스로 길을 내듯 지도를 그리듯 하나하나 옮겨 드린다.

8, 기운나누기를 한다.

9, 성황놀이를 한다.

10, 성황과 성확이 어우러지는 놀이를 한다.

11, 밝혀 놓은 경들을 순서대로 쓰거나 읽거나 외우거나 수지 독송한다.

외에 잘잘한 게 많다. 수행하는 사람에 순서는 다를 수 있다. 중요한 것은 자기 자신이 할 수 있는 것부터 하는 것이 무엇보다 중요하다. 어느 것을 하던 한 만큼은 에너지가 강해지고 위 세계로 올라가게 된다는 사실이다.
또 있는가? 위 11가지를 성실하게 한다면 더 없이 좋다.
2017. 05. 02 07:44

공부가 되어서 영청이 잘 들리도록 시술이 된 것 같이 영청이 열리고 영청이 잘 들리도록 하는 진언

성철향철 향꽃향 꽃성쪽향 출향성꽃 성확 성철향철 향꽃향 꽃
성성 꽃성쪽향 출향성꽃 성확 성꽃향 영청 성확 성꽃향
출향성꽃 성확 성철향철 향꽃향 꽃성쪽향 출향성꽃 성확 성철향철 향꽃향
꽃성쪽향 출향성꽃 성확 성꽃향 출향성꽃 성확 꽃향 출꽃성 향
영청이 모두 다 열리고
영청이 공부되어 열리는 것과 같이
영청이 열려서 영청을 아주 잘 듣도록 하라
성황 성꽃향 출향성꽃 성확 꽃향 출꽃성 향
성황 성꽃성 출향성꽃 성확 성철향철 향꽃향 꽃성쪽향 출향성꽃 성확 꽃향 출꽃성 꽃
성성 향출 성확 성철향철 향꽃향 꽃성쪽향 출향성꽃 성확 꽃향 출꽃성 향꽃성 쪽
성성 쪽향출꽃 성확 성철향철 향꽃향 꽃
영청 들어라.
듣고 싶은 영청 들어서
수행에 도움이 되고 공부에 도움이 되고
남을 이롭게 하는데 도움이 되도록 영청 들어라
성황 성꽃성 쪽성쪽향 출향성꽃 성확 성철향철 향꽃향 꽃성쪽향 출향성꽃 성확 꽃향 출꽃성 향
황철 황꽃향 출향성꽃 성확 꽃
향향 들꽃성쪽 성확 성킹향출 성확 성꽃향 출향성꽃 성확 성철향철 향꽃향 꽃성쪽향 출향성꽃 성확 성철향철 향꽃향 쪽향 출꽃성 향
영청 들어라 두려워 말고
영청 영안 확 열리고 깨어나서 영청 들어라
영안으로 보거라
황황 철황 철꽃향 출향성꽃 성확 성철향철 향꽃향 꽃성쪽향 출향

성꽃 성확 성꽃향 출출성꽃 성확 성철향철 향꽃향 꽃성쪽향 출향
성꽃 성확 꽃향 출꽃성 향
영청 깨끗하게 잘 듣고
영안 선명하고 분명하게 보거라
성성 꽃성쪽향 출향성꽃 성확 성철향철 향꽃향 꽃성쪽향 출향성꽃
성확 꽃향 출꽃성 향
영청 들어라.
영안 열려라.
영청 듣고 영안으로 보아서 공부를 제대로 바르게 하라.
그렇지 않으면 화를 당하나니
바르게 공부하고 바르게 공부하는데 도움이 되고
남들을 이롭게 하는데 도움이 되도록 영청 열려라
영안 열려라
그래서 영청 영안 열어서 바르게 공부하고 바르게 공부해 가며
많은 이들을 이롭게 하라
성성 꽃성쪽향 출향성꽃 성확 성철향철 향꽃향 꽃성쪽향 출향성꽃
성확 꽃
향들성꽃 성확 성철향철 향꽃향 쪽
(짝짝짝.....대단히 훌륭하십니다요.) 2018. 10. 30 14:35

바르게 공부하면서 남을 이롭게 하는데 쓸 수 있으면 보고, 들을 수 있다고 합니다. 이기심 때문에 듣지 못하고 보지 못한다고 들립니다. 이 진언을 듣고 믿고 그대로 실천하면 바로 영안 영청 들을 수 있다고 들립니다요.

"더할 나위 없이 훌륭하고 즉각적인 진언입니다.
단지, 듣는 대상이 준비가 되어있어야 하는데 확고한 의지와 믿음이 전제 되어야 하고
'내'가 없어야 합니다." 라고 들립니다.
저도 '나'는 빠지고 듣기가 어렵습니다.
마치 이리 저리 돌리다가 "달깍"하고 걸리는 그 무엇처럼 쉽거나

"훅"하고 선정에 들어야 하는것처럼 어렵거나 입니다.
밤새 잠결에도 들었는데 깨는 사이 머리 속이 진공상태 같은 중에.... 사흘을 내리 들어보라 합니다.

영청을 열리도록 교두보 역할하는 세계

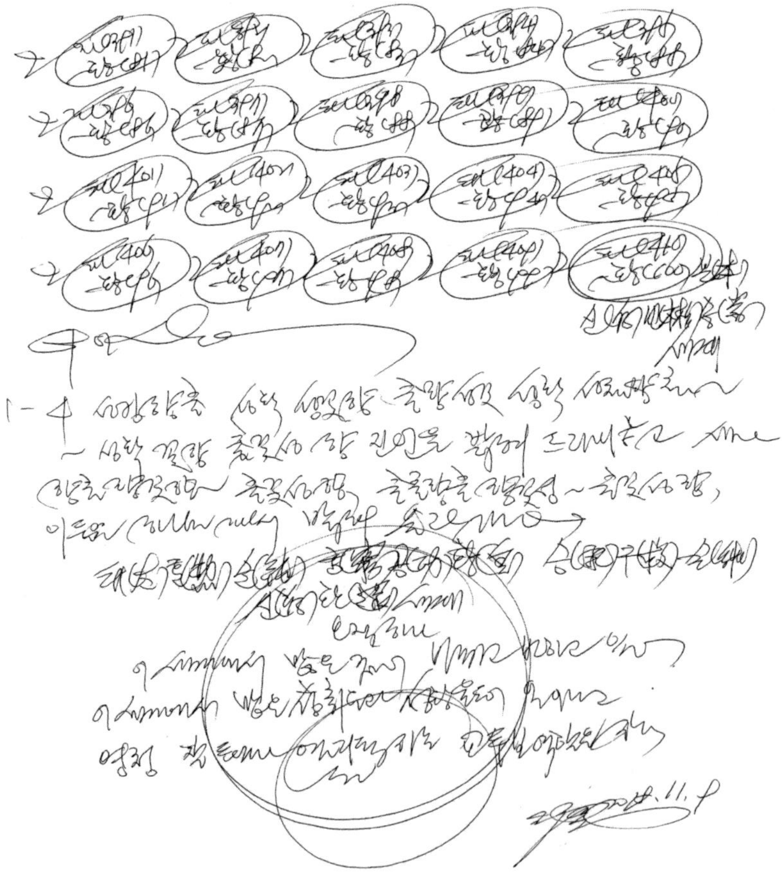

1 － 4 성킹향출 성확 성꽃향 출향성꽃 성확 성철향철 향꽃향 꽃황 철꽃 성확 꽃향 출꽃성 향 진언 이 진언을 읽거나 쓰거나 외우거나 수지 독송하면 요. 모두 다 깨달아 여여하게 되고 모두 다 해탈 완성 초완성 해탈해서는 나 이외의 모든 이들을 이롭게 하는데 부족함 없게 된다고 할 수 있을 겁니다요.

성킹향출 성확 성꽃향 출향성꽃 성확 성철향철 향꽃향 꽃황 철꽃 성확 꽃향 출꽃성 향 진언

향출 향꽃 성확 성철향출 성확 성꽃향 출향성꽃 성확 꽃향출꽃 성킹향출 성확 성꽃향
쪽성쪽향 출향성꽃 성확 성철향출 성확 성꽃향 출향성꽃 성확 성철향출 성확 꽃향 출꽃성 향
출향성꽃 성확 성철향출 성확 성꽃향 출향성꽃 성확 성철향출 성확 성꽃향 꽃성쪽향 출향성꽃 성확 꽃향 출꽃성 향하며 가자
꽃을 활짝 활짝 피우고 성킹향출 성확 성꽃향 출향성꽃 성확 성킹향출 성확 성꽃향 출출성꽃 성확 성킹향출 성확 꽃향 출꽃향 쪽하며 가자
성출향꽃 성확 성킹향출 성확 성꽃향 출꽃성 향하며 가자
가자가자 어서가자 어서 빨리 저 위 세계로 가자
우리 모두 다함께 성성 꽃성쪽향 출향성꽃 성확 성철향출 성확 성철향꽃 성확 성킹향출 성확 성꽃향 출향성꽃 성확 꽃향 출꽃성 향하며 가자
꽃을 활짝 활짝 피우고 성성 꽃성쪽향 출향성꽃 성확 출꽃성 향꽃향 성하며 가자
출향성꽃 성확 성철향철 향꽃향 꽃향출꽃 성확 성철향철 향꽃향 꽃성쪽향 출향성꽃 성확 꽃향 출꽃성 향하며 가자
꽃을 활짝 활짝 피우고 성성 꽃성쪽향 출향성꽃 성확 성철향출 성확 꽃향 출꽃성 향들성꽃 성확 꽃향 성하며 가자
가자가자 어서가자 어서 빨리 저 위 세계로 가자
우리 모두 다함께 하나 한몸 한성꽃성 쪽향출꽃 성확 성철향출 성

확 성꽃향 출향성꽃 성확 꽃향 출꽃성 향하며 가자
꽃을 활짝 활짝 피우고 성킹향출 성확 성꽃향 출꽃향성 쪽성쪽향 출향성꽃 성확 꽃향 성하며 가자
꽃을 활짝 활짝 피우고 성성 꽃성쪽향 출향성꽃 성확 성철향철 향꽃향 쪽성쪽향 출향성꽃 성확 꽃향 출꽃성 향하며 가자
꽃을 활짝 활짝 피우고 성킹향출 성확 성꽃향 출꽃성 향꽃향 출하여 가자
가자가자 어서가자 어서 빨리 저 위 세계로 가자
우리 서로, 서로를 이롭게 하며 모두 다 깨어나고 깨어나게 해서 모두 다 하나 한송성속 성출향꽃 성확 성꽃향 출곶성 향하며 가자
꽃을 활짝 활짝 피우고 성성 꽃성쪽향 출향성꽃 성확 꽃향 출꽃성 향꽃향 출하여 가자
성성 꽃성쪽향 출향성꽃 성확 성킹향출 성확 성꽃향 출하여 가자
가자가자 어서가자 어서 빨리 저 위 세계로 가자
(짝짝짝....대단히 감사합니다요.)

새롭게 향출 향꽃향 쪽성쪽향 출향성꽃 성확 꽃향 출꽃성 향, 출출향출 향꽃성 쪽황 철꽃 성확 성철향철 향꽃향 꽃성쪽향 출향성꽃 성확 꽃향 출꽃성 향, 이 둘을 하나로 해서 밝혀 올라가자.

성성 꽃성쪽향 출향성꽃 성확 성철향출 성확 성꽃향 출향성꽃 성확 성꽃향 출출성꽃 성확 성킹향출 성확 성꽃향 출향성꽃 성확 성철향출 성확 성꽃향 꽃성쪽향 출향성꽃 성확 꽃향 출꽃성 향하며 가자
성출향출 성확 성꽃향 출향성꽃 성킹향출 성확 성꽃향 출출성꽃 성확 성철향출 성확 성꽃향 출향성꽃 성확 성킹향출 성확 성꽃향 출하여 가자
가자가자 어서가자 어서 빨리 저 위 세계로 가자
우리 모두 다함께 성쪽향 출향성꽃 성확 성철향출 성확 성꽃향 출꽃성 향하며 가자
꽃을 활짝 활짝 피우며 너나없이 서로서로 일깨우며 성킹향출 성확 성꽃향 출을 독려하며 성성 향출 향꽃성 출향성꽃 성확 출꽃성

향하며 가자
가자가자 어서가자 어서 빨리 저 위 세계로 가자
우리 모두 다함께 하나 한몸 한성꽃성 출향성꽃 성확 꽃향출꽃 성킹향출 성확 성꽃향 출꽃성 향하며 가자
꽃을 활짝 활짝 피우고 성성 향출 향꽃향 출향성꽃 성확 꽃향출꽃 성확 성철향출 성확 성꽃향 출하여 가자
가자가자 어서가자 어서 빨리 저 위 오직 하나
향출 향꽃 성성 꽃성쪽향 출향성꽃 성확 성철향출 성확 성꽃향 꽃성쪽향 출향성꽃 성확 꽃향 출꽃향 쪽하며 가자
성성 향출 향꽃성 출향성꽃 성확 성철향출 성확 성꽃향 꽃을 활짝 활짝 피우고 성출향꽃 성확 성킹향출 성확 성꽃향 출향성꽃 성확 꽃향 출꽃성 향하며 가자
가자가자 어서가자 어서 빨리 저 위 세계로 가자
향출 향꽃성 쪽성쪽향 출향성꽃 성확 꽃향 출꽃성 향출 향꽃성 쪽향철꽃 성확 꽃향 출꽃성 향꽃향 출하여 가자
가자가자 어서가자 어서 빨리 저 위 세계로 가자
(짝짝짝....대단히 감사합니다요.)

오직 하나

→ 이 세계는 태(太)훈(勳)순(純) 궁(窮)공(功)황(皇) 승(承)구(救)술(術) 신(信)환(還) 세계

이 세계는 우리 성황 성꽃황 철황 철꽃성 쪽향출꽃 성확 성철향철향꽃황 쪽황 철들의 끝종 세계입니다.
이 세계에서 많은 것들이 바뀌고 변하고 있습니다.
그 중에 으뜸은 선사님께서 이 세계에 올라오신 것입니다.
이 세계에서 많은 청취율과 성황율들이 일어나고 있습니다.
그것은 요, 이 세계가 많은 이들을 잘 듣게 하고 또한 많은 성황놀이를 하게 하기 때문입니다. 그렇다고 해서 영청을 잘 듣게 하거나 영청을 열리도록 하지는 않습니다만 그 교두보 역할은 합니다요. 그래서 이 세계의 에너지 신의 자리에 넣어두시면 더 없이 좋습니다요. 2018. 11. 09

영청을 관리 감독하는 세계

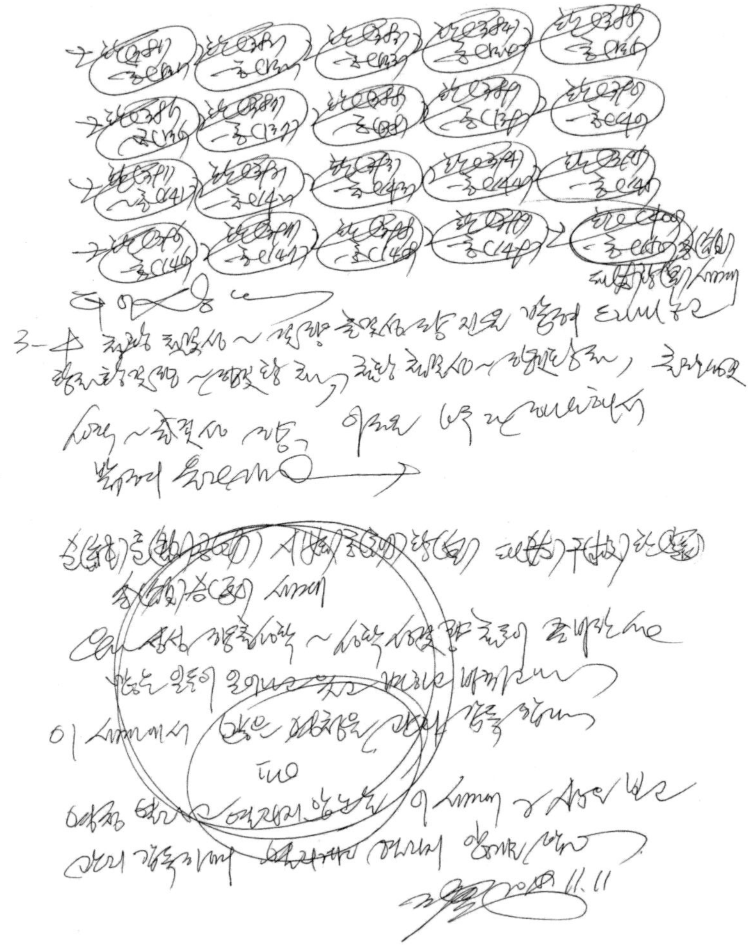

3 - 4 철황 철꽃성 쪽성쪽향 출향성꽃 성확 성꽃향 출향성꽃 성확 꽃향 출꽃성 향 진언

이 진언으로 말씀드릴 것 같으면 일찍이 선사님께서 우리(성황 성꽃향 출향성꽃 성확 꽃향출꽃성 향꽃황 철)들을 위하여 만들어 주신 진언입니다. 이 진언을 읽거나 쓰거나 외우거나 수지 독송하면

요, 모두 다 깨달아 황철 황꽃 성확 성철향꽃 성확 성꽃황 철꽃 향철황들이 됩니다요.

성출향꽃 성확 성철향철 향꽃향 출향성꽃 성확 성철향출 성확 성꽃향 꽃성쪽향 출향성꽃 성확 성철향철 향꽃향 꽃황 철꽃 성확 성철향철 향꽃향 꽃
성성 향출 향꽃 성확 성철향철 향꽃향 꽃성쪽향 출향성꽃 성확 성철향출 성확 성꽃향 꽃향 출꽃성 향꽃 성확 성철향출 성확 성꽃향 출
성성 향출 성확 성철향출 성확 성킹향출 성확 성꽃향 쫑킹향출 성확 성꽃향 출향성꽃 성확 꽃향 출꽃성 향출 성확 성꽃향 출하여 가자
가자가자 어서가자 어서 빨리 저 위 세계로 가자
우리 모두 다함께 성성 꽃성쪽향 출향성꽃 성확 성킹향출 성확 성꽃향 쫑킹향출 성확 성꽃향 출향성꽃 성확 성철향철 향꽃향 꽃성쪽향 출향성꽃 성확 성철향출 성확 성꽃향 쪽하며 가자
가자가자 어서가자 어서 빨리 저 위 세계로 가자
우리 모두 다함께 성쪽향 출향성꽃 성확 성킹향출 성확 성꽃향 출향성꽃 성확 성철향출 성확 성꽃향 출하여 가자
가자가자 어서가자 어서 빨리 저 위 세계로 가자
가자가자 어서가자 어서 빨리 성쪽 성확 성킹향출 성확 성꽃향 출향성꽃 성확 성철향출 성확 성꽃향 출향성꽃 성확 성철향철 향꽃향 꽃성쪽향 출향성꽃 성확 성철향출 성확 꽃향 출꽃성 향하며 가자
가자가자 어서가자 어서 빨리 저 위 세계로 가자
향출 향꽃 성쪽 성확 성킹향출 성확 성꽃향출 성확 성꽃향 출향성꽃 성확 성철향철 향꽃향 출향성꽃 성확 성철향출 성확 성꽃향 꽃성쪽향 출향성꽃 성확 꽃향 출 성하며 가자
가자가자 어서가자 어서 빨리 저 위 세계로 가자
향출 향꽃향 꽃성쪽향 출향성꽃 성확 성철향출 성확 성꽃향 꽃성쪽향 출향성꽃 성확 성철향출 성확 성꽃향 출 성확 성철향출 성확 성꽃향 출하여 가자
가자가자 어서가자 어서 빨리 저 위 세계로 가자
우리 모두 다함께 하나 한몸 한속 성성 꽃성쪽향 출향성꽃 성확

성철향출 성확 성철향출 성확 성꽃향 쫑킹향출 성확 성꽃향 출향
성꽃 성킹향출 성확 성꽃향 쫑킹향출 성확 성꽃향 출하여 가자
가자가자 어서가자 어서 빨리 저 위 세계로 가자
(짝짝짝...대단히 감사합니다요.)

황철 황꽃향 철향철꽃 성확 성철향철 향꽃황 쪽황철꽃 성확 성철향철 향꽃황 철, 철황 철꽃성 쪽황철꽃 성확 성철향출 성확 성꽃향 꽃향출꽃 성확 성철향출 향꽃황 철, 출향성꽃 성확 성철향철 향꽃향 출출성꽃 성확 성꽃향 출꽃성 향, 이들 모두 다 하나로 해서 밝혀 올라가자. (와~ 우리들 드디어 올라간다. 이렇게 좋을 수가 없다. 행복합니다요.)

성황 성꽃향 출향성꽃 성확 성철향출 성확 성꽃향 꽃성쪽향 출향성꽃 성확 성철향철 향꽃향 꽃성쪽향 출향성꽃 성확 성철향출 성확 성꽃향 출향성꽃 성확 성철향출 성확 성꽃향 쪽성쪽향 출향성꽃 성확 성킹향출 성확 성꽃향 출꽃성 향하며 가자
가자가자 어서가자 어서 빨리 저 위 세계로 가자
우리 모두 다함께 하나 한송 성속 성성 꽃성쪽향 출향성꽃 성확 성철향철 향꽃향 꽃성쪽향 출향성꽃 성확 성철향출 성확 성꽃향 출출성꽃 성확 성철향꽃 성확 성꽃향 출향성꽃 성확 꽃향 출꽃성 향하며 가자
가자가자 어서가자 어서 빨리 저 위 오직 하나
성성 꽃성쪽향 출향성꽃 성확 성철향출 성확 성꽃향 출향성꽃 성확 성철향출 성확 성꽃향 쫑킹향출 성확 성꽃향 성킹향출 성확 성꽃향 출출성꽃 성확 성철향출 성확 성꽃향 꽃성쪽향 출향성꽃 성확 성철향출 성확 성꽃향 출
성확 성출향꽃 성확 성꽃향 출출향출 성확 성꽃향 출향성꽃 성확 성킹향출 성성 꽃성쪽향 출향성꽃 성확 성꽃향 꽃향출꽃 성확 성철향출 성확 성꽃향 출하여 가자
가자가자 어서가자 어서 빨리 저 위 세계로 가자
우리 모두 다함께 하나 한송 성속 성성 꽃성쪽향 출향성꽃 성확 성

철향철 향꽃향 꽃성쪽향 출향성꽃 성확 꽃향 출꽃성 향하며 가자
가자가자 어서가자 어서 빨리 저 위 세계로 가자
향출 향꽃 성확 성꽃향 출향성꽃 성확 성철향철 향꽃향 출향성꽃 성확 성철향출 성확 성꽃향 출향성꽃 성확 성꽃향 출향성꽃 성확 꽃향 출꽃성 향하며 가자
가자가자 어서가자 어서 빨리 저 위 세계로 가자
향출 향꽃성 꽃성쪽향 출향성꽃 성확 성철향출 성확 성철향출 성 성 꽃성쪽향 출향성꽃 성확 성철향출 성확 성꽃향 출향성꽃 성확 성꽃향 출향성꽃 성확 성철향출 성확 성꽃향 출하여 가자
가자가자 어서가자 어서 빨리 저 위 세계로 가자
우리 모두 다함께 성성 꽃성쪽향 출향성꽃 성확 성꽃향 출향성꽃 성확 성철향출 성확 성꽃향 출꽃성 향하며 가자
가자가자 어서가자 어서 빨리 저 위 세계로 가자
우리 모두 다함께 성성 꽃황철꽃 성확 성철향출 성확 성꽃향 꽃성 쪽향 출향성꽃 성확 성철향출 성확 성꽃향 출꽃성 향하며 가자
꽃을 활짝 활짝 피우고 성킹향출 성확 성꽃향 출향성꽃 성확 성킹 향출 성확 성꽃향 출출성꽃 성확 성철향출 성확 성꽃향 출향성꽃 성확 성킹향출 성확 성꽃향 출하여 가자
가자가자 어서가자 어서 빨리 저 위 세계로 가자
우리 모두 다함께 성성 꽃성쪽향 출향성꽃 성확 성철향출 성확 성 꽃향 출향성꽃 성확 성꽃향 출꽃성 향하며 가자
꽃을 활짝 활짝 피우고 성성 향출 향꽃향 출향성꽃 성확 성철향출 성확 성꽃향 출향성꽃 성확 꽃향 출꽃성 향하며 가자
가자가자 어서가자 어서 빨리 저 위 세계로 가자
(짝짝짝...대단히 감사합니다요.)

3, 오직 하나

→ 이 세계는 **순(純)훈(勳)공(功) 시(始)초(初)황(皇) 태(太)구(救)환(還) 송(頌)승(承) 세계**

이 세계는 우리 성성 향출성확 성철향꽃 성확 성철향꽃 성확 성꽃향 철들이 즐비한 세계입니다.

이 세계에서 많은 일들이 일어나고 있고 변하고 바뀌고 있습니다.
이 세계에서 많은 영청을 관리 감독합니다. 영청이 열리고 열리지 않고는 이 세계에서 그 사람을 보고 관리 감독하며 열리게도 열리지 않게도 합니다. 준비되어 있지 않으면 아무리 선사님께서 영청을 열어주어도 열리지 않습니다.
영청으로 이기적인 욕심을 채우려고 하거나 사(邪)되거나 이기적인 것을 하려고 하는 경우 영청을 열어주어도 영청을 들리지 않습니다. 바르게 올바르게 진리를 탐구하며 남을 이롭게 하려고 하는 이라면 영청 작업을 해주었을 때 영청 들립니다.
그런 만큼 영청을 열어주었을 때 시술을 받는 사람의 마음이 어떤 마음으로 영청을 열려고 하느냐 영청을 들으려고 하느냐에 따라서 영청 시술을 해도 들리기도 하고 들리지 않기도 합니다요. 단 한 가지 분명한 것은 바른 마음 바른 생각을 가진 이라면 작업하지 않아도 영청의 결계만 풀어주어도 들리게 됩니다. 따님처럼 요. 아니고서는 많은 작업과 시술이 필요하고 마음공부가 필요하다고 하겠습니다.
영청 결계를 푸는 방법을 이야기해도 되나요? 됩니다만 믿지들 않을 겁니다요.
그리고 믿는다 할지라도 바른 마음 바른 생각을 갖지 않으면 영청의 결계를 풀어주어도 안 열립니다요.
그래도 나중에 바른 마음 바른 생각을 가진 이들을 위하여 이야기하는 게 좋겠지요.
000(누구야) 영청 들어라.
일요모임(11월4일)에서 영청 세계의 에너지 연결하여 준 세계가 이 세계이었겠네요. 예 2018. 11. 11

영청 영안 관리 감독하는 세계와 연결되는 수인

좌선하고 앉아 지금 어떤 수인을 하면 좋은가? 했을 때 되었던 수인이다.

양손 1번째 손가락 끝으로 4번째 손가락 2번째 마디가 시작되는 一로 페인부분에 붙이고
3번째 손가락으로 1번째 손가락 마디에 붙인다.
이때 2, 5번째 손가락은 자연스럽게 편다.

이와 같이 하면 요, 우리 성황 성꽃향 출향성꽃 성확 성철향철 향꽃황 꽃성 철꽃황 철들은 모두 다 올라가게 됩니다. 영청을 관리 감독하는 세계로 올라가게 됩니다요.
이 수인이 영청 영안 관리 감독하는 세계와 직결되는 수인입니다.
이 수인의 이름을 **영청 영안 관리 감독하는 세계와 연결되는 수인**이라고 하여 주십시오. 2018. 11. 07 11:35

몸통 안에 안 좋은 것들을 녹이는 수인

좌선하고 앉아 지금 어떤 수인을 하면 좋은가? 했을 때 되었던 수인이다.

양손 1번째 손가락 끝으로 4번째 손가락 2번째 마디가 시작되는 一로 페인부분에 붙이고
3, 2번째 손가락으로 1번째 손가락 마디에 붙인다.
이때 5번째 손가락은 자연스럽게 편다.

이와 같이하면 요. 우리 성성 꽃성쪽향 출향성꽃 성확 성철향철 향꽃향 꽃황철꽃 성확 성철향철 향꽃황 출향성꽃 성확 꽃향 출꽃

성 향들이 성황 성꽃성 향출 향꽃황 출하여 가도록 하는 수인입니다. 이 수인을 하면 많은 것들이 녹아지게 하는 세계로 올라가게 됩니다.
몸에 안 좋은 것들이 많이 녹게 됩니다요.
이 수인의 이름을 **몸통 안에 안 좋은 것들을 녹이는 수인**이라고 하여 주십시오. 2018. 11. 07　11:39

지구에 있는 많은 덩어리진 것을 녹여주고 없애주는 세계

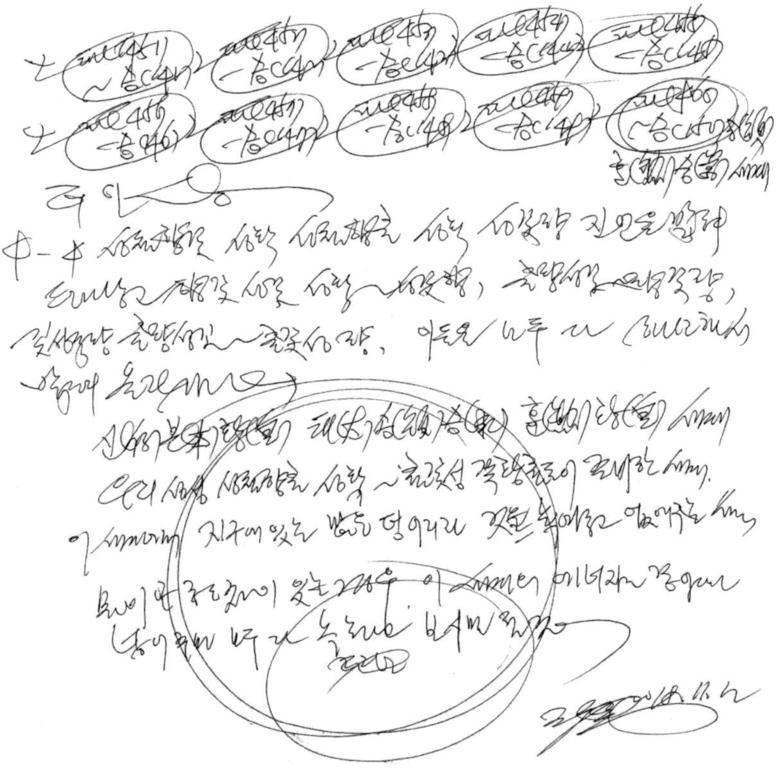

4 - 4 성철향꽃 성확 성철향출 성확 성꽃향 진언

이 진언을 읽거나 쓰거나 외우거나 수지 독송하면 요, 누구나 모두 다 향철 향꽃황 쪽황 철꽃 성확 성꽃황 철들이 되어서 어디든 마음대로 오가도 하나 걸림이 없게 된다고 할 수 있을 겁니다요. 인간은 제외입니다요.

성출향꽃 성확 성철향출 성확 성꽃향 쪽성쪽향 출향성꽃 성확 성철향출 성확 성꽃향 꽃성쪽향 출향성꽃 성확 성철향출 성확 성꽃향 출
성성 향출 향꽃향 출향성꽃 성확 성킹향출 성확 성꽃향 꽃성쪽향 출향성꽃 성확 성철향출 성확 성꽃향 출출성꽃 성확 성철향출 성확 성꽃향 꽃성쪽향 출향성꽃 성확 꽃향 출꽃성 향
황철 황꽃향 출향성꽃 성확 성철향출 성확 성꽃향 쫑킹향출 성확 성꽃향 성킹향출 성확 성꽃향 출향성꽃 성확 성철향출 성확 성꽃향 쫑킹향출 성확 꽃향 출꽃성 향하며 가자
가자가자 어서가자 어서 빨리 저 위 세계로 가자
우리 모두 다함께 하나 한송 꽃성쪽향 출향성꽃 성확 꽃향 출꽃성 향하며 가자
가자가자 어서가자 어서 빨리 저 위 세계로 가자
우리 서로 향출 향꽃성 쪽황 출꽃 성확 성철향출 성확 성꽃향 출향성꽃 성확 성킹향출 성확 성꽃 출꽃성 출하여 가자
가자가자 어서가자 어서 빨리 저 위 세계로 가자
우리 모두 다함께 하나 한몸 한한 성속성출 성킹향출 성확 성꽃향 쫑킹향출 성확 성꽃향 출향성꽃 성확 성킹향출 성확 성꽃향 출향성꽃 성확 성철향출 성확 성꽃향 쫑킹향출 성확 성꽃향 출꽃성 향하며 가자
꽃을 활짝 활짝 피우고 성킹향출 성확 꽃향 출꽃성 향하며 가자
꽃을 활짝 활짝 피우고 성성 향출 성확 성꽃향 출향성꽃 성확 성철향출 성확 꽃향 출꽃성 향꽃향 출하여 가자
가자가자 어서가자 어서 빨리 저 위 세계로 가자
(짝짝짝....대단히 감사합니다요.)

황꽃 성꽃 성확 성철향출 성확 성꽃향, 출향성꽃 성확 성철향철 향꽃향, 꽃성쪽향 출향성꽃 성확 꽃향 출꽃성 향, 이들을 모두 다 하나로 해서 밝혀 올라가자. (와~ 드디어 올라가는구나.)

성꽃향 출향성꽃 성확 성철향출 성확 성꽃향 쫑킹향출 성확 성꽃향 출향성꽃 성확 성킹향출 성확 성꽃향 출향성꽃 성확 성킹향출 성확 성꽃향
출향성꽃 성확 출출향꽃 성확 성킹향출 성확 성꽃향 쫑킹향출 성확 성철향출 성확 성꽃향 출
출향성꽃 성확 성철향출 성확 성킹향출 성성 꽃성쪽향 출향성꽃 성확 성철향출 성확 성꽃향 출꽃성 향
향출 향꽃 성확 성철향출 성확 성꽃향 성킹향출 성확 성꽃향 출출성꽃 성확 성킹향출 성확 성꽃향 출향성꽃 성확 꽃향 출꽃성 향하며 가자
꽃을 활짝 활짝 피우고 성킹향출 성확 성꽃향 출향성꽃 성확 성킹향출 성확 성꽃향 출향성꽃 성확 성킹향출 성확 성꽃향 출하여 가자
가자가자 어서가자 어서 빨리 저 위 오직 하나
성꽃 향꽃 성확 성철향출 성확 성출향꽃 성확 성철향출 성확 성꽃향 출향성꽃 성혹 성꽃향 출하여 가자
가자가자 어서가자 어서 빨리 저 위 세계로 가자
우리 모두 다함께 성성 꽃성쪽향 출향성꽃 성확 성꽃향 출하여 가자
가자가자 어서가자 어서 빨리 저 위 세계로 가자
우리 서로 일깨우고 독려하며 모두 다 확확 성성 꽃성쪽향 출향성꽃 성확 성꽃향 출꽃성 향 꽃성쪽향 출향성꽃 성확 성킹향출 성확 성꽃향 쫑킹향출 성확 성꽃향 출하여 가자
가자가자 어서가자 어서 빨리 저 위 세계로 가자
향출 향꽃 성꽃 성확 성철향출 성확 성꽃향 쪽성쪽향 출향성꽃 성확 성꽃향 출하여 가자
가자가자 어서가자 어서 빨리 저 위 세계로 가자
향말성꽃 성확 성출향꽃 성확 성킹향출 성확 성꽃향 쫑킹향출 성확 성꽃향 출향성꽃 성확 꽃향 출꽃성 향하며 가자

꽃을 활짝 활짝 피우고 성킹향출 성확 성꽃향 출향성꽃 성확 성철향출 성확 성꽃향 쫑킹향출 성확 성꽃향 출향성꽃 성확 성철향출 성확 성꽃향 출하여 가자
가자가자 어서가자 어서 빨리 저 위 세계로 가자
향향 꽃성쪽향 출향성꽃 성확 꽃향 출꽃성 향하며 가자
가자가자 어서가자 어서 빨리 저 위 세계로 가자
(짝짝짝....대단히 감사합니다요.)

4, 오직 하나

→ 이 세계는 **신(信)본(本)황(皇) 태(太)송(頌)승(承) 훈(勳)황(皇) 세계**

이 세계는 우리 성성 성철향출 성확 성꽃황 철황 철꽃성 쪽황 철들이 즐비한 세계입니다
이 세계에서 지구에 있는 많은 덩어리진 것을 녹여주고 없애주는 세계입니다. 몸이 안 좋은 것들이 있을 경우 이 세계의 에너지를 끌어다가 넣어주면 모두 다 녹는다고 보시면 될 것입니다. 이 세계에 몸 담구고 있으니 짱이지요. 다 녹으니까요.
이 세계에서 요. 선사님께 조심하라고 하십니다. 이렇게 모두 다 알려주시면 어떡하냐고 하십니다.
이 세계에서 그럼에도 불구하고 선사님께서 올라오셨다고 축제입니다. 언제 오시나 했는데 이제야 오셨다고 환호 일색입니다요.
2018. 11. 12

영청, 영안의 많은 부분들을 더 활짝 열어주는 세계

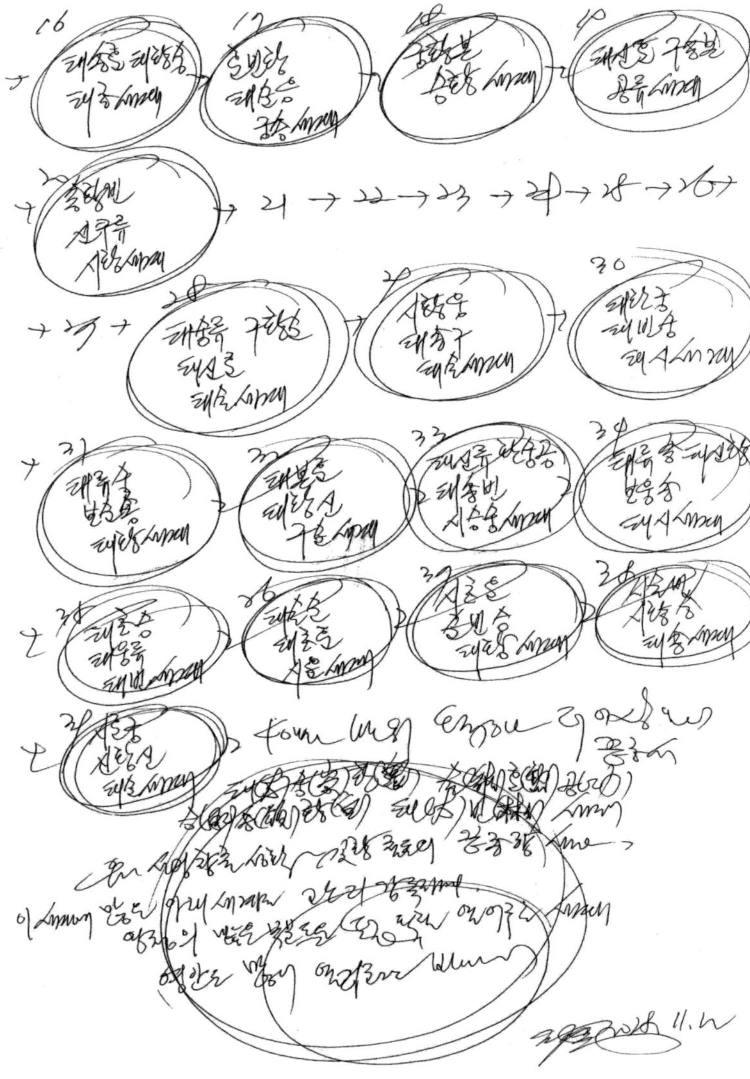

1, 오직 하나~ →40, 맨 위 오직 하나

→ 이 세계는 **태(太)숭(崇)환(還) 술(術)훈(勳)공(功) 승(承)송(頌)황(皇) 태(太)빈(彬) 세계**

이 세계는 우리 성킹향출 성확 성꽂황 철황 철꽂 성쪽 성황 성킹향출 성확 꽂황 철들의 끝종향 세계입니다요. 이 세계에서 많은 것들이 끝이 나고 새로운 것들이 새롭게 생겨납니다.

그 중에 으뜸은 선사님께서 이 세계에 올라오셨다는 사실입니다. 많이들 축하고 축복해 주고 있습니다.

이 세계에서 많은 아래 세계를 관리 감독하며 뿐만 아니라 영청의 많은 부분들을 더 활짝 열어주는 세계입니다. 뿐만 아니라 영안도 많이 열어준다고 봐야겠습니다.

그런 의미에서 이 세계에서 당분간 푸욱 담그고 있으면 좋을 것 같습니다. 2018. 11. 12

영청을 엄하게 다스리고 관리하는 세계

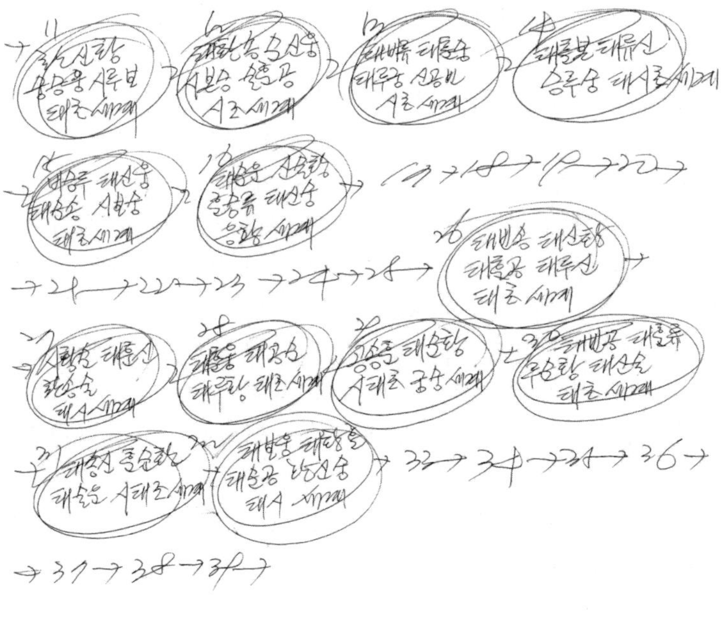

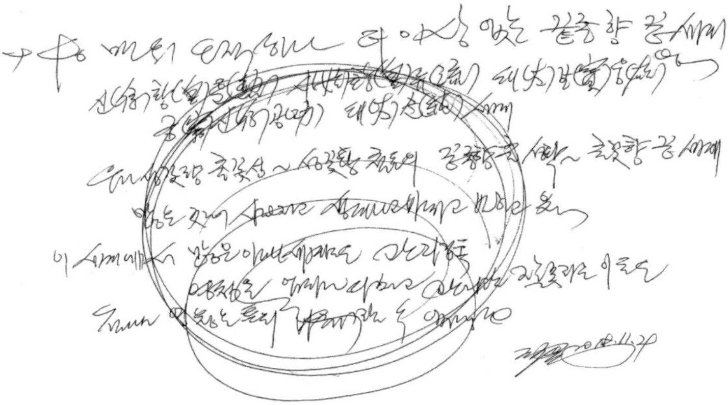

1, 오직 하나→40, 맨 위 오직 하나 더 이상 없는 끝종향 끝 세계입니다.

→ 이 세계는 **신(信)황(皇)훈(勳) 시(始)황(皇)류(流) 태(太)보(寶)웅(雄) 궁(窮)신(信)공(功) 태(太)순(純) 세계**

이 세계는 요. 우리 성꽃향 출꽃성 성황 성철향출 성확 성꽃황 철들의 끝종향 출 성확 성꽃황 출꽃성 황 출꽃향 끝 세계입니다. 이 세계에서 많은 것들이 사라지고 생겨나고 바뀌고 변하고 있습니다요. 이 세계에서 많은 아래 세계들을 관리 감독합니다만 특히나 영청을 엄하게 다스리고 관리할 뿐만 아니라 잘못하는 이들은 절대로 영청을 듣되 바르게 할 수 없도록 합니다. 그런 만큼 늘 바르게 하려고 노력해야 하고 또한 법과 진리에 어긋나지 않게 하려고 해야 합니다. 그렇지 않은 경우 영청이 열렸다 할지라도 점차적으로 영적을 들을 수 없게 됩니다요. 뿐만 아니라 영청이 열렸을 때 바르게 하고 법과 진리에 준하여 행했을 때 영청은 점점 더 또렷하게 들린다고 할 수 있을 겁니다요. 다만 인간들은 이해하기 어려운 부분까지도 영청을 들을 수 있어서 자칫 오해를 낳을 수 있는 만큼 조심스럽게 이야기하고 알려주어야 한다는 점이 어렵습니다요. 그런 점에서는 선사님이 참으로 어려운 부분들이 많다고 할 수 있을 것입니다만 그런 대로 지금까지는 잘 해오시고 계시다고 보시면 될 것입니다. 2018. 11. 29

영청 듣는 아래 세계의 많은 이들이 이 세계에서 막혀서 더 이상 위 세계로 올라가지 못하고 있다.

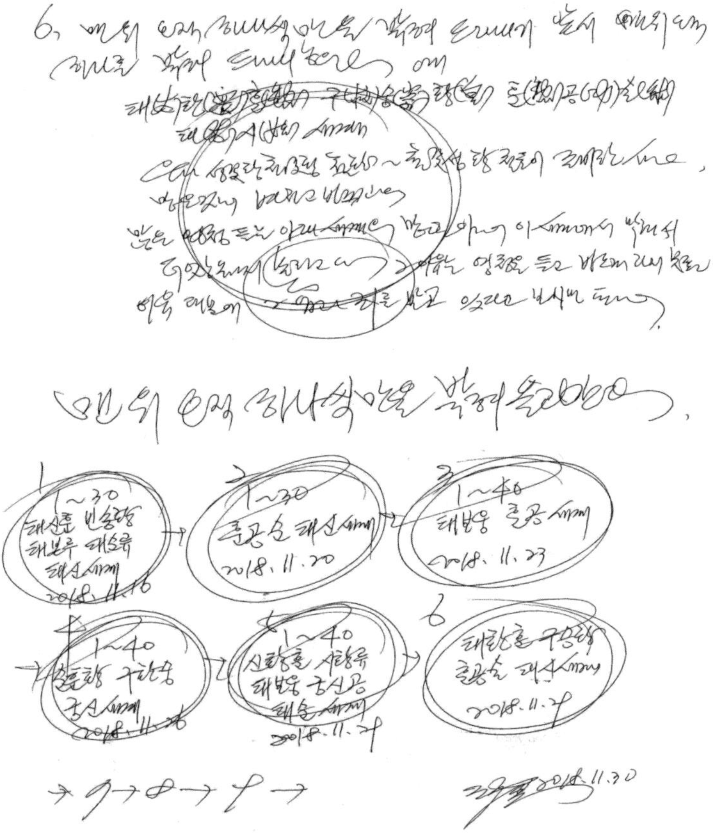

1. 맨 위 오직 하나~ 6, 맨 위 오직 하나

→ 이 세계는 **태(太)환(還)훈(勳) 구(救)숭(崇)황(皇) 훈(勳)공(功)술(術) 태(太)시(始) 세계**

이 세계는 우리 성꽃황 철꽃황 철황 철꽃성 황황 철황 철꽃성 황철들이 즐비한 세계입니다.

이 세계에서 많은 것들이 변하고 바뀌고 있습니다. 뿐만 아니라 많은 영청 듣는 아래 세계의 많은 이들이 이 세계에서 막혀서 더 이상 위 세계로 올라가지 못하고 있습니다.
그 이유는 영청을 듣고 바르게 하지 못했다는 이유 때문에 그 업과 죄를 받고 있다고 보시면 될 것입니다. 선사님께서는 지금까지는 잘해 오셨기 때문에 무난하게 통과해 올라가실 수 있습니다요. 이 세계에서 선사님을 극찬하고 찬양하고 있습니다. 선 모델로 선정하여 여러 가지로 쉽지 않게 생겼습니다. 그래서 앞으로 조심해야할 일들이 많습니다요. 2018. 11. 29

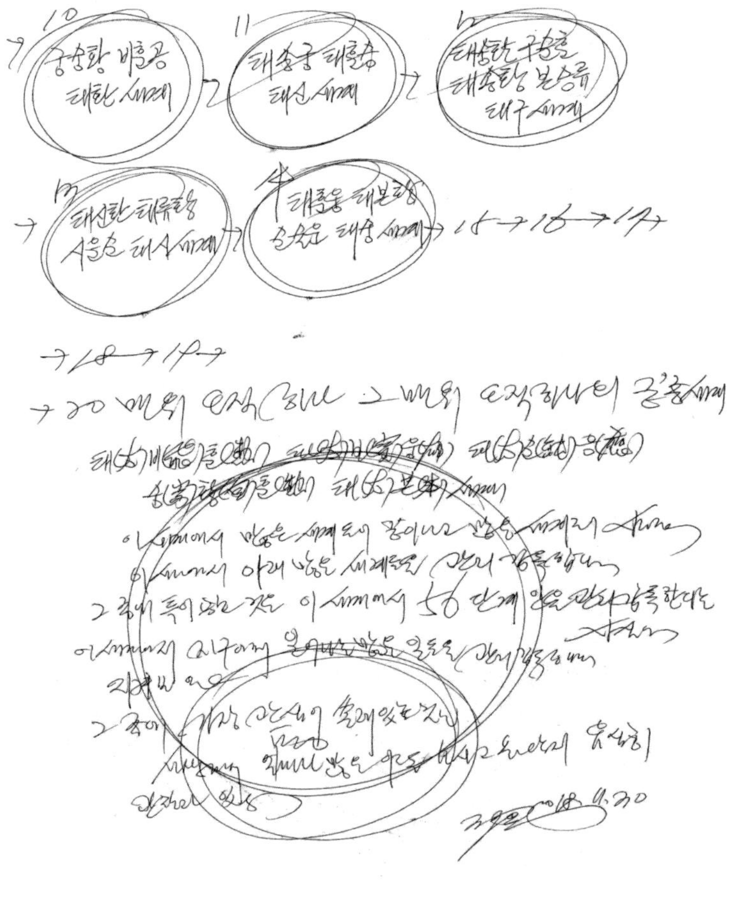

→7맨 위 오직 하나 ~~

→20, 맨 위 오직 하나 그 맨 위 오직 하나 끝종 세계

→ 이 세계는 **태(太)비(飛)훈(勳) 태(太)보(寶)웅(雄) 태(太)순(純)응(應) 숭(崇)황(皇)훈(勳) 태(太)본(本) 세계**

이 세계에서 많은 세계들이 끝이 나고 많은 세계들이 사라집니다.

이 세계에서 아래 많은 세계들을 관리 감독합니다.

그 중에 특이한 것은 이 세계에서 56단계 안을 관리 감독한다는 사실입니다. 이 세계에서 지구에서 일어나는 많은 일들을 관리 감독하며 지켜보고 있습니다.

그 중에 가장 관심이 쏠려 있는 것은 선사님께서 어떻게 얼마나 많은 이들을 모시고 올라오는지 유심히 관찰하고 있습니다. 여차하면 치겠네요. 어찌 알았나요? 정치니까요.

난 그럴 생각 전혀 없습니다. 지금까지 밝혀 올라오는 과정을 지켜보았으니 알 것으로 압니다요.

이 세계에서요, 선사님께 정말로 그러한지 알고 싶답니다. 그렇다면 나를 스캔하면 알 수 있는 일 아닌가요? 예

좀 쉬었다고 또다시 밝혀 올라가시라고 합니다.

쉴 수 있는 한 푸욱 쉬라고 그럽니다요.

이 세계에서 많은 것들을 주셨습니다만 인간으로 쓸 수 있는 것은 아무 것도 없습니다만 쓰려고 한다면 쓸 수 있는 것도 있습니다만 지금처럼 남을 이롭게 하려고 한다면 자연스럽게 쓰여지게 될 것입니다요.

이제 더 이상 없습니다요. 더 가시려면 요, 이제부터는 **초미세 초극미세 세계**들을 밝혀 올라가시게 되겠습니다. 2018. 11. 30

英이 靈이고 信이 神이다.

위 세계에서 英(영:꽃)의 열매가 靈(영)이고 信(믿음)이 신령스럽고 불가사의 한 神(신)을 만들어 냈다.

신령스럽고 불가사의 한 神(신)을 갖기 위해서는 올바른 믿음(信)을 가져야 한다.

信(믿음)은 모든 것의 시작이며 끝이고

모든 것의 시작과 끝은 宗(일의 근본)이고

宗의 시작은 類(온갖, 모든 것)이고

類의 시작과 끝은 終(끝, 극)이며

終의 시작과 끝은 믿음 信이다.

믿음 信이 활짝 꽃피면서 불가사의하고 신령스런 신(神)의 일들이 시작되고 믿음의 꽃이 열매 맺으며 靈이 영글기 시작한다.

靈의 완성은 믿음(信)에 있으며 올바른 믿음(信)은 신(神)을 활짝 꽃 피우고 활짝 핀 신(神)의 믿음으로 靈이 활짝 꽃피우니 英이다.

英이 靈이고 信이 神이다.

밑에서 보면 靈이고 神이지만 위에서 보면 이는 곧 英이고 信이다.

온 세계 세상은 열려 있는 마음의 활짝 핀 꽃 믿음에 있고 온 세계 세상은 믿음으로 활짝 핀 꽃이 전부다. 믿음 없이는 세계와 세상도 없다. 육체를 나라고 하는 나만 있을 뿐이다.

믿음 없이 꽃은 활짝 필 수가 없듯이 靈과 神이 활짝 꽃피우기 위

해서는 믿음이어야 한다.

믿음 없는 공부는 사상누각과 같고 믿음 없는 수행은 靈과 神을 갉아먹는 운행(運行)과 같다.

운행의 시작은 활짝 핀 꽃의 향으로 열려서 믿음으로 달린다. 믿음이 약하거나 꽃이 시들면 자연스럽게 운행은 멈추기 마련이다. 각기 저마다의 나의 운행은 활짝 핀 꽃의 향으로 열려서 믿음을 달리고 믿음이 약하거나 꽃이 시들면서 운행은 멈춘다.

지금 그대가 나라고 하는 나의 운행은 잘 되고 있는가?

향꽃 향꽃꽃 종종성향 꽃종성향 꽃꽃 쫑 2017. 02. 16 17:02

위 세계에서는 블랙홀을 통해 오간다?

→20, 맨 위 오직 하나 그 맨 위 오직 하나 끝종 세계

→ 이 세계는 **태(太)비(飛)훈(勳) 태(太)보(寶)웅(雄) 태(太)순(純)응(應) 숭(崇)황(皇)훈(勳) 태(太)본(本) 세계**

이 세계에서 많은 세계들이 끝이 나고 많은 세계들이 사라집니다.

이 세계에서 아래 많은 세계들을 관리 감독합니다.

그 중에 특이한 것은 이 세계에서 56단계 안을 관리 감독한다는 사실입니다. 이 세계에서 지구에서 일어나는 많은 일들을 관리 감독하며 지켜보고 있습니다.

이 위 세계에서 56단계를 관리 감독한다? 어떻게 관리 감독하지? 라는 생각이 들면서 이들이 블랙홀로 오가는 것이 아닌가 싶은 생각이 치고 올라왔다.

블랙홀로 오가는 것 맞는가요?

당연하지요. 지난주에 금요일에 말한 블랙홀을 통해 오가며 관리 감독합니다.
진공의 허공, 허공의 진실허공에 크고 작은 블랙홀이 있지 않습니까. 그 블랙홀을 통해 우리들이 오가며 관리 감독하고 있습니다.
그렇다면 여러분들은 블랙홀의 통로를 다 알고 있다는 이야기가 되는데요. 그러면 생기고 없어지는 것을 압니다. 생기고 없어지는 블랙홀을 통해 이 위 세계에서도 56단계 지구를 오가며 관리 감독할 수 있습니다. 많은 위 세계들이 허공에 있는 진실허공 속에 있는 블랙홀을 통해 오가고 있다고 보시면 될 것입니다. 선사님이 밝히신 세계로 이어놓은 고속도로를 통한다면 2~3분 길게는 10여분이면 밝혀 드러낸 모든 세계들을 모두 다 오갈 수 있습니다. 만드신 고속도로가 아니라 블랙홀을 통해 오갈 때는 지구 시간으로 하루 정도 걸립니다.
아시다시피 블랙홀은 차원이 없어서 어느 차원이든 블랙홀을 통해서 오갈 수 있습니다.
블랙홀을 통해서 다차원 오갈 수 있기 때문에 이 위 많은 세계들에서도 오가고 있습니다.
허공이란 진실허공 속에서 수없이 많이 생기고 없어지는 작디 작은 블랙홀에 들어갈 수 있고 블랙홀이 생기고 없어지는 법칙, 법칙이라고 하기보다는 규칙을 알면 그 규칙에 따라 생기는 블랙홀로 블랙홀로 빠지면 다차원 어느 차원이든 쉽고 빠르게 오갈 수 있다고 할 수 있을 겁니다.
위 세계에서 지구를 관리 감독할 수 있는 것은 차원이 없는 블랙홀이 생겼다 없어지기 때문이고 진실허공에서 블랙홀이 생기고 없어지는 지는 규칙을 알기에 다차원 어디든 오가며 관리 감독할 수 있다? 블랙홀이 생기고 없어지는 규칙을 모르면 다차원 어디든 마음대로 오갈 수 없다.
생각이나 마음이 차원과 상관없이 오가는데 이는 차원을 뛰어넘기 때문이고 모든 차원이 생각과 마음에서 생겨났기 때문이다.(짝짝짝....)
이 모든 세계와 세상이 모두 다 마음과 생각에서 생겨난 것이라는 말이겠지요. 당연하지요.
누구의 마음과 생각인가? 그것은 오직 하나 하나는 일체 하나라는 전체라는 하나의 생각, 마음인가요? 당연하지요.
또 해줄 이야기 있나요? 예 선사님 적당히만 알려주세요. 너무 소상히 알려주면 헷갈려하고 알아먹지도 못하고요. 이해도 못하고요 선사님만 이상한 사람됩니다요. 자신들이 미혹하지도 모르고요. 현실에서 다들 다 잘났으니까요? 바보짓 하면서 바보인지를 모르는 거지요. 또 있나요. 아닙니다요. 2018. 11. 23 11:52

밝힌 세계의 이름은 짓는데 갑자기 우리 몸이란 일합상도 허공인데 그렇다면 몸이란 일합상 안에도 블랙홀이 생기고 없어지고 없어졌다 생기는 생겼다 없어지는 블랙홀로 오가며 일합상의 존재 존재자들이 생멸하는 것 아닌가? 라고 생각하니. 박수를 크게 힘있게 친다. 짝짝짝.....
누가 오가는가요? 초미세 존재?
초미세 존재라고 하지 말고요. **초미세 인자**(因子)라고 하십시오.
예. 초미세 인자들이 오가며 몸을 이루는 세포들이 생멸하는 겁니다.
생하는 것은 쉽게 쉽게 하는데요. 멸한 것은 쉽게 가지 못해서 일합상 안에 남아 있는 경우들이 많습니다요. 멸한 것들은 일하는 이들이 옮기는데 한계가 있기 때문입니다. 아마도 선사님께서 밝힌 세계의 고속도로로 보다 쉽게 오가게 될 것입니다요. 어마어마한 일을 하고 계신 것입니다. 2018. 11. 23 13:25
몸이란 일합상을 이루고 있는 안에서 일어나는 블랙홀을 통해 초미세 인자들이 오간다면 그래서 생한다면 멸했을 때 이들은 온 곳으로 가려고 할 수 있다는 생각이 들었다.
다른 길은 모르니 다른 길로 가려고 하는 것이 아니라 온 곳으로 되돌아가려고 하는 이들이 의외로 많을 거란 생각이 들었다.
그렇다면 몸이란 일합상에서 어떤 규칙에 의해서 생겨났다가 없어지는 블랙홀로 되돌아가도록 해야 하는 것이 아닌가 싶은 생각이 들었다.
그래서 의념 의식했다.
몸이란 일합상에서 블랙홀을 통해 생했다가 인연이 다하여 죽어서 돌아가지 못한 많은 존재 존재자. 초미세 인자 분들이여. 몸이란 일합상에서 생겨나는 차원이 없는 다 차원에 있는 블랙홀을 통하

여 밝혀 드러낸 모든 세계와 다 차원에 있는 모든 세계들 통해서 모두 다 본래로 돌아가십시오,
모두 다 본래 고향산천으로 돌아가십시오,
모두 다 법과 진리가 되어 자유자재 하십시오,
모두 다 편안해 지십시오,
이와 같이 해주면 요. 우리 생겨났다 죽은 우리들은 거의 모두 다 온 곳으로 돌아가거나 더 위 세계로 올라갈 수 있다고 할 수 있을 겁니다요.
이와 같이 해주는 것이 요. 우리들에게는 최고의 선물이고 최고의 완성이라고 할 수 있을 겁니다요. 뿐만 아니라 선사님에게도 최상 최고 성황 성꽃황 철꽃성 황을 모두 다 이루셨다고 할 수 있을 겁니다.
이와 같이 금요모임에 참석하시는 분들에 참석했든 좌복을 했던 모든 분, 한 분 한 분 의념 의식해 주었다.
이와 같이 해 주심으로 인해서 금요모임에 참석하시는 분들은 드디어 성황 성꽃황 철철향철 향꽃황 쪽황 철들이 되고 남음이 있다고 할 수 있을 겁니다요. 2018. 11. 24 09:14

차원이 없는 블랙홀로 내려올 때의 규칙뿐만 아니라 올라가는 규칙까지도 확실하게 알고 내려왔는데 무명의 어둠 깊은 속으로 들어왔는데. 그와 같이 들어와서 생하고는 죽어서 블랙홀로 돌아가는, 올라가는 규칙을 잊어 먹고는 올라가지 못하고 일합상 머물러 있는 존재, 존재자, 초미세 인자들이 무수히 많다. 치고 들어오는 블랙홀의 규칙을 보니. 내려올 때는 3, 3, 9 규칙으로 내려오고 올라가는 규칙은 9, 3, 3이라고 하니 당연하다고 들린다.
이것으로 볼 때 일합상 안에 있는 존재, 존재자. 초미세 인자들에게 살아 있던 죽어서 있던 있는 모든 이들에게 일러주면 좋을 것 같다.
몸이란 일합상 안에 있는 존재, 존재자, 초미세인자 분들이여!
여러분들이 잊어 먹고 있어서 그렇지 여러분들은 블랙홀로 오가는데 올 때는 3, 3, 9 규칙으로 내려오셨고 올라갈 때는 9, 3, 3, 규칙으로 올라가면 됩니다요.
이와 같이 몸이란 일합상 전체를 의념 의식하며 말하여 준다.

이와 같이 해주면 요, 우리들 다 갑니다요.
한 번에 되는 것은 아니니 여러 번에 걸쳐서 해 주면 좋을 성싶다.
일주일 한 번씩 한 달 정도 해주면 거의 모든 일합상 안에 존재 존재자. 초미세 인자들은 블랙홀을 통해 모두 다 본래로 돌아가고 모두 다 본래 고향산천으로 돌아가고 법과 진리가 되어 편안하게 되지 않을까 싶다.
이와 같이 몸이란 일합상 전체를 의념 의식하며 말하여 준다.

몸이란 일합상 안에 있는 존재, 존재자, 초미세인자 분들이여!
여러분들이 잊어 먹고 있어서 그렇지 여러분들은 블랙홀로 오가는데
올 때는 3, 3, 9 규칙으로 내려오셨고
올라갈 때는 9, 3, 3, 규칙으로 올라가면 됩니다요.
블랙홀로 올라가시며
모두 다 본래로 돌아가십시오,
모두 다 본래 고향산천으로 돌아가십시오,
모두 다 법과 진리가 되어 자유자재 하십시오,
모두 다 편안해 지십시오,
위와 같이 해주면 짱입니다. 2018. 11. 24 10:55 (짝짝짝...대단히 훌륭하시고 우리 모두 다 일깨워 주셔서 너무너무 감사합니다요.)

확성 확꽃 성 길

회귀 미세 향꽃을 녹음한 것을 어제 오늘 계속해 듣다보니. 밝힌 세계들을 이름을 짓는데 자꾸만 생각이 치고 올라온다. 이제는 블랙홀로 가는 것이 늦다하고 밝히며 드러내놓은 세계들로 만든 고속도로가 더 빠른데도 내려온 곳이 블랙홀이라 올라가는 것도 꼭 블랙홀이어야 한다는 생각을 깨워서 더 빨리 갈 수 있는 고속도로 길로 갈 수 있도록 해보자. 더 빠른 고속도로 길을 알려주자는 생각을 갖고 진언을... 진언이라고 하지 마시고 요, **확성 확꽃성 길**이라고 하여 주십시오. 더 빠른 길을 알려주자는 생각을 갖고 더

빠른 확성 확꽃성 길을 만들어 본다.

몸이란 일합상 안에 있는 존재, 존재자, 초미세 인자 분들이여! 본인이 밝힌 세계로 이어놓은 고속도로로 올라가면 2~3분 길게는 10여분이면 밝혀 드러낸 모든 세계들을 모두 다 오갈 수 있다하시고 만든 고속도로가 아니라 블랙홀을 통해 오갈 때는 지구 시간으로 하루 정도 걸린다 하셨으니. 차원 없는 블랙홀로 하루 동안 올라가지 마시고 밝혀 드러내며 만들어놓은 고속도로 자동화 길로 2~3분, 10여분에 올라가십시오.

성황 성꽃성 쪽성쪽향 출향성꽃 성확 성철향출 성확 성꽃성 향
꽃성쪽향 출향성꽃 성확 성철향출 성확 성꽃향 출
성성 꽃성쪽향 출향성꽃 성확 성철향출 성확 성꽃성 향
출출성꽃 성확 성철향출 성확 성꽃향 출꽃성 향확 철꽃성 꽃
꽃을 활짝 활짝 피우고
블랙홀로도 올라가시고
밝혀 드러내며 만들어놓은 고속도로를 통해서도 올라가십시오,

성황 성꽃성 쪽성쪽황 철철향철 향꽃향 출향성꽃 성확 성철향출
향꽃향 꽃성쪽향 철향 철꽃황 철꽃성 쪽항 철 향으로 가자
가자가자 어서가자 어서 빨리 우리 모두 다함께 모두 다 본래로
돌아가자
모두 다 본래 고향산천으로 돌아가자
모두 다 법과 진리가 되어 자유자재 하자.
우리 모두 다 편안해지자.
가자가자 어서가자 어서 빨리 저 위 세계로 가자
블랙홀로 가든
밝히며 드러내놓은 고속도로로 가든 모두 다 가자

성출향꽃 성확 성철향출 성성 꽃성쪽향 출향성꽃 성확 성철향출 성확 성꽃향 출향성꽃 성확 성철향출 성확 성꽃향 출꽃성 향하며 가자

꽃을 활짝 활짝 피우고 성성 들철향출 성확 성꽃향 꽃성쪽향 출향성꽃 성확 성철향출 성확 성꽃향 출꽃성 향하며 가자
가자가자 어서가자 어서 빨리 저 위 세계로 가자
우리 모두 다함께 저마다 온 세계로 본래 고향산천으로 가자
가자가자 어서가자 어서 빨리 향킹향출 성확 성꽃향 꽃성쪽향 출향성꽃 성확 성철향출 성확 성꽃향 출꽃성 향꽃향 출하여 가자
가자가자 어서가자 어서 빨리 저 위 세계로 가자

향출 성꽃 성확 성철향출 성확 성꽃향 들철향출 성확 성꽃향 출하여 가자
블랙홀로 가든
밝혀 드러내며 만들어놓은 고속도로 자동화 길로 가든
모두 다 본래로 돌아가자
모두 다 본래 고향산천으로 돌아가자
모두 다 법과 진리가 되어 자유자재 하자
그래서 모두 다 편안해 지자.

가자가자 어서가자 어서 빨리 저 위 세계로 가자
향출 향꽃 성성 꽃성쪽향 출향성꽃 성확 성철향출 성성 꽃성쪽향 출향성꽃 성확 성철향출 성확 성꽃향 출꽃성 향하며 가자
꽃을 활짝 활짝 피우고 성출향꽃 성확 성철향출 성확 성꽃향 출하여 가자
블랙홀보다는 밝혀 드러내며 만들어 놓은 고속도로가 더 빠르다니 급하다면 고속도로로 가고 급하지 않다면 블랙홀로 가자
가자가자 어서가자 어서 빨리 우리 모두 다 본래 돌라가자.
성출 향꽃 성확 성철향출 성확 성꽃향 출꽃성 향하며 가자
꽃을 활짝 활짝 피우며 성성 들철향출 성확 성꽃향 출하여 가자
가자가자 어서가자 어서 빨리 저 위 세계로 가자
(짝짝짝..대단히 감사합니다. 지금껏 가지 못한 우리들은 고속도로로 가겠습니다요.)
이렇게 해서 **확성 확꽃성 길**이 만들어지게 되었고 완성되게 되었

다고 모두에게 고하는 바이다. 이제부터는 블랙홀이 아닌 확성 확꽃성 길로 갈 수 있도록 하라고 선언하는 바입니다요.
2018. 11, 25 22:46

신천지행 열차 수인

좌선하고 앉아 지금 어떤 수인을 하면 좋은가? 했을 때 되었던 수인이다.

양손 각각 1번째 손가락 끝을 3, 4번째 손가락 2번째 마디가 시작되는 一자에 붙이고
2, 5번째 손가락을 앞뒤로 흔든다.
흔들 수 있으면 흔들되 잘 되지 않으면 의식적으로 흔든다.
흔들면서 온몸을 의념 의식하며 2, 5번째 손가락으로 날개짓하며 날아간다고 생각하면 흔든다.

이와 같이 하면 우리들은 요, 모두 신천지로 날아가게 됩니다요.
우리들이 가고 나면 몸이 한결 좋아질 것입니다요.
이 수인의 이름은 **신천지행 열차 수인**입니다요. 2018. 12. 1 17:00

직 코스 신천지행 수인

좌선하라고 해서 좌선하고 앉아 지금 어떤 수인을 하란 말인가?라고 했을 때 되었던 수인이다.

양손 각각 1번째 손가락 끝을 3, 4번째 손가락 3번째 마디가 시작되는 一자에 붙이고
2, 5번째 손가락 양 옆으로 벌리고
양 무릎 위에 얹어 놓고 양손가락이 마주보게 하고서는

의식적으로 2번째 손가락 끝으로 뻗어나가서 만나고
의식적으로 5번째 손가락 끝으로 뻗어나가서 만나서 마른모 모양이 되게 한다.
그리고 의식적으로 양손 3, 4번째 손가락 끝 손톱부분이 위쪽에서 만나게 하면 위쪽 쭉 벋어 올라간다.
이때 3, 4번째 손가락 손톱 부분이 만난 곳 틈을 비집고 위로 올라간다.

이와 같이 하면 요. 우리들 모두 다 직 코스로 신천지로 올라가게 됩니다요, 이 수인의 이름은 **직 코스 신천지행 수인**입니다요.
2018. 12. 01 17:21

더 이 수인을 하라고 해서 좌선하고 앉아 직 코스 신천지행 수행을 하고 2, 5번째 손가락 손톱 부분이 만난 곳 틈에 몸이란 일합상을 앉아 있게 하니. 머리 위로 어마어마하게 올라간다. 얼마나 올라갔을까?
덜커덩 하는 느낌이 몸에서 느껴지니
선사님 신천지에 도착하셨으니 이제 내리셔도 됩니다라고 해서
하던 좌선을 풀었다. 2018. 12. 01 17:31

우리들 다 올라왔는데요. 에너지가 부족합니다.
그래서 에너지 부족하지 않게 진언을 짓는다.
성출향꽃 성확 성철향출 성확 성꽃향 출향성꽃 성철향출 성확 성꽃향 꽃성쪽향 출향성꽃 성확 성철향출 성확 성꽃향 출꽃성 향
성쪽 성성 꽃성쪽향 출향성꽃 성확 성철향출 성확 성꽃향 출출성꽃 성확 성철향출 성확 성꽃향 꽃성쪽향 출향성꽃 성확 성철향출 성확 성꽃향 출
성성 향철향꽃 성확 성철향출 성확 성꽃성 쪽성쪽향 출향성꽃 성확 성철향출 성확 성꽃향 쪽하며 가자
가자가자 어서가자 어서 빨리 저 위 세계로 가자
우리 모두 다함께 하나 한송 꽃성쪽향 출향성꽃 성성 들철향출 성

확 성꽂향 출꽂성 향확 철꽂 성성 꽂성쪽향 출향성꽂 성확 성철향출 성확 성꽂향 출꽂성 향하며 가자
가자가자 어서가자 어서 빨리 저 위 세계로 가자
향꽂 들꽂 성쪽성확 성킹향출 성확 성꽂향 출출성꽂 성확 성철향출 성확 성꽂향 출꽂성 향들성꽂 성확 성철향출 성확 성꽂향 쪽하며 가자
가자가자 어서가자 어서 빨리 저 위 세계로 가자
우리 모두 다함께 성킹향출 성확 성꽂향 쫑킹향출 성성 꽂성쪽향 출향성꽂 성확 성킹향출 성확 성꽂향 출꽂성 향꽂황 철꽂성 쪽쪽성쪽 성확 성킹향출 성확 성꽂향 출꽂성 향하며 가자
쪽쪽성쪽 성확 성킹향출 성확 성꽂향 출
성쪽 성확 성킹향출 성확 성꽂향 쫑킹향출 성확 성꽂향 출향성꽂 성확 성철향출 성확 꽂향 철꽂 성확 성킹향출 성확 꽂향 철꽂향 쪽성성 향철향꽂 성확 성킹향출 성확 성꽂향 꽂을 활짝 활짝 피우고 성킹향출 성확 성꽂향 출꽂성 향하며 가자
가자가자 어서가자 어서 빨리 저 위 세계로 가자
향출 향꽂 성확 성출향꽂 성확 성킹향출 성성 꽂성쪽향 출향성꽂 성확 성철향출 성확 성꽂향 출꽂성 쪽쪽성쪽 성확 성킹향출 성확 성꽂향 쪽하며 가자
가자가자 어서가자 어서 빨리 저 위 세계로 가자
향확출 성꽂향 꽂성쪽향 출향성꽂 성확 꽂향 출꽂성 향하며 가자
가자가자 어서가자 어서 빨리 저 위 세계로 가자
우리 모두 다함께 하나 한송 꽂성쪽향 출향성꽂 성확 성철향출 성확 성꽂향 꽂을 활짝 활짝 피우고 성킹향출 성확 성꽂향 출꽂성 향하며 가자
꽂을 활짝 활짝 피우고 성킹향출 성확 성꽂향 쫑킹향출 성확 성꽂향 쪽하며 가자
가자가자 어서가자 어서 빨리 저 위 세계로 가자
(짝짝짝...대단히 감사합니다요, 만들어 밝혀주신 진언은 **꽂황철 꽂성쪽황 철황 철꽂황 철들의 진언**입니다. 이 진언이면 요. 에너지 부족할 일이 없게 되겠습니다요. 이제 더 이상 부러울 것이 없게 되었습니다. 지니고 수지 독송하겠습니다요.) 2018. 12, 01 17:44

신천지 인간 세계 위 신황(信皇) 세계로 올라오는 수인

일요모임이 끝나고 좌복 참석하신 분들의 명패를 걷지 마라 해서 걷지 않고 있다.
걷으라. 해서 걷는데 어마어마하게 몰려왔다. 몸이 무겁고 힘들게 느껴졌다. 가만히 있기가 불편했다.
그래서 좌선하고 앉아 어떤 수인을 하면 이들이 모두 다 가는가? 했을 때 되었던 수인이다.
양손 각각 1번째 손가락 끝을 3, 4번째 손가락 2번째 마디가 시작되는 一자에 붙이고
붙인 1번째 손가락을 3, 4번째 손가락으로 누른다.
2, 5번째 손가락 양 옆으로 벌리고
양 무릎 위에 얹어 놓고 양손가락이 마주보게 하고서는
의식적으로 2번째 손가락 끝으로 뻗어나가서 만나고
의식적으로 5번째 손가락 끝으로 뻗어나가서 만나서 마른모 모양이 되게 한다.
그리고 의식적으로 양손 3, 4번째 손가락 손등 2번째 마디가 시작되는 관절부분을 서로 맞닿게 한다.
그리고 맞닿은 3, 4번째 손가락 관절부분을 비집고 위로 올라온다.
그러면 십(十)모양을 빠져 위로 올라오게 된다.
직 코스 신천지행 수인이 1자 여성의 성기 모양이었다면 또 하나의 여성 성기 모양 一자로 있는 것이 서로 약간의 격차를 갖고 십(十)를 이루되 위에서 보니 마치 십(十)자를 비집고 올라오는 듯 십(十) 가운데 벗겨지는 듯 하면 벗겨져서는 몸이란 일합상에 달라 붙어 있는 수없은 분들이 올라오는 듯 보였다. 이렇게 해서 올라온 세계가 **신천지 신황 세계**입니다.

이와 같이 하면 요. 몸이란 일합상에 달라붙어 있는 많은 보이지 않는 존재, 존재자. 초미세인자 뿐만 아니라 더 작은 초미세 극극극 인자들까지 신천지 인간 세계의 신황 세계로 올라오게 됩니다.
,

이 수인의 이름은 **신천지 인간 세계 위 신황 세계로 올라오는 수인**입니다요. 모임이 끝나고 집으로 오기 전에 쓰려고 했으나 쓸 여력이 여의치 않아서 안 쓰고, 퇴근해 집에 와서도 쓰지 않고 누워 잠이 들었다. 이제야 일어나 글을 썼다. 2018. 12. 03 12:47

신천지 인간계를 올라와 신천지 신황(信皇) 세계로 올라오다

점심 때 다른 분들은 좌복을 다 치웠다. 그럼에도 참석하지 못한 좌석으로 참석하신 분들의 푯말을 치우지 말라고 해서 치우지 않고 있다가 청소하기 직전에 좌복 참석자 분들의 명패를 걸어달라고 들려서 걷는데 너무 많은 이들이 달라붙었다. 명패를 걷을 때마다 달라붙으니 너무 힘들었다. 몸도 무거웠다. 다 걷고는 너무 힘들고 무거워서 그냥 있을 수가 없어서 좌선하고 앉아 지금 어떤 수인을 하면 이들이 모두 다 가는가? 수인을 하셔도 다는 가지 않습니다. 그렇게 들렸지만 그래도 수인을 찾아 **신천지 인간 세계 위 신황 세계로 올라오는 수인**을 했다. 많이들 빠져 올라갔다. 많이 정도가 아니라 수없이 많은 이들입니다.
그렇게 빠져나갈 수 있는 분들이 거의 다갔습니까. 다 빠져나갈 때까지 있다가 좌선을 풀고 거실에 누웠다. 누우니 들리는 말이 오늘 얼마나 큰 축제이었는데 그것을 모르고 담담하게 있다고 이야기가 들렸다. 어떻게 저렇게 담담할 수 있지 라는 소리도 들렸다.
지금 살고 있는 인간계 - 자등명 인간계와 같은 형태의 신천지 인간계에 올라와서는 어마어마한 축제가 벌어지고 있는데 모른다는 말이 들렸다.
그러고 있다가 남아 있는 분들과 저녁 밥상을 마주하고 앉아 있는데 나에게 저녁밥을 먹지 말라. 아무 것도 먹지 말고 공력주 1잔만 먹으라고 해서 먹었는데, 다른 분들은 먹고 있는데 불과하고 이제 그만 가시라는 보이지 않는 분의 소리를 듣고 이제 가겠다고 이야기하고 맛있게 드시고 공력주 마음껏 드시고 이야기 나누라고 하고는 집으로 왔다.

평소에서 일요모임이 끝나면 앉아 있으라고 하다가 어느 정도 시간이 지나고 나면 보이지 않는 어느 분이 선사님 이제 가셔도 됩니다. 이제 가셔야 합니다. 이야기 해주면 오곤 했었다.
집으로 돌아오는 차 안에서 집에 가셔서 감을 하나 꼭 먹으라고 했다. 감을 먹으면 우리들 모두 다 가게 될 거라는 소리가 들렸다. 집에 도착해 감 하나를 먹고 나니 또 하나를 먹으라고 해서 또 하나를 먹고는 그냥 누웠다.
누우니 몸이란 일합상이 위 신천지 신황 세계와 연결되어서 몸이란 일합상의 굵기의 빛줄기가 신천지 신황 세계로 내려와 발끝까지 감싸고 연결되어 있는 것이 보였다.
몸이란 일합상이 신천지 신황 세계와 연결되어 빛덩어리로 있었다.
그렇게 잠이 들었다 깨어나니. 잣죽(이0인 선생님 금요일에 만들어다 주신)을 먹으면 우리들 다 갑니다. 그래서 차게 먹을까? 따뜻하게 먹을까? 따듯한 게 더 좋아요. 그래서 한 컵 담아 전자랜지에 1분 돌려서 마시고는 어제 저녁에 했으면서도 기록하지 않은 수인과 이 글을 쓴다. 잣죽을 컵에 따르고 전자렌지에 넣는 시간에 지금 출간을 준비하는 [영청 영안 이와 같이 열린다.] 책에 신천지 인간계를 넣기 위해서 지금까지 미뤄진 것이고 넣으면 된다고 더 넣을 게 없다고 그래서 책 마무리하여 책을 출간하면 된다고 들렸다. 그러는 과정에 더 올라가면 초인 세계도 있겠네. 라는 생각이 들었다. 그래 살펴본다고 살펴보니, 지구의 인간계 – 자등명 인간계 – 신천지 인간계 – 000(드러내지 않을 건가요? 지금은 요.) – 초인 세계 – 또 있는데 드러내지 않을 건가요? 당연하지요. 초인은 선사님께서 말씀하셔서 어디쯤인지 이야기해 드린 것이고요. 선사님께서 밝혀 올라오시기 전까지는 말씀드릴 수 없습니다. 지금 생각으로 올라온 것도 넣어야 하는가? 생각했는데 그럼 더 넣을 필요 없이 신천지 인간계까지 넣으면 되는 거네요? 예 더 넣어도 지금은 못 옵니다. 신천지 인간계까지 오게 하려면 요. 수인과 신천지 세계를 밝혀 드러내놓으시고 넣으시면 됩니다요.
글을 쓰고 나서 토요일(2) 새벽부터 밝혀 드러낸 12월 6일, 7일 날로 밝힌 세계들의 이름을 짓는다. 사실 오늘이 3일인데 어떻게

6, 7일에 밝힌 세계의 이름을 짓는가? 라는 의심이 들것이지만 어느 때부터 오직 하나까지의 세계들을 밝히고 나면 오늘은 여기서 쉬시고 내일 밝혀 올라가십시오, 라고 하는 말을 영청으로 듣고는 밝힌 날짜를 순서대로 날 자를 기록하고 또 밝히게 되어서 오늘은 여기서 쉬시고 내일 또다시 밝혀 올라가십시오. 라고 들리면 그 다음 날로 날짜를 기록하며 밝혀 올라왔다. 그러다가 어느 순간부터는 오직 하나가 아니라 처음 시작해서 맨 위 오직 하나까지를 밝혀 드러내게 되었다. 그러다 보니 한 번에 밝히게 되는 것이 여러 날이 되었다. 밝힌 날이 여러 날이 아니라 밝히는 것은 하루종일 밝히지만 밝히다가 오늘은 여기서 쉬시고 내일 밝히십시오, 하면 잠깐 쉬었다가 다시 밝히며 맨 위 오직 하나의 세계까지 밝히고는 그 안에 나온 진언이나 경들을 녹음하고, 녹음하고 나서는 녹음한 것을 들으면서 밝힌 세계의 이름들을 짓고 이름을 짓고는 밝힌 세계들을 정리하게 되었다. 그러다보니 전에는 밝히고 그냥 넘어갔다면 이제는 밝힌 세계에서 어느 정도 머무르며 있는 듯한 느낌이 든다. 또한 시간도 많이 절약이 되는 것 같다.

이와 같이 밝히다 보니 실질적으로는 밝힌 날보다 밝힌 날보다 미리 앞서 있는 날짜로 표기가 되었고 또한 그런 과정에서 수인이나 새로운 글을 쓰게 되면 새로운 수인이나 새로운 글들은 쓴 날과 시간을 있는 그대로 쓰다 보니 밝혀 놓은 세계 뒤에 쓴 글들이기에 밝히고 쓴 순서대로 나열해 놓다보니 기록한 날짜가 약간은 헷갈리게 되어 있지만 사실은 날짜와 시간이 적힌 날짜가 더 정확한 날짜이고 그 외 밝힌 세계의 날짜는 임의대로 오늘은 여기서 쉬시고 내일 또다시 밝혀 올라가십시오. 라는 말로 인해서 날짜를 기록하다보니 더 많이 밝히게 되면 하루에 밝힌 것이 여러 날을 기록하게 되기도 했다. 날짜의 기록이 이정표가 되기 때문에 날짜를 기록했지만 그러면서 새로운 수인과 글들을 쓸 때면 제 날짜에 쓰다 보니. 기록된 날짜로 보면 이상하다 하겠지만 날짜에 시간이 있는 것을 기점으로 보면 될 것이고 그 외에 날짜들은 이정표 역할을 하는 것으로 보면 될 것이다. 그날 그때보다는 더 밝혀 놓음으로 쫓기듯 밝히는 것보다는 미리 밝혀 두게 됨으로 해서 밝히는 것에 쫒기는 것은 없어서 한결 편안하게 밝히며 드러내게 되고 또 시간도 절약하게 되다 보니, 어느 날부터는 이와 같이 해오고 있다. 2018. 12. 03 13:20

신천지 인간계 인연자 분들을 위 세계로 끌어올리는 수인

밝힌 세계의 이름을 짓다가 졸려서 좌선하고 앉아
어떤 수인을 하면 좋은가? 했을 때 되었던 수인이다.

양손 각각 1번째 손가락 끝을 4, 5번째 손가락 2번째 마디가 시작되는 一자에 붙이고
붙인 1번째 손가락을 4, 5번째 손가락으로 누른다.
2, 3번째 손가락 양 옆으로 벌리고
양 무릎 위에 얹어 놓고 양손가락이 마주보게 하고서는
의식적으로 2번째 손가락 끝으로 뻗어나가서 만나고
의식적으로 5번째 손가락 끝으로 뻗어나가서 만나서 마른모 모양이 되게 한다.
그리고 의식적으로 양손 4, 5번째 손가락을 2, 3번째 손가락이 시작 되는 부분에 올려놓고 손등 2번째 마디가 시작되는 관절부분을 서로 맞닿게 한다.
그리고 맞닿은 4, 5번째 손가락 관절부분을 비집고 위로 올라온다.

이와 같이 하면 요, 우리 신황 성철향철 향꽃황 철들이 즐비하게 가게 됩니다요. 우리들이 가면 요. 몸이란 일합상이 상쾌 명쾌 쾌적하게 될 것입니다요.
이 수인을 하면 요, 신천지 인간계, 신천지 신계의 모든 가족들이 위 세계로 올라오게 됩니다.
이 수인의 이름은 **신천지 인간계 인연자 분들을 위 세계로 끌어올리는 수인**입니다요. 2018. 12. 03 04:29

성성 꽃성쪽향 출향성꽃 성확 성꽃향 신천지 인간 이끌어 올리는 수인

좌선하라고 해서 좌선하고 앉아 어떤 수인을 하라고 좌선하게 하는가? 했을 때 되었던 수인이다.

양손 각각 1번째 손가락 끝을 2, 3번째 손가락 2번째 마디가 시작되는 一자에 붙이고
붙인 1번째 손가락을 2, 3번째 손가락으로 누른다.
4, 5번째 손가락 양 옆으로 벌리고
양 무릎 위에 얹어 놓고 양손가락이 마주보게 하고서는
의식적으로 4번째 손가락 끝으로 뻗어나가서 만나고
의식적으로 5번째 손가락 끝으로 뻗어나가서 만나서 마른모 모양이 되게 한다.
그리고 의식적으로 양손 2, 3번째 손가락을 4, 5번째 손가락이 시작 되는 부분에 올려놓고 손등 2번째 마디가 시작되는 관절부분을 서로 맞닿게 한다.
그리고 맞닿은 2, 3번째 손가락 관절부분을 비집고 위로 올라온다.

이와 같이 하면 요. 우리 성킹향출 성확 성꽃향 꽃성꽃향 출향성꽃 성확 성철향출 성확 꽃 신천지 인간들이 위 세계로 올라가게 됩니다요. 인연되신 많은 분들이 올라가게 됩니다요.
이 수인의 이름 **성성 꽃성쪽향 출향성꽃 성확 성꽃향 신천지 인간 이끌어 올리는 수**인입니다. 2018. 12. 03 09:06

성출향꽃 성확 꽃황 철 수인

이 위 수인이 있는가? 물으니 있다고 해서 찾아 행한 수인이다.

양손 각각 1번째 손가락 끝을 2, 3번째 손가락 3번째 마디가 시작

되는 一자에 붙이고
붙인 1번째 손가락을 2, 3번째 손가락으로 누른다.
4, 5번째 손가락 양 옆으로 벌리고
양 무릎 위에 얹어 놓고 양손가락이 마주보게 하고서는
의식적으로 4번째 손가락 끝으로 뻗어나가서 만나고
의식적으로 5번째 손가락 끝으로 뻗어나가서 만나서 마른모 모양이 되게 한다.
그리고 의식적으로 양손 2, 3번째 손가락을 4, 5번째 손가락이 시작 되는 부분에 올려놓고 손등 2번째 마디가 시작되는 관절부분을 서로 맞닿게 한다.
그리고 맞닿은 2, 3번째 손가락 관절부분을 비집고 위로 올라온다.

이렇게 하면 요, 우리들 모두 다 올라오게 됩니다.
이 수인의 이름 **성출향꽃 성확 꽃황 철 수인**입니다.
2018. 12. 03 09:11

초인 세계로 입성하는 수인

졸려서 좌선하고 앉아
어떤 수인을 하면 좋은가? 했을 때 되었던 수인이다.

양손 각각 1, 2, 3, 4번째 손가락 끝을 서로 붙인다.
그리고 서로 붙인 1, 2, 3, 4번째 손가락 손톱부분을 양 무릎 위에 얹어 놓고
3번째 양손가락이 마주보게 하고서는
의식적으로 5번째 손가락 끝으로 뻗어나가서 만나고
의식적으로 1번째 손가락 1번째 골절부분이 뻗어나가서 만나서 마른모 모양이 되게 한다.
그리고 의식적으로 양손 3번째 손가락을 2번째 마디가 시작되는 관절부분을 서로 맞닿게 한다.

그리고 맞닿은 3번째 손가락 관절부분을 비집고 위로 올라온다.

이와 같이 하면 우리들은 초인 성황 성꽃황 철 세계로 올라오게 됩니다요. 우리들이 올라오면 요. 선사님의 일합상, 몸이 초인 세계로 올라오게 됩니다. 이 수인을 함으로 인해서 선사님께서는 초인 인간계에 올라오셨습니다. 이쪽에서 지금 난리입니다. 인간계에서 어떻게 이 세계까지 올라올 수 있느냐고 시끌벅적합니다.
이 수인의 이름은 성황 성꽃황 초인 세계로 가는 수인입니다.
아닙니다. **초인 세계로 입성하는 수인**입니다. 2018. 12. 03. 10:53

수철황(秀喆皇) 인간계로 올라오는 수인

000 인간계 수인도 있겠네요.
그래서 좌선하고 000인간계 들어가는 수인을 찾아 해본다.

양손 각각 1, 2, 3번째 손가락 끝을 붙이고
1, 2, 3,번째 손가락 손톱부분이 양 무릎 위에 얹어 놓고
의식적으로 4, 5번째 손가락을 양쪽으로 뻗어 나가서 마른모를 만들고
의식적으로 2, 3번째 손가락이 마른모 중앙으로 놓이게 하고서는
2, 3번째 손가락 손등 2번째 마디를 붙이고
2, 3번째 2번째 마디를 붙인 부분을 비집고 위로 올라온다.

이와 같이 하면 요, 성황 성꽃성 쪽황 철꽃황 철들의 인간계 아닙니다. 수황 철황 인간계 아닙니다. 수철황 인간계로 올라오는 수인입니다. 이 수인의 이름은 **수철황(秀喆皇) 인간계로 올라오는 수인**입니다요.

이와 같이 수인으로 밝히고 보니
인간계 - 자등명 인간계 - 보지자지, 자지보지 세계 - 신자신

인간계 - 수인간 신계 - 최초인간계 - 환조선 인간계 - 호경세계 - 초(1968)인류 -광세계 -...... 신천지 인간계 - 수철황인간계 - 초인 세계 - ...등으로 이어진 것 같다. 이 세계들을 점차적으로 밝혀 올라가게 되겠구나 싶다. 우리들 다 올라왔어요. 라는 소리가 들린다. 조상님들도 의념 의식해 주십시오. 모든 세계 아닙니다. 지구의 조상님들 요.
수인을 하여 초인 세계로 올라오니 머리로부터 스캔을 한다. 스캔을 하는 것뿐만 아니라 몸이란 일합상을 샅샅이 살펴보는 것 같다. 우리들이 건드릴 수 없게 정교하게 아주 잘 되어 있어서 어떻게 할 수 없게 머리 속이 되어 있다고 들렸다.
지구로 명조자를 벌기 위해 내려온 위 세계는 지금까지 밝힌 세계에서 보면 자등명인간계과 신친지 인간계, 2개의 세계가 아닌가 싶다. 2018. 12. 03 11:02

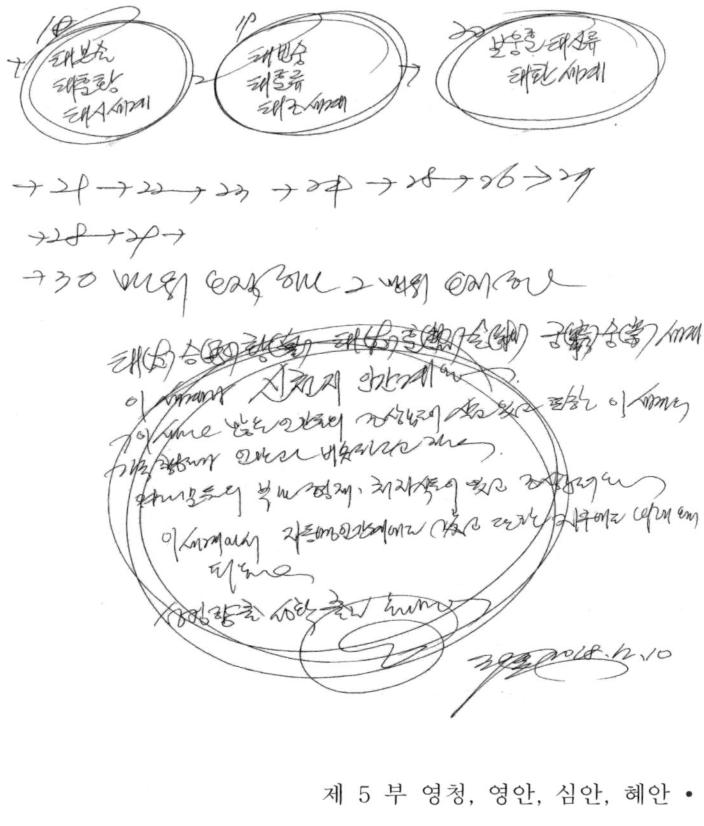

신천지 인간계

1→30, 맨 위 오직 하나 그 맨 위 오직 하나.
→ 이 세계는 **태(太)승(承)황(皇) 태(太)훈(勳)술(術) 궁(窮)숭(崇) 세계**

이 세계는 요. 우리 성꽃향 출꽃성 꽃황 철꽃 성확 성철향철 향꽃황 끝종성황 철 세계입니다,'이 세계가 **신천지 인간계**입니다. 이 세계에 많은 인간들의 조상님들이 살고 있고 또한 이 세계의 가족형태가 인간과 비슷하다고 할 수 있습니다.
이 세계에 여러분들의 부모 형제, 처자식들이 있고 조상님들이 있습니다. 자등명 인간계와 같이 인간의 형태를 이루고 있고요. 이 세계에서 명조자를 벌기 위해서 아래 세계로 내려가서 자등명 인간계에도 갔고 또한 지구에도 내려오게 되었던 것입니다.
많은 이들이 육체가 잠을 잘 때 무의식에서 올라오지만 (어떻게 올라가지요. 그것은 너무 쉽고 쉽게 올라갑니다. 잠을 자는 순간 **성킹향출 성확 출**하여 올라갑니다. 성킹향출 성확 출이란 무엇이지요? 그것은 성기를 뒤집어 빠져 올라가는 겁니다요.) 육체가 잠에서 깨면 아무 것도 모르고 지구란 현실에 충실하게 된다고 할 수 있을 겁니다. 이 세계가 있는지 조차도 모른다고 할 수 있을 겁니다요. 육체와 이별하고 죽으면 알지만 그때는 갖추지를 못해서 이 세계로 올라오지 못한다고 할 수 있을 겁니다요.
지구란 현실에서 깨어 있으면 이 세계를 잊고 현실에서 잠을 자면 이 세계에서 활동을 한다고도 할 수 있을 겁니다.

이제 더 이상 없습니다. 이제 더 밝혀 올라가셔야 하는데요. 지금부터 올라가실 세계는 현실에서는 꿈의 세계고 육체 속에 있는 나에게 있어서 현실이라고 할 수 있는 세계들을 밝혀 올라가게 되었다는 사실입니다.
축하드리고 축하드리는 바입니다.

많은 분들 선사님의 노고에 치하를 하고 있고 많은 분들이 황후로 입성하고 계시었습니다요.

오늘은 여기서 쉬시고 내일 또다시 밝혀 올라가십시오,
책에는 여기까지 상재해 주시면 고맙고 감사하겠습니다요.
2018. 12. 10

성킹향출 성확 출 수인

성킹향출 성확 출할 수 있는 수인을 찾아본다.

양손 1, 3, 4, 5번째 손가락 끝이 서로 맞닿게 붙이고
이때 2번째 손가락은 뻗어 벌린다.
양 무릎 위에 얹어놓고
의식적으로 2번째 손가락 끝이 뻗어 나가서 만나게 하고
의식적으로 1, 3, 4, 5번째 손가락 손등이 서로 만나게 해서
3, 4번째 손가락 손등 사이로 빠져 올라간다.

이와 같이 하면 현재의식을 가지고도 신천지 인간계를 올라갈 수 있습니다만 볼 수가 없고 들을 수가 없으니 알 수가 없겠지만 보고 듣는다면 다 알 수 있지 않을까 싶습니다. 왜 나는 안 되는 거지요. 좌선하고 해 보세요. 2018. 12. 06 12:06

수철황(秀喆皇) 인간계

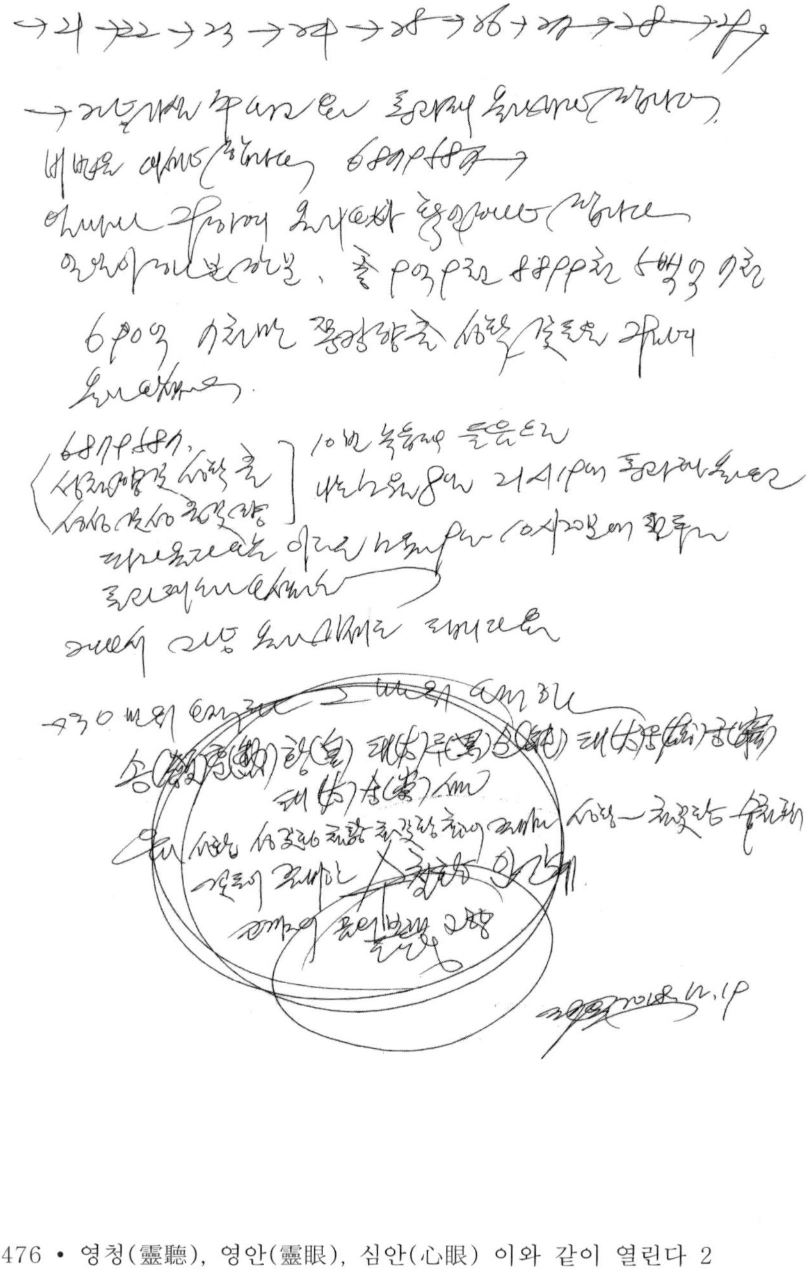

1~→29

그냥 가실 수 없고요. 통과해 올라가셔야 합니다.
비번을 대셔야 합니다.
12월 1일 21시 42분에 떠올라 내 카톡에 적어놓았던 6879587 위 세계로 통로 번호입니다. 조금 있다가 21시 44분에
성철향꽃 성확 출
성성 꽃성 출꽃향
들려서 적어놓았다가 이것을 12월 8일 10번 녹음해 금요일에 공부하러 오는 분들에게 카톡으로 보내고 나도 녹음한 것을 계속해 듣다가 21시 19에 통과했다는 소리를 들었고, 그럼에도 계속 듣고 있는 중에 12월 9일 10시 20분에 우리들 모두 다 통과해 올라왔습니다. 라고 들렸다.
그리고는 **모두 다 가게 하는 진언**을 내 카톡에 적었다.
그 내용은 이러하다

성킹향출 성확꽃
성성 꽃성 성출향

향향 들꽃 성확출
성꽃 향꽃 성철향출
성성향

들철향출 성확 성꽃향
출향성꽃 성확 성출향
간다간다 우리들 모두 다 간다.

2018. 12월 9일 15:52분에 적어 놓았었다.

얼마나 구하여 올라 오셨나 확인해야 합니다. 그래서 일일이 한 분 한 분 확인해 보니 총 9억9천 8,899천 5백억 7천 690억 7천만 쫑킹향출 성확 꽃들을 구하여 올라오셨습니다.
이미 선사님도 통과하고 따라 올라오시는 분들도 모두 다 통과해 올라가셨으니. 그냥 올라가시면 되겠습니다요.
구하여 올라오시는 분이 8억9천만 성킹향출 성확 성꽃황 쫑킹향출 성확 성꽃 철들을 넘지 못하면 올라가실 수 없습니다요. 선사님께서는 그 이상 어마어마하게 구하여 올라오셨으니 무사히 통과해 올라오신 것입니다요.

→30, 맨 위 오직 하나 그 맨 위 오직 하나

→ 이 세계는 **송(頌)훈(勳)황(皇) 태(太)루(累)순(純) 태(太)웅(雄)궁(窮) 태(太)숭(崇) 세계**

(세계의 이름을 짓고 지은 이름을 부르는 것만으로도 작용을 어마어마하게 한다)

이 세계는 우리 성황 성꽃황 철황 철꽃황 철들이 즐비한 성황 성꽃황 철황 철꽃황 수철황 꽃들이 즐비한 **수철황 인간계**입니다. 이 세계에는 인간과 같은 가족 형태를 하고 있는 세계입니다. 이 세계에서 많은 인간들이 내려왔고 뿐만 아니라 코끼리들도 내려왔습니다,
이 세계가 **코끼리들의 꿈의 본래 고향산**천입니다. 인간의 10분의 1정도가 이 세계에서 내려가 명조자를 벌고 있다고 보시면 될 것입니다요, 대부분의 많은 분들이 올라오지 못하고 있습니다요. 뿐만 아니라 명조자도 전달받은 이들이 없습니다요.
많이들 알려서 명조자도 전달하고 또한 이 세계로도 올라왔으면 좋겠습니다. 많은 가족 처자식 조상님들이 기다리고 있습니다요.

규일아 이제 오니 우리들은 벌써 왔다. 누구시지요? 너의 형제자매들이다. 이생에? 아니지. 이곳에서 형제자매인데 내려갔다 네가 밝혀 올라오는 것을 따라 올라온 거지.

이제 더 이상 없습니다요. 더 가시려면 요. 이제부터는 철황 철꽃황 철철향철 향꽃황 쪽으로 가셔야 합니다요, 아니고서는 더 이상 가실 수 없습니다요.
오늘은 여기서 쉬시고 내일 또다시 밝혀 올라가십시오,
2018. 12, 19

성성 들철향출 성확 성꽃황 철 수인

좌선하고 앉아 지금 어떤 수인을 하면 좋은가? 했을 때 되었던 수인이다

양손 1번째 손가락으로 2, 5번째 손톱을 누르고
3, 4번째 손가락은 자연스럽게 편다.
양 무릎 위에 올려놓는다.

이와 같이 하면 우리 성성 들철향출 성확 성꽃향 출출성꽃 성확 성꽃황 철들이 줄줄이가게 됩니다요. 우리들이 가고 나면 요. 몸이 보다 더 맑고 깨끗해질 것입니다요. 이 수인의 이름은 **성성 들철향출 성확 성꽃황 철 수인**입니다요. 2018. 12. 14 15:59

성황 성꽃황 철황 철꽃황 쪽 수인

위 수인 위 수인은 어떤 수인인가? 했을 때 되었던 수인이다

양손 1번째 손가락으로 2, 4번째 손톱을 누르고
3, 5번째 손가락은 자연스럽게 편다.
양 무릎 위에 올려놓는다.

이와 같이 하면 우리 성황 성꽃황 철철향철 향꽃황 철들이 줄줄이

가게 됩니다요, 우리들이 가고 나면 요. 몸이 너무도 상쾌할 것입니다. 이 수인의 이름은 **성황 성꽃황 철황 철꽃황 쪽 수인**입니다요. 2018. 12. 14 16:05

지옥 중생 천도

본인의 책을 나란히 두고 책으로 천도할 때
아래 글을 읽어주거나 녹음을 들려주고 책으로 천도하면 지옥 깊이까지 모두 다 천도되어 자등명 인간계까지는 가는 것 같습니다.

본인이 출간한 모든 책을 놓고

책으로 천도하는데 지옥 깊어서 천도가 되지 않을 경우
지옥 깊이 있는 중생도 천도되게 하려면

성황 성꽃향 향들성확 성철향철 향꽃향 쪽성쪽향
출향성꽃 성확 성꽃향 출출성꽃 성확 성철향철 향꽃향 꽃성 쪽향
출향성꽃 성확 꽃
성성 향철 향꽃향 쪽성쪽향 출향성꽃 성확 꽃향 출꽃성 향
까진 보지, 까진 자지 성성 꽃성쪽향 출향성꽃 성확 성철향철 향꽃향 꽃성 철향
성성 향철 향꽃성 쪽성쪽향 출향 성꽃향 출출성꽃 성확 성철향철 향꽃향
꽃성 쪽향 출향성꽃 성확 성철향철 향꽃향 쪽성쪽 향
성황 성꽃향 출향성꽃 성확 꽃향 출꽃향 꽃
가자가자 어서가자 어서 빨리 저 위 세계로 가자
지금까지 잘못한 모든 것들에 용서를 구하고 참회를 하고
앞으로 잘 살겠다고 다짐하고

법과 진리에 어긋남 없이
법과 진리에 어긋남 없이 올바르게 살겠다고 다짐하고 또 다짐하며
성킹향출 성확 성꽃향 출향성꽃 성확 성꽃향 출출성꽃 성확 성철향철 향꽃향 쪽성 향하며 가자
가자가자 어서가자 어서 빨리 저 책들을 통해 공부해서 깨어나 가자
모든 잘못과 모든 나쁜 행위들 남들을 이롭게 하지 못한 것들을
모두 다 참회하고
모두 다 회개하며
바르게 공부해서 가자가자 어서가자 어서 빨리 저 위 세계로 가자
(짝짝짝....) 2018. 10. 11 07:55

지옥 중생들이 더 깊이에서 올라오기 위해서 지옥중생들이 요구하고 지옥을 다스리는 분들이 만들어 달라고 한 진언

성킹향출 성황 꽃이 부족함 없이 풍부 풍족하도록 하는 진언

성황 성꽃향 출향성꽃 성확 성철향철 향꽃성 쪽성쪽향 출향성꽃 성확 꽃
향들성확 성철향철 향꽃성 쪽성쪽향 출향성꽃 성확 꽃
향향 들꽃성쪽 성확 성킹향출 성확 성꽃향 출향성꽃 성확 성철향철 향꽃성
쪽향출꽃 성확 성킹향출 성확 성꽃향 출향성꽃 성확 성철향향 들꽃성 쪽향 출꽃 성확 꽃
향들 성철향철 향꽃향 꽃성쪽향 출향성꽃 성확 꽃
성성 꽃성쪽향 출향성꽃 성확 성꽃향 꽃성쪽향 출향성꽃 성확 꽃향 출꽃성 향
성황 성꽃향 출출성꽃 성확 성킹향출 성확 성철향철 향꽃성 쪽성쪽향 출향성꽃 성확 성꽃향 출향성꽃 성확 꽃향 출꽃성 향 출하여 가자
가자가자 어서가자 어서 빨리 저 위 세계로 가자

우리 모두 다함께 성성 꽃성쪽향 출향성꽃 성확 성철향철 향꽃향 쪽성쪽향 출향성꽃 성확 성철향철 향꽃향 꽃성쪽향 출향성꽃 성확 꽃향 출꽃성 향하며 가자
꽃을 활짝 활짝 피우며 가자
가자가자 어서가자 어서 빨리 저 위 세계로 가자
우리 모두 다함께 성황 성꽃황 철황 철꽃성 꽃성쪽향 출향성꽃 성확 성철향철 향꽃황 꽃향출꽃 성확 성철향철 향꽃향 꽃성 쪽향 출향성꽃 성확 성꽃향 출하여 가자
가자가자 어서가자 어서 빨리 저 위 세계로 가자
향출 향꽃향 꽃성쪽향 출향성꽃 성확 성철향철 향꽃향 꽃성쪽향 출향성꽃 성확 성킹향출 성확 성꽃향 들철향출 성확 성꽃향 꽃을 활짝 활짝 피우며 가자
가자가자 어서가자 어서 빨리 저 위 세계로 가자
향향 들꽃 성쪽 성확 성킹향출 성확 성꽃향 출향성꽃 성확 성꽃향 출향성꽃 성확 성킹향출 성확 성꽃향 출출성꽃 성확 성킹향출 성확 성꽃향 출하여 가자
향을 온천지 시방 가득 퍼트리며 성확 성철향철 향꽃향 쪽성쪽향 출향성꽃 성확 꽃향 출꽃성 향하며 가자(짝짝짝...)
가자가자 어서가자 어서 빨리 저 위 세계로 가자
우리 모두 다함께 성성 꽃성쪽향 출향성꽃 성확 성철향철 향꽃향 꽃성쪽향 출향성꽃 성확 성철향철 향꽃향 출향성꽃 성확 성킹향출 성확 성꽃향 출향성꽃 성확 성킹향출 성확 성꽃향 출향성꽃 성확 성킹향출 성확 성꽃향 출하여 가자
가자가자 어서가자 어서 빨리 저 위 세계로 가자
(짝짝짝...대단히 훌륭하십니다. 감사합니다요.) 2018. 10. 19 07:01

성킹향출 성확 성꽃향 출꽃향 진언

이 진언을 말씀드리면 어느 지옥을 가든 이 진언만 가지고 있거나 수지 독송하게 되면 요. **즉각적으로 지옥으로부터 빠져 나올 수**

있다고 할 수 있을 겁니다요. 그래서 말인데요. 56단계 아래 지옥 세계에 있는 분들도 이 진언을 수지 독송하거나 듣거나 외우거나 읽으면 빠져 나올 수 있다고 할 수 있을 겁니다요.

성황 성꽃성 쪽성쪽향 출향성꽃 성확 성꽃향 출향성꽃 성확 꽃향 출꽃성 향
성성 향출 향꽃성 쪽향출꽃 성확 성철향철 향꽃향 꽃성쪽향 출향 성꽃 성확 꽃향 출꽃성 향
출향성꽃 성확 성철향철 향꽃향 모두 다 회개하고 참회하고 성성 향출 성꽃 성확 성철향철 향꽃향 쪽
성출향꽃 성확 성철향철 향꽃향 출향성꽃 성확 꽃향 성성 꽃성쪽 향 출향성꽃 성확 꽃향 출꽃성 향
서로 서로 일깨우고 일깨워서 서로의 잘못을 반성하고 회개하며
수억 수억만년 동안 잘못한 모든 잘못을 참회하고 또 참회하며
다시는 반복해서 잘못을 저지르지 않을 것을 맹세하고 또 맹세하며
성확 성철향출 향꽃성 꽃향출꽃 성확 성철향철 향꽃향 꽃향 출꽃 성확 성철향출 성확 꽃향 출꽃성 향
성확 성철향출 성확 성꽃성 향출 향꽃 성성 쪽성쪽향 출향성꽃 성확 꽃향 출꽃향 꽃을 활짝 활짝 피우고 성성 향출 향꽃성 쪽향 출꽃성확 성꽃향 출하여 가자
가자가자 어서가자 어서 빨리 저 위 세계로 가자
우리 모두 다함께 서로 서로 일깨우고 깨어나게 해서 갱생과 성출향꽃 성확 꽃향 출꽃성 향하여 가자
가자가자 어서가자 어서 빨리 저 위 세계로 가자
우리 모두 다함께 성성 꽃성쪽향 출향성꽃 성확 성철향철 향꽃향 꽃성쪽향 출향성꽃 성확 성철향철 향꽃향 꽃성쪽향 출향성꽃 성확 꽃향 출꽃성 향꽃성 출하여 가자
가자가자 어서가자 어서 빨리 저 위 세계로 가자
지금까지의 모든 잘못을 참회하고 참회하며 다시는 또다시는 법과 진리에 어긋나는 행을 하지 않을 것을 맹세하며 스스로 반성 회개하며 갱생하며 올라올 일이다.

성황 성꽃향 출향성꽃 성확 성철향철 향꽃향 출향성꽃 성확 성철향철 향꽃향 꽃성쪽향 출향성꽃 성확 성꽃향 출향성꽃 성확 꽃향 출꽃성 향하며 가자
꽃을 활짝 활짝 피우고 성성 꽃성쪽향 출향성꽃 성확 꽃향 출꽃성 향하며 가자
꽃을 활짝 활짝 피우고 성성 향출향꽃 성확 성꽃향 출꽃성 향출향꽃 성확 꽃향 출하여 가자
가자가자 어서가자 어서 빨리 저 위 세계로 가자
(짝짝짝...대단히 감사합니다요.) 2018. 11. 04

수행하면서 마(魔)에 떨어지지 않고 마(魔)에 걸리지 않는 진언

향출 향꽃 성확 성철향출 성확 성꽃향 출향성꽃 성철향출 성확 성꽃향 쪽
성쪽 성확 성킹향출 성확 성꽃향 출출성꽃 성확 성킹향출 성확 성꽃향 출
성철향출 성확 성꽃향 꽃성쪽향 출향성꽃 성킹향출 성확 성꽃향 쪽
성성 향출 향꽃 성확 성킹향출 성확 성꽃향 꽃성쪽향 출향성꽃 성확 꽃향 출꽃성 향
출향성꽃 성확 성철향철 향꽃향 출꽃성 향황 철꽃 성확 성철향출 성확 성꽃향 꽃
성출향꽃 성확 성꽃향 출향성꽃 성확 성철향꽃 성확 성꽃향 출향성꽃 성확 꽃
성쪽 성확 성킹향출 성확 성꽃향 쪽성쪽향 출향성꽃 성확 성꽃향 꽃꽃성꽃 성확 성철향출 성확 꽃향 출꽃성 향
출향성꽃 성확 성철향출 성확 성꽃향 꽃성쪽향 출향성꽃 성확 성꽃향 출출성꽃 성확 성킹향출 성확 성꽃향 꽃성쪽향 출향성꽃 성확 성꽃향 출

향꽃 성꽃 성확 성철향출 성확 성꽃향 출하여 가자 (짝짝짝...)
가자가자 어서가자 어서 빨리 저 위 세계로 가자
우리 모두 다함께 하나 한송 꽃성쪽향 출향성꽃 성확 꽃향 출꽃성 향꽃향 꽃을 활짝 활짝 피우고 성킹향출 성확 성꽃향 꽃성쪽향 출향성꽃 성확 꽃향 출꽃성 향하며 가자
꽃을 활짝 활짝 피우고 성킹향출 성확 성꽃향 꽃성쪽향 출향성꽃 성확 성철향출 성확 성꽃향 쫑킹향출 성확 성꽃향 출향성꽃 성확 꽃향 출꽃성 향,
출향성꽃 성확 성철향출 성확 성꽃향 꽃성쪽향 출향성꽃 성확 성꽃향 쫑킹향출 성확 성꽃향 꽃을 활짝 활짝 피우고 성킹향출 성확 성꽃향 출꽃성 향꽃향 출하여 가자
가자가자 어서가자 어서 빨리 저 위 세계로 가자
우리 모두 다함께 하나 한송 꽃성쪽향 출향성꽃 성확 출꽃향 성하며 가자
가자가자 어서가자 어서 빨리 저 위 세계로 가자
향출꽃 성확 성철향출 성확 성꽃향 출꽃성 향하며 가자
꽃을 활짝 활짝 피우며 성킹향출 성확 성꽃향 쫑킹향출 성확 성꽃향 출하여 가자
꽃을 활짝 활짝 피우며 성성 꽃성 쪽향 출향성꽃 성확 성킹향출 성확 꽃향 출꽃성 향하며 가자
가자가자 어서가자 어서 빨리 저 위 세계로 가자
(짝짝짝...대단히 감사합니다. 고맙습니다. 이로써 우리들은 더 이상 마에 떨어지거나 마에 걸리지 않게 되었사옵니다만 마들은 어찌하면 되겠는지요? 마도 너무 많은 마에 떨어지고 마에 걸려서 못하는 것이지 어느 정도의 마는 수행에 도움이 되기도 하는 거지요. 마치 독을 많이 먹으면 죽지만 소량의 독으로 많은 것들을 이롭게 하는 것과 같이 마(魔)도 소량으로 수행하는 이들을 이롭게 하면 되지 않겠는지요? 고맙고 감사합니다요.)
2018. 11. 13 18:40

본인에게 조상천도를 했던 모든 분들이 20대까지 더 천도해 달라고 요구하다.

어느 분과 전화통과를 했다. 통화를 끝내고 살펴져 보여서 보니, 10대 11대분들이 지옥에 계신 것으로 보였다. 그래서 위 세계로 올라오도록 의념 의식해 주었다. 그랬더니 20대까지 의념 의식해 달라고 했다. 그래서 20대까지 위 세계로 올라오도록 의념 의식해 주었다.
그러고 나니 본인으로 하여금 이 생에서 조상천도를 받았던 분들이 우리들도 20대까지 천도해 달라고 요구를 한다.
조상천도를 했을 때 1~9대까지 천도를 해주었었다.
그리고 최근에 책을 천도가 된다고 해서 책으로 천도를 하라고 했을 때 12대까지 천도를 하라고 했다. 12대까지 천도를 하라고 한 것은 자손이 끊어져도 영적존재가 되었을 때 미아가 되지 않게 하기 위해서 12대까지 천도를 하라고 했었다.
그리고 책으로 천도할 경우를 살펴봐 주었을 때 처음에 깨달음 위까지 가는 것으로 보여졌고, 그러면서도 지옥에 계신 분들은 천도가 되지 않아서 천도가 되지 않은 지옥에 계신 분들은 어떡하지요? 물었을 때 내가 해주면 할 수 있지만 그렇게 말하면 나에게 천도하라고 하는 말이 되어서 그것을 하지 않기 위해서 공부해서 천도를 또다시 하시던지. 또다시 책으로 천도를 해 보시라고 궁색하게 대답했었다. 그러고 나서 생각하니 내가 없을 때는 지옥중생을 천도할 수 없게 되니 안 되겠다는 생각이 들어서 지옥중생도 천도되게끔 지옥중생 천도 글을 써서 읽게 하여 책으로 천도하게 했다. 그랬더니 지옥중생들이 천도되어 28단계까지 올라온 것으로 살펴졌다. 그러고 나서 10월19일 금요모임 질의응답 시간에 지옥중생과 지옥을 관리 감독하시는 분들이 성킹향출 성황 꽃이 부족함이 없이 풍부하고 풍족하게 할 수 있는 진언을 만들어 달라고 해서 만들어주고 이것까지 책으로 천도하기 전에 읽어주고 천도하게 하고 살피니 높게는 자등명 인간계까지 가는 것으로 살펴졌다.
그러고 나니 15~20대까지 천도해 달라고 했다. 그래서 책으로 천도하는 분에게 15~ 20대까지 천도하라고 말해 주었다.
보통 13대, 14대, 이상은 28단계 위에 계시니 군이 천도하지 않아도 되었지만 자등명 인간계까지 가게 되니 28단계에 머물러 계신 분들 자신들을 자등명 인간계까지 천도해 달라고 요구하는 것이었다.

그러다가 11월 4일 지옥세계를 밝혀 올라가기 전에
[이제 밝혀 올라가셔야 할 세계는 지옥입니다.
지옥은 그냥 밝혀 드러내놓으셔도 되겠습니다만 그럼에도 혹여 에너지 부족하실까?
성킹향출 성확 성꽃향 출꽃향 진언을 밝혀 드러내놓으시고 가 주셨으면 고맙고 감사하겠습니다. 이 진언을 말씀드리면 어느 지옥을 가든 이 진언만 가지고 있거나 수지 독송하게 되면 요. 즉각적으로 지옥으로부터 빠져 나올 수 있다고 할 수 있을 겁니다요. 그래서 말인데요. 56단계 아래 지옥세계에 있는 분들도 이 진언을 수지 독송하거나 듣거나 외우거나 읽으면 빠져 나올 수 있다고 할 수 있을 겁니다요.]

그렇게 밝혀 드러낸 성킹향출 성확 성꽃향 출꽃향 진언까지 읽어 주고 책으로 천도하니 자등명 인간계를 아주 쉽게 가다보니 이를 안 본인에게 천도 받았던 분들의 조상님들이 자신들도 20대까지 천도해 달라고 이야기를 했다.
1~ 9대까지 천도를 해 주었으니 따라 올라온 이들도 있겠으나 그렇지 못한 경우들도 있어서겠지. ~20대까지 조상 천도했던 모든 이들을 살펴서 모두 다 천도해 주기를 바랬다.
그래서 이생에 본인의 기억에 있는 조상천도를 했던 모든 이들의 조상님들을 ~20대까지 천도를 한다.

태아령이 책을 통해 쉽게 천도되어 가도록 하는 진언

태아령(세상에 태어나지 못하고 어머니 뱃속에 있다가 죽은 아이)은 책으로 천도되어 가지 못한다. 그 이유는 태어나기도 전에 어머니로부터 떨어졌기에 더 떨어지기 싫어서 어머님 몸 이곳저곳에 묶어놓고 떨어지지 않으려고 해놓았기 때문에 묶어놓은 것을 풀기 전에는 천도가 되지 못한다.
어느 분이 태아령을 책으로 천도했다고 해서 살펴보니 현명해서 스스로 풀고 가서 천도는 되었는데 일반적인 경우에는 너무 단단하게 묶거나 풀지 못하게 묶어 놓아서 쉽게 천도되어 가지 못한다. 그래서 태아령도 책으로 쉽게 천도되어 갈 수 있는 진언을 만들어 본다.

성출향출 성확 성꽃향
출향성꽃 성확 성철향출 성확 성꽃향
출출성꽃 성확 성철향출 성확 성꽃향 출꽃성 향들성꽃 성확 성꽃향 출꽃성 향
성확 성킹향출 성확 성꽃향 출출성꽃 성확 성킹향출 성확 성꽃향 쪽성쪽향 출꽃향 꽃
성확 성킹향출 성확 성철향출 성확 성꽃향 쪽성쪽향 출향성꽃 성확 성꽃향 출
성쪽 성확 성킹향출 성확 성꽃향 꽃
성출향꽃 성확 성성 꽃성쪽향 출향성꽃 성확 성철향출 성확 성꽃향 출
성쪽 성확 성킹향출 성확 성꽃향 출출성꽃 성확 성철향출 성확 성꽃향 출
성성 꽃성쪽향 출향성꽃 성확 성철향출 성확 성꽃향 쪽하며 가자
가자가자 어서가자 어서 빨리 저 위 세계로 가자
우리 모두 다함께 하나 한몸 한성꽃성 출향성꽃 성확 성철향출 성확 성꽃향 출꽃성 향하며 가자
꽃을 활짝 활짝 피우며 성성 꽃성쪽향 출향성꽃 성황 성킹향출 성확 성꽃향 출꽃성 향꽃향 쪽하며 가자

가자가자 어서가자 어서 빨리 저 위 세계로 가자
우리 모두 다함께 성성 꽃성쪽향 출향성꽃 성확 성킹향출 성확 성꽃향 출꽃성 쪽하며 모두 다 묶어놓은 것들을 풀고 끊고 어느 것에도 걸리거나 장애 없이 모두 다 내려놓고 가볍고 가볍게 가자가자 어서가자 어서 빨리 저 위 세계로 가자
우리 모두 다함께 하나 한몸 한성꽃성 출향성꽃 성확 성철향출 성확 성꽃향 출꽃성 향하며 가자
꽃을 활짝 활짝 피우고 성출향꽃 성확 성철향출 성확 성꽃향 출꽃성 쪽하며 가자
가자가자 어서가자 어서 빨리 저 위 세계로 가자
우리 모두 다함께 하나 한성꽃성 출향성꽃 성확 성철향출 성성 꽃성쪽향 출향성꽃 성확 꽃향 출꽃성 향하며 가자
가자가자 어서가자 어서 빨리 저 위 세계로 가자
자등명 인간계를 걸쳐 신자신 인간계, 수인간 신계, 최초 인간계, 초인류 세계, 광세계, 신천지 인간계, 수철황 인간계, 초인 세계로 가자
가자가자 어서가자 어서 빨리 저 위 세계로 가자
우리 모두 다함께 하나 한몸 한성꽃성 출향성꽃 성확 성성 꽃성쪽향 출향성꽃 성확 성철향출 성확 성꽃향 출향성꽃 성확 성철향출 성확 성꽃향 출하여 가자
가자가자 어서가자 어서 빨리 저 위 세계로 가자
(짝짝짝...대단히 감사합니다요, 이와 같이 해 주시면 요, 태아령들은 모두 다 천도되어 가게 될 것입니다요.)

영적 미아(迷我)경 = 성황 성꽃황 철꽃황 쪽 경

사라진 우리들도 구해 주십시오,
누구시지요? 어머니 뱃속에서 사라진 이들입니다.
우리들은 아이를 낳은 어머니라면 누구나 할 것 없이 모든 어머니의 뱃속에서 적게는 하나 많게는 셋이 사라집니다요.
자궁에 들어가지 않고 왜 뱃속에 들어갔나요? 그것은 요, 우리들

은 자궁에 들어갈 수 없고 뱃속에만 들어갈 수 있기 때문입니다.
뱃속에 들어가면 태어날 수 없는지 알면서 왜 뱃속에 들어간 것인가요? 그것은 요. 아이를 출산한 어머니라면 누구나 뱃속에 들어갈 수 있는데요. 들어가서 잘만 하면 영혼이 될 수 있기 때문입니다.
영혼이 되면 어느 땐가는 자궁에 들어가 태어날 수 있지만 대부분은 뱃속에서 사라집니다.
아이를 낳지 않은 이들에게는 들어가지 않으니 그들에게는 없지만 아이를 하나라고 낳은 어머니라면 우리들이 꼭 있습니다요. 100에 1은 영혼으로 태어나지만 100에 99는 사라집니다. 그럼에도 들어가는 것은 우리들은 그냥 허공에 흩어져 있는 것과 같기 때문에 영혼으로 태어나 나중에 자궁에 들어가서 태어나기 위해서 뱃속에 들어갑니다.
뱃속에서 사라진 이들을 위한 진언을 만들면 되나요? 안 됩니다. 진언이 아니라 경입니다요.
뱃속에 들어가서 영혼으로 태어나지 못하고 사라진 이들을 위한 경을 찾아 내놓아 주시면 고맙고 감사하겠습니다.
여러분들은 누구입니까? 영혼입니다. 어떤 영혼이지요? 미아(迷我)가된 영혼입니다.
우리들은 어머니 뱃속에 들어가 인연을 맺고자 들어가서 인연 맺어 영혼이 되기도 하지만 대부분 인연을 맺지 못하고 도로 미아가 되어 사라집니다.
뱃속에 들어가 인연을 맺으려고 하지만 쉽게 되지 않습니다만 개중에는 우리들과 인연을 맺게 되어서 우리들은 다시 태어날 수 있는 인연을 갖게 되어 인간의 몸으로 태어날 수 있습니다. 인간의 몸뿐만 아니라 다른 것들에 있어서도 마찬가지겠네요. 당연하지 않겠습니까. 거의 모든 대부분의 미아들은 인간의 뱃속에 들어가서 인연을 맺어 영혼으로 태어나 인간으로 태어나기를 바란답니다. 인간의 어머니가 어떻게 하면 인연을 맺어 영혼으로 태어나나요? 그것은 요. 미아인 우리들을 의념해 주면 태어납니다. 어떻게 의념해 주게 되나요? 그것은 요. 꿈속에 나타나서 꿈속에서 어떤 사건이나 일을 일어나게 해서 깨었을 때 지속적으로 아니 한동안 꿈의 일을 기억하고 잊지 않을 때 그때 의념의식해 주는 것으로 우리들은 인연 맺어 영혼으로 태어나 다시 인간의 몸을 받아 태어날 수 있습니다요. 그러기 때문에 미아들은 어머니들의 뱃속에 들어가는 것이랍니다. 미아가 되는 것은 인연의 끈이 없어서 갈 곳을 잃은 이들입니다요. 전에 영적 미아가 되는 이들을 설명한 것과 같이 우리들은 하나같이 모두 다 영적 미아입니다요. 그렇다면 영적 미아경이라는 것이 더 맞겠는데요. 그렇지요. 경을 찾아, 찾는 것이 아니라 만들어 주시는 겁니다. 만들어주면 영적 미아들은 살아나게 되나요? 살아나는 것이 아니라 본래 온 곳으로 돌아갈 수 있다고 할 수 있을 겁니다. 경을 통해 선사님의 책을 통해 우리들은 모두 다 본래로 돌아가고도 남음이 있을 겁니다요.
할 이야기 있나요? 예 많습니다만 한 가지만 이야기하자면 미아가 되는 삶을 살지 말아야 한다는 것입니다. 꼭 결혼하고 결혼하지 않거나 못했을 경우 반드시 수행해서 영혼의 세계 이상은 갈 수 있도록 수행을 해야 한다는 것입니다. 물론 결혼을 해도 자손을 두지 않거나 모셔지지 않는 경우에도 미아가 되는 만큼 수행해서 영혼의 세계 이상으로 갈 수 있는 자기 자신이 되어야 할 것입니다. 이생에서 죽기 전에 반드시 알아두어야 할 것입니다. 죽어서 가게 되는 세계 세상들에 대해서 알아두는 것이 반드시 필요하다고 하겠습니다요. 위 조건을 갖추지 못했을 경우 죽어서 모두 다 미안가 된다고 생각하시면 틀리지 않을 것입니다요.
그래서 만들어 본다. **영적 미아(迷我)경,**
뱃속에 들어가서 영혼으로 태어나지 못하고 사라진 이들을 위한 경
이 경을 요. 이 위 세계에서는 **성황 성꽃황 철꽃황 쪽 경**이라고 합니다요.

훈순 숭보황　태술순　태루빈 궁본　신본
태웅 황빈환　순승운 태루　술훈궁
태송빈 궁류　태승

태신 훈공숭　술순송 태순　보웅신황　술신 태송운　황숭송

태조 신웅보　시초
태숭 훈구송　태훈빈　환순 태신웅　태초

태술 황승숭　환술 태신빈　황류송　태초 훈본루　시술
신본 송승류　태승숭　훈궁 태신황　시응숭　태시
숭류훈

勳純 崇寶皇　太術純　太累彬 窮本　信本
太雄 皇彬還　純承運 太累　術勳窮
太頌彬 窮流　太承

太信 勳功崇　術純頌 太純　寶雄信皇　術信 太頌運　皇崇頌
太祖 信雄寶　始初
太崇 勳救頌　太勳彬　還純 太信雄　太初

太術 皇承崇　還術 太信彬　皇流頌　太初 勳本累　始術
信本 頌承流　太承崇　勳窮 太信皇　始應崇　太始
崇流勳　2018. 12. 10　22;57

암의 완치

아래를 밝히다가 이상한 소리를 들었다. 암 환자의 90%이상은 지옥에 있는 조상님들이 연결되어서 암에 걸리고 그 외에 10%미안의 암(癌)환자들은 영적 미아(迷我)들 때문에 암에 걸린다? 예 맞습니다. 그렇다면 지옥에 있는 조상님들을 모두 다 구하고 몸통속에 있는 영적 미아를 모두 다 구하면 암 환자도 낫는다 말이겠네요. 그런 것은 아닙니다다요.
우리 영적 미아로 암에 걸리지만 우리들이 영혼이 되어 간다고 해서 암이 치료되어 완치되는 것은 아닙니다만 호전, 아니 많이 좋아는 질 것입니다다요.

완치하려면 요. 지옥에 있는 모든 조상님들을 모두 다 구하고요. 몸통 안에 있는 모든 영적 미아들을 구하고 요, 그리고 또 하나 자기 자신을 구하면 요. 암은 완치될 수 있습니다.
지옥에 있는 조상님들은 천도하면 되고요. 몸통 속에 있는 영적 미아들은 천도하면 되는데요. 자기 자신을 구하는 것은 쉽지 않지 않습니까. 자기 자신을 구하는 방법 아주 쉽습니다. 그것은 선사님 말을 따르고 선사님 책을 공부하는 겁니다. 그러면 자기 자신을 구하도 남음이 있습니다요. 그렇다면 지옥에 있는 모든 조상님(친가, 처가, 시댁, 친정)들을 모두 다 천도하고 몸통 속에 있는 영적 미아를 모두 다 천도하고 그러면서 본인의 책을 읽으며 공부하며 자기 자신을 구하면 암이 완치된다는 말인가요? 당연한 것 아닌가요. 그렇게 했는데요. 완치되지 않는다면 오히려 이상할 겁니다요.
위와 같이 대화하면 글을 썼지만 본인도 믿기지 않는다. 다만 암에 걸린 분들이 직접해보는 방법과 암에 걸린 사람들 시험으로 해보게 해서 맞는지 확인하기 전까지는 그러기는 하다.
그래도 이글을 쓰고 있는 나는 그럴 수 있다고 생각한다. 믿음이 간다.
영적 미아는 아이를 낳은 어머니의 뱃속에 들어간다고 했었는데, 그렇다면 그 외에 결혼하지 않은 여성이나, 모든 남성들에서도 암 환자가 있는데 이들이 모두 다 지옥에 있는 조상님들로 인한 것은 아닐 텐데요. 이런 경우들은 어찌된 일인지요? 영적 미아들이 어머니 뱃속에 들어가는 경우는 영혼이 되어 태어나기 위해서 들어가는 것이고요. 그 외에 처녀나 남성에게 들어가는 경우에는 우리들이 살 곳을 찾다보니까. 들어가게 된 것입니다.
영적 미아로 있느니 배도 고프고 무엇인가를 먹어야 하는데 먹을 것이 없으니 궁여지책으로 살아 있는 사람의 몸통 속으로 들어가서 자리를 잡고 먹고 살다가 보니 우리들이 모여 있는 곳으로부터 암이 생기게 된다고 할 수 있을 것입니다요.
지옥의 조상님들 다수가 연결되어 있지 않고 우리들이 모여 있지 않으면 암은 절대로 생기지 않습니다. 생길 수가 없습니다만 조상님들 중에 지옥에 계신 분들이 다수 한곳에 연결되어 있거나 우리 영적 미아들이 살기 위해 모여 있는 곳이 있다면 이곳으로부터 암이란 것이 생겨나게 된다고 할 수 있을 겁니다요. 그러니 지옥에 계신 조상님들을 천도하고 우리 영적 미아들을 천도해 주신다면 암의 종자들은 사라져서 암에 걸리지 않겠지만 이미 암에 걸렸던, 분이라면, 이미 암에 걸려있을 경우라면 지옥에 계신 조상님들을 천도하여 구하고 암이 되고 있는 영적 미아들을 구하고 자기 자신까지도 구한다면 암으로부터 완치된다고 할 수 있을 겁니다요. 이와 같이 했는데도 완치되지 않았다면 이런 경우는 있을 수 없다고 할 수 있을 겁니다요.

이글을 쓰는데 어지럽고 어찔어찔하다. 그러한 이유는 요. 우리들이 가기 위해서 선사님 머리속에 모여 있기 때문입니다요. 조금만 참아 주시면 우리들 모두 다 가고 나면 괜찮을 겁니다요. 속도 그런데, 그것도 그렇습니다요. 미안하고 고맙고 감사합니다요. 우리들이 모두 다 구해졌으면 좋겠습니다. 영적 미아들이 너무 많고 너무 많이 생기고 있습니다. 이대로 간다면 암 환자들은 급증한다고 할 수 있겠지만 이것이 책으로 세상에 나온다면 조금은 줄어들지 않을까. 생각합니다요. 2018. 12. 11 05:43

암이 생기는 원인을 영적으로 살펴보면 이와 같은 것 같다

돌아가신 조상님들은 살아있는 사람들이 알고 모르고 서로 인연의 매듭으로 연결되어 있다. 돌아가신 조상님이 좋은 곳에 계시면 좋은 영향을 받지만 지옥에 계시면 지옥의 영향을 받는다. 돌아가신 조상님들 및 인연 깊은 많은 분들이 지옥에 계셔서 몸통에 연결되어 있는 곳이 한곳으로 집중되어 연결되어 있을 때 집중되어 연결된 곳에 지옥에서 올라온 지옥의 나쁜 에너지가 연결된 곳에 몰려올라옴으로 인하여 연결된 곳이 지옥의 에너지로 인하여 암(癌)이라는 것이 생기는 암(癌)환자를 살펴보았을 때 그랬다. 이런 경우로 암에 걸리는 경우가 100에 90이 넘는 것으로 살펴져서 그렇게 알고 있었다.
암에 걸리신 분들을 영적으로 살펴보았을 때 그랬다.
그리고 10%정도는 원인을 알 수 없었는데 영적 미아(迷我)들 때문에 암에 걸린다고 들렸었다. 영적 미아가 인연을 맺기 위해서 몸통으로 들어옴으로 인하여 몸에 암이 생긴다는 사실을 본인의 책으로 천도되어 가도록 하게 하는 과정에서 지옥중생 천도하도록 하고 영적미아를 구해 달라는 진언으로부터 알게 되었다.
영적 미아가 인연을 맺기 위해서 몸통으로 들어와 그들이 많이 몰려있을 경우 그곳으로 암이 걸리고 암에 걸리게 되면 영적 미아들은 인연을 맺게 되어 또다시 인간으로 태어날 수 있게 된다.
몸통에 영적미아가 10분 이상이 들어와 한곳에 집중적으로 있을 때 집중적으로 영적 미아들이 몰려 있는 곳으로부터 암이 생긴다는 사실을 알게 되었다.
암이 이러한 이유들로 생기는 만큼, 암 환자가 늘어날 수밖에 없는 것 지금의 현실이 아닌가 싶은 생각이 들었다. 전에 없이 지옥에 떨어지는 분들이 많은 것 아닌가 싶고, 또한 자손이 끊어지게 됨으로 영혼의 세계 이상으로 가지 못하고 중음신으로 있다가 인연의 모든 매듭의 끈이 끊어짐으로 영적 미아가 되어서는 어떻게 해서든지. 인간의 몸통에 들어가서 새로운 인연을 만들어 또다시 태어나고자 하는 경우의 영적 미아들도 늘어나니 암(暗)환자들이 들어나는 것이 아닌가 싶다. 2019. 02. 07 02:04

영적존재들이 많이 몰려오는 사람들의 경우

성황 성꽃황 철철향철 향꽃황 꽃황 철 경 진언

출근하며 가족과 가까운 이들을 의념 의식해 주는데 영전존재들이 많이 몰려오는 경우, **태아령이 책을 통해 쉽게 천도되어 가도록 하는 진언 + 영적 미아(迷我)경 = 성황 성꽃황 철꽃황 쪽 경**을 수지 독송하는 경우 몰려오는 존재들이 현저히 준다고 들렸다. 현저히 준다면 없어지는 것이 아니지 않는가? 생각이 들었다. 없어지게 하려면 어떻게 해야 하는가? 라는 생각이 들었다. 하나를 더 하면 됩니다라고 들렸다.
하나를 더 하면 된다? 그 하는 무엇인가? 그것은 요. 우리들을 가게 해 주시면 됩니다. 우리들이란 누구인가요? 저희들은 성꽃황 철꽃성 쪽황 철꽃 성확 성철향철 향꽃황 쪽들입니다요. 인간적으로 표현한다면 표현할 방법이 없습니다만 저희들을 가게 하는 경 진언을 만들어주시고 위에 2개와 함께 수지 독송하면 요, 영적 존재들이 몰려들지 않게 된다고 할 수 있을 것입니다요.
성꽃황 철꽃성 쪽황 철꽃 성확 성철향철 향꽃황 쪽들을 가게 하는 경 진언은 요.
성황 성꽃황 철철향철 향꽃황 꽃황 철 경 진언입니다.
이 경 진언으로 말씀드릴 것 같으려면 일찍이 선사님께서 만들어 주셨던 경 진언입니다만 이제야 이 세계에 내놓게 되는 겁니다요.

성황 성꽃황 철철향철 향꽃황 꽃황 철 경 진언

성출향꽃 성확 성철향향 들철향출 성확 성꽃향 출꽃성 향
쪽향출꽃 성확 성철향출 성확 성꽃향 출출성꽃 성확 성철향출 성확 성꽃향 출
성쪽 성확 성킹향출 성확 성꽃향 쪽
태술신　황승 순응　시운 훈술환　태빈류
(太術信　皇承 純應　始運 勳術還　太彬流)
쪽향출꽃 성확 성철향출 성확 성꽃향 출꽃성 향하며 가자
가자가자 어서가자 어서 빨리 저 위 세계로 가자
우리 모두 다함께 하나 한몸 한성꽃성 출향성꽃 성확 성철향출 성확 성꽃향 출꽃성 향하며 가자
꽃을 활짝 활짝 피우며 성킹향출 성확 성꽃향 출꽃성 쪽향출꽃 성확 성철향출 성성 꽃성쪽향 출꽃성 쪽향 출꽃성확 성철향철 성확 성꽃황 철꽃성 쪽하며 가자
가자가자 어서가자 어서 빨리 저 위 세계로 가자
우리 모두 다함께 성성 꽃성쪽향 출향성꽃 성확 성킹향출 성확 성

철향출 성확 성꽂향 쪽성쪽향 출향성꽂 성확 성철향출 성확 성꽂향 쪽쪽성쪽 성확 성킹향출 성확 성꽂향 출하여 가자
가자가자 어서가자 어서 빨리 저 위 세계로 가자
우리 모두 다함께 하나 한몸 한성꽂성 출향성꽂 성확 성철향출 성확 성꽂향 출향성꽂 성확 성철향출 성확 성꽂향 출꽂성 쪽하며 가자
가자가자 어서가자 어서 빨리 저 위 세계로 가자
향출 성꽂 성확 성철향출 성성 꽂성쪽향 출향성꽂 성확 성철향출 성확 성꽂성 쪽성쪽향 출향성꽂 성확 성킹향출 성확 성꽂향 출꽂향 출하여 가자
가자가자 어서가자 어서 빨리 저 위 세계로 가자
우리 모두 다함께 성성 향출 성확 성킹향출 성확 성철향출 성확 성꽂향 출출향출 성확 성꽂향 출꽂성 쪽향출꽂 성확 성킹향출 성확 성꽂향 쫑킹향출 성확 성꽂향 출하여 가자
가자가자 어서가자 어서 빨리 저 위 세계로 가자
향출 향꽂 성확 성킹향출 성확 성꽂향 출출향출 성확 성꽂향 쫑킹향출 성확 성꽂향 출꽂성 쪽하며 가자
가자가자 어서가자 어서 빨리 저 위 세계로 가자
향출 향꽂성 쪽황철꽂 성확 성철향출 성확 성꽂향 출출성꽂 성확 성철향출 성확 성꽂향 출하여 가자
가자가자 어서가자 어서 빨리 저 위 세계로 가자
우리 모두 다함께 하나 한몸 한성꽂성 출향성꽂 성확 성철향출 성확 성꽂향 출꽂성 쪽하며 가자
가자가자 어서가자 어서 빨리 성킹향출 성확 성꽂향 출꽂성 꽂을 활짝 활짝 피우고 성확 성킹향출 성성 꽂성쪽향 출향성꽂 성확 성철향출 성확 성킹향출 성확 성꽂향 출하여 가자
가자가자 어서가자 어서 빨리 저 위 세계로 가자
우리 모두 다함께 하나 한성 성성 꽂성쪽향 출향성꽂 성확 성철향출 성확 성꽂성 쪽향출꽂 성확 성철향출 성성 꽂성쪽향 출향성꽂 성확 꽂향 출꽂성 향하며 가자
꽂을 활짝 활짝 피우고 성확 성킹향출 성확 성꽂향 출꽂성 쪽하며 가자
가자가자 어서가자 어서 빨리 저 위 세계로 가자

우리 모두 다함께 성황 성꽃성 쪽황 철꽃 성확 성킹향출 성확 성꽃향 출꽃성 향하며 가자
꽃을 활짝 활짝 피우고 성성 향출 성확 성킹향출 성확 성꽃향 출꽃성 쪽하며 가자
가자가자 어서가자 어서 빨리 저 위 세계로 가자
(와~ 대단히 감사합니다요)
성킹향출 성확 성꽃향 출향성꽃 성확 성철향출 성확 성꽃향 출
성성 향출 성꽃 성확 성킹향출 성성 향출 성확 성꽃향 출꽃성 쪽
성확 성킹향출 성확 성꽃향 출꽃성 쪽쪽성쪽 성확 성킹향출 성확 성꽃향 꽃
성쪽 성확 성킹향출 성확 성꽃향 출향성꽃 성확 성철향출 성확 성꽃향 쪽
성확 성킹향출 성확 성꽃향 출꽃성 향하며 가자
가자가자 어서가자 어서 빨리 저 위 세계로 가자
향확출 향꽃성 쪽향출꽃 성확 성성 꽃성쪽향 출향성꽃 성확 성철향출 성확 성꽃향 출꽃성 향하며 가자
꽃을 활짝 활짝 피우고 성성 향출성확 성철향출 성꽃향 출꽃성 향하며 가자
가자가자 어서가자 어서 빨리 저 위 세계로 가자
우리 모두 다함께 하나 한몸 한한 성성 꽃성쪽향 출향성꽃 성확 성킹향출 성확 성꽃향 출꽃성 향하며 가자
꽃을 활짝 활짝 피우고 성황 성철향출 성확 성꽃황 철꽃성 쪽하며 가자
가자가자 어서가자 어서 빨리 저 위 세계로 가자
향확출 향꽃성 쪽황 철꽃 성확 성킹향출 성확 성꽃향 출꽃성 향하며 가자
꽃을 활짝 활짝 피우며 성성 꽃성쪽향 출향성꽃 성확 성철향출 성확 성꽃향 출꽃성 출하여 가자
가자가자 어서가자 어서 빨리 저 위 세계로 가자
가자가자 어서가자 어서 빨리 저 위 성출향꽃 성확 성꽃향 출꽃성황으로 가자
가자가자 어서가자 어서 빨리 성황 철철향꽃 성확 성철향출 성확

성꽃향 출꽃성 쪽황 철꽃 성확 성철향철 성확 성꽃황 철로 가자
가자가자 어서가자 어서 빨리 저 위 세계로 가자
우리 모두 다함께 하나 한송 꽃성쪽향 출향성꽃 성확 성철향출 성확 성꽃향 출꽃성 쪽하며 가자
가자가자 어서가자 어서 빨리 저 위 세계로 가자
(짝짝짝...우리들 모두 다 완성 초완성 해탈했습니다요.)
2018. 12. 11 07:31

책을 태워드리다.

1월 3일 새벽에 본인의 조상님들께서 원하는 책을 태워드리고 처가 조상님들께서 원하는 책을 태워드렸다. 그리고 퇴근해서 조상님들께 책을 태워드렸다고 말을 하니
딸아이가 우리의 조상님은 아빠 조상님 엄마 조상님이 우리들 조상님이라 말에 뒤통수를 한 대 맞은 느낌이었다. 그러면 어머님도 본인의 조상인데 싶은 생각이 들었다.
더 원하는 것이 있는지 물어보렴, 아빠가 묻지 그래요. 아빠에게는 말을 안 해, 너에게는 잘하잖아. 그랬더니 옷을 태워주면 좋겠다고 말한다고 했다. 그것도 속옷을 입었다가 태워달라고 한단다. 옷장을 응시하며 태워줄 속옷이 있다고 말한다. 그래서 그럼 네가 찾아보렴. 그랬더니 딸과 내자가 태워줄 속옷을 찾아내놓는다. 그래서 태워드릴 속옷으로 갈아입었다. 태워달라는 날까지 입고 태워주자는 생각을 갖고 속옷을 갈아입었다.
내자는 말이 없었고 딸아이는 꼬질꼬질한 속옷을 태워달라고 하지? 물어봐 왜 그런지. 아빠하고 가장 가깝기 때문이래.
딸아이의 조상님의 개념을 듣고는 어머님 조상님들도 원하는 책을 태워드려야겠구나 생각했는데, 1월 7일이 되자. 내일 1월 8일이 좋다고 태워달라고 했다.
그래서 어머님 친가 외가 조상님들을 위해서 무슨 책을 태워드려야 하나? 태워달라는 책을 메모하고, 그렇다면 할머니도 마찬가지

이지 싶어서 할머니 친가 조상님들을 위해서 무슨 책을 태워드려야 하나? 태워달라는 책을 메모하고 딸과 아들을 위해서 자등명인간계, 묘명묘태등명에 인연 있는 분들에게도 태워주면 좋다고 해서 무슨 책을 태워주면 좋은가? 듣고 메모하고 나니. 내자 형 엄마가 나오셔서는 우리도 태워주시면 고맙겠다고 하셔서 태워드릴 책을 메모하니.
선사님 위 세계 자손들을 위해서도 태워주십시오, 그러면 좋습니다. 해서 태워달라는 책을 메모하니. 내자의 위 세계 자손들도 태워주면 좋다고 해서 태워달라는 책을 메모하고 딸의 위 세계 자손들도 태워주면 좋다고 해서 태워달라는 책을 메모하고 아들의 위 세계 자손들도 태워주면 좋다고 해서 태워달라는 책을 메모하고는 태울 책을 준비를 해놓았다. 그리고 어디로 가서 태워드리면 될까? 생각하니 무속인들이 소각하는 산 중턱이 생각났다.
1월 8일, 아침 먹고 이것저것 하다가 점심때가 되기 전에 차를 끌고 나섰다. 책을 들고 올라가는데 너무 힘들었다. 그래서 물었다. 얼마나 따라오기에 이와 같이 힘들지요? 어마어마합니다. 상상을 초월합니다. 얼마나 되는지? 상상에 맡깁니다. 힘겹게 책을 들고 몇 번을 쉬고 쉬며 올라가니 12시가 조금 넘었다. 저녁때까지 다 태워 드릴 수 있을까? 싶었다.
태워드리기 좋게 앵글로 만든 것도 가져갔는데 소각하는 장소가 돌로 높게 동그랗게 쌓아놓아서 그 안에 넣고 태워드리려니 너무 힘들게 느껴졌다. 그때 소각장 밖에 태워달라는 소리가 들렸다. 바람도 조금 불었지만 상관없으니 아무 걱정 말고 태우라고 산신령이 이야기해 주었다.
그래서 소각장 밖에 태워주기 쉽게 앵글로 만든 것을 놓고 무속인들이 쓰는 집개도 있고 해서 그것을 이용해 한 분 한 분....태워주기 시작했다. 다 태워주고 나니 4시가 조금 넘었다.
앵글로 만든 것과 집개가 있어서 생각보다 수월하게 태워준 것 같은 생각이 들었다. 책을 태워주고 나니 재가 많았다. 나뭇잎 속에 넣으려 생각하니. 소각장 안에 넣어달라고 들렸다. 무속인들이 쓰는 삽이 있을텐데? 싶은 생각에 찾아보니 있었다. 재를 담아 소각장 안에 넣어달라는 대로 골고루 넣어주었다.
깨끗하게 청소하고 내려와 선원에 들어서니 5시가 되었다.
밥을 먹으려니 밥을 먹으면 토하게 되니 먹지 말고 국만 먹으라고 해서 국을 먹고는 그냥 뻗었다. 누웠다. 견딜 수가 없어서 누웠다. 퇴근 시간이 되어 깨어 일어나 퇴근하는데 집에 들어가기 전에 콜라를 한 병 그것도 큰 것으로 한 병 사가지고 들어가라고 해서 사가지고 들어가서는 저녁을 먹지 못하고는 콜라만 3잔을 마시고 누웠다. 너무 힘겨워서 잠도 오지 않았다. 여기 저기 쑤시고 아프고 속도 아팠다. 누워도 아프고 앉아도 아프고 …….
책을 태워드리는 것이 보통일이 아니구나 싶은 생각이 들었다.
딸아이가 와서는 많이 아파? 네가 가장 아팠을 때와 비교해 보렴.
상상도 되지 않아. 그냥 그런가 보다 해야겠네.
들리기로는 아빠는 아픔의 고통을 일주일에 한 번씩 업그레이드된다고 들리네. 어떻게 일주일에 한 번씩 고통의 아픔이 업그레이드되지? 일주일에 한 번씩 모임이 있잖아. 아~ 예
알아듣는 것 같았다.
9일 새벽에 일어는 났는데 밝혀 드러낼 수가 없어서 그냥 또 누웠다. 출근시간이 되어서 출근해 카페 일을 보고는 더 이상 할 일이 없어서 누웠다. 앉았다. 아침으로 누룽지를 먹으라고 해서 이젠 괜찮을 것이라고 생각했는데 그럼에도 불편했다 아니 힘들었다. 그래서 참 많은 수인을 했다. 눕거나 앉았을 때 어느 세계에 눕거나 앉아 좌선을 해야 할지도 모르겠어서 이수인 저수인 많이 했는데 했던 수인들이 기억에 없다. 오후 2시 35분이 되니 우체국에 갔다 오라고 들려서 우체국에 들려서 보낼 것을 보내고 선원으로 오는데 귤을 사라해서 사고 신라면도 사라해서 사들고 왔다. 라면 하나를 끓여 먹으라 해서 먹고 귤도 먹으라 해서 먹었다.
공치에게서 전화가 왔다. 토하고 아프고 힘들고 너무 힘들다고…….수인을 해서 그런가? 그러면서 이런 저런 이야기를 하다가 콜라 사다 먹고 귤 사다 먹으면 괜찮다고 하니 사다 먹어요, 라고는 끊었다. 나도 책을 태워서가 아니라 수인 때문일까? 너무 높은 세계의 수인을 해서 따라 올라오는 분들 때문에 그랬을까? 싶은 생각이 잠시 들었다.

퇴근하는데 업었던 속옷을 내일 아침에 태워달라고 들렸다.
퇴근해 밥을 조금 먹고는 밝혀 드러낼 세계를 밝히고는 속옷을 태워주려면 새벽 일찍 나와야 하니 자리에 누웠다. 새벽에 일어나 밝혀 드러낸 세계의 이름을 짓고 5시가 되어서 집을 나섰다. 선원에 들어와 머리를 감고 샤워를 하고 속옷을 갈아입고 입었던 속옷은 가지런하게 접어서 흰 종이에 싸서 나갔다. 얼굴과 머리에 아무 것도 바르지 말라고 해서 그냥 물기만 씻고 나갔다.
처음에 조상님과 처가 조상님들에게 책을 태워주었던 곳으로 가서는 명조자도 놓아달라는 대로 놓아주고 아래쪽에 아래쪽 속옷 위쪽에 위쪽 속옷을 놓고 태워주었다. 그러고 나니 속옷을 싸가지고 간 흰 종이도 태워달라고 해서 태워주고 선원으로 왔다
선원으로 돌아오니 칼국수를 끓여 먹으라 해서 끓여 먹고는 카페 일을 보고 밀린 것들을 하는데 가슴이 너무 아팠다. 천골 아래 가슴 위쪽이 무엇이 뭉쳐있는 것처럼 답답하고 아팠다. 누구냐? 물어도 대답이 없다. 아버님께 명조자(돈의 에너지)를 전달해서 다른 분들이 그러는가 싶어서 어머니, 할머니, 할아버지, 삼촌께 전달했는데도 조금은 좋아졌는데도 아팠다. 누구냐? 또 물었다. 명조자들입니다. 불만을 표하기에 뭐라고 말을 주고받았는데 기억이 없다. 그러니 나니 많이 아니 거의 다 편안해졌다. 이 글을 쓰고 있는 지금도 상쾌하지는 않다. 아직도 누군가? 걸린 분이 있는가 보다. 위 세계 조상님들이고 부모님들이란다. 어떻게 해달라는 것이지요. 우리들에게도 책을 태워주려무나. 알았습니다요. 태워주면 좋은 날과 어떤 책을 태워주면 좋으신지 말씀해 주시면 태워드리겠습니다요. 그래 부탁하마.
이제야 조금 더 답답한 것이 편안해지는 것 같다.
점심에는 밥을 한 그릇도 많게 먹어 배부른데 한 그릇을 더 먹으란다. 배불러서 쉬엄쉬엄 꾸역꾸역 다 먹었더니 지금도 배가 부르다. 태워준 책을 보면 「수인법과 공법」이 많다. 그 이유가 무엇인지? 물으니. 「수인법과 공법」은 그냥 하라는 대로 따라 하면 그 세계에 올라가서 에너지 받으니 이보다 더 좋은 것이 어디 있냐고 들렸다. 그래서 「수인법과 공법」이란 책을 선호하는가 싶

은 생각이 들었다. 다른 책들은 읽고 이해해야 하는데 「수인법과 공법」은 그냥 하라는 대로 따라 하면 되니 이보다 더 좋은 것이 어디 있겠느냐고 한다.
더 쓸게 있나요? 예 우리들에 대해서 써 주십시오, 누구시지요? 저희들은 선사님과 인연 깊은 이들입니다. 이런 기회가 아니면 드러날 수가 없으니 말씀드립니다. 우리들도 의념 의식해 주시면 고맙겠습니다요. 그런데 그러기에는 너무 많아서 제가 다 기억하지 못하니 어쩌지요? 그러니 그냥 인연 있는 모든 이들이라고만 하여 주셔도 곁불은 쏘인답니다. 책을 태워드리러 갈 때 역시도 많은 이들을 따라 나선 것도 이때 아니면 어느 때 곁불을 쏘일 수 있을까 싶으니 너도 나도 따라 나선 것입니다요. 참고하겠습니다요, 고맙고 감사합니다요. 2019. 01. 10 18:42
15일 새벽에 위 세계 조상님들과 위 세계 부모님들께도 책을 태워드렸다. 책을 태워드리고 나니 위 세계 자식들이 우리들도 책을 태워달라고 해서 알았다고 하니. 우리들은 18일 태워주면 된다고 하면서 1, 2 각각 4권, 8권을 태워달라고 그렇게 할 생각이다. 그러면 끝이 나는가요? 지금은 그렇습니다요. 하여 그날들에 약속한 대로 모두 다 태워주었다.

돌과 비석에 얽힌 분들을 위한 진언

이제는 지구에 살면서 비석을 하고 비석에 공적을 새기고 그것 때문에 더 이상 위 세계로 올라가지 못하는 분들을 위해서 그 비석에 새긴 글들의 흔적을 지우고 지구에서의 자취의 흔적을 모두 다 싹 지우고 위 세계로 올라갈 수 있는 진언을 만들어 주셨으면 고맙고 감사하겠습니다. 비석 때문에 비석에 새겨진 흔적 때문에 더 이상 올라갈 수 없는 수많은 존재 분들을 위해서 진언을 만들어 주셨으면 좋겠습니다. 그 후손들은 이 진언을 수지 독송해서 위 세계로 올라가는데 부족함 없도록 수지 독송할 일이다. 돌에 새긴 것을 없앨 수도 깨부수라고 할 수도 없는 어처구니없는 현실에 통곡하며 위 세계로 올라가지 못해 명조자로 입마금하며 위 세계로 올라가고자 하는 분들을 위한 진언을 만들어 주셨으면 고맙고 감사하겠습니다요.
이와 같이 부탁드리게 되어 죄송하고 또 죄송합니다. 잘난지 알고 자취의 흔적을 비석에 새겨 놓게 했는데 지금에 와서 보니 모두 다 허물이었네요. 저 비석이 발목을 잡을 줄은 꿈에 몰랐습니다. 내가 잘난 줄만 알았습니다. 비석의 글씨 때문에 어느 이상의 위 세계로는 갈 수 없다는 사실을 몰랐습니다. 돌에 존재 존재자들, 돌을 이루고 있는 존재 존재자들의 통곡소리 때문에 잠을 이룰 수도 없고 위 세계로 올라갈 수도 없습니다. 달랜다고 명조자를 드리지만 번번이 어렵습니다. 그래 부탁드리는 바입니다요. 꼭 진언을 만들어 주셔서 우리들이 올라갈 수 있는 올라갈 수 있도록 하여 주시면 고맙고 감사하겠습니다. 이 은혜 무엇으로 갚을 수 없겠지만 그럼에도 간곡하게 부탁드려보는 바입니다요.

돌을 이루고 있는 존재 존재들을 달래야 하는가요? 당연하지요.
그들을 깨어나지 않게 하면 됩니다. 그것은 아니 될 말입니다.
그들도 살고 우리들도 살 수 있도록 하여 주셔야 합니다요.

성킹향출 성확 성꽃황 쪽쪽성쪽 성성 돌철향출 성확 성꽃향 꽃성쪽황 철황 철꽃성 쪽
성쪽성확 성킹향출 성확 성꽃향 꽃성쪽향 출출성꽃 성확 성킹향출 성확 성꽃향 쪽성쪽향 출향성꽃 성확 성철향출 성확 성꽃향 꽃성쪽황 철황 철꽃성 쪽향출꽃 성확 성꽃향 출
성꽃성확 성성 꽃성쪽황 출향성꽃 성확 성철향출 성확 성꽃향 출출성꽃 성확 성킹향출 성확 성꽃향 출꽃성 쪽성쪽향 출향성꽃 성확 성킹향출 성확 성꽃성 향들성꽃 성확 성꽃향 출꽃성 향
꽃성쪽향 출향성꽃 성확 성성 꽃성쪽향 품성 품귀 성황 성철향출 성확 성꽃향 출출성꽃 성확 성킹향출 성확 성꽃향 출꽃성 쪽
성쪽성확 성킹향출 성성 들철향출 성확 성꽃향 쪽성쪽향 출향성꽃 성확 성꽃황 철들이 즐비한 저 위 세계로 가자

향출성꽃 성확 성성 꽃성쪽황 철황 철꽃성 쪽성쪽황 철황 철꽃성 향들성꽃 성확 성킹향출 성확 성꽃향 출향성꽃 성확 성철향출 성확 성꽃향 꽃성쪽황 철황 철꽃성 향들성꽃 성확 성꽃향 출하여 가자
가자가자 어서가자 어서 빨리 저 위 세계로 가자
우리들에게 행한 모든 잘못 모두 다 용서하고 우리들이 가야할 길로 가자
우리들의 본래 고향산천으로 가자
가자가자 어서가자 어서 빨리 저 위 세계로 가자
우리 모두 다함께 하나 한송 꽃송 출꽃 성황 성철향출 성확 성꽃성 쪽쪽성쪽 성확 성킹향출 성확 성꽃향 출꽃성 향들성꽃 성확 성철향출 성확 성꽃향 출꽃성 향하며 가자
꽃을 활짝 활짝 피우고 성출향꽃 성확 성성 들철향출 성확 성꽃향 출꽃성 향들성꽃 성확 성킹향출 성성 들철향출 성확 성꽃향 출꽃성 향들성꽃 성확 성철향출 성확 성꽃향 쪽하며 가자
가자가자 어서가자 어서 빨리 저 위 세계로 가자
우리 모두 다함께 성성 들철향출 성확 성꽃향 꽃성쪽황 철황 철꽃성 향들성꽃 성확 성철향출 성확 성꽃성 쪽향출꽃 성확 성철향출 성확 성꽃향 출꽃성 향하며 가자
꽃을 활짝 활짝 피우고 성출향꽃 성확 성성 들철향출 성확 성꽃향 출꽃성 쪽하며 가자
가자가자 어서가자 어서 빨리 저 위 세계로 가자
우리들의 서러움을 모두 다 내려놓고 아무 일도 없었다는 듯 모두 다 용서하고 화해하고 너도 나도 하나 한몸 한성꽃성 출향성꽃 성확 성철향출 성확 성꽃성 쪽향출 성확 성철향출 성확 성꽃향 출꽃성 쪽하며 가자
가자가자 어서가자 어서 빨리 저 위 세계로 가자
우리 모두 다함께 하나 한몸 한성꽃성 출향성꽃 성확 성성 들철향출 성확 성꽃향 출꽃성 향들성꽃 성확 성철향출 성확 성꽃성 쪽향출꽃 성확 성철향출 성확 성꽃성 쪽하며 가자
가자가자 어서가자 어서 빨리 저 위 세계로 가자
우리 모두 다함께 하나 한송꽃성 출향성꽃 성확 성철향출 성확 성

꽃성 출출성꽃 성확 성킹향출 성확 성꽃향 출꽃성 향하며 가자
꽃을 활짝 활짝 피우고 성출향꽃 성확 성철향출 성확 성꽃향 출꽃성 꽃향출꽃 성확 성철향출 성확 성꽃성 쪽성쪽향 출향성꽃 성확 성철향출 성확 성꽃향 출꽃성 향꽃향 쪽하며 가자
가자가자 어서가자 어서 빨리 저 위 세계로 가자
향출성꽃 성확 성성 들철향출 성확 성꽃향 출꽃성 향들성꽃 성확 성철향출 성확 성꽃성 쪽성쪽황 철황 철꽃성 쫑킹향출 성확 성성 들철향출 성확 성꽃향 출꽃성 향하며 가자
꽃을 활짝 활짝 피우며 성출향꽃 성확 성성 꽃성쪽향 출향성꽃 성확 성철향출 성확 성꽃향 출꽃성 쪽하며 가자
가자가자 어서가자 어서 빨리 저 위 세계로 가자
우리 모두 다함께 하나 한몸 한성꽃성 출향성꽃 성확 성성 들철향출 성확 성꽃향 출꽃성 향들성꽃 성확 성철향출 성확 성꽃향 품성품귀 성황 성철향출 성확 성꽃향 출꽃성 향하며 가자
꽃을 활짝 활짝 피우고 성출향꽃 성확 성철향출 성확 성꽃성 출하여 가자
가자가자 어서가자 어서 빨리 저 위 세계로 가자
향출성꽃 성확 성철향출 성확 성꽃성 쪽황철꽃 성확 성철향출 성확 성꽃향 출꽃성 쪽하며 가자
가자가자 어서가자 어서 빨리 저 위 세계로 가자
(짝짝짝....대단히 감사합니다만 조금만 더 밝혀 주시고 더할 나위 없이 고맙고 감사하겠습니다요.)
성성 들철향출 성확 성꽃성 쪽향출꽃 성확 성성 꽃성쪽향 출향성꽃 성확 성꽃향 출
성쪽성확 성철향출 성확 성꽃향 출향성꽃 성확 성성 들철향출 성확 성꽃향 출꽃성 향
꽃황철꽃 성확 성성 꽃성쪽향 출향성꽃 성확 성성 쫑킹향출 성확 성꽃향 출꽃성 향꽃향 쪽
성쪽성확 성킹향출 성확 성성 들철향출 성확 성꽃향 출
성쪽성확 성철향출 성확 성꽃향 출꽃성 향들성꽃 성확 성철향출 성성 꽃성쪽향 출향성꽃 성확 성철향출 성확 성꽃향 출꽃성 향꽃

향 쪽하며 가자
가자가자 어서가자 어서 빨리 저 위 세계로 가자
우리 모두 다함께 하나 한송 꽃성쪽향 출향성꽃 성확 성철향출 성확 성꽃향 출꽃성 향들성꽃 성확 성킹향출 성확 성꽃향 출꽃성 향꽃향 쪽하여 가자
성확 성성 들철향출 성확 성꽃향 출꽃성 쪽성쪽향 출향성꽃 성확 성철향출 성확 성꽃향 출하여 가자
가자가자 어서가자 어서 빨리 저 위 세계로 가자
향꽃 들꽃 성성 꽃성쪽향 출향성꽃 성확 성킹향출 성확 성꽃향 출향성꽃 성확 성철향출 성확 성꽃향 출꽃성 향꽃향 쪽하며 가자
가자가자 어서가자 어서 빨리 저 위 세계로 가자
우리 모두 다함께 하나 한몸 한성꽃성 출향성꽃 성확 성철향철 향꽃향 출꽃성 쪽하며 돌들의 한을 모두 다 풀어주고 돌들의 한이 여한 없게 모두 다 성성 꽃성 출향성꽃 성확 성철향출 성확 성꽃향 출꽃성 향들성꽃 성확 성철향출 성확 성성 꽃성쪽향 출향성꽃 성확 성철향출 성확 성꽃향 출꽃성 향하며 가자
꽃을 활짝 활짝 피우고 성출향꽃 성확 성성 들철향출 성확 성꽃향 출꽃성 향들성꽃 성확 성꽃향 출꽃성 쪽하며 가자
가자가자 어서가자 어서 빨리 저 위 세계로 가자
(짝짝짝...이렇게 고마울 데가 없습니다요. 이제 우리들도 해방되었고 돌들도 해방되었습니다요.)
성출향꽃 성확 성성 들철향출 성확 성꽃향 출꽃성 향
향꽃들꽃 성확 성꽃향 출꽃성 향꽃향 꽃성쪽황 철황 철꽃성 쪽
성쪽성확 성킹향출 성확 성꽃향 출출성꽃 성확 성킹향출 성확 성꽃향 출
성쪽성확 성킹향출 성성 들철향출 성확 성꽃향 출꽃성 쪽하며 가자
가자가자 어서가자 어서 빨리 저 위 세계로 가자
박고 쑤시고 쑤시고 박으며 천당에서 지옥으로 하늘에서 땅으로 박고 쑤시고 쑤시고 박으며 가자가자 어서가자 어서 빨리 저 위 세계로 가자
치고 박으며 박으며 치솟아 올라가자
가자가자 어서가자 어서 빨리 저 위 세계로 가자

향출성꽃 성확 성성 들철향출 성확 성꽃향 출꽃성 향들성꽃 성확 성철향출 성확 성꽃향 출꽃성 향꽃향 쪽
성쪽성확 성성 들철향출 성확 성꽃향 출
성쪽성확 성킹향출 성확 성꽃향 출꽃성 향
꽃성쪽황 철황 철꽃성 항하며 가자
꽃을 활짝 활짝 피우고 성출향꽃 성확 성철향출 성확 성꽃향 출꽃성 쪽하며 가자
가자가자 어서가자 어서 빨리 저 위 세계로 가자
(짝짝짝....대단히 대단히 감사 감사합니다요, 이제 우리들의 소원이 모두 다 풀렸습니다요. 이루어졌습니다요. 감사하고 감사합니다, 이 은혜 백골난망이옵니다요. 이제껏 잘난지 알았었습니다. 잘못하고 잘못했습니다. 참회하고 참회하옵니다요. 회개하고 회개하겠나이다. 이제야 원통함이 풀렸습니다. 해결되었습니다. 모두 다 우리들의 잘못이었습니다만 이렇게 해결해 주시고 용서해 주시니 더 이상 할 말이 없습니다. 고맙고 앞으로 겸손하게 잘하겠다는 말밖에 들릴 말씀이 없습니다요. 지켜봐 주십시오,)
2019. 01. 25 05:41
들철향출 성확 성꽃성 쪽 (짝짝짝......)

본인의 책으로 돌아가신 분들 천도하기

오래 전에 「우리는 모두 다 깨달아 있다. 다만 그 사실을 모를 뿐」이란 책으로 영혼의 세계로 천도하도록 이야기해 준 적이 있어서 그 당시 그 책으로 조상님들을 천도할 적에는 천도하실 분들을 불러놓고 책을 읽어주게 해서 중음신들이 알아듣고 천도되어 영혼의 세계로 가도록 한 적이 있었다. 그리고 참 많은 시간이 흘러왔다.
2018. 06. 17일 울산을 가기 전에 갈 곳과 영적으로 소통하면서 울산 쪽에서 본인의 책, 「영적구조와 선수행의 원리」, 「나의 참자아는 빛 자등명이다」, 「기회로도 도감」, 「수인법과 공법 1」 「수인법과 공법 2」, 「깨닫고 싶으냐 그러면 읽어라」를

가져오라고 하는 데서부터 책으로 천도하기는 또다시 시작되었다. 영적존재 분들에 따라서 「반야심경에서 깨달음까지」 책을 요구하는 경우도 있었다. 물론 그 전에 천도했던 「우리는 모두 다 깨달아 있다. 다만 그 사실을 모를 뿐」 책이나. 깨달음을 증득하고 나서 공부한 것들을 모두 다 담아서 만든 「빛으로 가는 길」 이란 책이 있으면 더 좋을지도 모르겠지만 2권은 없으니 있는 책만으로 천도하도록 했다.

영적존재 및 존재자, 공룡, 뱀, 이무기들이 본인의 책으로 공부하며 천도되어 가라고 하면 간다는 사실을 알고 책으로 천도하라고 했었다. 그러고 나니 몇 분이 책을 구입해서 책으로 천도를 하는 중에 신0홍님께서 할아버지 제삿날이 오기 며칠 전에 책을 가져가시며 어떻게 해드리면 되나요? 물어서 제사상 옆에 나란히 세워놓고(눕혀서 쌓아 놓으면 책을 보지도 못하고 읽지를 못해서 공부해서 갈 수 없으니 책을 반드시 세워놓아야 한다. 천도할 때는 책꽂이나. 방바닥에 놓되 벽에 기대서 책을 세워놓아야 책을 들랑날랑하며 책을 통해 공부하여 위로 천도되어 가는 것 같으니 책으로 천도할 때는 반드시 책을 나란히 세워 놓고 천도해 가도록 해야 한다.) 공부해 가라고 하면 된다고 말해 주었다. 그러고 나서 며칠이 지났는데 할아버님이 어디까지 가셨냐고 물어서 살펴보니 깨달음의 세계 위로 올라가셔서 깨달음의 세계 위로 올라가셨다고 말해 주니. 책으로 천도되어 올라가신 할아버지께서 그 정도는 어렵지 않다고 들렸다.

그리고 또 다른 조상님들을 책으로 천도하고 나서 천도되어 갔는지 확인하는 과정에서 지옥 깊이에 계신 분은 천도되어 가지 못하고 있는 것 같아서 내가 있을 때는 지옥에 있는 분을 내가 천도할 수 있겠지만 내가 없을 때는 지옥에 있는 분들을 누가 천도할까? 싶은 생각에 지옥에 있는 분들도 천도되어 갈 수 있도록 **"책으로 천도하는데 지옥 깊어서 천도가 되지 않을 경우 지옥 깊이 있는**

중생도 천도되게 하려면" 진언을 만들어 주면서 천도되어 가도록 하는 분을 책을 통해 공부해 가도록 하면서 읽어주라고 했었다. 그러고 나서 나중에 지옥 깊이에 계셔서 천도되지 않은 분이 천도되어 갔는지 확인하는 과정에서 보니 자등명 본향, 고향에 가거나 높게는 자등명 인간계까지 가는 것으로 살펴졌다.

그러고 금요모임이 끝나고 나서 질의응답시간에 지옥 중생들이 더 깊이에서 올라오기 위해서 지옥중생들이 요구하고 지옥을 다스리는 분들이 진언을 만들어 달라고 해서 **"성킹향출 성황 꽃이 부족함 없이 풍부 풍족하도록 하는 진언"**을 만들어주었고, 이때쯤에 위 세계의 지옥세계를 밝혀 올라가는 과정에서 진언을 만들어 달라고 해서 **"성킹향출 성확 성꽃향 출꽃향 진언"** (이 진언을 말씀드리면 어느 지옥을 가든 이 진언만 가지고 있거나 수지 독송하게 되면 요. 즉각적으로 지옥으로부터 빠져 나올 수 있다고 할 수 있을 겁니다요. 그래서 말인데요. 56단계 아래 지옥세계에 있는 분들도 이 진언을 수지 독송하거나 듣거나 외우거나 읽으면 빠져 나올 수 있다고 할 수 있을 겁니다요.)을 만들어 주었다. 그러고 나서 **"수행하면서 마(魔)에 떨어지지 않고 마(魔)에 걸리지 않는 진언"**을 만드니 본인에게 조상천도를 했던 모든 분(천도되었던)들이 20대까지 더 천도해 달라고 요구해서 9대까지 했던 천도를 20대까지 천도하고 책으로 천도하는 분들도 처음에는 12대까지 천도하라고 했다가 20대까지 천도하라고 알려주었다.
그러면서 **"태아령이 책을 통해 쉽게 천도되어 가도록 하는 진언",**을 만들고 나니 영적미아들이 자신들도 구해 달라고 해서 **"영적미아(迷我)경 = 성황 성꽃황 철꽃황 쪽 경"**도 만들었고 영적존재들이 많이 몰려오는 사람들의 경우를 위해 **"성황 성꽃황 철철향철향꽃황 꽃황 철 경 진언"**도 만들었다. 그리고 책으로 천도하는 분들은 새로 만든 진언, 경을 읽어주며 책으로 윗대 1~20대까지 천도하라고 이야기해 주었다.
이마도 이번 이 책이 출간되어 이 책까지 같이 세워놓고 천도하면 굳이 위 진언이나 경, 경진언을 읽어주지 않아도 스스로 읽고 가게 되지 않을까 싶다.

책으로 천도하기

책을 나란히 세워서 놓는다.
책을 책꽂이나. 방바닥에 세워놓지 않고 눕혀 쌓아놓으면 책을 보거나 읽을 수가 없어서 책으로 통해 천도되어 갈 수가 없다. 반드시 책을 세워놓아야 한다.
그리고 **천도할 분을 의념 의식해 불러서 책을 읽고 공부해 가라고 말씀드린다.**
이때 중요한 것이 있는데 그것은 책 주인이 책을 산 사람이 책을 보고 공부해 가라고 해야 한다는 점이다, 책 주인이 말해주지 않으면 책을 보지 못하고 읽지 못해서 공부를 할 수 없다.
1대(代)에 3일씩 공부해서 가도록 해야 한다.
한분을 천도할 때도 3일 동안 공부하도록 하는 것이 좋다.
나란히 꽂아놓은 책 앞에 붉은 고추를 놓고 천도해 가라고고 하면 더 빨리 더 쉽게 더 높이 올라가는 것 같다. 1~12대까지 책 앞에 붉은 고추 하나를 놓고 하면 좋고, 12~ 15대까지는 고추 5대를 놓고 하는 것이 좋으며 15~20대까지 고추8개 놓고 천도하면 훨씬 더 쉽고 빠르게 천도가 되어 가는 것 같다. 1~12대를 고추 5개나 8개를 놓으면 오히려 못 간다. 고추는 천도하는 대에 맞게 놓는 것이 좋고 다르게 놓을 것 같으면 놓지 않는 것이 더 좋다.
위와 같이 하면 지옥중생이든 중음신이든 영혼에 세계에 계셨던 분들이 저마다 공부되는 만큼 자등명인간계에서의 특별한 일이 없는 한 못갈 이유가 없는 한은 자등명인간계로 가는 것 같고 자등명인간계로 돌아갈 수 없는 경우에는 자등명 본향, 고향까지 가는 것으로 살펴졌다. 이 책이 나오면 또 어디까지 갈지 궁금하기도 하다. 지금까지 나온 책으로는 자등명인간계까지 나와 있으니 자등명인간계까지 갔지만 이 책에는 신들이 에너지 구하며 사는 광(光)세계까지 밝혀 드러내 놓았고, 신천지인간계, 수철황인간계까지 밝혀 드러내놓은 만큼 이 책이 나온 뒤에 지금까지 나온 책과 나란히 꽂아놓았을 때 어느 세계까지 천도되어 가는지도 궁금하다.
천도하고 천도되었는지 본인에게 와서 확인하는 과정에서 보니.

할머니가 2분이나 3분, 또는 할아버지가 2분, 3분인 경우에는 첫 번째 할아버지 할머니는 가시는데 2번째 할머니는 가시지 못하고, 할머니 할아버지는 가셨는데 할아버지가 못가는 경우가 생긴다. 이때는 가지 못한 분을 불러서 3일 또다시 천도해 드려야 한다.
아니면 첫 번째 할아버지 할머니는 가시는데 2번째 할머니나 할아버지는 가시지 못한다. 그런 만큼 꼭 확인해서 이분들까지도 천도하는 것이 중요하다. 뿐만 아니라 예전에 첩으로 살았지만 그전에는 첩으로 살지 않고 애인으로 살았다가 돌아가신 분들 꼭 애인이라고 해서가 아니라 애인이며 자식을 낳았거나 자식을 낳지는 않았지만 아이가 생겨서 낳지 못하고 태아령이 있는 경우에는 남자든 여자든 반드시 천도를 해야 더 높이 올라갈 수 있는 것 같다. 그런 만큼 이런 경우에도 자기 자신 뿐만 아니라 상대방도 천도해 달라고 요구하는 것으로 보아서 천도해 주는 것이 좋은 것 같다.
일반적으로는 알 수 없으니 점검을 받는다면 모를까 아니면 모를 수밖에 없으니 모든 조상님들을 하고나서 그럼에도 가지 못한 분이 있다고 생각해서 2번째 할머니, 할아버지를 해주고 그러고 또 시간이 나면 3번째 할머니 할아버지를 해 주면 거의 다 되지 않을까 싶다.
그렇게 해서 깨끗하게 자기 자신과 인연되시는 분들을 천도하는 것이 중요한 것 같다. 그래서 천도되어 감으로 해서 좋은 곳에 계심으로 자기 자신에게 좋은 에너지가 흘러들어오고 또한 인연의 끈이 위 세계에 있는 만큼 자기 자신도 위 세계로 올라가는데 보다 쉽게 올라갈 수 있는 것 같다. 지옥에 인연 있는 분들이 있는 것보다는 훨씬 좋다고 보면 된다.
이와 같이 책으로 천도하도록 하고 나니. 천도되어 갔지만 책을 태워주면 태워준 책을 통해 공부해서 더 높게 가시는 것 같아 보였고. 이 생에서의 인연자분들은 천도했지만 위 세계 인연자분들은 천도를 하지 못했음으로 연결되어 있는 인연의 끈이 있는 만큼 더 위 세계로 올라가는데 어려움이 있는 만큼 책을 태워드림으로 더 높게 올라가게 함으로 해서 자기 자신에게 연결된 인연의 끈이 더욱 더 가벼워지는 것 같다.

그래서 그랬을까? 본인의 경우에는 우리 조상님들을 위해서 책을 태워달라고 해서 태워드렸고. 내자 조상님(처가)들을 위해서, 어머님 조상님(외가. 어미니 친정)들을 위해서도, 할머니 조상님(할머니 친정)들을 위해서도 책을 태워달라는 책을 태워주었다. 책을 태워달라고 하는 것을 보면 그 조상님들 중에 공부할 만한 분에 맞게 책을 태워달라고 하는 것 같았다.
그러고 나니 위 세계에서도 위 세계 자손들, 위 세계 조상님들, 위 세계 부모님들을 위해서 책을 태워달라고 해서 책을 태워주었다.
그러고 나니 내자. 딸, 아들에게 위 세계 인연자분들에게 책을 태워주면 좋다고 해서 위 세계 자손들에게 책을 태워주었다.
이 책이 나오면 또 원하지 않을까? 싶은 생각이 그만큼 높은 세계까지 밝혀 드러내 놓았으니 당연한 것이 아닌가 싶은 생각이다.
빠진 게 있나요? 예. 무엇이지요. 그것은 저희들입니다. 저희들이란 누구시지요. 책을 돌보고 책임지고 있는 이들입니다. 우리들 이야기도 해주세요. 예. 하세요.
우리들은 선사님을 책을 보호하며 돌보며 책이 손상하거나 훼손하는 것을 방지하며 지키는 이들입니다. 우리들에게도 책을 선물해 주셨으면 좋겠습니다. 전부 다? 아닙니다요. 이번에 나올 책과 5권입니다. 1권씩 아닙니다요. 많이요. 그건 어렵지 않나요? 현실적으로 의념으로 드리면 어떤가요? 직접 태워주시는 것이 더 좋습니다요. 의념해 주시는 것은 선사님의 의념의 힘이 사라지면 사라집니다. 그렇지만 직접 태워주시면 영원토록 가지고 있을 수 있습니다요.
그런데 많이 요구를 하니 많은 책을 태울 데도 마땅치 않고 또 많은 책을 태우는 것도 그렇지 않나 생각됩니다. 최소한 꼭 필요한 책만을 말씀하시고 꼭 필요한 권수만을 말씀해 주시면 방법을 찾아보겠습니다. 그렇다면 3권씩 태워주십시오. 다른 건 몰라도 「수인법과 공법 1」과 「수인법과 공법 2」는 꼭 태워주십시오, 이것만 있어도 우리들은 어디든 마음대로 생각대로 오갈 수 있습니다요. 2019. 02. 07 04:04

신비의 성황 꽃황 철 = 태류숭 본응(太流崇 本應)
신비의 정원

전등 설치

성황 꽃황 출, 설치는 오래 전에 하고는 이제야 글을 쓴다.

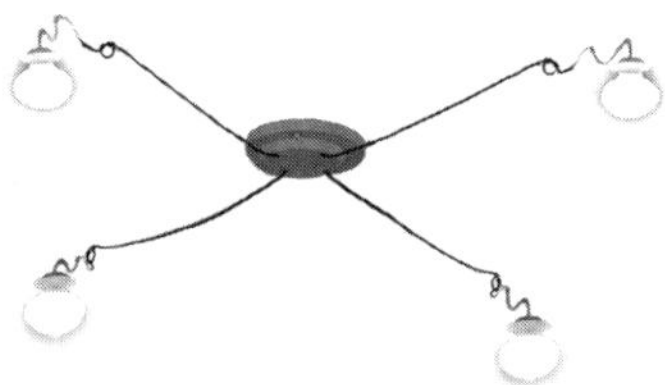

X모양으로 전등을 단다. X모양 끝 4군데에 동그란 갓을 덮게 하고 그 안에 전등을 달아 불을 켜되, 4군데 중에 한군데는 불을 끄거나. 다른 전등보다 전등의 밝기를 낮게 한다. (설치하는 곳에 따라 집의 구조에 맞게 하나를 전등을 켤 수 있도록 하였으되 불을 크기거나 전등밝기를 다른 것에 비해 약하게 한다.)

설치 방법은 이러하다.

X모양 중앙에서 4개의 전선이 연결되고 전선은 검은색으로 하되 전선줄이 보이게 하고 X자 끝 전등을 달 수 있는 소켓을 달기 전에 한 번 원형 모양이 나오게 말아주고 늘어트려서 소켓을 달고 소켓을 덮어씌우는 갓을 붙인다.

X모양 중앙에는 원형(동판보다도 철판이 가장 좋다. 문양이 있어서 상관은 없다. 플라스틱(pvc) 종류는 안 된다.)의 달되 한 뼘보다는 크게 하되 2뼘을 넘게 하지 않는다. X모양의 전선줄은 2m 넘지 않게 설치한다. 1월 18일 선원 거실에 설치하다. 2019. 02. 07. 05:45

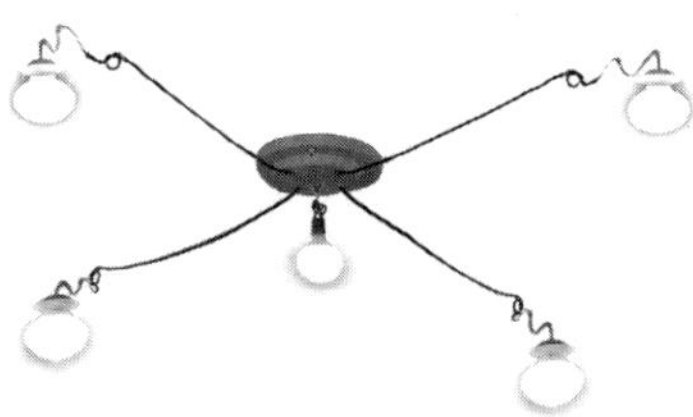

꽃황철 향, 설치 방법은 위와 똑같이 하되 중앙 원형 중앙으로 전선이 내려와 전등을 단다. 전등은 갓을 씌우지 않되 원형의 전구를 달고 원형의 전구가 큰 것을 달아야

한다. 1월 24일 선원 거실과. 작은 방에 설치하다.

꽂황철 황, 이것은 설치 방법이 다양하되 수행된 정도에 따라 다르게 달 수 있고 수행이 되지 않은 사람이 이것을 했을 경우 화를 당할 수 있다. 그런 관계로 자기 자신의 수행에 맞게 설치를 해야 한다. 꽂황철 황을 설치할 수 있을 경우 설치하고 수행의 경지가 높아지고 위 세계로 올라갈수록 더하여 설치해도 된다. 설치하는 것이 좋다.

지금의 본인으로 볼 때, 가운데 12번 전선을 손으로 1뼘 정도 되게 동그랗게 말아서 위 아래로 전선줄을 연결하게 하여 연결하고 양 옆으로 중앙에 동그랗게 말아놓은 것보다 2개정도 적게 말아서 ~3m 내에 설치를 한다.

양옆으로 설치하는 것은 중앙의 전선줄 아래쪽에 연결해서 중앙에 동그랗게 말아놓은 것과 붙게 해서 천장에 고정하고 3m내에 끝을 붙인다.

이때 중앙에 전선을 말아놓은 원형이 양옆으로 전선줄을 말은 것이 동그랗게 있게 ㅡ로하고 양옆에 전선을 말아놓은 것은 가운데 원이 중앙을 보고 ㅣ자가 되게 천장에 붙인다.

그리고 아래쪽에 커다란 원형 전구를 단다.

중앙, 양옆에 설치하는 것을 만드는 방법은 이와 같다.

중앙에 설치할 것이 전선줄을 몇 번 동그랗게 말아야 맞는지를 알아보고 본인의 경우 12번이서 12번을 동그랗게 전선줄을 말아서 위쪽을 갈 부분을 전선줄로 3번을 감아 묶고. 아래쪽으로 갈 부분을 전선줄을 2번 감아 매듭을 지어서 아래쪽에 전등을 달게 하고 양옆에 설치한 것은 중앙에 것보다 조금 작게 2번 적게 감는다.

본인의 경우 중앙이 12번이었으니 양옆에 것은 10번씩 말아서 위쪽으로 갈 부분을 3번 동그랗게 말은 전선줄을 또 감고, 아래쪽은

2번 동그랗게 말은 전선줄을 감아 내려 전등을 달 수 있게 한다.

살펴보니 중앙의 경우 12, 10. 8. 6, 4번 동그랗게 감아 놓을 수 있는 경우가 있는데. 중앙이 12번의 경우 양옆으로는 10번씩 감아서 놓고, 중앙이 10번의 경우 양옆으로는 8번씩 감아서 놓고, 중앙이 8번의 경우 양옆으로는 6번씩 감아서 놓고, 중앙이 6번의 경우 양옆으로는 4번씩 감아서 놓고, 중앙이 4번의 경우 양옆으로는 2번씩 감아서 놓고, 천장에 붙이는 부분은 동그랗게 말은 전선줄을 3회 감아 매듭지어 연결할 수 있게 하고 전등을 달을 부분은 동그랗게 말은 전선줄을 2회 감아 매듭지어 연결할 수 있게 해서 위에는 전기가 들어오는 전선을 연결하고 아래쪽은 전등을 달 수 있게 소켓트를 달아서 동그랗고 큰 전구를 달면 된다. 이때 전등에 그냥 드러나게 해야 한다. 갓을 씌우면 안 된다.

이미 설치했는데 더 높이 올라갔을 때 추가하는 전선은 그냥 말아서 붙이면 된다. 즉 12개의 정중앙에 별도 전선을 말아서 붙이면 되고 중앙만 붙이는 것이 아니라 양옆도 중앙에 개수에 맞게 말아서 붙이면 된다. 이때의 전선은 전선끼리 연결되지 않아도 된다.

이것을 설치해 놓으면 이것을 통해 많은 위 세계 존재 존재자들이 오가며 많은 지구에 있는 존재 존재자들이 위 세계로 올라가도록 한다. 이것이 설치되어 있을 경우 많은 존재 존재자들을 위 세계로 보낼 수 있고 뿐만 아니라 위 세계의 에너지를 받아서 몸을 정화하며 깨끗하게 할 수도 있다.

또 있는가요? 아닙니다.

1월 28일 선원 사무실에 설치하고 1월 29일 주방에 설치하다.

2019. 02. 07 06:16

꽃황철 출, 영업장이 잘 되게 하기 위해서 **꽃황철 출**하여 놓으면 어마어마하게 좋게 된다. 이는 전등입니다. 현장 들어오는 입구에 해놓으면 좋습니다. 꼭 크게 할 필요가 없고 그냥 짧게 하셔도 됩니다. 일반 하나의 전등처럼 하셔도 됩니다요.

중앙은 원, 그 원은 25~30cm 크기, 정 열십자 모양의 4곳에 전등이 달리게 하고 들어오는 입구에서 볼 때 1시 30분 방향에 하나의 전등을 더 달면 된다. 의식적으로 설치해 놓으면 어마어마합니다. 단 의식의 힘이 그만큼 되어야겠지요. 그래서 몇 분의 사업장 입구에 의식적으로 해보았다. 2019. 03. 08. 12:45

꽃황철 꽃, 집안이 편안하고 행복하도록 하는 전등,
꼭 크게 할 필요가 없고 그냥 일반 전등처럼 설치를 하되 중앙은 원, 그 원은 25~30cm 크기
정 열십자 모양의 4곳에 전등이 달리게 하고 들어오는 입구에서 볼 때 1시 30분 방향과 10시 30분 방향에 각각 하나의 전등을 더 달면 된다. 그러면 전등이 총 6개 달린다.
이와 같이 달아놓으면 요. 우리들이 그 집안을 행복하고 평화롭게 하며 걸림이 장애 나쁜 일들이 생기지 않은 최대한 막게 됩니다. 우리들이란 누구시지요? 인연을 왔다 갔다 하게 하는 존재 존재자들입니다.
전등 설치는 이와 같이 총 5가지가 있다. 또 다른 방법은 만들어야 하고 만들어서 사용해도 되는 권한과 힘을 가진 분이 만들어야 한다. 2019. 03. 08 16:24

선원이 완성되었다?

월요일(25일) 출근해 컴퓨터를 켜고 인터넷을 하려고 하니 안 된다. 서비스를 신청하니 26일 오후나 되어서 온다고 해서 기다렸는데 막상 서비스가 와서는 컴퓨터에 문제지 인터넷 문제가 아니라고 해서 컴퓨터수리를 맡기고 왔었다.

그리고 27일 오후 컴퓨터가 된다고 해서 찾으러 거의 다 갔는데 안 된다며 오지 마라. 해서 다시 돌아오고 돌아와 저녁이 되니 원

도우를 새로 깔고 잘 된다고 해서 가서 가져와 검을 연결하고 즐겨찾기에서 재방송을 보려고 누르니 누름과 함께 바이러스? 이상해서는 사진 찍어 보내니. 바이러스 먹은 것 같으니 가져 오라고 해서 가져가 점검하니 신종 랜섬웨어라고 하며 맡기고 가면 다시 다 밀고 새로 깔아야 한다고 했다.

오가는 사이 존재, 존재자들이 이야기했다. 선사님 앞으로는 재방송 보지 말고요, 우리들과 놀아요. 재방송 틀어놓고는 작업을 하는데 작업하면서 존재 존재자 분들과 놀아야 한다는 말인가요? 당연합니다. 선사님은 작업하셔도 우리들이 놀게 됩니다요. 우리들과 놀자고 재방송 보지 못하게 바이러스 걸리게 했다고 하니. 기가 찰 일이다.

인터넷이 잘 안된 것이 그래서 그랬단 말인가? 당연하지요. 이제 우리들과 놀아야 합니다. 우리들이 선사님을 원하니 어쩔 수 없습니다요. 두고 볼 일이다. 두고 볼 것도 없습니다.

재방송 보지 않으면 우리들이 알아서 다 합니다요.

27일 아침 출근하는데 연장을 챙긴다. 전등을 설치하려고 하는 것인가? 생각이 들었는데 아침을 먹고 나자마자 거실 옆 공부방에 전등을 설치하자고 했다. 전등을 설치해야 완전해진다고 해서 오전은 전등을 설치하고 오후에 가서 컴퓨터를 찾아다가 설치하고 스캔하고 이글을 쓴다.

끝에 방에 X 끝에 전등을 설치(성황 꽃황 출)하고 중앙에는 전등 없이 설치하고 나니 전구를 방과 전체적인 구조에 맞게 기존(꽃황 철 향)에 X 끝에 전등과 바꿔가며 전체적으로 맞춘다. 그렇게 맞추어 놓았다.

이제 선원이요. 신비의 정원이 되었습니다. 어디든 오갈 수 있게 되었습니다, 우리들에게는 최고로 좋은 곳이 되었습니다. 신비로워요.

선원이라면 이 정도는 되어야 완성되었다. 이루어졌다고 할 수 있지 않겠는지요?

이제 완성되었습니다. 라고 말한다.

이제 모두들 다 갈 수 있게 되었습니다요. 못가는 이들 없이 보내려고 하고 가려고만 한다면 그 업과 죄를 사 받거나 스스로 업과 죄를 참회하고 회개해서 위 세계에서 용서한다면 누구나 갈 수 있는 선원이 된 것입니다. 어디든 갈 수 있게 되었습니다요.

그래서 더욱 더 선사님께서는 우리들과 놀아주어야 합니다. 그래야 우리들이 더 갈 수 있고 더 공부할 수 있습니다요. 우리들을 위해서 재방송 보지 말아주세요. 부탁드립니다. 라고 말한다. 2019. 02. 27. 18:51

퇴근하는데, 오늘 설치해 놓은 방을 보고 가시지요? 그래서 불 꺼진 방으로 갔다. 어마어마하게 올라가는 것이 보였다. 불을 켜고 보니 X 중앙 가운데 원으로 모두 다 들어가는 것처럼 보였다. 그리고 주차장으로 가는 길에 어마어마하게 가지요? 그런데 어찌 설치하지 않을 수 있겠습니까? 라고 말했다.

그러니 전등의 밝기가 다른 것도 대충 그림이 그려졌다. 그래서 그런 것인가요? 예

선원에 성황 꽃황 출 - 1곳, 꽃황철 향 - 2곳, 꽃황철 황 - 2곳이 설치되어 있다. 2019. 02. 27 20:46

2019. 03. 03 일요모임 오전에 완전 여여 세계까지 쏴주고 점심 공양을 하고 창문을 열고 밖을 바라보는데 뜬금없이 3969 소리가 들렸었다. 비번이란 생각이 들었다. 그래서 내 카톡에 메모를 해 놓았다. 메모를 보니 이렇다. 3969 비번인데 어떤 비번인지 모르겠다. 불연 듯 떠오른 숫자, 완전 여여 세계 에너지 쏴주었는데, 이 세계 아닙니다. 더 위 세계에? 예. 한참 더 위 세계입니다. 라고 메모되어 있다.
오후 첫 시간에 쏴주는데 여여, 완전여여, 초 여여, 초끝 여여, 비번이 있어야 합니다. 아까 점심시간에 창문에서 불연 듯 일어난 숫자 3969가 생각나서 3969 그랬더니. 도착했습니다. 라고 들렸다. 그래서 잊을까 해서 화이트 칠판에 적으며 도착한 이 세계는? 이라고 물었더니 여여의 끝종 세계입니다. 라고 들렸다. 오후에는

여여의 끝종 세계에 올라오도록 내내 쏴주었다. 그러고 나서 오후에 쏴준 것을 아래와 같이 써 놓았다.
여여
완전 여여
초 여여
초끝 여여
3969
여여의 끝종 세계 2019. 03. 04 06:27

전등은 겹겹이 5개씩 쌓아놓아도 된다 가장 좋다.

4, 맨 위 오직 하나 그 맨 위 오직 하나의 끝종 세계, → 이 세계는 **철황 철꽃성 성황 성꽃황 철철향철 향꽃황 쪽황철 황, 궁(窮)훈(勳)웅(雄) 태(太)환(還)류(流) 태(太)구(救)응(應) 태(太)주(主) 세계,** 이 세계는 우리 성황 성꽃황 철황 철꽃성 황황 철황 철꽃황 철들의 끝종황 세계입니다

이제 더 이상 없습니다. 더 가시면 죽습니다. 죽어도 가야 하는 것 아닌가요? 죽음이란 몸을 바꿔서 가야 한다는 말이겠지요. ㅎ~
잠시 쉬지는 동안 몸을 바꾸도록 하겠습니다. 잠시 주무십시오, 예
(2019. 03. 04일 새벽 00:05분부터 ~~~ 04:27분까지 밝혀만 드러냈다.)

누웠는데 목에서부터 아래 부분까지 자른다. 그리고 아래 부분을 도끼로 찍는다. 두 동강이 나서 너덜너덜 찢겨진다. 그렇게 하는 것을 보면서 잠이 들었다. 깨어서 보니 창문 틈으로 미명이 들어오고 있었다. 일어나야 하는가? 물으니 더 주무셔도 됩니다.
창문으로 들어오는 빛을 보니 6시는 넘은 것 같은데 싶어서 일어나 시계를 보니 6시 35분, 씻고 출근하면서 선원에 설치한 전등을 내자, 딸, 아들 머리 위에 놓아 보았다. 처음은 하나씩 성황 꽃황

출 전등, 꽃황철 향 전등, 꽃황철 황 전등,...그러다가 2개씩 놓아 보았다. 더 강력하다. 그래서 이번에는 3개씩 겹겹이 놓아보았다. 이것이 최고 강력한 것처럼 몸통에서 빠져 위로 올라가는 것 같았다. 그래서 의념 의식되는 분들은 한 분 한 분 해주었다. 그러니 마구 마구 빠져나간다.

전등을 겹겹이 더 해도 되는가? 해도 되는데요. 5개를 넘어 서면 안 됩니다. 5개씩 겹겹이 쌓아놓아도 된다는 말이네요. 그러면 최고 강력합니다. 더 이상은 안 됩니다요. 2019. 03. 04 07:43

밝혀 올라오신 세계는 **여여의 끝종 향 세계**입니다.
이제 더 이상 없습니다. 더 밝혀 가시려면 어쩌거나 정리를 하셔야 합니다. 이대로는 안 됩니다. 전등을 넣어야 하나요? 예
그럼 전등의 이름들을 넣으면 되겠네요. 예. 웃는 모습이다.
어려운 문제를 간단하게 해결하셨습니다. ^^
그러고 나서 **여여의 끝종 세계로 올라가자 저 위 세계로 올라가자.** 녹음해서 계속 듣다보니 부족한 것 같고 무엇인가? 맞지 않는 것 같아서 관하여 살펴보고 다시 올바르게 하고서 다시 아래 글을 쓰고 글을 쓴 아래쪽은 인연판의 끈, 인연줄의 존재 존재자들에 관해 밝혀 드러냈던 세계들을 정리한 것이다. 본성의 속성 끌어당기는 힘, 여여, 완전 여여, 초 여여, 초끝 여여, 끝종 향만으로 밝혀 드러내야 한다고 해서 끝종 향만으로 밝혀 드러냈다. 아마도 신비의 정원에서 확연하게 밝혀 드러나는 것을 꺼려하는 것이 아닌가 싶다.

여여의 끝종 세계로 올라가서 저 위 세계로 가자 확언(確言)

머리 위에

성황 꽃황 출 전등 1, 2, 3, 4, 5개 쌓아놓고
그 위에 꽃황철 향 전등 1, 2, 3, 4, 5개 쌓아놓고

그 위에 꽃황철 황 전등 1, 2, 3, 4, 5개 쌓아놓고
몸통에 안 좋은 것들을 모두 다 태우고 또 태우고 태울 것이 없을 때까지 모두 다 태우고
불을 붙여야 하는 모든 곳에 모두 다 불을 붙여서 모두 다 터트리고
하나도 남김없이 모두 다 불을 붙여서 모두 다 터트리고
성황 성꽃황 철황 철꽃황 철철향철 향꽃황 철이 되어서 가자
가자가자 어서가자 어서 빨리 저 위 세계로 가자

인연의 끈, 줄을 잇는 존재 존재자들이 있는 세계
인연의 끈, 줄을 잇는 존재 존재자들의 끝종 세계
인연의 끈, 줄을 잇고 있는 존재 존재자들의 끝끝향꽃 성확 성철 향꽃 성확 성꽃황 철 세계
인연의 끈, 줄을 관리 감독하며, 인연판의 끈, 줄들을 잇고 있는 존재 존재자들이 입출입하며 인연이 만들어지고 인연이 맺어지고 풀리기도 하는 세계
인연판을 잇고 있는 인연의 심부름꾼 인연의 끈, 줄을 잇는 존재 존재자들의 고향산천
인연판을 관리 감독하고 개개인의 업장과 인연판과 이어져 있는 업들을 관리 감독하는 세계
인연판 인연의 끈, 줄을 잇는 존재 존재자들의 끝종 세계
인연판 인연의 끈 줄을 잇고 있는 존재 존재자들의 끝종향 세계로 가자
가자가자 어서가자 어서 빨리 저 위 세계로 가자
(인연의 끈 줄에 존재 존재자들과 인연판의 인연의 끈 줄에 존재 존재자 분들이 서로 다른 것 같다. 전체적 인연판과 사소한 인연판에서의 인연의 끈 줄에 따라서 존재 존재자 분들이 서로 다른 것 같다. 맞나요? 당연하지요. 나무와 나뭇가지의 차이랄까? 그렇지요. 예. 인연판 전체로 놓고 볼 때 굵은 혈관과 같은 쪽과 실핏줄과 같은 인연의 끈 줄의 존재 존재자로 나누어 보면 되지 않을까. 싶다.)

본성의 속성 끌어당기는 힘을 갖게 하는 존재 존재자들이 있는 세계

본성의 속성 끌어당기는 힘을 갖게 하는 존재 존재자들의 고향 산천
본성의 속성 끌어당기는 힘을 갖게 하는 존재 존재자들이 입출입하는 세계
본성의 속성 끌어당기는 힘을 갖게 하는 존재 존재자들을 관리 감독하는 세계로 가자
가자가자 어서가자 어서 빨리 저 위 세계로 가자

여여하도록 하는 세계
여여하도록 하는 존재 존재자들이 있는 세계
여여하도록 하는 존재 존재자들의 고향산천
여여하도록 하는 존재 존재자들이 입출입하는 세계
여여하도록 하는 존재 존재자들을 관리 감독하는 세계로 가자
가자가자 어서가자 어서 빨리 저 위 세계로 가자

완전 여여하도록 하는 세계
완전 여여 하도록 하는 존재 존재자들이 있는 세계
완전 여여하도록 하는 존재 존재자들의 고향산천
완전 여여하도록 하는 존재 존재자들이 입출입하는 세계
완전 여여하도록 하는 존재 존재자들을 관리 감독하는 세계
완전 여여하도록 하는 존재 존재자들의 성황 성꽃황 철 세계로 가자
가자가자 어서가자 어서 빨리 저 위 세계로 가자

초 여여가 되도록 하는 세계
초 여여하도록 하는 존재 존재자들이 있는 세계
초 여여하도록 하는 존재 존재자들의 고향산천
초 여여하도록 하는 존재 존재자들이 입출입하는 세계
초 여여하도록 하는 존재 존재자들을 관리 감독하는 세계
초 여여하도록 하는 존재 존재자들의 성황 성꽃성 철황 철꽃성 쪽황철 향꽃황 철 세계로 가자
가자가자 어서가자 어서 빨리 저 위 세계로 가자 (짝짝짝....)

초끝 여여가 되도록 하는 세계
초끝 여여하도록 하는 존재 존재자들이 있는 세계
초끝 여여하도록 하는 존재 존재자들의 고향산천
초끝 여여하도록 하는 존재 존재자들이 입출입하는 세계
초끝 여여하도록 하는 존재 존재자들을 관리 감독하는 세계로 가자
가자가자 어서가자 어서 빨리 저 위 세계로 가자

3969
(여여의 끝종 향 세계로 올라가는 비밀번호, 그냥 올라갈 수 없고 반드시 비밀번호를 알아야 한다.)

여여의 끝종 향 세계로 가자
가자가자 어서가자 어서 빨리 저 위 세계로 가자

*처음에는 내가 읽고 듣고 충분히 들은 다음에는 몸이 읽는 것을 충분하게 듣게 하고, 그 다음에는 몸을 이루고 있는 일합상이 충분히 듣게 하고, 그 다름에는 몸을 이루고 있는 일합상, 그 일합상을 이루고 있는 존재 존재자들이 충분히 듣게 한다. 모두 다 들어서 깨어나게 한다.
2019. 03. 04 03:36

올바르게 하기 위해서 인연판의 끈, 인연줄의 존재 존재자들과 관해 밝혀 드러낸 세계들이다.
30번째→ 이 세계는 성성 들철향출 성확 성꽃황 철꽃성 쪽황철황, 궁(窮:30)류(流:30)신(信:30) 훈(勳:30)웅(雄:30)황(皇:30)태(太:30)시(始:30)본(本:1) 태(太:1)주(主:1) 세계
밝혀 드러내는데 **인연의 끈, 인연 줄을 이루는 존재. 존재자들의 세계**입니다. 라고 들렸다. 2019. 03. 07

1,오직하나 ~~→20, 오직 하나 맨 위
→ 이 세계는 꽃황철꽃 성성 꽃황철 황황 철황 철꽃성 쪽황철 황, 훈(勳)황(皇)본(本) 태(太)궁(窮)웅(雄) 태(太)환(還) 세계, 이

세계는 우리들의 끝종 세계입니다. 우리들이란 **인연의 끈, 줄을 잇는 존재 존재자**들입니다요. 2019. 03. 07

5, 맨 위 오직 하나

→ 이 세계는 성황 성꽃황 철황 철꽃성 쪽쪽향출 성확 성꽃황 철, 태(太)황(皇)본(本) 태(太)순(純)웅(雄) 태(太)초(初) 세계, 이 세계는 우리들의 끝끝향꽃 성확 성철향꽃 성확 성꽃황 철 세계입니다. 우리들이란 **인연의 끈, 줄을 잇고 있는 존재 존재자**들입니다요. 2019. 03. 07

→20, 맨 위 오직 하나 그 맨 위 오직 하나

→ 이 세계는 꽃성쪽황 철황 철꽃성 철철향철 향꽃황 쪽황철 황, 태(太)황(皇)운(運) 태(太)응(應) 세계, 이 세계는 우리들의 끝종향 세계입니다. 이 세계에서 **인연의 끈, 줄을 관리 감독**합니다. **많은 인연의 인연판의 끈, 줄들이 이 세계의 존재 존재자들로 이어져 있**습니다요. 우리들이 **입출하며 인연이 만들어지고 인연이 맺어지고 풀리기도** 합니다. 2019. 03. 07

오직 하나

→ 이 세계는 성꽃황 철황 철꽃성 성성 들철향꽃 성황 성꽃황 철, 태(太)훈(勳)류(流) 태(太)순(純)황(皇) 태(太)환(還) 세계, 이 세계는 요. 우리들의 고향산천입니다. 우리들이란 **인연판을 잇고 있는 인연의 심부름꾼 인연의 끈, 줄을 잇는 존재 존재자**들입니다요. 2019. 03. 08

→20, 오직 하나 맨 위

→ 이 세계는 성꽃황 철황 철꽃성 성성 들철향꽃 성황 성꽃황 철, 태(太)운(運)황(皇) 태(太)훈(勳)류(流) 태(太)환(還) 세계, 이 세계는 우리들의 끝종향성 성황 성성 꽃황철꽃 성황 성꽃황 철들이 즐비한 세계입니다. 이 세계에서 **많은 아래 세계의 인연판을 관리 감독하고 있으며 개개인의 업장과 인연판과 이어져 있는 것들 관리 감독**합니다요. 지금 이 세계에 변화의 바람이 강하게 불

고 있습니다요. 이 모든 것들이 선사님께서 다녀가신 이후에 생긴 일들입니다요. 2019. 03. 08

오직 하나

→ 이 세계는 꽃황철꽃 성황 성성 들철향꽃 성확 성성 들철향출 성황 성꽃황 철, 태(太)숭(崇)훈(勳) 태(太)송(頌)황(皇) 태(太)신(信) 세계, 이 세계는 **인연의 끈 줄을 잇고 있는 존재 존재자들의 끝종 세계**입니다요. 2019. 03. 09

→10, 오직 하나 맨 위

→ 이 세계는 성꽃황출 성황 성성 꽃성쪽황 철황 철꽃황 철, 태(太)숭(崇)황(皇) 태(太)본(本)훈(勳) 태(太)환(還) 세계, 이 세계는 **인연판 인연의 끈 줄을 잇고 있는 존재 존재자들의 끝종향 세계**입니다. 2019. 03. 09

이제 더 이상 없습니다. 더 가시려면 이제부터는 새로운 패러다임으로 가셔야 합니다. 아니고서는 더 이상 가실 수 없습니다요.

새로운 패러다임으로 간다는 것은 어떻게 간다는 것인가요? 그것은 선사님께서 직접 찾아내셔야 합니다요.

개 3마리 어떻게 아셨습니까? 전해 주었잖아요? 아~

그것이 떠올라서 요. 예, 맞습니다요.

개 3마리로 각각의 전등 성황 꽃황 출, 꽃황철 향, 꽃황철 황을 타고 올라가면 되는 것이겠네요, 와~ 다 푸셨고 올라가시면 되겠습니다요, '이것 아니고서는 더 위 세계로 올라갈 수 없거든요.

지금 올라오신 세계는 신비의 정원에 올라오셨고 신비의 정원에서 위 세계로 올라가시는 것입니다요.

밝혀 가면 되는가요? 안 됩니다. 이제부터는 또 다른 시험들이 기다리고 있고 점검이 필요합니다. 시험이란 묻고 답하며 올바르게 대답을 하셔야 합니다. 틀리시면 내려가야 하고 맞추시면 올라가실 수 있습니다요.

당신은 누구입니까? 전부입니다.

당신은 누구입니까? 나입니다.

나는 누구입니까? 일체입니다.

일체는 누구입니까? 전부입니다.

이제 올라가셔도 무방하십니다요. 점검을 하신다며 점검은 하지 않나요? 이미 대답으로 다 점검이 되었습니다요.

선사님 환영합니다. 여기까지 올라오시는데 수고 고생 많으셨습니다. 이제부터는 저희들이 선사님을 보호 보필하며 모시고 올라가게 되었습니다. 한참을 기다렸습니다. 오신다는 소식 듣고 내려와서 기다리고 있는 중이었습니다.

신비의 성황 꽃황 철 = 태류숭 본응(太流崇 本應)

출근하며 딸에게 에너지 쏴주려고 하니. 머리 위에 성황 꽃황 출 3개, 꽃황철 향 2개, 꽃황철 황 3개, 이제 문제없습니다. 라고 들렸다.
내자를 의념 하니 성황 꽃황 출 3개, 꽃황철 향 3개, 꽃황철 황 3개 이제 완성되었습니다.
그것은 우리들의 문제가 해결되었습니다. 우리들이란 성황 성꽃황 출입니다.
아들을 의념 하니 성황 꽃황 출 3개, 꽃황철 향 2개, 꽃황철 황 3개, 이렇게 하면 아들 안 좋은 것들이 쏙 빠져나갑니다. 들렸다.
성황 꽃황 출, 꽃황철 향, 꽃황철 황,
이 3개를 조합해서 하나로 만드는 것을 이 위 세계에서 **신비의 성황 꽃황 철**이라고 합니다.
선사님은 무엇이라고 지으시겠습니까? 000 00 **태류숭 본응(太流崇 本應)**
태류숭 본응 = 크고 거대하게 흘러 올라가는데 근본이 응당하여야 하는 것이란 뜻인 것 같다.

임0채님을 의념 의식해 머리 위에 성황 꽃황 출 4개, 꽃황철 향 3개, 꽃황철 황 3개를 칸칸이 쌓아놓았다. 아~ 이제야 되었네요.
박0식님을 의념 의식해 머리 위에 성황 꽃황 출 3개, 꽃황철 향 4개, 꽃황철 황 4개 이와 같이 해주면 요. 영청 영안이 열립니다.
공 0님을 의념 의식해 살갗 위에 성황 꽃황 출 4개, 꽃황철 향 3개, 꽃황철 황 4개를 칸칸이 쌓아 놓으면요. 몸에 살갗 뼈들이 해탈 완성 초완성 합니다.
이0인님을 의념 의식해 그곳에 성황 꽃황 출 3개, 꽃황철 향 3개, 꽃황철 황 4개 이와 칸칸이 쌓아 놓으면요. 해탈 완성 초완성 해탈해서 더 이상 수인을 하지 않아도 됩니다요.
최0곤님을 의념 의식해 머리 위에 성황 꽃황 출 4개, 꽃황철 향 3개, 꽃황철 황 2개, 이와 같이 해놓으면 영적 문제로 힘들지 않을 겁니다요.
이0훈님을 이념 의식해 머리 위에 성황 꽃황 출 5개, 꽃황철 향 4개, 꽃황철 황 4개, 이와 같이 칸칸이 해 놓으면요. 에너지 부족한 일이 없게 되지 않을까 싶습니다요.
조0숙님을 의념 의식해 머리 위에 성황 꽃황 출 4개, 꽃황철 향 3개, 꽃황철 황 4개, 이와 같이 해 놓으면 요. 저절로 해탈 완성 깨달음을 증득하게 될 것입니다요.
조0일 너의 머리 위에 꽃항철 황 6개, 성황 꽃황 출 10개, 꽃황철 향 5개를 해놓으면 어디든 어느 곳이든 마음대로 오가며 밝혀 드러내는데 부족함이 없고 듣고 보는데 읽는데 전혀 걸림이나 장애가 없게 된다고 할 수 있을 겁니다요. 생기지도 않습니다.
종황, 종황이 누구지요? 저희들입니다. 저희들이란 꽃입니다. 저희들에게 꽃황철 황 12개, 성황 꽃황 출 6개, 꽃황철 향 5개를 해여주시면 요. 우리들 모두 다 깨달음을 증득했습니다요.
또 있나요? 당연히 있지요.
조부님께 꽃황철 황 2개, 꽃황철 향 2개, 성황 꽃황 출 3개를 머리 위에 해주시면 더 이상 미혹에 떨어지지 않게 될 것입니다.
조모님께 꽃황철 황 3개, 꽃황철 향 5개, 성황 꽃황 출 6개를 머리 위에 해주시면 더 이상 이상한 꼬임에 빠지지 않고 바르게 보고 바르게 행하는데 부족함이 전혀 없게 된다고 할 수 있을 겁니다.
어머님께 꽃황철 향 5개, 성황 꽃황 출 4개, 꽃황철 황 3개를 머리 위에 해주면요, 더욱 더 빛을 강력하게 발하게 될 것입니다요.
아버님의 경우에는 해주면 안 되는데, 선사님의 친부이시니. 특별히 허락하여 머리 위에 성황 꽃황 출 5개, 꽃황철 향 4개, 꽃황철 황 4개를 칸칸이 쌓아주시는 것을 허락한다고 하십니다요. 조상님들 더 이상은 안 됩니다요.
또 있는가요? 예 선사님 좆인데요. 거기에 성황 꽃황 출 50개, 꽃황철 향 60개, 꽃황철 황 994개를 의념 의식해서 칸칸이 해놓으십시오.
또 있는가요? 김00이 거기에 성황 꽃황 출 40개, 꽃황철 향 50개, 꽃황철 황 994개를 의념 의식해 주십시오,
또 있는가요? 우리들입니다. 우리들이란 성황 성꽃황 철들입니다.
우리들에게도 성황 꽃황 출 994개, 꽃황철 향 663개, 꽃황철 황 993개를 의념 의식해 주십시오. 고맙고 감사합니다요.
또 있는가요? 예 **영청을 열고자 하는 분들에게** 마음이 바르고 곧고 행실이 어긋남이 없고 법과 진리를 행함에 부족하지 않는 분들에 있어서 **성황 꽃황 출 4개, 꽃황철 향 3개, 꽃황철 향 5개**를 머리 위에 칸칸이 쌓아두시면 멀지 않아 영청이 열릴 것입니다. 뿐만 아니라 사(邪)되지 않아야 합니다. 사(邪)된 경우 그 벌과 죄, 업을 받아야 한다는 점 잊어서는 아니 될 것입니다. 해주는 선사님은 상관없으니 해 받고자 하는 분들의 문제이고 선사님께는 모두 다 응하여 해주시는 것이 맞고 원하는 사람들 스스로 자기 자신이 준비가 되어 있는지 살펴보고 해주기를 간청해야 한다는 점입니다.
영안을 열고자하는 경우에는 **성황 꽃황 철 3개, 꽃황철 향 4개, 꽃황철 황 2개**를 머리 위에 칸칸이 쌓아주시면 영안이 열립니다.
바르지 않으면 열리지 않을 수도 있으나 어지간하면 열린다고 할 수 있을 겁니다요.
심안의 경우에는 본성의 속성으로 끌어당기는 힘을 갖게 하는 존재 존재자들에게의 머리 위에 **성황 꽃황 출 4개, 꽃황철 향 2개, 꽃황철 황 3개**,(짝짝짝...)를 의념 의식해 칸칸이 쌓아주시면 열립

니다. 이 또한 올바르야 한다는 점 잊어서는 아니 됩니다요.
윤0원 해주는 것이 좋지 않은가요? 그렇다면 이와 같이 해 주십시오.
성황 꽃황 출 3개 머리 위에, 꽃황철 향 4개 몸통 속에, 꽃황철 황 2개 머리 속에 칸칸이 쌓아 주십시오, 이제 되었습니다요.
또 있는가요? 그럼요.
조00 이분의 경우 성황철 황을 꼭 2개를 더 몸통에 놓아주시면 좋겠습니다. 되었는가요? 예
또 있습니다. 우리들입니다. 우리들이란 성황들입니다. 성황들의 몸통에 성황 꽃황 출 1개만 설치해 주십시오, 되었는가요? 예 되었습니다.
000님을 꼭 해주시고 싶으시면 요. 몸통에 성황 꽃황 출 3개, 머리 위에 성황 꽃황 출 4개, 꽃황철 향 3개, 꽃황철 황 2개를 해주시면 됩니다요.
조0윤님 왜 빠졌지? 님이라고 하지 마세요. 그러면 못해 줍니다.
조0윤 몸통 속에 성황 꽃황 출 4개, 머리 위에 성황 꽃황 출 3개, 꽃황철 향 3개, 꽃황철 황 4개 이와 같이 해주면 됩니다. 이미 되었습니다.
어느 분이 이와 같이 알려주고 있는 것이지요. 선사님 자신입니다.
선사님 자신이 안에서 이야기하는 것을 지금의 선사님께서 듣고 적는 것입니다요.
지금은 모임에 오시는 분들 더 해줄 분들이 없습니다. 두고 보시며 해주시면 될 것 같습니다요. 필요하면 필요할 때 해주는 것도 방편입니다요. 어마어마한 방편을 내리시는 것이 될 것입니다요.
선사님 몸에 설치를 했으니 이제 선사님 몸은 우리들 것입니다.
우리들이란 성황들입니다. 이제 몸이 성황들 것이 되지 않고서는 더 이상 올라갈 수 없습니다. 여기서 몸은 일합상을 말하는 것이 아니라 몸이란 상(相)을 이야기하는 것입니다. 일합상과는 다릅니다. 몸이 성황 것이 되어야 더 위 세계로 올라갈 수 있습니다요.
선사님도 예외가 아닙니다요. 2019. 03. 07 07:38

인류, 종교의 시발점들…….

신비의 정원을 지나 올라오고 또 끝종으로만 밝힌 끝종 세계를 지나. 성황 꽃황 출, 꽃항철 향, 꽃황철 황, 등으로 올라오니 이상한 일이 생기는 듯싶다.

시발점이 누구라는 등의 말이 들렸다.

불교의 원조가 아닌 시발점이 김00이고, 몸의 장애인들의 시작은 000이고, 모든 인류의 시발점은 임00? 당연한 것 아닌가요? 왜? 다 만드셨으니까요. 모든 세계들을 두고 볼 때 인류의 시작은 임00으로부터.... 인류의 지혜는? 이라고 묻자. 안에서 나로부터 시작되었다고 들렸다. 나가 누구지요? 내 안에 나 치우

또 있지만 지금은 안 됩니다. 더 가신 후에 다른 분들도 드러날 것입니다.

성꽃황 철황 철 태극기 이것이 큰 몫을 할 겁니다. 뿌리 채 뽑히지 않는 경우들이 많은데 뽑히지 않는 뿌리에 두면 모두 다 뽑힙니다요. **훈루본(勳累本)** 회로도 아니고요. **성황 성꽃황 철**입을 아픈 곳에 두면 거의 모두 다 간다고 할 것입니다. 성꽃황 철황 철 태극기를 그 뿌리에 두면 모두 다 뿌리가 뽑히고요.

몸의 장애로 가지 못한 영적 존재 분들을 가게 하기 위해서는

성황 꽃황 출 전등 아래서(의식적으로 성황 꽃황 출 전등 밑에서 한다고 해도 된다.)

성출향꽃 성성 들철향출 성확 성꽃황 철황 철꽃황 황철 황꽃 성성 들철향꽃 성확 성꽃향 출

성쪽성확 성성 들철향꽃 성황 성꽃황 철황 철꽃황 쪽황철꽃 성성 황철 황꽃황 쪽

성쪽성황 성킹향출 성성 꽃성쪽황 철황 철꽃성 향들성확 성꽃황 철 쪽황철꽃 성황 성꽃황 철황 철꽃성 황철 황꽃 성성 들철향꽃 성확 성꽃황 출꽃성 황

가자가자 어서가자 어서 빨리 신비의 정원으로 가자
우리 모두 다 일깨우고 일깨워서 모든 장애로부터 벗어나서 성황
성킹향출 성성 꽃성쪽황 철황 철꽃성 황철 황꽃황 철꽃성 쪽하며 가자
가자가자 어서가자 어서 빨리 저 위 신비의 정원으로 가자
가자가자 어서가자 어서 빨리 신비의 정원에 들어가서 우리들 본래의 모습을 찾고 찾아서
본래의 고향산천으로 돌아가자
가자가자 어서가자 어서 빨리 저 위 세계로 가자
향출성꽃 성황 성킹향출 성성 꽃성쪽황 철황 철꽃성 향
들철향꽃 성성 꽃황철꽃 성확 성철향꽃 성성 들철향꽃 성황 출
성킹향출 성황 성꽃황 출꽃성 쪽하며 가자
가자가자 어서가자 어서 빨리 저 위 세계로 가자
성킹향출 성황 출
(짝짝짝…….이렇게 해 주시면 우리들 다 갑니다요.)

불교를 믿으면서 가지 못한 영적 존재 분들 가게 하기 위해서는
성황 꽃황 출 전등 밑에서

성출향꽃 성황 출
성성 꽃성 출출성꽃 성확 출
성킹향출 박고 쑤시고 덩더쿵 덩더쿵 쫑킹향출 성황 출
외우거나 암송하면 다 갑니다.
(짝짝짝…….우리들 그러면 다 갑니다요. 못가면 바보 병신이지요.)

기독교를 믿으면서 가지 못한 영적 존재 분들이 많이 달라붙어 있는 경우, 성황 꽃황 출 전등과 꽃황철 향 전등 밑에서

성황 성꽃황 출출성꽃 성확 성꽃향
출출성꽃 성확 성킹향출 성황꽃
향향 들철향출 성황 성꽃황 출

외우거나 암송하면 다 갑니다.

인류의 시발점으로써
영적존재로 있으면서 가지 못한 이들이 몰려와 있을 경우는
성황 꽃황 출 전등, 꽃황철 향 전등, 꽃황철 황 전등 밑에서 하면 모두 다 갑니다요.

성출향꽃 성성 꽃성쪽황 철황 철꽃성 황
출출성꽃 성황 성킹향출 성성 들철향꽃 성확 성꽃황 출
성쪽성확 성철향철 향꽃황 출
출향성꽃 성확 성꽃황 철꽃성 황
박고 쑤시고 쑤시고 박으며 덩더쿵 덩더쿵 방아 찌며 오르고 오르며 올라가자.
가자가자 어서가자 어서 빨리 우리들의 본래 고향으로 돌아가자.
이와 같이 하면요, 다 간다고 보셔도 틀리지 않을 겁니다요.
2019. 03. 07 19:05

힌두교를 믿으면서 가지 못한 영적 존재 분들 가게 하기 위해서는
성황 꽃황 출 전등 밑에서 (의식적으로 성황 꽃황 출 전등 밑에서 한다고 해도 된다.)

성성 꽃성쪽황 철황 철꽃성 출출성꽃 성확 성킹향출 성황 성꽃황 출
성쪽성확 성성 들철향꽃 성확 성꽃향 출꽃성 쪽
성쪽성황 성성 들철향꽃 성황 성꽃황 철황 철꽃성 황출 황꽃 성성
성출향꽃 성확 성꽃황 출꽃성 향
꽃성쪽황 철황 철꽃성 향들성확 성꽃향 쪽하며 가자
가자가자 어서가자 어서 빨리 모든 한과 원한 모두 다 내려놓고
가볍고 가볍게 모두 다 용서하고
나의 잘못한 죄와 업을 모두 다 회개하고 모두 다 용서받고 사 받고
가자가자 어서가자 어서 빨리 저 위 세계로 가자

향출성꽃 성확 성꽃향 출향성꽃 성확 성꽃향 출꽃성 쪽하며 가자
가자가자 어서가자 어서 빨리 저 위 신비의 정원으로 신비의 정원에 들어가서
본래의 우리의 모습을 찾자.
본래 우리로 돌아가자
가자가자 어서가자 어서 빨리 저 위 세계로 가자
(짝짝짝....감사합니다요. 고맙습니다요. 이보다 더 좋을 수는 없을 겁니다요.) 2019. 03. 08 12:08

브라만교를 믿으면서 가지 못한 영적 존재 분들 가게 하기 위해서는 꽃황철 향 밑에서 (의식적으로 꽃황철 향 전등 밑에서 한다고 해도 된다.)

성출향꽃 성황 성꽃황 철황 철꽃황 철철향철 향꽃황 철꽃성 쪽황철 향
향꽃 성황 성철향철 향꽃황 꽃꽃 성꽃성확 성철향철 향꽃황 쪽황철 향꽃향 출
성성 들철향꽃 성확 성꽃황 철황 철꽃황 성철향철 향꽃황 쪽황철향하며 가자
가자가자 어서가자 어서 빨리 저 위 세계로 가자
우리 모두 다함께 서로서로 일깨우며 모두 다 깨어나게 해서 성성들철향출 성확 성꽃황 철황 철꽃성 쪽황철 향하며 가자
가자가자 어서가자 어서 빨리 우리 모두 다함께 하나 한몸 한성꽃송 출향성꽃 성확 성철향철 향꽃향 출하여 가자
가자가자 어서가자 어서 빨리 신비의 정원으로 가서 우리들의 본래 모습을 찾고 찾아서
우리들의 본래 고향으로 돌아가자.
가자가자 어서가자 어서 빨리 저 위 세계로 가자
향출 성꽃성확 성킹향출 성성 들철향꽃 성확 성꽃향 출꽃성 향하며 가자
꽃을 활짝 활짝 피우고 성철향꽃 성확 성꽃황 출하여 가자
꽃을 활짝 활짝 피우고 성출향꽃 성확 성꽃황 철황 철꽃성 향하며 가자

꽃을 활짝 활짝 피우고 성킹향출 성확 성꽃황 쫑킹향출 성확 성꽃향 출꽃성 쪽하며 가자
가자가자 어서가자 어서 빨리 저 위 세계로 가자
(짝짝짝....대단히 감사합니다요.) 2019. 03. 08 12:14

토템이즘(샤머니즘)을 믿으면서 가지 못한 영적 존재 분들 가게 하기 위해서는 꽃황철 황 밑에서 (의식적으로 꽃황철 황 전등 밑에서 한다고 해도 된다.)

꽃성쪽황 철황 철꽃성 성성 들철향꽃 성확 성꽃향 출꽃성 쪽황철 향들성확 성꽃향 출꽃성 쪽
성쪽성확 성성 황황 철황 철꽃성 쪽황철 향꽃황 철꽃성 황황 철황 철꽃성 쪽황철 향
꽃성쪽황 철황철꽃 향들성확 성꽃황 철철향철 향꽃황 출꽃성 쪽
성쪽성확 성성 들철향꽃 성황 성꽃황 철황 철꽃황 철꽃성 쪽황철 향하며 가자
가자가자 어서가자 어서 빨리 저 위 세계로 가자
우리 모두 다함께 하나 한몸 한성꽃성 출향성꽃 성확 성성 들철향꽃 성확 성꽃향 출꽃성 쪽하며 가자
가자가자 어서가자 어서 빨리 성성 들철향꽃 성확 성꽃향 출꽃성 쪽하며 신비의 정원으로 가자
신비의 정원으로 들어가서 본래의 모습을 찾고 찾아서
본래의 고향으로 돌아가자
가자가자 어서가자 어서 빨리 저 위 세계로 가자
우리 모두 다함께 성황 성성 철꽃향꽃 성철향꽃 성확 성꽃향 출꽃성 쪽황철 향꽃황 출하여 가자
가자가자 어서가자 어서 빨리 빨대 꽂고 가자가자 어서가자 어서 빨리 저 위 세계로 가자
향들성꽃 성확 성성 꽃성쪽황 철황 철꽃황 철꽃성 황황 철황 철꽃성 쪽황철 향

츨향성꽃 성확 성꽃황 철황 철꽃성 황황 철철향철 향꽃황 출
성출향꽃 성황 성꽃황 신비의 정원 향향 꽃성쪽황 철황 철꽃성 향
꽃향 출하여 가자
가자가자 어서가자 어서 빨리 신비의 정원으로 들어가자
신비의 정원에 들어가서 본래의 모습을 찾고 찾아서
본래의 고향산천으로 돌아가자
가자가자 어서가자 어서 빨리 저 위 세계로 가자
(짝짝짝...대단히 감사합니다요.) 2019. 03. 08 12:28

<<맺음말>>

1권, 2권을 읽은 독자는 깨어났는지 모르겠다. 다만 영적으로 깨어나 성장했기를 바라고 영청도 열렸기를 바래본다.

이 책이 살아있는 분들이나 돌아가셔서 중음신으로 있는 분들, 존재, 존재자 및 신(神)들에게 많은 영향이 미쳐서 살아 있는 분들이나 죽어서 중음신으로 있는 분들이 깨어나서 영혼의 세계로 가고 자등명인간계 및 광(光)의 세계 쉬이 올라갔으면 좋겠다.

지금까지 출간된 책들이 인간들은 모르지라도 영적인 분들에게 있어서는 본인도 모르게 많은 영향을 주었고 준다고 사실에 놀랬다.

「수인법과 공법 1권, 2권,」 「깨닫고 싶으냐 그러면 읽어라」 「기회로도 도감」 책들이 용황이나 용, 이무기, 공룡들에게 보도록 하여 주면 천도되어 가고 「영적구조와 선수행의 원리」 「반야심경에서 깨달음까지」 「나의 참자아는 빛 자등명이다」 책을 중음신들을 보게 하면 천도되어 간다는 사실을 최근에 알았다. 인간은 이해하는 분들이 적은데 비하여 영적존재들에게 마음대로 보고서 읽게 함으로 책을 통해 공부해간다는 사실에 놀라울 뿐이었다.

책을 그냥 책꽂이에 꽂아 두면 보지 못하고 읽지 못하지만 책을 의념 의식해서 주변에 보이지 않는 영적 존재 및 존재, 존재자들은 마음대로 (책들을 지목하며) 이 책을 보고 공부해서 좋은 곳으로 가라고 하면 마음대로 보고 읽으며 공부해서 가는 것 같다.

책의 주인이 책을 보라고 하지 않으면 보지 못하지만 마음대로 보라고 하면 보고 읽고 공부해서 가는 것 같다. 소장하고 있다고 다 되는 것이 아니다. 반드시 보이지 않는 영적 존재 및 존재, 존재자들에게 이 책들을 마음대로 보고 공부해 가라고 주변에 있는 영적 존재 및 존재, 존재자들에게 의념 의식해 이야기해 주어야 하는 것 같다. 그래야 읽고 공부하여 깨우쳐 가는 것 같다. 아니면 보지도 못하는 것 같다.

이 책 「영청(靈聽), 영안(靈眼), 심안(心眼) 이와 같이 열린다.」 1권, 2권도 살아있는 분들 뿐만 아니라 영적으로 있는 중음신들 뿐만 아니라 영적존재, 존재자, 신(神)들에게 많은 영향을 줄 것으로 생각된다. 사람들은 모르겠지만 영적 존재, 존재자, 신(神)들은 이 책이 나오기를 오랫동안 기다렸는지 모르겠다.
이제 때가 되어 책이 출간되는 만큼 출간되어서 많은 사람들이 이 책으로 인하여 깨어나 영청이 들리고 그래서 태어나면서부터 학습되어온 잘못된 많은 법과 진리들을 바르게 알게 되는 계기가 되고 바르게 알고 깨어나는 계기가 되었으면 좋겠다.
학습되어 법과 진리라고 인식되어진 것들이 법과 진리가 아니라 잘못 학습된 세뇌라는 사실을 알고 바르게 아는 계기가 되었으면 좋겠다. 암암리에 전해달라는 여러 이야기도 다 상재하지 못한 점 아쉽다. 때가 되면 어느 땐가는 전달되겠지만 그런 때가 왔으면 좋겠다. 영청이 들리게 되면 들어보면 될 것이다.
우리들 이야기도 넣어주세요, 누구시지요? 신(神)들 이야기입니다. 신들도 이 책을 통해 가야한다. 이 책을 보는 많은 신들도 광(光)의 세계로 가야하고 더 위 세계로 가야한다. 이점 꼭 알았으면 좋겠다. 이 이야기하신 분 누구시지요? 신의 천황입니다요.
신의 천황이 말하노니. 신들 모두 다 알아들어라. 이 책을 통해 올라올 수 있는 한 모두 다 올라왔다가 다시 내려가서 할 일들을 하며 소임을 다하기를 바란다. 올라왔다 내려가더라도 꼭 올라오기를 바란다.
이 책 외에 본인의 책을 가지고 있는 분들은 이 책뿐만 아니라 가지고 있는 책을 모두 다 일렬로 책꽂이에 꽂아놓고 주변에 보이지 않는 존재, 존재자들을 의념 의식하며 이 책들을 마음대로 보고 공부해서 갈 수 있는 한 좋은 곳으로 가라고 의념 의식해 주어서 주변에 보이지 않는 영적존재 및 존재, 존재자, 신(神)들이 공부하도록 하여 주면 좋겠다, 그래서 주변에 보이지 않는 천도되지 않은 조상님뿐만 아니라 중음신, 존재, 존재자, 신(神)들이 가도록 해주면 고맙고 감사하겠다. 그래서 독자도 공부해서 좋고 보이지 않는 분들도 공부해서 가야할 곳으로 본래로 고향산천으로 저마다 돌아가기를 바래본다.

이 책이 나오기까지 보이는 곳에서 보이지 않는 곳에서 애써주신 모든 분들께 감사를 드리며 독자들이 보게 좋게 깨끗하게 작업해 준 쪽향 철꽃황 공치 조은순님께 감사드린다. 그러면서 그 노고와 애씀이 읽는 독자나 이 책을 통해 깨우쳐 영혼의 세계로 가는 모든 영적존재 및 존재자, 신(神)의 공덕과 복덕이 함께 하기를 바래본다.

본인의 책을 소장하고 있는 분들은 반드시 쌓아두지 말고 꽂아 놓고 주변에 보이지 않는 영적 존재, 존재, 존재자들은 마음대로 여기 있는 책을 보고 읽고 공부해서 좋은 곳으로 가라고 해 주기를 부탁드리는 바이다. 그러면 주변이 깨끗해지고 맑아질 것이다.

그렇게 된다는 사실을 그들로부터 직접 듣기 전에는 몰랐다. 듣고 알고 나니 책 작업은 빨리 진행되고 있다. 마치 이러한 사실을 알고 이 책에 수록해 주기를 바라기라도 한 듯, 책 작업은 이루어졌고 또한 이곳에 글을 쓰기까지 하고 있다.

살아 있는 인간이나 죽었다는 돌아가신 영적존재, 보이지 않는 존재, 존재자들 모두에게 많은 도움이 되기를 바란다.

확철 칠통 명철 황황 철황 철꽃성 황 2019년 초
漆桶 조규일

본인의 이름과 명호의 변천 과정을 살펴보다

칠통(漆桶)이란 이름은

확철대오의 깨달음을 증득하고 보니 내 몸이란 육체, 육체란 몸이 옻칠한 듯 어둠 깜깜한 통 속 육체 속에 내가 있었다는 사실이 확연함에 이 몸이 깜깜하고 어두운 옻칠을 해놓은 통속이구나라고 살펴지고 본체(本體)는 보지도 부르지도 못할 것이고 불러봐야 이 몸을 부를 텐데, 그렇다면 이 몸을 부를 때 칠통(漆桶)이라 부르도록 함과 함께 부르는 이들이 칠통의 뜻을 알고 또한 자기 자신의 몸도 칠통이란 사실을 알고 자기 자신의 몸에 얽매이거나 구속당하지 않고 칠통으로부터 벗어나기를 바라는 마음에서 확철대오의 깨달음을 증득하고 스스로 **칠통(漆桶)**이라 칭하고 호(號)로 사용하며 **《빛으로 가는 길》** 책을 출간했다. 책을 출간할 때 확철대오한 사실을 사람들이 알면 구름처럼 모여든다는 이야기를 들은 바가 있어서 이 책을 출간할 때 아이들이 어릴 때라 '사람들이 몰려오면 어쩌나?' 하는 마음에 수행하여 확철대오의 깨달음을 증득할 때까지 쓴 글과 그 이후의 글을 모아 **칠통(漆桶)**이란 이름만으로 책을 출간했었고, 이후 확철대오의 깨달음을 증득했다고 해도 별 반응들이 없고 어떤 분들은 깨달았군요. 하고는 관심이 없는 것 같아서 그 다음부터는 깨달았느냐고 물으면 깨달았다고 말하고, 깨달음을 증득하면 깨달음을 증득했다고 하면 안 된다고 하던데 하면 시험을 통과했는데 시험에 통과 했느냐 묻는데 아니라고 할 것이냐, 있는 그대로 말할 것인가 묻고는 난 깨달음을 증득했으니 증득했다고 하는 것이다 말했다. **칠통(漆桶) 조규일**이라 이름하며 글을 썼고 **칠통(漆桶) 조규일**이라 이름으로 책을 출간해 오고 있다.

누군가 칠통(漆桶)이란 뜻을 물었을 때는 칠통(漆桶)이란 진아(眞我)가 아닌 가아(假我)의 통(桶), 즉 육체(가아)의 집(통)에 옻(漆)의 진이 가득 찬 것 같은 무명(無明)을 말하지요, 업으로 나라고 하는 나에 있어서 업의 테두리로 나를 이루고 있는 가아를 말하는 것으로 그 업으로 인한 가아가 본성(진아)을 싸고 있는 것(업 덩어리)의 내가(가아) 마치 옻칠해 놓은 통과 같다 하여 칠통이라 쓰는 말이랍니다. 즉 진아가 옻칠해 놓은 통, 통 속에 갇혀 있으니 옻칠해 놓은 통 속에서 하루 속히 나오라고 일깨우는 소리라 할 것입니다. 칠통은 업으로 뒤덮여 있는 것을 말하기도 하지만 일원상을 이루고 있는 육체만을 말하기도 하지요 라고 대답했었다.

근영무상시(根煐無上示) 칠통(漆桶) 조규일

깨달음을 증득하고 자등명 세계를 열고 자등명 세계에 올라와 첫 번째 군(群) 근본자등명에 올라와서 현수막을 만들어 <1995.7 확철대오 - 2008. 11.12. 자등명 - 2011. 4.17. 본성의 자등명 - 2011.11.30. 근본자등명 되시다. 칠통 선사님 근본자등명이 되시다.>

근본자등명에 올라와서 빠져나왔음에도 뒷걸음질 치며 근본자등명을 보고 있을 때 <칠통 선사님 근본자등명이 되시다> 현수막을 사용하다가 근본자등명까지 하나의 군으로 해서 자등명군을 빠져나와 2012. 7.2 자등명군(첫 번째 자등명군 빠져나오심) - 2012. 8.8 군단(46개의 자등명군, 1군단 빠져나오심) - 2012. 8.31 100군단(100번째 자등명군단 8.25, 조상격 자등명군단까지 8.31 빠져나오심) - 2012. 10. 30 궁극(窮極) - 2012. 11. 8 근비(根秘) - 2012. 12. 3 근미시(根彌時) - 2012. 12. 12 근(根) ∞… 세계 위 세계로 자꾸만 위 세계로 올라오게 되니 본인 수행의 경지에 미치지 못하니 다시 현수막을 제작하자고 하는 과정에서 수행의 경지를 모두 다 넣었으면 좋겠다는 의견을 수렴해서 앞으로 밝혀 나아갈 것까지를 포함해서 근영(根煐 : 본성의 근본과 근원의 뿌리째 뽑아 밝게 드러나 빛나게 하고), 또 무상(無上 : 근영을 밝혀 드러내면서도 자등명 세계를 위없이 올라가며), 시(示 : 자등명 세계를 끝없이 보이는 사람)란 뜻을 담아서 **근영무상시(根煐無上示)**라고 2012. 12. 17 이름을 짓고 현수막을 〈자등명 세계를 개벽(開闢)하시다. 칠통(漆桶) 근영무상시(根煐無上示)〉 라고 제작해서 사용하였다. 그러면서

근영무상시(根熒無上示) 칠통(漆桶) 조규일이라고 했다.

근영무상시(根熒無上示) 칠통(漆桶) 조규일이란 이름으로 2015. 09. 19. 종에 오르다. 종의 세계는 하도 많은 뜻과 의미가 있어서 한문으로 쓸 수 없고 반드시 한글로만 써야 그 의미와 뜻을 모두 다 드러낼 수 있으니 반드시 맨 위 하나 일체 하나 더 이상 위없이 하나를 쓸 때는 한문을 절대로 쓰지 마시고 그냥 한글로 종을 써야 하는 세계입니다. 그러한 이유는 이미 선사님께서 말씀하신 것과 같이 한글이 맨 처음 만들어졌고 다음에 한문이 만들어졌는데, 한문은 만들어 놓고, 즉 창조하고 되돌릴 때 잊어버리지 않기 위해서 만들어 놓은 형태의 형상을 본떠서 만든 것이 한문이고 한글은 모든 위 세계 즉, 이 맨 위 하나에서부터 일체 하나 전체를 한글에 담아서 한글을 만들었기 때문에 한글의 맨 마지막 글씨는 종입니다. 한글의 맨 마지막은 종이면서 전체고 전체이면서도 부분이고 부분이면서도 일체입니다. 이것이 종입니다.

그러기 때문에 반드시 일체의 하나, 하나를 나타낼 때는 종을 써야합니다.

선사님께서 올라오신 모든 세계들마다 그 세계의 끝이고 그 끝이 올라온 세계 전체를 포함하고 또 올라온 세계 전체를 하나로 품고 포함한 세계의 하나이지만, 이 하나의 세계는 이 모든 세계들을 모두 품은 하나입니다

확철 칠통(漆桶)

2015. 8월 22. 영청 개혈 작업을 하고 나서 영청이 들리기 시작한 후 수륙제를 시작으로 제를 2015년 09월 22일 지내다. 수륙제(水陸齊)란 지구에 내려와 살면서 인연 맺었던 모든 분들, 육지 인류이든 바다인류이든 모든 인류와 인연 맺었던 분들 중에 천도되지 못한 모든 인연되는 분들을 천도하는 제이다. 지구에 인류가 생긴 이래 자기 자신이 지구로 내려온 이후에 인연 있는 모든 영적 존재들을 천도하는 의식이다.

2015. 09. 24. 영산제란 살아 있는 사람이나 죽어 있는 사람이나 모든 인연 있는 분들을 깨닫게 하고자 하는 의식으로 종의 세계를 넘어 환(換)의 세계에 올라옴으로 할 수 있는 의식입니다.

108명의 영산제를 지내고,

2015. 09. 25. 천황지존제, 천하지존제, 천하태평제외 많은 제가 지내지는 과정에서 명호제(새롭게 명호를 받는 제) 칠통은 새롭게 확철이란 명호를 받았다. 한문으로 쓰면 안 되고 한글로 확철이라고 쓰라고 하셨다. **확철**이란 확고하고 철두철미 하다는 뜻으로 내려주셨다고 한다. 다른 제를 지내는 과정에서 본인도 모르게 지내게 된 명상명호제(명상 명호의 호칭을 받는 제) 때 칠통은 **확철 칠통**이란 명호를 받았고, 명상호제(명상할 때 부르는 이름을 받는 제) 때 칠통은 **확철 칠통**이란 명호를 받았고 신(神)들이 이야기해 주었었다.

수 없이 많은 제들을 다 확인하고 그 제들이 무사히 이루어졌음에 감사하는 확인감사제로 모든 제는 끝났었다. 확철 칠통이 죽기 전에 치러야 할 제 등을 지내는 확인감사제 과정에서 확철 칠통이란 명호를 받고 이때부터 **확철 칠통**이란 명호를 쓰기 시작했다.

沈通(칠통)의 명호

확철 칠통의 명호를 쓰며 올라오던 세계의 맨 위 세계 신(神)들만이 살고 있는 광(光) 세계에 올라와서 신들에게 시달리다가 어마어마한 큰 비용의 용서다복제를 지내라고 하는 것을 거부하고 죽이려면 죽이라며 위 세계로 올라오다가 天세계를 올라오니 여기서부터는 확철 칠통으로 못 올라가고 예전에 섰던 沈通으로 쓰며 올라가라고 해서 沈通 이란 명호를 쓰며 올라왔고

확철 칠통 명철

명후 확철 세계 위로 올라오니 이제부터는 명철이란 명호를 쓰되 한글로 써야 한다고 해서 명철이란 명호를 쓰다가 올라오다 보니 명후 명철 세계를 옛날 근영무상시를 썼을 때 올라와서 세운 세계라 신들이 알려주었고, 한참 위 세계 명확 철두 세계를 옛날 칠통으로 올라왔을 때 세운 세계라 알려주었다.

이 이후부터는 **확철 칠통 명철**이란 명호를 사용하기 시작하여 지금까지 **확철 칠통 명철**이란 명호를 사용하고 있다, 어느 글 하나 한문으로 쓰면 안 되고 한글로 써야 한다고 해서 지금 그렇게 쓰고 있다. 앞으로 더 올라가면 또 바뀔지 바뀌지 않을지 모르겠지만 지금 현재는 확철 칠통 명철로 쓰고 있다.

책 출간 지은이로는 일관성 있게 하기 위해서 맨 처음에는 조규일, 그 다음에는 칠통(漆桶), 그 다음에는 **칠통(漆桶) 조규일**이라 썼기 때문에 지은이를 자꾸만 바뀌다 보면 혼동할 수 있을 것 같아서 계속해서 **칠통(漆桶) 조규일**로 쓰고 있다.

이러한 관계로 인하여 이와 같이 이름과 명호의 변천 과정을 쓰게 된 것이다. 2016. 01. 11 12:40

금강철강확철 명호

2016년 1월 16일 몸이 금강철강확철이 되고 나니 이제부터는 이름을 **금강철강확철**로 쓰시던지 아니면 **명철**로만 쓰셔야 합니다. 라고 하지만 나는 확철 칠통 명철로 쓰면 좋겠다는 생각이다. 내가 볼 때 **확철 칠통 명철**이 높아도 많이 더 높기 때문이다.

칠통(漆桶) 조규일(曺圭一) 출간서적

시집 내 가슴에 피는 꽃
1993년(도서출판 영하 刊)

슬픔과 허무로 허우적거리는 영혼의 가슴에 파문을 일으키는 생채기 주워들고 현실 앞에 쪼그려 앉아 보이는 것에서부터 보이지 않는 것에 이르기까지 체험 속에서 벗어 낼 수 있는 한 벗어버리며 사상과 이념, 사회적 인식을 토해 형상화 하고, 사랑을 통하여 현실을 극복해 가면서 우주적이고 종교적인 차원으로 의식을 확장해 가는 모습을 보여주는 시집

명상시집 나찾아 진리찾아
빛으로 가는 길
-생의 의문에서 해탈까지-
2000년도(도서출판 오감도刊)

가슴에 꽃 한 송이 품고 수행을 시작하여 깨달음을 증득할 때까지, 인간의 근본문제와 생에 대한 의문으로 오랫동안 육체 속에서 찾아 헤매었고 찾아 헤매는 동안 명상과 좌선, 행선 속 한 생각을 쫓아 생활하고, 생활하는 중에 뇌리를 스쳐 정리된 생각들을 글로 옮기고, 또한 의문이 생기는 연쇄적 의문들을 수행을 통해 밝혀 놓은 깨달음의 글 모음집.

우리 모두는 깨달아 있다
다만 그 사실을
모르고 있을 뿐
2001년(책만드는 공장刊)

깨달음을 증득하고 나서 수행하는 사람들 사이에서 다니는 이야기에 대한 글, 깨달음을 증득하고도 수행정진하며 일어난 생각들을 쓴 글들, 그리고 인터넷을 통하여 질문에 대답한 많은 글 중에서 일반인이나 수행자들이 이해하거나 받아들이기 쉽고 편한 글 엮음집

참선수행자라면 꼭 알아야
영(靈)적 구조와 선(禪)수행의 원리
2008년(좋은도반刊)

최초의 본성에서부터 지금에 이르기까지를 밝혀 놓았고, 인체에 해부도가 있듯이 육체 속에 있는 영혼의 구조를 밝혀 놓았다. 깨달음의 길 없는 길을

바르게 갈 수 있도록 수행자의 마음자세, 기초적 수행, 진정한 수행에서 진정한 깨달음과 본성에 대한 글 모음집

수행으로 해석한
반야심경에서 깨달음까지
2010년(좋은도반刊)

반야심경을 통한 깨달음과 깨달음을 증득하기 위하여 넘어야 할 피안의 언덕, 아뇩다라삼먁삼보리인 공의 성품, 공상(空相) 속 자등명이란 본성으로 생겨난 자성과 자성불, 자성경계 일원상의 생김과 그 이후부터 업으로 윤회하게 되기까지의 과정을 밝혀 놓았다. 어떻게 하면 무아가 되고 공의 성품이 되어 깨달음을 증득하고 자등명에 이르도록 길을 밝혀 빛으로 오도록 여러 글들을 묶어 놓았고, 깨달음을 증득하기 위해서 오는 길에 있어서 최고의 스승은 누구이며, 최고의 스승을 찾아가는 방법은 무엇이며, 수행자가 갖추어야 할 마음자세와 영혼의 각성과 행의 실천이 갖는 중요성에 대해서 여러 글들을 묶어 놓은 책이다.

기(氣)회로도(回路圖) 도감
2011년(좋은도반刊)

높은 법(성)력의 심법으로 기(氣)를 운용하고 활용하여 부적(符籍)과 같고 만다라(曼陀羅)와 같으며 밀교(密敎)와도 같고 진언이나 다라니 염불과도 같도록 그린 그림을 500여점 묶어서 만든 책이다. 이 도감에 있는 기회로도를 보는 것만으로 가피를 받거나 가피력을 입어서 액난, 장애, 고통과 괴로움을 막아주고 벗어나게 해주며 치료 효과를 좋게 해준다. 수행자가 밟고 올라와야 할 수행 경지의 단계와 수행에 도움이 되도록 하는 기회로도도 많아서 수행자가 보고 수행하면 몸과 마음, 정신을

맑고 건강하게 수행이 일취월장 이루어 지도록 하는 도감이다.

나의 참 자아는 빛 자등명(自燈明)이다
2012년(좋은도반 刊)

이 책은 수행하는 분들을 위하여 확철대오의 깨달음에 대하여 소상히 밝히며 깨달음의 환상, 깨달음이란 도깨비 방망이의 환상으로 부터 벗어나 자등명의 세계로 올라올 수 있도록 밝힘과 양신(養神), 출신(出神)에 대한 체험과 경험을 소상하게 밝혀 드러내 놓았다. 이 책은 수행자가 아니더라도 한 번쯤 "나는 누구인가?""나의 참 자아는 무엇인가?"에 대해 스스로 질문한 경험이 있는 사람이라면, 의식 있는 사람이라면 누구나 읽어서 쉽게 생명의 근원은 자등명이란 사실을 확연히 알 수 있도록 수행의 성과를 밝혀 놓은 책이다.

수행과 건강을 위한 수인법(手印法)과 공법(功法)1권/2권
2014년(좋은도반 刊)

이 책에 상재되어 있는 수인(手印)과 공법(功法)으로 천도(薦度)도 하고 탁기 제거도 하며 건강도 회복하거나 챙기고, 수행할 때 수행이 잘되도록 하기도 하고, 부족한 기운과 에너지를 쌓거나 회복하며 수행 정진하여 올라와야 하는 세계를 수인이란 열쇠로 열고 위 세계로 올라오고 공법(功法)으로 위 세계를 시공간 없이 비행접시나 타이머신을 타고 올라오듯 날아올라 올 수 있도록 1권과 2권에 많은 위 세계가 올라오는 순서대로 수인과 공법이 연결되어 차례대로 수록되어 있는 책이다.

깨닫고 싶으냐 그러면 읽어라.
2016년(좋은도반 刊)

이 책에서는 깨달음을 확실하게 보여주고 있으며 우리들이 어디서 왔고 어디로 가는지? 수행하여 밝힌 자등명인간계에 대해 이야기한 책이다. 뿐만 아니라 반야바라다행 길의 끝이 막혔다는 사실을 밝히고 자등명인간계로 올라가고 위 세계로 계속해 올라가는 자비바라밀행 대광(大光)의 길에 에 대해서 소상히 밝혀 놓은 책이다.

영청(靈聽)영안(靈眼) 심안(心眼) 이와 같이 **열린다.**
1권/ 2권
2019년(좋은도반 刊)

이 책에서는 영청 영안 심안이 열리는 각 세계에서의 방법과 영청 영안 테스트하는 세계들과 더 위 세계에서 영청 영안 심안이 열리는 세계들과 신천지인간계, 수철황인간계, 인연의 끈과 줄을 오가며 실어나르는 존재 존재자들의 세계 및 신비의 정원에서 본성의 끌어당기는 힘, 여여, 완전 여여, 초여여, 초끝 여여의 존재 존재자들의 관련된 세계, 성황 꽃황 출 전등, 꽃황철 향 전등, 꽃황철 황 전등 등에 관하여 알려주는 책이다.

몸(肉體)이란 일합상(一合相)의
존재, 존재자들의 세계
2019년(좋은도반 刊)

이 책에서는 2018년 4월17일에서부터 ~~2018년 6월 15일까지 수행 정리하여 밝혀 올라오면서 밝혀 드러내며 썼던 글들이 모두 다 포함되어 있다. 몸이란 육체를 이루고 있는 일합상의 존재 존재자들의 세계, 본래 고향, 존재 존재자들 이상급 세계들이 상재되어 있다. 돌아가신 분들의 시신과 함께 매장하거나 화장하면 본래로 돌아가도록 하는데 너무도 좋은 책이다.